SAMMLUNG TUSCULUM

LEBEN UND FABELN ÄSOPS

Griechisch-deutsch

Herausgegeben und übersetzt
von Niklas Holzberg

DE GRUYTER

ISBN 978-3-11-071321-3
e-ISBN (PDF) 978-3-11-071328-2

Library of Congress Control Number: 2020950008

Bibliografische Information der Deutschen Nationalbibliothek
Die Deutsche Nationalbibliothek verzeichnet diese Publikation in der Deutschen Nationalbibliografie; detaillierte bibliografische Daten sind im Internet über http://dnb.dnb.de abrufbar.

Für Einbandgestaltung verwendete Abbildungen:
Cologny (Genève), Fondation Martin Bodmer, Cod. Bodmer 5: 3v/4r
(www.e-codices.unifr.ch)

Satz im Verlag
Druck und Bindung: Hubert & Co. GmbH & Co. KG, Göttingen

♾ Gedruckt auf säurefreiem Papier
Printed in Germany

www.degruyter.com

Στη Γραμματική Κάρλα και στον Γιάννη Κωνσταντάκο

INHALT

EINFÜHRUNG

Zu den bekanntesten Namen, die das kulturelle Gedächtnis so manches Bildungsbürgers mit dem antiken Griechenland verbindet, dürfte neben Homer, Perikles, Sokrates und Alexander dem Großen auch Äsop gehören. Doch anders als bei den vier außer ihm Genannten kann in seinem Falle keineswegs als sicher gelten, dass er jemals existiert hat. Gewiss, der Historiker Herodot (um 484–424 v. Chr.) berichtet, der Fabelerzähler Aisopos – so heißt er bei den Hellenen – habe zu Beginn des 6. Jahrhunderts v. Chr. als Sklave auf der Insel Samos gelebt und die Delphier hätten ihn getötet (2,134f.). Doch das könnte bereits damals im Rahmen einer der Legenden verbreitet worden sein, die sich im Altertum um Äsops Person rankten. Die kurzen lehrhaften Geschichten von Göttern, Menschen, Tieren und Pflanzen, die er erzählt haben soll, sind alle fiktional, und er agiert selbst in vielen »Aesopica« der Antike. Deshalb bietet es sich an, auch in ihm eine Fabelfigur zu sehen. Als solche tritt er schon in der ältesten Fabelsammlung auf, welche die Handschriften ihm als Verfasser zuweisen: in Fabel 8 der *Collectio Augustana*, deren Text ein ursprünglich in Augsburg (*Augusta Vindelicorum*) aufbewahrter Kodex der Bayerischen Staatsbibliothek in München (gr. 564) am besten wiedergibt. Dieses Geschichtenbuch stammt auch nicht von einem Autor des 6. Jahrhunderts v. Chr., sondern von einem Unbekannten, der das Griechisch des 1./2. Jahrhunderts n. Chr. schreibt. Der Sammlung war, wie der kodikologische Befund zeigt, eine Biographie Äsops vorangestellt, die, etwa in dieselbe Zeit zu datieren wie »seine« Fabeln, fiktional ist und ihn ebenfalls als Sklaven in Samos leben und den Tod in Delphi finden lässt. In dieser Vita wird denn auch behauptet, Äsop habe für Kroisos – der lydische König lebte ganz sicher im frühen 6. Jahrhundert v. Chr. – seine Fabeln aufgezeichnet, »die noch bis heute nach ihm benannt« seien

(Kap. 100). Und da die auf die Vita folgende Fabelsammlung sich als Werk Äsops präsentiert, soll man offenbar glauben, es handle sich um eine Abschrift des Buches, das einst Kroisos in seiner Bibliothek besaß. Der Text, der u. a. erzählt, warum der Sklave zu dem Herrscher kam, ist, wie ich zunächst darlegen möchte, wahrhaftig eine Fabel.

Die Fabel vom Fabelerzähler

Die Fabeln der *Collectio Augustana* sind überwiegend in drei Teile gegliedert. Nicht selten erzählt der dritte Teil, wie die Hauptfigur zu Tode kommt, weil sie einen Fehler begangen hat, und daraus zieht sie und nochmals das Epimythion die Lehre. So gerät in Nr. 116 der Krebs, der das Meer verlassen hat, um am Strand zu weiden (I), in die Klauen des Fuchses (II), und er stellt im Sterben fest, was er falsch gemacht hat: Er, ein Meeresbewohner, habe ein Landbewohner werden wollen, und so geschehe es ihm recht, dass er sterben müsse (III). Damit kann man die Handlungsentwicklung vergleichen, die am Ende der Vita zum Tod Äsops führt. Seine Tötung durch die Delphier ist eines der wenigen Fakten (?), die der älteste Bericht über den Fabeldichter nennt, aber Herodot verrät nicht den Anlass. Die fiktionale Biographie kennt ihn: Äsop sei in Delphi erschienen und habe die Menschen in der Stadt mit dem Apollon-Orakel beleidigt (I), dessen Priester hätten ihm eine goldene Schale ins Gepäck gelegt, um ihn wegen Tempelraubes zur Exekution zu verurteilen (II), und er sei von dem Felsen, von dem sie ihn hätten stürzen wollen, freiwillig herabgesprungen (III). Vor seinem Tod habe Äsop sich als mitschuldig an seinem Unglück betrachtet, wie indirekt aus dem erhellt, was er vor der Hinrichtung im Gefängnis zu einem Freund sagt: Er habe auch den Verstand, den er vorher hatte, verloren, als er zu den Delphiern gekommen sei (Kap. 131). Einem klugen, ja listenreichen Menschen wie ihm, der in allen vorausgegangenen Episoden

der Vita die schwierigsten Situationen zu meistern wusste, hätte es in der Tat nicht passieren dürfen, dass er an einen Ort ging, wo er Opfer einer List wurde und deshalb sterben musste. Und nun beachte man, dass es sich bei der List um eine handelt, die »nicht neu« ist: Schon im ersten Buch Mose wird auf Anweisung Josephs ein silberner Becher im Gepäck Benjamins versteckt und dieser dann des Diebstahls geziehen, den seine Brüder als todeswürdig ansehen (Kap. 44). Man kann sich also gut vorstellen, dass der Anonymus, der das »Leben Äsops« den »Fabeln Äsops« vorausschickte, wie folgt verfuhr: Er machte aus den knappen Informationen Herodots über den Tod des historischen (?) Fabelerzählers unter Verwendung eines Wandermotivs das Finale einer fiktionalen Biographie, das einer dreiteiligen Fabel gleicht.

Blickt man nun von diesem Finale auf den Anfang der Vita zurück, ergibt sich die Wahrscheinlichkeit, dass der gesamte »Roman« über Äsops Leben – als einen solchen kann man den Text durchaus bezeichnen – wie eine Fabel vom Ende her konzipiert ist. Er beginnt mit einer Überraschung: Der den Lesern bisher als der große Fabelerzähler bekannte Mann kann nicht sprechen! Trotzdem zeigt er bereits jetzt, dass er sich zu helfen weiß, wenn es ein Problem gibt. Zwei Mitsklaven verzehren heimlich die für den Herrn aufbewahrten Feigen und bezichtigen ihn dieser Untat, aber er erwirkt durch Gestik, dass er den Gegenbeweis liefern kann: Er und die Übeltäter müssen ihren Mageninhalt erbrechen, und siehe da ...! Das ist raffiniert. Man bedenke: Als Fabelerzähler, zu dem Äsop dann doch noch wird, vermag er am Schluss der Vita durch Worte – er trägt zwei Fabeln vor, die eine Warnung der Delphier implizieren – nicht zu verhindern, dass er wegen eines vermeintlichen Diebstahls sterben muss; als Stummer dagegen kann er die Unterstellung des Mundraubs durch Zeichensprache und einen schlauen Trick widerlegen. Die zwei Kapitel, die eingangs diesen Kontrast zum Finale schaffen, werden dann wie eine Fabel durch eine Art Epimythion abgerundet: »Wer andern eine Grube gräbt ...« Einen Kontrast

zum Finale bildet auch der nächste Handlungsblock (Kap. 4–8): Äsop verhält sich fromm, indem er einer Isis-Priesterin, die sich verirrt hat, durch Gestik den richtigen Weg weist, und wird dafür von der Göttin mit der Sprechfähigkeit und von den neun Musen mit besonderer Redegabe belohnt. Seinen Tod dagegen verursacht letztlich eine unfromme Tat: Nach der Niederschrift der Fabeln und der Bewahrung der Samier vor der Unterwerfung durch Kroisos erbaut Äsop den Musen, denen er seine Eloquenz und damit seine Erfolge verdankt, ein Heiligtum, platziert aber in der Mitte der sie darstellenden Statuen nicht eine solche des Musenführers Apollon, sondern ein Denkmal der eigenen Person (Kap. 100). Damit erregt er den Zorn des Gottes, durch den dessen Priester in Delphi sich zu ihrer Intrige gegen Äsop ermuntert sehen können. Hybris gegenüber Apollon bringt schließlich den Tod, Frömmigkeit gegenüber Isis hatte ein neues Leben ermöglicht.

Sogar neu geboren, zumindest symbolisch, wird Äsop in der Szenengruppe mit der Göttin, nachdem der in einer Biographie sonst übliche Bericht über den Eintritt des Protagonisten ins Leben den Lesern vorenthalten worden ist. Der Erzähler spielt nicht nur unverkennbar auf das Initiationsritual an, das einem der Isis Geweihten die Wiedergeburt beschert, sondern er kann auch erst von nun an seine zentrale Figur so agieren lassen, wie wir es von einem *logopoiós* – das griechische Wort für Fabelerzähler bedeutet wörtlich »Wortmacher« – erwarten. Äsops Redekunst, die mit einer schon vor der Erlangung der Sprechfähigkeit bewiesenen Schlauheit einhergeht, verhilft ihm zunächst dazu, sich als Sklave mehrfach gegenüber seinen Herren zu behaupten und schließlich die Freiheit zu erringen. Dann kann er einen Krieg der Lyder gegen die Samier verhindern und danach als Wesir des Königs von Babylon diesem zum Sieg in einem Rätselwettstreit mit dem König von Ägypten verhelfen. Hierauf unternimmt er als gefeierter Rhetor eine Rundreise durch Hellas und kommt so auch nach Delphi; erst dort findet eine Erfolgsserie ihr jähes Ende. Die Episoden, in denen Äsops Verstand und seine

Eloquenz ihn den Mitmenschen überlegen machen, konstituieren eine fortlaufende Sequenz, und das hat man früher getadelt: Sie seien unverbunden aneinandergereiht, und eine stringente Handlung erkenne man nicht. Aber was als Ergebnis mangelnder Eignung zur Verwirklichung eines einheitsstiftenden Konzepts oft geradezu belächelt wurde, hätte man wegen der auffallenden Ähnlichkeit mit der Erzählstruktur eines weltberühmten Textes ernst nehmen sollen: Das etwa in dieselbe Zeit wie die Äsop-Biographie zu datierende Markusevangelium bietet ebenso eine Kette von Einzelereignissen. Diese eröffnet es wie die Vita statt mit der Geburt des Protagonisten mit einer Art Initiation, hier der Taufe des bereits Erwachsenen. Ferner entsprechen den Fabeln, die Äsop in der Vita immer wieder zum Besten gibt und die in die Narration eingeschaltet sind, die von Jesus erzählten Parabeln. Außerdem ziehen die zwei »Weisen« sich den Zorn einer Priesterkaste zu und werden das Opfer eines Komplotts. Das von beiden erlittene unschuldige Sterben hat zwar verschiedene Bedeutung, aber wie bei Christus erst der Kreuzestod das gesamte Geschehen verstehbar macht, so ist, wie gezeigt, die Handlung der Äsop-Vita gezielt auf den als Faktum überlieferten Schluss ausgerichtet.

Man kann das Markusevangelium, weil es eine Geschichte vom Ende her erzählt, als eine einzige große Parabel bezeichnen und entsprechend den Äsop-Roman als eine einzige große Fabel. Die zwei Autoren präsentieren die jeweilige Vita auch nicht einfach als Serie beliebig fortgesetzter Episoden. Vertreter einer solchen Auffassung konnte sorgfältige Strukturanalyse in beiden Fällen widerlegen. Was sich dabei für die Äsop-Vita ergab, sei jetzt betrachtet.

Ein Leben in Dreischritten

Die Äsop-Vita lässt sich in Handlungsabschnitte unterteilen, die jeweils von mehreren Episoden konstituiert werden. Sie sind sowohl

in sich geschlossen als auch mit Blick auf das Ganze komponiert. Wie viele man unterscheiden kann, ist umstritten; ich gliedere so:

1. Vorgeschichte (1–19)
2. Äsop als Sklave bei dem Philosophen Xanthos (20–91)
2a. Äsop erweist sich als kluger Sklave im Haus des Xanthos (20–33)
2b. Äsop spielt seinem Herrn Streiche (34–66)
2c. Äsop hilft seinem Herrn (67–91)
3. Äsop hilft den Samiern (92–100)
4. Äsop hilft König Lykoros von Babylon (101–123)
5. Äsop in Delphi: Er kann sich selbst nicht helfen (124–142)

Der Protagonist dieses Geschehens ist, wie gesagt, *logopoiós*, (»Fabelerzähler«), und deshalb lesen wir immer wieder *lógoi* in der Vita. Dabei handelt es sich aber nicht nur um Fabeln vom Typ der erwähnten Erzählung über den Tod des Krebses, aus der eine Lehre gezogen sein will – heute verbindet man mit dem Begriff »Fabel« meist lediglich Tiergeschichten –, sondern auch um zwei weitere Fabeltypen: (1) direkte Belehrung durch eine Narration, etwa ein Aition (Ursprungsmythos), das irgendein Phänomen erklärt, (2) die Geschichte von der Bewältigung eines Problems durch Beantwortung einer kniffligen Frage, Lösung eines Rätsels oder Meistern einer schwierigen Aufgabe. Während Äsop Fabeln wie Nr. 116 und belehrende *lógoi* selbst vorträgt, ist er als Problemlöser Akteur in einem *lógos*, also in diesem Sinne innerhalb einer Teilhandlung Fabelfigur. So finden wir es z. B. in der Episode, in der er seinem Herrn, der gewettet hat, er sei imstande, das Meer auszutrinken, den richtigen Rat gibt, wie er die Wette gewinnen könne: Diesem bleibt der Trunk erspart, weil er die unerfüllbare Forderung stellt, man müsse die Mündungen der Flüsse, deren Wasser er laut Wettrichter nicht mitzutrinken hat, vorher verstopfen (Kap. 72f.). Es beruht nun offensichtlich nicht auf Zufall, dass die drei Typen von *lógoi*, die man unterscheiden kann – (A) Fabel, aus der in einer bestimm-

ten Situation eine Lehre zu ziehen ist, (B) direkte Belehrung und (C) Lösung eines Problems –, in der Vita nicht beliebig verwendet werden. Vielmehr erscheinen sie in der Vorgeschichte, in der Äsop zunächst eine Zeitlang nicht reden kann, noch gar nicht und in den vier Abschnitten des Hauptteils in folgender Variation:

20–91: *lógos* Typ B und C
92–100: *lógos* Typ A
101–123: *lógos* Typ B und C
124–142: *lógos* Typ A

Die schematische Übersicht zeigt, dass Handlungsabschnitt 4, in dem Äsop seinem König Lykoros zum Sieg in dessen Rätselwettbewerb mit König Nektanebo von Ägypten verhilft, motivisch mit Handlungsabschnitt 2 verbunden ist. Man hat aber Handlungsabschnitt 4 von jeher als Fremdkörper betrachtet. Denn dieser Teil der Vita entstand durch die Bearbeitung des Achikar-Romans, der, in seiner ältesten uns kenntlichen Fassung in einem (fragmentarischen) aramäischen Text des 5. Jahrhunderts v. Chr. überliefert, in mehrere Sprachen, darunter auch Griechisch (4./3. Jh. v. Chr.), übersetzt wurde. Doch aus eindeutigen Indizien geht hervor, dass der unbekannte Autor der Vita den Episodenblock, der im Orient spielt, fest in das ansonsten in Kleinasien und Hellas ablaufende Geschehen integriert hat. Zu diesen Indizien gehört, dass Äsop auf Samos für den Philosophen Xanthos, dem er als Sklave dient, drei Probleme löst, und analog in Ägypten für seinen König drei Rätsel. Das hier zu beobachtende dreistufige Erzählen ist Strukturprinzip innerhalb eines Handlungsabschnitts und kann auch Handlungsabschnitte miteinander verknüpfen. Das erfolgt z. B. durch dreimalige Verwendung des von mir gerade erwähnten Motivs »Gewinnen einer Wette«: In Handlungsabschnitt 2b wettet Xanthos mit Äsop, dass dieser ihm keinen Menschen ins Haus bringen könne, der sich nicht in die Angelegenheiten anderer Leute mischt; doch Äsop

treibt sogar einen Mann auf, der allen massiven Versuchen des Philosophen, ihn zu naseweisen Fragen zu bewegen – wieder begegnen wir der Dreizahl – unbeirrt widersteht (Kap. 64). Wette Nr. 2 – sie fällt in Handlungsabschnitt 2c – ergibt sich aus der Behauptung des Xanthos, er könne das Meer austrinken, und als Berater des Philosophen ist Äsop auch jetzt der Gewinner. Die Grundlage für die dritte Wette, die nunmehr in Handlungsabschnitt 4 abgeschlossen wird, bildet die dem König Lykoros von Nektanebo gestellte Aufgabe, einen hohen Turm errichten zu lassen, der weder Himmel noch Erde berührt, und auch das gelingt Äsop, der insofern zum dritten Mal gewinnt. Gleichzeitig tritt er zum dritten Mal in helfender Funktion auf, nachdem er vorher erst Xanthos, dann den Samiern geholfen hat.

Der mit dem Motiv »Wette« kombinierte Dreischritt ist, wie mehrfach in der Vita, mit einer Steigerung verbunden: Äsop gewinnt erst für sich, dann für einen Bürger, schließlich für einen König. Diese Art Klimax finden wir auch in einer besonders amüsanten Episodentrias. Das dabei verwendete Motiv wurde in der deutschen Literatur seit 1510/11 durch Hermann Botes Till Eulenspiegel-Roman (den vielleicht u. a. die Äsop-Vita anregte) populär: »Schelm nimmt ihm erteilten Auftrag zu wörtlich«. Der Anonymus variiert sein Dreischritt-Schema, indem er das Motiv dreimal kurz vorstellt, dann in drei längeren Episoden benutzt, deren dritte zweiteilig und die längste ist und mit einer weiteren Variante des »Eulenspiegel-Motivs« zu dem Motiv »Äsop hilft seinem Herrn« überleitet: Das Zu-wörtlich-nehmen schadet dem Herrn nicht mehr, ja von nun an nützt Äsop ihm sogar. Hier eine schematische Übersicht:

I. kurze dreimalige Vorstellung des »Eulenspiegel-Motivs«
1. Äsop soll für Xanthos Ölkrug mit ins Bad nehmen – nimmt nur Krug ohne Öl mit (38)
2. Äsop soll Trank für Durst »vom Bade« reichen – reicht Krug mit Badewasser (40)

3. Äsop soll Xanthos Becken hinstellen – stellt es ohne Wasser hin (40)

II. drei längere Episoden mit dem Motiv

1. Äsop soll *phakós* (= Linse/n) für Gastmahl kochen – kocht nur eine Linse (39–43)

2. Äsop soll derjenigen, die Xanthos zugetan ist, Essen bringen – bringt es der Hündin (44–50)

3a. Äsop soll kochen, was das Nützlichste im Leben ist – kocht Zungen (51–53)

3b. Äsop soll kochen, was das Schlechteste ist – kocht Zungen (54f.)

III. Das Motiv als Überleitung zum nächsten Motiv

Äsop soll nachsehen, ob viele Menschen im Bad seien – meldet nur einen ⟨wirklichen⟩ (65f.)

Programmatisch sagt Äsop zu Beginn der Serie von »Eulenspiegel-Streichen«, die er Xanthos spielt, er wolle den Philosophen erziehen, damit dieser lerne, wie er Aufträge erteilen müsse (Kap. 38). Damit variiert Äsop den Rollentausch, der als Leitmotiv den gesamten Handlungsabschnitt 2 beherrscht: Der hässliche Sklave – sein abstoßendes Äußeres wird in Kapitel 1 ausführlich beschrieben – agiert als der wahre Weise, während der Philosoph nur dem Schein nach ein solcher ist, tatsächlich aber eine Dummheit nach der anderen von sich gibt oder begeht. Das erkennt man gleich an den ersten Worten, die Xanthos in der Vita spricht. Als er auf dem Sklavenmarkt sieht, dass der Händler zwischen zwei hübschen Sklaven den hässlichen Sklaven Äsop platziert hat, interpretiert er das als Tat im Sinne der »schweigenden Philosophie«: Die gewählte Anordnung der drei zur Schau gestellten Männer bringe »die Idee des Schönen zum Ausdruck« (Kap. 23). Wegen dieses Gedankens wird Xanthos dann auch noch von seinen Studenten, den *scholastikoí*, die ihren Meister zum Sklavenmarkt begleitet haben, für göttlich erklärt, und das lässt ihn (und sie) umso lächerlicher wirken. Mit der ers-

ten Xanthos-Episode und allen weiteren, in denen der Professor als komische Person auftritt, knüpft der Anonymus an die literarische Tradition der Philosophenverspottung an. Sie ist für uns erstmals in der Komödie *Die Wolken* des Aristophanes von 423 v. Chr. greifbar, einer Satire auf die Figur des verrückten Gelehrten, den Sokrates als Typ mit sprechendem Namen (»Wissenskräftig«) verkörpert. Philosophenverspottung war speziell in der Zeit, in der die Äsop-Vita entstanden sein muss, ein häufig behandeltes Thema sowohl in der römischen als auch in der griechischen Literatur. Sehr bekannt dafür ist der notorische Spötter Lukian, der im 2. Jahrhundert n. Chr. seine Schriften verfasste und entweder von unserem Anonymus beeinflusst sein oder auf ihn gewirkt haben könnte.

Aber darf man es für denkbar halten, dass der Autor der Äsop-Vita intertextuelle Verbindungen außer zum Achikar-Roman auch zu anderen literarischen Werken herstellte? Verfügte er über das dafür erforderliche Wissen? Das kann man angesichts der sprachlichen Gestaltung des überlieferten Textes bezweifeln – ob zu Recht, wird zu überlegen sein, nachdem ich etwas zu Diktion und Stilniveau der Äsop-Vita gesagt habe.

Anti-Text über einen Anti-Helden

Als um 1479 die Editio princeps äsopischer Fabeln in der Originalsprache erschien, konnte man erstmals in einem Druck die ihnen vorausgeschickte Äsop-Vita lesen. Sie ist in einem archaisierenden Griechisch geschrieben, das die Ansprüche Gebildeter an Lektüre erfüllt, stammt aber nicht aus dem Altertum, sondern aus der Feder des gelehrten byzantinischen Mönchs Maximos Planudes (um 1250–1330); er hat sie auch nicht selbst verfasst, sondern einen älteren Text bearbeitet. Seine Version der Vita weist eine höhere Stilebene auf als seine Vorlage, ein Kodex, der eine spätantike Fassung repräsentiert. Diese Version überliefern in zwei leicht unterschiedlichen

Varianten 14 Kodizes, die zwei Gruppen bilden. – es sind MORN und BPThSA, etikettiert nach den aus Großbuchstaben bestehenden Handschriftensiglen der Hauptvertreter –, und man nennt die spätantike Fassung nach dem ersten Herausgeber Westermann *Vita Westermanniana*, kurz Vita W. Ihr Idiom ist das der Koine, der im Hellenismus (323–31 v. Chr.) aus der Vermischung der griechischen Dialekte entwickelten Gemeinsprache, trägt aber Züge des Übergangs in das byzantinische Griechisch. Außer Vita W existiert eine ebenfalls in der Koine geschriebene Version, die einen ausführlicheren Text bietet und nach dem ursprünglichen Aufbewahrungsort der einzigen erhaltenen Handschrift, Grottaferrata, Vita G genannt wird; heute liegt sie in der New Yorker Pierpont Morgan Library (Cod. 397). Der Vergleich beider Versionen ergibt, dass die zwei Varianten der spätantiken Vita W stilistisch wiederum ein höheres Niveau haben als der Text der längeren Fassung. Vita G enthält weit mehr Elemente der kolloquialen Sprache, z. B. Latinismen und Diminutive, und vulgäre Formulierungen. Doch obwohl es sich bei G um die älteste uns überlieferte Version der Vita handelt – hinzu kommen fünf Papyrusfragmente, die G eng verwandt sind –, ist diese Fassung nicht identisch mit dem Urtext, der höchstwahrscheinlich im frühen 2. Jahrhundert n. Chr. entstand. Er ging verloren, doch sorgfältige Analyse ergab, dass Vita G dem Original näher steht als Vita W. In der jüngeren Version finden sich allerdings Passagen, die, ohne Parallele in Vita G, direkt auf den Archetyp zurückgehen dürften. Daher muss wissenschaftliche Auseinandersetzung mit der Vita die W-Version in die Textarbeit einbeziehen.

Die hier vorgelegte Bilingue begnügt sich freilich mit Edition und Übertragung von Vita G; lediglich in den Passagen, wo diese Lücken aufweist, habe ich W-Text eingefügt, welcher dem jeweils fehlenden Abschnitt entspricht. Der ins 10./11. Jahrhundert zu datierende New Yorker Kodex ist sehr schlecht überliefert, weshalb er an vielen Stellen Zweifel weckt, dass der ursprüngliche Wortlaut vorliegt, und man sich bemühen muss, ihn zu rekonstruieren. Wir können uns

also oft nicht sicher sein, ob wir das lesen, was der Redaktor der G-Version schrieb. Aber das Bild, das G insgesamt von der Erzählweise des Urtextes vermittelt, wirkt doch so einheitlich, dass man darauf eine Interpretation stützen kann. Außerdem stimmt die Diktion mit dem überein, was man von derjenigen einer fiktionalen Äsop-Vita erwarten würde. Ihr Verfasser präsentiert uns ja das Leben eines Fabelerzählers gewissermaßen als eine große Fabel, und es ist nun zu konstatieren, dass er seinen auf die Länge eines Prosaromans ausgedehnten *lógos* nicht nur strukturell, sondern auch stilistisch einem kurzen *lógos* vergleichbar macht. Die *lógoi*, die man im Altertum als äsopisch betrachtete, wurden von den Anfängen der griechischen Literatur bis in die Zeit des Hellenismus nicht wie Gedichte um ihrer selbst willen geschrieben, sondern zur Exemplifizierung einer Aussage in Dichtungen und Prosaschriften eingelegt. Entsprechend knapp, sprachlich schlicht und leicht verständlich musste der Text sein. Das galt erst recht, als man Sammlungen für den Gebrauch durch Redner zusammenstellte, die unter einem Stichwort das für einen bestimmten Sinnzusammenhang benötigte narrative Exempel boten. Aus dem 1. Jahrhundert n. Chr. ist eines dieser Promptuarien durch den in Manchester aufbewahrten Papyrus Rylands 493 in Bruchstücken auf uns gekommen, und die Fabeln, die es enthält, werden kurz, schmucklos und rasch erfassbar erzählt. So finden wir es ebenfalls – dazu später mehr – in den meisten *lógoi* der *Collectio Augustana*. Und ihnen gleicht wiederum die Äsop-Vita insofern, als darin die Sätze in der Regel nicht lang sind, Parataxe vorherrscht, also Nebensätze vermieden und die Hauptsätze gern durch *kaí* (und) verbunden oder asyndetisch aneinandergereiht sind. Außerdem vermeidet der Autor Stilmittel der Rhetorik, und das Gesagte begreifen auch wenig Gebildete sofort.

Genau diese Erzählweise passt, meine ich, bestens zu der Geschichte über die *dicta* und *facta* ihres Protagonisten. Denn Äsop verkörpert das genaue Gegenteil von der zentralen Figur eines Textes, der sich sprachlich und stilistisch auf dem höchsten Niveau be-

wegt. Eine solche Person kann der mythische Held in einem Epos oder der heroisch handelnde Mensch in einem historischen Werk sein, und die Autoren beider Gattungen bemühen sich darum, ebenso Wortwahl und Satzbau wie Metrik in der Poesie und Satzrhythmus in der Prosa so zu gestalten, dass über einen großartigen Mann auch großartig gesprochen wird. Der hässliche, seine Umwelt teils verspottende, teils ungefragt belehrende und immer wieder provozierende Fabelerzähler ist aber alles andere als ein Held; er steht im Verhältnis z. B. zu Odysseus wie Thersites, der wie Äsop ein abstoßendes Äußeres hat und die Helden beschimpft. So gesehen kann man den Fabelerzähler, der in 90 von 142 Kapiteln der Vita dem Sklavenstand angehört, als Anti-Helden bezeichnen und analog den stilistisch kunstlosen Text, der von ihm berichtet und ihn nicht glorreich reden und agieren, sondern spotten und schmähen lässt, als Anti-Text. Sucht man nach einer Literaturgattung, in der es den Anti-Helden schon vor der Genese von Anti-Texten wie der Äsop-Vita gab, ist in erster Linie die Komödie zu nennen. Sowohl in ihrer altattischen Ausprägung, die für uns die Stücke des Aristophanes (ca. 445 – 385 v. Chr.) repräsentieren, als auch in der Neuen Komödie, die wir durch Menander (342/341–293/290 v. Chr.), Plautus (um 240 – 184 v. Chr.) und Terenz (um 195 bis nach 159 v. Chr.) kennen, treten Anti-Helden auf, meist als Sklaven. Die Texte wiederum bestehen aus Dialogen und Monologen, und beide Formen des szenischen Sprechens dominieren in der Äsop-Vita. Sie ist einem Drama sogar sehr ähnlich, da sie Sprecherwechsel oft durch bloße Nennung der zu Wort kommenden Person anzeigt, ohne wenigstens »sagte« hinzuzufügen. Und inhaltlich erinnern die Dialoge nicht etwa an philosophische wie diejenigen Platons, sondern an die Gespräche einfacher Leute, weshalb sich auch Kolloquialismen darin finden oder, wenn der Text an die Komödie anklingt, von Aristophanes her vertrautes Vokabular.

Wer als wahrscheinlich anzunehmen bereit ist, dass der Anonymus seine Äsop-Vita ganz bewusst sprachlich-stilistisch so gestaltete,

wie Handschrift G sie uns etwas entstellt darbietet, dürfte auch eine weitere Überlegung nachvollziehen können. Sie geht davon aus, dass der Anonymus gerne bestimmte Formulierungen wiederholt, die banale Vorgänge betreffen, z. B. – um beliebig zwei von mehreren herauszugreifen – »zur festgesetzten Stunde« (3, 51, 57, 119) und »und er/sie wandte sich ihm/ihr zu und sagte« (4, 14, 15, 24, 44). Wenn man nun vermuten darf, dass die Äsop-Vita als »Anti-Text« über einen Anti-Helden konzipiert ist, ergibt sich daraus die Möglichkeit, dass der unbekannte Prosaautor solche Wendungen als Gegenstück zu homerischen Formeln wie »Als aber die frühgeborene erschien ...« oder »Der sah ihn von unten herauf an und sagte ...« verstanden wissen will. Und auch jetzt stützen die kurzen *lógoi* die Argumentation. Denn die Fabeln der *Collectio Augustana* enthalten ebenfalls Formelsprache, etwa »x aber fiel ihm/ihr ins Wort und sagte« (ich zähle 25 Fälle) oder »und als er/sie sterben sollte, sagte er/sie« (4, 74, 86, 182). Natürlich könnte man das damit erklären, dass stereotype Wörter und Sätze aus den Promptuarien in die Sammlung »Äsops« übergingen, obwohl diese, wie wir sehen werden, gegenüber den Fabelhandbüchern einen literarischen Anspruch erhebt. Doch es ist bemerkenswert, dass man auch hier eine Verwandtschaft zwischen langem und kurzem *lógos* konstatiert. Ich denke, meine zu Sprache und Stil der Äsop-Vita geäußerten Gedanken erlauben jetzt folgende Antwort auf die am Ende des letzten Abschnitts gestellte Frage, ob der Verfasser über literarische Kenntnisse verfügte: Der Anonymus erweist sich allein schon durch die Wahl einer inhaltsbezogenen Diktion als selbstreflexiv, und daraus darf man schließen, dass er genügend Bildung besaß, die Vita mit anderen literarischen Werken intertextuell vernetzen zu können. Dass er es wirklich tat, sei im nächsten Abschnitt anhand von Beispielen dargelegt.

Von Odysseus zum »Lachfreund«

Soweit der Autor der Äsop-Vita eindeutig ältere Texte evoziert, lässt sich zeigen, dass er ein literarisches Spiel mit ihnen treibt. Die Berührungen seiner fiktionalen Biographie mit etwa gleichzeitig zu datierenden Werken harren noch der systematischen Analyse. Doch auch nach Spuren griechischer Prosa und Poesie der archaischen, klassischen und hellenistischen Epoche wurde bisher zu wenig gefahndet. Dazu ermuntern z. B. die Bezüge, die Grammatiki Karla – sie nimmt in der kleinen Schar der Äsop-Forscher eine führende Position ein – zwischen einem Abschnitt der Vita und einem der *Odyssee* Homers herstellt. Äsop, der in Kap. 31–33 erstmals Xanthos' Frau trifft, erinnert an Odysseus bei Penelope in Buch 19. Der Sklave ist mit dem Helden durchaus vergleichbar, speziell in diesem Kontext, weil seiner Hässlichkeit die Bettlergestalt entspricht, die Athene ihrem Schützling verliehen hat, sowie grundsätzlich als Typ des listenreichen Schlaukopfes. Aber Äsop verkörpert nun einmal einen Anti-Helden, und Xanthos' Frau sogar eine »Anti-Penelope«, da sie, alles andere als eine treue Gattin, sich von ihrem Mann den Kauf eines hübschen Sklaven gewünscht hat, einen solchen im Traum schon verheißen bekam und Xanthos beim Anblick der Hässlichkeit Äsops sofort verlassen will. Dann aber erzählt sie dem *logopoiós* wie Odysseus' Frau dem »Bettler« ihren Traum, und wie derjenige Penelopes in der *Odyssee* sich später erfüllt, so zumindest in komisch abgewandelter Form der von Xanthos' Frau: Sie wird in Kap. 75 mit dem keineswegs hübschen, aber dafür mit einem sehr großen Glied ausgestatteten Sklaven Äsop neunmal hintereinander schlafen. Der Kontrast der Vita zum Epos ist ebenso deutlich wie die Parodie des Anti-Textes auf die große Poesie. Außer Odysseus ruft der Anonymus eine weitere Person ins kulturelle Gedächtnis, die gewisse Wesenszüge mit Äsop gemeinsam hat: Sokrates (um 469–399 v. Chr.). Da man die beiden »Weisen« mehrfach miteinander verglichen hat, begnüge ich mich mit einer kurzen Bemerkung: Beide sitzen vor

dem an ihnen verübten Justizmord im Gefängnis (Platon, *Phaidon* bzw. Äsop-Vita Kap. 129–131), beide empfangen Besuch, aber während Sokrates mit seinen Freunden philosophische Gespräche führt und dem Tod als etwas Positives entgegensieht, erzählt Äsop seinem Freund zwei erotische Geschichten und ist zum Sterben nicht bereit. Der Fabulist erscheint also als eine Karikatur des Philosophen.

Eine solche kann man auch in der Figur des Kynikers Diogenes (412/403–324/321 v.Chr.) sehen, wie sie in Anekdoten charakterisiert wird. Eine handelt davon, wie der Philosoph auf dem Athener Marktplatz mit einer am Tag brennenden Laterne einen Menschen sucht (Diogenes Laertios 6,41), und darauf spielt offensichtlich Kap. 66 der Vita an, in dem Äsop, der nachschauen soll, wie viele Menschen im Bad sind, nur einem einzigen Mann wegen seines sozialen Verhaltens das Menschsein zugesteht. Auch mit einem der Sieben Weisen verbindet Äsop etwas: Wie er weiß Bias von Priene (6. Jh. v.Chr.), auf welche Art jemand gewinnen kann, der gewettet hat, er könne das Meer austrinken (Plutarch, *Moralia* 151B–D). Wenn der Autor der Äsop-Vita dem Protagonisten die Rolle einer anderen Person überträgt, ist das sicherlich nicht Plagiat, wie man früher bei derartigen Fällen von Adaption dachte, sondern der Anonymus dürfte sich damit an gebildete Leser wenden, die geistiges Vergnügen an der Wiederkennung »zitierter« Prätexte empfinden sollen. Das gilt vor allem für die Intertextualität von Kap. 101–123 mit dem Achikar-Roman. Was hier wahrgenommen sein will, dürften die nicht wenigen Abweichungen von der bei den Lesern als bekannt vorausgesetzten Vorlage sein. Wie Ioannis Konstantakos, ebenfalls ein herausragender Äsop-Forscher, in einer umfangreichen Monographie und zahlreichen Aufsätzen nachweisen konnte, bewirken die von dem Anonymus vorgenommenen Änderungen am Stoff des Prätextes die Integration der im Orient spielenden Handlung in den Diskurs der Äsop-Vita. Auch darauf kann ich nicht näher eingehen. Eines aber sei hervorgehoben: Der Anonymus fügte dem Abschnitt der orientalischen Episode, der in Ägypten lokalisiert ist (112–123),

viele Einzelheiten hinzu, die dem Geschehen ägyptisches Kolorit verleihen; z. B. heißt nur bei ihm der Pharao Nektanebo und dessen Residenzstadt Memphis, und er allein lässt dem Fabelerzähler eines der drei Rätsel, die dieser für seinen König lösen soll, von Priestern aus Heliopolis bei einem Gastmahl aufgeben (Kap. 119). Die Stadt des Helios, der mit Apollon identifiziert werden konnte, evoziert den Zorn des Gottes auf Äsop, weil diesem nun Helios-Priester entgegentreten, und das Symposion führt die Reihe der Gastmähler des Xanthos fort.

Die bemerkenswert guten Kenntnisse im Bereich altägyptischer Religion und Kultur, die der Autor der Äsop-Vita verrät, lassen es möglich erscheinen, dass es sich bei ihm um einen hellenisierten Ägypter oder einen Griechen handelt, der länger in Ägypten lebte. Angenommen, das trifft zu, hilft es doch nichts, wenn man etwas über die historischen Bedingungen herauszufinden versucht, unter denen die Äsop-Vita entstand. Es sind keine Bezüge auf aktuelle politische Ereignisse, aus denen Mario Andreassi überzeugend die Datierung des Textes ins frühe 2. Jahrhundert abgeleitet hat, sondern die Verwendung des Ausrufs *ouâ* im kaiserzeitlichen Griechisch. Daher wäre auch müßig zu fragen, ob das Werk bestimmte geistige Strömungen der Epoche seiner Entstehung reflektiert oder gar eine »message« an die Leser vermitteln will. Man kann nicht mehr sagen, als dass mit einer kynischen Grundhaltung eine Verkehrte Welt dargestellt wird, die zum Nachdenken darüber anregt, wie verkehrt in Wahrheit die vermeintlich nicht verkehrte Welt ist. Dabei haben wir es mit satirischer Betrachtung des *Theatrum mundi* zu tun, und einer solchen unterziehen zahlreiche Autoren der antiken Literatur ihre Mitmenschen. Wie erwähnt, gehört dazu die Philosophenverspottung, das zentrale Motiv in Kap. 20–91. Soll man sich nicht in erster Linie darüber amüsieren, statt sich zum Grübeln darüber, welches der richtige Weg zur Wahrheit ist, aufgefordert zu sehen? Ein Text, der um dieselbe Zeit wie die Äsop-Vita verfasst wurde, die *Philogelos* (»Witzfreund«) genannte Witzsammlung, animiert ganz

einfach zum hemmungslosen Lachen über den Typ des *scholastikós*, der ja auch in der Äsop-Vita nicht ernst genommen werden kann; hier ist ein Vertreter der Spezies so dumm, dass er, als er vom Tod eines von zwei Zwillingsbrüdern erfahren hat, bei einer Begegnung mit dem Überlebenden diesen fragt, ob er der Verstorbene sei oder sein Bruder (§ 29). Von der Witzsammlung hat sich nur eine einzige Abschrift erhalten, und sie steht im selben Kodex wie die einzige erhaltene Abschrift der Vita G. Das verrät aber nichts darüber, ob eines der beiden Werke auf das andere Bezug nimmt, und wenn ja, welches. Allein sorgfältige Analyse könnte es vielleicht herausfinden.

Ein vergleichbares Problem ist, welches Verhältnis Vita G zu einer anderen Sammlung kurzer narrativer Texte hat, der als »Fabeln Äsops« überlieferten *Collectio Augustana*, die in der Wiedergabe des New Yorker Kodex an Vita G anschließt und Teil 2 der vorliegenden Bilingue zugrunde liegt. Schauen wir uns also nun diese Sammlung an.

Götter, Menschen, Tiere, Pflanzen und anderes von Alpha bis Psi

Wie beim »Leben Äsops«, so sind bei den ihm von den Handschriften zugewiesenen Fabelsammlungen drei Redaktionen zu unterscheiden: die *Collectio Augustana* der frühen Kaiserzeit, um die es im Folgenden gehen soll, und zwei durch Bearbeitung dieses Korpus entstandene byzantinische Sammlungen, die *Collectio Vindobonensis* (nach dem Wiener cod. Vindob. Gr. hist. 130) und die von Planudes stammende *Collectio Accursiana*, die man so nennt, weil sie um 1479 von Bonus Accursius in Mailand erstmals gedruckt wurde. Redaktion I enthält 231 Fabeln und weitere 13 in einer Redaktion Ia, und wir können nicht voraussetzen, dass der Originaltext des Buches »Fabeln Äsops« von ihr unverändert repräsentiert wird. Es ist gut möglich, dass einerseits in den Handschriften der Redaktion I Fabeln fehlen, die wir nur in der Fassung von Redaktion II und/oder III

kennen, andererseits nicht alle Fabeln, die wir heute in der *Collectio Augustana* lesen, von Haus aus darin enthalten waren. Angeordnet sind sie alphabetisch von *Aetós* (Adler) bis *Psýlla* (Floh). Das muss keineswegs bedeuten, dass der Redaktor des Fabelbuches dieses als eine Art Nachschlagewerk konzipiert hat, in dem die Platzierung der Texte lediglich vom Anfangsbuchstaben abhängt, also eine thematische Verknüpfung einzelner Fabeln allein dann vorliegt, wenn in mehreren hintereinander derselbe Protagonist agiert. Neuere Analyse der Sammlung von Fabeln des Babrios aus dem 2. Jahrhundert n. Chr. hat ergeben, dass der Dichter, der seine Texte ebenfalls alphabetisch anordnete, sich dabei an den kunstvoll organisierten Buchstrukturen griechischer und römischer Gedichtsammlungen orientierte, also die Vernetzung der Fabeln durch die Reihenfolge der Anfangsbuchstaben mit einer thematischen kombinierte. Betrachtet man in der *Collectio Augustana* z. B. die Hirschfabeln Nr. 74–77, in denen das Motiv »Fabelfigur beklagt im Sterben ihr unglückliches Ende« höchst originell variiert wird, ist unbedingt denkbar, dass auch dieses Fabelbuch zumindest in seiner ursprünglichen Gestalt einen sorgfältig komponierten Aufbau aufwies. Da es dazu aber keine modernen Untersuchungen gibt, äußere ich mich nicht weiter zur Buchstruktur.

Mit den 231 Texten, welche die Kodizes der *Collectio Augustana* präsentieren, ist sie von den drei Fabelsammlungen des 1./2. Jahrhunderts n. Chr., die wir noch haben, die umfangreichste; allerdings resultiert die Zahl 126 bei Phaedrus (2. Hälfte 1. Jh.) und 144 bei Babrios (frühes 2. Jh.) daraus, dass beide Textkorpora nur fragmentarisch tradiert sind. Während die in jambischen Senaren bzw. Hinkjamben geschriebenen Fabeln, die wir dort lesen, einen gehobenen Stil aufweisen, ist die Diktion der Prosafabeln, wie im Zusammenhang mit der Äsop-Vita gesagt wurde, sehr schlicht. Das wird zunächst damit zu erklären sein, dass die *Augustana* sicherlich an die seit dem frühen Hellenismus produzierten Promptuarien anknüpft, welche die Texte als Exempla für argumentative Kontexte bereitstellten und daher

auf Sprachästhetik keinen Wert legten. Indes dürfte der Anonymus, der die Fabeltexte der kaiserzeitlichen Sammlung erstmals formulierte, durchaus einen literarischen Anspruch erheben. Das wäre allein schon an der Anordnung der Fabeln im Buchverband erkennbar, wenn, wie ich für möglich erachte, hier eine gewisse Anlehnung an Gedichtbücher vorliegt. Hinzu kommt aber die Fiktion, dass Äsop, von dem man in der Antike glaubte, er habe im 6. Jahrhundert gelebt und die Gattung begründet, höchstpersönlich als von den Musen inspirierter Erzähler die uns überlieferten Fabeln verfasste. Ihnen geht nun einmal in den Handschriften in der Regel die Vita des Autors voraus, wie man es auch in den Kodizes der Opera großer antiker Dichter und Prosaautoren findet, und ich sehe keinen Grund zu bezweifeln, dass die Kombination von Leben und Werk, die ein literarisches Konzept voraussetzt, bereits bei der Originalausgabe der *Collectio Augustana* gegeben war. Es ist freilich nicht anzunehmen, dass derjenige, der die beiden Teile verknüpfte, sie auch beide selber schrieb. Denn in der Sammlung stehen fünf Fabeln, die mit fünf von Äsop in der Vita erzählten Fabeln inhaltlich im Wesentlichen identisch sind, aber nicht im Wortlaut: 3 ~ Kap. 135–139, 85 ~ Kap. 48, 119 ~ Kap. 35–37, 153 ~ Kap. 97 und 177 ~ Kap. 125. Warum hätte ein Autor beider Teile Fabeln, die Äsop sowohl mündlich vorgetragen als auch aufgezeichnet haben soll, verschieden formuliert?

Mir erscheint folgende Lösung des Problems plausibel: Selbst als ein Ganzes verfasst hat der Anonymus, den ich als Autor von »Leben und Fabeln Äsops« voraussetze, nur die fiktionale Vita. Die durch sie eingeleiteten Fabeln dagegen entnahm er Promptuarien und anderen Quellen, adaptierte sie mit Rücksicht auf sein Gesamtkonzept und fügte ihnen Texte hinzu, indem er entweder alte Motive abwandelte oder neue erdachte. Natürlich kann man, bevor die überfällige Feinanalyse der *Collectio Augustana* vollzogen und ein dringend nötiger Kommentar erarbeitet ist, lediglich spekulieren, durch welche Fabeln der Anonymus die in seinen Quellen gefundenen erweiterte. Am ehesten wird man an diejenigen denken,

zu denen wir weder unter den in Texte eingelegten noch unter den in vielen antiken und mittelalterlichen Fabelsammlungen enthaltenen eine Parallele nachweisen können. Seit der Publikation von Gert-Jan van Dijks Repertorium im Jahre 2015 sehen wir erstmals klar: Ich zähle 83 solche »Unikate«, die also immerhin ein Drittel der Gesamtzahl ausmachen. Ihre Nummern sind diejenigen, zu denen ich in den Erläuterungen allein die Nummer des *Corpus Fabularum Aesopicarum* angebe. Was mir nun bei Betrachtung dieser 83 Fabeln auffällt, ist der hohe Anteil derjenigen, in denen entweder nur Menschen agieren oder nur solche, die, wenn sie mit Tieren zu tun haben, nicht mit ihnen reden, also in einem realistischen Verhältnis zu ihnen stehen. Zu dem Typus gehören in der *Collectio Augustana* insgesamt 62 *lógoi*, und 31 davon erzählen uns eine nur in dieser Sammlung zu lesende Geschichte. Bemerkenswert scheint mir auch die Platzierung des ersten Vertreters einer derartigen Fabel in der *Augustana*. Sie beginnt mit vier Tierfabeln, von denen drei in der ältesten griechischen Literatur belegt sind – 1 (Adler und Fuchs) kennt schon Archilochos (7. Jh.), 3 (Adler und Mistkäfer) vermutlich schon Semonides (7. Jh.), sicher Aristophanes (5. Jh.), 4 (Nachtigall und Habicht) Hesiod (um 700) – und eine (2: Adler, Dohle und Hirte) bei Babrios gestanden haben muss (dessen zeitliches Verhältnis zur *Augustana* allerdings unbestimmbar ist). Und darauf folgt dieser Schwank (5):

> *In Athen wurden von einem Mann, der Schulden hatte, durch seinen Gläubiger die Schulden eingefordert, und zuerst bat er, dass ihm Aufschub gewährt werde, indem er behauptete, er sei mittellos. Als er ihn aber nicht überreden konnte, brachte er die einzige Sau herbei, die er hatte, und versuchte sie in dessen Gegenwart zu verkaufen. Ein Käufer trat nun hinzu und fragte, ob die Sau gebärfähig sei, und jener sprach, sie gebäre nicht nur, sondern sogar wundersam: an den Mysterien weibliche, an den Panathenäen männliche Ferkel. Als der erstaunt war über diese Worte, sagte der*

Gläubiger: »Aber wundere dich nicht! Denn an den Dionysien wird sie sogar Böckchen gebären.«

Eine solche Geschichte könnte sehr gut auch Teil der Handlung in der fiktionalen Vita sein. Denn was der Gläubiger am Schluss sagt – man fühlt sich an die unerwartete Pointe eines Epigramms erinnert –, ist sehr amüsant. Ganz ähnlich schwankhaft sind fast alle übrigen 31 nur in der *Augustana* erzählten Fabeln, in denen Menschen agieren, und 25 von ihnen enden mit einem überraschenden Diktum in wörtlicher Rede, das wiederum meist Schmunzeln erregt; eines wurde sogar sehr bekannt: Ich meine das, was jemand in Nr. 33 sagt, als ein Fünfkämpfer mit einem gewaltigen Sprung prahlt, der ihm in Rhodos gelungen sei. *Hic Rhodus, hic salta!*, pflegt man sie zu zitieren, »Hier ⟨sind⟩ Rhodos und Sprung!« lautet die wörtliche Übertragung des Originaltextes.

So witzig »epigrammatische« Pointen wie diese sind, so wenig scheinen mit ihnen die angehängten Epimythien vereinbar – zumindest aus heutiger Sicht. Die Lehre, die man z. B. der Geschichte von Schuldner und Gläubiger entnehmen soll, lautet: *Die Fabel zeigt, dass viele um des eigenen Vorteils willen nicht zögern, sogar Unmögliches falsch zu bezeugen.* Offensichtlich zielt das auf die abschließende Äußerung des Gläubigers. Aber würde man diese nicht eher als ironisch interpretieren? Und sollte sie ernstgemeint sein, ist der Kasus dann geeignet, uns vor »falschen Zeugen« zu warnen? Verdirbt nicht die pausbäckige Betulichkeit der »Moral von der Geschicht'« den ganzen Spaß? Bevor ich mich mit dem Problem auseinandersetze, seien die Epimythien der *Collectio Augustana* im Überblick betrachtet.

Ist der lógos *immer »gut passend«?*

Am Schluss aller Fabeln »Äsops« bis auf vier (11, 126, 211, 214) sind Lehren überliefert, die das zuvor erzählte Geschehen entweder direkt oder als Allegorie moraldidaktisch auslegen. In diesen Epimythien werden wie in den Narrationen (dazu oben S. 22) Formeln verwendet. Hier kann man sie zwei Gruppen zuordnen. Zu der einen gehören Variationen von Sätzen, die man der Narration auch vorausschicken könnte – man würde sie dann Promythien nennen –, zu der anderen Gruppe Variationen von Sätzen, die ein lehrhaftes Resümee ziehen. Epimythien kennt man schon aus archaischen Fabeln, die als Exempel in einen Kontext eingelegt sind; sie lauten am häufigsten: »So ⟨geht es dem/der/denen, der/die/die ...⟩« oder »Aber auch wir müssen also ...«. Die Formeln, die an Promythien erinnern, finden sich als solche in dem erwähnten Promptuarium. Dort lesen wir ⟨Auf Menschentyp x⟩ »passt die folgende Fabel:«, und dem entspricht entweder »Zu jemandem wie x ist die Fabel gut passend (*lógos*)« (mit Abwandlungen) oder »Die Fabel (*lógos*) zeigt/lehrt ...« In den meisten Fällen »passt« die Fabel durchaus zu dem, was daraus gelernt werden soll, zumindest auf den ersten Blick, etwa in Nr. 210: Da macht sich ein Hirte, der vom Dorf entfernt Schafe weidet, einen Scherz damit, um Hilfe gegen nahende Wölfe zu rufen; sie kommt dreimal, bleibt aber, weil vergeblich, dann im Ernstfall aus, worauf der Hirte seine Herde verliert. Dazu heißt es: *Die Fabel zeigt, dass die Lügner nur den einen Gewinn haben, dass ihnen nicht einmal dann, wenn sie die Wahrheit sprechen, geglaubt wird.* Stimmt, aber exemplifiziert die Narration genau das? Sie exponiert den Hirten als Spaßvogel, nicht als notorischen Lügner, und man glaubt ihm ja zunächst. Fabel und Epimythion sind also nicht so ganz kongruent. Es gibt auch nicht wenige Erzählungen, mit denen sich die jeweils angehängte Lehre gar nicht vereinbaren lässt. Man nehme z. B. Nr. 47: Ein Junge hat bei einem Schlachtfest so viele Innereien gegessen, dass er an heftigen Bauchschmerzen leidet und

deshalb zu seiner Mutter sagt, er erbreche seine Eingeweide, worauf die erwidert, es seien nicht seine, sondern die aufgegessenen. *Diese Fabel passt zu einem Schuldner, der, während er bereitwillig Fremdes nimmt, dann, wenn er zurückzahlen soll, sich so ärgert, als ob er eigenen Besitz preisgeben würde.* Eine allegorische Auslegung also, aber man hat größte Mühe, die Fabel als dazu »passend« zu empfinden.

Könnte es sein, dass manche dieser Epimythien oder sogar alle nachträglich ergänzt wurden? Es gäbe eine Analogie: Die Epimythien der Babrios-Überlieferung sind nachweislich zu einem großen Teil fremder Zusatz. Mit Recht gilt z. B. die Lehre als unecht, welche eine der zwei erhaltenen Textzeugen seiner Version von *Augustana* Nr. 47 hinzufügt und die noch abwegiger ist als die dort angehängte: Dem Jungen entspreche jemand, der das Vermögen eines Waisenkinds vergeudet hat und klagt, als er es zurückzahlen soll (34,12–14). Nun wurde mit guten Gründen argumentiert, Babrios habe ganz auf das moraldidaktische Auslegen seiner Geschichten verzichtet. Grundsätzlich denkbar wäre also sehr wohl, dass die Epimythien der *Collectio Augustana* ein fremder Zusatz sind. In unserem Fall existiert überdies ein Text, aus dem ein »Epimythologe« die Anregung zu seiner Ergänzung bezogen haben könnte: Plutarch verwendet eine Variante der Fabel in seiner Abhandlung *Über das Geldleihen* (831 C). Dort ist es ein Geier, der einem anderen Geier erklärt, dieser erbreche nicht seine eigenen Innereien, sondern die des gefressenen Aases, und das steht dafür, dass ein Schuldner nicht seinen eigenen Haus- und Grundbesitz verkaufe, sondern den des Gläubigers, den er per Gesetz zu deren Besitzer gemacht habe. So richtig »passend« finde ich auch das nicht, selbst wenn »Geier« für »Gläubiger« mir besser gefällt als »Junge«. Aber ich könnte mir vorstellen, dass, falls jemand *Augustana* Nr. 47 durch das Epimythion erweiterte, er die Plutarch-Passage im Auge hatte. Oder ließ sich von ihr der Autor der Fabelsammlung inspirieren? Ich betrachte als das eigentliche Problem die Epimythien, die wie bei Nr. 5 »den Spaß verderben«. Das gilt z. B. auch für Nr. 8, wo die kranken Hühner dem als Arzt

verkleideten Kater – man assoziiert unwillkürlich Tom in *Tom and Jerry* –, auf seine vor der Tür gestellte Frage, wie es ihnen gehe, antworten: »*Gut, wenn du von hier verschwindest.*« Erträgt man nach diesem wunderbaren Sarkasmus *So bleiben auch bei den Menschen die Bösen den Besonnenen nicht verborgen, auch wenn sie noch so sehr Rechtschaffenheit vortäuschen*? Was muss das für ein humorloser Oberlehrer gewesen sein, der es für nötig hielt, dies explizit zu artikulieren! Am absurdesten ist für mich die Kombination von Narration und Epimythion in Nr. 54:

> *Der Sohn eines Bauern briet Schnecken. Als er sie zischen hörte, sagte er: »Ihr elenden Biester, während eure Häuser brennen, könnt ihr singen?«*
>
> *Die Fabel zeigt, dass alles, was zu unpassender Zeit getan wird, tadelnswert ist.*

Ja, wie können die Schnecken so absolut unpassend zischen! Doch zugegeben: Nur auf mich als einen modernen Leser mag bei so amüsanten Geschichten eine bieder und pedantisch aus ihr abgeleitete Lehre Zweifel daran wecken, dass ein Autor beides ernsthaft miteinander verband. Aber die *Collectio Augustana* entstand nicht im 21., sondern im 1./2. Jahrhundert n. Chr., und da Moralsatire nun einmal ein wesentliches Element der Fabel ist und ebenso durch die Narration wie durch ihre Auslegung transportiert wird, kann man keineswegs die Möglichkeit ausschließen, dass sogar die Fabel von den »singenden« Schnecken zusammen mit dem in der Handschrift angehängten Epimythion von ein und demselben Verfasser so und nicht anders geschrieben wurde. Bei Babrios sind sehr viele Epimythien sowohl aus inhaltlichen als auch aus sprachlichen Gründen als Zusatz verdächtig. Doch die formelhaften Wendungen der *Collectio Augustana* im narrativen und im kommentierenden Text wirken derart einheitlich, dass sie so lange als intendiertes Ensemble zu akzeptieren sind, wie objektive Kriterien, die bei Babrios vorliegen, für die Athetese von Epimythien nicht gefunden werden können. Ich

möchte mir aber wenigstens für die skurrilsten unter den Fabeln – und das sind ja überwiegend diejenigen, zu denen keine Parallelen existiert – eine Hintertür zu einer Deutung offenhalten, die in dem Erfinder dieser Storys nicht einen Lieferanten für Schulstubeninterpretationen sieht. Mein Beispiel ist Nr. 193: Eine Haubenlerche erfährt von einem seine Falle aufstellenden Vogelfänger auf ihre Frage, was er da tue, er baue eine Stadt, und sie sagt, als sie daraufhin in die Schlingen gerät: *»Du da, wenn du solche Städte gründest, wirst du nicht viele Bewohner finden.«* Das ist wunderbar, zumal es pseudopolitologisch klingt. Aber gerade diesbezüglich setzt das Epimythion noch eines drauf: *Die Fabel zeigt, dass Häuser und Städte dann vor allem entvölkert werden, wenn die Regierenden böse sind.* Hätte, wenn nicht heute, so doch in der Antike ein Lehrer seinen Schülern mit so etwas daherkommen können? Weil ich da skeptisch bin, wage ich folgende Überlegung: In Fällen wie diesem, die es mehrfach in der *Augustana* gibt, könnten wir es mit Parodie der Gattung zu tun haben. Allerdings müsste man dann wohl annehmen, dass Nr. 193 und andere derartige Texte der Sammlung, die ansonsten sehr viel traditionelles Fabelgut enthält, hinzugefügt wurden.

Auf jeden Fall strahlen die Fabeln, die ich als parodistisch empfinde, einen besonderen Charme aus, der allein schon rechtfertigt, dass man neben Phaedrus und Babrios, die, wie jüngste Forschung entdeckt hat, das Genre sogar dekonstruieren, auch die *Collectio Augustana* liest, ja nicht nur liest, sondern endlich auch einmal gründlich interpretiert. Es geht nicht an, dass Perlen der narrativen Kleinkunst wie z. B. diese unbeachtet bleiben: 28, ein spannender Kurzroman über einen Kranken, den die Götter erst für das Versprechen einer Hekatombe genesen lassen, dann aber, weil er ihnen hundert Rinder aus Wachs »opfert«, von ihnen mit Aussicht auf den Fund einer hohen Geldsumme, an den Strand geschickt, dort von Räubern gefangen wird und so die Summe »findet«, für die sie ihn verkaufen; 57 über die augenkranke Frau, die von ihrem Arzt immer dann, wenn sie während der Behandlung die Augen schließt, beraubt

wird und ihm nach der Heilung das Honorar verweigert, weil sie vorher ihren ganzen Hausrat erblickt habe, jetzt aber nichts davon sehen könne; 88 über Hermes, der, inkognito sein Renommee auf Erden testend, von einem Bildhauer hört, ein Zeus koste eine Drachme, eine Hera noch mehr, und auf seine Frage nach dem Preis des Hermes diesen als Zugabe zu den beiden anderen Statuen angeboten bekommt; 122 über den Hahn, der, von Dieben allein in einem Haus angetroffen, unter Hinweis auf seine den Menschen nützliche Wecktätigkeit um Verschonung von der Schlachtung bittet und dem (»die aber fielen ihm ins Wort«) verkündet wird, gerade weil er durch sein Wecken der Menschen sie nicht stehlen lasse, würden sie ihn umso lieber schlachten; 207 über den Hirten, der das Meer still sieht, ein Schiff mit Datteln belädt, im Sturm alles verliert und, nachdem er an Land geschwommen ist, jemandem, der dort die Ruhe des Meeres preist, erklärt, dieses verspüre ja doch nur Lust auf Datteln; Nr. 231, die letzte Fabel der Sammlung, in der ein Floh einem Athleten, den er gebissen hat und der ihn zerquetschen will, durch einen Sprung entflieht, worauf der sagt: *»Herakles, wenn du mir bei einem Floh so zum Helfer wirst, wie dann bei meinen Gegnern?«.*

Von den Epimythien, die alle jeweils Witz und menschlich-allzumenschlichen Tiefsinn zerstören oder aber parodistisch gemeint sind, zitiere ich das besonders aberwitzige zu Nr. 231: *Aber auch uns lehrt die Fabel, dass wir nicht bei unbedeutenden und ungefährlichen Dingen geradewegs die Götter herbeirufen dürfen, sondern nur in größeren Notlagen.* Ich schließe mit einer Fabel, die ohne das zu ihr gehörige Epimythion überliefert ist, Nr. 211:

> *Ein Knabe badete einmal in einem Fluss und drohte zu ertrinken. Er sah nun einen Wanderer und rief ihn zu Hilfe. Der aber tadelte den Knaben wegen seiner Unvorsichtigkeit. Da sagte der Junge zu ihm: »Jetzt hilf mir, später, wenn ich gerettet bin, tadle mich!«*

Pedantisch-trockene Schulmeister, wie man sie sich bei der Lektüre vieler Epimythien der *Collectio Augustana* zwangsläufig vor das

innere Auge führt, bringen es fertig, statt ins Wasser zu springen, am Ufer den mahnenden Zeigefinger zu erheben. Für pedantisch-trockene Schreibstubenhocker in einer Behörde kann es, wie aus einer Bildergeschichte Wilhelm Buschs (*Der Lohn einer guten Tat*) hervorgeht, ebenso etwas geben, das wichtiger ist als Lebensrettung eines Kindes. Die hat der Handwerksbursche Luënicka aus Leitomischl geleistet, weswegen er bei der Dorfgemeinde eine Belohnung beantragt. Ihm wird vom Kreisamt schriftlich beschieden, da er schwimmen könne, sei »die fragliche Belohnung jedenfalls von Überfluß.« Zweitens habe er sein Ersuchen nicht, »wie es gesetzlich«, gestempelt, und deshalb müsse er 72 Kreuzer Stempeltaxe zahlen. Und das Epimythion lautet:

Und wir fragen uns im stillen:
Wozu nützt die gute Tat,
Wenn ein tugendsamer Jüngling
Obendrein noch Kosten hat.

Darunter sieht man einen Teich abgebildet, aus dem Beine und Arme von fünf ertrinkenden Kindern herausragen, sowie den Handwerksburschen, der ihnen den Rücken zukehrt und sich abwinkend davonmacht. Wilhelm Busch und der unbekannte Autor, der, wie ich meine, nicht allein den »Anti-Text« Äsop-Vita verfasste, sondern ihn auch mit einer Fabelsammlung Pseudo-Äsops verknüpfte und vielleicht die Fabeln hinzufügte, die ähnlich skurril und defätistisch sind wie die Vita – diese beiden Witzbolde hätten sich wegen der gegenseitigen Berührungen in ihrer satirischen Darstellung des Welttheaters sicher gut verstanden.

Von Ulm bis Mexiko und Japan

Das Buch »Leben und Fabeln Äsops« hatte seit dem Ende des Mittelalters zwar ein so blühendes Nachleben wie kaum ein anderes

antikes Werk, aber überall in der Welt rezipiert wurden statt Vita G und der *Collectio Augustana* – in einem Druck vereint waren sie erst 1952 in Ben Edwin Perrys monumentaler Ausgabe der *Aesopica* – byzantinische Bearbeitungen beider Werke. 1448 übertrug der italienische Humanist Rinuccio da Castiglione (ca. 1395–1456) die Vita in der Fassung BPThSA und 100 Fabeln der *Collectio Vindobonesis* ins Lateinische; dabei lag ihm ein beide Texte enthaltender, heute verlorener Kodex vor, dem der Vaticanus Palatinus Gr. 269 am engsten verwandt sein dürfte. Abgesehen davon, dass in der Version BPThSA mehrere Kapitel erheblich kürzer sind als die entsprechenden in Vita G – einige bestehen nur aus einem einzigen Satz –, fehlen darin Kap. 33, 38, 58, 75f., 83 und 126, und Rinuccios Handschrift wies zudem größere Lücken in Kap. 112–115, 129f. und 135–139 auf. In dieser Form aber fand die Äsop-Vita Eingang in den Druck, der einer der größten Bucherfolge der frühen Neuzeit neben der Bibel werden sollte: in den *Esopus*, den der Arzt und Humanist Heinrich Steinhöwel (1410/1411–1479) 1476/77 in Ulm publizierte. Der prachtvolle, mit 208 künstlerisch sehr bedeutenden Holzschnitten illustrierte Folioband beginnt mit »Leben und Fabeln Äsops« in lateinischer und deutscher Sprache – die Übersetzung stammt von Steinhöwel –, aber an die BPThSA-Vita schließen sich nicht die von Rinuccio ausgewählten Fabeln der *Collectio Vindobonensis* an, sondern die vier Bücher des *Aesopus Latinus*, den ein Anonymus des 5. Jahrhunderts, wie die Vorrede eines Romulus behauptet, aus dem Griechischen übertragen hatte; dabei handelt es sich aber überwiegend um Prosafassungen der Versfabeln des Phaedrus, dessen Sammlung bis zum Ende des 16. Jahrhunderts verschollen war. Nach diesem »Äsop« liest man 17 mittelalterliche *Fabulae extravagantes*, dann aber kommt auch der griechische »Äsop« wenigstens indirekt zu seinem Recht: mit 17 der von Rinuccio latinisierten 100 Fabeln, die durch 27 der 42 Versfabeln Avians (4./5. Jh.) sowie Novellen des Petrus Alphonsus (ca. 1075–1130) und Poggios (1380–1459) fortgesetzt werden.

30 von den 208 Holzschnitten beziehen sich auf die Vita, und sie erscheinen, auf ein Detail reduziert, auch auf dem Titelholzschnitt. Dort umgeben sie die Gestalt des Fabelerzählers, dessen Körper in etwa der Beschreibung in Kap. 1 entspricht, dessen Kopf aber dem eines Philosophen gleicht. Der Bilderzyklus, der, Äsop gewissermaßen umkränzend, die Stationen seines Lebens nachzeichnet, evoziert offensichtlich Darstellungen des gekreuzigten Christus, auf denen dieser von den bei der Kreuzigung eine besondere Rolle spielenden Gegenständen, u. a. Nägeln, Schwamm und Lanze – eingerahmt wird. Schon bald schmückte das *Esopus*-Titelbild zahlreiche Drucke überall in Europa. Denn Steinhöwels Band wurde häufig wieder aufgelegt – die deutsche Übertragung erlebte im 15./16. Jahrhundert 31 Neuausgaben und im 17.–19. Jahrhundert 25 bearbeitete Editionen – und überdies in mehrere Sprachen übersetzt: ins Französische (1480), Englische (1484), Niederländische (1485), Spanische (1488), Tschechische (1488 bzw. 1557), Niederdeutsche (um 1492), Katalanische (1550), Dänische (1556) und Ungarische (1566); nur in einer Handschrift von 1743 erhalten ist eine isländische Übertragung. Sogar über Europa hinaus gelangten bereits im 16. Jahrhundert äsopische Fabeln. Mitte der 1530er Jahre brachten spanische Missionare eine Druckmaschine zu den Azteken, aus der als eines der ersten Bücher des heutigen Mexiko ein ins Nahuatl übertragener »Äsop« hervorging. Die 47 Fabeln, die er vereint, fußen auf der *Collectio Accursiana*. Eine der Neuauflagen des *Esopus* drang bis nach Japan vor. Diesmal produzierte eine Druckmaschine portugiesischer Missionare eine Übersetzung: 1593 *Esopo no fabulas* mit der Vita und 70 Fabeln. Während das Japanische hier in lateinische Buchstaben transkribiert ist, erschienen um 1615 die Vita und 64 Fabeln in chinesischer Schrift unter dem Titel *Isofo Monogatari*. 1659 mit Illustrationen neu aufgelegt, wurde das Buch bis ins 19. Jahrhundert zehnmal nachgedruckt. »Leben und Fabeln Äsops« in seiner durch Steinhöwel veränderten Gestalt war das erste Werk eines nicht-christlichen westlichen Autors, das nach Japan einreiste.

Für die Exemplare der frühesten *Esopus*-Drucke musste man nicht wenig bezahlen: Im Jahre 1488 hätte z. B. ein Augsburger Erntehelfer, wie nachgewiesen werden konnte, für den Erwerb des Buches 16 Tagelöhne aufbringen müssen. Zumindest das Wichtigste daraus dennoch kennenzulernen ermöglichte in Deutschland der städtischen Mittelschicht sowie der »gehobenen« Unterschicht der Handwerksgesellen, Arbeiter, Tagelöhner und niederen Angestellten der Dichter Hans Sachs (1494–1576). Zwischen 1532 und 1562 versifizierte er 18 Mal einzelne Kapitel der Äsop-Vita und 11 von den 17 Rinuccio-Fabeln. Mit den von ihm dafür gewählten poetischen Gattungen konnte er sogar die Illiteraten unter den Angehörigen der genannten zwei Stände erreichen. Denn die Meisterlieder, die er schrieb – eines z. B., das auf Kap. 77a der Vita fußt, trägt den Titel *Esopus teckt Xanti weib den ars auff* –, konnte man mit den Ohren rezipieren, die Holzschnitte auf den Flugblättern, durch die Sachs seine Spruchgedichte im ganzen Reich verbreitete, mit den Augen, und sein fünfaktiges Fastnachtspiel *Esopus der fabeldichter* von 1560 mit Augen und Ohren. In den Meisterliedern und Spruchgedichten begnügte Sachs sich damit, Äsop als Schelm von der Art Till Eulenspiegels zu präsentieren. Für das Theaterstück dagegen, eine Dramatisierung von Kap. 12–50a, erdachte er ein neues Konzept. Der Sklave arrangiert auf der Bühne nicht einfach nur komische Szenen, sondern wird in Akt 1 und 2 aus verschiedenen Blickwinkeln als ein Mann charakterisiert, der trotz seiner Hässlichkeit und Respektlosigkeit über Weisheit verfügt. Und in Akt 3–5 erleben wir ihn bei der konsequenten Anwendung seiner Weisheit als Retter der Ehe des Xanthos, die auseinanderzubrechen droht. Zwanzig Jahre nach Sachs' Tod erschien die Erstausgabe der Fabeln des Phaedrus in fünf Büchern, die Pierre Pithou (1539–1596) wiederentdeckt hatte. Damit begann ein neues Kapitel in der Äsop-Rezeption: Der römische Dichter, der sich in die Nachfolge des Griechen stellte, wurde von nun an häufiger als dieser gelesen, und die Äsop-Vita fand immer weniger Beachtung. Auch als Perry 1952 die Vita G edierte, weckte er

damit lediglich bei Spezialisten Interesse, und das hat sich bis heute nicht wesentlich geändert.

Noch ein Epimythion

Nach wie vor die maßgebliche Ausgabe sowohl der Äsop-Vita G als auch der *Collectio Augustana* ist Perrys Editio princeps von 1952; sie liegt deshalb auch der vorliegenden Bilingue zugrunde. Aber während ich den Text der Fabeln unverändert übernehmen konnte, waren für die Vita jüngere Ausgaben heranzuziehen. Die von Manolis Papathomopoulos 1990 publizierte zweisprachige Edition, die erste Fortschritte gegenüber Perry erzielte, wurde 1997 durch die Bilingue Franco Ferraris erheblich verbessert, und Papathomopoulos erzielte mit seiner Neuauflage von 2010 wiederum Fortschritte gegenüber Ferrari. Doch eine in jeder Hinsicht überzeugende textkritische Edition steht noch aus. Beim jetzigen Stand der Forschung musste ich mich damit begnügen, einzelne Lesarten Perrys durch solche zu ersetzen, die ich für die besseren halte. Meine Abweichungen von der Editio princeps sind in einem (für jedermann verständlichen) Apparat unter dem griechischen Text verzeichnet; jeweils dahinter steht Perrys Lesart ohne Nennung seines Namens.

Das Übersetzen der Vita G wird sowohl dadurch erheblich erschwert, dass der Text so schlecht überliefert ist, als auch aufgrund des Griechisch, das der Autor schreibt. Es sieht zwar auf den ersten Blick leicht aus, bereitet aber dadurch Probleme, dass es zahlreiche Kolloquialismen enthält, welche die Wörterbücher kaum erfassen. Da die Editio princeps erst 1952 publiziert wurde, konnte der Liddell/Scott/Jones den Text nur in den Nachtragsbänden berücksichtigen, zunächst aber nicht auf lexikalische Spezialuntersuchungen zurückgreifen. Hier sind inzwischen Fortschritte erzielt worden, vor allem durch Ioannis Stamoulakis' Buch von 2016, doch was wir dringend bräuchten, wäre ein ausführlicher Kommentar. Ins Deutsche

übersetzt wurde Vita G bisher einmal: 1974 von Günter Poethke. Er gibt den Text sehr gewandt, aber an vielen Stellen so frei wieder, dass man kaum nachvollziehen kann, wie er zu seiner Lösung kam. Die englische Übertragung der Edition Perrys durch Lloyd Daly (erstmals 1961) und diejenige der älteren Papathomopoulos-Edition von Lawrence Wills (1997) sind wie Poethkes Verdeutschung gut lesbar, neigen aber gleichfalls zu einer zu freien Wiedergabe mancher Passagen. Um Wörtlichkeit bemühen sich dagegen Franco Ferrari in der italienischen Übersetzung seines Textes, Laura Michelacci in ihrer italienischen Übersetzung des Perry-Textes und Manolis Papathomopoulos in der neugriechischen Übersetzung seiner Edition von 2010. Da sowohl die Äsop-Vita als auch die Fabeln in einer betont schlichten Sprache geschrieben sind, sollte die Verdeutschung auf keinen Fall, wie ich meine, stilistisch so gut lesbar sein wie bei Poethke. Deshalb übersetze ich so wörtlich wie möglich; ich gehe dabei bewusst so weit, dass ich in den häufigen Fällen, wo Personenwechsel nicht direkt angezeigt ist, auf eine Verdeutlichung durch Namensnennung verzichte. Also gehe ich mit meiner Texttreue noch über das hinaus, was die Verdeutschungen der Fabeln durch Irmscher (1978), Nickel (2005) und Voskuhl (2005) bieten. So verfahre ich aber nicht nur in dem Bemühen um Authentizität, sondern auch noch aus einem zweiten Grund: Ich bin der festen Überzeugung, dass heute, wo die Zahl derjenigen, die Griechisch wirklich beherrschen, stetig zurückgeht, die Verdeutschung in einer Bilingue nicht wörtlich genug sein kann. Denn nur so kann wirklich nachvollzogen werden, was »links« steht.

Gewidmet ist dieses Buch Grammatiki Karla und Ioannis Konstantakos. Die beiden Athener Kollegen, die durch unseren Austausch über die Äsop-Vita längst zu Freunden geworden sind, haben vor allem in einem bisher eher vernachlässigten Bereich der Forschung zu dem Werk unschätzbar Wertvolles geleistet: in dem der philologischen Analyse. Vor allem aber bin ich ihnen für die stets prompte Hilfe bei Problemen, die ich mit der Vita hatte, und für

die rasche Übermittlung schwer zugänglicher Literatur zu größtem Dank verpflichtet. Zu danken habe ich auch Regina Höschele und David Konstan für nützliche Hinweise.

München, im Herbst 2020 Niklas Holzberg

TEXTE UND ÜBERSETZUNGEN

Βίος Αἰσώπου

1 Ὁ πάντα βιωφελέστατος Αἴσωπος, ὁ λογοποιός, τὴν μὲν τύχην ἦν δοῦλος, τῷ δὲ γένει Φρὺξ ⟨ἐξ Ἀμορίου⟩ τῆς Φρυγίας· κακοπινὴς τὸ ἰδέσθαι, εἰς ὑπεραισίαν σαπρός, προγάστωρ, προκέφαλος, σιμός, λορδός, μέλας, κολοβός, βλαισός, γαλιάγκων, στρεβλός, μυστάκων, προσημαῖνον ἁμάρτημα. πρὸς τούτοις ἐλάττωμα μεῖζον εἶχε τῆς ἀμορφίας τὴν ἀφωνίαν· ἦν δὲ καὶ νωδὸς καὶ οὐδὲν ἠδύνατο λαλεῖν.

2 τοῦτον ὁ δεσπότης κατὰ πάντα στυγητὸν ἔχων καὶ ἀποίητον τῇ πολιτικῇ ἐργασίᾳ, ἔπεμψεν εἰς τὸν ἀγρόν ... [*αὐτοῦ σκάπτειν. καὶ δή ποτε παραγενομένου αὐτοῦ ἐπὶ τὸν ἀγρόν, γεωργός τις κάλλιστα τρυγήσας σῦκα προσήνεγκεν αὐτῷ καί φησι· "δέσποτα, λάβε ἀπὸ τῶν σῶν καρπῶν ὀπώραν πρώϊμον." ὁ δὲ τερφθεὶς ἔφη· "νὴ τὴν σωτηρίαν μου, καλὰ σῦκα." καί φησι τῷ οἰκέτῃ· "Ἀγαθόπου, λάβε καὶ φύλαξόν μοι αὐτά. μετὰ δὲ τὸ λούσασθαι καὶ ἀριστῆσαι παράθες μοι τὴν ὀπώραν." συνέβη δὲ κατὰ τὴν ὥραν ἀνανεῦσαι τὸν Αἴσωπον ἀπὸ τοῦ ἔργου καὶ εἰσελθόντα ζητεῖν τὸ ἐφήμερον ἄριστον. ὁ δὲ Ἀγαθόπους λαβὼν τὰ σῦκα καὶ λιμανθείς, φαγὼν ἓν καὶ δύο ...*] εἷς δέ τις τῶν συνδούλων αὐτοῦ ἰδὼν αὐτὸν ἀλγούμενον λέγει τῷ ἑταίρῳ· "σύνδουλε, οἶδά σέ τι ἐνθυμῆσαι, διότι τὰ σῦκα καταφαγεῖν θέλεις." ὁ δὲ ἔφη· "ναὶ μὰ τὸν Δία, πῶς τοῦτο οἶδας;" ὁ δὲ λέγει· "ἀπὸ τοῦ τῆς ὄψεως χαρακτῆρος τὸ τῆς ψυχῆς βούλευμα γινώσκω." "δὸς οὖν γνώμην πῶς αὐτὰ φάγωμεν οἱ δύο." ὁ δέ· "[...] οὐ γὰρ καλὴν μὲν γνώμην ἔδωκας· ὅταν γὰρ ὁ δεσπότης ἐπιζητήσῃ τὰ σῦκα καὶ μὴ ἔχωμεν δοῦναι, τί ἔσται;" ὁ δὲ εἶπεν· "εἰπὲ αὐτῷ ὅτι Αἴσωπος εὑρὼν τὸ ταμιεῖον εὐκαίρως ἀνεῳγμένον εἰσπηδήσας κατέφαγεν τὰ σῦκα. ὁ δὲ Αἴσωπος λαλεῖν μὴ δυνάμενος οὕτως δαρήσε-

---

2 τὴν μὲν τύχην G : τῇ μὲν τύχῃ **3** ⟨ἐξ Ἀμορίου⟩ τῆς Φρυγίας Papathomopoulos : τῆς Φρυγίας **4** ὑπεραισίαν Blake : ὑπηρεσίαν | λορδός Stefanis : σόρδος **8** στυγητὸν G Maas : σιγηλὸν **21** δὸς G : δώσω **22** ὁ δέ· "[...] οὐ Ferrari : ὁ δέ· "οὐ | μὲν G : τὴν **24** ταμιεῖον G : ταμεῖον

LEBEN ÄSOPS

1 Der in jeder Hinsicht für das Leben sehr nützliche Äsop, der Fabelerzähler, war, was sein Schicksal betrifft, Sklave und von Geburt Phryger aus Amorion in Phrygien: abstoßend anzusehen, ekelhaft im Übermaß, dickbäuchig, mit einem Auswuchs am Kopf, plattnasig, bucklig, dunkelfarbig, kleinwüchsig, krummbeinig, kurzarmig, schielend, schnurrbärtig, eine stark ins Auge fallende Missgeburt. Außerdem hatte er einen größeren Defekt als seine Hässlichkeit: Stimmlosigkeit; er war stumm und konnte überhaupt nicht reden.

2 Da ihn sein Gebieter als ganz und gar abscheulich und unbrauchbar für die Arbeit in der Stadt betrachtete, schickte er ihn aufs Land, ... [*damit er dort grabe. Und als er nun eines Tages aufs Land kam, brachte ein Bauer, der sehr schöne Feigen geerntet hatte, ihm diese und sprach: »Gebieter, nimm von den frühen Früchten deiner Ernte.« Der war sehr erfreut darüber und sprach: »Bei meinem Heil, schöne Feigen!« Und zu seinem Sklaven sprach er: »Agathopous, nimm sie und bewahre sie für mich auf. Aber nachdem ich gebadet und zu Mittag gegessen habe, setze mir die Früchte vor.« Es geschah nun, dass zu dieser Stunde Äsop von seiner Arbeit zurückkehrte und hineinging, um sein tägliches Mittagessen zu suchen. Agathopous nahm die Feigen, und weil er hungrig war, aß er eine oder zwei und* ...] Einer seiner Mitsklaven, der ihn bekümmert sah, sagte zu seinem Freund: »Mitsklave, ich weiß, was du im Sinn hast: Du willst die Feigen aufessen.« Und der sprach: »Ja, bei Zeus, wie weißt du das?« Und der sagte: »An deinem Gesichtsausdruck erkenne ich den Wunsch deiner Seele.« »Gib uns also einen Rat, wie wir zwei sie essen können.« Und der: »[...] Du hast mir keinen guten Rat gegeben; denn wenn der Gebieter die Feigen verlangt und wir sie ihm nicht geben können, was wird dann sein?« Und der sagte: »Sage ihm, dass Äsop die Vorratskammer in einem günstigen Augenblick offen vorgefunden habe, hineingesprungen sei und die Feigen aufgegessen habe. So wird Äsop, der nicht sprechen

ται, καὶ τὴν ἐπιθυμίαν σου εἶ πεπληρωκώς." ταῦτα εἰπόντες περικαθίζουσι τοῖς σύκοις καὶ κατεσθίουσιν αὐτὰ καὶ ἔλεγον· "οὐαὶ τῷ Αἰσώπῳ. ἀληθῶς σαπρός ἐστι, καὶ οὐδὲν ἄλλο πρέπει αὐτῷ εἰ μὴ δέρεσθαι. ἅπαξ οὖν συμφωνήσωμεν εἰς ἑαυτούς, καὶ ὃ ἐὰν κατεαγῇ ἢ ἀπόληται ἢ ἐκχυθῇ, λέγομεν ὅτι Αἴσωπος αὐτὸ πεποίηκεν, καὶ πάντοτε ἀμάχητοι γινόμεθα." καὶ οἱ μὲν κατέφαγον τὰ σῦκα. **3** τῇ δὲ τακτῇ ὥρᾳ ὁ δεσπότης λουσάμενος καὶ ἀριστήσας, εὐπέπτως ἔχων πρὸς τὰ σῦκα, ἐπεζήτησε τὴν ὀπώραν, καί φησιν· "Ἀγαθόπου, δὸς τὰ σῦκα." ἄλλος· "Ἑρμᾶ, φέρε τὰ σῦκα." ἰδὼν ὁ δεσπότης ὅτι διαπαίζεται, διαπονηθείς, καὶ μαθὼν ὅτι Αἴσωπος ἔφαγε τὰ σῦκα, εἶπεν· "Αἴσωπόν τις καλείτω." καὶ δὴ κληθέντος παρεγένετο, ὁ δέ φησιν αὐτῷ· "λέγε, ἐπικατάρατε, οὕτως μου κατεφρόνησας, ἵνα εἰσελθὼν εἰς τὸ ταμιεῖον τὰ ἐμοὶ ἑτοιμασθέντα σῦκα καταφάγῃ;" ὁ δὲ ἀκούων, λαλεῖν δὲ μὴ δυνάμενος διὰ τὸ τῆς γλώττης ἐμπόδιον, θεωρῶν τοὺς κατηγόρους φανεροὺς ἀπὸ τῆς ὄψεως, μέλλων δέρεσθαι, πεσὼν εἰς τὰ τοῦ δεσπότου γόνατα παρεκάλει μικρὸν ἐπισχεῖν. αὐτοῦ δὲ ἀνασχομένου, ἰδὼν παρακείμενον ξέστην ἔλαβεν αὐτὸν καὶ διὰ τῶν νευμάτων ᾔτησεν ὕδωρ χλιαρόν, καὶ λεκάνην παραθεὶς εἰς τὸ μέσον Αἴσωπος καὶ πιών, ἔβαλεν τοὺς δακτύλους εἰς τὸ στόμα καὶ σπαράξας ἑαυτὸν ἀνέβαλεν τὸ χλιαρὸν ὅπερ ἔπιεν· οὐδαμῶς γὰρ ἦν γευσάμενος. διὰ δὲ τῆς πολυπειρίας δοὺς ἀπόδειξιν, τοῦτο ἠξίωσε καὶ τοὺς συνδούλους αὐτοῦ ποιῆσαι, ἵνα γνωσθῇ τίς ἐστιν ὁ φαγὼν τὰ σῦκα. θαυμάσας δὲ ὁ δεσπότης τὸ ἐνθύμημα αὐτοῦ ἐκέλευσεν καὶ τοὺς ἄλλους πιόντας ἐμέσαι. οἱ δὲ δοῦλοι εἰς ἑαυτούς· "τί ποιήσωμεν, Ἑρμᾶ;" "πίωμεν, καὶ μὴ κάτω τοὺς δακτύλους βάλωμεν ἀλλὰ παρὰ τὰς γωνίας."

8–9 ἄλλος ... σῦκα G : [ἄλλος ... σῦκα] **11** αὐτῷ· "λέγε, Papathomopoulos : [λέγει] αὐτῷ **15** δέρεσθαι Castiglioni : δαίρεσθαι

kann, verprügelt, und du hast deine Lust befriedigt.« Als sie das gesagt hatten, setzten sie sich zu beiden Seiten der Feigen, verzehrten sie und sagten: »Wehe dem Äsop! Er ist wirklich ekelhaft, und ihm gebührt nichts anderes als verprügelt zu werden. Lass uns also ein für alle Mal eine Vereinbarung unter uns treffen, und zwar sagen wir, wenn etwas zerbrochen oder verloren oder verschüttet ist, Äsop habe das getan, und wir werden in jeder Hinsicht unschlagbar.« Und sie aßen die Feigen auf. **3** Zur festgesetzten Stunde bekam der Gebieter, der gebadet und zu Mittag gegessen hatte, Appetit auf die Feigen, verlangte die Früchte und sprach: »Agathopous, gib mir die Feigen!« Ein anderer: »Hermes, bring die Feigen.« Als der Gebieter erkannte, dass er zum Narren gehalten wurde, war er verärgert, und als er vernahm, dass Äsop die Feigen gegessen habe, sagte er: »Man rufe Äsop!« Und der wurde nun gerufen und kam herbei, und er sprach zu ihm: »Sage, verfluchter Kerl, hast du mich so sehr verachtet, dass du in die Vorratskammer gegangen bist und die für mich bereitgestellten Feigen aufgegessen hast?« Der hörte das, und weil er wegen der Behinderung seiner Zunge nicht reden konnte, aber die sah, die nach dem Augenschein offensichtlich seine Ankläger waren, fiel er, weil ihm Prügel drohten, dem Gebieter vor die Knie und bat um etwas Aufschub. Der duldete das, und Äsop, der einen in der Nähe stehenden hölzernen Krug erblickte, nahm den, bat durch Zeichen mit dem Kopf um lauwarmes Wasser, und stieß, nachdem er das Gefäß in die Mitte gestellt und getrunken hatte, seine Finger in den Mund, reizte sich zur Übelkeit und stieß das lauwarme Wasser wieder hervor, das er getrunken hatte. Denn er hatte keineswegs etwas zu sich genommen. Da er nun durch seine große Schlauheit den Beweis geliefert hatte, verlangte er, dass auch seine Mitsklaven es tun sollten, damit man erkenne, wer es sei, der die Feigen gegessen hatte. Der Gebieter, der über seinen Einfall erstaunt war, befahl auch den anderen zu trinken und sich zu erbrechen. Die Sklaven aber sagten zueinander: »Hermes, was sollen wir tun?« »Trinken wir denn und stoßen die

ἅμα δὲ τῷ πιεῖν αὐτοὺς τὸ χλιαρὸν χολοποιοῦντα τὰ σῦκα ἐπέβλυσαν ἄνω· καὶ ἅμα τῷ χαλάσαι τὸν δάκτυλον ἀνέδραμον τὰ σῦκα. ὁ δὲ δεσπότης ἔφη· "ὁρᾶτε πῶς κατεψεύσασθε τῷ μὴ δυναμένῳ λαλῆσαι; ἔκδυσον αὐτούς." δερόμενοι δὲ ἐκεῖνοι ἔγνωσαν ἀσφαλῶς ὅτι ὁ κατὰ ἄλλου μηχανευόμενος κακὸν αὐτὸς καθ' ἑαυτοῦ τοῦτο λανθάνει ποιῶν.

4 οἱ μὲν οὖν ἔτισαν δίκας ἀνθ' ὧν ἥμαρτον εἰς τὸν μὴ δυνάμενον ⟨λαλεῖν.⟩ ... πόλιν [ἰδεῖν]. σκάπτοντος δὲ τοῦ Αἰσώπου εἰς τὸν ἀγρὸν ἔτυχεν ἱεροφόρον τῆς Ἴσιδος πλανηθῆναι τῆς δημοσίας ὁδοῦ εἴς τε τὸν ἀγρὸν εἰσελθεῖν, ὅπου συνέβη τὸν Αἴσωπον σκάπτειν. ἰδοῦσα δὲ αὐτὸν μοχθηρῶς τὸ ἔργον ἐπιτελοῦντα, καὶ τὴν περὶ αὐτοῦ ἀγνοοῦσα τύχην, φησίν· "ἄνθρωπε, εἰ κάτοιδας ἐλεᾶν τὰς θνητὰς ψυχάς, πεπλανημένῃ μοι δεῖξον τὴν ὁδὸν [μοι] τὴν εἰς τὴν πόλιν εἰσάγουσαν." ἐπιστραφεὶς δὲ ὁ Αἴσωπος καὶ θεασάμενος τὸ τῆς θεοῦ σχῆμα ἄνθρωπον περικείμενον, θεοσεβὴς ὑπάρχων προσεκύνησεν καὶ ἤρξατο διανεύειν καὶ δηλοῖν· "διὰ τί ἀπολιποῦσα τὴν δημοσίαν ὁδὸν εἰς τοῦτο τὸ κτῆμα εἰσελήλυθας;" ἡ δὲ νοήσασα ὅτι ἀκούει μέν, λαλεῖν δὲ οὐ δύναται, ἤρξατο αὐτῷ νεύειν, ἅμα δὲ καὶ λαλεῖν· "ξένη εἰμὶ τῶν τόπων τούτων· ὡς δὲ ὁρᾷς ἱεροφόρος εἰμί. μὴ εἰδὼς δέομαί σου, ἐπεὶ πεπλάνημαι, ὑπόδειξόν μοι τὴν ὁδόν." ἀναλαβόμενος δὲ τὴν ξοΐδα ὁ Αἴσωπος, ἐν ᾗ ἔσκαπτεν, ἐπιλαμβάνεται τῆς χειρὸς αὐτῆς καὶ ἤγαγεν ἐπὶ τὴν σύνδενδρον καὶ προέθηκεν ἐκ τοῦ μάνδικος ἄρτον καὶ ἐλαίας, καὶ ἄγρια λάχανα ἀποκείρας ἐκόμισεν· ἠνάγκασεν δὲ αὐτὴν μεταλαβεῖν τροφῆς. ἡ δὲ μετέλαβεν. ἀγαγὼν δὲ αὐτὴν εἴς τινα πηγὴν ὕδατος ἔδειξεν αὐτῇ, εἰ καὶ τούτου θέλει μεταλαβεῖν. ἡ δὲ τροφῆς καὶ ποτοῦ μεταλαβοῦσα τὰ κάλλιστα ηὔχετο τῷ Αἰσώπῳ. καὶ πάλιν δεομένη ἐνένευεν τελείαν τὴν χάριν ποιῆσαι καὶ τὴν

---

1 ἐπέβλυσαν Maas : ἐπέπλευσαν **13** ἄνθρωπον Papademetriou : ἀνθρώπινον **19** ἐν ᾗ Papathomopoulos : ἐν ᾧ

Finger nicht tief hinab, sondern neben die Mundwinkel.« Doch während sie das lauwarme Wasser tranken, strömten die Galle erzeugenden Feigen nach oben; und sobald sie die Finger lockerten, schossen die Feigen hervor. Da sprach der Gebieter: »Seht, wie ihr den verleumdet habt, der nicht sprechen kann? Zieh sie aus!« Die wurden verprügelt und erkannten untrüglich, dass, wer gegen einen anderen etwas Böses anzettelt, unversehens sich selbst dies antut.

4 Die wurden also dafür bestraft, dass sie sich an einem, der nicht sprechen konnte, vergangen hatten. [...] Während Äsop auf dem Acker grub, geschah es durch Zufall, dass eine Priesterin der Isis von der Hauptstraße abirrte und auf den Acker kam, wo Äsop gerade grub. Da sie ihn erblickte, wie er mit Mühe seine Arbeit vollbrachte, und da sie über die Umstände, in denen er sich befand, nichts wusste, sprach sie: »Mensch, wenn du dich der sterblichen Seelen zu erbarmen vermagst, zeige mir, da ich mich verirrt habe, den Weg, der in die Stadt führt.« Äsop wandte sich ihr zu, und als er sah, dass es ein Mensch war, der die Insignien der Göttin trug, fiel er, weil er fromm war, auf die Knie vor ihr und fing an, durch Zeichen mit dem Kopf ihr dies zu erkennen zu geben: »Weshalb hast du die Hauptstraße verlassen und bist auf dieses Landgut gekommen?« Sie bemerkte, dass er sie hörte, aber nicht reden konnte, und begann, ihm Zeichen zu geben, zugleich aber auch zu reden: »Ich bin fremd in dieser Gegend; wie du aber siehst, bin ich eine Priesterin. Weil ich unkundig bin, bitte ich dich, da ich mich verirrt habe, zeige mir den Weg.« Da nahm Äsop den Spaten auf, mit dem er grub, nahm ihre Hand, führte sie zu einem Gehölz, setzte ihr Brot und Oliven aus seiner Tragetasche vor, schnitt wildwachsendes Gemüse ab und brachte es ihr. Und er drängte sie, mit ihm das Essen zu teilen. Und sie teilte es mit ihm. Er führte sie dann zu einem Quellwasser und machte ihr ein Zeichen, ob sie auch das mit ihm teilen wolle. Als sie aber Essen und Trinken mit ihm geteilt hatte, wünschte sie Äsop alles Gute. Und durch Zeichen bat sie ihn wieder, ihr den letzten Gefallen zu tun und ihr den Weg zu zeigen.

ὁδὸν δεῖξαι. ὁ δὲ ἤγαγεν αὐτὴν ἐπὶ τὴν λεωφόρον ὁδὸν τὴν ἁμαξευομένην καὶ δείξας ἀπέστη, καὶ περὶ τὸ ἔργον εἶχεν τὸν νοῦν. **5** ἡ δὲ ἱεροφόρος τῆς Ἴσιδος πάλιν τῆς ὁδοῦ λαβοῦσα καὶ μνησθεῖσα τῆς τοῦ Αἰσώπου φιλοφροσύνης, ἐπάρασα τὰς χεῖρας εἰς τὸν οὐρανὸν εἶπεν· "διάδημα τῆς ὅλης οἰκουμένης, Ἶσι μυριώνυμε, ἐλέησον τόνδε τὸν ἐργάτην, τὸν κακοπαθοῦντα, τὸν εὐσεβῆ, ἀνθ' ὧν εὐσέβησεν, οὐκ εἰς ἐμέ, δέσποινα, ἀλλ' εἰς τὸ σὸν σχῆμα. καὶ εἰ μὴ πολυτάλαντον τὸν βίον αὐτοῦ διορθώσασθαι βούλει, ὃν ἄλλοι θεοὶ ἀφῄρηνται, τὸ γοῦν λαλεῖν αὐτῷ χάρισαι· δυνατὴ γὰρ σὺ καὶ τὰ ἐν σκότει πεπτωκότα πάλιν εἰς φῶς προελέσθαι." εὐξαμένης δὲ ταῦτα τῆς ἱεροφόρου ἡ Ἶσις, ἡ κυρία, ὑπήκουσεν· ταχὺ γὰρ ὁ περὶ εὐσεβείας λόγος εἰς τὰς τῶν θεῶν ἀκοὰς καταντᾷ.

6 ὁ δὲ Αἴσωπος, σφοδροῦ καύματος ὄντος, εἶπεν πρὸς ἑαυτόν· "δύο ὥρας ἔχω ἀπὸ τοῦ προστάτου εἰς ἀνάπαυσιν· κοιμηθήσομαι τὰς τοῦ καύματος ταύτας." ἐπιλεξάμενος δέ τινα τόπον τοῦ κτήματος εὐθαλέστερον καὶ ἀπαρενόχλητον, δενδρώδη καὶ κατάσκιον, εἰς ὃν χλοερᾶς βοτάνης παμποίκιλον ἄνθος ἐπηύξανεν καὶ διὰ τὴν παρακειμένην ὕλην καὶ λιβάδα τὸν τόπον καθέλισσεν, ⟨Αἴσωπ⟩ος ταῖς βοτάναις προσκλίνας καὶ τῇ γῇ πόνῳ προσβαλὼν ⟨τὴν⟩ δίκελλαν, τὸν μάνδικα καὶ τὴν μηλωτὴν πρὸς κεφαλὴν θέμενος, ἀνεπαύετο ἔνθα ⟨ἐκ⟩ τῶν πέριξ δένδρων ὁ ποταμὸς ἤχει. μαλακοῦ πνεύματος ὄντος [ἀνέμου] εὐφόρου χλοερὰ τιναχθέντα φυτὰ κατέπνευεν αὖραν ⟨καὶ⟩ τὴν περίφυτον ⟨καὶ⟩ εὐανθῆ ὕλην ἡδεῖαν καὶ προσηνῆ προσέφερεν. καὶ πολὺς ἐπὶ κλάδοις ἐτερετίζετο τέττιξ, καὶ ποικίλων ὀρνέων καὶ πολυνόμων ἤχει τὸ θρύλημα. ὅπου μὲν γὰρ ἦν καὶ πολύθρηνος ἀηδών, συνεπῇδον ἐλαίας ἐμπαθῶς μὲν οἱ

---

17 καθέλισσεν Papathomopoulos : κατέλιξεν **18** πόνῳ G : [πόνω] **19** ⟨ἐκ⟩ τῶν πέριξ δένδρων G, Papathomopoulos : [τῶν πέριξ δένδρων] **20** μαλακοῦ G : ⟨καὶ⟩ μαλακοῦ εὐφόρου Papathomopoulos : Ζεφύρου | χλοερὰ G : ⟨τὰ⟩ χλοερὰ **21** κατέπνευεν G : κατέπνευσεν **21–22** ⟨καὶ⟩ τὴν περίφυτον ⟨καὶ⟩ εὐανθῆ ὕλην ἡδεῖαν Papathomopoulos : ⟨τῆς πέριξ ὕλης⟩ [τὴν περὶ φυτῶν τῶν ἄνθεων ὕλην] ἡδέαν **22** προσηνῆ προσέφερεν Konstantakos : προσηνῆ. [προσέφερον] **24** πολύθρηνος Papathomopoulos : πολύθρους† | ἀηδών, συνεπῇδον Post : ἔνδον, συνπαθων | ἐμπαθῶς Papathomopoulos : ἐν παθοι

Da führte er sie zu der Heerstraße, die von Wagen befahren war, zeigte sie ihr, verabschiedete sich und richtete seinen Sinn auf seine Arbeit. **5** Die Priesterin der Isis ging wieder ihren Weg, dachte an Äsops Freundlichkeit, hob die Hände zum Himmel und sagte: »Krone der ganzen bewohnten Erde, Isis mit unzähligen Namen, erbarme dich dieses Feldarbeiters, des Übles erduldenden, des frommen, zur Belohnung für das, was er Frommes getan hat, nicht mir, Gebieterin, sondern deinen Insignien. Und wenn du nicht willst, dass seine ihn schwer niederdrückende Lebensweise, die andere Götter ihm eingeschränkt haben, sich verbessert, schenke ihm wenigstens das Sprechen. Denn du hast die Macht, auch das in Dunkelheit Gefallene wieder ans Licht hervorzuholen.« Als die Priesterin dieses Gebet gesprochen hatte, erhörte es Isis, die Herrin. Denn schnell gelangt eine Rede über Frömmigkeit zu den Ohren der Götter.

6 Äsop sagte, weil die Hitze drückend war, zu sich: »Zwei Stunden habe ich von dem Aufseher zum Ausruhen bekommen. Ich will während dieser Stunden der Hitze schlafen.« Als er einen besonders schön blühenden und ungestörten Ort des Landguts gewählt hatte, einen mit Bäumen bestandenen und schattigen, auf dem im grünen Gras eine bunte Vielfalt von Blumen wuchs, sich auch über einen benachbarten Wald und einen Bach entlang erstreckte und den Ort umgab, legte Äsop sich ins Gras, und nachdem er ermüdet seine Hacke auf die Erde geworfen und seine Tragetasche sowie das Schaffell unter den Kopf gelegt hatte, ruhte er sich dort aus, wo durch die ringsum stehenden Bäume der Fluss rauschte. Da es ein sanftes, leichtes Wehen gab, erzitterten die grünen Pflanzen, verströmten ein Lüftchen und machten den pflanzenreichen und reichlich sprossenden Wald süß und angenehm. Und viele Zikaden zirpten auf den Zweigen, und das Zwitschern bunter und vielstimmiger Vögel ertönte. Denn dort, wo auch die tränenreiche Nachtigall war, sangen zugleich leidenschaftlich die

κλάδοι, ἐπὶ δὲ λεπτοτάτης πίτυος ὁρμὴ ἀεροπετὴς ἀπεδίδου μίμημα κοσσύφου· καὶ μιγνυμένη συνῳδὸς ἡ φωνόμιμος ἅμα πᾶσι κατέκραζεν ἠχώ, αὐτὸ δὲ τὸ κεκραμένον ἐξ ἁπάντων εὐμελὲς ψιθύρισμα. ἐφ' ὧν ψυχαγωγούμενος ὁ Αἴσωπος εἰς ἡδὺν ὕπνον κατήγετο. **7** ἐνταῦθα δὴ ἡ θεός, ἡ κυρία Ἶσις, παραγίνεται ἅμα ταῖς ἐννέα Μούσαις, εἶτα ἔφη· "ὁρᾶτε, θυγατέρες, εὐσεβείας κατακάλλυμμα, τὸν ἄνθρωπον τοῦτον, πεπλασμένον μὲν ἀμόρφως, νικῶντα δὲ εἰς ⟨εἴσω εὐ⟩μορφίαν πάντα ψόγον· οὗτός ποτε τὴν ἐμὴν διάκονον πεπλανημένην ὡδήγησεν· πάρειμι δὲ σὺν ὑμῖν ἀνταμείψασθαι τὸν ἄνθρωπον. ἐγὼ μὲν οὖν τὴν φωνὴν ἀποκαθίστημι, ὑμεῖς δὲ τῇ φωνῇ τὸν ἄριστον χαρίσασθε λόγον." εἰποῦσα δὲ ταῦτα καὶ τὸ τραχὺ τῆς γλώττης ἀποτεμοῦσα, τὸ κωλῦον αὐτὸν λαλεῖν, αὐτὴ δὴ ἡ Ἶσις ἐχαρίσατο ⟨τὴν φωνὴν⟩ [τὸν λόγον καὶ Ἕλληνα λόγων μυθικῶν εὑρέσεις], ἔπεισεν δὲ καὶ τὰς λοιπὰς Μούσας ἑκάστη⟨ν⟩ τι τῆς ἰδίας δωρεᾶς χαρίσασθαι. αἱ δὲ ἐχαρίσαντο λόγων εὕρεμα καὶ μύθων Ἑλληνικῶν πλοκὴν καὶ ποιήσεις. κατευξαμένη δὲ ἡ θεὸς ὅπως ἔνδοξος γένηται, εἰς ἑαυτὴν ἐχώρησεν. καὶ αἱ Μοῦσαι δέ, ἑκάστη τὸ ἴδιον χαρισάμεναι, εἰς τὸν Ἑλικῶνα ἀνέβησαν. **8** ὁ δὲ Αἴσωπος αὐτὸ τὸ ταχθὲν ὑπὸ τῆς φύσεως ὑπνώσας διεγέρθη καί φησιν· "οὐᾶ, ἡδέως ὕπνωσα· λαλῶ ἀκωλύτως καὶ τὰ βλεπόμενα ὀνομάζων· δίκελλα, πήρα, μηλωτή, μάνδιξ, βοῦς, ὄνος, πρόβατον. λαλῶ, μὰ τὰς Μούσας. πόθεν ἔλαβον τὸ λαλεῖν; πόθεν; νενόηκα· πάντως ἀνθ' ὧν εὐσέβησα εἰς τὴν ἱεροφόρον τῆς Ἴσιδος. ὥστε καλόν ἐστιν εὐσεβεῖν. προσδέχομαι οὖν ἀπὸ θεῶν λήψεσθαι χρηστὰς ἐλπίδας."

9 περιχαρὴς δὲ γενάμενος καὶ πάλιν ἀνελόμενος τὴν δίκελλαν ἤρξατο σκάπτειν. ὁ δὲ τῶν ἀγρῶν προστάτης ἐπεισελθὼν εἰς τοὺς ἐργάτας

---

6 εὐσεβείας κατακάλλυμμα G : [εὐσεβείας κατακάλλυμμα] **7** εἰς ⟨εἴσω εὐ⟩μορφίαν Papathomopoulos : εἰς εὐσέβειαν **17** εἰς τὸν Ἑλικῶνα ἀνέβησαν Papademetriou : εἰς τὸ Ἑλικῶνα ἀνέβησαν ὄρος **19** λαλῶ ἀκωλύτως Papathomopoulos : [γελυδὸν αὐτῷ τοῦτο] **20** λαλῶ, μὰ G : λαλῶ," ⟨ἔφη⟩ "μὰ

Zweige des Olivenbaums, und auf einer gertenschlanken Pinie ahmte ein sich in der Luft verbreitendes Wehen die Amsel nach. Und im Gleichklang hineingemischt ertönte zusammen mit allen das Stimmen nachahmende Echo, und eben dieses Gemenge aus allem ergab ein wohltönendes Gesäusel. Davon verzaubert wurde Äsop in einen süßen Schlaf versenkt. **7** Dorthin kam nun die Göttin, die Herrin Isis, zusammen mit den neun Musen, und sprach dann: »Seht, Töchter, die Zierde der Frömmigkeit, diesen Menschen, der zwar hässlich geformt ist, aber mit seiner inneren Wohlgestalt jeden Tadel besiegt. Er hat einmal einer meiner Dienerinnen, als sie sich verirrt hatte, den richtigen Weg gewiesen. Ich bin zusammen mit euch hier, um es dem Menschen zu entgelten. Ich stelle also seine Stimmer wieder her, schenkt ihr aber seiner Stimme die beste Redeweise.« Als sie das gesagt und das Raue von seiner Zunge abgeschnitten hatte, das, was ihn am Sprechen hinderte, schenkte ihm nun Isis selbst die Stimme und überredete die übrigen Musen dazu, dass jede einzelne ihm etwas von der ihr eigenen Gabe schenke. Und die schenkten ihm die Fähigkeit, Fabeln zu erfinden, sowie die Kunst der Komposition und Ausgestaltung griechischer Geschichten. Und als die Göttin ihm gewünscht hatte, dass er berühmt werde, kehrte sie zu ihrem Wohnsitz zurück. Und die Musen stiegen, nachdem jede einzelne das ihr Eigene geschenkt hatte, zum Helikon auf. **8** Als Äsop genau die von der Natur befohlene Zeit geschlafen hatte, erwachte er und sprach: »Ah, habe ich süß geschlafen! Ich spreche ohne Behinderung, wobei ich sogar benenne, was ich sehe: Hacke, Ranzen, Schaffell, Tragetasche, Rinder, Esel, Schaf. Ich spreche, bei den Musen! Woher bekam ich das Sprechen? Woher? Ich hab's erkannt: Auf jeden Fall zum Lohn dafür, dass ich an der Priesterin der Isis fromm handelte. Deshalb ist es gut, fromm zu handeln. Ich erwarte also, von den Göttern große Hoffnungen zu bekommen.«

9 Und sehr froh geworden nahm er auch die Hacke wieder auf und begann zu graben. Da kam der Aufseher der Äcker zu den

ἕνα τῶν τοῦ Αἰσώπου συνεργῶν ῥάβδῳ κατέξανεν. ὁ δὲ Αἴσωπος οὐκέτι δυνάμενος ἑαυτοῦ κρατεῖν, φησίν· "ἄνθρωπε, τὸν μηδέν σε ἀδικήσαντα τί οὕτως αἰκίζεις πικρῶς καὶ τύπτεις ἀφειδῶς, σὺ καθ' ἑκάστην ὥραν πλεῖστα ἀδικήματα ποιῶν καὶ ὑπὸ μηδενὸς τυπτόμενος;" ὁ δὲ Ζηνᾶς πρὸς ἑαυτὸν εἶπεν· "τί ἐστιν τοῦτο; ὁ Αἴσωπος λαλεῖ; μὰ τοὺς θεούς, ἀρξάμενος λαλεῖν πρὸς οὐδένα κέκρουκεν εἰ μὴ πρὸς ἐμὲ τὸν λαλοῦντα αὐτῷ καὶ ἐπιτάσσοντα. τοῦτον ἐγὼ ἐὰν μὴ κατηγορήσω προφάσει, ἀποστῆσαί με ἔχει τῆς οἰκονομίας· ὅτε γὰρ ἔτι νωδὸς ἦν διένευέν μοι ὅτι 'ἐὰν ἔλθῃ ὁ δεσπότης μου μεταστήσω σε τῆς οἰκονομίας· κατηγορήσω γάρ σου διὰ τῶν νευμάτων.' εἰ οὖν νεύμασιν ἐπηγγείλατο, πολλῷ μᾶλλον λαλῶν πείσει. προλαβεῖν οὖν καλόν ἐστιν." **10** καθίσας οὖν ἵππῳ ῥόθιος ἐφέρετο εἰς τὴν πόλιν. παραγενάμενος δὲ εἰς τὴν τοῦ δεσπότου οἰκίαν ἀφήλατο τοῦ ἵππου· ἅψας δὲ τὸν ἱμάντα ἀπὸ τοῦ κρίκου τοῦ πυλῶνος, εἰσελθὼν εἰς τὴν οἰκίαν καὶ εὑρὼν τὸν δεσπότην, φησίν· "δέσποτα –" ὁ δὲ ἔφη· "Ζηνᾶ, τί εἶ τεταραγμένος;" ὁ δὲ Ζηνᾶς ἔφη· "τερατῶδές τι πρᾶγμα συνέβη ἐν τῷ κτήματί σου." ὁ δὲ λέγει· "μή τι δένδρον πάρωρον καρπὸν ἤνεγκεν;" ὁ δὲ εἶπεν· "οὐχί, δέσποτα –" "ἀλλὰ τετράπουν ἀνθρωπόμορφόν τι ἐγέννησεν" λέγει ὁ κύριος αὐτοῦ, "⟨ἤ⟩ τι τοιοῦτον;" Ζηνᾶς λέγει· "οὐχί, δέσποτα." ὁ δέ· "τί οὖν νομίζεις τερατῶδες εἶναι; ἀπάγγειλόν μοι τἀληθῆ." ὁ δὲ Ζηνᾶς εἶπεν· "Αἴσωπος ὁ σαπρός, ὃν ἀπεπέμψω εἰς τὸν ἀγρὸν σκάπτειν, ὁ προγάστωρ –" ὁ δὲ κύριος· "τί; τέτοκεν;" ὁ δέ· "οὔ, ἀλλὰ νωδὸς ὢν ἐλάλησεν." ὁ δεσπότης· "μηδέν σοι τῶν ἀγαθῶν γένηται. τί; τοῦτο νομίζεις τερατῶδες εἶναι;" Ζηνᾶς· "ναί, καὶ μάλα." ὁ δεσπότης· "διὰ τί; εἰ οἱ θεοὶ χολωθέντες ἀν-

---

2 μηδέν σε ἀδικήσαντα G : μηδὲν ἀδικήσαντα **17–18** ὁ δὲ εἶπεν· "οὐχί, δέσποτα –" "ἀλλὰ G : [ὁ δὲ εἶπεν "οὐχί, δέσποτα, ἀλλὰ] ⟨ἢ⟩ **18–19** λέγει ὁ κύριος αὐτοῦ, "⟨ἢ⟩ τι τοιοῦτον;" Papathomopoulos, G : [λέγει ὁ κύριος αὐτοῦ] **22** τί; τέτοκεν; Papademetriou : τί τέτοκεν; | οὔ, ἀλλὰ G : οὔ τι τοιοῦτον, ἀλλὰ **23** τί; τοῦτο Papademetriou : [τί] τοῦτο

Feldarbeitern und verprügelte einen von denen, die zusammen mit Äsop arbeiteten, mit einem Stock. Äsop, der sich nicht mehr beherrschen konnte, sprach: »Mensch, warum misshandelst du so grausam den, der dir kein Unrecht getan hat, und prügelst ihn schonungslos, du, der du zu jeder Stunde sehr viel Unrecht tust und doch von niemandem geprügelt wirst?« Da sagte Zenas zu sich: »Was ist denn das? Äsop spricht? Bei den Göttern, kaum hat er angefangen zu sprechen, gibt er es keinem anderen als mir, der ich zu ihm spreche und ihm Befehle erteile. Wenn ich ihn nicht unter einem Vorwand verklage, kann er mich aus der Verwaltung entfernen lassen. Denn als er noch stumm war, gab er mir durch Zeichen zu verstehen: ›Wenn mein Gebieter kommt, werde ich dich aus der Verwaltung entfernen lassen. Ich werde dich nämlich durch meine Zeichen verklagen.‹ Wenn er mir das durch Zeichen verheißen hat, wird er ihn noch viel eher durch Sprechen überzeugen. Also ist es gut, ihm zuvorzukommen.« **10** Er setzte sich also auf sein Pferd und raste atemlos in die Stadt. Als er zum Haus des Gebieters gekommen war, saß er ab vom Pferd. Er band die Zügel am Türring fest, trat ins Haus und sprach, als er den Gebieter gefunden hatte: »Gebieter –« Und der sprach: »Zenas, warum bist du so aufgeregt?« Zenas sprach: »Eine ungeheuerliche Sache ist auf deinem Landgut passiert.« Und der sagte: »Hat etwa ein Baum zur Unzeit Früchte getragen?« Und der andere sagte: »Nein, Gebieter –« »Aber hat ein Vierbeiner etwas Menschenähnliches geboren«, sagte sein Herr, »oder etwas Derartiges?« Zenas sagte: »Nein, Gebieter.« Und der: »Warum also glaubst du, es sei ungeheuerlich? Berichte mir die Wahrheit!« Und Zenas sagte: »Der ekelhafte Äsop, den du aufs Land zum Graben geschickt hast, der Dickbauch –« Und der Herr: »Was? Hat er etwas geboren?« Und der andere: »Nein, sondern er, der doch stumm ist, hat gesprochen.« Der Gebieter: »Dir soll's doch schlecht gehen! Was? Das, glaubst du, ist ungeheuerlich?« Zenas: »Ja, und zwar sehr!« Der Gebieter: »Weshalb? Wenn die Götter in ihrem Zorn einem Men-

θρώπῳ πρὸς ὀλίγον χρόνον ἀφείλαντο τὴν φωνὴν αὐτοῦ, νῦν δὲ πάλιν καταλλαγέντες ἐχαρίσαντο, ὅπερ καὶ ἐγενήθη, τερατῶδες εἶναι νομίζεις;" Ζηνᾶς· "ναί, δέσποτα· λαλεῖν γὰρ ἀρξάμενος πάντα ὑπὲρ ἀνθρωπίνην φύσιν φθέγγεται, καὶ εἰς ἐμὲ μεγάλως βλασφημεῖ καὶ εἰς σέ, ἅτινα οὔτε αἱ ἀκοαί μου φέρουσιν ἀκούειν. ὡς δὲ προσεθέμην ὅτι κατὰ μηδένα τρόπον αὐτὸν ὁ δεσπότης χρήσιμον ἔχει – οὐ θέλω δὲ λέγειν ἃ εἶπεν πρὸς σέ, ⟨ὅτι⟩ καὶ εἰς τὴν πολιτικὴν ἐργασίαν ἀχρήσιμον ὄντα ἀνέπεμψας εἰς τὸν ἀγρόν." **11** ὁ δὲ κινηθεὶς λέγει τῷ Ζηνᾷ· "πορεύου, πώλησον αὐτόν." ὁ δὲ Ζηνᾶς· "παίζεις, δέσποτα; οὐκ οἶδας αὐτοῦ τὴν ἀμορφίαν; τίς αὐτὸν θελήσει ἀγοράσαι καὶ κυνοκέφαλον ἀντὶ ἀνθρώπου ἔχειν;" ὁ δεσπότης· "ἄπελθε τοιγαροῦν, χάρισαι αὐτόν τινι. εἰ δὲ μηδεὶς θέλει λαβεῖν αὐτόν, δέρων ἀπόκτεινον αὐτόν." ὁ δὲ Ζηνᾶς τὴν ἐξουσίαν αὐτοῦ λαβὼν κατὰ πάντα τρόπον πάλιν ἀλλόμενος τῷ ἵππῳ παρεγένετο ἐπὶ τὸ κτῆμα. καί φησιν πρὸς ἑαυτὸν ὁ Ζηνᾶς· "ἔδωκέν μοι κατὰ πάντα ὁ δεσπότης τὴν ἐξουσίαν κατὰ τοῦ Αἰσώπου, πωλῆσαι, χαρίσασθαι, φονεῦσαι. τί γάρ μοι κακὸν ἐποίησεν ἵνα αὐτὸν ἀποκτείνω; πωλήσω αὐτόν." τοιγαροῦν τῷ Αἰσώπῳ πάντα ὑπηρετεῖτο τὰ ὑπὸ τῶν θεῶν δωρηθέντα αὐτῷ.

12 συνέβη δὲ σωματέμπορον ἵππῳ καθεζόμενον ἀπὸ τῶν ἀγρῶν πορεύεσθαι εἰς τὴν πόλιν· θέλων γὰρ ἐπᾶραι ἀπὸ τῶν σωματίων ἐζήτει ἀπὸ τῶν ἀγρῶν κτήνη μισθώσασθαι, εἶτα οὐχ εὑρὼν ἐπορεύετο πάλιν εἰς τὴν πόλιν. ἀπαντήσας οὖν ὁ Ζηνᾶς γνωστὸν ὄντα ἠσπάσατο αὐτὸν λέγων· "Ὠφελίων, ἀρχέμπορε, χαῖρε." ὁ δέ· "Ζηνᾶ, ἀρχιγεωργέ, χαῖρε." ὁ δὲ Ὠφελίων λέγει αὐτῷ· "Ζηνᾶ, μή τι ἔχεις κτήνη μισθώσασθαι ἢ πωλῆσαι;" ὁ δὲ Ζηνᾶς· "οὔ, μὰ τὸν Δία· σωμάτιον δὲ ἔχω ἀρρενικὸν πωλῆσαι εὔωνον, εἰ σὺ θέλεις." ὁ δὲ ἔμπορος ἐκ τούτων εἰωθὼς ζῆν·

---

7 σέ, ⟨ὅτι⟩ καὶ Papathomopoulos : σὲ καὶ Perry im Apparat **20** ἐπᾶραι G : ἀπᾶραι

schen für kurze Zeit seine Sprache genommen, jetzt aber wiedergeschenkt haben, weil sie versöhnt sind, was ja auch passiert ist, glaubst du, das sei ungeheuerlich?« Zenas: »Ja, Gebieter. Denn seit er angefangen hat zu sprechen, sagt er alles so, dass es die Grenzen der menschlichen Natur überschreitet, und gegen mich hat er heftige Schmähungen geäußert und gegen dich, was alles meine Ohren zu hören nicht ertragen. Als ich aber dagegensetzte, dass der Gebieter selbst in keiner Weise Nutzen von ihm habe – ich will aber nicht sagen, was er in Bezug auf dich sagte, dass du ihn, weil er auch für die Arbeit in der Stadt untauglich ist, aufs Land geschickt hast.«
11 Erschüttert sagte der zu Zenas: »Geh und verkaufe ihn!« Und Zenas: »Machst du einen Witz, Gebieter? Kennst du seine Hässlichkeit nicht? Wer wird den kaufen wollen und einen Hundskopf statt eines Menschen besitzen?« Der Gebieter: »Geh also und schenke ihn jemandem. Wenn ihn aber niemand nehmen will, prügle ihn zu Tode!« Da nun Zenas in jeder Weise Verfügungsgewalt über ihn bekommen hatte, sprang er wieder auf sein Pferd und kam zum Landgut. Und Zenas sprach zu sich: »Der Gebieter hat mir in jeder Weise Verfügungsgewalt gegenüber Äsop gegeben, ihn zu verkaufen, zu verschenken, zu töten. Doch was hat der mir Böses getan, dass ich ihn töten soll? Ich will ihn verkaufen.« Also kam Äsop alles zugute, was ihm von den Göttern geschenkt worden war.

12 Es ergab sich nun, dass ein Sklavenhändler zu Pferde vom Land in Richtung Stadt unterwegs war. Denn weil er seinen Sklaven ihre Last erleichtern wollte, bemühte er sich, auf dem Land Zugtiere zu mieten, fand aber dann keine und war wieder unterwegs in Richtung Stadt. Also begegnete ihm Zenas, dem er bekannt war, begrüßte ihn und sagte: »Ophelion, Oberkaufmann, sei gegrüßt!« Und der: »Zenas, Oberlandmann, sei gegrüßt!« Und Ophelion sagte zu ihm: »Zenas, hast du vielleicht Zugtiere zu vermieten oder zu verkaufen?« Und Zenas: »Nein, bei Zeus. Aber ich habe einen männlichen Sklaven preiswert zu verkaufen, wenn du ihn willst.« Und der Kaufmann, der es gewohnt war, von so etwas

“σωματέμπορόν με ὄντα ἐρωτᾷς εἰ βούλομαι σωμάτιον εὔωνον ἀγοράσαι;” ὁ δέ· “ἐλθὲ πρὸς τὰ παρακείμενα κτήματα.” **13** ὁ δὲ Ζηνᾶς ἤνεγκεν αὐτὸν εἰς τὸν ἀγρὸν καί φησιν· “ἀπελθέτω τις τῶν συνδούλων εἰς τὰ ἔργα καὶ Αἴσωπον καλείτω.” πορευθεὶς δέ τις τῶν συνδούλων καὶ ἰδὼν τὸν Αἴσωπον σκάπτοντα εἶπεν αὐτῷ· “Αἴσωπε, ῥίψας τὴν δίκελλαν ἀκολούθει· καλεῖ σε ὁ δεσπότης.” ὁ δέ φησιν· “ποῖος δεσπότης, ὁ κατὰ φύσιν ἢ ⟨ὁ⟩ οἰκονόμος; καταδήλου οὖν καὶ διαστήσας λέγε ‘ὁ οἰκονόμος’, καὶ μή ‘ὁ δεσπότης’. καὶ γὰρ καὶ αὐτὸς ὑπὸ τὸν ζυγὸν τῆς δουλείας τέτακται ὡς δοῦλος.” ⟨ὁ δέ·⟩ “ἧδε καταστροφὴ αὐτοῦ τί; ἀφ’ οὗ ἤρξατο λαλεῖν περίεργος γέγονεν.” ὁ δὲ Αἴσωπος ῥίψας τὴν δίκελλάν φησιν· “ὡς πονηρὰ παραδεδομένη δουλεία, καὶ πρὸς τούτῳ θεοῖς [ἦν] ἐχθρά. ‘Αἴσωπε, τὸν τρίκλινον στρῶσον. Αἴσωπε, τὸ βαλανεῖον ὑπόκαυσον. Αἴσωπε, ὕδωρ πλῆσον. Αἴσωπε, τοῖς κτήνεσιν τροφὰς παράβαλε’· ὅσα ἐστὶν μοχθηρὰ ἢ κοπηρὰ ἢ λύπης μεστὰ ἢ δούλια, πάντα τῷ Αἰσώπῳ ἐπιτάσσεται ἄγειν. μὴ γὰρ οὐκ ἔχω τὸν ἀπὸ θεῶν μοι μερισθέντα λόγον; ἐλεύσεται ὁ δεσπότης· εὐκαίρως κατηγορήσας αὐτοῦ μεταστήσω τῆς οἰκονομίας· νῦν δὲ ἀνάγκη ὑποτάσσεσθαι. οὕτως ἡγοῦ, σύνδουλε.” παρεγένοντο δέ, καί φησιν· “ἰδού, κύριε, ὁ Αἴσωπος.” ὁ δὲ Ζηνᾶς φησιν· “ἀρχέμπορε, καταμάνθανε.” **14** ἐπιστραφεὶς δὲ ὁ σωματέμπορος θεωρεῖ τὸν Αἴσωπον τὸ τερατόμορφον ἀπόμαγμα καὶ λέγει· “οὗτος τῆς γερανομαχίας σαλπιστής ἐστιν. οὗτος ῥιζοκάλαμός ἐστιν ἢ ἄνθρωπος; οὗτος εἰ μὴ φωνὴν εἶχεν, εἰρήκειν ἂν ὅτι ἢ χυτρόπους ἐστὶν ἢ ἀγγεῖον τροφῆς ἢ χηνὸς ᾠόν. Ζηνᾶ, μέμφομαί σοι. τί δυνάμενόν με ἤδη τὰ τῆς ὁδοιπορίας ἐκτε⟨τε⟩λεκέναι [με] περιέσπασας, ὡς ἔχων τι ἀγαθὸν πωλῆσαι, καὶ οὐ περικάθαρμα;” καὶ ταῦτα εἰπὼν ἐπορεύετο. **15** πορευο-

---

7 καταδήλου Papathomopoulos : κατάδηλον **9** δοῦλος.” ⟨ὁ δέ·⟩ Ferrari : δοῦλος” … ἧδε Papathomopoulos : ἡ δὲ **11** [ἦν] Charitonidis : ἦν **16** δεσπότης· εὐκαίρως G : δεσπότης ⟨καὶ⟩ εὐκαίρως **20** τὸ τερατόμορφον Papathomopoulos : τοιουτόμορφον

zu leben: »Du fragst mich, der ich ein Sklavenhändler bin, ob ich einen Sklaven preiswert kaufen möchte?« Und der: »Komm zu dem in der Nähe liegenden Landgut.« **13** Und Zenas führte ihn aufs Land und sprach: »Einer von den Mitsklaven soll aufs Feld gehen und Äsop rufen.« Da machte sich einer von den Mitsklaven auf den Weg, und als er Äsop beim Graben sah, sagte er zu ihm: »Äsop, wirf deine Hacke weg und folge mir; es ruft dich der Gebieter.« Und der sprach: »Welcher Gebieter, der von Natur oder der Verwalter? Verdeutliche also und sage differenzierend ›der Verwalter‹ und nicht ›der Gebieter‹. Denn der ist auch selbst unter das Joch der Sklaverei als Sklave gestellt.« Und der: »Wie wird das mit ihm enden? Seit er zu sprechen begonnen hat, ist er naseweis geworden.« Äsop warf seine Hacke hin und sprach: »Wie beschwerlich ist die auferlegte Sklaverei und zudem den Göttern verhasst! ›Äsop, mach das Triklinium bereit! Äsop, heize das Bad! Äsop, fülle Wasser ein! Äsop, wirf den Zugtieren ihr Futter vor!‹ Was auch immer elend oder mühsam oder voll Kummer oder erniedrigend ist, alles das wird Äsop zu tun befohlen. Besitze ich etwa nicht die mir von den Göttern verliehene Sprechfähigkeit? Der Gebieter wird kommen. Wenn ich den im richtigen Moment verklage, werde ich ihn aus der Verwaltung entfernen lassen. Jetzt aber ist nötig, dass ich mich unterordne. So geh denn voran, Mitsklave!« Sie kamen hin, und der sprach: »Schau, Herr, Äsop!« Und Zenas sprach: »Oberkaufmann, prüfe ihn genau.« **14** Da wandte sich der Sklavenhändler dem zu, sah Äsop, den monstergestaltigen Putzlappen, und sagte: »Der ist der Trompeter beim Kranichkampf. Ist der eine Hirtenflöte oder ein Mensch? Wenn der keine Stimme hätte, würde ich sagen, dass er ein Kochtopf mit Füßen oder ein Futtergefäß oder ein Gänseei ist. Zenas, ich muss dich rügen. Warum hast du mich, als ich meine Reise schon hätte beenden können, davon abgehalten, weil du angeblich etwas Gutes zu verkaufen hast und nicht einen Kehrichthaufen?« Und als er das gesagte hatte, wollte er sich auf den Weg machen. **15** Als er sich auf den Weg machte, zog

μένου δὲ αὐτοῦ ὁ Αἴσωπος ἐξ ἀναβολῆς τοῦ ἱματίου εἵλκυσεν καί φησιν· "ἄκουσον." ὁ δὲ ἔμπορος εἶπεν· "ἄφες· μηδέν σοι τῶν ἀγαθῶν γένηται. τί με μετεκαλέσω;" ὁ δὲ Αἴσωπός φησιν· "ἕνεκα τίνος ἐνθάδε ἦλθες;" ὁ δέ· "ἕνεκεν σοῦ, ἵνα σε ἀγοράσω." ὁ Αἴσωπος· "διὰ τί οὖν," φησίν, "οὐκ ἀγοράζεις με;" ὁ ἔμπορος· "⟨μὴ⟩ περίθες μοι πρᾶγμα, ὅτι οὐ θέλω σε ἀγοράσαι." Αἴσωπος· "ἀγόρασόν με, ἄνθρωπε, καὶ μὰ τὴν Ἶσιν πολύ σε ὠφελήσω." ὁ σωματέμπορος· "καὶ τί με ἔχεις ὠφελῆσαι, ἵνα ἐφ' ἐλπίδι ἐξαπατηθεὶς ἀγοράσω σε;" ὁ Αἴσωπος· "οὐκ ἔχεις ἐν τῷ σωματεμπορίῳ σου παιδία τινὰ ἀπαιδεύτιστα καὶ τροφὴν αἰτοῦντα παρ' ἕκαστα;" ὁ σωματέμπορος· "ναί." ὁ Αἴσωπος· "ἀγόρασόν με καὶ ποίησόν με ἐκείνων παιδαγωγόν· φοβούμενοι γάρ μου τὴν κακοπινὴν ὄψιν παύσονται τῆς προνικότητος." ὁ σωματέμπορος· "ὡραίως ἐπενόησας, μὰ τὴν σκοτίαν σου." ἐπιστραφεὶς δὲ ὁ σωματέμπορος λέγει τῷ Ζηνᾷ· "πόσου τὸ κακὸν τοῦτο πωλεῖς;" Ζηνᾶς λέγει· "φέρε τριώβολον." ὁ σωματέμπορος· "⟨οὐαί σοι·⟩ ὅμως πόσου;" Ζηνᾶς· "δὸς ὃ θέλεις." δοὺς δὲ ὀλίγον τι ὁ σωματέμπορος ἠγόρακεν αὐτόν.

16 εἰσιὼν δὲ εἰς τὴν πόλιν εἰσήγαγεν αὐτὸν ἐν τῷ σωματεμπορίῳ. δύο δὲ παῖδες ὑπὸ μητρὸς τρεφόμενοι ἰδόντες τὸν Αἴσωπον ἀνεκραύγασαν καὶ κατεκρύβησαν. ὁ δὲ Αἴσωπος τῷ σωματεμπόρῳ· "ἔχεις μου ἤδη ἀπόδειξιν τῆς ἐπαγγελίας, ὅτι κατὰ παιδίων προνικῶν ἑτοίμην ἀφορμίαν ἠγόρακας." γελάσας ὁ σωματέμπορος λέγει αὐτῷ· "εἰς ἐκεῖνον τὸν τρίκλινον οἱ σύνδουλοί σου καθέζονται· εἰσελθὼν ἄσπασαι αὐτούς." ἐπεισέρχεται οὖν ὁ Αἴσωπος καὶ θεωρεῖ παῖδας καλλίστους, πάντας καθαιρέτους, ὡς Διονύσους καὶ Ἀπόλλωνας. ἀσπάζεται δὲ αὐτοὺς λέγων· "χαίρετε, συνδουλίωνες." ὁμοφωνία πάντων ἐγένετο. ὁ Αἴσωπος· "ἄν-

---

2 γένηται Papathomopoulos : γένησεται **15** "⟨οὐαί σοι·⟩ ὅμως Ferrari : "ὅμως **25** συνδουλίωνες Stamoulakis : συνδουλίονες

Äsop ihn am Überwurf seines Gewandes und sprach: »Hör zu!« Der Kaufmann aber sagte: »Lass los! Dir soll's doch schlecht gehen! Warum hast du mich zurückgerufen?« Äsop sprach: »Weswegen bist du hierher gekommen?« Und der: »Deinetwegen, um dich zu kaufen.« Äsop sprach: »Weshalb also kaufst du mich nicht?« Der Kaufmann: »Belästige mich nicht, weil ich dich nun einmal nicht kaufen will.« Äsop: »Kauf mich, Mensch, und bei Isis, ich werde dir viel nützen.« Der Sklavenhändler: »Und was kannst du mir nützen, so dass ich dich, von Hoffnung getäuscht, kaufe?« Äsop: »Hast du nicht auf deinem Sklavenmarkt irgendwelche Sklavenkinder, die sehr undiszipliniert sind und bei jeder Gelegenheit Essen verlangen?« Der Sklavenhändler: »Ja.« Äsop: »Kaufe mich und mache mich zu ihrem Zuchtmeister. Denn aus Angst vor meinem abstoßenden Anblick werden sie mit ihrem ungezogenen Betragen aufhören.« Der Sklavenhändler: »Das hast du dir schön ausgedacht, wahrhaftig bei deinem düsteren Aussehen!« Und der Sklavenhändler wandte sich Zenas zu und sagte zu ihm: »Für wie viel verkaufst du dieses Übel?« Zenas sagte: »Gib mir drei Obolen.« Der Sklavenhändler: »Wehe dir! Doch für wie viel?« Zenas: »Gib, was du willst.« Da gab der Sklavenhändler ihm irgendeine geringe Summe und kaufte ihn.

16 Er zog nun in die Stadt und brachte ihn auf den Sklavenmarkt. Da sahen zwei Sklavenkinder, die noch von der Mutter ernährt wurden, Äsop, schrien auf und verkrochen sich. Und Äsop zu dem Sklavenhändler: »Schon hast du die Bestätigung für meine Verheißung, dass du ein gegen ungezogene Sklavenkinder gerüstetes Schreckbild gekauft hast.« Der Sklavenhändler lachte und sagte zu ihm: »In dem Triklinium da sitzen deine Mitsklaven. Geh hinein und begrüße sie!« Äsop ging also hinein und sah wunderschöne junge Sklaven, alle auserlesen, als wären sie Jünglinge wie Dionysos und Apollon. Er begrüßte sie, indem er sagte: »Seid gegrüßt, Mitsklaven!« Es erfolgte ein gemeinsamer Aufschrei aller. Äsop: »Männer, ich bin euer Mitsklave, aber freilich bin ich ekelhaft.«

δρες, σύνδουλος ὑμῶν εἰμι, ἀλλ᾽ ὅμως σαπρός εἰμι." οἱ δὲ δοῦλοι πρὸς ἑαυτούς· "νὴ τὴν Νέμεσιν, τί ἐγένετο τῷ δεσπότῃ τοιοῦτον κακοπινὲς σῶμα ἀγοράσαι;" ἄλλος· "οἶδας γὰρ διὰ τί αὐτὸν ἠγόρασεν;" ἄλλος· "πρὸς τί;" "ἵνα αὐτὸν προβασκάνιον τοῦ σωματεμπορίου ποιήσῃ." **17** ὁ δὲ σωματέμπορος πρὸς τὰ σωμάτια εἰσελθὼν φησιν· "παιδία, στέρξατε τὴν ἑαυτῶν τύχην· μὰ τὴν ὑμῶν σωτηρίαν, κτήνη οὔτε μισθώσασθαι οὔτε ἀγοράσαι εὗρον. τοιγαροῦν διέλεσθε τὰ σκεύη· αὔριον γὰρ περῶμεν εἰς τὴν Ἀσίαν." οἱ μὲν οὖν σύνδυο γενόμενοι διαιροῦνται τὰ σκεύη. ὁ δὲ Αἴσωπος ὑποπεσὼν πάντας φησίν· "δέομαι ὑμῶν, σύνδουλοι, ἐπεὶ νεώνητός εἰμι καὶ ἀσθενὲς σῶμα ἔχω, παραχωρήσατέ μοι τὸ ἐλαφρὸν ἆραι σκευάριον." οἱ δὲ εἶπον· "ὅλως μηθὲν ἄρῃς." ὁ δὲ Αἴσωπος λέγει· "αἰσχρόν ἐστιν πάντων τῶν συνδούλων κοπιώντων ἐμὲ τῷ δεσπότῃ ἀχρήσιμον φανῆναι." καὶ οἱ σύνδουλοι πρὸς ἑαυτούς· "τί; καὶ πέρπερός ἐστιν; ἆρον ὃ θέλεις." **18** περιβλεψάμενος δὲ ὁ Αἴσωπος θεωρεῖ σκεύη τοῦ σωματεμπόρου πρὸς τὴν ἀποδημίαν, κίστην, κάνητας, σάκκους μεστοὺς πρὸς τὴν διακονίαν, στρώματα, κεράμια, γουργάθους. ἰδὼν δὲ γούργαθον μεστὸν ἄρτων κείμενον, ὃν ἐβούλοντο τέσσαρες διαφορτώσασθαι, λέγει ὁ Αἴσωπος· "ἄνδρες, ἐμοὶ μόνον τοῦτον ἐπίθετε τὸν γούργαθον." οἱ δὲ δοῦλοι εἰς ἑαυτούς· "οὐδένα μωρότερον τούτου τοῦ ἀνθρωπαρίου εἴδομεν· ἠρώτησεν ἵνα τὸ πάντων ἐλαφρότερον ἄρῃ, καὶ τὸ πάντων βαρύτερον ἐξελέξατο." ἄλλος· "οὐκ ἔστιν μωρός, ἀλλὰ λιμόξηρος· θέλει γὰρ ὑπὸ χεῖρα κλάνειν τοὺς ἄρτους καὶ πλέον πάντων τρώγειν. ἐπιθῶμεν αὐτῷ τὸν γούργαθον." καὶ πάντες περιστάντες ἐπιτιθέασιν αὐτῷ τὸν γούργαθον. ὁ δὲ ἐξήρχετο ὡς Ἄτλας βαστάζων τὸν γούργαθον, ὅλος διακλονούμενος. ἰδὼν δὲ αὐτὸν ὁ σωματέμπορος ἐθαύμασεν καί φησιν· "ἴδε πῶς ὁ Αἴσωπος προθυμότερός ἐστιν εἰς τὸ κοπιᾶν, καὶ προτρέπεται τοὺς λοιποὺς εὐψύχως τὸν κάματον φέρειν. ἤδη γὰρ αὐτοῦ τὴν τιμὴν σέσωκα· τὸ γὰρ φορτίον τοῦτο κτήνου ἐστίν."

---

1 σύνδουλος G : σύνδουλοι **4** προβασκάνιον Wiechers : προσβάσκανον **24** Ἄτλας βαστάζων Dölger, Ferrari : ἄτλαστον βαστάζων **28** κτήνου G : κτήνους

Die Sklaven zueinander: »Bei Nemesis, was ist dem Gebieter in den Sinn gekommen, einen solch abstoßenden Sklaven zu kaufen?« Ein anderer: »Weißt du denn, weshalb er ihn gekauft hat?« Noch ein anderer: »Wozu?« »Um ihn zum Mittel gegen den bösen Blick auf den Sklavenmarkt zu machen.« **17** Der Sklavenhändler ging zu den Sklaven hinein und sprach: »Sklaven, findet euch ab mit euerm Schicksal: Bei euerm Heil, ich fand Zugtiere weder zum Mieten noch zum Kaufen. Verteilt also das Gepäck unter euch. Denn morgen begeben wir uns nach Kleinasien.« Immer zwei zusammen teilten sich das Gepäck auf. Äsop aber fiel vor allen nieder und sprach: »Ich bitte euch, Mitsklaven, weil ich neugekauft bin und einen schwachen Körper habe, gestattet mir, das leichte Gepäck zu tragen.« Da sagten sie: »Du sollst überhaupt nichts tragen.« Äsop aber sagte: »Es ist schändlich, wenn ich, während alle Mitsklaven sich abmühen, dem Gebieter unnütz scheine.« Und die Mitsklaven zueinander: »Was? Auch ein Windbeutel ist er? Trage, was du willst.« **18** Äsop sah sich um und erblickte das Gepäck des Sklavenhändlers für die Reise, eine Kiste, Schilfmatten, Säcke, voll für die ganze Dienerschaft, Decken, Krüge, Körbe. Da sah er einen Korb voller Brote liegen, den vier Mann tragen wollten, und Äsop sagte: »Männer, ladet mir nur diesen Korb auf.« Die Sklaven aber zueinander: »Wir haben noch kein dümmeres als dieses Männeken gesehen: Er bat darum, den leichtesten von allen zu tragen, und hat nun den schwersten von allen ausgewählt.« Ein anderer: »Er ist nicht dumm, sondern von Hunger ausgezehrt. Er will nämlich die Brote zum Brechen zur Hand haben und mehr als alle essen. Laden wir ihm denn den Korb auf.« Und alle, die herumstanden, luden ihm den Korb auf. Der begann den Korb wie Atlas zu schleppen, wobei er ganz und gar ins Taumeln geriet. Da sah ihn der Sklavenhändler, erstaunte und sprach: »Sieh an, wie Äsop doch besonders bereitwillig zum Ertragen von Mühen ist und die Übrigen antreibt, freudigen Herzens die Anstrengung zu ertragen. Schon habe ich ja den Kaufpreis für ihn wieder eingebracht. Denn das ist die Last für

19 οἱ δὲ λοιποὶ σύνδουλοι βαστάζοντες τὰ σκεύη κατεγέλων αὐτοῦ. ἐξελθὼν γὰρ εἰς τὴν ὁδὸν περιπατεῖν τὸν γούργαθον ἐδίδασκεν· εἰς γὰρ ἀνάβασιν ἐλθὼν ἀνέτρεπεν τὸν γούργαθον καὶ τοῖς ὀδοῦσιν ἀνεῖλκε μέχρις ἀναβῇ, εἰς δὲ κατάβασιν εὐκόπως κατέβαινεν· κατεκύλιεν γὰρ τὸν γούργαθον καὶ αὐτὸς ἐπάνω αὐτοῦ ἀνεκυλίετο. καὶ κακιγκάκως ἦλθον εἰς πανδοχεῖον. καί φησιν ὁ ⟨σωματέμπορος⟩· "πανδοχεύς, δὸς ἑκάστῳ προσφάγιν ἀσσαρίου· ἄρτους γὰρ ἔχομεν. Αἴσωπε, δὸς ἑκάστῳ ἀνὰ ζεῦγος ἄρτων." καὶ τοσούτοις δούλοις ἀρτοδοτοῦντος καὶ ὁ γούργαθος ἡμίκενος ἐγένετο. μετὰ δὲ τὸ ἀναλαβεῖν πάλιν ὡδοιπόρουν. ὁ δὲ Αἴσωπος ἐλαφρὸς ἐγίνετο, καὶ πάλιν εἰς πανδοχεῖον γίνονται, καὶ πάλιν αὐτοῖς ἀρτοδοτεῖ καὶ ὁ γούργαθος κενὸς γίνεται. καὶ βαλὼν τὸν γούργαθον ἐπὶ τὸν ὦμον πρῶτος πάντων ἔτρεχεν. οἱ δὲ δοῦλοι πρὸς ἑαυτούς· "ὁ πρῶτος τρέχων τίς ἐστιν, παρ' ἡμῶν ἢ ξένος;" ἄλλος· "οὐκ οἶδα, δοκῶ δὲ ὅτι ὁ νεώνητός ἐστιν, ὁ σαπρός, ὁ ἄρων τὸν γούργαθον, ὃν οὐκ ἐβάσταζεν κτῆνος." ἄλλος· "ἀγνοεῖς τὸ ἀνθρωπάριον ὡς ἔστιν πολύνουν." ἄλλος· "ταῦτα τὰ ἀνθρωπάρια τὰ λειπόμενα τῇ μορφῇ φρένας ἔχει· ἠρώτησεν γὰρ βαστάσαι τοὺς ἄρτους ⟨τοὺς⟩ ὑπὸ χεῖρα δαπανωμένους. ἡμεῖς δὲ κίστας καὶ στρώματα καὶ χαλκώματα βαστάζομεν, τὰ μὴ δυνάμενα δαπανηθῆναι." ἄλλος· "οὐᾶ, ταυροῦ ἄξιον τὸ ἀνθρωπάριον."

20 Διανύσαντες δὲ τὰ πέρα ἦλθον εἰς Ἔφεσον. καὶ δὴ ὁ ἔμπορος πρᾶσιν τῶν σωματίων ποιήσας ἐκέρδησεν. κατελείφθη δὲ αὐτῷ σωμάτια τρία· δύο μὲν βούπαιδες, ὧν ὁ εἷς γραμματικός, ὁ δὲ ἕτερος ψάλτης, καὶ ὁ Αἴσωπος. οὔτε γὰρ ἐκεῖνοι τὴν δέουσαν τιμὴν ἔσωζον οὔτε ὁ Αἴσωπος ὅλως τιμὴν [οὐχ] εὕρισκεν διὰ τὸ μὴ θέλειν αὐτούς τινα ἀγοράσαι. καί τις τοῦ σωματεμπόρου φίλος φησίν· "εἰ βούλει τῶν σωματίων τὴν

---

1 σύνδουλοι G : σύνδυο **5** κακιγκάκως Papathomopoulos : κακινκάκως **6–7** πανδοχεύς...ἔχομεν G : [πανδοχεύς ... ἔχομεν] **7** προσφάγιν Charitonidis : προσφάγην **8** ἄρτων G : ἄρτον | καὶ[2] G : [καὶ] **18** κίστας Dölger : σχιστὰς **24** ὅλως τιμὴν [οὐχ] εὕρισκεν ... ἀγοράσαι Papathomopoulos : [ὅλως τιμὴν οὐχ εὕρισκον ... ἀγοράσαι]

ein Zugtier.« **19** Die übrigen Mitsklaven, welche das Gepäck schleppten, lachten über ihn. Denn als er heraus auf den Weg gegangen war, lehrte er den Korb spazieren gehen. Wenn er nämlich zu einer Steigung kam, drehte er den Korb um und schleppte ihn mit den Zähnen hinauf, bis er ganz nach oben gestiegen war, und bei einem Abstieg stieg er mühelos ab. Denn er ließ den Korb hinabrollen, und er selbst obenauf rollte mit. Und mit viel Mühe kamen sie zu einem Wirtshaus. Und der Sklavenhändler sprach: »Wirt, gib jedem Zukost für einen As; denn Brot haben wir. Äsop, gib jedem ein Paar Brote.« Und da er so vielen Sklaven Brot gab, wurde der Korb dann auch halbleer. Nachdem sie nun alles aufgenommen hatten, marschierten sie wieder. Äsop aber war erleichtert, und wieder kamen sie zu einem Wirtshaus, und wieder gab er ihnen Brot, und der Korb wurde leer. Und er warf den Korb auf die Schulter und lief allen voraus. Die Sklaven da zueinander: »Der da vorausläuft, wer ist das, einer von uns oder ein Fremder?« Ein anderer: »Ich weiß nicht, glaube aber, dass es der neu Gekaufte ist, der Ekelhafte, er, der den Korb trug, den ein Zugtier nicht hätte schleppen können.« Ein anderer: »Du weißt nicht, wie superschlau das Männeken ist.« Ein anderer: »Diese Männeken, die mit ihrer Gestalt zurückgeblieben sind, haben Verstand. Denn er bat darum, die Brote zu schleppen, die bald aufgezehrt wurden. Wir aber schleppen Kisten und Decken und Bronzegefäße – das, was nicht aufgezehrt werden kann.« Ein anderer: »Donnerwetter, das Männeken ist so viel wert wie ein Stier!«

20 Als sie nun die Reise beendet hatten, kamen sie nach Ephesos. Und da schloss der Kaufmann den Verkauf der Sklaven ab und machte Gewinn. Es blieben ihm aber drei Sklaven übrig: zwei vitale junge Männer, der eine von ihnen ein Elementarlehrer, der andere ein Kitharaspieler, und Äsop. Weder brachten jene den erforderlichen Preis ein noch erzielte Äsop überhaupt einen Preis, weil niemand sie kaufen wollte. Und ein Freund des Sklavenhändlers sprach: »Wenn du deinen Preis für die Sklaven bekommen willst,

τιμὴν λαβεῖν, διαπέρασον εἰς Σάμον τὴν νῆσον· ἔστιν γὰρ εὐπορουμένη, καὶ Ξάνθος ὁ φιλόσοφος ἐκεῖ καταμένει σχολάζων, καὶ πολλοὶ τῶν ἀπὸ τῆς Ἀσίας καὶ τῆς Ἑλλάδος παρ' αὐτῷ σχολάζουσιν. καὶ ἀγοράσει τις τὸν γραμματικόν, ἵνα ἔχῃ συνγυμναστὴν τῆς παιδείας· ἕτερος δὲ ὠνήσεται τὸν ψάλτην σπαταλός, ἵνα ἔχῃ παρὰ νεωτερικοῖς εὐφροσύνην τέρπεσθαι· καὶ τοῦτόν τις ἀγοράσει ᾧ ἐὰν ὁ θεὸς ὤργισται, καὶ ποιήσει πασταδάρχην ἢ θυρωρὸν ἢ μάγειρον." πεισθεὶς οὖν ὁ ἔμπορος τῇ τοῦ φίλου γνώμῃ πλοιαρίῳ ἐπιβὰς σὺν τοῖς σώμασιν διεπέρασεν εἰς Σάμον, καὶ ἀποβάς, ξενίαν λαβών, ἐκόσμησεν εἰς πρᾶσιν τὰ σωμάτια. **21** τὸν μὲν ψάλτην εὐσχήμονα ὄντα λευκὸν ἐνέδυσεν χιτῶνα, καὶ λεπτὸν ὑποδήσας σολάριον καὶ κτενίσας τὴν τρίχα, δοὺς ὀράριον ἐπὶ τοὺς ὤμους, ἔστησεν ἐπὶ τοῦ πρατῆρος. τὸν δὲ γραμματικὸν λεπτὸν ἀπὸ τῶν σφυρῶν τυγχάνοντα βαθὺν ἐνέδυσεν χιτῶνα καὶ βαθὺν ὑπόδημα ὑπέδησεν, ἵνα τῷ βαθεῖ τῶν χιτωνίων καὶ τῇ τοῦ ὑποδήματος σκέπῃ τὴν αἰσχρὰν καλύψῃ κνήμην· καὶ κτενίσας τὴν κόμην, δοὺς ὀράριον ἔστησεν ἐπὶ τοῦ πρατῆρος. τοῦ δὲ Αἰσώπου μηδὲν δυνάμενος καλύψαι ἢ κοσμῆσαι, ἐπείπερ ἦν ὅλος ἁμάρτημα χύσεων, ἐνέδυσεν αὐτὸν σάκκον χιτῶνα, καὶ λακινάριον αὐτὸν ὑποζώσας μέσον αὐτὸν τῶν καλῶν ἔστησεν. τοῦ δὲ κήρυκος τὰ σωμάτια κηρύττοντος πολλοὶ κατενόουν, καὶ ἔλεγον· "οὐᾶ, οὗτοι καλλίοψοι, τὸ δὲ κακὸν τοῦτο πόθεν; οὗτος καὶ τούτους ἀφανίζει· ἆρον ἀπ' αὐτῶν τὸν μέσον." πολλῶν οὖν σκοπούντων ὁ Αἴσωπος ἕστηκεν μὴ πτυρόμενος.

22 ἔτυχεν δὲ τὴν γυναῖκα τοῦ Ξάνθου φόρῳ βασταζομένην ἐκεῖνον τὸν τόπον διαβαίνειν. ἀκούσας δὲ τοῦ κήρυκος παρεγένετο εἰς τὴν οἰκίαν καὶ περιτυχοῦσα τῷ ἀνδρὶ λέγει· "ἄνερ, οὐ πολλὰ ἔχομεν ἀρρενι-

---

7 πασταδάρχην Dölger : πασανάρχην **11** σολάριον Papathomopoulos : στολάριον ὀράριον Papathomopoulos : ὁράριον **14** τῷ βαθεῖ Stamoulakis : τὸ βαθὺ | χιτωνίων καὶ G : χιτωνίων ἅμα **24** ἀκούσας G : ἀκούσασα

setze über zur Insel Samos. Sie ist wohlhabend, und dort wohnt der Philosoph Xanthos und gibt Unterricht, und viele aus Kleinasien und Griechenland nehmen Unterricht bei ihm. Und irgendjemand wird den Elementarlehrer kaufen, damit er einen Hilfslehrer beim Ausbilden hat. Ein anderer, ein Genussmensch, wird den Kitharaspieler erstehen, um ihn fürs Vergnügen bei der Unterhaltung junger Leute zu haben. Und den hier wird irgendjemand kaufen, dem gerade ein Gott zürnt, und ihn zum Haushofmeister oder Türhüter oder Koch machen.« Der Kaufmann folgte also dem Rat seines Freundes, bestieg mit seinen Sklaven ein Schiff und fuhr hinüber nach Samos, ging von Bord, fand gastfreundliche Aufnahme und putzte die Sklaven für den Verkauf heraus. **21** Dem Kitharaspieler, der hübsch war, zog er einen weißen Chiton an, band ihm feine Sandalen unter, kämmte sein Haar, legte ihm ein Tuch über die Schultern und stellte ihn auf den Verkaufsstand. Dem Elementarlehrer, der dürre Fußknöchel hatte, zog er einen tief herab reichenden Chiton und hohe Schuhe an, um durch die Länge des Chitons und dadurch, dass die Schuhe sie bedeckten, die hässlichen Waden zu verhüllen. Und er kämmte ihm das Haar, gab ihm ein Tuch und stellte ihn auf den Verkaufsstand. An Äsop aber konnte er nichts verhüllen oder herausputzen, da der ganz und gar eine Fehlbildung war, und so zog er ihm einen sackartigen Chiton an, umgürtete ihn mit einem Stofffetzen und stellte ihn in die Mitte zwischen die beiden Schönen. Als der Ausrufer die Sklaven ausrief, betrachteten viele sie und sagten: »Donnerwetter, die da sind schön anzusehen, aber woher ist das Übel da? Der macht auch die unansehnlich. Schaff den in der Mitte von ihnen weg!« Während also viele ihn prüfend ansahen, stand Äsop da, ohne sich erschüttern zu lassen.

22 Zufällig kam die Frau des Xanthos, die in einer Sänfte getragen wurde, an jenem Ort vorbei. Als sie den Ausrufer gehört hatte, begab sie sich nach Hause, traf auf ihren Mann und sagte: »Mann, wir haben nicht viele männliche Sklaven, sondern werden

κὰ σωμάτια, ἀλλὰ τὰ πλείονα ὑπὸ τῶν ἐμῶν παιδαρίων ὑπηρετεῖσαι. εὐκαίρως σωμάτια κηρύσσονται· παρελθὼν εἰς διακονίαν καθαρόν μοι σωμάτιον ἀγόρασον." ὁ δὲ Ξάνθος· "ποιήσω" φησίν. καὶ προελθὼν ὁ Ξάνθος [...] καὶ τοὺς σχολαστικοὺς ἀσπασάμενος, καὶ ὀλίγα φιλολογήσας, ἐξῆλθεν τῆς μελέτης καὶ τοὺς μαθητὰς ἐπαγόμενος ἦλθεν σὺν αὐτοῖς εἰς τὴν ἀγοράν. **23** θεασάμενος δὲ πόρρωθεν τοὺς μὲν δύο εὐπρεπεῖς τὸν δὲ ἕνα σαπρόν, ἐθαύμασεν τὴν ἐπίνοιαν τοῦ σωματεμπόρου καὶ ἀνεκραύγασεν· "οὐᾶ, καλῶς, νὴ τὴν Ἥραν· εὐεπινόητος καὶ φιλόσοφος, μᾶλλον δὲ καὶ θαυμαστὸς ἔμπορος καὶ ἄκρος." οἱ σχολαστικοί· "καθηγητά, τί ἐπαινεῖς; τί τῆς σῆς θαυμασιότητος ἄξιον; καὶ ἡμῖν μετάδος, μὴ φθονέσης μετασχεῖν τοῦ καλοῦ." ὁ δὲ Ξάνθος εἶπεν· "ἄνδρες φιλόλογοι, μὴ νομίσητε τὴν φιλοσοφίαν διὰ λόγων μόνον συστάναι, ἀλλὰ καὶ διὰ τῶν ἔργων· πολλάκις γὰρ ἡ σιγωμένη φιλοσοφία ⟨τὴν⟩ διὰ τῶν λόγων ὑπερέβαλεν ἢ πιστοῦται. τοῦτο δὲ ἀπὸ ὀρχηστῶν ἔστιν ἐπιγνῶναι, ὅπως διὰ τῆς τῶν χειρῶν κινήσεως τὰ διὰ πολλοῦ κινηθέντα [ὅπως φιλοσοφῆ τὰ κράτιστα τοῖς ἔργοις] καὶ σιγωμένην καὶ αὐτὰ ἐνδείκνυται φιλοσοφίαν. οὗτος γὰρ ἔχων μὲν δύο παῖδας καλοὺς καὶ τὸν ἕνα σαπρόν, ⟨ἔστησε μέσον τῶν καλῶν τὸν σαπρόν⟩, ἵνα τὸ τούτου αἰσχρὸν τὸ τούτων κάλλος ἐκφαίνῃ· εἰ μὴ γὰρ παρετέθη τὸ αἰσχρὸν τῷ κρείττονι, ἡ τῶν καλῶν εἴδησις οὐκ ⟨ἂν⟩ ἠλέγχετο." οἱ σχολαστικοί· "θεῖος, καθηγητά, σύ, καὶ κάλλιστος ὁ τὴν ἐκείνου ἐνθύμησιν γνωρίσας ἀκριβῶς." ὁ Ξάνθος· "ἀλλὰ μὴν συνέλθετε, ὅπως ἓν τῶν σωματίων ὠνήσωμεν· ἔστιν γάρ μοι χρεία πρὸς ὑπηρεσίαν." **24** ἐπιστὰς δὲ τῷ πρώτῳ παιδίῳ εἶπεν· "ποταπὸς εἶ;" ἐκεῖνος ἀπεκρίθη· "Καππάδοξ." "τί ὄνομά σου;" ὁ δὲ λέγει· "Λίγυρις." Ξάνθος λέγει· "τί οἶδας ποιεῖν;" ὁ δέ· "ἐγὼ πάντα." ὁ Αἴσωπος ἑστὼς ἐγέλασεν ἀθρόον. οἱ σχολαστικοὶ θεασάμενοι αὐτὸν γελάσαντα καὶ [... *μόνον δὲ*

1 ὑπηρετεῖσαι Charitonidis : ὑπηρέτησαι **3** προελθὼν Ferrari : προσελθὼν **4** Ξάνθος [...] καὶ Ferrari : Ξάνθος καὶ **14** ἢ πιστοῦται G : [ἢ πιστοῦται] **16** φιλοσοφῆ G : φιλοσοφεῖ

überwiegend von meinen Sklavinnen bedient. Günstigerweise werden Sklaven ausgerufen. Geh hin und kaufe mir für häusliche Dienste einen hübschen Sklaven.« Xanthos sprach: »Das will ich tun.« Und Xanthos ging hinaus [...], begrüßte seine Studenten, und nachdem er ein wenig mit ihnen philosophisch disputiert hatte, verließ er den Unterrichtsraum, und er nahm seine Schüler mit und kam mit ihnen zum Markt. **23** Als er nun von fern einerseits die zwei Schönen, andererseits den einen Ekelhaften erblickte, staunte er über den Einfall des Sklavenhändlers und rief aus: »Bravo, prächtig, bei Hera: ein Genie und ein Philosoph, mehr noch, ein sowohl erstaunlicher als auch scharfsinniger Kaufmann!« Die Studenten: »Professor, was lobst du? Was verdient dein Erstaunen? Bezieh auch uns ein, missgönne uns nicht, am Schönen teilzuhaben.« Und Xanthos sagte: »Ihr wissbegierigen Männer, glaubt nicht, dass die Philosophie nur aus Worten besteht, nein, auch aus Taten. Oft nämlich übertrifft die schweigende Philosophie die durch Worte artikulierte oder bestätigt sie. Das kann man an den Tänzern erkennen, wie durch die Bewegung der Hände das durch viele Worte Bewegte von sich aus auch eine schweigende Philosophie erkennen lässt. Der hier nämlich, der zwei schöne Sklaven und den einen ekelhaften hat, stellte den ekelhaften in die Mitte zwischen die schönen, damit seine Hässlichkeit ihre Schönheit ins Licht rückt. Denn wenn nicht das Hässliche neben das Bessere gestellt worden wäre, würde die Idee des Schönen nicht zum Ausdruck gebracht.« Die Studenten: »Göttlich, Professor, bist du, und der Schönste, der du seine Überlegung genau erkannt hast.« Xanthos: »Aber nun kommt zusammen, damit wir einen der Sklaven kaufen. Denn ich brauche einen zur Bedienung.« **24** Er trat zu dem ersten Sklaven und sagte: »Woher bist du?« Der antwortete: »Kappadokier.« »Wie ist dein Name?« Und der sagte: »Ligyris.« Xanthos sagte: »Was kannst du?« Und der: »Ich alles.« Äsop, der da stand, brach in lautes Gelächter aus. Die Studenten, die sahen, wie er lachte und [... *dass nur seine Zähne sichtbar waren, glaubten*

τοὺς ὀδόντας αὐτοῦ φανεροὺς ὄντας, τέρας ἐδόκουν θεωρεῖν. ἔλεγον δὲ πρὸς ἀλλήλους· "οὐχὶ κήλη ἐστὶν ὀδόντας ἔχουσα;" ἄλλος ἔφη· "τί ἰδὼν ἐγέλασεν;" ἕτερος λέγει· "οὐ γελᾷ, ἀλλὰ ῥιγᾷ. γνώσωμεν δὲ τί λαλεῖ." ἐλθὼν οὖν ἐξ ὄπισθεν εἵλκυσεν αὐτὸν καί φησι· "κομψότατε, τί ἐγέλασας;" ὁ δὲ ἐπιστραφεὶς ἔφη· "ὑποχώρει, θαλάσσιον πρόβατον." ὁ σχολαστικὸς διαπορηθεὶς ἐπὶ τὸ ῥηθὲν ὑπεχώρησεν. ὁ Ξάνθος τῷ ἐμπόρῳ ἔφη· "πόσου ὁ ψάλτης οὗτος;" ὁ δὲ λέγει· "χιλίων δηναρίων." ὁ δὲ ἀκούσας ἐν ὑπερβολῇ τὸ τίμημα πρὸς τὸν ἕτερον ἦλθεν καί φησι· "σὺ πόθεν εἶ;" ὁ δὲ ἔφη· "Λυδός." "ὄνομα δέ σοι τί;" ὁ δέ· "Φιλόκαλος." Ξάνθος λέγει· "τί οἶδας ποιεῖν;" ὁ παῖς λέγει· "πάντα". ὁ δὲ Αἴσωπος πάλιν ἀνεγέλασεν. οἱ δὲ σχολαστικοὶ ἰδόντες ἔλεγον· "τί ἄρα πάνυ προσγελᾷ;" ἕτερος εἶπεν· "ἐὰν θέλω πάλιν θαλάσσιος τράγος ἀκοῦσαι, ἐπερωτήσω αὐτόν." ὁ Ξάνθος τῷ ἐμπόρῳ ἔφη· "πόσου τὸν γραμματικὸν πωλεῖς;" "τρισχιλίων δηναρίων", ἐκεῖνος ἔφη. ὁ Ξάνθος ἀκούσας ἠκηδίασε καὶ στραφεὶς ἐπορεύετο. οἱ δὲ σχολαστικοὶ εἶπον· "καθηγητά, οὐκ ἤρεσάν σοι τὰ σωμάτια;" "ναί," φησί, "ἀλλὰ δόγμα ἐστὶ πολύτιμα μὴ ἀγοράζειν παιδάρια, δι' εὐτελῶν δὲ σωματίων δουλεύεσθαι." εἷς δὲ τῶν σχολαστικῶν φησι· "εἰ παράγγελμά ἐστι πολυτελῆ μὴ ὠνεῖσθαι, ἀγόρασον τοῦτον τὸν ἀειδῆ. τὴν γὰρ αὐτὴν παρέχεται διακονίαν. ἡμεῖς δὲ κατὰ κοινοῦ δώσομεν τὸ τίμημα." ὁ δέ φησι· "γελοῖόν ἐστιν ὑμῶν τὴν τιμὴν διδόντων ἐμὲ δοῦλον ἀγοράσαι. καὶ καθαρὸν ὂν τὸ γύναιον οὐκ ἀνέξεται ὑπὸ αἰσχροῦ δουλεύεσθαι σωματίου." οἱ δὲ σχολαστικοὶ εἶπον· "καθηγητά, αἱ πλειονές σου διδαχαί εἰσι γυναικί μὴ πείθεσθαι."] **25** *ὁ Ξάνθος ἔφη·]* "⟨φέρε⟩ οὖν, ἐπιγνῶ εἰ οἶδέν τι, μὴ τὸ κερμάτιον κενῇ χάριτι προαπολέσητε." προσελθὼν δὲ ὁ Ξάνθος τῷ Αἰσώπῳ φησίν·

ein Monster zu sehen. Da sagten sie zueinander: »Ist es nicht eine Geschwulst mit Zähnen?« Ein anderer sprach: »Was hat er denn gesehen, dass er lachen musste?« Ein anderer sagte: »Er lacht nicht, sondern er erschauert. Doch wir wollen sehen, was er sagt.« Und er trat also hinter ihn, zog ihn beiseite und sprach: »Mein Bester, weswegen hast du gelacht?« Da wandte der sich zu ihm hin und sprach: »Geh weg, du Meerschaf!« Zu diesen Worten wusste der Student nichts zu sagen und trat zurück. Xanthos sprach zu dem Kaufmann: »Zu welchem Preis ist der Kitharaspieler da zu haben?« Und der sagte: »Für tausend Denare.« Als er den überhöhten Preis vernahm, ging er zu dem anderen und sprach: »Woher bist du?« Und der sprach: »Lyder.« »Wie ist dein Name?« Und der: »Philokalos.« Xanthos sagte: »Was kannst du?« Und der Sklave sagte: »Alles.« Und Äsop lachte wieder auf. Die Studenten, die das sahen, sagten: »Warum nur lacht der denn so sehr?« Ein anderer sagte: »Wenn ich wieder Meerbock genannt werden will, werde ich ihn fragen.« Xanthos sprach zu dem Kaufmann: »Zu welchem Preis verkaufst du den Elementarlehrer?« »Für dreitausend Denare« sprach der. Doch als Xanthos das vernahm, verlor er das Interesse, wandte sich um und wollte sich auf den Weg machen. Da sagten die Studenten: »Professor, haben die Sklaven dir nicht gefallen?« »Doch,« sprach er, »aber es ist mein Grundsatz, teure Sklaven nicht zu kaufen, sondern von billigen Sklaven bedient zu werden.« Einer von den Studenten sprach: »Wenn es Prinzip ist, teure Sklaven nicht zu kaufen, ersteh doch den hässlichen da. Denn der wird dir denselben häuslichen Dienst leisten. Wir aber wir werden dir gemeinsam den Kaufpreis geben.« Der aber sprach: »Es ist lächerlich, dass ihr den Preis zahlt und mir den Sklaven ersteht. Auch mein Frauchen, das rein ist, wird es nicht ertragen, von einem hässlichen Sklaven bedient zu werden.« Da sagten die Studenten: »Professor, die Mehrzahl der Lehren bei dir ist, dass man einer Frau nicht gehorchen soll.«] **25** *Xanthos sprach:*] »Auf denn, so will ich denn sehen, ob er etwas weiß, damit ihr nicht vorher euer Geld für einen nutzlosen Gefallen verliert.« Xanthos

“χαῖρε.” Αἴσωπος· “τί γάρ; λυποῦμαι;” οἱ σχολαστικοί· “καλῶς, μὰ τὰς Μούσας. τί γάρ; ἐλυπεῖτο;” ⟨κατεπλάγησαν οὖν⟩ τῷ εὐστόχῳ λόγῳ. καί φησιν αὐτῷ ὁ Ξάνθος· “ποταπὸς εἶ;” ὁ Αἴσωπος· “Σάρκινος.” ὁ Ξάνθος· “οὐ τοῦτο λέγω, ἀλλὰ ποῦ ἐγεννήθης;” ὁ Αἴσωπος· “ἐν τῇ κοιλίᾳ τῆς μητρός μου.” ὁ Ξάνθος· “πάντα αὐτῷ κακά. οὐ τοῦτό σε ἐρωτῶ, ἀλλὰ ποίῳ τόπῳ ἐγεννήθης;” ὁ Αἴσωπος· “τοῦτό μοι οὐκ εἶπεν ἡ μήτηρ μου, πότερον [ἢ] ἐν τῷ κοιτῶνι ἢ ἐν τῷ τρικλίνῳ.” ὁ Ξάνθος λέγει· “γένει, λέγω, ποταπὸς εἶ;” ὁ Αἴσωπος· “Φρύξ.” ὁ Ξάνθος· “τί οἶδας ποιεῖν;” ὁ Αἴσωπος· “ἐγὼ ὅλως οὐδέν.” ὁ Ξάνθος· “διὰ τί οὐδέν;” Αἴσωπος· “ὅτι οἱ παρεκάτεροι παῖδες ὅλα ἐπίστανται.” οἱ σχολαστικοί· “οὐᾶ, μακάριος· οὗτοι γὰρ κακῶς ἀπεκρίθησαν. ἄνθρωπος γὰρ οὐκ ἔστιν πάντα εἰδώς. διὰ τοῦτο εἶπεν οὗτος ὅτι οὐδὲν οἶδα, διὰ τοῦτο οὖν ἐγέλασεν.” **26** ὁ Ξάνθος· “θέλεις ἀγοράσω σε;” ὁ Αἴσωπος· “τί γάρ; εἶ δι᾽ ἐννοίας σύμβουλόν ⟨με⟩ κεκτῆσθαι, ἵνα [μου] περὶ ἐμοῦ συμβουλίαν λάβῃς; εἰ ἀγοράσαι με θέλεις, ἀγόρασον. εἰ οὐ θέλεις, πάραγε. οὐ μέλει μοι. οὐ γὰρ ὁ πωλῶν με ἄνθρωπος δίκτυα ἔχων βίᾳ τοὺς μὴ βουλομένους ἐφέλκεται, οὐδὲ σοί τις ἐγγύην περιτίθησιν ἵνα με ὠνήσῃ, ἀλλὰ τῆς ἰδίας προαιρέσεως ἐξουσίαν ἔχεις. εἰ βούλει λαβεῖν με, τὴν τιμήν μου ἀρίθμει· λῦε βαλαντίου πύλας. εἰ δὲ οὐ θέλεις, μή με σκῶπτε.” ὁ Ξάνθος· “τί οὖν; πολύλαλος εἶ· μηδέν σοι τῶν ἀγαθῶν γένηται.” ⟨ὁ Αἴσωπος· “τὰ πολύλαλα στρουθία πολλοῦ πωλεῖται”⟩. οἱ σχολαστικοί· “καλῶς, μὰ τὴν Ἥραν· ὁ Αἴσωπος ἀπεστομάτισεν τὸν καθηγητήν.” ὁ Ξάνθος· “βούλομαί σε ἀγοράσαι, ἀλλὰ μὴ ἄρξῃ δραπετεύειν;” ὁ Αἴσωπος· “τοῦτο ἐὰν θέλω ποιῆσαι οὐ λήμψομαι σὲ σύμβουλον ὡς σὺ ἐμέ. τὸ δὲ δραπετεύειν ἐν τίνι ἐστίν, ἐν σοὶ ἢ ἐν ἐμοί;” ὁ Ξάνθος· “δῆλον ὅτι ἐν σοί.” ὁ Αἴσωπος·

---

1 τί γάρ; λυποῦμαι; Shipp : τί γὰρ λυποῦμαι; **2** τί γάρ; ἐλυπεῖτο; Shipp : τί γὰρ ἐλυπεῖτο; **7** [ἢ] Ferrari : ἢ **7–8** γένει, λέγω, G : γένει λέγε **13** τί γάρ; εἶ δι᾽ ἐννοίας Shipp, Papathomopoulos : τί γὰρ ἤδη ἐννοεῖς **14** ἵνα [μου] περὶ ἐμοῦ συμβουλίαν λάβῃς; Papathomopoulos : παρ᾽ ἐμοῦ ἵνα μου συμβουλίαν λάβῃς; **19–20** τί οὖν; πολύλαλος εἶ· Papathomopoulos : τί οὖν πολύλαλος εἶ; **20** μηδέν σοι τῶν ἀγαθῶν γένηται G : [μηδέν σοι τῶν ἀγαθῶν γένηται]

trat an Äsop heran und sprach: »Heil dir!« Äsop: »Warum denn? Habe ich Kummer?« Die Studenten: »Gut, bei den Musen! Warum denn? Hatte er Kummer?« Sie waren also getroffen von dem gut gezielten Wort. Und Xanthos sprach zu ihm: »Woher bist du?« Äsop: »Aus Fleisch.« Xanthos: »Das meine ich nicht, sondern: Wo bist du geboren?« Äsop: »Im Bauch meiner Mutter.« Xanthos: »Alles Üble komme über ihn! Nicht das frage ich dich, sondern: An welchem Ort bist du geboren?« Äsop: »Das hat mir meine Mutter nicht gesagt, ob im Schlafzimmer oder im Triklinium.« Xanthos sagte: »Woher, meine ich, bist du von Herkunft?« Äsop: »Phryger.« Xanthos: »Was kannst du?« Äsop: »Ich ganz und gar nichts.« Xanthos: »Weshalb nichts?« Äsop: »Weil die beiden Sklaven sich auf alles verstehen.« Die Studenten: »Bravo, ein Glücklicher! Denn die haben schlecht geantwortet. Der Mensch ist nämlich nicht ein Alleskönner. Deshalb hat der da gesagt, dass er nichts kann, deshalb also hat er gelacht.« **26** Xanthos: »Willst du, dass ich dich kaufe?« Äsop: »Warum denn? Hast du im Sinn, mich als Berater zu besitzen, damit du Rat bekommst, der mich betrifft? Wenn du mich kaufen willst, kaufe mich. Wenn du nicht willst, hau ab! Mir ist das egal. Denn der Mensch, der mich verkauft, zieht ja nicht mit einem Netz gewaltsam die, die nicht wollen, zu sich heran, und es gibt dir auch nicht irgendjemand eine Garantie, damit du mich kaufst, sondern du hast die Erlaubnis zur freien Entscheidung. Wenn du mich nehmen willst, zähl den Kaufpreis für mich hin; öffne die Tore deines Geldbeutels. Wenn du aber nicht willst, verspotte mich nicht.« Xanthos: »Was also? Du bist ein Schwätzer; dir soll's doch schlecht gehen!« Äsop: »Geschwätzige Spatzen kauft man teuer ein.« Die Studenten: »Prächtig, bei Hera! Äsop hat den Professor zum Schweigen gebracht.« Xanthos: »Ich will dich kaufen, aber wirst du nicht damit beginnen, mir zu entlaufen?« Äsop: »Wenn ich das tun will, werde ich nicht dich als Ratgeber nehmen wie du mich. Aber an wem liegt es, ob ich entlaufe, an dir oder mir?« Xanthos: »Offensichtlich an dir.« Äsop:

“οὔ, ἀλλ’ ἐν σοί.” ὁ Ξάνθος· “διὰ τί ἐν ἐμοί;” ὁ Αἴσωπος· “ἐὰν ᾖς καλόδουλος, οὐδεὶς φεύγων τὸ ἀγαθὸν ἐπὶ τὸ φαῦλον ἔρχεται [ἐὰν], ἑαυτὸν εἰς πλάνας διδούς, λιμόν τε καὶ φόβον προσδοκῶν· ἐὰν δὲ ᾖς κακόδουλος, ὥραν μίαν οὐ μένω πρὸς σέ, οὐδὲ ἡμιώριον, οὐδὲ στιγμήν.” ὁ Ξάνθος· “οὗτος φεύγει ⟨ἐὰν⟩ ἑαυτῷ τι γένηται. ὅσα μὲν οὖν λέγεις ἀνθρώπινα, ἀλλὰ σαπρὸς εἶ.” ὁ Αἴσωπος· “μή μου βλέπε τὸ εἶδος, ἀλλὰ μᾶλλον ἐξέταζε τὴν ψυχήν.” ὁ Ξάνθος· “τί ἐστιν τὸ εἶδος;” ὁ Αἴσωπος· “ὅ τι; πολλάκις εἰς οἰνοπωλίον παραγενάμενοι ὠνήσασθαι οἶνον θεωροῦμεν κεράμια ἀειδῆ, τῷ δὲ γεύματι χρηστά.” **27** ὁ Ξάνθος ἐπαινέσας αὐτοῦ τὸ ἕτοιμον τῶν λόγων προσελθὼν τῷ ἐμπόρῳ λέγει· “τοῦτον πόσου πωλεῖς;” ὁ ἔμπορος· “ἐπισκῶψαί μου θέλεις τὴν ἐμπορίαν;” ὁ Ξάνθος· “διὰ τί;” ὁ ἔμπορος· “ἀλλ’ ἀπολιπὼν τούτους τοὺς ἀξίους ἐπὶ τὸ κατάπτυστον τοῦτο ἀνδραπόδιον ἦλθες; ἐξ ἐκείνων ἀγόρασον καὶ λάβε τοῦτον ἐπιθήκην.” ὁ Ξάνθος· “ὅμως πόσου τοῦτον;” ὁ ἔμπορος “ἑξήκοντα δηναρίων τοῦτον ἠγόρακα, πεποίηκεν δὲ δαπάνας δέκα πέντε· ἴσωσόν μοι ἀπ’ αὐτοῦ.” οἱ δὲ τελῶναι ἀκούσαντες ὅτι σωμάτια πέπρανται παραγενάμενοι ἐπηρώτων τίς πέπρακεν ἢ τίς ὁ ἀγοράσας. διετρέπετο δὲ εἰπεῖν ὁ Ξάνθος ὅτι “ἠγόρασα ἑβδομήκοντα πέντε δηναρίων δοῦλον,” καὶ ὁ ἔμπορος ᾐσχύνετο. τούτων δὲ σιωπώντων ὁ Αἴσωπος κέκραγεν· “ὁ πεπραμένος ἐγώ, ὁ πωλήσας οὗτος, ὁ ἀγοράσας ἐκεῖνος. οὗτοι δὲ σιωπῶσιν· δῆλον ὅτι ἐλεύθερός εἰμι ἐγώ.” ὁ δὲ Ξάνθος· “ἐγὼ ἠγόρασα οε̅ δηναρίων δοῦλον.” καὶ γελάσαντες οἱ τελῶναι ἐχαρίσαντο τῷ Ξάνθῳ ἅμα τοῖς σχολαστικοῖς τὴν τιμὴν τοῦ Αἰσώπου καὶ ἀποταξάμενοι ἀνεχώρησαν.

---

5 φεύγει ⟨ἐὰν⟩ ἑαυτῷ Perry im Apparat : φεύγει ἑαυτῷ **8** ὅ τι; πολλάκις Ferrari : ὅ τι πολλάκις | παραγενάμενοι Shipp : παραγενάμενος **21** οὗτοι δὲ G : οὗτοι εἰ

»Nein, sondern an dir.« Xanthos: »Weshalb an mir?« Äsop: »Wenn du einer bist, der Sklaven gut behandelt, wird keiner vor dem Guten fliehen und zum Schlechten übergehen, da er sich Herumirren aussetzt, wobei er Hunger und Angst zu erwarten hat; wenn du aber einer bist, der Sklaven schlecht behandelt, bleibe ich auch nicht eine einzige Stunde bei dir, auch nicht eine halbe Stunde, nicht einen Augenblick.« Xanthos: »Der da flieht, wenn sich ihm die Gelegenheit bietet. Wie viel Menschliches du nun auch redest, du bist doch ekelhaft.« »Blicke nicht auf mein Aussehen, sondern prüfe lieber die Seele.« Xanthos: »Was ist das Aussehen?« Äsop: »Was? Wenn wir in eine Weinhandlung kommen, um Wein zu kaufen, sehen wir oft unansehnliche Gefäße, aber mit Geschmacksqualität.« **27** Xanthos lobte die Schlagfertigkeit, mit welcher der sprach, trat zu dem Kaufmann hin und sagte: »Für wie viel verkaufst du den hier?« Der Kaufmann: »Willst du mein Kaufmannsgewerbe verspotten?« Xanthos: »Weshalb?« Der Kaufmann: »Aber du hast doch die hier, die ihren Preis wert sind, stehen lassen und bist zu diesem abscheulichen Sklaven gegangen? Kaufe einen von ihnen und nimm den hier als Zugabe.« Xanthos: »Trotzdem: Für wie viel den hier?« Der Kaufmann: »Für sechzig Denare habe ich ihn gekauft, und fünfzehn hat der Unterhalt gemacht. Gib mir das Gleiche für ihn.« Da hörten die Steuereinnehmer, dass Sklaven verkauft würden, kamen her und fragten, wer verkauft habe und wer der Käufer sei. Xanthos aber schämte sich zu sagen: »Ich habe einen Sklaven für 75 Denare gekauft«, auch der Kaufmann scheute sich. Als die nun schwiegen, schrie Äsop: »Der, der verkauft worden ist, bin ich, der, der verkauft hat, ist der hier, der, der gekauft hat, der da. Die aber schweigen. Offensichtlich bin ich frei.« Und Xanthos: »Ich habe für fünfundsiebzig Denare einen Sklaven gekauft.« Und die Steuereinnehmer lachten, schenkten Xanthos und zugleich den Studenten die Steuer für Äsop, verabschiedeten sich und gingen davon.

28 ὁ δὲ Αἴσωπος ἠκολούθει. καυματίνης δὲ ὥρας ὑπαρχούσης καὶ τοῦ ἡλίου ἐπὶ τὸ μεσουράνημα ὄντος καὶ ἐρημαζούσης τῆς ὁδοῦ διὰ τὸ καῦμα, ὁ Ξάνθος ἀναστείλας τὰ ἱμάτια ἤρξατο ἅμα περιπατῶν οὐρεῖν. θεασάμενος δὲ ὁ Αἴσωπος ἠγανάκτησεν· εἶτα ἐκδραξάμενος αὐτὸν ἐξ ἀναβολῆς τοῦ ἱματίου εἵλκυσεν αὐτὸν καί φησιν· "πώλει με." ὁ Ξάνθος· "Αἴσωπε, τί σοι συνέβη;" ὁ Αἴσωπος· "πώλει μέ" φησιν· "οὐ δύναμαί σοι δουλεύειν, ἐπεὶ οὐ μή με ὑπομείνῃς δραπετεύοντα." ὁ Ξάνθος· "ὁ ἐνέγκας σε πάντως τις τῶν εἰωθότων τὰς εὐσταθούσας οἰκίας διαβολαῖς ἀνατρέπειν· προσελθών σοί τις διέβαλέν με [ἀπὸ καλῶν] ὡς κακόδουλον ἢ πάροινον ἢ πλήσσοντα ἢ στομαχώδη ἢ ὀργίλον. μὴ πρόσεχε διαβολαῖς, μάτην ὀξύνῃ· διαβολὴ τερπνὸν ἀκοῦσαι. οὕτως γὰρ παρ' ἐμοῦ τὰ σημάντια." ὁ Αἴσωπος· "χύσις σε διέβαλεν, Ξάνθε· ὅτε γὰρ αὐτὸς ὁ δεσπότης μή τινα φοβούμενος μὴ εἰσελθὼν εἰς τὴν οἰκίαν πληγῶν πεῖραν λάβῃς, ἢ δεσμῶν ἢ δεινοτέρας ἀνάγκης κόλασιν ὑπομείνῃς, ἀλλὰ τὴν ἰδίαν ἐξουσίαν ἑαυτοῦ ἔχων τοῖς φυσικοῖς [οὔροις] οὐκ ἔδωκας ἡμιώριον εἰς ἀνάπαυσιν, ἀλλὰ περιπατῶν οὔρησας – τί ⟨δεῖ⟩ με τὸν δοῦλον ποιῆσαι ἐπὶ ἀπόκρισιν πεμφθέντα ⟨ἄλλ⟩ο ἢ πάντως πετόμενον χέζειν;" Ξάνθος· "τούτου ἕνεκα ⟨ἠγανάκτησας⟩;" Αἴσωπος· "καὶ μάλα." ὁ Ξάνθος· "τρία βουλόμενος ἐκφυγεῖν φαῦλα περιπατῶν οὔρησα." Αἴσωπος· "τίνα ταῦτα;" Ξάνθος· "ζεστότητα γῆς, οὔρου δριμύτητα, καὶ φλογὴν ἡλίου." ὁ Αἴσωπος· "πῶς;" ὁ Ξάνθος· "ὁρᾷς μὲν ὅτι ὁ ἥλιος μεσουρανεῖ καὶ τῇ θερμότητι τὴν γῆν ἐξέκαυσεν· ὅταν δὲ συνεστὼς οὐρῶ τὸ ἔδαφος ζέον τοὺς πόδας μου κατακαίει, καὶ ἡ δριμύτης τοῦ οὔρου ἀνατρέχει μου εἰς τὰς ὀσφρήσεις καὶ τὰς πνοάς μου φράσσει, καὶ ὁ ἥλιος δὲ τὴν κεφαλήν μου φλέγει. ταῦτα τὰ τρία θέλων ἐκφυγεῖν

---

4 ἐκδραξάμενος G, Perry im Apparat : δραξάμενος **5–7** πώλει με." ὁ Ξάνθος·... συνέβη;" ὁ Αἴσωπος· "πώλει ... δραπετεύοντα." G : πώλει με, ἐπεὶ ... δραπετεύοντα." ὁ Ξάνθος ... συνέβη;" ὁ Αἴσωπος "πώλει ... δουλεύειν." **9** [ἀπὸ καλῶν] Papademetriou : ἀποκαλῶν **11** ὀξύνῃ Charitonidis : ὀξύνει | τερπνὸν G : τερπνὴ | παρ' G : περὶ **13** μή τινα φοβούμενος Papathomopoulos : μὴ φοβούμενός τινα **15** [οὔροις] Stamoulakis : ὅροις **18** ⟨ἠγανάκτησας⟩ Ferrari : ⟨ἐταράχθης⟩ **24** καὶ...φράσσει G (πνοάς Stamoulakis) : [καὶ τὰς ἀκοάς μου φράσσει]

28 Äsop folgte ihm. Da es aber die Stunde der Hitze war, die Sonne im Zenit stand und die Straße wegen der Hitze leer war, hob Xanthos sein Gewand und begann im Laufen zu pissen. Als Äsop das sah, wurde er ärgerlich. Da ergriff er ihn am Überwurf seines Gewands, zerrte ihn daran und sprach: »Verkaufe mich!« Xanthos: »Äsop, was ist in dich gefahren?« Äsop: »Verkaufe mich«, sprach er, »ich kann nicht dein Sklave sein, da du nicht darauf warten kannst, bis ich ausreiße.« Xanthos: »Der, welcher dich hergebracht hat, ist sicher einer von denen, die gewohnt sind, Familien, denen es gut geht, durch Verleumdungen zu ruinieren: Zu dir kam einer und verleumdete mich, ich sei einer, der Sklaven schlecht behandelt, oder ein Trunkenbold oder ein Schläger oder leicht reizbar oder jähzornig. Achte nicht auf Verleumdungen, du wirst unnötig aufgestachelt: Eine Verleumdung ist erfreulich zu hören. Denn so sind meine Ratschläge.« Äsop: »Das Wasserlassen hat dich verleumdet, Xanthos. Denn da du, selbst der Gebieter, niemanden fürchtest, nicht, wenn du in ein Haus kommst, die Erfahrung machst, Schläge zu bekommen, oder die Bestrafung durch Fesseln oder eine schlimmere Zwangslage erdulden musst, sondern deine eigene Verfügungsgewalt über dich selbst hast, gabst du deinen natürlichen Bedürfnissen keine halbe Stunde Ruhezeit, sondern pisstest im Gehen – was soll da ich, der Sklave, machen, wenn ich geschickt wurde, um eine Antwort zu bringen, als zu scheißen, während ich total dahinfliege?« Xanthos: »Deswegen hast du dich geärgert?« Äsop: »Ja, und zwar sehr.« Xanthos: »Weil ich drei Übeln entgehen wollte, habe ich im Gehen gepisst.« Äsop: »Welchen genau?« »Der siedenden Hitze des Erdbodens, dem stechenden Geruch der Pisse und der Glut der Sonne.« Äsop: »Wie?« Xanthos: »Du siehst, dass die Sonne im Zenit steht und mit ihrer Hitze den Erdboden verbrannt hat. Wenn ich nun im Stehen pisse, verbrennt der siedend heiße Boden meine Füße, der stechende Geruch der Pisse läuft mir hinauf in die Nasenlöcher und blockiert mir den Atem, und die Sonne brennt meinen Kopf. Diesen Dreien wollte ich

περιπατῶν οὔρησα.” ὁ Αἴσωπος· “πέπεικάς με, σοφῶς ἐπενόησας· περιπάτει λοιπόν.” Ξάνθος· “ἠγνόουν ἑαυτοῦ δεσπότην πριάμενος.”

29 φθασάντων δὲ αὐτῶν εἰς τὸν οἶκον ὁ Ξάνθος λέγει αὐτῷ· “Αἴσωπε, ὅτι μου τὸ γύναιον καθαρόν ἐστιν, περίμενε πρὸ τοῦ πυλῶνος μέχρις οὗ πρὸς τὴν γυναῖκα καταγγείλω, ἵνα μὴ ἐξαίφνης τὴν σαπρίαν σου ἰδοῦσα τὴν προῖκα ἀπαιτήσασα φύγῃ.” Αἴσωπος· “εἰ γυναικοκρατεῖσαι, ἄπιθι καὶ ταχὺ ποίησον.” εἰσελθὼν οὖν ὁ Ξάνθος φησίν· “κυρία, οὐκέτι μου καταγογγύζεις καὶ λέγειν ἔχεις ὅτι ‘ἀπὸ τῶν ἐμῶν παιδισκαρίων ὑπηρετεῖσαι’. ἴδε κἀγὼ σωμάτιον ἀρρενικὸν ἠγόρασα.” ἡ δὲ γυνὴ τοῦ Ξάνθου· “εὐχαριστῶ σοι, κυρία Ἀφροδίτη. μεγάλη ἧς· ἀληθινά σου τὰ ἐνύπνια. κοιμηθεῖσα γὰρ εὐθὺς ὄνειρον εἶδον ᾧ πάγκαλον σωμάτιον ὠνησάμενος ἐχαρίσω μοι.” ὁ Ξάνθος· “μένε, κυρία, καὶ ὄψει ὃ οὐδέποτε ἐθεάσω κάλλος. ἀληθεύομαι λέγων· Ἀπόλλωνα ὄψει ἢ Ἐνδυμίωνα ἢ Γανυμήδην.” **30** τὰ παιδισκάρια ἔχαιρον, καὶ ἓν τῶν κορασίων εἶπεν· “ἐμοὶ ὁ δεσπότης ἄνδρα ἠγόρασεν.” ἄλλη· “οὔ, ἀλλ’ ἐμοί· ἐγὼ γὰρ ἐν τοῖς ὕπνοις εἶδον.” ἄλλη ταῦτα αὐταῖς· “ἀλλ’ ἡ πιθανωτέρα λήψεται.” “σὺ οὖν πιθανωτέρα εἶ;” “ἀλλὰ σύ;” καὶ ἄρχονται μάχεσθαι. ἡ γυνὴ τοῦ Ξάνθου λέγει· “ὑπὲρ οὗ τὸ ἐγκώμιον εἶπας, ποῦ ἐστιν;” Ξάνθος· “κυρία, πρὸ τῶν θυρῶν. δόγμα δέ ἐστιν παιδείας τὸ εἰς ἀλλοτρίαν οἰκίαν ἄκλητον μὴ εἰσιέναι· ἠκολούθησεν πρὸ τοῦ πυλῶνος καὶ μέχρις οὗ κληθῇ μένει.” ἡ γυνὴ δὲ τοῦ Ξάνθου λέγει· “καλέσῃ τις τὸν νεώνητον.” ἡ μία γαμητιῶσα, τῶν ἄλλων κορασίων μαχομένων, πρὸς ἑαυτὴν εἶπεν· “ἐξέρχομαι [φησίν] νῦν ἐγὼ καὶ προαρραβωνίζω αὐτὸν ἐμαυτῇ.” καὶ ἐξέρχεται καί φησιν· “ποῦ ὁ νεώνητος;” ἐπιστραφεὶς ὁ Αἴσωπος λέγει·

1 σοφῶς Charitonidis : σαφῶς **6** γυναικοκρατεῖσαι Charitonidis : γυναικοκρατεῖ σύ **9** ὑπηρετεῖσαι Charitonidis : ὑπηρέτησαι **13** ἀληθεύομαι Dölger : λάθομαι **16** ἄλλη ταῦτα αὐταῖς Ferrari : [ταῦτα ἑαυταῖς] ἄλλη | ἀλλ’ ἡ πιθανωτέρα Perry im Apparat : ἄλλη πιθανωτέρα **18** οὗ τὸ ἐγκώμιον Perry im Apparat : τοῦ ἐγκωμίου ὃ **21** γυνὴ δὲ τοῦ G : γυνὴ τοῦ **22** γαμητιῶσα Papademetriou : συνετὴ οὖσα **23** [φησίν] Ferrari : φησίν

entgehen, indem ich im Gehen pisste.« Äsop: »Du hast mich überzeugt, es dir weise ausgedacht. Geh also weiter.« Xanthos: »Ich wusste nicht, dass ich mir meinen Gebieter gekauft habe.«

29 Als sie sich nun beeilt hatten, zum Haus zu kommen, sagte Xanthos zu ihm: »Äsop, da mein Frauchen reinlich ist, warte vor der Tür, bis ich dich bei meiner Frau angekündigt habe, damit sie nicht plötzlich deine Ekelhaftigkeit sieht, ihre Mitgift zurückfordert und davonläuft.« Äsop: »Wenn du von einer Frau beherrscht wirst, geh hin und mach schnell.« Xanthos ging also hinein und sprach: »Herrin, du kannst nicht mehr über mich murren und sagen: ›Du wirst von meinen Sklavinnen bedient.‹ Schau, auch ich habe einen männlichen Sklaven gekauft.« Die Frau des Xanthos: »Ich danke dir, Herrin Aphrodite! Du bist groß: Wahr sind die von dir kommenden Träume. Denn als ich eingeschlafen war, sah ich sofort einen Traum, in dem du einen sehr schönen Sklaven kauftest und mir schenktest.« Xanthos: »Warte, Herrin, und du wirst Schönheit sehen, wie du sie noch nie geschaut hast. Ich spreche die Wahrheit, wenn ich sage: Du wirst einen Apollon, Endymion oder Ganymedes sehen.« **30** Die Sklavinnen freuten sich, und eines von den Mädchen sagte: »Für mich hat der Gebieter einen Mann gekauft.« Eine andere: »Nein, für mich. Ich habe ihn nämlich im Traum gesehen.« Eine andere sagte dies zu ihnen: »Aber die Attraktivere wird ihn bekommen.« »Du bist also die Attraktivere?« »Etwa du?« Und sie fingen an zu streiten. Die Frau des Xanthos sagte: »Der, über den du deine Lobrede hieltest, wo ist er?« Xanthos: »Herrin, vor der Tür. Es ist ein Grundsatz seiner Erziehung, dass er nicht ungerufen in ein fremdes Haus hineingeht. Er ist mir bis vor das Tor gefolgt und wartet, bis er gerufen wird.« Die Frau des Xanthos sagte: »Jemand rufe den Neugekauften.« Die eine, die mit ihm schlafen wollte, sagte, während die anderen Mädchen stritten, zu sich: »Ich geh jetzt hinaus und schnappe ihn mir vor den anderen.« Und sie ging hinaus und sprach: »Wo ist der Neugekaufte?« Äsop wandte sich ihr zu und sagte: »Hier,

“ὧδε, παιδισκάριον.” ἡ δὲ λέγει· “σὺ εἶ ὁ νεώνητος;” Αἴσωπος λέγει· “ἐγώ εἰμι.” ἡ παιδίσκη εἶπεν· “ποῦ ἐστιν ἡ κέρκος σου.” Αἴσωπος ἰδὼν τὸ παιδάριον καὶ νοήσας ὅτι εἰς κυνοκέφαλον αὐτὸν ἔσκωψεν λέγει· “οὐχ ὡς σὺ ὑπονοεῖς, [ὅτι] τὴν κέρκον ὄπισθεν ἔχω, ἀλλ’ ἔμπροσθεν.” τὸ παιδισκάριον εἶπεν· “αὐτοῦ μένε, μὴ εἰσέλθῃς καὶ φύγωσι πάντες τὸ τέρας ἰδόντες.” καὶ εἰσελθοῦσα θεωρεῖ ἔτι μαχομένας τὰς συντρόφους καὶ λέγει· “τί οὐκ ἐμπυρίζω αὐτάς; κοράσια, ⟨μὰ⟩ τὰς Μούσας ὑμῶν, τί πυκτεύετε περὶ τούτου τοῦ ἀνδρός; πρῶτον ἴδετε αὐτοῦ τὸ κάλλος.” ἐξέρχεται μία καὶ λέγει· “ποῦ ἐστιν ὁ κῦρις, ὁ ἀγορασθείς, ὁ καλός μου;” Αἴσωπος εἶπεν· “ὧδε.” ἡ παιδίσκη λέγει· “πατάξῃ σου τὸ κακὸν πρόσωπον ἡ Ἀφροδίτη. ἕνεκεν σοῦ ἐμαχόμην, κάθαρμα; πολλά σοι κακά. δεῦρο ἔσω, καὶ μή μοι κολλῶ· μακρὰν ἀπ’ ἐμοῦ.” Αἴσωπος εἰσελθὼν ἔστη ἄντικρυς τῆς δεσποίνης. **31** ἡ γυνὴ τοῦ Ξάνθου, τοῦ Αἰσώπου ἰδοῦσα τὸ κακοπινὲς τοῦ προσώπου, ἀπεστράφη καὶ πρὸς τὸν Ξάνθον λέγει· “οὐᾶ, Ξάνθε, εὐεπινοήτως, φιλοσόφως καὶ πρεπόντως ἔπραξας· ἑτέραν λαβεῖν βουλόμενος γυναῖκα καὶ μὴ τολμῶν μοι κατ’ ὄψιν εἰπεῖν ‘πορεύου ἀπ’ ἐμοῦ,’ ἐπιστάμενός μου τὸ φιλοκαθάρον ἤνεγκάς μοι τοῦτον ἐπίτηδες, ἵνα μὴ ὑποφέρουσα ὑπ’ αὐτοῦ δουλεύεσθαι φύγω ἐπ’ ἐμαυτῆς τὴν οἰκίαν καταλείπουσα. δός μοι οὖν τὴν προῖκα καὶ ἐγὼ πορεύσομαι καθ’ ἑαυτήν.” ὁ Ξάνθος λέγει· “οἴμοι, ἵνα ⟨μὴ⟩ εἰς τὴν ὁδὸν περιπατῶν οὐρήσω, ἑπτασφόνδυλά μοι ῥήματα εἶπας, καὶ νῦν οὐδὲν λέγεις πρὸς αὐτήν;” Αἴσωπος εἶπε· “τοιγὰρ πορεύσηται καθ’ ἑαυτὴν εἰς τὸ σκότος.” ὁ Ξάνθος εἶπεν· “σιώπα, κάθαρμα· οὐκ οἶδας ὅτι φιλῶ αὐτὴν ὑπὲρ ἐμαυτόν;” Αἴσωπος λέγει· “φιλεῖς τὸ γύναιον;” ὁ Ξάνθος εἶπεν· “καὶ μάλα.” Αἴσωπος λέγει· “θέλεις οὖν ἵνα μείνῃ;” ὁ Ξάνθος εἶπεν· “θέλω, ταπεινέ.” Αἴσωπος λέγει· “ὑποκρινοῦμαι ὡς θέλεις.” ⟨καὶ⟩

---

4 [ὅτι] Ferrari : ὅτι **7** ⟨μὰ⟩ τὰς Μούσας Ferrari : τὰς Μούσας **15** εὐεπινοήτως, φιλοσόφως G : εὐεπινοήτως ⟨καὶ⟩ φιλοσόφως **19** καταλείπουσα Papademetriou : καταλιποῦσα **22** πορεύσηται Papathomopoulos : πορεύηται **25** μείνῃ G : μενῃ

Mädchen.« Sie sagte: »*Du* bist der Neugekaufte?« Äsop sagte: »Ja, *ich* bin es.« Das Mädchen sagte: »Wo ist dein Schwanz?« Äsop sah die Sklavin an, und weil er bemerkte, dass sie über seinen Hundskopf spottete, sagte er: »Ich habe nicht, wie du vermutest, meinen Schwanz hinten, sondern vorne.« Die Sklavin sagte: »Warte hier, damit du nicht hineingehst und dann alle flüchten, weil sie das Monster sehen.« Und sie ging hinein, sah ihre Gefährtinnen noch streiten, und sagte: »Warum mache ich sie nicht heiß? Mädchen, bei euren Musen, warum boxt ihr euch um diesen Mann? Seht euch erst seine Schönheit an!« Eine ging hinaus und sagte: »Wo ist der junge Herr, der Gekaufte, mein Schöner?« Äsop sagte: »Hier.« Die Sklavin sagte: »Möge Aphrodite deinem üblen Gesicht einen Schlag versetzen! Deinetwegen haben wir uns gestritten, du Kehrichthaufen? Viel Übles möge dir geschehen! Hierher hinein, und kleb nicht an mir dran; weit weg von mir!« Äsop ging hinein und stand der Gebieterin gegenüber. **31** Als die Frau des Xanthos das Abstoßende seines Gesichts sah, wandte sie sich von ihm ab und sagte zu Xanthos: »Bravo, Xanthos, gut überlegt, philosophisch und passend hast du das gemacht: Du willst eine andere Frau nehmen, und weil du mir nicht ins Gesicht zu sagen wagst: ›Geh weg von mir‹, hast du, weil du um meine Reinlichkeitsliebe weißt, mir den hier mit der Absicht gebracht, dass ich, weil ich es nicht ertrage, von ihm als meinem Sklaven bedient zu werden, dich verlasse und in mein Heimathaus flüchte. Gib mir also meine Mitgift, und ich gehe nach Hause.« Xanthos sagte: »O weh, du hast mir, damit ich nicht im Gehen auf den Weg pisse, siebenwirbelige Worte gesagt, und nun sagst du nichts zu ihr?« Äsop sagte: »Soll sie doch nach Hause in die Finsternis gehen!« Xanthos sagte: »Schweig, Kehrichthaufen! Weißt du nicht, dass ich sie mehr liebe als mich selbst?« Äsop sagte: »Du liebst das Frauenzimmer?« Xanthos sagte: »Ja, und zwar sehr.« Äsop sagte: »Willst du also, dass sie dableibt?« Xanthos sagte: »Das will ich, elender Kerl!« Äsop sagte: »Ich werde Theater spielen, wie du es willst.« Und er

ῥήξας τὸν πόδα εἰς τὸ μέσον ὁ Αἴσωπος ἀνέκραγεν· "εἰ Ξάνθος ὁ φιλόσοφος γυναικοκρατεῖται, αὔριον αὐτὸν ἐγὼ δείξω ἐν τοῖς ἀκροατηρίοις οἷόν ἐστιν περικάθαρμα." ὁ Ξάνθος εἶπεν· "καλῶς, Αἴσωπε." **32** Αἴσωπος πρὸς τὴν κυρὰν εἶπεν· "τάδε πρὸς σέ, γύναι· βούλει, ἵνα σου ὁ ἀνὴρ ἐξιὼν ποταπὸν ὠνήσῃ σωμάτιον εὐήλικον, περικαλλή, εὐειδή, εὐόφθαλμον, ξανθόν." ἡ γυνὴ τοῦ Ξάνθου εἶπεν· "ἵνα τί;" [φησίν] Αἴσωπος λέγει· "ἵνα ὁ καλὸς δοῦλος ἀκολουθῇ σοι εἰς τὸ βαλανεῖον, εἶτα ὁ καλὸς δοῦλος λάβῃ παρὰ σοῦ τὰ ἱμάτιά σου, εἶτα ὁ καλὸς δοῦλος ἐξερχομένης σοῦ ἀπὸ τοῦ βαλανείου ἐπιβάλῃ τὸ θερίστριον καὶ συγκαθεσθεὶς ὑποδήσῃ σε τὸ ὑπόδημά σου, εἶτα συμπαίξῃ σοι καὶ ἀντιβλέψῃ σ⟨οι⟩ ὡς εὐαρέστῃ ἀργυρωνήτῳ, εἶτα σὺ ἀντιμειδιάσῃς καὶ νέον βλέπουσα ἐρεθισθῇς καὶ καλέσῃς εἰς τὸν κοιτῶνα ἵνα τρίβῃ τοὺς πόδας σου, εἶτα σὺ κατανυγεῖσα ἐπισπάσῃ καὶ καταφιλήσῃς αὐτὸν καὶ πράξῃς τὰ σοὶ πρέποντα τῇ αἰσχρᾷ ὕβρει, καὶ καταισχυνθῇ ὁ φιλόσοφος καὶ διαπαιχθῇ. εὖγε Εὐριπίδη, χρυσῶσαί σου ἔδει τὸ στόμα ὅτε ἔλεγες ψευδέστατον οὐδὲ ἕν·

δεινὴ μὲν ὀργὴ κυμάτων θαλασσίων,
δειναὶ δὲ ποταμοῦ καὶ πυρὸς ⟨θερμοῦ⟩ πνοαί,
δεινὴ δὲ πενία, δεινὰ δ' ἄλλα μυρία,
πλὴν οὐδὲν οὕτω δεινὸν ὡς γυνὴ κακόν.

σὺ δὲ φιλοσόφου οὖσα γυνὴ σοφή, ἡ ἀπὸ ὡραίων σωματίων θέλουσα δουλεύεσθαι, φέρεις οἱ οὐ μετρίαν διαβολὴν καὶ μέγα ὄνειδος. σὺ δέ μοι δοκεῖς κινητιᾶν, καὶ οὐ πράσσεις τὰ ἴδια· ⟨ἴδε⟩ μή σοι δείξω ἀνδρὸς νεωνήτου θύμον, ἱπποπόρνη." ἡ γυνὴ τοῦ Ξάνθου εἶπεν· "πόθεν μοι τοῦτο τὸ κακόν;" ὁ Ξάνθος λέγει· "καὶ ταῦτα μέν σοι οὕτως εἶπεν, κυρά· βλέπε ⟨δὲ⟩ μή σε ἴδῃ χέζουσαν ἢ οὐροῦσαν, ἐπεὶ ὄψει Αἴσωπον Δημο-

---

5 περικαλλή, εὐειδή, Papathomopoulos : περικαλλῆ, εὐειδῆ **15–16** ψευδέστατον οὐδὲ ἕν G : [ψευδέστατον οὐδὲ ἕν] **23** ἴδια· ⟨ἴδε⟩ μή Rodríguez Adrados : ἴδια μή **24** θύμον Ferrari : θυμόν

stampfte mit dem Fuß mitten im Zimmer auf und schrie: »Wenn der Philosoph Xanthos sich von einer Frau beherrschen lässt, werde ich morgen in den Hörsälen zeigen, was für ein Superkehrichthaufen er ist!« Xanthos sagte: »Gut, Äsop.« **32** Äsop sagte zu der Herrin: »Das geht auf dich, Weib: Du willst, dass dein Mann hinausgeht und irgendwoher einen jungen, sehr schönen, wohlansehnlichen, schönäugigen, blonden Sklaven kauft.« Die Frau des Xanthos sagte: »Wozu?« Äsop sagte: »Damit der schöne Sklave dich ins Bad begleitet, dann der schöne Sklave von dir deine Kleider empfängt, dann der schöne Sklave, wenn du aus dem Bad herauskommst, dir das leichte Gewand überwirft und sich hinsetzt, um dir die Sandalen anzuziehen, dann mit dir flirtet und dich anblickt, als wärst du eine, die für Geld gekauft, gefällig ist, dann du ihn anlächelst und aufs Neue erregt ansiehst und in dein Schlafzimmer rufst, damit er dir die Füße reibt, dann du ihn aufgereizt zu dir her ziehst, ihn küsst und alles machst, was zu dir passt in deiner schändlichen Dreistigkeit, und der Philosoph wird entehrt und verspottet. Jawohl, Euripides, vergoldet werden hätte dein Mund sollen, als du sagtest, was in gar keiner Weise gelogen ist:

Entsetzlich ist die Wut der Wogen auf dem Meer,
entsetzlich auch des Flusses Strudel, Feuers Glut,
entsetzlich Armut und entsetzlich vieles mehr,
kein Übel aber so entsetzlich wie das Weib.

Und du, die du die weise Frau eines Philosophen bist, die, welche von schönen Sklaven bedient werden will, bringst ihm nicht geringe Verleumdung und große Schmach. Du hast, wie ich glaube, heftiges Verlangen zu ficken, und tust nicht, was du tun sollst: Pass auf, dass ich dir nicht den Auswuchs eines neugekauften Mannes zeige, Quadratsnutte!« Die Frau des Xanthos sagte: »Woher kommt zu mir dieses Übel?« Xanthos sagte: »Und das hat er dir nur so gesagt, Herrin; schau aber, dass er dich nicht beim Scheißen oder Pissen

σθένην καθαρόν." ἡ γυνὴ τοῦ Ξάνθου εἶπεν· "μὰ τὰς Μούσας, γοργόν μοι φαίνεται τὸ ἀνθρωπάριον καὶ εὐτράπελον. διαλλάσσομαι τοίνυν αὐτῷ." ὁ Ξάνθος εἶπεν· "Αἴσωπε, διήλλακταί σοι ἡ κυρία." Αἴσωπος λέγει· "μέγα πρᾶγμα, εἰ γύναιον καταπλήξει ἐπράϋνα." ὁ Ξάνθος εἶπεν· "οὐᾶ, δραπέτα."

33 ἡ γυνὴ τοῦ Ξάνθου εἶπεν· "Αἴσωπε, ὅτι μὲν εἶ λόγιος ἀπὸ τῶν εἰρημένων ἐμφανές ἐστιν, ἀλλ' ἐγὼ ἐπλανήθην τῷ ὀνείρῳ· καλὸν γὰρ ὑπελάμβανον ἠγοράσθαι μοι δοῦλον, σὺ δὲ σαπρὸς εἶ." Αἴσωπος λέγει· "μὴ ξενίζου, κυρά, ἐπὶ τῷ ἐσκελίσθαι σε τῷ ἐνυπνίῳ· οὐ γὰρ πάντες ἀληθεῖς εἰσιν οἱ ὄνειροι. δεομένῳ γὰρ τῷ προστάτῃ τῶν Μουσῶν ὁ Ζεὺς ἐχαρίσατο τὴν μαντικήν, ὥστε καὶ πάντας τοὺς ἐν τῷ χρησμῷ ὑπερέχειν. ὁ δὲ προστάτης τῶν Μουσῶν ὑπὸ πάντων θαυμαζόμενος ἀνθρώπων, τῶν ἄλλων ὑπερφρονεῖν πάντων νομίσας, ἀλαζονώτερος ἦν ἐν τοῖς ἄλλοις ἅπασιν. διὸ ὁ τούτου μείζων, ὀργισθεὶς καὶ μὴ θέλων τοῦτον παρὰ ἀνθρώποις τοσοῦτον ἰσχύειν, ἔπλασεν [τε] ὀνείρους ἀληθεῖς, οἵτινες ἔλεγον ἐν τοῖς ὕπνοις τὰ μέλλοντα γίνεσθαι. ἐπιγνοὺς δὲ ὁ μείζων τῶν Μουσῶν ὡς οὐδεὶς αὐτοῦ χρείαν ἔχει τῆς μαντικῆς ἕνεκεν, ἠρώτησεν τὸν Δία καταλλαγῆναι αὐτῷ καὶ μὴ ἀκυρῶσαι αὐτοῦ τὴν μαντικήν. ὁ δὲ κατηλλάγη αὐτῷ καὶ οὕτως ὀνείρους ἑτέρους ἔπλασεν εἰς τοὺς ἀνθρώπους ὅπως αὐτοῖς καθ' ὕπνους ψευδῆ δεικνύωσιν, ἵνα πλανηθέντες τὴν ἀκρίβειαν πάλιν ὑπὸ τὴν τοῦ πρωτοτύπου καταφύγωσι μαντείαν. διὰ ταύτην τοίνυν τὴν αἰτίαν ὁ προπλασθεὶς ὄνειρος, ἐὰν ἐπιστῇ, ἀληθινὸν ἐμφαίνει ὂν τὸ ἐνύπνιον. ὥστε οὖν μὴ θαυμάσῃς ὅτι ἄλλα μὲν καθ' ὕπνους ἑώρακας, ἄλλα δὲ ἀπέβη· οὐ γὰρ ἦν ὁ πρότερος ὃν ἐθεάσω, ἀλλὰ σοί τις τῶν ψευδηγόρων παρέστη ψευδέσιν ἐξαπατῶν ἐνυπνίοις."

---

3 διήλλακταί σοι Perry im Apparat : διήλλακταί σου **13** ἀλαζονώτερος Lackner : ἀλαζονότερος **15** ἔπλασεν [τε] Ferrari : ἔπλασεν τινας (τε G) **19** κατηλλάγη Papathomopoulos : καταλλαγεὶς

sieht, da du dann Äsop als den reinen Demosthenes sehen wirst.« Die Frau des Xanthos sagte: »Bei den Musen, Furcht erregend scheint mir das Männeken und geschickt. Ich will mich also mit ihm versöhnen.« Xanthos sagte: »Äsop, die Herrin ist mit dir versöhnt.« Äsop sagte: »Eine große Sache, wenn ich ein Frauenzimmer durch Einjagen von Furcht besänftigt habe!« Xanthos sagte: »Bravo, du Ausreißer!«

33 Die Frau des Xanthos sagte: »Äsop, dass du wortgewandt bist, ist aus dem Gesagten deutlich, aber ich wurde durch den Traum irregeführt. Denn ich nahm an, mir sei ein schöner Sklave gekauft worden, du aber bist ekelhaft.« Äsop sagte: »Sei nicht befremdet, Herrin, weil du durch den Traum betrogen wurdest. Denn nicht alle Träume sind wahr. Es ist nämlich so: Zeus schenkte dem Anführer der Musen auf dessen Bitte hin die Wahrsagekunst, so dass er auch alle Orakeldeuter übertraf. Da der Anführer der Musen von allen Menschen bewundert wurde, glaubte er, dass er alle anderen verachten könne, und war recht hochmütig allen anderen gegenüber. Deshalb schuf der, welcher größer ist als er, weil er erzürnt war und nicht wollte, dass der so große Macht bei den Menschen habe, sich bewahrheitende Träume, die im Schlaf sagten, was zukünftig geschehen werde. Als das Haupt der Musen erkannte, dass keiner mehr wegen der Wahrsagekunst seiner bedürfe, bat er Zeus, sich mit ihm zu versöhnen und nicht seine Wahrsagekunst nutzlos zu machen. Da versöhnte sich der mit ihm und formte somit andere Träume für die Menschen, um ihnen im Schlaf Falsches zu zeigen, so dass sie, irregeführt hinsichtlich der Zuverlässigkeit, wieder zu der ursprünglichen Wahrsagekunst ihre Zuflucht nahmen. Aus diesem Grunde also erscheint der vorher geschaffene Traum, wenn er zu uns tritt, der sich bewahrheitende Traum zu sein. Deshalb wundere dich nicht, dass du im Schlaf das eine sahst, das andere aber geschah. Denn es war nicht der erste, den du sahst, sondern bei dir stand einer von den lügenhaft redenden, der dich mit lügenhaften Träumen täuschte.«

34 ὁ Ξάνθος τὸν Αἴσωπον ἐπαινέσας, καὶ τὸ φρόνιμον αὐτοῦ γνοὺς καὶ ὅτι ἐστὶν εὑρεσίλογος, λέγει· "Αἴσωπε, ἆρον ὠμόλινον καὶ ἀκολούθησόν μοι, ὅπως ἀπὸ τῶν κήπων λάχανα εἰς ἕψησιν πριώμεθα." Αἴσωπος ἐπιθέμενος κατὰ τοῦ ὤμου τὸ ὠμόλινον ἠκολούθησεν. ὁ Ξάνθος παραγενάμενος σὺν τῷ Αἰσώπῳ εἰς τὸν κῆπον καὶ περιτυχὼν τῷ κηπουρῷ, λέγει· "δός μοι λάχανα εἰς ἕψησιν." ὁ κηπουρὸς ἄρας τὸ δρέπανον ἀπεθέρισεν καυλοὺς κράμβης, σεύτλου, ἀσπαράγου, κεφαλωτοῦ, καὶ τῶν λοιπῶν ἀρτυμάτων, ⟨καὶ⟩ κοσμήσας εὐτελές τι φορτίον ἐπέδωκεν τῷ Αἰσώπῳ. ὁ Ξάνθος ἀνοίξας τὸ γλωσσόκομον ἐδίδου τὸ κέρμα τῶν λαχάνων. **35** ὁ κηπουρὸς λέγει· "πρὸς τί τοῦτο, καθηγητά;" ὁ Ξάνθος εἶπεν· "τῶν λαχάνων ἡ τιμή." ὁ κηπουρὸς λέγει· "ποῦ μοι ὑπάγει; καὶ ὁ κῆπος καὶ ἡ φυτεία, περίψημά σοι ποίει. μόνον ἑνὸς λόγου καταξίωσόν με." ὁ Ξάνθος εἶπεν· "ναί, μὰ τὰς Μούσας, οὐ λήψομαι οὔτε τὸ κέρμα οὔτε τὰ λάχανα, εἰ μή μοι εἴπῃς πρότερον τί σε δύναται ὠφελῆσαι ὁ ἐμὸς λόγος κηπουρὸν ὄντα σε· οὔτε γὰρ χειροτέχνης εἰμὶ οὔτε χαλκεύς, ἵνα σοι ποιήσω σκαλίδαν ἢ πρασόκουρον, ἀλλὰ φιλόσοφος ὑπάρχω." ὁ κηπουρὸς λέγει· "δέσποτα, πολλά με ὠφελήσεις· ζητηματίῳ γάρ τινι λυπούμενος τὰς νύκτας οὐ κοιμῶμαι, λογιζόμενος καὶ συζητῶν δι' ὅ τι φυτὰ βάλλω εἰς τὴν γῆν – ταῦτα σκάλλω, ποτίζω, ἐπιμελείας πολλῆς καταξιῶ – καὶ τάχιον ἀναβαίνει τὰ ἄγρια τὰ ἀπὸ τῆς γῆς ἢ τὰ ἀπ' ἐμοῦ τιθέμενα." ὁ Ξάνθος ἀκούσας φιλοσόφου μὲν ζήτημα, μὴ εὑρίσκων δὲ αὐτὸ ταχέως ἀναλῦσαι, [τῷ Αἰσώπῳ ἑστῶτι] λέγει· "πάντα τῇ θείᾳ προνοίᾳ διοικεῖται." **36** Αἴσωπος ὀπίσω ἑστὼς τοῦ Ξάνθου ἀνεγέλασεν. ὁ Ξάνθος λέγει· "Αἴσωπε, γελᾷς ἢ καταγελᾷς;" Αἴσωπος εἶπεν· "μὴ γὰρ σοῦ." Ξάνθος εἶπεν· "ἀλλὰ τίνος;" Αἴσωπος εἶπεν· "τοῦ σε διδάξαντος καθηγητοῦ." ὁ Ξάνθος λέγει· "κατάρατε, εἰς τὸ κοινὸν τῆς Ἑλλάδος βλασφημῶν λέγεις· ἐν Ἀθήναις γὰρ ἐσχόλασα

---

7 ἀσπαράγου, κεφαλωτοῦ Stefanis : ἀσπαράγου κεφαλωτοῦ **13** ναί, μὰ Degani : καὶ μὰ **16** σκαλίδαν G : σκαλίδα **22** δὲ αὐτὸ Papathomopoulos : αὐτὸ δὲ

34 Xanthos lobte Äsop, und er sagte, weil er seine Intelligenz erkannte und dass er die richtigen Worte zu finden verstand: »Äsop, nimm einen Putzlappen und folge mir, auf dass wir in den Gärten Gemüse zum Kochen kaufen.« Äsop legte den Putzlappen auf die Schulter und folgte. Als Xanthos mit Äsop zu dem Garten gekommen war und auf den Gärtner traf, sagte er: »Gib mir Gemüse zum Kochen.« Der Gärtner nahm seine Sichel und schnitt Büschel von Kohl, Mangold, Spargel, Porree und den übrigen Gewürzen, und als er ein preiswertes Bündel zusammengestellt hatte, gab er es Äsop. Xanthos öffnete seinen Geldbeutel und wollte das Geld für das Gemüse geben. **35** Der Gärtner sagte: »Wofür das, Professor?« Xanthos sagte: »Das ist der Preis für das Gemüse.« Der Gärtner sagte: »Was bringt mir das? Der Garten und das Angepflanzte – sie machen dir Abfall. Würdige mich nur eines Wortes!« Xanthos sagte: »Ja, bei den Musen, ich werde weder das Geld noch das Gemüse nehmen, wenn du mir nicht vorher sagst, was dir, der du ein Gärtner bist, mein Wort nützen kann. Denn ich bin weder ein Handwerker noch ein Schmied, dass ich dir eine Hacke oder eine Gemüseschere anfertigen könnte, sondern ich bin ein Philosoph.« Der Gärtner sagte: »Herr, viel wirst du mir nützen. Denn ich kann, weil ich von einem kleinen Problem gequält werde, in den Nächten nicht schlafen, grübelnd und fragend, weshalb ich Sprösslinge in die Erde pflanze – ich grabe, bewässere sie, würdige sie vieler Sorgfalt –, und schneller gehen die wilden aus der Erde hervor als die von mir gesetzten.« Xanthos, der das einem Philosophen vorgelegte Problem vernahm, aber keine schnelle Lösung dafür fand, sagte: »Alles wird durch die göttliche Vorsehung gelenkt.« **36** Äsop, der hinter Xanthos stand, lachte auf. Xanthos sagte: »Äsop, lachst du, oder lachst du über mich?« Äsop sagte: »Über dich ja nicht.« Xanthos sagte: »Aber über wen?« Äsop sagte: »Über den Professor, der dich das gelehrt hat.« Xanthos sagte: »Verruchter, du richtest Beschimpfungen gegen ganz Griechenland. Denn in Athen habe ich bei Philosophen, Rhetoren,

παρὰ φιλοσόφοις, ῥήτορσι, γραμματικοῖς. ἔξεστιν οὖν σοὶ εἰς τὸν Ἑλικῶνα τῶν Μουσῶν εἰσελθεῖν;" Αἴσωπος εἶπεν· "ἐὰν μηδὲν λέγῃς χλευάζεσθαί σε δεῖ." ὁ Ξάνθος λέγει· "ἔχει οὖν τὸ ζήτημα ἑτέραν λύσιν; τὰ γὰρ ὑπὸ θείας φύσεως διοικούμενα ὑπὸ φιλοσόφων ζητεῖσθαι οὐ δύναται. σὺ οὖν αὐτὸ δύνασαι διαλῦσαι;" Αἴσωπος εἶπεν· "ὑπόσχου καὶ διαλύσω αὐτό." **37** ὁ Ξάνθος διατρεπόμενος λέγει· "κομψότατε, ἀπρεπές ἐστιν ἐμὲ τὸν ἐν τοσούτοις ἀκροατηρίοις διαλεγόμενον νῦν ἐν κήποις διαλέγεσθαι, ἀλλ' ἀκολούθει μοι." πορευομένων δὲ αὐτῶν ὁ Ξάνθος τῷ κηπουρῷ λέγει· "παῖς πολύπειρός ἐστίν μοι ὁ σὺν ἡμῖν βαδίζων· αὐτῷ ἀνάθου καὶ διαλύσει τὸ ζήτημα." ὁ κηπουρὸς λέγει· "καὶ ποῦ ἐστιν;" ὁ Ξάνθος λέγει· "ἴδε." "οὗτος ὁ σαπρὸς γράμματα οἶδεν;" Αἴσωπος γελάσας λέγει τῷ κηπουρῷ· "ὧδε σύ, κακόπαθε;" ὁ κηπουρὸς λέγει· "κακόπαθός εἰμι;" Αἴσωπος λέγει· "μὴ οὐκ εἶ κηπουρός;" ὁ κηπουρὸς λέγει· "ναί." Αἴσωπος λέγει· "ἀγανακτεῖς οὖν ἀκούων κακόπαθος; εἶ κηπουρὸς καὶ κηπουρὸς ὢν ζητεῖς οὖν γνῶναι διὰ ποίαν αἰτίαν φυτὰ βάλλεις εἰς τὴν γῆν, ταῦτα σκάλλεις, ποτίζεις, ἐπιμελείας πολλῆς ἀξιοῖς, καὶ τάχιον λέγεις ἀναβαίνειν τὰ ἄγρια τὰ αὐτόματα τῆς γῆς ἢ τὰ ὑπὸ σοῦ τιθέ⟨μενα⟩ … [*ἄκουε καὶ πρόσεχε. ὃν τρόπον γυνὴ πρὸς δεύτερον ἐρχομένη γάμον, τέκνα ἔχουσα ἐκ προτέρου ἀνδρός, εὕροι δὲ καὶ τὸν ἄνδρα τέκνα ἔχοντα ἐκ προτέρας γυναικός, γίνεται ὧν μὲν ἐπιφέρεται μήτηρ, ὧν δὲ εὑρίσκει μητρυιά. τούτων δὲ ἡ διαφορὰ πολλὴ γίνεται. τὰ γὰρ ἐξ αὐτῆς γεννηθέντα φιλοστόργως τρέφει, τὰ δὲ ἐξ ἀλλοτρίων ὠδίνων τεχθέντα μισεῖ ζήλῳ χρωμένη καὶ περικόπτουσα μᾶλλον τὴν ἐκείνων τροφὴν τοῖς ἰδίοις δίδωσι τέκνοις. τὰ γὰρ ἴδια ὡς φύσει φιλεῖ, τὰ δὲ τοῦ ἀνδρὸς ὡς ξένα μισεῖ. τὸν αὐτὸν οὖν τρόπον καὶ ἡ γῆ· τῶν μὲν αὐτομάτως φυομένων ἐστὶ μήτηρ, τῶν δὲ παρὰ σοῦ βαλλομένων ἐστὶ μητρυιά καὶ*

---

5 αὐτὸ Perry im Apparat : αὐτῷ **10–11** καὶ ποῦ ἐστιν;" ὁ Ξάνθος λέγει G : [καὶ ποῦ ἐστιν; ὁ Ξάνθος λέγει] **14–15** εἶ κηπουρὸς καὶ κηπουρὸς ὢν Papathomopoulos : εἰ κηπουρὸς ⟨εἶ⟩; [καὶ κηπουρὸς ὢν]

Sprachlehrern studiert. Ist es dir also gestattet, in den Helikon der Musen einzudringen?« Äsop sagte: »Wenn du nichts sagst, musst du verspottet werden.« Xanthos sagte: »Hat also das Problem eine andere Lösung? Das von der göttlichen Natur Gelenkte kann von Philosophen nicht untersucht werden. Kannst du es also lösen?« Äsop sagte: »Unterbreite es mir, und ich werde es lösen.« **37** Xanthos, der beschämt war, sagte: »Mein Bester, es ist unpassend, dass ich, der ich in so vielen Hörsälen disputiere, jetzt in Gärten disputiere, aber folge mir.« Während sie nun dahin schritten, sagte Xanthos zu dem Gärtner: »Ich habe einen kenntnisreichen Sklaven, der mit uns spaziert. Dem lege das Problem dar, und er wird es lösen.« Der Gärtner sagte: »Und wo ist er?« Xanthos sagte: »Sieh hier!« »Dieser Ekelhafte kennt die Wissenschaft?« Äsop lachte und sagte zu dem Gärtner: »Du dagegen schon, Unglücklicher?« Der Gärtner sagte: »Unglücklich bin ich?« Äsop sagte: »Bist du nicht ein Gärtner?« Der Gärtner sagte: »Ja.« Äsop sagte: »Da ärgerst du dich, wenn du unglücklich genannt wirst? Du bist ein Gärtner, und weil du ein Gärtner bist, suchst du nunmehr zu erkennen, aus welchem Grunde du Sprösslinge in die Erde pflanzt, sie eingräbst, bewässerst, vieler Sorgfalt würdigst, und sagst, dass die wilden, von der Erde selber hervorgebrachten schneller hervorgingen als die von dir gesetzten ... [*Höre und gib acht! Auf diese Weise kann eine Frau, die zum zweiten Mal heiratet und Kinder vom ersten Mann hat, auch einen Mann finden, der Kinder von seiner ersten Frau hat: Sie ist die Mutter derer, die sie mitbringt, aber die Stiefmutter derer, die sie vorfindet. Zwischen ihnen ist ein großer Unterschied. Denn die von ihr zur Welt gebrachten zieht sie in zärtlicher Liebe auf; die in den Wehen einer anderen geborenen hasst sie, ist voll Missgunst und nimmt ihnen lieber ihre Nahrung weg, um sie den eigenen Kindern zu geben. Ihre eigenen liebt sie als natürliche, die des Mannes aber hasst sie als fremde. Auf dieselbe Weise nun auch die Erde: Sie ist die Mutter der Pflanzen, die von selbst wachsen, für die aber, die von dir gepflanzt werden, ist sie die Stiefmutter, und lieber ernährt sie die*

μᾶλλον τὰ ἴδια τρέφουσα θάλλειν ποιεῖ ἢ τὰ παρὰ σοῦ ὡς νόθα φυτευθέντα." ἀκούσας δὲ ὁ κηπουρὸς λέγει· "πολύ με τῆς λύπης ἐκούφισας. ἔχε τὰ λάχανα δωρεάν. ἐὰν δέ τινος ἑτέρου χρείαν ἔχῃς, ὡς εἰς ἴδιον παραγίνου κῆπον."]

38 ... "⟨ἵνα μὴ⟩ βλάπτῃς με περισσότερον ἢ ἔλαττον τῶν ἐπιταττομένων σοι ποιῶν. ἆρον ἐπὶ χειρῶν σου λήκυθον λέντιά τε, καὶ ἄγωμεν εἰς τὸ βαλανεῖον." Αἴσωπος πρὸς ἑαυτὸν εἶπεν· "οἱ τῷ νῷ περίπικροι περὶ διακονίαν δεσπόται κακοδαιμονίας ἑαυτοῖς γίνονται παραίτιοι. ἐγὼ τοῦτον τὸν φιλόσοφον παιδεύσω, ἵνα μάθῃ πῶς αὐτὸν δεῖ ἐπιτάττειν." ἄρας οὖν τὰ προειρημένα καὶ μὴ βαλὼν ἔλαιον εἰς τὴν λήκυθον ἠκολούθει τῷ Ξάνθῳ εἰς τὸ βαλανεῖον. ὁ Ξάνθος ἀποδυσάμενος τὰ ἱμάτια αὐτοῦ ἔδωκεν τῷ Αἰσώπῳ καὶ λέγει· "δὸς τὴν λήκυθον." Αἴσωπος ἐπέδωκεν. ὁ Ξάνθος λαβὼν τὴν λήκυθον καὶ κατακενώσας εὗρεν οὐδέν, καὶ λέγει· "Αἴσωπε, τὸ ἔλαιον ποῦ;" Αἴσωπος λέγει· "εἰς οἶκον." ὁ Ξάνθος λέγει· "διὰ τί;" Αἴσωπος λέγει· "ὅτι σύ μοι εἶπας 'ἆρον λήκυθον καὶ λέντια', ἔλαιον δὲ οὐκ εἶπες. ἔδει οὖν με μηδὲν τῶν εἰρημένων πλέον ποιεῖν, ἐπεὶ τοῦ νόμου σφαλεὶς πληγῶν ὑπεύθυνος ἤμην." καὶ ἐν τούτῳ ἡσύχασεν.

39 ὁ Ξάνθος εὑρὼν φίλους εἰς τὸ βαλανεῖον τοῖς τῶν φίλων παιδαρίοις δοῦναι ⟨ἐκέλευσε⟩ τὸν Αἴσωπον τὰ ἱμάτια, καὶ λέγει αὐτῷ· "ὕπαγε, Αἴσωπε, εἰς τὴν οἰκίαν, καὶ ἐπειδὴ διὰ τὴν μανίαν τῆς γυναικός μου συνεπατήθη τὰ λάχανα, ἀπελθὼν φακὸν ἕψησον ἡμῖν [ὄσπριον] καὶ βάλε αὐτὸν εἰς τὸν κάκκαβον, καὶ ὕδωρ μετ' αὐτοῦ, καὶ ἐπίθες ἐπὶ τὴν μαγειρικὴν ἱστίαν, καὶ ὑπόθες ξύλα καὶ καῦσον, ἐὰν σβεσθῇ φύσησον· ἴδε, οὕτως ποίησον." Αἴσωπος· "ποιήσω." καὶ ἐλθὼν ἐν τῇ οἰκίᾳ καὶ εἰσελθὼν εἰς τὸ μαγειρεῖον, βαλὼν εἰς τὸν κάκκαβον ἕνα φακόν, ἧψει. ὁ Ξάνθος σὺν τοῖς φίλοις αὐτοῦ λουσάμενος λέγει· "ἄνδρες, δύνασθε πρὸς ἐμὲ εὐτελῶς ἀριστῆσαι; πρὸς φακὸν γὰρ ἡμῖν ἐστιν. οὐ δεῖ δὲ τῇ πολυτε-

---

24 ἱστίαν G : ἑστίαν

eigenen und lässt sie erblühen als die von dir wie Bastarde gepflanzten.« Als der Gärtner das gehört hatte, sagte er: »Du hast mich von dem großen Kummer befreit. Behalte das Gemüse als Geschenk. Wenn du irgendetwas anderes brauchst, komm her, als sei es dein eigener Garten.«]

38 ⟨Xanthos:⟩ »... damit du mir nicht schadest, indem du mehr oder weniger tust als das, was dir aufgetragen worden ist. Nimm eine Ölflasche und Leintücher in die Hand, und lass uns ins Bad gehen.« Äsop sagte zu sich: »Die bezüglich des Sklavendienstes in ihrem Sinn übermäßig harten Gebieter verschulden ihr eigenes Unglück. Ich werde diesen Philosophen erziehen, damit er lernt, wie er Aufträge erteilen muss.« Er nahm also das, was ihm vorher genannt worden war, füllte kein Öl in die Flasche und folgte Xanthos ins Bad. Als Xanthos seine Kleider ausgezogen hatte, gab er sie Äsop und sagte: »Gib mir die Ölflasche!« Äsop gab sie ihm. Xanthos nahm die Flasche, begann sie auszuleeren, fand nichts darin und sagte: »Äsop, wo ist das Öl?« Äsop sagte: »Zu Hause.« Xanthos sagte: »Weshalb?« Äsop sagte: »Weil du mir sagtest: ›Nimm die Ölflasche und die Leintücher‹, das Öl aber nicht nanntest. Ich sollte ja nicht mehr tun, als mir gesagt wurde, da ich, wenn ich von der Regel abgewichen wäre, mich Prügeln hätte unterwerfen müssen.« Und über dem verstummte der.

39 Xanthos fand Freunde im Bad, befahl Äsop, den Sklaven der Freunde seine Kleider zu geben, und sagte zu ihm: »Äsop, geh nach Hause, und da ja wegen des Wutausbruchs meiner Frau das Gemüse zertreten wurde, koche, wenn du heimgekommen bist, Linse für uns, wirf sie in den Topf und dazu Wasser, setze sie auf den Kochherd, lege Holz unter und mach Feuer, und wenn es ausgeht, blase! Schau, mach es so!« Äsop: »Werde ich machen.« Und er ging nach Hause und ging hinein in die Küche, warf in den Topf eine einzige Linse und kochte sie. Als Xanthos mit seinen Freunden gebadet hatte, sagte er: »Männer, könnt ihr bei mir frugal zu Mittag essen? Es gibt nämlich Linsen bei uns. Man darf die Freunde nicht nach

λείᾳ τῶν ἐδεσμάτων τοὺς φίλους κρίνειν, ἀλλὰ τῇ προθυμίᾳ δοκιμάζειν· καιρῷ γὰρ τὰ ἐλάχιστα τῶν κομψοτέρων προσηνεστέραν ἔχει τὴν ἀπόλαυσιν, ὅταν ὁ παρέχων μετ' εὐνοίας προτρέπεται." οἱ φίλοι εἶπον· "ἀπίωμεν." **40** ὁ Ξάνθος ἤγαγεν αὐτοὺς εἰς τὴν οἰκίαν καὶ λέγει· "Αἴσωπε, δὸς ἡμῖν πιεῖν ἀπὸ τοῦ βαλανείου." Αἴσωπος εἰς ξέστην βαλὼν ἐπέδωκεν τῷ Ξάνθῳ εὔκρατον ἐκ τῆς ἐμβάσεως. ὁ Ξάνθος λέγει· "τί ἐστιν τοῦτο;" Αἴσωπος εἶπεν· "ἀπὸ τοῦ βαλανείου πιεῖν." ὁ Ξάνθος στυγνὸς γενόμενος μετὰ μικρὸν εἶπεν· "παράθες μοι λεκάνην." Αἴσωπος παρέθηκεν χωρὶς ὕδατος καὶ ἵστατο. Ξάνθος· "τοῦτο πάλιν τί;" Αἴσωπος λέγει· "εἶπας 'παράθες λεκάνην,' οὐκ εἶπες 'βάλε ὕδωρ καὶ νίψον μου τοὺς πόδας'." ὁ Ξάνθος λέγει· "ἔπαρε τὰ σανδάλιά μου καὶ τὰ ἑξῆς ποίησον." εἶτα λέγει τοῖς ἑαυτοῦ φίλοις· "ἄνδρες, εὑρίσκω ὅτι δοῦλον οὐκ ἠγόρασα, ἀλλὰ καθηγητὴν ἐμαυτῷ ἐώνημαι. νῦν κελεύσατε ἀναστῶμεν καὶ ἀκουμβήσωμεν." **41** μηκύνοντος δὲ τοῦ πότου ὁ Ξάνθος εἶπεν· "Αἴσωπε, ὁ φακὸς ἡψήθη;" Αἴσωπος λέγει· "ναί." ὁ Ξάνθος εἶπεν· "δὸς οὖν ἴδω εἰ γέγονεν." Αἴσωπος κοχλιαρίῳ ἀνενέγκας τὸν ἕνα κόκκον τοῦ φακοῦ ἐπιδίδωσι τῷ Ξάνθῳ. ὁ Ξάνθος φαγὼν τὸν ἕνα κόκκον τοῦ φακοῦ λέγει· "καλῶς ἐγένετο, δίεφθός ἐστιν· φέρε, παράθες." Αἴσωπος παραθεὶς πίνακα εἰσβάλλει τὸ ζέμα καὶ λέγει· "ἀριστᾶτε οὖν, ἐπὰν γέγονεν." ὁ Ξάνθος εἶπεν· "ἰδού, ὧδε ζέμα μόνον ἔβαλες· ποῦ ἐστιν ὁ φακός;" Αἴσωπος λέγει· "ἰδού, τὸν φακὸν ἔφαγες." ὁ Ξάνθος εἶπεν· "ἕνα οὖν κόκκον ἕψησας;" Αἴσωπος λέγει· "ναί, οὐ γάρ μοι εἶπας ὅτι 'φακὸν ἕψησον' καὶ οὐ φακούς; ὁ μὲν γάρ ἐστιν ἑνικός, οἱ δὲ πληθυντικοί." **42** ὁ Ξάνθος εἶπεν· "ἵνα μὴ δόξω τοὺς ἀνθρώπους ὑβρίζειν, ἀπελθὼν οὓς ἠγόρακας τέσσαρας πόδας χοίρου ταχέως ἐκξέσας ἄρτυσον." Αἴσωπος βαλὼν τοὺς πόδας εἰς τὴν κύθραν ἧψει αὐτούς. ὁ Ξάνθος ζητῶν ἀφορ-

25 ἐκξέσας Dölger/Papathomopoulos : ὀξύσας

der Größe des Speiseangebots beurteilen, sondern soll sie nach ihrem guten Willen einschätzen. Denn zur rechten Zeit bietet das Schlichteste den angenehmeren Genuss als das besonders Raffinierte, wenn der, welcher es anbietet, freundlich dazu einlädt.« Die Freunde sagten: »Lasst uns hingehen!« **40** Xanthos führte sie nach Hause und sagte: »Äsop, gib uns etwas für den Durst vom Bade!« Äsop goss lauwarmes Wasser aus der Badewanne in einen Holzkrug und gab es Xanthos. Xanthos sagte: »Was ist denn das?« Äsop sagte: »Etwas für den Durst vom Bade.« Xanthos bekam eine finstere Miene und sagte kurz darauf: »Stell mir ein Becken hin.« Äsop stellte es ohne Wasser hin und stand da. Xanthos: »Was ist das schon wieder?« Äsop sagte: »Du sagtest ›Stell ein Becken hin‹, sagtest nicht ›Gieße Wasser ein und wasche mir die Füße‹.« Xanthos sagte: »Nimm mir die Sandalen ab und mach alles Weitere!« Dann sagte er zu seinen Freunden: »Männer, ich entdecke, dass ich keinen Sklaven gekauft, sondern einen Professor für mich selbst erstanden habe. Jetzt befehlt, dass wir uns erheben und dann zum Essen lagern.« **41** Als sich nun das Trinken in die Länge zog, sagte Xanthos: »Äsop, hast du Linse gekocht?« Äsop sagte: »Ja.« Xanthos: »Gib sie mir also, damit ich sehe, ob sie etwas geworden ist.« Äsop holte mit einem Löffel die eine Linse herauf und gab sie Xanthos. Xanthos aß die eine Linse und sagte: »Sie ist gut geworden, ist gar gekocht. Auf denn, setze sie vor!« Äsop setzte das Tablett vor, goss die Brühe ein und sagte: »Esst also, da es fertig ist.« Xanthos sagte: »Sieh mal, du hast hier nur die Brühe eingegossen. Wo ist die Linse?« Äsop sagte: »Sieh mal, du hast die Linse gegessen.« Xanthos sagte: »Hast du also nur eine einzige Linse gekocht?« Äsop sagte: »Ja, denn du hast doch zu mir gesagt ›Koche Linse‹ und nicht Linsen. Das eine ist ein Singular, das andere dagegen ein Plural.« **42** Xanthos sagte: »Damit nicht der Eindruck entsteht, dass ich die Menschen schlecht behandle, geh, schabe schnell die vier Schweinefüße ab, die du gekauft hast, und bereite sie zu.« Äsop warf die Füße in den Topf und kochte sie.

μὴν δι' ἧς μαστιγώσει τὸν Αἴσωπον, ἀναστὰς λέγει αὐτῷ· "Αἴσωπε, ἀπελθὼν φέρε ἀπὸ τοῦ ταμείου ὄξον καὶ βάλε εἰς τὴν κύθραν." ἕως οὖν ὁ Αἴσωπος ἀπῄει εἰς τὸ ταμιεῖον, εἰσελθὼν ὁ Ξάνθος καὶ ἀπὸ τῆς χύτρας ἐπάρας ἕνα πόδα ἔκρυψεν. Αἴσωπος ἐλθὼν καὶ ἰδὼν τρεῖς πόδας ἐν τῇ χύτρᾳ ἐνενόησεν ὅτι ἐπίτηδες ὁ Ξάνθος, θέλων αὐτοῦ πιάσαι ἀφορμήν, ἐπῆρεν τὸν πόδα, καὶ θεασάμενος εἰς τὴν ἔπαυλιν τοῦ Ξάνθου χοιρίδιον τρεφόμενον, ὀφεῖλον σφαγῆναι εἰς τὰ γενέσια τῆς γυναικὸς τοῦ Ξάνθου, ταχέως δήσας αὐτοῦ τὸ στόμα σχοινίῳ ἔκοψεν αὐτοῦ τὸν ἕνα πόδα, καὶ διατίλας τῷ πυρὶ καὶ ξέσας βάλλει εἰς τὴν κύθραν ἀντὶ τοῦ κλαπέντος. ὁ Ξάνθος, ὑποπτεύσας μὴ ὁ Αἴσωπος οὐχ εὑρὼν τὸν πόδα δραπετεύσῃ, πάλιν αὐτὸν μετεωρίσας ἐξελθὼν ἔβαλεν τὸν πόδα εἰς τὴν χύτραν· καὶ γίνονται ε̄ πόδες. οὔτε οὖν ὁ Αἴσωπος ᾔδει ὅτι ε̄ ἐγίνοντο οὔτε ὁ Ξάνθος.

43 ὀλίγης δὲ ὥρας γενομένης λέγει ὁ Ξάνθος τῷ Αἰσώπῳ· "τοὺς χοιρίους πόδας ἥψηκας;" Αἴσωπος λέγει· "ναί." ὁ Ξάνθος εἶπεν· "φέρε οὖν." Αἴσωπος παραθεὶς πίνακα κατακενοῖ τὴν χύτραν καὶ κατέρχονται ε̄ πόδες, οὓς θεωρήσας ὁ Ξάνθος ἀποχλωριαίνει καὶ λέγει· "Αἴσωπε, τὸ ἓν χοιρίδιον πόσους πόδας εἶχεν;" ⟨ὁ δέ· "οἱ δύο χοῖροι πόσους πόδας ἔχουσιν;" ὁ Ξάνθος ἔφη· "ὀκτώ."⟩ Αἴσωπος λέγει· "συμφωνεῖ· ἴδε, οἵδε ε̄ καὶ τὸ ἔξω χοιρίδιον τρίπουν νέμεται." ὁ Ξάνθος λέγει· "ἄνδρες, οὗτός με ταχέως εἰς μανίαν περιτρέπει." Αἴσωπος λέγει· "ἔδει σε οὖν μὴ ὁρίσαι μοι νόμον, καὶ διηκόνησα ἄν σοι κατὰ τρόπους χρηστούς. ἀλλὰ μὴ μεταμελοῦ, δέσποτα· ἡ γὰρ παραγγελία σου τοῦ νόμου χρησιμωτέρα ἔσται σοι· διδάξει γάρ σε μὴ ἐν τοῖς ἀκροατηρίοις ἁμαρτάνειν. τὰ γὰρ ἐκ περισσοῦ λεγόμενα κατὰ πρόσθεσιν καὶ ὑφαίρεσιν ἁμαρτήματά ἐστιν οὐ μέτρια." ὁ Ξάνθος μηδεμίαν ἀφορμὴν εὑρὼν τοῦ μαστιγῶσαι τὸν Αἴσωπον ἡσύχασεν.

---

5 αὐτοῦ πιάσαι G : ἑαυτῷ ποιῆσαι **9** διατίλας Papathomopoulos : διαστείλας | ξέσας Papathomopoulos : ζέσας **17–18** εἶχεν;" ⟨ὁ δέ· ... "ὀκτώ."⟩ Αἴσωπος λέγει· "συμφωνεῖ Papathomopoulos : εἶχεν;" Αἴσωπος λέγει [...] "συμφωνεῖ **18** οἵδε Ferrari : ὧδε

Xanthos, der einen Anlass suchte, aufgrund dessen er Äsop auspeitschen lassen könne, stand auf und sagte zu ihm: »Äsop, geh, hole aus der Vorratskammer Essig und wirf ihn in den Topf!« Während also Äsop in die Vorratskammer ging, kam Xanthos herein, nahm aus dem Topf einen Fuß weg und versteckte ihn. Äsop kam, sah nur drei Füße in dem Topf und durchschaute, dass Xanthos absichtlich, weil er einen Anlass suchte, ihn in die Enge zu treiben, den Fuß genommen hatte, und als er im Hof des Xanthos ein Schweinchen erblickte, das gemästet wurde, weil es am Geburtstag der Frau des Xanthos geschlachtet werden sollte, band er dem schnell das Maul mit einem Strick zu und hackte ihm einen Fuß ab, und nachdem er den am Feuer abgesengt und ihn abgeschabt hatte, warf er ihn statt des gestohlenen in den Topf. Xanthos, der argwöhnte, Äsop werde ausreißen, wenn er den Fuß nicht finde, erhob sich wieder, ging hinaus und warf den Fuß in den Topf. Und es waren nun fünf Füße. Weder Äsop noch Xanthos wussten also, dass es fünf geworden waren. **43** Nach kurzer Zeit sagt Xanthos zu Äsop: »Hast du die Schweinefüße gekocht?« Äsop sagte: »Ja.« Xanthos sagte: »Bring sie also her.« Äsop setzte das Tablett vor, leerte den Topf ganz aus, und es fielen fünf Füße heraus, bei deren Anblick Xanthos erbleichte und sagte: »Äsop, wie viele Füße hatte das eine Schweinchen?« ⟨Und der: »Wie viele Füße haben die zwei Schweine?« Xanthos sprach: »Acht.«⟩ Äsop sagte: »Das stimmt zusammen. Schau, das sind fünf, und das Schweinchen draußen futtert dreifüßig.« Xanthos sagte: »Männer, der bringt mich bald zum Wahnsinn.« Äsop sagte: »Du hättest mir also keine Regel festsetzen sollen, und ich hätte dir auf gute Weise gedient. Aber bereue es nicht, Gebieter! Denn die Verkündung der Regel wird dir von großem Nutzen sein. Sie wird dich nämlich lehren, in den Hörsälen keinen Fehler zu begehen. Denn das überflüssig Gesagte, das mit Zusatz und das mit Auslassung, enthält nicht geringe Fehler.« Da Xanthos keinen Anlass gefunden hatte, Äsop auspeitschen zu lassen, verstummte er.

44 ταῖς δὲ ἑξῆς ἡμέραις σὺν αὐτῷ εἰς τὰ ἀκροατήρια παραγίνεται καὶ γνωστὸς πᾶσιν ἐγένετο ὁ Αἴσωπος. καὶ δή ποτε εἷς τῶν σχολαστικῶν παρασκευασάμενος εἰς δεῖπνον ἐκάλεσεν τὸν Ξάνθον, σὺν αὐτῷ δὲ καὶ τοὺς σχολαστικούς. ὁ Ξάνθος τῷ Αἰσώπῳ λέγει· "τὰ πρὸς δεῖπνον χρήσιμα ἄρας ἀκολούθει μοι· λέγω δὲ σπυρίδα, πίνακα, μάππαν, φανόν, σανδάλια, καὶ εἴ τι ἕτερόν μοι λέληθεν εἰπεῖν σοι." Αἴσωπος ἄρας ἠκολούθει. ὁ Ξάνθος ἐν τῷ δείπνῳ λαβών τινα μέρη ἐπέδωκεν τῷ Αἰσώπῳ. Αἴσωπος λαβὼν συνέθηκεν εἰς τὴν σπυρίδα. ὁ Ξάνθος ἐπιστραφεὶς τῷ Αἰσώπῳ λέγει· "ἔχεις πάντα τὰ μέρη;" Αἴσωπος εἶπεν· "ἔχω." ὁ Ξάνθος· "ἀπόφερε οὖν αὐτὰ ταῦτα τῇ εὐνοούσῃ." Αἴσωπος λέγει· "ποιήσω." ἐξελθὼν οὖν λέγει καθ' ἑαυτόν· "νῦν καιρός ἐστιν τοῦ μετελθεῖν με τὴν μῆνιν τὴν πρὸς τὴν κυράν, ἀνθ' ὧν με ἀγορασθέντα ἔσκωψεν καὶ ἐκακολόγει, καὶ ὅτι τὰ δωρηθέντα μοι ὑπὸ τοῦ κηπουροῦ λάχανα σκορπίσασα συνεπάτησεν, καὶ οὐκ ἀφῆκέν μου τὴν δωρεὰν εὐχαρῆ τῷ δεσπότῃ μου γενέσθαι. ἐγὼ αὐτὴν δείξω ὅτι πρὸς ἔννουν οἰκέτην οὐδὲν ἰσχύει γυνή· ἐπὰν γὰρ ὁ δεσπότης εἰπέν μοι ὅτι 'δὸς τὰ μέρη τῇ εὐνοούσῃ', νῦν ὄψεται τίς αὐτῷ εὐνοεῖ." **45** παραγενάμενος δὲ ὁ Αἴσωπος καὶ εἰσελθὼν εἰς τὴν οἰκίαν παρέθηκεν ἑαυτῷ τὴν σπυρίδα, καὶ καλέσας τὴν τοῦ Ξάνθου γυναῖκα καὶ δείξας αὐτῇ πάντα τὰ μέρη, λέγει· "κυρά, κατάμαθε· μή τι λείπει ἢ παραβέβρωται;" ἡ γυνὴ τοῦ Ξάνθου λέγει· "πάντα σῶά ἐστιν καὶ ὑγιῆ, Αἴσωπε. ταῦτα ἐμοὶ ὁ δεσπότης ἔπεμψεν;" Αἴσωπος εἶπεν· "οὔ." ἡ γυνὴ τοῦ Ξάνθου λέγει· "καὶ τίνι αὐτὰ πέπομφεν;" Αἴσωπος εἶπεν· "τῇ εὐνοούσῃ." ἡ γυνὴ τοῦ Ξάνθου εἶπεν· "καὶ τίς αὐτῷ εὐνοεῖ, δραπέτα;" Αἴσωπος εἶπεν· "ἔκδεξαί με ὀλίγον καὶ ὄψῃ τίς αὐτῷ εὐνοεῖ." θεασάμενος οἰκοτραφῆ κύνα γενναίαν ἐφώνησεν αὐτὴν καὶ λέγει· "ἔρχου, λάβε, Λύκαινα." καὶ προσέδραμεν ἡ κύων. Αἴσωπος αὐτὴν ἐβρωμάτισεν. τῆς δὲ κυνὸς πάντα καταφαγούσης, παρεγένετο πάλιν ὁ Αἴσωπος ὅπου ἦν τὸ δεῖπνον καὶ ἔστη ὀπίσω πρὸς τοὺς πόδας

---

7 τινα μέρη Papathomopoulos : τὰ μέρη **15** αὐτὴν G, Dölger : αὐτῇ | ἔννουν Papademetriou : εὔνουν **24** ὄψῃ G : ὄψει

44 An den folgenden Tagen ging er mit ihm in die Hörsäle, und Äsop wurde allen bekannt. Und einmal organisierte da einer der Studenten ein Mahl und lud Xanthos ein, und mit ihm auch seine Studenten. Xanthos sagte zu Äsop: »Nimm das für ein Mahl Notwendige und folge mir; ich meine Korb, Tablett, Serviette, Fackel, Sandalen und Weiteres, was auch immer dir zu sagen mir entgangen ist.« Äsop nahm es und folgte. Während des Mahls nahm sich Xanthos bestimmte Portionen und gab sie Äsop. Äsop nahm sie und legte sie in den Korb. Xanthos wandte sich Äsop zu und sagte: »Hast du alle Portionen?« Äsop sagte: »Ich habe sie.« Xanthos: »Bringe also eben dieses der, die mir zugetan ist.« Äsop sagte: »Werde ich tun.« Als er nun hinausgegangen war, sagte er zu sich: »Jetzt ist Gelegenheit, meine Wut an der Herrin auszulassen, und zwar dafür, dass sie mich, als ich gekauft worden war, verspottete und schmähte und dass sie das mir von dem Gärtner geschenkte Gemüse verstreute und darauftrat und nicht zuließ, dass das Geschenk meinem Gebieter willkommen war. Ich werde ihr zeigen, dass eine Frau gegen einen klugen Sklaven nichts ausrichten kann. Denn da der Gebieter zu mir gesagt hat ›Gib die Portionen der, die mir zugetan ist‹, wird er jetzt sehen, wer ihm zugetan ist.« **45** Als Äsop nun angekommen und ins Haus gegangen war, stellte er den Korb neben sich, rief die Frau des Xanthos, zeigte ihr alle Portionen und sagte: »Herrin, prüfe, ob etwas fehlt oder angeknabbert ist.« Die Frau des Xanthos sagte: »Es ist alles in Ordnung und unversehrt, Äsop. Hat der Gebieter mir das geschickt?« Äsop sagte: »Nein.« Die Frau des Xanthos sagte: »Und wem hat er es geschickt?« Äsop sagte: »Der, die ihm zugeneigt ist.« Die Frau des Xanthos sagte: »Und wer ist ihm zugeneigt, Ausreißer?« Äsop sagte: »Warte ein wenig, und du wirst sehen, wer ihm zugeneigt ist.« Er erblickte eine im Haus aufgezogene Rassehündin, rief sie und sagte: »Komm, fass, Lykaina!« Und die Hündin lief herbei. Äsop fütterte sie. Und nachdem die Hündin alles aufgefressen hatte, kam Äsop wieder dorthin, wo das Mahl stattfand, und stellte

τοῦ Ξάνθου. **46** ὁ Ξάνθος λέγει· "τί ἐστιν, Αἴσωπε, δέδωκας;" Αἴσωπος εἶπεν· "δέδωκα." ὁ Ξάνθος λέγει· "ἔφαγεν;" Αἴσωπος εἶπεν· "ναί, πάντα ἔφαγεν." ὁ Ξάνθος εἶπεν· "καὶ πάντα φαγεῖν ἠδυνήθη;" Αἴσωπος λέγει· "ναί, ἐπείνα γάρ." ὁ Ξάνθος εἶπεν· "ἡδέως αὐτὰ ἔφαγεν;" Αἴσωπος εἶπεν· "ναί, ἡδέως ἔφαγεν." ὁ Ξάνθος εἶπεν· "τί οὖν ἔλεγεν;" Αἴσωπος λέγει· "ἔλεγεν μὲν οὐδέν, πάντως δέ σοι ἐν ἑαυτῇ κατηύχετο." ὁ Ξάνθος εἶπεν· "ἐγὼ αὐτῇ ἀμύνομαι." ἡ δὲ γυνὴ τοῦ Ξάνθου εἶπεν τοῖς ἑαυτῆς παιδισκαρίοις· "κοράσια, ἐγὼ μετὰ Ξάνθου μένειν οὐκέτι δύναμαι· δότω μοι τὴν προῖκά μου καὶ ἀναχωρῶ. ἐπὰν γὰρ τὴν κύνα ἐμοῦ προέκρινεν, πῶς ἐγὼ λοιπὸν τούτῳ συνοικήσω;" εἰσελθοῦσα οὖν εἰς τὸν κοιτῶνα μένει περίλυπος.

47 μηκύνοντος δὲ τοῦ πότου ἐγένετο μακρά τις ὁμιλία, καὶ ὡς ἐν ἀνδράσιν φιλολόγοις ζητήματα ποικίλα προετίθοντο. εἷς δὲ τῶν σχολαστικῶν εἶπεν· "πῶς ἔσται (μέλλει γὰρ) μεγάλη ταραχὴ ἐν ἀνθρώποις;" Αἴσωπος ἑστὼς ὀπίσω τοῦ δεσπότου αὐτοῦ λέγει· "ἐὰν οἱ νεκροὶ ἀναστάντες τὰ ἴδια ἀπαιτοῦσιν." πολὺς οὖν ἐγένετο γέλως καὶ πλεῖστος γογγυσμὸς εἰς τοὺς σχολαστικούς, καὶ ἔλεγον· "ὁ νεώνητός ἐστιν, ὃν ἠγόρασεν Ξάνθος ἡμῶν παρόντων." εἷς τῶν σχολαστικῶν εἶπεν· "ἐμέ ποτε εἶπεν θαλάσσιον πρόβατον εἶναι." ἄλλος εἶπεν· "τὰ μὲν ἀφ' ἑαυτοῦ λαλεῖ, τὰ δὲ ὑπὸ Ξάνθου διδάσκεται." Αἴσωπος εἶπεν· "οὕτως εὕρεις πάντες." οἱ σχολαστικοὶ εἶπον· "καθηγητά, ⟨μὰ⟩ τὰς Μούσας, σὺ ἐπίτρεψον Αἰσώπῳ πιεῖν." ὁ Ξάνθος ἐπέτρεψεν, Αἴσωπος ἔπιεν. **48** εἷς τῶν σχολαστικῶν πρὸς τοὺς ἑτέρους λέγει· "διὰ τί τὸ μὲν πρόβατον ἐπὶ θυσίαν ἀγόμενον οὐ κέκραγεν, τὸ δὲ χοιρίδιον μεγάλα τονθρύζει;" μηδενὸς οὖν εὑρίσκοντος λῦσαι τὴν ἐρώτησιν, Αἴσωπος λέγει· "ὅτι τὸ μὲν πρόβατον ἔχει τὸ γάλα εὔχρηστον καὶ τὰς τρίχας εἰς εὐσχημοσύνην, καὶ κατὰ καιρὸν ἀποκείρεται τὴν βαροῦσαν αὐτοῦ τρίχα καὶ ἀμελγόμε-

---

13 προετίθοντο G : προετίθεντο **14** (μέλλει γὰρ) G : [μέλλει γάρ] **20** εὕρεις G : ὑμεῖς

sich hinten bei den Füßen des Xanthos hin. **46** Xanthos sagte: »Was ist, Äsop, hast du es ihr gegeben?« Äsop sagte: »Ich habe es ihr gegeben.« Xanthos sagte: »Hat sie es gegessen?« »Ja, sie hat alles gegessen.« Xanthos sagte: »Und konnte sie alles essen?« Äsop sagte: »Ja, denn sie hatte Hunger.« Xanthos sagte: »Hat sie es gern gegessen?« Äsop sagte: »Ja, sie hat es gern gegessen.« Xanthos sagte: »Was hat sie also gesagt?« »Sie hat nichts gesagt, dich aber innerlich sehr gepriesen.« Xanthos sagte: »Ich empfinde Gleiches für sie.« Die Frau des Xanthos aber sagte zu ihren Sklavinnen: »Ihr Mädchen, ich kann nicht mehr bei Xanthos bleiben. Er soll mir meine Mitgift geben, und ich gehe weg. Denn da er mir die Hündin vorgezogen hat, wie soll ich da künftig mit ihm zusammen wohnen?« Sie ging also in ihr Schlafzimmer und blieb dort in großer Trauer.

47 Als sich nun das Trinken in die Länge zog, kam es zu einer langen Diskussion, und es wurden, wie bei gelehrten Männern üblich, verschiedene Fragen aufgeworfen. Einer von den Studenten sagte: »Wie wird eine große Unruhe – es wird sie geben – unter den Menschen sein?« Äsop, der hinter seinem Gebieter stand, sagte: »Wenn die Toten auferstehen und ihr Eigentum zurückfordern.« Es gab also viel Gelächter und sehr viel Murren bei den Studenten, und sie sagten: »Das ist der Neugekaufte, den Xanthos in unserer Anwesenheit erstand.« Einer von den Studenten sagte: »Über mich sagte er damals, ich sei ein Meerschaf.« Ein anderer sagte: »Das eine schwatzt er aus eigener Überlegung, das andere lernt er von Xanthos.« Äsop sagte: »So gute Spürnasen habt ihr alle!« Die Studenten sagten: »Professor, bei den Musen, gestatte du Äsop zu trinken.« Xanthos gestattete es, Äsop trank. **48** Einer von den Studenten sagte zu den anderen: »Weshalb schreit das Schaf nicht, wenn es zur Schlachtung geführt wird, das Schweinchen aber quiekt laut?« Als nun keiner eine Antwort auf die Frage fand, sagte Äsop: »Weil das Schaf die nützliche Milch hat und die Wolle für das schöne Aussehen und zum richtigen Zeitpunkt seine beschwerliche Wolle

νον πάλιν κουφίζεται, καὶ ὅταν ἀπάγηται πρὸς θυσίαν, οὐδὲν κακὸν ὑποπτεῦον παθεῖν γεγηθὸς ἀκολουθεῖ καὶ προσφερόμενον τὸ σίδηρον οὐκ ἀποφεύγει. ὁ δὲ χοῖρος διὰ τοῦτο μεγάλα τονθρύζει, διὰ τὸ μήτε τρίχας ἔχειν εὐχρήστους μήτε γάλα· εἰκότως κράζει, εἰδὼς ὅτι πρὸς τὴν τῶν κρεῶν ἀπάγεται χρῆσιν.” οἱ σχολαστικοὶ εἶπον· “σοφῶς, μὰ τὰς Μούσας.”

49 πάντων οὖν ἀναχωρησάντων ὁ Ξάνθος ὑποστρέψας εἰς τὸν οἶκον αὐτοῦ εἰσῆλθεν εἰς τὸν κοιτῶνα καὶ ἤρξατο κολακεύειν τὴν ἑαυτοῦ γυναῖκα καὶ καταφιλεῖν. αὐτὴ δὲ ἀπεστρέφετο τὸν Ξάνθον λέγουσα· “μὴ πρόσιθί μοι, δουλοκοῖτα, μᾶλλον δὲ κυνοκοῖτα. ἀπόδος μοι τὴν προῖκά μου.” ὁ Ξάνθος λέγει· “πολλά μοι κακά, τί ποτε πάλιν Αἴσωπος ἤρτυσέ μοι;” ἡ γυνὴ τοῦ Ξάνθου εἶπεν· “ὕπαγε κἀκείνην λάβε, ᾗτινι τοσαῦτα πέπομφας μέρη.” ὁ Ξάνθος λέγει· “οὐκ ἔλεγον ὅτι Αἴσωπος θόρυβον κεκίνηκέν μοι; Αἴσωπόν τις καλείτω.” **50** Αἴσωπος εἰσῆλθεν. ὁ Ξάνθος λέγει· “Αἴσωπε, τὰ μέρη τίνι δέδωκας;” Αἴσωπος εἶπεν· “ἐμοὶ εἶπας ὅτι ‘δὸς αὐτὰ τῇ εὐνοούσῃ’.” ἡ γυνὴ τοῦ Ξάνθου λέγει· “ἐγὼ οὐδὲν ἔλαβον. ἰδού, ποῦ ἐστιν; ἐνώπιόν μου μὴ ἀρνησάσθω.” ὁ Ξάνθος εἶπεν· “ἴδε, λέγει, δραπέτα, μὴ εἰληφέναι.” Αἴσωπος λέγει· “τίνι δέ μοι εἶπας ἐπιδοῦναι τὰ μέρη;” ὁ Ξάνθος εἶπεν· “τῇ εὐνοούσῃ.” Αἴσωπος λέγει· “τί οὖν; αὕτη σου εὐνοεῖ;” ὁ Ξάνθος εἶπεν· “ἀλλὰ τίς, δραπέτα;” Αἴσωπος λέγει· “μάθε τίς σου εὐνοεῖ.” φωνήσας τὴν κύνα λέγει· “αὕτη σου εὐνοεῖ, γυνὴ μὲν γὰρ λέγει εὐνοεῖν, οὐκ εὐνοεῖ δέ. τούτου δὲ ἀπόδειξις αὕτη, ὅτι αὕτη, ἣν νομίζεις εὐνοεῖν σοι, ἐλαχίστων ἕνεκα μεριδίων ἀπαιτεῖ σε τὴν προῖκα καὶ βούλεταί σε καταλιπεῖν· τὴν δὲ κύνα δεῖρον, ἀπόλεσον, κατάβαλε, δίωξον, καὶ οὐ μὴ ἀποχωρήσῃ, ἀλλ’ ἐπιλαθομένη τῆς ὕβρεως, ἐπιστρέψασα, τὴν κέρκον σείουσα ζητεῖ πάλιν τὸν δεσπότην. ἔδει

---

1 ἀπάγηται Papathomopoulos : ἀπάγεται **5** σοφῶς Perry im Apparat : σαφῶς **19–20** τί οὖν; αὕτη Papathomopoulos : τί οὖν αὕτη **20–21** αὕτη σου … τίς σου … αὕτη σου G : αὕτη σοι … τίς σοι … αὕτη σοι **25** ἀποχωρήσῃ Papathomopoulos : ἀποχωρήσει

geschoren bekommt und durch Melken wieder erleichtert wird und dann, wenn man es zur Schlachtung abführt, kein Übel zu erleiden argwöhnt, freudig folgt und vor dem sich ihm nähernden Eisen nicht flieht. Das Schwein aber quiekt deshalb laut, weil es weder nützliche Wolle noch Milch hat; natürlich schreit es, weil es weiß, dass es zur Verwendung seines Fleisches abgeführt wird.« Die Studenten sagten: »Weise, bei den Musen!«

49 Als alle nun davongingen, lenkte Xanthos seinen Weg zurück nach Hause, ging ins Schlafzimmer und fing an, seine Frau zu liebkosen und zu küssen. Sie aber wandte sich von Xanthos ab und sagte: »Komm mir nicht nahe, Sklavenliebhaber, eher noch Hundeliebhaber! Gib mir meine Mitgift zurück!« Xanthos sagte: »Dass mir doch viel Unglück geschieht! Was hat Äsop mir denn jetzt wieder angetan?« Die Frau des Xanthos sagte: »Hau ab und nimm die mit, der du so viele Portionen geschickt hast!« Xanthos sagte: »Habe ich es nicht gesagt, dass Äsop mir Unruhe gestiftet hat? Man rufe Äsop!« **50** Äsop trat herein. Xanthos sagte: »Äsop, wem hast du die Portionen gegeben?« Äsop sagte: »Du sagtest mir ›Gib das der, die dir zugetan ist‹.« Die Frau des Xanthos sagte: »Ich bekam nichts. Schau, wo ist es denn? Mir ins Angesicht soll er nichts abstreiten.« Xanthos sagte: »Schau, Ausreißer, sie sagt, sie habe nichts bekommen.« Äsop sagte: »Wem, sagtest du mir, sollte ich die Portionen geben?« Xanthos sagte: »Der, die mir zugetan ist.« Äsop sagte: »Was ist also? Ist die hier dir zugetan?« Xanthos sagte; »Wer aber dann, Ausreißer?« Äsop sagte: »Erfahre, wer dir zugetan ist!« Er rief die Hündin und sagte: »Die hier ist dir zugetan; deine Frau nämlich sagt, sie sei dir zugetan, ist dir aber nicht zugetan. Der Beweis dafür ist der, dass sie, von der du glaubst, sie sei dir zugetan, sehr geringer Portiönchen wegen von dir ihre Mitgift zurückfordert und dich verlassen will. Prügle dagegen die Hündin, quäle sie, schlage sie bis zum Umfallen, verjage sie, und sie wird nicht davongehen, sondern die Misshandlung vergessen, zurückkehren und mit dem Schwanz wedelnd wieder ihren Gebieter su-

οὖν σε εἰπεῖν μοι 'ἀπόφερε τῇ γυναικί μου,' ⟨καὶ μὴ 'τῇ εὐνοούσῃ'⟩· οὐ γὰρ αὕτη σου εὐνοεῖ, ἀλλ' ἡ κύων." ὁ Ξάνθος εἶπεν· "θεωρεῖς, κυρά, ὅτι οὐ παρ' ἐμὲ γέγονεν τὸ ἁμάρτημα, ἀλλὰ παρὰ τὴν τοῦ λαβόντος βαττολογίαν; [ὁ Ξάνθος] εὑρήσω δὲ πρόφασιν δι' ἧς αὐτὸν μαστιγώσω καί σε ἐκδικήσω."

51 τῇ ἐπαύριον καλέσας ὁ Ξάνθος τοὺς ἤδη καλέσαντας αὐτὸν σχολαστικοὺς λέγει· "Αἴσωπε, ἐπειδὴ φίλους κέκληκα ἐπὶ δεῖπνον, ἀπελθὼν ὀψώνησον εἴ τι καλόν, εἴ τι χρηστὸν ἐν τῷ βίῳ." Αἴσωπος πρὸς ἑαυτὸν λέγει· "ἐγὼ αὐτῷ δείξω μωρὰ μὴ διατάττεσθαι." ἐλθὼν οὖν εἰς τὸν μάκελλον τῶν τεθυμένων χοιριδίων τὰς γλώσσας ἠγόρασεν, καὶ ἐλθὼν τὰς μὲν ἐκζεστάς, τὰς δὲ ὀπτάς, τὰς δὲ ἀρτυτάς, πάσας ἡτοίμασεν. καὶ τῇ τακτῇ ὥρᾳ παραγίνονται οἱ κεκλημένοι. ὁ Ξάνθος λέγει· "Αἴσωπε, δὸς ἡμῖν τι φαγεῖν." Αἴσωπος φέρει ἑκάστῳ γλῶσσαν γενομένην ἐκζεστήν, καὶ ὀξύγαρον παρέθηκεν. οἱ σχολαστικοὶ εἶπον· "οὐᾶ, Ξάνθε, καὶ τὸ δεῖπνόν σου φιλοσοφίας μεστόν· οὐδὲν γὰρ παρὰ σοὶ ἀφιλοπόνητον. εὐθέως γὰρ ἐν ἀρχῇ τοῦ δείπνου αἱ γλῶσσαι παρετέθησαν." **52** καὶ μετὰ τὸ πιεῖν αὐτοὺς δύο ἢ τρία ποτήρια ὁ Ξάνθος λέγει· "Αἴσωπε, δὸς ἡμῖν φαγεῖν." Αἴσωπος ἑκάστῳ πάλιν πρὸς γλῶσσαν ὀπτὴν καὶ ἀλοπέπερι παρέθηκεν. οἱ σχολαστικοὶ εἶπον· "θείως, καθηγητά, καλλίστως, μὰ τὰς Μούσας. ἐπεὶ πᾶσα γλῶσσα πυρὶ ἠκόνηται, καὶ τὸ κρεῖττον, ὅτι δι' ἀλοπεπέρεως· τὸ γὰρ ἁλυκὸν τῷ δριμυτέρῳ συγκέκραται τῆς γλώσσης ἵνα τὸ εὔστομον καὶ τὸ δάκνον ἐπιδείξῃ." ὁ Ξάνθος πάλιν μετὰ τὸ πιεῖν αὐτοὺς τὸ τρίτον λέγει· "φέρε ἡμῖν φαγεῖν." Αἴσωπος ἑκάστῳ γλῶσσαν ἀρτυτὴν φέρει. οἱ σχολαστικοὶ εἷς ἑνὶ ἔλεγον· "Δημόκριτε! ἐγὼ τὴν γλῶσσαν ἐπόνεσα τὰς γλώσσας τρώγων." ἄλλος σχολαστικὸς εἶπεν· "οὐδέν ἐστι φαγεῖν ἕτερον; ὅπου Αἴσωπος πονεῖ, ἐκεῖ οὐδὲν ἀγαθόν ἐστι." οἱ σχολαστικοὶ φαγόντες τὰς ἀρτυτὰς γλώσσας

---

2 σου G : σοι **8** ὀψώνησον Papathomopoulos : ἔψησον

chen. Du hättest also zu mir sagen müssen ›Bring das meiner Frau‹ und nicht ›der, die dir zugetan ist‹; denn nicht sie ist dir zugetan, sondern deine Hündin.« Xanthos sagte: »Siehst du, Herrin, dass nicht bei mir der Fehler lag, sondern bei dem Geschwätz dessen, der es mitnahm? Ich werde einen Anlass finden, aufgrund dessen ich ihn auspeitschen lassen und dich rächen kann.«

51 Am nächsten Tag lud Xanthos die Studenten ein, die ihn schon eingeladen hatten, und sagte: »Äsop, da ich Freunde zum Mahl eingeladen habe, geh und kaufe ein, was das Schönste, was das Nützlichste im Leben ist.« Äsop sagte zu sich: »Ich werde ihn lehren, keine dummen Aufträge zu erteilen.« Er ging also zum Fleischmarkt und kaufte die Zungen geschlachteter Schweinchen, und als er heimkam, bereitete er sie alle zu, teils gekocht, teils gebraten, teils gewürzt. Und zur festgesetzten Stunde kamen die Geladenen. Xanthos sagte: »Äsop, gib uns etwas zu essen.« Äsop brachte jedem eine gekochte Zunge und servierte dazu essigsaure Fischsoße. Die Studenten sagten: »Bravo, Xanthos, auch dein Mahl ist voller Philosophie! Denn nichts bei dir ist nicht mit Liebe zubereitet. Denn gleich zu Beginn des Mahls wurden die Zungen serviert.« **52** Und nachdem sie zwei oder drei Becher getrunken hatten, sagte Xanthos: »Äsop, gib uns zu essen.« Äsop servierte wiederum jedem noch eine gebratene Zunge mit Salz und Pfeffer. Die Studenten sagten: »Göttlich, Professor, sehr gut, bei den Musen. Denn jede Zunge wurde in Feuer gebrannt, und, was noch besser ist, mit Salz und Pfeffer gewürzt. Denn der Salat mischt sich mit dem recht scharfen Geschmack der Zunge, so dass sich das Wohltönende und das Bissige zeigt.« Xanthos sagte, nachdem sie getrunken hatten, zum dritten Mal: »Bring uns zu essen.« Äsop brachte jedem gewürzte Zunge. Die Studenten sagten einer zum anderen: »Demokrit! Ich habe meine Zunge durch Essen von Zungen strapaziert.« Ein anderer Student sagte: »Gibt es nichts anderes zu essen? Wo Äsop beschäftigt ist, dort gibt es nichts Gutes.« Als die Studenten die gewürzten Zungen gegessen hatten, wurden sie

χολέρᾳ [ἀσθένια] ἐκρούσθησαν. ὁ Ξάνθος λέγει· “Αἴσωπε, δὸς ἡμῖν δειπνῆσαι ἑκάστῳ λοπάδα.” Αἴσωπος γλωσσόζωμον παρέθηκεν. οἱ σχολαστικοὶ οὐκέτι ἐξέτεινον τὰς χεῖρας, λέγοντες· “ἥδε καταστροφὴ ἀπὸ Αἰσώπου· γλώσσαις νενικήμεθα.” ὁ Ξάνθος λέγει· “Αἴσωπε, ἔχομέν τι ἕτερον;” Αἴσωπος εἶπεν· “οὐδὲν ἄλλο ἔχομεν.” **53** ὁ Ξάνθος λέγει· “οὐδὲν ἕτερον, κατάρατε; οὐκ εἰπόν σοι ὅτι ‘εἴ τι χρήσιμόν ἐστιν ἐν τῷ βίῳ, εἴ τι δὲ ἡδύ, τοῦτο ἀγόρασον;’” Αἴσωπος λέγει· “χάριν σου ἔχω, ὅτι ἀνδρῶν φιλολόγων παρόντων μέμφῃ με. εἶπάς μοι ὅτι ‘εἴ τι χρήσιμόν ἐστιν ἐν τῷ βίῳ, εἴ τι ἡδύτερον ἢ μεῖζον, ἀγόρασον.’ τί οὖν ἐστιν ἐν τῷ βίῳ γλώσσης χρησιμώτερον ἢ μεῖζον; μάθε ὅτι διὰ γλώσσης πᾶσα φιλοσοφία καὶ πᾶσα παιδεία συνέστηκεν. χωρὶς γλώσσης οὐδὲν γίνεται, οὐδὲ δόσις, οὐδὲ λῆψις, οὐδὲ ἀγορασμός· ἀλλὰ διὰ γλώσσης πόλεις ἀνορθοῦνται, δόγματα καὶ νόμοι ὁρίζονται. εἰ οὖν διὰ γλώσσης πᾶς ⟨ὁ⟩ βίος συνέστηκεν, γλώσσης οὐδέν ἐστι κρεῖττον.” οἱ σχολαστικοὶ εἶπον· “νὴ τὰς Μούσας, καλὰ λέγει. σὺ ἥμαρτες, καθηγητά.” οἱ σχολαστικοὶ ἀνεχώρησαν. δι’ ὅλης τῆς νυκτὸς διαρροίᾳ ληφθέντες ἐδυσφόρουν. **54** τῇ ἐπαύριον οἱ σχολαστικοὶ ἐμέμψαντο τὸν Ξάνθον. ὁ Ξάνθος λέγει· “ἄνδρες φιλόλογοι, οὐ γέγονε παρ’ ἡμῖν ἡ αἰτία, ἀλλὰ παρὰ τὸν ἀχρεῖον δοῦλον Αἴσωπον. πλὴν σήμερον ἀποδώσω ὑμῖν τὸ δεῖπνον καὶ ἐνώπιον ὑμῶν διατάξομαι αὐτῷ.” καὶ δὴ καλέσας τὸν Αἴσωπον λέγει αὐτῷ· “ἐπειδή σοι ἔδοξε τὰ ἄνω κάτω λαλεῖν, ἀπελθὼν εἰς τὴν ἀγοράν, εἴ τι σαπρόν, εἴ τι χεῖρον, αὐτὸ ἀγόρασον.” Αἴσωπος ἀκούσας καὶ μὴ ταραχθείς, ἐλθὼν εἰς τὸν μάκελλον πάλιν πάντων τῶν τεθυμένων χοίρων τὰς γλώσσας ἠγόρασεν, καὶ ἐλθὼν ἐσκεύασεν αὐτὰς πρὸς δεῖπνον. ὁ Ξάνθος παραγενάμενος μετὰ τῶν σχολαστικῶν ἐν τῷ οἴκῳ αὐτοῦ ἀνεκλίθη σὺν αὐτοῖς. καὶ μετὰ τὸ προπιεῖν λέγει· “Αἴσωπε, δὸς ἡμῖν τι φαγεῖν.” Αἴσωπος ἑκάστῳ γλῶσσαν τεταριχευμένην παρέθηκεν καὶ

---

3 ἥδε G : ἦδε ⟨ἡ⟩ **7** σου G : σοι **12** οὐδὲ λῆψις Papathomopoulos : οὐ λῆψις **13–14** πᾶς ⟨ὁ⟩ βίος Ferrari : πᾶς βίος

von Übelkeit heimgesucht. Xanthos sagte: »Äsop, gib jedem von uns einen Teller Suppe zu essen!« Äsop servierte Zungensuppe. Die Studenten streckten nicht mehr die Hände aus und sagten: »Diese Niederlage haben wir Äsop zu verdanken: Wir sind durch seine Zungen besiegt.« Xanthos sagte: »Äsop, haben wir etwas anderes?« Äsop sagte: »Wir haben nichts anderes.« **53** Xanthos sagte: »Nichts anderes, Verruchter? Sagte ich dir nicht ›Was das Nützlichste im Leben, was das Süßeste ist, das kaufe‹?« Äsop sagte: »Ich weiß dir Dank, weil du mich in Anwesenheit gelehrter Männer tadelst. Du sagtest mir ›Was das Nützlichste ist im Leben, was das Süßeste oder Wichtigste, das kaufe‹. Was ist nun im Leben nützlicher oder wichtiger als die Zunge? Lerne, dass durch die Zunge sich die ganze Philosophie und die ganze Bildung konstituiert. Ohne die Zunge kommt nichts zustande, kein Geben, kein Nehmen, kein Handel; aber durch die Zunge werden Städte errichtet, Beschlüsse und Gesetze definiert. Wenn also durch die Zunge das ganze Leben konstituiert wird, ist nichts besser als die Zunge.« Die Studenten sagten: »Bei den Musen, er redet gut. Du hast einen Fehler gemacht, Professor.« Die Studenten gingen davon. Die ganze Nacht hindurch waren sie in übler Verfassung, vom Durchfall heimgesucht. **54** Am nächsten Tag machten die Studenten Xanthos Vorwürfe. Xanthos sagte: »Gelehrte Männer, die Schuld lag nicht bei mir, sondern bei dem nichtsnutzigen Sklaven Äsop. Überdies werde ich euch heute ein Mahl bieten und vor euren Augen ihm Anweisungen geben.« Und so rief er Äsop und sagte zu ihm: »Da es dir gut schien, ›oben‹ ›unten‹ zu nennen, geh zum Markt und, was das Ekelhafteste, was das Schlechteste ist, das kaufe.« Äsop, der das hörte und sich nicht außer Fassung bringen ließ, ging zum Fleischmarkt, kaufte wieder die Zungen geschlachteter Schweine, ging zurück und bereitete sie für das Mahl zu. Xanthos kam mit den Studenten in sein Haus und lagerte sich mit ihnen. Und nach dem ersten Trunk sagte er: »Äsop, gib uns etwas zu essen!« Äsop servierte jedem gepökelte Zunge und essigsaure Fischsoße. Die

ὀξύγαρον. οἱ σχολαστικοὶ εἶπον· "τί ἐστι πάλιν τοῦτο, γλῶσσαι;" ὁ Ξάνθος ἀποχλωριᾷ. οἱ σχολαστικοὶ εἶπον· "ἴσως ἀπὸ τῆς χθεσινῆς διαρροίας τὸν στόμαχον ἡμῶν θέλει τῷ ὄξει ἀνακτήσασθαι." καὶ μετὰ τὸ πιεῖν αὐτοὺς πρὸς δύο, ὁ Ξάνθος λέγει· "δὸς ἡμῖν τι φαγεῖν." Αἴσωπος παρέθηκεν ἑκάστῳ ὀπτὴν γλῶσσαν. οἱ σχολαστικοὶ εἶπον· "οὐᾶ, τί ἐστι τοῦτο; ὁ χθεσινὸς ὑπόμωρος πάλιν διὰ γλωσσῶν ἀσθένειαν ἡμῖν κατασκευάζει;" **55** ὁ Ξάνθος λέγει· "τοῦτο πάλιν τί ἐστι, κατάπτυστε; διὰ τί ταῦτα ἠγόρακας; οὐκ εἶπόν σοι ὅτι 'ἀπελθὼν εἰς τὴν ἀγορὰν εἴ τι χεῖρον εὕρῃς, εἴ τι σαπρόν, τοῦτο ἀγόρασον;'" Αἴσωπος εἶπεν· "καὶ τί χεῖρον διὰ γλώσσης οὐκ ἔστιν; διὰ γλώσσης ἔχθραι, διὰ γλώσσης ἐπιβουλαί, ἐνεδρεῖαι, μάχαι, ζηλοτυπίαι, ἔρεις, πόλεμοι· οὐκοῦν χεῖρον οὐδέν ἐστι τῆς μιαρωτάτης γλώσσης." εἷς τῶν σχολαστικῶν τῶν συνανακειμένων ἐν τῷ δείπνῳ τοῦ Ξάνθου λέγει· "καθηγητά, τούτῳ ἐὰν πρόσσχῃς, ταχέως σε εἰς μανίαν περιτρέψει· οἵα γὰρ ἡ μορφὴ αὐτοῦ τοιαύτη καὶ ἡ ψυχὴ αὐτοῦ. φιλολοίδορος καὶ κακεντρεχὴς δοῦλος οὗτος· ὀβολοῦ ἄξιος οὐκ ἔστιν." Αἴσωπος λέγει· "σιώπα, σχολαστικέ· σύ μοι δοκεῖς κακεντρεχέστερος εἶναι πολλῶν, ὃς τὸ τοῦ Ξάνθου σχῆμα οὐκ ἔχεις, ἀλλ' ὑποκαίεις σπινθῆρσι λόγων τὴν τοῦ δεσπότου ὀργὴν καὶ παροξύνεις δεσπότην κατ' οἰκέτου. τοῦτο δέ ἐστιν οὐκ ἰδιοπράγμονος ἀνθρώπου, ἀλλὰ περιέργου, τὸ εἰς ἀλλότριον ἑαυτὸν ἐμβαλεῖν πρᾶγμα."

56 ὁ Ξάνθος ζητῶν ἀφορμὴν δι' ἧς τὸν Αἴσωπον μαστιγώσει λέγει αὐτῷ· "Αἴσωπε, ἐπὰν ἀνάγκη με καὶ πρὸς τὸν ἴδιον φιλοσοφεῖν δοῦλον, περίεργον εἶπάς μοι τὸν φίλον· ἀπόδειξον οὖν μοι εἰ ἔστιν [ὁ] ἄνθρωπος ἀπερίεργος." Αἴσωπος εἶπεν· "ἔστι μὲν οὖν καὶ πάνυ [περίεργος]· πολλοὶ γὰρ τῶν ἀνθρώπων τὰ ἀλλότρια τρώγοντες καὶ πίνοντες τὰ ἀλλότρια περιεργάζονται, τινὲς δὲ τῶν ἰδίων μνημονεύοντες κακῶν τὰ

---

15 φιλολοίδορος G : ⟨ὁ⟩ φιλολοίδορος **17** πολλῶν G : πολλῷ **23–24** [ὁ] ἄνθρωπος ἀπερίεργος Papathomopoulos : ὁ ἄνθρωπος περίεργος **24** [περίεργος] Papathomopoulos : περίεργος

Studenten sagten: »Was ist das schon wieder, Zungen?« Xanthos wurde blass. Die Studenten sagten: »Vielleicht will er, dass sich unser Magen vom gestrigen Durchfall durch Essig erholt.« Und nachdem sie noch zwei getrunken hatten, sagte Xanthos: »Gib uns etwas zu essen!« Äsop servierte jedem gebratene Zunge. Die Studenten sagten: »Ah, was ist das? Der Dummkopf von gestern verschafft uns wieder durch Zungen Unpässlichkeit?« **55** Xanthos sagte: »Was ist das schon wieder, Abscheulicher? Weshalb hast du das gekauft? Sagte ich nicht zu dir ›Geh zum Markt und kaufe, was das Schlechteste, was das Ekelhafteste ist, das du findest?‹« Äsop sagte: »Und was gibt es, das durch die Zunge nicht schlechter wird? Durch die Zunge entstehen Feindschaften, durch die Zunge Intrigen, Nachstellungen, Kämpfe, Eifersüchteleien, Streitigkeiten, Kriege. Also gibt es nichts Schlechteres als die verruchte Zunge.« Einer von den Studenten, die zusammen beim Mahl des Xanthos lagen, sagte: »Professor, wenn du dem weiterhin Gehör schenkst, wird er dich bald in den Wahnsinn treiben. Denn wie seine Gestalt, so ist auch seine Seele. Ein schmähsüchtiger und arglistiger Sklave ist der; keinen Obolos ist er wert.« Äsop sagte: »Sei still, Student! Du scheinst mir arglistiger zu sein als viele andere, der du nicht das Format des Xanthos hast, sondern mit den Funken deiner Worte den Zorn des Gebieters entflammst und den Gebieter gegen seinen Sklaven aufstachelst. Das ist nicht die Wesensart eines Menschen, der sich um seine eigenen Angelegenheiten kümmert, sondern eines Naseweisen, der sich in eine fremde Angelegenheit einmischt.«

56 Xanthos, der einen Anlass suchte, aufgrund dessen er Äsop auspeitschen lassen könne, sagte zu ihm: »Äsop, da die Notwendigkeit besteht, dass ich mit meinem eigenen Sklaven philosophiere, nanntest du mir einen Freund naseweis. Zeige mir nun, dass es einen nicht-naseweisen Menschen gibt.« Äsop sagte: »Er existiert wirklich und durchaus. Denn viele Menschen, die Fremdes essen und trinken, stecken ihre Nase auch in fremde Angelegenheiten, manche aber, die an ihr eigenes Unglück denken, stecken ihre Nase

ἀλλότρια οὐ περιεργάζονται." ὁ Ξάνθος λέγει· "εἰ οὖν λέγεις ἄνθρωπον ἀπερίεργον εἶναι, ἕτερόν σοι θήσω νόμον καὶ ὃν προεθέμην ἀκυρώσω. ἕτερος τῇ ἑξῆς τὸ δεῖπνον σκευάσει, σὺ δέ μοι πορευθεὶς κάλει μοι ἀπερίεργον ἄνθρωπον ἐπὶ δεῖπνον. καὶ ἐάν τι περιεργάσηται, τὸ πρῶτον σιωπήσω, τὸ δεύτερον συγγνώμην δώσω, τὸ τρίτον δαρήσῃ καὶ τὴν τύρχην λήψῃ." **57** Αἴσωπος ἀκούσας τὰ ῥηθέντα αὐτῷ παρὰ τοῦ Ξάνθου, τῇ ἐπαύριον ἀπελθὼν εἰς τὴν ἀγορὰν ἐζήτει ἄνθρωπον ἀπερίεργον [*καὶ ἐλθὼν εἰς τὴν ἀγορὰν εὗρε γινομένην μάχην καὶ ὄχλον πολὺν ἑστῶτα, ἕνα δὲ παρ' ἓν μέρος καθεζόμενον καὶ ἀναγιγνώσκοντα. καί φησιν Αἴσωπος καθ' ἑαυτόν· "τοῦτον καλέσω. ἀπερίεργος φαίνεται καὶ μενῶ ἄπληγος." ἀπελθὼν οὖν πρὸς αὐτόν, φησί· "κομψότατε, Ξάνθος ὁ φιλόσοφος μαθών σου τὴν πραότητα ἐπὶ δεῖπνόν σε καλεῖ." ὁ δέ φησιν· "ἐλεύσομαι· εὑρήσεις δέ με πρὸ τοῦ πυλῶνος." ἐλθὼν οὖν ὁ Αἴσωπος ηὐτρέπισε τὸ δεῖπνον. ὁ δὲ Ξάνθος φησίν· "ποῦ ὁ ἀπερίεργος ἄνθρωπος;" ὁ δέ· "πρὸ τοῦ πυλῶνος ἕστηκε." τῇ δὲ τακτῇ ὥρᾳ εἰσήγαγεν αὐτὸν καὶ κατεκλίθη μετὰ τῶν φίλων.* **58** *ὁ Ξάνθος εἶπε δοθῆναι πρῶτον τῷ ξένῳ οἰνόμελι. ὁ δέ φησιν· "οὐχί, κύριε· σὺ πρῶτον πίε, εἶτα ἡ γυνή σου, ἔπειτα ἡμεῖς οἱ φίλοι σου." ὁ δὲ Ξάνθος νεύει τῷ Αἰσώπῳ· "ἔχω ἅπαξ. καί πως ἐφαίνετο ἀπερίεργος;" εἶτα ἰχθύων λοπὰς παρετέθη. ὁ Ξάνθος ἐπαφορμιζόμενος ἔφη· "τοσαῦτά μου ἀρτύματα δεδωκότος κατεφρονήθη ἡ μαγειρία· οὔτε γὰρ ἀρώματα οὔτε ἔλαιον οὔτε ὁ ζωμὸς σύγχυλος. τυφθήτω ὁ μάγειρος." ὁ ξένος φησί· "παῦσαι, δέσποτα! οὐδὲν αἴτιον, πάντα καλά." ὁ Ξάνθος πάλιν νεύει τῷ Αἰσώπῳ· "ἰδού, δύο." εἶτα εἰσφέρεται πλακοῦς πολυσήσαμος. ὁ Ξάνθος γευσάμενος λέγει· "κάλει τὸν*

2 προεθέμην Papathomopoulos : προσεθέμην **6** τύρχην Papathomopoulos : τύχην

nicht in fremde Angelegenheiten.« Xanthos sagte: »Wenn du nun sagst, dass es einen nicht-naseweisen Menschen gebe, will ich dir eine andere Regel aufstellen und die, die ich dir vorher aufgestellt habe, ungültig machen. Ein anderer wird morgen das Mahl vorbereiten, du aber geh mir los und lade mir einen nicht-naseweisen Menschen zum Mahl ein. Und wenn er seine Nase in eine fremde Angelegenheit steckt, werde ich beim ersten Mal schweigen, beim zweiten Mal Verzeihung gewähren, beim dritten Mal wirst du verprügelt und bekommst das Gabelkreuz.« **57** Als Äsop das ihm von Xanthos Gesagte gehört hatte, ging er am nächsten Tag zum Markt und suchte einen nicht-naseweisen Menschen, [*und als er zum Markt gekommen war, fand er dort eine Streiterei und eine dabei stehende große Menge vor und einen, der auf einer Seite saß und las. Und Äsop sprach zu sich: »Den werde ich einladen. Er wirkt nicht-naseweis, und ich werde ungeprügelt bleiben.« Er ging also zu ihm hin und sprach: »Mein Bester, der Philosoph Xanthos hat von deiner Sanftmut erfahren und lädt dich zum Mahl ein.« Und der sprach: »Ich werde kommen: Du wirst mich vor dem Tor finden.« Äsop ging also hin und bereitete das Mahl vor. Und Xanthos sprach: »Wo ist der nicht-naseweise Mensch?« Und der: »Er steht vor dem Tor.« Zur festgesetzten Stunde führte er ihn hinein und ließ ihn sich bei den Freunden lagern.* **58** *Da sagte Xanthos, dass zuerst dem Gast Honigwein gegeben werden solle. Der aber sprach: »Nein, Herr! Trink du zuerst, dann deine Frau, dann wir, deine Freunde.« Da nickte Xanthos Äsop zu: »Da haben wir's einmal. Und wieso schien der nicht-naseweis?« Dann wurde eine Schüssel mit Fischen serviert. Und Xanthos verlor die Selbstbeherrschung und sprach: »Obwohl ich für so viele Zutaten gesorgt habe, ist das Gericht ohne Sorgfalt zubereitet worden. Da ist weder Gewürz noch Öl noch ist die Soße sämig. Der Koch soll geschlagen werden!« Der Gast sprach: »Lass ab davon, Gebieter! Es gibt keinen Grund, alles ist gut.« Xanthos nickte wieder Äsop zu: »Schau, Nummer zwei!« Dann wurde ein Kuchen mit viel Sesam hereingetragen. Xanthos kostete und sagte: »Ruf den*

ἀρτοκόπον. διὰ τί ὁ πλακοῦς οὔτε μέλι οὔτε σταφίδας ἔχει;" ὁ ξένος πάλιν λέγει· "δέσποτα, καὶ ὁ πλακοῦς καλὸς καὶ οὐδὲν τῷ δείπνῳ λείπει· μὴ εἰκῇ τύψῃς τοὺς δούλους." ὁ Ξάνθος νεύει τῷ Αἰσώπῳ· "ἴδε, τρίτον." ὁ δέ· "ἀνέχου," φησί. ἀναστάντων δὲ αὐτῶν ἀπὸ τοῦ δείπνου κρεμᾶται ὁ Αἴσωπος καὶ τύπτεται. ὁ Ξάνθος αὐτῷ φησι· "καὶ ταῦτα μὲν ἔχεις. εἰ δὲ μὴ καλέσῃς μοι ἄνθρωπον ἀπερίεργον, πεδήσας διαρρήξω σε." **59** *τῇ δὲ ἐπαύριον ἔξω τῆς πόλεως ἀπελθὼν ἐζήτει εὑρεῖν ἄνθρωπον ἀπερίεργον. πολλοὺς οὖν βλέπων παροδίτας ...*] καὶ δὴ θεωρεῖ ἄνθρωπον [τὸν] τὸ μὲν ἰδέσθαι ἄγροικον, πολιτικὸν δὲ τοῖς ἤθεσιν, ὀνάριον ἐλαύνοντα μεστὸν ξύλων καὶ τὴν τῶν πολλῶν ἀνθρώπων ὑπεσταλμένον ὄχλησιν καὶ πρὸς τὸ ὀνάριον λαλοῦντα. τοῦτον ἰδιοπράγμονα καὶ ἀπερίεργον στοχασάμενος συνηκολούθησεν αὐτῷ. ὁ ἄγροικος τῷ ὀναρίῳ ἐπικαθήμενος ἔλεγεν πρὸς αὐτὸ καθ' ὃν ⟨χρόνον⟩ περιεπάτει· "ἄγωμεν, ὅπως τάχιον φθάσωμεν καὶ πραθῇ τὰ ξύλα ἀσσαρίων ιβ̅, καὶ καθέξεις σὺ τὰ δύο εἰς χόρτον, τὰ δύο δὲ ἐγὼ εἰς ἐμαυτόν, τὰ δὲ ὀκτὼ τηρήσομεν εἰς δευτέρας τύχας, μή τις ἀσθένεια ἐπιδράμῃ ἢ χειμὼν αἰφνιδίως γενόμενος ἀνεξόδους ἡμᾶς ποιήσῃ· ἐὰν γὰρ σήμερον κριθὰς φάγῃς, εἶτα γένηται αἰφνίδιόν τι ἐναντίον, οὔτε χόρτον οὔτε κριθὰς ἕξεις φαγεῖν." **60** Αἴσωπος ἀκούων ταῦτα πρὸς ἑαυτὸν εἶπεν· "νὴ τὰς Μούσας, ἀπερίεργός μοι φαίνεται ὁ ἄνθρωπος οὗτος· προσελεύσομαι πρὸς αὐτόν." εἶτα προσεγγίσας λέγει· "πατερίων, χαίροις." ὁ ἄγροικος ἀντησπάσατο. Αἴσωπος λέγει· "πόσου τὰ ξύλα;" ὁ ἄγροικος εἶπεν· "ιβ̅ ἀσσαρίων." Αἴσωπος λέγει· "ἀληθῶς, ὅσου προέθετο, τοσούτου καὶ πωλεῖ." εἶτα λέγει· "πατερίων, οἶδας Ξάνθον τὸν φιλόσοφον;" ὁ ἄγροικος εἶπεν· "οὐχί, τέκνον." Αἴσωπος λέγει· "διὰ τί;" ὁ ἄγροικος εἶπεν· "ὅτι οὐκ εἰμὶ

---

13 πρὸς αὐτὸ Papathomopoulos : πρὸς αὐτὸν | καθ' ὃν ⟨χρόνον⟩ Papathomopoulos : καθ' ὃν **14** καθέξεις Stamoulakis : κατάξεις

Bäcker! Weshalb hat der Kuchen weder Honig noch Rosinen?« *Der Gast sagte wieder: »Gebieter, auch der Kuchen ist gut, und nichts fehlt dem Mahl; lass nicht grundlos die Sklaven schlagen.« Xanthos nickte Äsop zu: »Sieh da, zum dritten Mal.« Und der sprach: »Warte!« Als sie aber vom Mahl aufgestanden waren, wurde Äsop an einen Haken gehängt und geschlagen. Xanthos sprach zu ihm: »Das hast du nun schon. Wenn du mir aber keinen nicht-naseweisen Menschen einlädst, werde ich dich fesseln und in Stücke reißen lassen.«* **59** *Am nächsten Tag ging er aus der Stadt heraus und suchte einen nicht-naseweisen Menschen zu finden. Er schaute also viele Vorübergehende an …*] und da sah er einen Menschen, vom Land dem Aussehen nach, aber städtisch in seiner Verhaltensweise, der ein mit Holz beladenes Eselchen vor sich her trieb, der Menge vieler Menschen aus dem Weg ging und mit dem Eselchen sprach. Da er ihn als jemanden einschätzte, der sich um seine eigenen Angelegenheiten kümmere und nicht-naseweis sei, folgte er ihm. Der Bauer saß nun auf seinem Eselchen und sagte zu ihm, während er seines Weges zog: »Auf, beeilen wir uns, damit das Holz für zwölf As verkauft wird, und du wirst zwei für Heu bekommen, zwei ich für mich, und die acht bewahren wir für späteres Geschick auf, damit nicht irgendeine Krankheit uns überfällt oder der Winter plötzlich kommt und uns nicht hinaus auf die Straße gehen lässt. Denn wenn du heute Gerste frisst, dann kann es plötzlich irgendwie ganz anders kommen, und du wirst weder Heu noch Gerste fressen können.« **60** Äsop, der das hörte, sagte zu sich: »Bei den Musen, nicht-naseweis scheint mir dieser Mensch. Ich will zu ihm hingehen.« Dann trat er nahe an ihn heran und sagte: »Väterchen, sei gegrüßt!« Der Bauer erwiderte den Gruß. Äsop sagte: »Wie viel kostet das Holz?« Der Bauer sagte: »Zwölf As.« Äsop sagte: »Wahrhaftig, wie viel er vorher festgesetzt hat, für so viel verkauft er auch.« Dann sagte er: »Väterchen, kennst du den Philosophen Xanthos?« Der Bauer sagte: »Nein, mein Kind.« Äsop sagte: »Weshalb?« Der Bauer sagte: »Weil ich nicht naseweis bin. Denn ich habe von ihm

περίεργος· ἀκούω γὰρ αὐτόν." Αἴσωπος λέγει· "πολλά σοι ἀγαθὰ γένοιτο. ἐκείνου εἰμὶ δοῦλος." ὁ ἄγροικος εἶπεν· "τοῦτο γὰρ ἐγώ σε ἐξήτησα, πότερον δοῦλος εἶ ἢ ἐλεύθερος; τί δέ μοι τοῦτο διαφέρει;" Αἴσωπος λέγει· "ἀληθῶς ἀπερίεργός ἐστιν. πατερίων, πέπραταί σοι τὰ ξύλα. ἔλασον εἰς τὴν οἰκίαν Ξάνθου τὸ ὀνάριον." ὁ ἄγροικος εἶπεν· "ἀλλὰ τὴν οἰκίαν οὐκ οἶδα ποῦ ἐστιν." Αἴσωπος λέγει· "ἀκολούθει μοι καὶ μαθήσῃ." **61** καὶ ἤγαγεν αὐτὸν εἰς τὴν οἰκίαν καὶ καθεῖλεν τὰ ξύλα καὶ ἔδωκεν αὐτῷ τὴν τιμὴν καὶ εἶπεν· "πατερίων, ὁ δεσπότης μου ἐρωτᾷ σε δειπνῆσαι παρ' αὐτῷ· κατάλιπε οὖν τὸ ὀνάριον εἰς τὸ μεσίαυλον καὶ ἐπιμελείας τεύξεται." ὁ ἄγροικος, εἰσελθὼν εἰς τὸ δεῖπνον καὶ μὴ περιεργασάμενος ἐκ ποίας αἰτίας καλεῖται, εἰσῆλθεν οὕτως σὺν τῷ πηλῷ ὡς ἦν καὶ τοῖς ὑποδήμασιν. ὁ Ξάνθος εἶπεν· "οὗτός ἐστιν ὁ ἀπερίεργος;" ὁ Ξάνθος ἰδὼν ὅτι ἐπαγγέλλεται Αἴσωπος τὰ μέγιστα περὶ αὐτοῦ, λέγει τῇ ἑαυτοῦ γυναικί· "κυρά, θέλεις τὸν Αἴσωπον παιδευθῆναι;" ἡ γυνὴ τοῦ Ξάνθου λέγει· "τοῦτο εὔχομαι." ὁ Ξάνθος εἶπεν·"ποίησον οὖν ὡς λέγω σοι, καὶ ἀναστᾶσα τὴν λεκάνην τῷ ξένῳ προσένεγκε ὡς ὀφείλουσα νίψαι αὐτοῦ τοὺς πόδας. κἀκεῖνος ἀπὸ τῆς ἀξίας σου ἐπιγνώσεται ὅτι ⟨ἡ⟩ οἰκοδέσποινα εἶ καὶ οὐ μὴ ἐάσηταί σε, ἀλλ' ἐρεῖ σοι 'κυρά, δοῦλος οὐκ ἔστιν, ἵνα μου νίψῃ τοὺς πόδας;' καὶ φανήσεται περίεργος καὶ Αἴσωπος δαρήσεται." ἡ γυνὴ τοῦ Ξάνθου διὰ τὸ μῖσος τὸ πρὸς τὸν Αἴσωπον περιζωσαμένη λέντιον καὶ ἕτερον βαλοῦσα περὶ τοὺς ὤμους προσέφερεν τὴν λεκάνην τῷ ξένῳ. ὁ ξένος νοήσας ὅτι ἐστὶν ἡ οἰκοδέσποινα πρὸς ἑαυτὸν εἶπεν· "Ξάνθος ἐστὶ φιλόσοφος· εἰ ἤθελεν τοὺς πόδας μου ὑπὸ δούλου πλυθῆναι ἐπιτετάχει ἄν, εἰ δέ μοι τιμὴν παρέχων τὴν γυναῖκα τὴν ἑαυτοῦ ἠνάγκασεν νίψαι μου τοὺς πόδας, ἐμαυτῷ ἀτιμίαν οὐ περιβάλλω· οὐ περιεργάσομαι, ἀλλὰ προτείνοντός μου τοὺς πόδας νίψῃ με." καὶ δὴ νιψάμενος ἀνεπάη. **62** ὁ Ξάνθος εἶπεν· "σοφῶς, νὴ τὰς

17–18 ὅτι ⟨ἡ⟩ οἰκοδέσποινα Papathomopoulos : ὅτι οἰκοδέσποινα **26–27** νίψῃ με Perry im Apparat : νίψομαι **27** ἀνεπάη Charitonidis : ἀνεπαύει

gehört.« Äsop sagte: »Viel Gutes möge dir zuteilwerden! Ich bin sein Sklave.« Der Bauer sagte: »Habe ich dich danach gefragt, ob du ein Sklave oder ein Freier bist? Welchen Unterschied macht das für mich?« Äsop sagte: »Er ist wahrhaftig nicht-naseweis. Väterchen, dein Holz ist verkauft. Treibe dein Eselchen in das Haus des Xanthos!« Der Bauer sagte: »Aber ich weiß nicht, wo das Haus ist.« Äsop sagte: »Folge mir, und du wirst es erfahren.« **61** Und er führte ihn in das Haus, nahm das Holz herunter, gab ihm den Kaufpreis und sagte: »Väterchen, mein Gebieter bittet dich, bei ihm zu speisen. Lass also das Eselchen im mittleren Hof, und man wird es versorgen.« Der Bauer, der zum Mahl ging und nicht neugierig darauf war, aus welchem Grunde er eingeladen wurde, ging so schmutzig hinein, wie er war, und mit seinen Sandalen. Xanthos sagte: »Ist das der Nicht-Naseweise?« Da Xanthos sah, dass Äsop, was den betraf, das Größte in Aussicht stellte, sagte er zu seiner Frau: »Herrin, willst du, dass Äsop eine Lektion erteilt wird?« Die Frau sagte: »Darum bitte ich dich!« Xanthos sagte: »Tu also, wie ich dir sage, steh auf, trage das Becken zu dem Gast, als ob du ihm die Füße waschen müsstest. Und er wird an deiner würdigen Erscheinung erkennen, dass du die Hausherrin bist, und dich nicht lassen, sondern zu dir sagen: ›Herrin, gibt es keinen Sklaven, der mir die Füße waschen kann?‹ Und er wird sich als naseweis zeigen und Äsop wird verprügelt werden.« Die Frau des Xanthos gürtete sich wegen ihres gegen Äsop gerichteten Hasses ein Leintuch um, warf ein anderes um die Schultern und brachte das Becken zu dem Gast. Der Gast bemerkte, dass es die Hausherrin war, und sprach zu sich: »Xanthos ist ein Philosoph. Wenn er gewollt hätte, dass meine Füße von einem Sklaven gewaschen würden, hätte er es angeordnet, wenn er aber, um mir Ehre zu erweisen, seine Frau gezwungen hat, mir die Füße zu waschen, bringe ich mir keine Entehrung ein: Ich stecke meine Nase da nicht hinein, sondern sie soll mir die Füße waschen, während ich sie ausstrecke.« Und als er nun gewaschen worden war, machte er es sich bequem. **62** Xanthos sagte: »Weise,

Μούσας.” ⟨καὶ εἶπεν⟩ τῷ ξένῳ πρώτῳ δοθῆναι πιεῖν οἰνόμελι. ὁ ξένος πρὸς ἑαυτὸν εἶπεν· “τοὺς οἰκοδεσπότας ἔδει πρῶτον πιεῖν, ἀλλ’ ἐμοὶ τὴν τιμὴν παρέχων ὁ φιλόσοφος πρώτῳ διετάξατο δοθῆναι πιεῖν· οὐ περιεργάσομαι οὖν.” καὶ λαβὼν ἔπιεν. ὁ Ξάνθος ἐπέτρεψεν δεῖπνον εἰσενεχθῆναι. εἰσήχθη λοπὰς ἰχθύων. ὁ Ξάνθος τῷ ἀγροίκῳ εἶπεν· “ἔσθιε.” ὁ ἄγροικος ὡς χάρυβδις δελφῖνος ἤρξατο καταπίνειν. ὁ Ξάνθος γευσάμενος καὶ θέλων ἐκκαλέσασθαι τὸν ἄγροικον, ἵνα εἰς λόγον φανῇ περίεργος, λέγει· “ὁ παῖς, κάλει τὸν μάγειρον.” ὁ δὲ εἰσῆλθεν. ὁ Ξάνθος λέγει· “λέγε μοι, δραπέτα, διὰ τί λαμβάνων τὰ ἐπιτήδεια οὔτε ἀρκετὸν ἔλαιον ἔβαλες οὔτε γάρον οὔτε πέπερι; ἐκδύσατε αὐτὸν καὶ δείρατε.” ὁ ἄγροικος πρὸς ἑαυτὸν εἶπεν· “καλῶς ἤρτυται καὶ οὐδὲν λείπει· εἰ δὲ Ξάνθος μαινόμενος πρὸς τὸν μάγειρον ἑαυτοῦ θέλει αὐτὸν δεῖραι, οὐ περιεργάσομαι.” δέρεται ὁ ταλαίπωρος μάγειρος. ὁ Ξάνθος ἐν ἑαυτῷ λέγει· “δοκῶ ὅτι ὁ ἄνθρωπος οὗτος κωφός ἐστιν ἢ νωδὸς καὶ οὐ λαλεῖ ὅλως.” εἶτα μετὰ τὸ δεῖπνον ὁ πλακοῦς εἰσήχθη. ὁ ἄγροικος μηδέποτε ἐζωγραφημένον ἰδὼν πλακοῦντα ἄρχεται τετραγώνους ποιῶν ψωμοὺς ὡς πλίνθους καταπίνειν. **63** ὁ Ξάνθος γευσάμενος πάλιν ἀνέκραγεν· “τὸν πλακουντάριόν τις καλείτω.” εἰσῆλθεν. ὁ Ξάνθος λέγει· “κατάρατε, διὰ τί ὁ πλακοῦς οὔτε μέλι ἔχει οὔτε πέπερι, οὔτε στρόβιλον ἔχει, ἀλλὰ καὶ ἐπώξισεν;” ὁ πλακουντάριος εἶπεν· “κῦρι, εἰ ὠμός ἐστιν ὁ πλακοῦς, ἐμοὶ ἐγκάλει, εἰ δὲ μέλι οὐκ ἔχει καὶ ἐπώξισεν, οὐκ ἐγὼ αἴτιος ἀλλ’ ἡ κυρά· ποιήσας γὰρ τὸν πλακοῦντα ἐζήτησα αὐτῆς μέλι, ἡ δέ μοι εἶπεν· ‘ἐὰν ἔλθω ἐκ τοῦ βαλανείου προβαλῶ’. βραδυνούσης οὖν αὐτῆς, μὴ λαβὼν ταχὺ μέλι, ἐπώξισεν.” ὁ Ξάνθος λέγει· “εἰ οὖν παρὰ τὴν τῆς

6 ὡς χάρυβδις δελφῖνος G : ὡς Χάρυβδις [δελφῖνος]

bei den Musen!« Und er sagte, dem Gast solle als erstem Honigwein zu trinken gegeben werden. Der Gast sagte zu sich: »Die Hausherren sollten zuerst trinken, aber um mir die Ehre zu erweisen, hat der Philosoph angeordnet, dass mir als Erstem zu trinken gegeben werde. Ich werde also meine Nase da nicht hineinstecken.« Und er nahm und trank. Xanthos befahl, dass das Mahl hereingetragen werde. Es wurde eine Schüssel mit Fischen hereingetragen. Xanthos sagte zu dem Bauern: »Iss!« Der Bauer begann wie ein gefräßiger Delphin alle zu verschlingen. Xanthos kostete, und weil er den Bauern aus der Reserve locken wollte, damit er in Worten naseweis erscheine, sagte er: »Sklave, rufe den Koch!« Der kam herein. Xanthos sagte: »Sage mir, Ausreißer, weshalb hast du nicht das Notwendige genommen und weder genügend Öl hineingetan noch Fischsoße noch Pfeffer? Zieht ihn aus und verprügelt ihn!« Der Bauer sagte zu sich: »Es ist gut gewürzt und nichts fehlt. Wenn aber Xanthos wahnsinnig ist gegenüber dem Koch und ihn verprügeln lassen will, stecke ich meine Nase da nicht hinein.« Der arme Koch wurde verprügelt. Xanthos sagte bei sich: »Ich glaube, dass dieser Mensch taub und stumm ist und überhaupt nicht redet.« Dann wurde nach dem Essen der Kuchen hereingetragen. Der Bauer, der niemals einen dekorierten Kuchen gesehen hatte, fing an, viereckige Brocken wie Ziegel zu machen und sie zu verschlingen. **63** Xanthos kostete und schrie wieder auf: »Man rufe den Kuchenbäcker!« Der kam herein. Xanthos sagte: »Verruchter, weshalb hat der Kuchen weder Honig noch Pfeffer und hat auch keine Pinienkerne, sondern hat sogar den Geschmack von Essig angenommen?« Der Kuchenbäcker sagte: »Herr, wenn der Kuchen roh ist, wirf es mir vor, wenn er aber keinen Honig hat und den Geschmack von Essig angenommen hat, bin nicht ich schuld, sondern die Herrin. Als ich nämlich den Kuchen machte und sie um Honig bat, sagte sie zu mir: ›Wenn ich aus dem Bad komme, werde ich ihn dir bringen‹ Da sie nun zu spät kam, bekam er den Honig nicht schnell genug und nahm Essiggeschmack an.« Xanthos sagte:

γυναικός μου ἀμέλειαν γέγονεν, ἄρτι ζῶσαν αὐτὴν καύσω." ὁ Ξάνθος εἶπεν· "κυρά, ὑποκρίνου. ἄγε, Αἴσωπε, κληματίδας εἰσένεγκε εἰς τὸ μέσον καὶ ποίησον πυράν." Αἴσωπος εἰσενέγκας ἐποίησεν πυρὰν μεγάλην. ὁ Ξάνθος τὴν ἑαυτοῦ γυναῖκα παραλαβὼν ἤγαγεν εἰς τὸ μέσον καὶ παρετηρεῖτο τὸν ἄγροικον, εἰ ἀγανακτήσας ἀναπηδήσει καὶ μὴ ἀφήσει. **64** ὁ ἄγροικος οὐ προσεποιήσατο, ἀλλὰ ἀνακείμενος ἑαυτῷ προέπινεν. καὶ νοήσας ὅτι αὐτὸν πειράζει ὁ Ξάνθος, λέγει πρὸς αὐτὸν ὁ ἄγροικος· "κῦρι, εἰ τοῦτο κέκρικας, ἀλλὰ μικρὸν μεῖνον, ἕως κἀγὼ δραμὼν εἰς τὸν ἀγρὸν τὴν γυναῖκά μου ἀγάγω, καὶ ὁμοῦ τὰς δύο κατάκαυσον." ὁ Ξάνθος, θαυμάσας τὸ εὔψυχον τοῦ ἀνδρὸς τοῦ ἀπεριέργου, λέγει· "Αἴσωπε, ὁμολογῶ νενικῆσθαι ὑπὸ σοῦ. ἀρκεῖ· ἐμπαίζων μοι λῆξον· τὸ λοιπὸν ⟨πιστῶς⟩ καὶ εὐνοϊκῶς μου δούλευε." Αἴσωπος· "οὐκέτι με μέμψει, δέσποτα, γνώσῃ δὲ εὔνοιαν οἰκέτου."

65 τῇ ἑξῆς ὁ Ξάνθος εἶπεν τῷ Αἰσώπῳ· "ἀπελθὼν ἴδε εἰ πολλοί εἰσιν ἄνθρωποι εἰς τὸ βαλανεῖον." Αἴσωπος πορευόμενος ὑπηντήθη τῷ στρατηγῷ. ὁ στρατηγὸς γινώσκων τὸν Αἴσωπον λέγει αὐτῷ· "Αἴσωπε, ποῦ ὑπάγεις;" Αἴσωπος εἶπεν· "οὐκ οἶδα." ὁ στρατηγὸς εἶπεν· "ἐρωτῶ σε ποῦ ὑπάγεις καὶ λέγεις 'οὐκ οἶδα';" Αἴσωπος εἶπεν· "οὐκ οἶδα, μὰ τὰς Μούσας." ὁ στρατηγὸς ἐκέλευσεν αὐτὸν ἀπαγάγαι ἐν τῇ φυλακῇ. Αἴσωπος λέγει· "δέσποτα, ὁρᾷς ὅτι καλῶς σοι εἶπον, μὴ εἰδὼς ὅτι εἰς φυλακὴν ἀπαχθήσομαι." ὁ στρατηγὸς καταπλαγεὶς ἀπέλυσεν αὐτόν. **66** Αἴσωπος ἀπελθὼν εἰς τὸ βαλανεῖον εἶδεν πολὺν ὄχλον τῶν λουομένων καὶ πρὸ τῆς εἰσόδου τοῦ βαλανείου λίθον κείμενον (ἀμελῶς [τε] ἔκειτο) καὶ τὸν καθ' ἕνα τῶν εἰσιόντων προσκόπτοντα καὶ καταρώμενον τὸν τεθεικότα τὸν λίθον, μηδένα δὲ μετατιθέντα τὸν λίθον. ἔτι δὲ αὐτοῦ θαυμάζοντος

---

11 ἀρκεῖ· ἐμπαίζων μοι λῆξον· τὸ Papathomopoulos : ἀρκεῖ ἐμπαίζων μοι, λῆξον τὸ **11–12** λοιπὸν ⟨πιστῶς⟩ καὶ Papathomopoulos : λοιπὸν καὶ **12** μου G : μοι **23** [τε] Ferrari : τε

»Wenn es also durch die Nachlässigkeit meiner Frau geschehen ist, werde ich sie sofort bei lebendigem Leibe verbrennen.« Xanthos sagte: »Herrin, spiel Theater! Auf, Äsop, bringe dürre Zweige in die Mitte des Raums und mache einen Scheiterhaufen!« Äsop brachte sie herein und machte einen großen Scheiterhaufen. Xanthos nahm seine Frau, führte sie in die Mitte des Raumes und beobachtete den Bauern, ob er wohl entrüstet aufspringen und es nicht zulassen werde. **64** Der Bauer gab nichts zu erkennen, sondern lag da und trank sich selbst zu. Und weil er merkte, dass Xanthos ihn auf die Probe stellte, sagte zu ihm der Bauer: »Herr, wenn du dieses Urteil gefällt hast, warte doch ein wenig, bis ich aufs Land gelaufen bin und meine Frau hergebracht habe, und dann verbrenne die zwei zusammen.« Xanthos staunte über die Kaltblütigkeit des nicht-naseweisen Mannes und sagte: »Äsop, ich gebe zu, dass ich von dir besiegt bin. Das genügt. Höre auf, dein Spiel mit mir zu treiben. Diene mir künftig treu und wohlwollend.« Äsop: »Tadle mich nicht mehr, Gebieter! Du wirst das Wohlwollen des Sklaven erkennen.«

65 Am folgenden Tag sagte Xanthos zu Äsop: »Geh und sieh nach, ob viele Menschen im Bad sind.« Äsop machte sich auf den Weg und begegnete dem Strategen. Der Stratege erkannte Äsop und sagte zu ihm: »Äsop, wohin gehst du?« Äsop sagte: »Ich weiß nicht.« Der Stratege sagte: »Ich frage dich, wohin du gehst, und du sagst: ›Ich weiß nicht‹?« Äsop sagte: »Ich weiß es nicht, bei den Musen.« Der Stratege befahl, ihn ins Gefängnis abzuführen. Äsop sagte: »Gebieter, du siehst, dass ich das Richtige zu dir gesagt habe, da ich ja nicht wusste, dass ich ins Gefängnis abgeführt würde.« Der Stratege war verblüfft und ließ ihn frei. **66** Äsop ging zum Bad, sah eine große Menge Badender und dass vor dem Eingang des Bades ein Stein lag – wegen Unachtsamkeit lag er da –, dass jeder Einzelne der Hineingehenden sich daran stieß und den verfluchte, der den Stein hingelegt hatte, dass aber keiner den Stein woanders hinlegte. Während er sich noch über die Torheit derer wunderte,

ἐπὶ τῇ τῶν προσκοπτόντων ἀνοίᾳ, εἶς προσκόψας· "κακῶς" φησιν "γένοιτο τῷ τεθεικότι τὸν λίθον ἐνθάδε," καὶ μεταθεὶς τὸν λίθον εἰσῆλθεν. παραγενόμενος δὲ ὁ Αἴσωπος τῷ Ξάνθῳ λέγει· "δέσποτα, ἕνα ἄνθρωπον εὗρον ἐν τῷ βαλανείῳ." ὁ Ξάνθος λέγει· "ἕνα; καιρός ἐστιν τοῦ εὐρυχώρως λούσασθαι. ἆρον τὰ πρὸς βαλανεῖον." καὶ εἰσελθὼν ὁ Ξάνθος καὶ θεασάμενος τῶν λουομένων πολὺν ὄχλον λέγει· "Αἴσωπε, οὐκ εἶπάς μοι 'ἕνα ἄνθρωπον εὗρον ἐν τῷ βαλανείῳ;'" Αἴσωπος λέγει· "καὶ μάλα. ὁρᾷς τοῦτον τὸν λίθον; πρὸς τὴν εἴσοδον ἔκειτο καὶ πάντες οἱ λουόμενοι εἰς αὐτὸν προσέκοψαν, καὶ οὐδεὶς εἶχεν ἀνθρωπίνας φρένας μετατιθέναι τὸν λίθον. ἐπὶ πᾶσι τούτοις τοῖς προσκόψασιν ἄνθρωπος προσκόψας μετέθηκε τὸν λίθον εἰς τὸ μηκέτι τοὺς εἰσερχομένους τὸ αὐτὸ παθεῖν. ἐκεῖνον δοκιμάσας παρὰ τοὺς ἄλλους ἀνθρώπους ἄνθρωπον εἶναι, ἐδήλωσά σοι τὴν ἀλήθειαν." Ξάνθος· "οὐδὲν παρὰ Αἰσώπου ἀργὸν πρὸς ἀπολογίαν ὧν ἁμαρτάνει."

67 λουσάμενος δὲ ὁ Ξάνθος καὶ καλέσας τὸν Αἴσωπον τὰ πρὸς τὸ δεῖπνον βαστάζειν παρεγένετο εἰς τὸ δεῖπνον. τοῦ δὲ πότου προκόπτοντος ἐνύσσετο τὸ κοιλίδιον τοῦ Ξάνθου τῶν φυσικῶν καλούντων αὐτὸν εἰς ἀποχώρησιν. ἐξῆλθεν καὶ ὁ Αἴσωπος καὶ παρεστήκει ἔχων λέντιον καὶ ξέστην ὕδατος. καὶ ὁ Ξάνθος αὐτῷ· "δύνασαί μοι εἰπεῖν διὰ ποίαν αἰτίαν, ἐπὰν χέζωμεν, πυκνὰ εἰς τὸ ἀφόδευμα ἑαυτῶν βλέπομεν;" Αἴσωπος· "ὅτι κατὰ τοὺς πάλαι χρόνους βασιλέως υἱὸς ἐγένετο ὅστις διὰ τὴν σπατάλην καὶ τὴν τρυφὴν ἐπὶ πολὺν χρόνον ἐκαθέζετο χέζων, ἐπὶ τοσοῦτον δὲ χρόνον, ἄχρις οὗ ἐπιλαθόμενος τὰς ἰδίας φρένας ἔχεσεν. ἀπ' ἐκείνου δὲ τοῦ χρόνου οἱ ἄνθρωποι χέζοντες ὑποκύπτουσιν φοβούμενοι μὴ καὶ αὐτοὶ τὰς ἰδίας φρένας χέσωσιν. σὺ δὲ μηδὲν ἀγωνία περὶ τούτου· οὐ μὴ γὰρ χέσῃς σου τὰς φρένας, οὐκ ἔχεις γάρ."

---

5 τοῦ εὐρυχώρως Papathomopoulos : τὸ εὐρυχώρως **6** τῶν λουομένων Blake : τὸν λουόμενον **17** κοιλίδιον Dölger : κυλίδιον

die sich daran stießen, sprach einer, der sich an dem Stein gestoßen hatte: »Schlecht ergehe es dem, der den Stein hier hingelegt hat«, den Stein woanders hinlegte und hineinging. Als Äsop nun zu Xanthos kam, sagte er: »Gebieter, einen einzigen Menschen fand ich im Bad.« Xanthos sagte: »Einen einzigen? Das ist eine gute Gelegenheit, mit viel Freiraum zu baden. Nimm die Sachen fürs Bad!« Und als Xanthos hineinging und einen großen Haufen Badender sah, sagte er: »Äsop, sagtest du nicht zu mir ›Einen einzigen Menschen fand ich im Bad‹?« Äsop sagte: »Sehr wohl. Siehst du diesen Stein? Er lag beim Eingang, alle Badenden stießen sich an ihm und keiner hatte den menschlichen Verstand, den Stein woanders hinzulegen. Nach all denen, die sich gestoßen hatten, legte ein Mensch, der sich gestoßen hatte, den Stein woanders hin, damit die Hineingehenden nicht mehr dasselbe erlitten. Da ich meinte, dass der im Vergleich mit den anderen Menschen ein Mensch sei, habe ich dir die Wahrheit eröffnet.« Xanthos: »Es gibt keine Trägheit vonseiten Äsops hinsichtlich einer Entschuldigung für einen Fehler, den er gemacht hat.«

67 Als nun Xanthos gebadet und Äsop gerufen hatte, damit er die zum Mahl gehörigen Dinge trage, kam er zum Mahl. Während das Trinken voranschritt, stach der Darm des Xanthos, weil die natürlichen Bedürfnisse ihn zum Abort riefen. Nach draußen ging auch Äsop, und er stand mit einem Leintuch und einem Holzkrug voll Wasser daneben. Und Xanthos zu ihm: »Kannst du mir sagen, aus welchem Grunde wir, wenn wir scheißen, häufig auf unsere Ausscheidung blicken?« Äsop: »Weil in alten Zeiten ein Königssohn lebte, der wegen seiner Schwelgerei und seiner ausschweifenden Lebensweise lange Zeit beim Scheißen saß, so lange Zeit, bis er vergaß, was er grad tat, und seinen Verstand schiss. Seit jener Zeit drehen sich die Menschen beim Scheißen um, weil sie fürchten, dass auch sie ihren eigenen Verstand scheißen. Du aber reg dich deswegen nicht auf. Denn du scheißt deinen Verstand nicht, denn du hast keinen.«

68 εἰσβαλὼν δὲ πάλιν ὁ Ξάνθος ἀνέπεσεν. τοῦ δὲ πότου διιππεύοντος καὶ ἤδη τοῦ Ξάνθου παρεμβρόχου γεναμένου, ὡς ἐν ἀνδράσι φιλοσόφοις ἐτίθοντο προβλήματα καὶ ζητήματα. γενομένης δὲ μάχης ἀπὸ τῆς τῶν προβλημάτων προθέσεως ἤρξατο ὁ Ξάνθος συζητεῖν, καὶ οὐχ ὡς ἐν πότῳ ἀλλ' ὡς ἐν ἀκροατηρίῳ διεγένετο. ὁ δὲ Αἴσωπος ἐπιγνοὺς ὅτι μέλλει μάχην ποιεῖν λέγει· "ὁ Διόνυσος εὑρὼν τὸν οἶνον, τρεῖς σκύφους κεράσας, τοῖς ἀνθρώποις ὑπέδειξεν πῶς δεῖ τῷ πότῳ χρᾶσθαι· τὸν μὲν πρῶτον εἶναι τῆς ἡδονῆς, τὸν δὲ δεύτερον τῆς εὐφροσύνης, τὸν δὲ τρίτον τῆς ἀκηδίας. [δι' ὅ, δέσποτα,] πῖνε μὲν οὖν τὸ κατ' ἀρχὰς τὸ διδόμενον πόμα τῆς ἡδονῆς, ὅταν ἀπεκλύσεως ⟨δέῃ⟩ ἐλθὼν ἐκ βαλανείου ἢ ἀπό τινος πόνου· τὸν δὲ τῆς εὐφροσύνης σκύφον [...] ἀπληστευόμενος δὲ ⟨τὸν⟩ τῆς ἀκηδίας. δι' ὅ, δέσποτα, πίνων τὸν τῆς ἡδονῆς καὶ τῆς εὐφροσύνης σκύφον, παραχώρει τὸν τῆς ἀκηδίας τοῖς νέοις. ἔχεις γὰρ ἀκροατήρια ἐν οἷς ἔδωκας ἀπόδειξιν." ὁ δὲ Ξάνθος ἤδη μεθύων φησίν· "οὐ σιωπᾷς, μάνδραξ; σύμβουλος εἶ Ἅιδου." Αἴσωπος· "ἐκδέχου, καὶ εἰς Ἅιδου ἀπελεύσῃ." **69** καὶ εἷς τῶν σχολαστικῶν, ἰδὼν τὸν Ξάνθον ἐπιφερόμενον, λέγει· "καθηγητά, πάντα ἀνθρώπῳ δυνατά;" ὁ Ξάνθος· "τίς ἤρξατο τὸν ὑπὲρ ἀνθρώπου ποιεῖσθαι λόγον; ὡς πανοῦργον ⟨τὸ ζῷον⟩ καὶ δυνατὸν ἐν πᾶσιν." ὁ δὲ σχολαστικὸς δραμὼν εἰς τὰ ἀπόρρητα λέγει εἰ δύναταί τις τῶν ἀνθρώπων τὴν θάλασσαν ἐκπιεῖν. ὁ Ξάνθος λέγει· "τοῦτο εὔκολον· ἐγὼ αὐτὴν ἐκπίομαι." ὁ σχολαστικὸς εἶπεν· „ἐὰν οὖν μὴ ἐκπίῃς, τί ἐστιν;" ὁ Ξάνθος προνενικημένος ὑπὸ τοῦ πολλοῦ ἀκράτου φησίν· "τίθημι περὶ τοῦ βίου μου τὰς συνθήκας· ἐὰν μὴ ἐκπίωμαι αὐτὴν ἔσομαι ἄβιος." προβαλόντες δὲ τοὺς δακτυλίους ἐκύρωσαν τὰς συνθήκας. Αἴσωπος παρὰ τοὺς πόδας τοῦ Ξάνθου ἑστηκὼς κόνδυλον αὐτῷ ἔδωκεν εἰς τὸν στράγαλον καί φησι· "τί ποιεῖς, δέσποτα;

---

3 ἐτίθοντο G : ἐτίθεντο **9–12** [δι' ὅ, δέσποτα,] ... ἀκηδίας Papathomopoulos : [δι' ὅ, δέσποτα ... ἀκηδίας] **9** πῖνε μὲν οὖν τὸ κατ' ἀρχὰς Papathomopoulos : πινόμενον καταρχὰς **10** ἀπεκλύσεως ⟨δέῃ⟩ ἐλθὼν Perry im Apparat : ἀπο ἐκλύσεως, ἐλθὼν **11** πόνου Perry im Apparat : πόμα | σκύφον [...] ἀπληστευόμενος Papathomopoulos : σκύφον, ἀπληστευόμενος **11–12** δὲ ⟨τὸν⟩ τῆς Perry im Apparat : δέ, τῆς **18–19** πανοῦργον ⟨τὸ ζῷον⟩ καὶ Ferrari : πανοῦργον καὶ

68 Xanthos ging wieder hinein und ließ sich nieder. Das Trinken ging nun im Galopp voran, und Xanthos war schon angeheitert, als unter philosophischen Männern Probleme und Fragen aufgebracht wurden. Es kam zu einem Streit über die Probleme, die man aufbrachte, Xanthos fing an, mitzudiskutieren, und das geschah nicht wie beim Trinken, sondern wie in den Hörsälen. Da aber Äsop erkannte, dass der im Begriff war, Streit anzuzetteln, sagte er: »Als Dionysos den Wein erfand, mischte er drei Becher und zeigte den Menschen, wie man beim Trinken verfahren müsse: Der erste sei für die Freude, der zweite für die Heiterkeit, der dritte für die Sorglosigkeit. Trinke also den zu Anfang kredenzten Trank der Freude, wenn du nach Verlassen des Bades oder nach irgendeiner Mühe der Entspannung bedarfst. Den Becher der Heiterkeit aber [...] wenn du unersättlich bist, den der Sorglosigkeit. Deshalb, Gebieter, trinke den Becher der Freude und der Heiterkeit, überlasse den der Sorglosigkeit den jungen Leuten. Denn du hast Hörsäle, in denen du den Beweis deiner Fähigkeit gibst.« Xanthos, schon betrunken, sprach: »Schweigst du nicht, Alraune? Du bist ein Ratgeber des Hades.« Äsop: »Warte, du wirst auch in den Hades abgehen.« **69** Und einer der Studenten, der sah, dass Xanthos aggressiv auftrat, sagte: »Professor, ist dem Menschen alles möglich?« Xanthos: »Wer hat begonnen, die Sprache auf den Menschen zu bringen? Wie durchtrieben und fähig in allen Bereichen ist dieses Lebewesen!« Der Student ging eilends zu den unlösbaren Problemen über und fragte, ob ein Mensch das Meer austrinken könne. Xanthos sagte: »Das ist leicht: *Ich* werde es austrinken.« Der Student sagte: »Wenn du es nun nicht austrinken kannst, was ist dann?« Xanthos, der von dem vielen ungemischten Wein übermannt war, sprach: »Ich schließe eine Wette über meinen Besitz ab: Wenn ich es nicht austrinke, werde ich besitzlos sein.« Da gaben sie ihre Ringe als Pfand und machten die Wette gültig. Äsop, der bei den Füßen des Xanthos stand, gab ihm einen Faustschlag auf den Nacken und sprach: »Was tust du, Gebieter? Bist du nicht bei

οὐ φρονεῖς; πῶς δύνασαι τὴν θάλασσαν ἐκπιεῖν;" ὁ Ξάνθος εἶπεν· "σιώπησον σύ, κάθαρμα," οὐκ εἰδὼς ποταπὴν ἔθηκεν τὴν συνθήκην. **70** πρωΐας δὲ ἀναστὰς ὁ Ξάνθος καὶ θέλων ἀπονίψασθαι τὴν ὄψιν φησίν· "Αἴσωπε." ὁ δέ· "τί ἐστιν, δέσποτα;" ὁ Ξάνθος· "κατὰ χειρῶν ὕδωρ ἐπίδος." Αἴσωπος λαβὼν τὸν ξέστην ἐπέχεεν. ὁ δὲ τὴν ὄψιν ἀπονιψάμενος, τὸ δακτύλιον οὐκ ἰδών φησιν· "Αἴσωπε, τί μου γέγονεν ὁ δακτύλιος;" Αἴσωπος· "οὐκ οἶδα." Ξάνθος· "οὐᾶ." Αἴσωπος· "τοιγαροῦν ὅσα δύνασαι τοῦ βίου σου λαθὼν αἶρε καὶ ἀπόθου εἰς δευτέρας τύχας· οὐκέτι γὰρ ὁ βίος σός ἐστιν." ὁ δὲ Ξάνθος· "τί λέγεις;" Αἴσωπος· "παρὰ τὸν ἐχθὲς πότον συνθήκας τέθεικας τὴν θάλασσαν ἐκπιεῖν, ὑπὲρ τοῦ βίου σου τὸ δακτυλίδιον προβαλών." ὁ Ξάνθος· "καὶ πῶς δυνήσομαι ἐγὼ τὴν θάλασσαν ἐκπιεῖν;" Αἴσωπος εἶπεν· "ἐγὼ ἑστώς σου πρὸς τοὺς πόδας ἔλεγον 'παῦσαι, δέσποτα. τί ποιεῖς; ἀδύνατόν ἐστι.' καὶ οὐκ ἐπίστευσάς μοι." Ξάνθος πεσὼν πρὸς τοὺς πόδας τοῦ Αἰσώπου φησίν· "δέομαί σου, Αἴσωπε, εἰ δυνατόν σοι ⟨διὰ⟩ τῆς σεαυτοῦ ἀγχινοίας, εὑρεῖν τινα πρόφασιν, δι' ἧς νικήσω ἢ τὰς συνθήκας διαλύσωμαι." Αἴσωπος· "νικῆσαι μὲν οὐ δύναμαι, λυθῆναι δὲ ⟨τὸ⟩ ἐρωτώμενον ἐγὼ ποιήσω." Ξάνθος· "τίνα τρόπον; δὸς γνώμην." **71** Αἴσωπος· "ὅταν ἔλθῃ ὁ συνθηκοφύλαξ σὺν τῷ ἀντιδίκῳ λέγων σοι τὴν θάλασσαν ἐκπιεῖν, μηδὲν ἀπαρνοῦ, ἀλλ' ἅπερ παροινῶν ἔθηκας, ⟨ταῦτα καὶ νήφων λέγε.⟩ ἆρον τράπεζαν, κέλευσον παρατεθῆναι καὶ παιδία παριστάναι. τοῦτο ποιήσει τινὰ φαντασίαν· συνδραμεῖται γὰρ πᾶς ὁ ὄχλος ἐπὶ τὴν θέαν, ὡς μέλλοντός σου τὴν θάλασσαν ἐκπίνειν. ὅταν δὲ ἴδῃς ὅτι πάντα πεπλήρωνται τοῦ ὄχλου, πλήσας σκύφον ἐκ τῆς θαλάσσης καὶ προσκαλεσάμενος τὸν συνθηκοφύλακα λέγε· 'πῶς ἔθηκα τὴν συνθήκην;' καὶ ἐρεῖ σοι· 'ἵνα τὴν θάλασσαν ἐκπίῃς.' σὺ δὲ εἰπέ· 'μή τι ἕτερον;' καὶ ἐρεῖ σοι· 'οὔ.' σὺ δὲ

10 ἐχθὲς G : χθὲς **11** δακτυλίδιον Dölger : δακτυλίσιον **20** ἔθηκας La Penna : ἔθου **24** τοῦ ὄχλου, πλήσας G : [τοῦ ὄχλου ⟨ἐπὶ ... συνδραμόντος⟩], πλήσας

Verstand? Wie kannst du das Meer austrinken?« Xanthos sagte: »Du sei still, Verruchter«, weil er nicht wusste, was er für eine Wette abgeschlossen hatte. **70** Als Xanthos am frühen Morgen aufstand und sein Gesicht waschen wollte, sprach er: »Äsop!« Und der: »Was ist, Gebieter?« Xanthos: »Gib mir Wasser auf die Hände!« Äsop nahm den Holzkrug und goss es ihm darauf. Als der sein Gesicht gewaschen hatte, sah er seinen Ring nicht und sprach: »Äsop, was ist mit meinem Ring passiert?« Äsop: »Ich weiß nicht.« Xanthos: »Ah!« Äsop: »Nimm also so viel, wie du kannst, heimlich von deinem Besitz weg und lege es für die Zukunft beiseite; denn der Besitz ist nicht mehr der deine.« Und Xanthos: »Was sagst du da?« Äsop: »Beim gestrigen Trinken hast du eine Wette abgeschlossen, dass du das Meer austrinken kannst, und für deinen Besitz dein Ringlein als Pfand gegeben.« Xanthos: »Und wie werde ich das Meer austrinken können?« Äsop sagte: »Ich stand bei deinen Füßen und sagte ›Hör auf, Gebieter! Was tust du? Es ist unmöglich!‹ Und du glaubtest mir nicht.« Xanthos fiel Äsop vor die Füße und sprach: »Ich bitte dich, Äsop, wenn es dir durch deinen Scharfsinn möglich ist, einen Ausweg zu finden, durch den ich gewinnen oder die Wette lösen kann.« Äsop: »Gewinnen kann ich nicht, aber ich werde bewirken, dass das Problem gelöst wird.« Xanthos: »Auf welche Weise? Gib mir einen Rat!« **71** Äsop: »Wenn der Wettrichter mit deinem Gegner kommt und dir sagt, dass du das Meer austrinken sollst, weigere dich nicht, sondern sage das, was du im Rausch versprochen hast, auch im nüchternen Zustand. Lass einen Tisch aufstellen, befiehl, dass serviert wird und dass Sklaven sich daneben stellen. Das wird einen gewissen Eindruck machen. Denn das ganze Volk wird zum Zuschauen zusammenlaufen, da es glaubt, du wollest das Meer austrinken. Wenn du siehst, dass alles von der Menge ausgefüllt ist, fülle einen Becher mit Meerwasser, lass den Wettrichter herbeirufen und sage: ›Wie habe ich die Wette abgeschlossen?‹ Und er wird zu dir sagen: ›Dass du das Meer austrinken kannst.‹ Du sage nun: ›Nichts sonst?‹ Und er

τοῦτο μαρτυρόμενος λέγε· ‘ἄνδρες πολῖται, πολλοί εἰσιν ποταμοί, χείμαρροί τε ⟨καὶ⟩ ἀένναοι, οἵτινες εἰς τὴν θάλασσαν ἀπορρέονται τὸ πολὺν τοῦ ῥεύματος [...] τέθεικα δὲ συνθήκην μόνην τὴν θάλασσαν ἐκπιεῖν, οὐχὶ δὲ καὶ πρὸς τοὺς ἐπιρρέοντας ποταμούς· κλεισάτω οὖν ὁ ἀντίδικος τὰ στόματα τῶν ποταμῶν, ἵνα τὴν θάλασσαν μόνην ἐκπίω. ἀδύνατον δέ ἐστιν τῶν καθόλου ὄντων εἰς τὸν κόσμον ποταμῶν τὰ στόματα κλεῖσαι· ἀδύνατον δέ ἐστιν καὶ ἐμὲ τὴν θάλασσαν ἐκπιεῖν.’ οὕτως τὸ ἀδύνατον τῷ ἀδυνάτῳ συμβληθὲν διάλυσιν τῶν συνθηκῶν ποιήσει.” **72** Ξάνθος ἐκπλαγεὶς αὐτοῦ τὸ νουνεχὲς ⟨καὶ⟩ εὐεπινόητον καὶ περιχαρὴς γενάμενος περιέμενεν. ὁ δὲ τὴν συνθήκην θεὶς παρεγένετο μετὰ τῶν τῆς πόλεως πρωτευόντων πρὸ τοῦ πυλῶνος καὶ καλέσας τὸν Ξάνθον ἔφη· “τὴν συνθήκην ἐκβίβασον ἢ τὸν βίον σου παράδος.” Αἴσωπος εἶπεν· “σὺ τοῦ σοῦ βίου εἶ διδοὺς λόγους· ἤδη γὰρ ἡμῖν ἡμίκενός ἐστιν ἡ θάλασσα.” ὁ σχολαστικὸς εἶπεν· “Αἴσωπε, ἐμὸς ἔσῃ δοῦλος, οὐκέτι Ξάνθου.” Αἴσωπος· “παράδος μᾶλλον τὸν βίον σου τῷ δεσπότῃ μου, καὶ μὴ φλυάρει.” καὶ ταῦτα εἰπὼν ἐκέλευσεν προσφέρεσθαι κλίνην καὶ παρὰ τὸν αἰγιαλὸν στρωννύεσθαι, καὶ παρέθηκε τράπεζαν καὶ ἐκπόματά τινα. συνέδραμέν τε τὸ πλῆθος ἅπαν καὶ κατῆλθεν ὁ Ξάνθος καὶ ἀνέπεσεν. καὶ ὁ Αἴσωπος παρειστήκει αὐτῷ καὶ τῶν σκύφων ἕνα πληρώσας ἐκ τῆς θαλάσσης ἐπέδωκε τῷ δεσπότῃ. ὁ σχολαστικός· “πολλά μοι κακά, ἀληθῶς ἐκπίνει τὴν θάλασσαν;” ἄλλος· “προσομολογῶ.” **73** μέλλων δὲ προστιθέναι ὁ Ξάνθος τὸ πόμα πρὸς τὸ στόμα λέγει· “ὁ συνθηκοφύλαξ ἐλθέ.” ἧκεν, καὶ λέγει αὐτῷ ὁ Ξάνθος· “πῶς ἔθηκα τὴν συνθήκην;” ὁ συνθηκοφύλαξ· “τὴν θάλασσαν ἐκπιεῖν σε.” ὁ Ξάνθος· “μή τι ἕτερον;” ὁ συνθηκοφύλαξ· “οὔ.” Ξάνθος τῷ δήμῳ

1 μαρτυρόμενος Papathomopoulos : μαρτυρούμενος **2** τε ⟨καὶ⟩ ἀένναοι Ferrari : τε ἀένναοι **2–3** τὸ πολὺν τοῦ ῥεύματος G : [τὸ πολὺν τοῦ ῥεύματος] **3** ῥεύματος. [...] τέθεικα Ferrari : ῥεύματος]. τέθεικα **9** τὸ νουνεχὲς ⟨καὶ⟩ εὐεπινόητον Polemis : τὸ [ν νοῦν ἔσχεν] εὐεπινόητον **13** εἶ διδοὺς G : εἰσδίδου **20** ἕνα πληρώσας Papademetriou : ἐμπληρώσας **21–22** ἄλλος· “προσομολογῶ.” Papathomopoulos : [ἄλλος πρὸσομόλογον] **23** ἧκεν Dölger : ἤοκεν **24** ὁ συνθηκοφύλαξ Perry im Apparat : ὁ σχολαστικός

wird zu dir sagen: ›Nein.‹ Wenn dir dies bezeugt ist, sage: ›Bürger, es gibt viele Flüsse, nur im Winter fließende und immer fließende‹, die das meiste von ihrer Flut ins Meer fließen lassen. [...] Ich habe eine Wette abgeschlossen, dass ich nur das Meer austrinke, aber nicht auch dazu die heranfließenden Flüsse. Verschließen soll also mein Gegner die Mündungen der Flüsse, damit ich nur das Meer austrinke. Es ist jedoch unmöglich, die Mündungen der Flüsse zu verschließen, die auf der ganzen Welt sind. Es ist aber auch unmöglich, dass ich das Meer austrinke.‹ So wird die Zusammenstellung des Unmöglichen mit dem Unmöglichen die Annullierung der Wette bewirken.« **72** Verblüfft von dessen Verstand und Findigkeit und hocherfreut geworden wartete Xanthos ab. Da kam der, welcher die Wette abgeschlossen hatte, mit den Honoratioren der Stadt vor das Tor, rief Xanthos und sprach: »Halte die Wette ein oder gib deinen Besitz heraus!« Äsop sagte: »*Du* bist es, der seinen Besitz aufs Spiel gesetzt hat. Denn das Meer ist für uns schon halbleer.« Der Student sagte: »Äsop, du wirst mein Sklave sein, nicht mehr der des Xanthos.« Äsop: »Gib lieber deinen Besitz meinem Gebieter heraus und rede keinen Unsinn!« Und als er das gesagt hatte, befahl er, ein Speisesofa herbeizubringen und am Strand hinzustellen, und er ließ einen Tisch daneben platzieren mit ein paar Trinkgefäßen. Die ganze Menge lief zusammen, und Xanthos kam und ließ sich nieder. Und Äsop stand neben ihm, füllte einen der Becher mit Meerwasser und gab ihn seinem Gebieter. Der Student: »Mir geschehe viel Übles, der trinkt wahrhaftig das Meer aus!« Ein anderer: »Ich gebe es zu.« **73** Im Begriff, das Trinkgefäß an den Mund zu legen, sagte Xanthos: »Wettrichter, komm!« Er kam, und Xanthos sagte zu ihm: »Wie habe ich die Wette abgeschlossen?« Der Wettrichter: »Dass du das Meer austrinkst.« Xanthos: »Nichts sonst?« Der Wettrichter: »Nein.« Xanthos sagte zum Volk: »Bür-

λέγει· "ἄνδρες πολῖται, οἴδατε ὅτι πολλοί εἰσιν ποταμοὶ χείμαρροί τε ⟨καὶ⟩ ἀένναοι [καὶ ἄλλοι], οἵτινες εἰς τὴν θάλασσαν ἀπορρέονται. εἰ δὲ μόνον τὴν θάλασσαν ἐκπιεῖν ἔθηκα τὴν συνθήκην, οὐχὶ δὲ καὶ τοὺς ποταμούς, κλεισάτω οὖν ὁ ἀντίδικός μου τὰ στόματα τῶν ποταμῶν, ἵνα μὴ σὺν τῇ θαλάσσῃ καὶ τοὺς ποταμοὺς ἐκπίω." καὶ νενίκηκεν ὁ φιλόσοφος. ἐγένετο δὲ κραυγὴ τῶν ὄχλων τιμώντων τὸν Ξάνθον. ὁ δὲ σχολαστικὸς πεσὼν εἰς τοὺς πόδας τοῦ Ξάνθου λέγει· "καθηγητά, μέγας εἶ, νενίκηκας, ὁμολογῶ. παρακαλῶ δὲ συλλυθῆναι τὰς συνθήκας." καὶ διέλυσαν τὰς συνθήκας.

74 Αἴσωπος τῷ Ξάνθῳ λέγει· "δέσποτα, τὸν βίον σου ἔσωσα· ἄξιός εἰμι ἐλευθερίας τυχεῖν." Ξάνθος· "οὐκ ἡσυχάζεις; τοῦτο γὰρ κἀγὼ οὐκ ἐνενόουν;" ὁ δὲ Αἴσωπος, λυπηθείς, οὐκ ἐπὶ τὸ ⟨μὴ⟩ λαβεῖν τὴν ἐλευθερίαν ἀλλ' ἐπὶ τὸ ἀχαριστηθῆναι, ἀνείχετο. καὶ εἶπεν ὁ Ξάνθος· "τὴν ἐμὴν σωτηρίαν ..." [*Αἴσωπος δὲ ἀχαριστηθεὶς ἐλυπήθη καί φησι· "μεῖνόν με. ἐγώ σε ἀνταμυνοῦμαι."* **75** *Ἐν μιᾷ οὖν τῶν ἡμερῶν μονωθείς, ἐκδυσάμενος καὶ τὰς χεῖρας ἑαυτοῦ κροτῶν καὶ τινάσσων, ἤρξατο ποιεῖν τὸ ποιμενικὸν καὶ ἄτακτον σχῆμα. ἡ δὲ τοῦ Ξάνθου γυνή, ἐκ τοῦ οἴκου αἴφνης καταλαβοῦσα, φησίν· "Αἴσωπε, τί τοῦτο;" ὁ δὲ λέγει· "κυρία, εὐεργετοῦμαι καὶ τὴν γαστέρα ὠφελεῖ." θεασαμένη δὲ ἐκείνη τὸ μῆκος καὶ τὸ πάχος τῆς αἰδοῦς αὐτοῦ ἑάλω, καὶ ἐπιλαθομένη τῆς ἀμορφίας αὐτοῦ εἰς ἔρωτα ἐτρώθη. φωνήσασα δὲ αὐτὸν κατ' ἰδίαν φησί· "νῦν μοι, ἐὰν τὰ ἀρεστὰ ποιήσῃς μὴ ἀντιπίπτων, ἔσῃ εὐφραινόμενος πλεῖον τοῦ κυρίου σου." ὁ δὲ πρὸς αὐτήν· "οἶδας ὅτι ⟨ἐὰν⟩ ὁ δεσπότης μου τοῦτο μάθῃ, οὐ μικρὸν ἐπάξιον λυγρὸν ἀνταμείψει;" ἡ δὲ γελάσασα ἔφη· "ἐάν μοι δεκάκις συνέλθῃς, στολήν σοι ἱματίων χαρίσομαι." ὁ δέ φησιν· "ὄμοσόν μοι." ἐκείνη δὲ καπριῶσα ὤμοσεν αὐτῷ. ὁ δὲ Αἴσωπος πιστεύσας, θέλων δὲ καὶ τῷ δεσπότῃ ἀνταμύνασθαι, ἐπετέλει τὸ πάθος ἕως ἐννέα*

---

2 εἰ G : ἐγὼ **12** ἐνενόουν Dölger : ἐνόουν

ger, ihr wisst, dass es viele Flüsse gibt, nur im Winter fließende und immer fließende, die ins Meer fließen. Da ich die Wette darüber abgeschlossen habe, dass ich nur das Meer austrinke, aber nicht auch die Flüsse, soll also mein Gegner die Mündungen der Flüsse verschließen, damit ich nicht mit dem Meer auch die Flüsse austrinke.« Und gewonnen hat der Philosoph. Es gab ein Geschrei der Volksmenge, die Xanthos ehrte. Da fiel der Student Xanthos vor die Füße und sagte: »Professor, du bist groß, du hast gesiegt, ich gebe es zu. Ich bitte dich aber, die Wette zu annullieren.« Und sie annullierten die Wette.

74 Äsop sagte zu Xanthos: »Gebieter, ich habe deinen Besitz gerettet: Ich verdiene es, die Freiheit zu erlangen.« Xanthos: »Willst du wohl still sein? Habe nicht auch ich das erdacht?« Äsop nun, betrübt nicht deswegen, weil er die Freiheit nicht bekam, sondern weil er Undankbarkeit erfahren hatte, steckte es ein. Und Xanthos sagte: »Meine Rettung ...« [*Äsop war betrübt, weil er Undank erfahren hatte, und er sprach: »Warte nur auf mich! Ich werde mich an dir rächen.«* **75** *An einem Tag nun allein gelassen, zog er sich aus, und fing an, den hirtenhaften und unrhythmischen Tanz zu machen, indem er in seine Hände klatschte und sie schüttelte. Die Frau des Xanthos, plötzlich aus dem Haus kommend, überraschte ihn und sprach: »Äsop, was ist denn das?« Und er sagte: »Herrin, ich tue mir etwas Gutes, und das nützt meinem Bauch.« Als sie die Länge und Dicke seines Schamgliedes erblickte, war sie übermannt, vergaß seine Hässlichkeit und wurde von Verlangen nach Sex getroffen. Sie rief ihn beiseite und sprach: »Jetzt wirst du von mir, wenn du das Beste tust, ohne Widerstand zu leisten, mehr Lust empfinden als dein Herr.« Und er zu ihr: »Du weißt, dass, wenn mein Gebieter das erfährt, er mir das wohlverdient auf bittere Weise vergelten wird?« Sie lachte und sprach: »Wenn du zehnmal mit mir schläfst, werde ich dir eine Kleidergarnitur schenken.« Und er sprach: »Schwöre mir das!« Und sie in ihrer Geilheit schwor es ihm. Äsop, der ihr vertraute, wollte sich auch an seinem Gebieter rächen, vollbrachte das*

καί φησι· "κυρία, ἄλλο οὐ δύναμαι." ἡ δὲ πεῖραν λαβοῦσα λέγει· "εἰ μὴ τὰ δέκα πληρώσῃς, οὐδὲν λαμβάνεις." πολλὰ οὖν κοπιάσας τὸ δέκατον εἰς τὸ μηρὸν ἐτέλεσεν καί φησι· "δός μοι τὰ ἱμάτια, ἐπεὶ ἐγκαλῶ κατὰ σοῦ τῷ δεσπότῃ." ἔφη δὲ ἡ γυνή· "ἐγὼ εἰς τὸν ἐμόν σε ἐμισθωσάμην ἀγρὸν σκάπτειν. σὺ δὲ ὑπερβὰς τὸ μεσότοιχον εἰς τὰ τοῦ γείτονος ἔσκαψας. ἀπόδος οὖν καὶ λάβε τὴν στολήν." **76** *ὁ δὲ Αἴσωπος ἐλθόντι τῷ Ξάνθῳ προσῆλθε καί φησι· "κριθῆναί ⟨με⟩ μετὰ τῆς κυρίας μου ἐπὶ σοί." ὁ δὲ ἀκούσας, "τί;" φησι. καὶ ὁ Αἴσωπος· "δέσποτα, ἡ κυρία μετ' ἐμοῦ πορευομένη εἶδε κοκκυμηλέαν κατάκαρπον. θεασαμένη κλάδον ἕνα πλήρη ἐπιθυμήσασα λέγει· 'ἐὰν δυνήσῃ ἕναν λίθον βαλεῖν μοι δέκα κοκκύμηλα, παρέχω σοι στολὴν ἱματίων.' βαλὼν οὖν ἐγὼ εὐστόχως ἑνὶ λίθῳ, ἤνεγκα αὐτῇ δέκα, ἓν δὲ ἐξ αὐτῶν ἔλαχεν εἰς κόπρον ἐμπεσεῖν καὶ νῦν οὐ θέλει μοι τὴν στολὴν δοῦναι." ἐρίσασα δὲ ἐκείνη λέγει τῷ ἀνδρί· "ὁμολογῶ εἰληφέναι τὰ ἐννέα, τὸ δὲ εἰς τὴν κόπρον οὐ λογίζομαι. βαλέτω οὖν πάλιν καὶ ἐκτιναξάτω μοι τὸ ἓν κοκκύμηλον, καὶ λαμβανέτω τὰ ἱμάτια." Αἴσωπος ἔφη· "οὐκέτι μου ὁ καρπὸς εὐτονεῖ." ἔκρινεν οὖν Ξάνθος δοθῆναι τῷ Αἰσώπῳ τὴν στολὴν καί φησι πρὸς αὐτόν· "Αἴσωπε,]* [...] "ἐπεὶ κἀγὼ ἀκηδιώδης εἰμί, ἕως τὰ πρὸς τὸ δεῖπνον γένηται, ἐλθὲ σὺν ἐμοὶ ἔξω τῆς πύλης διακινήσωμεν ἅμα δὲ καὶ τὸ ὑπόλοιπον τινάξῃς κοκκύμηλον καὶ ἐνέγκῃς τῇ κυρίᾳ σου, ἵνα τὰ ἱμάτια λάβῃς." ⟨ἡ δὲ εἶπεν· "μὴ θέλῃς, κῦρι, ἵνα σοι βάλῃ ἐξ αὐτῶν, ἐγὼ δέ, ὡς ἐκέλευσας, δώσω τὰ ἱμάτια."⟩ **77** ὁ δεσπότης· "ἐπεὶ δεδῶναι ἑστῶσαί εἰσιν, ἔξελθε καὶ ἴδε πρὸ τοῦ πυλῶνος εἰ οἰωνός τίς ἐστι δύσκολος. ἐὰν ἴδῃς δικόρωνον

---

19 πύλης διακινήσωμεν G : πύλης, ⟨ἵνα⟩ διακινήσωμεν **20** τινάξῃς Papathomopoulos : τινάξεις **20–21** ⟨ἡ δὲ εἶπεν· "μὴ ... αὐτῶν, ἐγὼ δέ Papathomopoulos : ⟨ἡ δὲ εἶπεν "οὕτως ποιείτω, κύριε· ἐγὼ δέ **22** ὁ δεσπότης· "ἐπεὶ ... εἰσιν, ἔξελθε Karla : ὁ ... λέγει·⟩ [ὁ δεσπότης] "ἐπειδὴ ... εἰμι, ἔξελθε

Werk der Leidenschaft bis Nummer neun und sprach: »Herrin, ein weiteres Mal kann ich nicht.« Da sie aber Geschmack daran gefunden hatte, sagte sie: »Wenn du nicht die zehn erfüllst, bekommst du nichts.« Als er sich nun vielfach abgemüht hatte, vollendete er das zehnte Mal auf ihrem Oberschenkel und sprach: »Gib mir die Kleider, denn sonst beschuldige ich dich beim Gebieter.« Die Frau aber sprach: »Ich habe dich in Lohn genommen, damit du auf meinem Acker gräbst. Du aber hast die Trennmauer überstiegen und auf dem Land des Nachbarn gegraben. Gib mir nun das Geschuldete, und nimm dann die Garnitur.« **76** *Äsop begegnete Xanthos, der gerade kam, und sprach: »An dir ist es, dass ein Urteil über mich gefällt wird im Zusammenhang mit meiner Herrin.« Als er das hörte, sprach er: »Was?« Und Äsop: »Gebieter, die Herrin machte einen Gang mit mir und sah einen fruchtreichen Pflaumenbaum. Da sie einen vollen Zweig erblickte, bekam sie Lust darauf und sagte: ›Wenn du mir mit einem einzigen Stein zehn Pflaumen treffen kannst, gebe ich dir eine Garnitur Kleider.‹ Ich traf also gut zielend mit einem einzigen Stein und brachte ihr zehn, aber eine von ihnen fiel durch Zufall in Kot, und jetzt will sie mir die Garnitur nicht geben.« Da wurde sie wütend und sagte zu ihrem Mann: »Ich gebe zu, dass ich die neun bekam, aber den im Kot zähle ich nicht. Er soll also wieder werfen und mir die eine Pflaume herabschlagen, und er soll die Kleider bekommen.« Äsop sprach: »Meine Handwurzel hat keine Kraft mehr.« Xanthos urteilte nun, dass die Garnitur Äsop gegeben werden müsse, und er sprach zu ihm: »Äsop,*] [...] »Da auch ich nichts zu tun habe, bis die Stunde für das Essen da ist, komm mit mir vors Tor, damit wir uns ein wenig bewegen und du zugleich die übriggebliebenen Pflaume herabstößt und deiner Herrin bringst, damit du die Kleider bekommst.« ⟨Die aber sagte: »Wünsche nicht, Herr, dass er dir von ihnen welche herunterwirft, aber ich werde ihm die Kleider geben, wie du befohlen hast.«⟩ **77** Der Gebieter: »Da Krähen herumstehen, geh hinaus und sieh nach, ob es vor dem Tor ein schlechtes Vogelomen gibt. Wenn du ein Krä-

ἑστὸς πρὸ τοῦ πυλῶνος κάλει με· εὐφροσύνην γὰρ δηλοῖ τὸ σημεῖον τῷ ἰδόντι." προελθὼν οὖν ὁ Αἴσωπος θεωρεῖ κατὰ τύχην δικόρωνον ἑστηκὸς πρὸ τοῦ πυλῶνος καὶ εἰσελθὼν τῷ Ξάνθῳ λέγει· "δέσποτα, καιρός ἐστι τοῦ προελθεῖν σε· δικόρωνον γὰρ εἱστήκει." ὁ δεσπότης· "ἄγωμεν." ὡς δὲ ἐξῆλθεν ἀνέπτη ἡ μία κορώνη, καὶ προσελθὼν ὁ δεσπότης θεωρεῖ μίαν καὶ λέγει· "κατάρατε, οὐκ εἶπόν σοι 'ἐὰν δικόρωνον ἴδῃς κάλει με;' σὺ δὲ μονοκόρωνον ἰδὼν ἐκάλεσάς με." Αἴσωπος· "ἡ μία ἐξέπτη, δέσποτα." ὁ δεσπότης· "σὺ μὲν καὶ νῦν ἥμαρτες. ἐκδύσατε αὐτόν. ἱμάντας φέρετε." ἐδάρη ἐπιμελῶς. ἔτι δὲ αὐτοῦ δερομένου ἦλθέν τις τῶν φίλων τοῦ Ξάνθου δοῦλος καλῶν αὐτὸν ἐπὶ δεῖπνον. Αἴσωπος· "δέσποτα, ἀδίκως με δέρεις." Ξάνθος· "διὰ τί ἀδίκως;" Αἴσωπος· "ὅτι σὺ εἶπας τὸ δικόρωνον καλὸν εἶναι καὶ εὐφρόσυνον· εἶδον ἐγὼ δικόρωνον καὶ προσελθὼν ἕως ἄν σοι ἐμήνυον μία ἐξέπτη. σὺ δὲ ἐξελθὼν καὶ ἰδὼν μονοκόρωνον ἐπὶ δεῖπνον ἐκλήθης, ἐγὼ δὲ ὁ τὸ δικόρωνον ἰδὼν πληγὰς ἔλαβον. οὐκοῦν εἰς μάτην οἰωνισμοὶ καὶ σημεῖα." θαυμάσας καὶ ἐν τούτῳ ὁ Ξάνθος λέγει· "ἐάσατε, μηκέτι αὐτὸν δέρετε," εἰπὼν ἐλεύσεσθαι ἐπὶ δεῖπνον.

78 καὶ ἐξῆλθεν σὺν τῷ Αἰσώπῳ εἰς τὸ προάστιον, καὶ τῇ τοῦ Αἰσώπου τερπόμενος ὁμιλίᾳ ἐγένετο ἐπὶ τὰ μνήματα καὶ τὰ ἐπιτάφια ἀναγινώσκων ἐτέρπετο. ὁ δὲ Αἴσωπος ἰδὼν ἐπί τινος μνήματος ἀσύμφωνα ἐγκεχαραγμένα στοιχεῖα, Α Β Δ Ο Ε Θ Χ, ⟨ἐπιδείξας τῷ Ξάνθῳ φησί· "τί ἐστιν ἄρα ταῦτα;"⟩ τοῦ δὲ Ξάνθου ζητοῦντος τίς ἡ ὑπογραφὴ καὶ τί δηλοῖ, μὴ εὑρίσκων δεινῶς ἔπασχεν, ἠθύμει, ἐν ἀπορίᾳ καθειστήκει ὅτι φιλόσοφος ὢν τὴν τῶν στοιχείων οὐχ εὕρισκεν λύσιν. καί φησιν· "Αἴσωπε, τί ἐννοεῖ;" ὁ δὲ Αἴσωπος ἰδὼν αὐτὸν στρεβλούμενον, θείας

---

8 ἐξέπτη Hostetter : ἐξέπτα | σὺ μὲν καὶ νῦν La Penna : νῦν μὲν καὶ νῦν **12** τὸ Papathomopoulos : τὸν **13** ἐξέπτη Hostetter : ἐξέπτα **23–24** ἠθύμει ... καθειστήκει ... λύσιν G : [ἠθύμη ... καθιστήκει ... λύσιν]

henpaar vor dem Tor stehen siehst, ruf mich! Denn das Zeichen zeigt dem, der es sieht, Frohsinn an.« Als Äsop nun hinausging, sah er zufällig ein Krähenpaar vor dem Tor stehen, und er ging hinein und sagte zu Xanthos: »Gebieter, es ist ein günstiger Augenblick für dich hinauszugehen; es steht nämlich ein Krähenpaar da.« Der Gebieter: »Gehen wir denn.« Als er herauskam, flog die eine Krähe weg, und als der Gebieter hingekommen war und nur eine sah, sagte er: »Verruchter, sagte ich dir nicht ›Wenn du ein Krähenpaar siehst, rufe mich‹, du aber riefst mich heraus, als du eine Einzelkrähe gesehen hattest.« Äsop: »Die andere flog weg, Gebieter.« Der Gebieter: »Du hast auch jetzt versagt. Zieht ihn aus! Bringt die Riemen!« Er wurde gründlich verprügelt. Während er noch verprügelt wurde, kam ein Sklave der Freunde des Xanthos und lud ihn zum Mahle ein. Äsop: »Gebieter, zu Unrecht lässt du mich verprügeln.« Xanthos: »Weshalb zu Unrecht?« Äsop: »Weil du sagtest, das Krähenpaar sei gut und erfreulich: Ich sah ein Krähenpaar und nachdem ich gegangen war, flog, während ich es dir meldete, eine weg. Du aber kamst heraus, sahst eine Einzelkrähe und wurdest zum Mahle eingeladen, ich aber, der ich ein Krähenpaar gesehen hatte, bekam Schläge. Also sind Vogelomina und Zeichen sinnlos.« Xanthos war auch darüber erstaunt und sagte: »Lasst ab, verprügelt ihn nicht mehr«, und sagte dann, er werde zum Mahle gehen.

78 Und er ging mit Äsop hinaus in die Vorstadt, freute sich darüber, dass Äsop ihn begleitete, kam zu den Gräbern und freute sich daran, die Aufschriften zu lesen. Da sah Äsop auf einem Grab nicht zusammenstimmende Buchstaben eingraviert, G V D G F S G, zeigte sie Xanthos und sprach: »Was ist denn das?« Als nun Xanthos zu erforschen suchte, was für eine Art von Inschrift das sei und was sie bedeute, litt er gewaltig, weil er es nicht herausfand, war mutlos und stand in seiner Ausweglosigkeit da, weil er, obwohl er ein Philosoph war, die Auflösung der Buchstaben nicht herausfinden konnte. Und er sprach: »Äsop, was denkst du?« Und Äsop, der sah, wie er sich quälte, sagte, weil er selbst an der göttlichen

αὐτὸς μεταλαβὼν χάριτος καὶ ἀπὸ Μουσῶν τὸ φρόνημα ⟨λαχών⟩, λέγει· “δέσποτα, ἐάν σοι διὰ ταύτης ⟨τῆς⟩ στήλης θησαυρὸν εὕρω χρυσίου, τί μοι δώσεις;” ὁ δεσπότης ἀκούσας λέγει· “τὴν ἡμίσειαν τοῦ θησαυροῦ καὶ τὴν ἐλευθερίαν.” **79** ὁ δὲ Αἴσωπος ἀκούσας, εὐθέως ἄρας ὄστρακόν τι γενναῖον καὶ ἀναποδίσας ἀπὸ τῆς στήλης βήματα τέσσαρα καὶ ὀρύξας τὴν γῆν ἀνήνεγκεν θησαυρὸν χρυσίου καὶ δίδωσιν τῷ δεσπότῃ, καί φησιν· “δέσποτα, δὸς τὴν ἐπαγγελίαν.” Ξάνθος· “μὰ τοὺς θεοὺς οὐ δώσω, ἐὰν μή μοι εἴπῃς ποίᾳ ἐπινοίᾳ εὗρες τὸν θησαυρόν. τὸ γὰρ μαθεῖν με πολὺ τοῦ εὑρέματός ἐστιν ἀναγκαιότερον.” Αἴσωπος λέγει· “δέσποτα, ὁ τοῦτον τὸν θησαυρὸν ἐνθάδε καταθέμενος, ἀνὴρ ὢν φιλόσοφος, ἐτήρησεν καὶ ὑπὸ ἀριθμὸν σημείων κατέκρυψεν. ὁρᾷς γὰρ ὡς τῶν λέξεων τὰ πρῶτα ἐχάραξεν γράμματα· λέγει γάρ· **Α** ἀποβάς, **Β** βήματα, **Δ** τέσσαρα, **Ο** ὄρυξον, **Ε** εὑρήσεις, **Θ** θησαυρόν, **Χ** χρυσίου.” ὁ Ξάνθος· “ἀλλὰ μὰ τὸν Δία, ἐπεὶ οὕτως εἶ δραστήριος καὶ συνετός, οὐ τεύξῃ τὴν ἐπαγγελίαν.” ὁ Αἴσωπος μαθὼν ὅτι στερεῖται τῆς ἐπαγγελίας λέγει· “δέσποτα, αὐτόθεν οὖν σοι παραγγέλλω τὸ χρυσίον ἀποδοῦναι τῷ δεσπότῃ αὐτοῦ.” Ξάνθος λέγει· “καὶ τίς ἐστιν ὁ δεσπότης τοῦ θησαυροῦ;” Αἴσωπος εἶπεν· “ὁ βασιλεὺς Διονύσιος ὁ Βυζάντιος.” Ξάνθος· “καὶ τοῦτο πόθεν ἐπέγνως;” Αἴσωπος· “ἀπὸ τῶν γραμμάτων· αὐτὰ γὰρ δηλοῖ.” Ξάνθος· “πῶς;” Αἴσωπος· “ἄκουε ἃ λέγει· **Α** ἀπόδος, **Β** βασιλεῖ, **Δ** Διονυσίῳ, **Ο** ὃν εὗρες, **Ε** ἐνθάδε, **Θ** θησαυρόν, **Χ** χρυσίου.” **80** Ξάνθος ἰδὼν αὐτὸν ὅτι καλῶς λέγει φησίν· “Αἴσωπε, τοῦ θησαυροῦ λαβὼν τὸ ἥμισυ ἡσύχασον.” Αἴσωπος· “μή μοι ὡς χάριν δίδου, ἀλλ᾽ ὡς τοῦ καταθεμένου δυσὶν τὸ χρυσίον κεχαρισμένου.” Ξάνθος· “πῶς;” Αἴσωπος· “τὰ γράμματα δηλοῖ· λέγει γὰρ **Α** ἀνέλεσθε, **Β** βαδίσατε, **Δ** διέλεσθε, **Ο** ὃν εὕρατε, **Ε** ἐνθάδε, **Θ** θησαυρόν, **Χ** χρυσίου.” Ξάνθος· “σὺ μέγα δαιμόνιον εἶ. δεῦρο εἰς τὴν οἰκίαν ἵνα τὸ χρυσίον διελώμεθα

1 φρόνημα ⟨λαχών⟩, λέγει Ferrari : φρόνημα, λέγει **14** δραστήριος Ferrari : ἐδράστερος **24** δυσὶν G : δόσιν | τὸ χρυσίον κεχαρισμένου Stamoulakis : [τὸ χρυσίον καὶ χαριζομένου]

Gnade teilhatte und von den Musen den Verstand bekommen hatte: »Gebieter, wenn ich dir mit Hilfe dieses Grabsteins einen Goldschatz finde, was wirst du mir geben?« Der Gebieter hörte das und sagte: »Die Hälfte des Schatzes und die Freiheit.« **79** Äsop hörte das, nahm sofort eine stattliche Scherbe, schritt von dem Grabstein vier Schritte rückwärts, grub die Erde auf, holte einen Goldschatz hervor, gab ihn seinem Gebieter und sprach: »Gebieter, lös dein Versprechen ein!« Xanthos: »Bei den Göttern, ich werde es nicht einlösen, wenn du mir nicht sagst, durch welche Überlegung du den Schatz gefunden hast. Denn das zu erfahren ist für mich viel notwendiger als der Fund.« Äsop sagte: »Gebieter, der, welcher den Schatz hier hinterlegt hat, hatte ihn, weil er ein Philosoph war, in seiner Hut und versteckte ihn unter einem bestimmten Zeichenkode. Du siehst ja, wie er die Anfangsbuchstaben der Wörter eingraviert hat; es besagt nämlich: »**G** Geh **V** vier **D** Doppelschritte, **G** grabe, **F** finden wirst du einen **S** Schatz von **G** Gold.« Xanthos: »Aber bei Zeus, da du so pfiffig und weise bist, wirst du nicht bekommen, was ich versprochen habe.« Äsop, der erkannte, dass er des versprochenen Lohns beraubt wurde, sagte: »Gebieter, ich fordere dich also auf, sofort das Gold seinem Besitzer zurückzugeben.« Xanthos sagte: »Und wer ist der Besitzer des Schatzes?« Äsop sagte: »König Dionysios von Byzanz.« Xanthos: »Und wodurch hast du das erkannt?« Äsop: »Aus den Buchstaben. Denn sie bedeuten das.« Xanthos: »Wie?« Äsop: »Höre, was sie besagen: **G** Gib zurück dem **V** Vierfürsten **D** Dionysios, was du **F** fandest **G** genau hier, den **S** Schatz von **G** Gold.« **80** Da Xanthos sah, dass der gut redete, sprach er: »Äsop, nimm die Hälfte des Schatzes und setz dich zur Ruhe.« Äsop: »Gib ihn mir nicht als *dein* Geschenk, sondern als eines von dem, der das Gold deponiert und zwei Leuten geschenkt hat.« Xanthos: »Wie?« Äsop: »Die Buchstaben bedeuten das; denn sie besagen: **G** Greift zu, **V** verzieht euch damit, **D** dividiert auseinander, den ihr **F** fandet **G** genau hier, den **S** Schatz von **G** Gold.« Xanthos: »Du bist ein großes Genie. Hin zum Haus,

καὶ τὴν ἐλευθερίαν ἀπολάβῃς.” γεναμένου δὲ ἐν τῷ οἴκῳ, καὶ φοβούμενος μή ποθεν λαθὼν τῷ βασιλεῖ μηνύσῃ τὸν θησαυρόν, ἐκέλευσεν αὐτὸν δεθέντα συγκλεισθῆναι. ὁ δὲ Αἴσωπός φησιν· “δὸς τὴν ἐλευθερίαν, ἔχε τὸ χρυσίον.” Ξάνθος· “γενναίως· κατὰ τὸ τῆς ἐλευθερίας δίκαιον ἰσχυρότερος πρὸς τὴν τοῦ χρυσίου ἀπαίτησιν γίνεται καὶ πιστότερος πρὸς τὴν τοῦ βασιλέως διαβολήν· οὐ μὴ πείσῃς.” ὁ δὲ Αἴσωπος· “ὅρα, δέσποτα· εἰ μὴ αὐτὸς ἰδίᾳ προαιρέσει ἐλευθερώσεις με, βίᾳ αὐτὸ ἀναγκασθήσῃ ποιῆσαι.” Ξάνθος εἶπεν· “ἐξουθενηθεὶς ἡσύχαζε.”

81 κατ᾽ ἐκείνους δὲ τοὺς καιροὺς ἀρχαιρεσίου γενομένου [ἐκκλησίας ἐν τῇ Σάμῳ, ἐν ᾗ μάλιστα ἔτους ἀρχῆς ἐνιαυτοῦ γενομένης ἄρχοντας ἑτέρους χειροτονῆσαι] συνῆλθεν ὁ δῆμος εἰς τὸ θέατρον. ὁ δὲ νομοφύλαξ τὸ βιβλίον τοῦ τῆς πόλεως νόμου εἰσενέγκας, καὶ τὸ δημόσιον δακτύλιον, ἔθηκεν εἰς τὸ μέσον λέγων· “ἄνδρες πολῖται, ὃν βούλεσθε νομοφύλακα χειροτονήσατε, ὃς φυλάξειεν τοὺς νόμους καὶ τὸν χρηματιστὴν τῆς πόλεως δακτύλιον τῶν μελλόντων πραγμάτων.” ἔτι δὲ αὐτῶν βουλευομένων τίνι τὴν πίστιν ἐγχειρίσωσιν, ἀετὸς καταπτὰς ἥρπασε τὸν δακτύλιον καὶ ἐξέπτη. οἱ δὲ Σάμιοι εἰς ἀγωνίαν γενάμενοι οὐκ εἰς ὀλίγην συμφορὰν ἀπετράπησαν, μέγα τι τὸ σημεῖον νομίσαντες εἶναι. καὶ εὐθέως μάντεις καὶ ἱερεῖς παρεκάλουν ὅπως τὸ σημεῖον τὸ γενάμενον διαλύσωνται. μηδενὸς οὖν δυναμένου τὸ σημεῖον διαλύσασθαι, ἀναστάς τις ἐκ τοῦ πλήθους πρεσβύτης ἔφη· “ἄνδρες Σάμιοι, τούτοις μέλλομεν προσέχειν οἵτινες ταῖς ἀπαρχαῖς γαστέρα πληροῦνται ⟨καὶ⟩ εὐσχημόνως τὸν βίον διακυβεύουσιν. ἀγνοεῖτε δὲ ὅτι οὐκ ἔστιν εὔκολον σημεῖον ἐπιλύσασθαι· εἰ μὴ γάρ τίς ἐστιν ἔμπρακτος παιδείας, σημεῖον οὐ καταδιαιρεῖται. παρ᾽ ἡμῖν δέ ἐστιν Ξάνθος ὁ φιλόσοφος, ὃν ὅλη ἡ Ἑλλὰς οἶδεν· αὐτοῦ δεηθῶμεν ἵνα τὸ σημεῖον διαλύσηται.” καθεζομένου δὲ τοῦ Ξάνθου ἐπεφώνουν καὶ ἐδέοντο παρακαλοῦντες ὅπως διακρίνῃ τὸ σημεῖον. **82** ὁ δὲ Ξάνθος ἔστη εἰς τὸ μέσον καὶ μηδὲν εὑρίσκων κατὰ

---

2 λαθὼν Degani, Papademetriou : λαβὼν **4** γενναίως· κατὰ G : γενναίως· ⟨ἵνα⟩ κατὰ **5** γίνεται G : γίνῃ **7** αὐτὸ Perry im Apparat : αὐτὸς **9** ἀρχαιρεσίου γενομένου Papathomopoulos : ἀρχαιρεσίας γενομένης **17** ἐξέπτη Hostetter : ἐξέπτα

damit wir das Gold teilen und du die Freiheit erhältst.« Als er aber im Haus war und fürchtete, dass der irgendwoher heimlich den König über den Schatz informierte, befahl er, dass er gefesselt und eingeschlossen werde. Da sprach Äsop: »Gib mir die Freiheit, behalte das Gold!« Xanthos: »Prima! Gemäß dem Recht der Freiheit wird er angesehener im Hinblick auf das Zurückfordern des Goldes und glaubwürdiger im Hinblick auf das Verleumden beim König. Dazu kannst du mich nicht überreden.« Und Äsop: »Schau, Gebieter: Wenn du mich nicht aus eigener Entscheidung freilässt, wirst du mit Gewalt gezwungen werden, es zu tun.« Xanthos sagte: »Du Nichtsnutz, sei still!«

81 Als in jener Zeit die Wahl der Staatsbeamten stattfand, kam das Volk im Theater zusammen. Der Gesetzeswahrer brachte das Gesetzbuch der Stadt, legte den staatlichen Siegelring in die Mitte und sagte: »Mitbürger, wen ihr wollt, den wählt zum Gesetzeswahrer, der die Gesetze wahren möge und den Siegelring, der die zukünftigen Entscheidungen der Stadt ratifiziert.« Während sie noch berieten, wem sie ihr Vertrauen schenken sollten, flog ein Adler herab, raubte den Ring und flog davon. Da gerieten die Samier in Sorge und betrachteten das Ereignis nicht als geringfügig, weil sie glaubten, es sei ein bedeutsames Zeichen. Und sogleich forderten sie Seher und Priester auf, das zu ihnen gekommene Zeichen zu deuten. Als nun niemand das Zeichen deuten konnte, stand ein alter Mann aus der Menge auf und sprach: »Männer von Samos, wir sind dabei, unsere Aufmerksamkeit denen zu schenken, die mit den Erstlingsopfern ihren Bauch vollschlagen und in ehrwürdiger Pose ihr Leben mit Würfeln verbringen. Ihr wisst nicht, dass es nicht leicht ist, ein Zeichen zu deuten. Denn wenn einer nicht über richtige Bildung verfügt, wird das Zeichen nicht ausgelegt. Bei uns aber ist Xanthos der Philosoph, den ganz Griechenland kennt. Lasst uns ihn bitten, dass er das Zeichen deutet.« Xanthos nun saß da, sie applaudierten ihm, riefen ihn zu Hilfe und baten ihn, das Zeichen zu interpretieren. **82** Xanthos trat in die

νοῦν εἰπεῖν ἔλαβεν διορίαν ὅπως τὸ σημεῖον ἐπιλύσῃ. μελλούσης δὲ τῆς ἐκκλησίας λύεσθαι ὁ ἀετὸς πάλιν καταπτὰς ἔβαλεν πάλιν τὸ δακτύλιον εἰς δημοσίου δούλου κόλπον. ἠρώτων δὲ τὸν Ξάνθον καὶ περὶ τοῦ δευτέρου σημείου λύσιν διαγνῶναι· ὑποσχόμενος δὲ ἐξῆλθεν σκυθρωπός. **83** καὶ εἰσήει οὖν εἰς τὸν ἴδιον οἶκον, καί φησι· "μέλλω πάλιν Αἰσώπου χάριν ἔχειν, ⟨οὕ⟩τως γὰρ τὴν τοῦ σημείου λύσιν λαβεῖν ⟨δυνηθήσομαι⟩." εἰσελθὼν οὖν φησιν· "κάλει τὸν Αἴσωπον." καὶ εἰσῆλθεν δέσμιος. ὁ δὲ Ξάνθος λέγει· "λύσατε αὐτόν." Αἴσωπος λέγει· "οὐ βούλομαι λυθῆναι." Ξάνθος· "ἀλλὰ λύω σε ἵνα καὶ σύ τι λύσῃς." Αἴσωπος· "οὐκοῦν ἰδίας μου χρείας ἕνεκα λύεις με." Ξάνθος λέγει·"παῦσαι, Αἴσωπε, τὸ λεγόμενον ἐπίλυσον· λῆξον τῆς ὀργῆς." Αἴσωπος λυθεὶς εἶπεν· "τί βούλει, δέσποτα;" ὁ Ξάνθος διηγήσατο τὸ σημεῖον. Αἴσωπος ὑπέσχετο. **84** τῇ δὲ ἑξῆς Αἴσωπος θέλων αὐτὸν λυπῆσαι λέγει· "δέσποτα, εἴ τι περὶ λογικοῦ ζητήματος, ἑτοίμως ἔχω ἀποκρίνασθαι, περὶ οὗ δὲ διηγήσω ἀμήχανόν ἐστιν· οὔτε γάρ εἰμι μάντις." ἀκούσας δὲ ὁ Ξάνθος καὶ ἀφελπίσας καὶ τοὺς Σαμίους αἰσχυνόμενος ἐλογίσατο ἑαυτὸν διαχειρίσασθαι. καί φησιν· "ὁ χρόνος ἤδη πεπλήρωται τῆς διαλύσεως τοῦ σημείου καὶ οὐκ ὑποφέρω τὸν ὄνειδον, ὅτι φιλόσοφος ὢν τὴν ὑπόσχεσιν οὐκ ἐδυνήθην πληρῶσαι." ταῦτα εἰπὼν ὁ Ξάνθος, νυκτὸς γεναμένης, σχοινίου εὐπορήσας ἐξῆλθεν τῆς οἰκίας. **85** ὁ δὲ Αἴσωπος κοιμώμενος εἰς τὸ δωμάτιον εἶδεν τὸν δεσπότην ἄωρον προερχόμενον, αἰσθόμενος δὲ ὃ ἤμελλεν ποιεῖν συνηκολούθησεν αὐτῷ, οὐ μνησικακήσας περὶ τοῦ χρυσίου. ἰδὼν δὲ αὐτὸν ἔξω τῆς πύλης γενάμενον καὶ ἀπό τινος δένδρου βρόχον καθάψαντα, καὶ μέλλοντα τὸν αὐχένα ὑποβαλεῖν, μακρόθεν Αἴσωπος κέκραγεν· "ἐπίμεινον, δέσποτα." ὁ δὲ ἐπιστραφεὶς καὶ

6 ⟨οὕ⟩τως γὰρ τὴν Papathomopoulos : ὥστε τὴν **6–7** λαβεῖν ⟨δυνηθήσομαι⟩ Papathomopoulos : λαβεῖν. **11** τὸ λεγόμενον ἐπίλυσον G : [τὸ λεγόμενον ἐπίλυσον] **14** λογικοῦ Blake : λόγου **24** καθάψαντα Papathomopoulos : κάμψαντα

Mitte, und da er nichts zu sagen fand in seinem Sinn, holte er sich einen Aufschub für die Deutung des Zeichens. Als die Volksversammlung schon dabei war, sich aufzulösen, flog der Adler wieder herab und warf den Siegelring wieder in den Schoß eines staatlichen Sklaven. Da baten sie Xanthos, auch für das zweite Zeichen eine Deutung zu suchen; er versprach es und ging mit düsterer Miene davon. **83** Und er ging also in sein eigenes Haus und sprach: »Ich werde Äsop wieder einen Gefallen verdanken, denn so werde ich die Deutung des Zeichens erlangen können.« Er ging also hinein und sprach: »Rufe Äsop!« Und der kam in Fesseln herein. Xanthos sagte: »Löst ihm die Fesseln!« Äsop sagte: »Ich will nicht, dass sie mir gelöst werden!« Xanthos: »Aber ich löse sie dir, damit auch du etwas löst.« Äsop: »Also löst du sie mir wegen einer eigenen Notlage.« Xanthos sagte: »Lass gut sein, Äsop, löse, was dir gesagt wird; hör auf mit dem Zürnen!« Äsop wurde von den Fesseln gelöst und sagte: »Was willst du, Gebieter?« Xanthos erzählte von dem Zeichen, Äsop versprach seine Hilfe. **84** Am folgenden Tag aber wollte Äsop ihm Kummer bereiten und sagte: »Gebieter, wenn es irgendwie um ein rationales Problem ginge, wäre ich bereit zu antworten, aber bezüglich dessen, wovon du erzählt hast, ist es unmöglich; denn ich bin kein Seher.« Als Xanthos das gehört hatte, verlor er alle Hoffnung, und weil er sich vor den Samiern schämte, beschloss er, Hand an sich zu legen. Und er sprach: »Die Zeit für die Deutung des Zeichens ist schon erfüllt, und ich ertrage nicht die Schande, dass ich, obwohl ich ein Philosoph bin, das Versprechen nicht erfüllen konnte.« Als Xanthos dies gesagt hatte und es Nacht geworden war, verschaffte er sich ein Seil und ging aus dem Haus. **85** Äsop, der in seinem Zimmer ruhte, sah seinen Gebieter zur Unzeit hinausgehen, und da er ahnte, was der zu tun im Begriff war, folgte er ihm, ohne dass er ihm die Sache mit dem Gold nachtrug. Als er ihn sah, wie er sich außerhalb des Tors befand, einen Strick an einen Baum band und im Begriff war, den Hals darunter zu legen, schrie Äsop von fern: »Warte, Gebieter!« Der wandte sich

ἰδὼν τὸν Αἴσωπον πρὸς τὸ λαμπρὸν τῆς σελήνης συντρέχοντα, [καὶ] φησίν· "κατελήφθην ὑπὸ τοῦ Αἰσώπου. Αἴσωπε, τί με ἀπὸ τῆς δικαίας ὁδοῦ μετεκαλέσω;" Αἴσωπος εἶπε· "δέσποτα, ποῦ ἡ φιλοσοφία σου; ποῦ σου τὸ τῆς παιδείας φρύαγμα; ποῦ σου τὸ τῆς ἐγκρατείας δόγμα; ἔα, δέσποτα, οὕτως εὐχερῶς καὶ ἀψύχως ἐπὶ θάνατον ἔσπευσας, ἵνα κρεμάμενος τὸ ἡδὺ ζῆν ἀπολέσῃς; μετανόησον, δέσποτα." Ξάνθος· "ἔα με, Αἴσωπε· διάξω γὰρ τὸν μετ' ἀρετῆς θάνατον ἢ τὴν ἐπονείδιστον ἐν βίῳ ζωὴν ἀκλεῶς κτήσομαι." Αἴσωπος· "κατάλειπε τὸν βρόχον, δέσποτα. ἐγώ σοι πειράσομαι τὸ σημεῖον διαλύσασθαι." Ξάνθος εἶπεν· "τίνι τρόπῳ ἢ λόγῳ πειράσῃ μοι;" Αἴσωπος εἶπεν· "ἀπάγαγέ με εἰς τὸ θέατρον ἅμα σοὶ καὶ πλάσσου τοῖς ὄχλοις εὔλογον πρόφασιν ἀπὸ τοῦ σημείου διὰ τὸ κόσμιον τῆς φιλοσοφίας, καὶ ἐμὲ πρόβαλε ὡς αὐτὸς διδάξας. ἐπελεύσομαι ἐγὼ καὶ εὐκαίρως προσκληθήσομαι λέγειν." **86** ταῦτα εἰπὼν ἔπεισεν μετατραπῆναι. ἐλθὼν δὲ τῇ ἑξῆς ὁ Ξάνθος ἤρξατο λέγειν οὕτως· "ἐπεὶ ὁ ἡμέτερος κανὼν λογικῆς φιλοσοφίας μέτρα περιέσπασεν, ἐχρῆν μὲν⟨τοι⟩ διὰ πάσης σπουδῆς ἀπὸ τῆς ἐμῆς οἰκίας καὶ ταύτην γενέσθαι τὴν λειτουργίαν, ἐγὼ μὲν οὖν ἐπὶ τῆς ἐμῆς ἀξίας (οὔτε γάρ ποτε σημειολυτεῖν οἶδα ἢ τερατοσκόπος ἐφημίσθην, ἐπεὶ φιλόσοφός εἰμι) – δώσω ὑμῖν δοῦλον ὃν εἰς τὰ τοιαῦτα φιλοσόφως προετρεψάμην, ὃς τὸ σημεῖον ὑμῶν διαλύσεται." ταῦτα εἰπὼν προέβαλεν τὸν Αἴσωπον. **87** οἱ δὲ Σάμιοι, ἰδόντες τὸν Αἴσωπον καὶ γελάσαντες, ἐπεφώνουν· "ἀχθήτω ἄλλος σημειολύτης, ἵνα τοῦτο τὸ σημεῖον διαλύσηται." ὁ δὲ Αἴσωπος ἀκούων ἀμυκτηρίστως, ἡσυχίαν ἑαυτῷ κτησάμενος ἤρξατο λέγειν οὕτως· **88** "ἄνδρες Σάμιοι, νοεῖν σχεδὸν ἑαυτοὺς λέγετε ἀτενίσαντες εἰς ἐμέ." οἱ δὲ Σάμιοι εἶπον· "οὗτος τοῦτο τὸ

10 ἢ λόγῳ πειράσῃ μοι Papathomopoulos : [ἢ λόγῳ πειράσομαι] Perry im Apparat **13** ἐπελεύσομαι Papathomopoulos : ἐπιλύσομαι **16** περιέσπασεν, ἐχρῆν G : περιέσπασεν, ⟨οὐκέτι ... ὀρνεοσκόπος⟩· ἐχρῆν **18–19** (οὔτε γάρ ποτε σημειολυτεῖν οἶδα ἢ τερατοσκόπος ἐφημίσθην, ἐπεὶ ... εἰμι) Polemis : [οὔτε γὰρ ποτέ σημειολύτην ἴδον ἢ ἡμέρα τὸ σκότος ἐφιμίσθην] ἐπεὶ ... εἰμι **24–25** νοεῖν σχεδὸν ἑαυτοὺς Perry im Apparat zu 87 : ⟨τί σκώπτετε⟩ **25** λέγετε Papathomopoulos ἀτενίσαντες G : λέγεται ἀτενήσαντες Perry im Apparat zu 87 **25–140,4** ἐμέ." οἱ δὲ ... λέγει· "οὐχὶ G : ἐμέ; οὐχὶ

ihm zu, sah Äsop im Licht des Mondes herbeilaufen und sprach: »Ich bin ertappt von Äsop. Äsop, warum hast du mich vom richtigen Weg abgebracht?« Äsop sagte: »Gebieter, wo ist deine Philosophie, wo ist der Stolz auf deine Bildung, wo ist dein Prinzip der Selbstbeherrschung? Ach Gebieter, so leichthin und feige bist du zum Tod geeilt, um aufgehängt das süße Leben zu verlieren? Ändere deinen Sinn, Gebieter!« Xanthos: »Lass mich, Äsop! Denn ich werde den mit Tugend verbundenen Tod herbeiführen oder mir ruhmlos ein Leben in Schande erwerben.« Äsop: »Lass den Strick, Gebieter! Ich will versuchen, das Zeichen für dich zu deuten.« Xanthos sagte: »Auf welche Weise oder mit welchen Worten willst du das für mich versuchen?« Äsop sagte: »Bringe mich zusammen mit dir ins Theater und ersinne für die Volksmenge mithilfe des Schmucks der Philosophie, ausgehend von dem Zeichen, einen wohlbegründeten Vorwand und lass mich vortreten, den du angeblich selbst instruiert hast. Ich werde hinzutreten und im geeigneten Augenblick zu reden aufgerufen werden.« **86** Dadurch, dass er dies sagte, überredete er ihn zur Umkehr. Als er nun am nächsten Tag hinkam, fing Xanthos so zu reden an: »Da unser Konzept der rationalen Philosophie deren Grenzen überschreitet, muss gewiss mit allem Bemühen von meinem Haus auch dieser Dienst geleistet werden; ich freilich wegen meiner persönlichen Würde (denn weder weiß ich jemals Zeichen zu deuten noch bin ich als Mirakelseher berühmt, da ich ein Philosoph bin) – ich werde euch einen Sklaven präsentieren, den ich zu so etwas philosophisch angeleitet habe und der euer Zeichen deuten wird.« Als er das gesagt hatte, ließ er Äsop vortreten. **87** Die Samier sahen Äsop, lachten und riefen: »Man bringe einen anderen Zeichendeuter, damit dieses Zeichen gedeutet wird.« Äsop hörte es, ohne mit der Wimper zu zucken, und als er erreicht hatte, dass für ihn Stille herrschte, begann er so zu sprechen: **88** »Männer von Samos, ihr sagt, wie ihr euch beinahe selbst seht, wenn ihr mich anstarrt.« Die Samier sagten: »Der kann dieses Zeichen deuten? Welch ein Monster von

σημεῖον δύναται διαλύσασθαι; τὸ τέρας τῆς ὄψεως αὐτοῦ· βάτραχός ἐστιν, ὗς τροχάζων, ἢ στάμνος κήλην ἔχων, ἢ πιθήκων πριμιπιλάριος, ἢ λαγυνίσκος εἰκαζόμενος, ἢ μαγείρου σκευοθήκη, ἢ κύων ἐν γυργάθῳ;" Αἴσωπος λέγει· "οὐχὶ τὴν ὄψιν δεῖ θεωρεῖν, ἀλλὰ τὴν φρόνησιν σκοπεῖν. ἄτοπον γάρ ἐστιν ἀνθρώπου ψέγειν τὸν νοῦν διὰ τὸ διάπλασμα τοῦ τύπου· πολλοὶ γὰρ μορφὴν κακίστην ἔχοντες νοῦν ἔχουσι σώφρονα. μηδεὶς οὖν ἰδὼν τὸ μέγεθος ἐλαττούμενον ἀνθρώπου ἃ οὐ τεθεώρηκεν μεμφέσθω, τὸν νοῦν. οὐ γὰρ ἰατρὸς τὸν νοσοῦντα ἀφήλπισεν ἰδών, ἀλλὰ τὴν ἁφὴν ψηλαφήσας τὴν δύναμιν ἐπέγνω. τὸν πίθον κατανοήσας, γεῦμα δὲ ἐξ αὐτοῦ μὴ λαβών, πότε γνώσῃ; ἡ Μοῦσα κρίνεται ἐν θεάτροις, ἐν δὲ κοιτῶσιν Κύπρις· οὕτω καὶ Φρόνησις ἐν λόγοις. οὐ γὰρ παρέστη μοι ὡς πολλάκις συγχρωσομένη, ἀλλὰ τὸν λόγον ἀκούσουσα τὸν πείθοντα ἡμᾶς. ὥσπερ γὰρ λέγειν ἐπίσταμαι, οὕτως καὶ σιγᾶν οἶδα πάλιν· ὅρος γὰρ σοφίας ἐστὶν τὸ καιρὸν σκοπεῖν." οὐχ εὑρόντες οὖν οἱ Σάμιοι τὰ λεγόμενα ὅμοια τῇ ὄψει πρὸς ἀλλήλους ἔλεγον· "κομψός, νὴ τὰς Μούσας, καὶ δυνάμενος εἰπεῖν." ἐπεφώνουν δὲ αὐτῷ· "θάρσει, διάλυε." Αἴσωπος ἐπιγνοὺς ἑαυτὸν ἐπαινούμενον, παρρησίας λαβὼν καιρὸν ἤρξατο λέγειν· **89** "ἄνδρες Σάμιοι, οὐκ ἔστιν εὔλογον δοῦλον ἐλευθέρῳ δήμῳ σημεῖον διαλύσασθαι· ὅθεν περίθετέ μοι τὴν εἰρημένην παρρησίαν, ἵνα ἐὰν μὲν ἐπιτύχω ὡς ἐλεύθερος τὰς πρεπούσας τιμὰς ἀπολάβω, ἐὰν δὲ ἁμάρτω μὴ ὡς δοῦλος, ἀλλ' ὡς ἐλεύθερος κολασθῶ. ἐὰν οὖν ἐμοὶ τὴν παρρησίαν τῆς ἐλευθερίας περιθῆτε, μετὰ πάσης ἀδείας ἄρξομαι λέγειν." **90** οἱ δὲ Σάμιοι τῷ Ξάνθῳ εἶπον· "ἀξιοῦμέν σε, Ξάνθε· ἐλευθέρωσον τὸν Αἴσωπον." καὶ ὁ πρύτανις τῷ Ξάνθῳ λέγει· "ποίησον

1–3 τὸ τέρας ... γυργάθῳ;" Diesen Passus, der in G in Kap. 88 nach διαλύσασθαι; steht, setzte Perry offenbar versehentlich in Kap. 87. **12** συγχρωσομένη Ferrari : συνχρομένη | ἀκούσουσα Papathomopoulos : ἀκοῦσαι **19** τὴν εἰρημένην G : τὴν ⟨τῶν⟩ εἰρημένων **22** περιθῆτε Charitonidis : περίθητε

seinem Aussehen her! Ist er ein Frosch, ein hin und her laufendes Schwein, ein Krug mit Buckel, ein Primipilarius der Affen, das gemalte Bild eines Fläschchens, der Abstellraum eines Kochs oder ein Hund im Korb?« Äsop sagte: »Nicht auf das Aussehen soll man schauen, sondern die Intelligenz betrachten. Denn es ist abwegig, den Verstand eines Menschen wegen der Form seiner äußeren Erscheinung zu tadeln. Denn viele, die eine sehr hässliche Gestalt haben, haben einen besonnenen Verstand. Keiner also, der die geringe Größe eines Menschen sieht, soll rügen, was er nicht gesehen hat: den Verstand. Denn der Arzt gibt einen Kranken nicht auf, wenn er ihn gesehen hat, sondern berührt die wunde Stelle und beurteilt dann den Gesundheitszustand. Wenn man einen Krug betrachtet, aber keine Kostprobe daraus bekommen hat, wann kann man den Inhalt erkennen? Die Muse wird in den Theatern beurteilt, Kypris in den Schlafzimmern. So auch Phronesis nach den Worten. Sie stand nämlich nicht neben mir, wie sie es oft tut, um mit mir zu diskutieren, sondern um die Worte zu hören, die uns überzeugen. Denn wie ich zu reden verstehe, so weiß ich auch wieder zu schweigen. Denn das Ziel der Weisheit ist es, nach dem richtigen Moment zu schauen.« Da die Samier nunmehr das Gesagte nicht dem Aussehen gleich fanden, sagten sie zueinander: »Geistreich ist er, bei den Musen, und kann reden.« Sie riefen ihm nun zu: »Nur Mut, nenne die Deutung!« Äsop erkannte, dass er gelobt wurde, ergriff die Gelegenheit zur freien Rede und begann zu sprechen: **89** »Männer von Samos, es ist nicht richtig, dass ein Sklave einem freien Volk ein Zeichen deutet. Deshalb stattet mich mit dem aus, was man Redefreiheit nennt, damit ich, wenn ich Erfolg habe, wie ein freier Mann die gebührenden Ehren empfange, wenn ich aber versage, nicht als Sklave, sondern als freier Mann bestraft werde. Wenn ihr mich also mit der Redefreiheit freier Bürger ausstattet, werde ich mit ganzer Furchtlosigkeit zu reden beginnen.« **90** Da sagten die Samier zu Xanthos: »Wir bitten dich, Xanthos, lasse Äsop frei!« Und der Prytane sagte zu Xanthos:

ἐλεύθερον τὸν Αἴσωπον.” ὁ Ξάνθος· “οὐκ ἐλευθερῶ δοῦλον ⟨οὐ⟩ παντελῶς πολὺν χρόνον δεδουλευκότα.” ὁ πρύτανις ἰδὼν τὸν Ξάνθον ταῦτα ἀντιλέγοντα ἔφη· “λαβὼν αὐτοῦ τὴν τιμὴν παράδος, κἀγὼ αὐτὸν ἀπελεύθερον τῆς πόλεως ποιήσω.” ἐνθυμηθεὶς δὲ ὁ Ξάνθος ὅτι $\overline{\text{οε}}$ δηναρίων αὐτὸν ἠγόρασεν, ἵνα μὴ φανῇ τοῖς ὄχλοις ὅτι διὰ φιλαργυρίαν ἐλευθέρωσεν τὸν Αἴσωπον, [καὶ] στήσας αὐτὸν εἰς μέσον ἔλεγεν· “Ξάνθος ἀξιωθεὶς ὑπὸ τοῦ δήμου τῶν Σαμίων ἀφίησιν ἐλεύθερον τὸν Αἴσωπον.” **91** τούτου δὲ γεναμένου ὁ Αἴσωπος εἰσελθὼν εἰς τὸ μέσον εἶπεν· “ἄνδρες Σάμιοι, ἑαυτοῖς βοηθήσατε καὶ ὑπὲρ τῆς ἰδίας ἐλευθερίας βουλεύσασθε· τὸ γὰρ σημεῖον πολιορκίας ἐστὶν καὶ δουλαγωγὸν τεκμήριον. πόλεμος ὑμῖν πρότερον ἔσται. εἰδέναι γὰρ ὑμᾶς τοῦτο βούλομαι, ὅτι βασιλεύς ἐστι τῶν πτηνῶν ὁ ἀετός, δύναται δὲ αὐτὸς πλεῖον τῶν ἄλλων. καταπτὰς οὖν ἀπὸ τῶν νόμων τὸν δακτύλιον τὸν στρατηγικὸν ἥρπασεν καὶ ἔβαλεν εἰς δημοσίου δούλου κόλπον· τὴν τῶν ἐλευθέρων πίστιν εἰς ἄπιστον ἕλκει δουλείας ζυγόν. ἡ μὲν οὖν τοῦ σημείου λύσις ἐστὶν αὕτη· πάντως τις τῶν βασιλευόντων θελήσει ὑμῶν τὴν ἐλευθερίαν καταδουλῶσαι καὶ τοὺς νόμους ἀκυρῶσαι καὶ ἐπισφραγίσαι τῇ ἰδίᾳ δυνάμει.”

92 ἔτι ταῦτα λέγοντος τοῦ Αἰσώπου παρεγένετο ἀπὸ βασιλέως Κροίσου γραμματηφόρος ἐν χλανίδι ἀκρολεύκῳ, ζητῶν τοὺς ἄρχοντας τῶν Σαμίων. ἀκούσας δὲ ἐκκλησίαν ἄγεσθαι παρεγένετο ἐν τῷ θεάτρῳ καὶ τοῖς ἄρχουσι τὴν ἐπιστολὴν ἔδωκεν. οἱ δὲ λύσαντες τὴν ἐπιστολὴν ἀνεγίνωσκον. ἦν δὲ τὰ ἐγγεγραμμένα τάδε· “[ἐπιστολὴ γραφεῖσα Κρύσου βασιλέως ἄρχουσι Σαμίων] Κροῖσος Λυδῶν βασιλεὺς ⟨Σαμίων⟩ ἄρχουσι, βουλῇ καὶ δήμῳ χαίρειν. κελεύω ὑμᾶς ἀπὸ τοῦ νῦν χρόνου δημοσίων τε πράξεις καὶ δημόσιον τέλος χορηγεῖν, ἐὰν δὲ μὴ θελήσητε, ὅσον ἡ ἐμὴ βασιλεία ἰσχύει τοσοῦτον ὑμᾶς βλάπτω.” **93** οἱ ἄρχοντες συνεβουλεύοντο μετὰ τῶν ὄχλων ὑποσχέσθαι χορηγεῖν, ἵνα μὴ ἐπισπά-

---

1–2 ⟨οὐ⟩ παντελῶς Papathomopoulos : παντελῶς **21** ἐκκλησίαν Papathomopoulos : ἐκκλησίας **26** δημοσίων G : δημοσίας

»Mache Äsop frei!« Xanthos: »Ich lasse einen Sklaven, der mir nicht sehr viel Zeit als Sklave gedient hat, nicht frei.« Weil der Prytane sah, dass Xanthos nein sagte, sprach er: »Nimm den Kaufpreis für ihn und übergib ihn, und ich werde ihn zu einem Freigelassenen der Stadt machen.« Da dachte Xanthos daran, dass er ihn für 75 Denare gekauft hatte, und damit es der Volksmenge nicht so schien, als hätte er Äsop aus Geldgier freigelassen, stellte er ihn in die Mitte und sagte: »Gebeten vom Volk der Samier lässt Xanthos Äsop frei.«
91 Als dies nun geschehen war, trat Äsop in die Mitte und sagte: »Ihr Männer von Samos, helft euch selbst und beratet über die eigene Freiheit. Denn das Zeichen ist eines der Eroberung und ein Beweis für Versklavung. Zuerst wird es für euch Krieg geben. Ich will nämlich, dass ihr dies wisst, dass der Adler der König der Vögel ist. Und er hat selbst mehr Macht als die anderen. Indem er nun herabflog, raubte er von den Gesetzen den Siegelring des Strategen und warf ihn in den Schoß eines Sklaven des Staates: Er schleppt die Treue der Freien einander gegenüber unter das treulose Joch der Sklaverei. Die Deutung des Zeichens ist also diese: Zweifellos wird einer von denen, die als König herrschen, eure Freiheit zur Sklaverei machen, eure Gesetze ungültig machen und ihnen mit seiner eigenen Macht sein Siegel aufdrücken wollen.«

92 Noch während Äsop dies sagte, kam von König Kroisos ein Briefüberbringer in einer schneeweißen Robe und verlangte nach den Archonten der Samier. Als er hörte, dass eine Volksversammlung abgehalten werde, kam er ins Theater und übergab den Archonten den Brief. Die öffneten den Brief und lasen. Das darauf Geschriebene war Folgendes: »Kroisos, der König der Lyder, grüßt Archonten, Rat und Volk der Samier. Ich befehle euch, mir vom jetzigen Zeitpunkt an die staatlichen Einnahmen und die staatlichen Steuern zuzuweisen; wenn ihr aber nicht wollt, bereite ich euch so großen Schaden, wie meine königliche Macht es vermag.«
93 Die Archonten berieten sich mit der Volksmenge mit dem Ergebnis, man müsse die Zahlung versprechen, damit sie nicht der

σωνται τῇ πόλει τοιοῦτον ἐχθρὸν βασιλέα. τὸν δὲ Αἴσωπον ἐτίμησαν ὡς ἀληθινὸν μάντιν τῆς τοῦ σημείου ἐκβάσεως, καὶ παρεκάλουν αὐτὸν καὶ συμβουλίαν δοῦναι πότερον πέμψουσιν ἢ ἀρνήσονται. ὁ δὲ Αἴσωπος λέγει αὐτοῖς· “ἄνδρες Σάμιοι, τῶν πρωτοπολιτῶν ὑμῶν δεδωκότων γνώμην χορηγεῖν τῷ βασιλεῖ τέλος, ἐμοῦ πυνθάνεσθε πρότερον γνώμην δοῦναι ὑμῖν; ἐὰν εἴπω ‘μὴ δότε,’ ἐχθρὸν ἑαυτὸν ἐπιδείξω βασιλεῖ Κροίσῳ.” οἱ δὲ ὄχλοι ἀνεκραύγασαν· “γνώμην δός.” ὁ δὲ Αἴσωπος ἔφη· “γνώμην μὲν οὐ δώσω, λόγῳ δέ τινι λέξω ὑμῖν· **94** τοῦ Διὸς κελεύσαντός ποτε, τοῖς ἀνθρώποις ὑπέδειξεν ὁ Προμηθεὺς ὁδοὺς δύο, μίαν ἐλευθερίας καὶ μίαν δουλείας. καὶ τὴν μὲν τῆς ἐλευθερίας ὁδὸν ἐποίησεν ἐν ἀρχαῖς τραχεῖαν καὶ δυσέκβατον καὶ ἀπόκρημνον καὶ ἄνυδρον, τριβόλους τε γέμουσαν, ὅλην ἐπικίνδυνον, τὸ δὲ τέλος πεδίον ὁμαλόν, περιπάτους ἔχουσαν, καρπῶν γέμουσαν ⟨ἐν⟩ ἄλσεσι, ἔνυδρον, ἵνα τὸ τῆς κακοπαθείας ἔλθῃ εἰς ἀνάπαυσιν τῶν ὅσοι ἔχουσιν τὸν ἐλεύθερον ἀέρα λαβόντες. τὴν δὲ τῆς δουλείας ὁδὸν ἐποίησεν κατ᾽ ἀρχὰς πεδίον ὁμαλόν, εὐανθῆ καὶ ἡδεῖαν πρόσοψιν ἔχουσαν καὶ πολλὴν τρυφήν, τὸ δὲ τέλος αὐτῆς δυσέκβατον, ὅλον σκληρὸν καὶ κρημνώδη.” **95** ἐπιγνόντες δὲ οἱ Σάμιοι τὸ συμφέρον ἐκ τῶν τοῦ Αἰσώπου λόγων ὁμοθυμαδὸν ὡμοφώνησαν τῷ γραμματηφόρῳ λέγοντες τὴν τραχεῖαν ὁδόν. ὁ δὲ ἀπελθὼν διεσάφησεν τῷ βασιλεῖ πάντα τὰ εἰρημένα ὑπὸ τοῦ Αἰσώπου. ὁ δὲ Κροῖσος ἀκούσας ἐκάλει στρατόπεδα καὶ ἐκέλευσεν ὁπλίζεσθαι. καὶ οἱ φίλοι παρεθάρρυναν λέγοντες· “δέσποτα, ἄγωμεν εἰς τὴν νῆσον· χειρωσώμεθα αὐτὴν καὶ ἑλκύσωμεν εἰς τὸ Ἀτλαντικὸν πέλαγος, καὶ θῶμεν εἰς ὑπόδειγμα τοῖς λοιποῖς δήμοις, μὴ ἑτέρῳ φανῇ τηλικούτῳ ἀντιλέγειν βασιλεῖ.” συγγενὴς δέ τις, τοῦ βασιλέως ἐπιτρέψαντος, λέγει· “ὄμνυμί

---

5 πρότερον G : πότερον ⟨δοῦναι δεῖ ἢ μή;⟩ **5–6** γνώμην δοῦναι G ὑμῖν; Stamoulakis : [γνώμην δοῦναι ἡμῖν;] **6** ἑαυτὸν Papathomopoulos : ἐμαυτὸν **12** τριβόλους G : τριβόλων **13** ⟨ἐν⟩ ἄλσεσι Papathomopoulos : ἄλσει **14** τῶν ὅσοι ἔχουσιν Papathomopoulos : τέλος ἔχουσαν **14–15** τὸν ἐλεύθερον ἀέρα λαβόντες G : [τὸν ἐλεύθερον ἀέρα λαβόντες] **17** κρημνώδη G, Papathomopoulos : κρημνῶδες **18–19** ὡμοφώνησαν Papathomopoulos : ἀνεφώνησαν **24** φανῇ Papathomopoulos : φανείη **25** ἐπιτρέψαντος Perry im Apparat : ἐπιστρέψαντος

Stadt einen so mächtigen Feind in der Person des Königs verschafften. Sie verehrten aber Äsop als wahren Propheten der Erfüllung des Zeichens und forderten ihn auf, auch einen Rat zu geben, ob sie schicken oder ablehnen sollten. Da sagte Äsop zu ihnen: »Männer von Samos, nachdem eure obersten Bürger den Rat gegeben haben, dem König die Abgabe zu zahlen, fragt ihr zuvor bei mir an, dass ich euch einen Rat geben soll? Wenn ich sage ›Gebt nicht‹, zeige ich mich König Kroisos als Feind.« Die Volksmenge schrie auf: »Gib einen Rat!« Äsop aber sprach: »Einen Rat werde ich nicht geben, aber durch eine Fabel zu euch reden. **94** Als Zeus es einmal befahl, zeigte Prometheus den Menschen zwei Wege, einen der Freiheit und einen der Sklaverei. Und den Weg der Freiheit machte er am Anfang rau, schwer zu begehen, steil, dürr, voll dorniger Kräuter und insgesamt gefährlich, am Ende aber zu einer gleichförmigen Ebene mit Pfaden, voll von Früchten in Hainen und bewässert, damit zur Ruhe komme alles Leid derer, die den Weg der freien Luft genommen haben. Den Weg der Sklaverei dagegen machte er zu Beginn zu einer gleichmäßigen Ebene, blühend, mit lieblichem Aussehen und vielen Annehmlichkeiten, an seinem Ende schwer zu begehen, insgesamt hart und abschüssig.« **95** Als die Samier aus den Worten Äsops deren Nutzen erkannten, drückten sie einmütig ihren Beifall aus, indem sie dem Briefüberbringer den rauen Weg nannten. Der ging davon und erklärte dem König alles von Äsop Gesagte. Als Kroisos es gehört hatte, rief er sein Heer und befahl, dass es sich rüste. Und seine Freunde ermutigten ihn, indem sie sagten: »Gebieter, lasst uns gegen die Insel anrücken! Unterwerfen wir sie, schleppen wir sie in das Atlantische Meer und statuieren wir ein Exempel gegenüber den übrigen Völkern, damit nicht einem anderen in den Sinn kommt, zu einem so bedeutenden König nein zu sagen.« Ein Verwandter aber sagte, nachdem der König es ihm

σοι τὸ ἁγνὸν διάδημα, ⟨ματαίως⟩ σὺ αὐτοῖς καθοπλίσει, ἐπειδὴ ἑτέρως οὐ δυνήσῃ Σαμίους παραλαβεῖν ζῶντος τοῦ λεγομένου Αἰσώπου γνώμας διδοῦντος αὐτοῖς καὶ τοῦ πρεσβευτοῦ εἰπόντος ὡς κεκώλυτο ὑπ' αὐτοῦ φορὰς λαβεῖν παρ' αὐτῶν· διὰ δὲ ἐπιστολῆς ἐξαίτησον τὸν Αἴσωπον ἔκδοτον, εἰπὼν ὅτι 'ἐάν τι θέλητε ἀντ' αὐτοῦ, αἰτήσασθε, κἀγὼ ὑμῖν παράσχω.'" **96** ὁ δὲ Κροῖσος ἀκούσας, αὐτὸν [εἶναι] τὸν δόντα τὴν γνώμην ἐκέλευσεν πορευθῆναι εἰς τὴν Σάμον εἰπὼν αὐτοῦ πρεσβευτὴν οὔτινα ἔχειν [οὐ] μᾶλλον εὐνοϊκώτερον καὶ συνετώτερον. ὁ δὲ μηδὲν ὑπερθέμενος ἔπλευσεν εἰς τὴν Σάμον καὶ ἐκκλησίαν συναγαγὼν ἔπεισεν τοὺς Σαμίους ἐκσῶσαι ἑαυτοὺς καὶ μᾶλλον δοῦναι τὸν Αἴσωπον ἢ τῆς τοῦ βασιλέως φιλίας ἐκπέσαι. καὶ τοσοῦτον οἱ ὄχλοι ἀνεφώνησαν· "ἀπάγαγε, λαμβανέτω ὁ βασιλεὺς τὸν Αἴσωπον." ὥστε ἐλθὼν εἰς τὸ μέσον ὁ Αἴσωπος λέγει· "ἄνδρες Σάμιοι, κἀμοὶ εὐκταῖόν ἐστιν παρὰ τοῖς τοῦ βασιλέως ποσὶν ἀποθανεῖν. θέλω δὲ εἰπεῖν ὑμῖν ἕνα λόγον, ἵνα μετὰ τὸν ἐμὸν θάνατον ἐπὶ τοῦ μνήματός μου χαράξητε· **97** καθ' ὃν καιρὸν ὁμόφωνα ἦσαν τὰ ζῷα τοῖς ἀνθρώποις, λέγω δὴ τοὺς λύκους καὶ τὰ πρόβατα, πόλεμον ἐσχηκέναι πρὸς ἀλλήλους. οἱ δὲ λύκοι ὑπερέχοντες κακῶς ἔσκυλλον τὰ πρόβατα, συμμαχήσαντες δὲ οἱ κύνες τοῖς πρόβασιν ἀπεδίωξαν τοὺς λύκους. οἱ δὲ λύκοι διωχθέντες ὑπὸ τῶν κυνῶν ἕνα πρεσβευτὴν ἔπεμψαν πρὸς τὰ πρόβατα. ἐλθὼν οὖν ὁ λύκος καὶ στὰς εἰς τὸ μέσον ὡς δημηγόρος ἔλεγεν πρὸς τὰ πρόβατα 'ἐὰν θέλητε μήτε πολεμεῖν μήτε πολεμεῖσθαι, δότε ἡμῖν τοὺς κύνας ἐκδότους, καὶ μετὰ πάσης ἀδείας κοιμᾶσθε, μηδεμίαν πολέμου ἔχοντες ὑποψίαν.' τὰ δὲ πρόβατα, μωρὰ ὑπάρχοντα καὶ πεισθέντα, παρέσχον

---

1 ⟨ματαίως⟩ σὺ αὐτοῖς Papathomopoulos : ᾧ σὺ αὐτὸς | καθοπλίσει G : καθοπλίζει ἐπειδὴ ἑτέρως Papathomopoulos : [ἐπειδὴ ἑτέρου] **3** γνώμας διδοῦντος G : ⟨τοῦ⟩ γνώμας διδόντος **3–4** καὶ τοῦ … παρ' αὐτῶν G : [καὶ τοῦ … παρ' αὐτῶν] Perry im Apparat **3** κεκώλυτο Papathomopoulos : κεκωλυμένου Perry im Apparat **5** θέλητε Papathomopoulos : θέλετε **7–8** εἰπὼν αὐτοῦ πρεσβευτὴν οὔτινα ἔχειν [οὐ] μᾶλλον Degani : ἐπειδὴ ἕτερον (im Apparat [εἰπὼν τοῦ πρεσβευτοῦ τινα ἔχον οὐ μᾶλλον]) **10** ἐκσῶσαι ἑαυτοὺς καὶ Papathomopoulos : [ἐκδόντας ἑαυτοὺς καὶ] **12** ὥστε Papathomopoulos : ὁ δὲ **13** ὁ Αἴσωπος G : [ὁ Αἴσωπος] **22** θέλητε Papathomopoulos : θέλετε

gestattet hatte: »Ich schwöre dir bei deiner heiligen Krone, vergeblich wirst du gegen sie rüsten, da du Samos nicht anders einnehmen kannst, solange der lebt, welcher Äsop genannt wird, weil er ihnen Ratschläge gab und weil der Gesandte sagte, von ihm sei verhindert worden, dass wir von ihnen Abgaben bekommen. Fordere durch einen Brief, dass Äsop ausgeliefert wird, indem du sagst ›Wenn ihr etwas im Austausch gegen ihn wollt, fordert es, und ich werde es euch gewähren.‹« **96** Als Kroisos das gehört hatte, befahl er, dass der, welcher den Rat gegeben hatte, nach Samos fahre, wobei er sagte, er habe keinen Gesandten, der in höherem Maße wohlgesinnt und weiser sei als der. Der schob das nicht auf, segelte nach Samos, brachte die Volksversammlung zusammen und überredete die Samier dazu, sich zu retten und lieber Äsop herzugeben als die Freundschaft des Königs zu verlieren. Und die Volksmenge rief so: »Führ ihn fort, der König soll Äsop bekommen!« Daher trat Äsop in die Mitte und sagte: »Männer von Samos, auch für mich ist es wünschenswert, zu Füßen des Königs zu sterben. Ich will euch aber eine Fabel erzählen, damit ihr sie nach meinem Tode auf meinem Grabmal eingraviert: **97** Zu der Zeit, als die Tiere dieselbe Sprache sprachen wie die Menschen, lagen, wie ich nun erzähle, die Wölfe und Schafe im Krieg gegeneinander. Die Wölfe, die überlegen waren, zerfleischten in übler Weise die Schafe, aber die Hunde verbündeten sich mit den Schafen und vertrieben die Wölfe. Da schickten die Wölfe, die von den Hunden verfolgt wurden, einen Gesandten zu den Schafen. Als nun der Wolf gekommen war und in die Mitte trat, redete er wie ein Volksredner zu den Schafen: ›Wenn ihr weder kämpfen noch bekämpft werden wollt, gebt uns die Hunde heraus, und ihr schlaft in totaler Furchtlosigkeit, ohne Verdacht zu hegen, dass es Krieg gibt.‹ Die Schafe, die dumm waren und sich überre-

τοὺς κύνας ἐκδότους. οἱ δὲ λύκοι διεσπάραξαν αὐτούς. μετὰ δὲ χρόνον ὑπεβάλοντο οἱ λύκοι τοῖς προβάτοις. ἔδει δὲ οὖν ὑμᾶς ⟨κατὰ⟩ τὸν μῦθον μὴ εἰκῇ τοὺς χρηστοὺς παραδιδόναι."

98 οἱ δὲ Σάμιοι νοήσαντες πρὸς ἑαυτοὺς εἰρῆσθαι τοὺς λόγους κατέσχον τὸν Αἴσωπον. ὁ δὲ Αἴσωπος οὐχ ὑπέμενεν, ἀλλ' ἅμα τῷ πρεσβευτῇ ἀπῄει πρὸς τὸν Κροῖσον. ὁ δὲ βασιλεὺς ἰδὼν τὸν Αἴσωπον ἠγανάκτησεν καὶ εἶπεν· "ἴδε τίς ἐκώλυσέν με πόλιν ὑποτάξαι, καὶ τέλη λαμβάνειν οὐκ εἴασεν. καὶ εἰ μὲν ἄνθρωπος οὐ χαλεπόν, ἀλλ' αἴνιγμα καὶ τέρας τῶν ἀνθρώπων." καὶ ὁ Αἴσωπος· "κύριε βασιλεῦ, οὐ βίᾳ ἧγμαι πρὸς σέ, αὐτοθελὴς δὲ πάρειμι πρὸς τοὺς σοὺς πόδας. ὅμοια δὲ πάσχετε τοῖς παραχρῆμα τραυματιζομένοις, πρὸς τὸ ὀξὺ τοῦ γινομένου αἰφνιδίως κράζοντες. τὰ μὲν τραύματα ἰατρῶν ἐπιστήμῃ πάντες ἐξυγιάζουσιν, τὴν δὲ σὴν ὀργὴν ὁ ἐμὸς λόγος θεραπεύσει. ἐγώ, ἐὰν παρὰ τοῖς ποσίν σου ἀποθάνω, καταισχυνῶ σου τὴν βασιλείαν· ἀεὶ γὰρ ἕξεις τοὺς φίλους σου ἐναντίας σοι διδόντας γνώμας. στοχαζόμενοι γὰρ ὅτι οἱ τὰ καλὰ συμβουλεύοντες παρὰ σοὶ τελευτῶσιν, πάντως σου τῇ βασιλείᾳ ἐναντία ἐροῦσιν." **99** ὁ δὲ βασιλεὺς θαυμάσας αὐτὸν καὶ μειδιάσας ἔφη· "δύνασαί ⟨τι⟩ προσθεῖναι, καὶ πρὸς τὴν εἰς τοὺς ἀνθρώπους τύχην λόγους εἰπεῖν;" ὁ δὲ Αἴσωπος λέγει· "καθ' ὃν καιρὸν ἦν ὁμόφωνα τὰ ζῷα τοῖς ἀνθρώποις, πένητα ἀπορούμενον τροφῆς ἐπιλαβέσθαι δὴ ἀκρίδας τὰς λεγομένας ⟨τερετιστρίας⟩ καὶ ταύτας ταριχεύειν καὶ πωλεῖν φανερῆς τιμῆς. πιάσας δέ τινα ἀκρίδα ἠθέλησεν αὐτὴν ἀποκτεῖναι. ἡ δὲ ἰδοῦσα τὸ μέλλον πρὸς τὸν ἄνθρωπον εἶπεν '⟨μή με μάτην ἀποκτείνῃς.⟩ οὔτε γὰρ στάχυν ἠδίκησα οὔτε κλάδους ἢ βλαστούς, οὔτε ἀκρεμόνας

---

2 τοῖς προβάτοις G : τὰ πρόβατα **12** ἐπιστήμῃ Papathomopoulos : ἐπιστήμη **12–13** πάντες ἐξυγιάζουσιν Ferrari : [πάντες ἐξουσίαν ἔξουσιν] **18** δύνασαί ⟨τι⟩ προσθεῖναι Papathomopoulos : δύνασαί προσθῆναι **20** ἀνθρώποις, πένητα G : ἀνθρώποις, ⟨λέγω δὴ⟩ πένητα | δὴ Papathomopoulos : [δὲ] **24** ἀκρεμόνας Papathomopoulos : ἀκρέμονας

den ließen, gaben die Hunde heraus. Die Wölfe aber zerrissen diese. Nach einer gewissen Zeit überwanden die Wölfe die Schafe. Ihr aber dürft dieser Fabel zufolge nicht unüberlegt die Tüchtigen preisgeben.«

98 Die Samier merkten, dass die Worte zu ihnen gesprochen worden waren, und versuchten Äsop dazubehalten. Äsop aber ließ das nicht zu, sondern ging zusammen mit dem Gesandten zu Kroisos. Als der König Äsop sah, wurde er ärgerlich und sagte: »Sieh an, wer mich daran gehindert hat, eine Stadt zu unterwerfen, und mich keine Abgaben empfangen ließ! Und wenn er ein Mensch wäre, trüge ich nicht schwer daran, aber er ist ein Rätsel und ein Monster unter den Menschen.« Und Äsop: »Herr König, nicht mit Gewalt wurde ich zu dir gebracht, sondern freiwillig bin ich hier zu deinen Füßen. Euch ergeht es wie denen, die unerwartet verwundet werden und wegen des durch das plötzliche Ereignis verursachten Stichs schreien. Wunden werden durch die Geschicklichkeit der Ärzte alle geheilt, und deinen Zorn werden meine Worte kurieren. Wenn ich zu deinen Füßen sterbe, werde ich deine Königsherrschaft entehren. Denn du wirst immer deine Freunde haben, die dir entgegen deinem Interesse Ratschläge geben. Denn weil sie darauf abzielen, dass die, welche Gutes empfehlen, bei dir ihr Ende finden, werden sie dir zweifellos sagen, was dem Interesse der Königsherrschaft entgegensteht.« **99** Der König war erstaunt über ihn, lächelte und sprach: »Kannst du etwas hinzufügen und Worte sagen, die sich auf das Schicksal der Menschen beziehen?« Äsop sagte: »Zu der Zeit, als die Tiere dieselbe Sprache sprachen wie die Menschen, fing, heißt es, ein Armer, der Mangel an Nahrung hatte, Heuschrecken, die ›Zirperinnen‹ genannt werden, pökelte sie ein und verkaufte sie für einen festen Preis. Als er also eine Heuschrecke gepackt hatte, wollte er sie töten. Die sah, was sie erwartete, und sagte zu dem Menschen: ›Töte mich nicht grundlos! Ich habe weder einer Ähre etwas angetan noch Zweigen und weder Knospen noch Sprösslingen Schaden bereitet, sondern ich nutze gleichzeitig

ἔβλαψα, συγχρωμένη δὲ πτερῶν κάλλει καὶ ποδῶν ἁρμονίᾳ χρηστὰ φθέγγομαι. ὁδοιπόρων εἰμὶ ἀνάπαυμα.᾽ ὁ ἄνθρωπος, συμπαθήσας τοῖς λόγοις αὐτῆς, ἀφῆκεν αὐτὴν μητρὶ τῇ ἐρημίᾳ. ὡσαύτως κἀγὼ προσπίπτω τοῖς γόνασίν σου. ἐλέησόν με· οὔτε γὰρ ἰσχυρός εἰμι ὥστε τινὰ στρατιὰν βλάψαι, οὔτε εὐπρεπὴς ὥστε ψευδομαρτυρῆσαι κατά τινος καὶ διὰ τὸ κάλλος τῆς ὄψεως ἀδίκως πεῖσαί τινα. ἐν εὐτελεῖ σωματίῳ δὲ φρενήρη φθέγγομαι βίον τῶν μερόπων ὠφελῶν." **100** ὁ βασιλεὺς συμπαθήσας αὐτῷ τοῖς λόγοις ἔφησεν· "ἐγώ σε τὸ ζῆν δώσω· αἴτησαι δὲ ὃ θέλεις καὶ παρέξω σοι." Αἴσωπος εἶπεν· "καταλλάγηθι Σαμίοις." ὁ βασιλεύς· "κατήλλαγμαι." ὁ δὲ προσπεσὼν αὐτῷ ηὐχαρίστει. Αἴσωπος οὖν αὐτῷ συγγραψάμενος τοὺς ἰδίους λόγους καὶ μύθους, τοὺς ἄχρι καὶ νῦν ὀνομαζομένους, κατέλιπεν εἰς τὴν βιβλοθήκην καὶ λαβὼν παρὰ τοῦ βασιλέως ἐπιστολὰς [ἐγένετο πάλιν] πρὸς τοὺς Σαμίους, ἔνθα ὡμολόγει κατηλλάχθαι αὐτοῖς ἕνεκεν τοῦ Αἰσώπου, πολλὰ δὲ δῶρα κομισάμενος, ἔπλευσεν εἰς Σάμον. καὶ ἐκκλησίαν συστησάμενος ἀνέγνω τὰς ἐπιστολὰς τοῦ βασιλέως. οἱ δὲ Σάμιοι γνόντες αὐτοῖς τὸν Κροῖσον διηλλάχθαι διὰ τοῦ Αἰσώπου τιμὰς αὐτῷ ἐψηφίσαντο, καὶ ἐκάλεσαν τὸν τόπον ἐκεῖνον Αἰσώπειον, ὅπου ἦν ἐνηλλαγμένος. ὁ δὲ Αἴσωπος θύσας ταῖς Μούσαις ἱερὸν κατεσκεύασεν στήσας μέσον αὐτῶν αὐτὸν μνημόσυνον, οὐκ Ἀπόλλωνα. ὁ Ἀπόλλων ὠργίσθη αὐτῷ ὡς τῷ Μαρσύᾳ.

101 πολλοὺς δὲ χρόνους ἐν τῇ Σάμῳ διατρίψας ὁ Αἴσωπος καὶ πολλῶν τιμῶν καταξιωθεὶς ἠβουλήθη περιελθεῖν τὴν οἰκουμένην, καὶ ἐν τοῖς ἀκροατηρίοις διελέγετο. τιμήματα δὲ ἀργυρικὰ λαμβάνων πᾶσαν τε χώραν περιελθὼν ὁ Αἴσωπος ἐγένετο [δὲ] ⟨καὶ⟩ ἐν Βαβυλῶνι, ἐν ᾗ ἐβασίλευεν Λυκοῦργος. ἐπιδειξάμενος δὲ αὐτοῦ τὴν φιλοσοφίαν μέγας

1 συγχρωμένη Papathomopoulos : συγχρόνῳ | πτερῶ⟨ν⟩ κάλλει G : πτερῶν **2** συμπαθήσας Papathomopoulos : συμπαθὴς **6** πεῖσαί τινα Papathomopoulos : πεισθῆναι | σωματίῳ δὲ G : δὲ σωματίῳ **8** σε G, Shipp : σοι **16** γνόντες Dölger : γνῶντες **19** κατεσκεύασεν στήσας G : κατεσκεύασεν αὐταῖς, στήσας | αὐτῶν αὐτὸν Papathomopoulos : αὐτῶν | μνημόσυνον G : Μνημοσύνην **20** ὠργίσθη Papathomopoulos : ὀργισθεὶς **24** [δὲ] ⟨καὶ⟩ ἐν Papathomopoulos : [δὲ] ἐν

die Schönheit meiner Flügel und die harmonische Bewegung meiner Füße und lasse Nützliches ertönen. Ich bin eine Erleichterung für die Wanderer.‹ Der Mensch bekam Mitleid mit ihren Worten und überließ sie ihrer Mutter, der Einsamkeit. Ebenso falle auch ich dir vor die Knie. Erbarme dich meiner! Denn ich bin weder so stark, dass ich einem Heer schaden könnte, noch so gut aussehend, dass ich falsches Zeugnis gegen jemanden ablegen und aufgrund der Schönheit meines Anblicks jemand unrechtmäßig zu etwas überreden könnte. Nein, mit einem elenden kleinen Körper lasse ich Kluges ertönen und nütze damit dem Leben der Sterblichen.« **100** Der König hatte aufgrund seiner Worte Mitleid mit ihm und sprach: »Ich will dir das Leben schenken. Erbitte nun, was du willst, und ich werde es dir gewähren.« Äsop sagte: »Versöhne dich mit den Samiern!« Der König: »Ich bin mit ihnen versöhnt.« Der aber fiel vor ihm nieder und dankte. Äsop schrieb nun für ihn seine eigenen Fabeln und Geschichten auf, die noch bis heute nach ihm benannt sind, und hinterließ sie in der Bibliothek, und nachdem er vom König Briefe an die Samier bekommen hatte, worin der bezeugte, dass er mit ihnen versöhnt sei wegen Äsop, segelte er, viele Geschenke mit sich nehmend, nach Samos. Und er berief die Volksversammlung ein und las die Briefe des Königs vor. Als die Samier erfahren hatten, dass Kroisos durch Äsop mit ihnen versöhnt worden war, beschlossen sie Ehrungen für ihn, und sie nannten jenen Ort, wo mit ihm der Austausch stattgefunden hatte, Aisopeion. Äsop opferte nun den Musen und richtete ihnen ein Heiligtum ein, wobei er in ihrer Mitte sich selbst als Denkmal aufstellte, nicht Apollon. Apollon zürnte ihm wie dem Marsyas.

101 Nachdem Äsop sich viele Jahre in Samos aufgehalten hatte und vieler Ehren gewürdigt worden war, wollte er die Welt durchreisen, und er fing an, Vorträge in Hörsälen zu halten. Da bekam er Geldpreise, und als Äsop das ganze Land durchreist hatte, kam er auch nach Babylon, wo Lykurgos König war. Als er seine Philosophie öffentlich dargelegt hatte, wurde er als ein Großer bei den Ba-

παρὰ τοῖς Βαβυλωνίοις ἀνεδείχθη, ὥστε καὶ τὸν βασιλέα ἐραστὴν αὐτοῦ γενέσθαι τῶν ἠθῶν διὰ τὸ νοῦν αὐτὸν ἔχειν, καὶ ποιῆσαι αὐτὸν ἐπὶ τῆς διοικήσεως. **102** ἐπ' ἐκείνοις δὲ τοῖς καιροῖς ἔθος εἶχον οἱ βασιλεῖς παρ' ἀλλήλων φόρους λαμβάνειν διὰ τῆς ἐναρέτου μάχης· οὔτε γὰρ ἐν πολέμοις συνίσταντο οὔτε μάχαις· ἔγραφον γὰρ προβλήματα φιλοσοφίας δι' ἐπιστολῶν, καὶ ὁ μὴ εὑρίσκων διαλύσασθαι φόρους ἐτέλει τῷ πέμψαντι. ὁ δὲ Αἴσωπος τὰ ἐκπεμπόμενα τῷ Λυκούργῳ λύων προβλήματα εὐδοκιμεῖν ἠνάγκαζεν τὸν βασιλέα, αὐτὸς δὲ διὰ τοῦ Λυκούργου ἔπεμπεν τοῖς βασιλεῦσιν, καὶ μὴ εὑρίσκοντες φόρους ἐχορήγουν. καὶ οὕτως ἡ τῶν Βαβυλωνίων βασιλεία προέβαινεν, ὥστε οὐ μόνον τὰ βάρβαρα αὐτὸν κατειληφέναι, ἀλλὰ καὶ τὰ πλείονα μέρη ἕως Ἑλλάδος ὑποτεταχέναι.

103 Ὁ δὲ Αἴσωπος ἐπιγνούς τινα εὐγενῆ ἐν Βαβυλῶνι, ἄτεκνος ὑπάρχων τοῦτον υἱὸν ἐποιήσατο καὶ τῷ βασιλεῖ παρέστησεν ὡς διάδοχον αὐτοῦ τῆς σοφίας, πᾶσαν δὲ αὐτοῦ ἐποιήσατο ἐπιμέλειαν τῆς παιδείας. ὁ δὲ νεανίσκος μέγα ποιήσας ἅμα ⟨τε⟩ τῇ τοῦ βασιλέως παλλακίδι περιπλακεὶς ἐπιχαρὴς ἐγένετο προσπαίζων. ὁ δὲ Αἴσωπος ἰδὼν καὶ ἀγανακτήσας πυκνὸν αὐτῷ ἠπείλησεν, εἰπὼν βασιλικῆς ὁ παρὰ φύσιν ἁπτόμενος θάνατον ἐνάπτεται. **104** ὁ δὲ νεανίσκος βαρέως φέρων τοὺς λόγους τοῦ Αἰσώπου, καταπεισθεὶς ὑπὸ τῶν φίλων, ψευδῶς διέβαλεν τὸν Αἴσωπον πρὸς τὸν βασιλέα, γράψας πλαστὴν ἐπιστολὴν τῷ αὐτοῦ ὀνόματι πρὸς τοὺς ἀντιδίκους Λυκούργου πιστούμενος μέλλειν αὐτοῖς τὸν Αἴσωπον βοηθεῖν, καὶ σφραγίσας τῷ τοῦ Αἰσώπου δακτυλίῳ ἐπέδωκεν τῷ Λυκούργῳ, λέγων· "ὁ πιστός φίλος σου, ἴδε πῶς κατὰ τῆς βασιλείας σου βουλεύεται." ὁ δὲ βασιλεὺς πεισθεὶς τῇ σφραγῖδι καὶ ὀργισθεὶς προσέταξεν Ἑρμίππῳ τινὶ στρατοφύλακι ἀνελεῖν τὸν Αἴσωπον ὡς προδότην. ὁ δὲ οὐκ ἀνεῖλεν αὐτόν· ἦν γὰρ φίλος αὐτοῦ γνήσιος.

---

2 ποιῆσαι Papathomopoulos : ἐποίησεν **11** αὐτὸν Perry im Apparat : τῶν ἐθνῶν **12** ὑποτεταχέναι Papathomopoulos : ὑποτέτακται **16** ἅμα ⟨τε⟩ τῇ Papathomopoulos : ἅμα τῇ **18** παρὰ φύσιν G : παρὰ νόμον **19** ἐνάπτεται Stamoulakis : ἐνακμᾶται **20** ψευδῶς Papathomopoulos : ψεῦδος **22** πιστούμενος μέλλειν Papathomopoulos : [πιστούς], ὡς μέλλοντα

byloniern gerühmt, so dass der König ein Verehrer seiner Wesensart wurde, weil er Verstand hatte, und ihn zum Oberhaupt der Staatsverwaltung machte. **102** In jenen Zeiten hatten die Könige die Gewohnheit, voneinander durch einen Tugendwettkampf Abgaben zu nehmen. Denn sie traten einander weder in Kriegen noch in Kämpfen gegenüber. Denn sie schrieben einander philosophische Probleme in Briefen, und wer nicht die Lösung fand, entrichtete dem Absender Abgaben. Äsop löste die Lykurgos geschickten Probleme und machte den König zwangsläufig berühmt; er selbst schickte solche durch Lykurgos den Königen, und wenn sie nicht findig wurden, zahlten sie Abgaben. Und so prosperierte die Königsherrschaft der Babylonier, so dass er nicht nur die barbarischen Länder eroberte, sondern sich auch die größeren Teile des Gebiets bis Griechenland unterwarf.

103 Äsop lernte in Babylon einen Adeligen kennen, und da er kinderlos war, machte er ihn zu seinem Sohn, stellte ihn dem König als seinen Nachfolger in der Weisheit vor und verwendete seine ganze Sorgfalt auf dessen Ausbildung. Der junge Mann aber spielte den großen Herrn und wurde zugleich in ein Verhältnis mit einer Nebenfrau des Königs verwickelt, indem er mit ihr flirtete und ihr lieb wurde. Äsop aber, der das sah und ungehalten war, drohte ihm mehrfach, wobei er sagte, wer widernatürlich eine Frau des Königs berühre, bringe sich in Berührung mit dem Tod. **104** Der junge Mann, der schwer trug an Äsops Worten, verleumdete, von seinen Freunden überredet, Äsop lügnerisch beim König, indem er einen fingierten Brief in dessen Namen an die Gegner des Lykurgos schrieb, darin versicherte, dass Äsop im Begriff sei, sie zu unterstützen, siegelte ihn mit Äsops Ring und gab ihn Lykurgos, wobei er sagte: »Dein treuer Freund, sieh her, wie er gegen deine Königsherrschaft intrigiert.« Der König nun ließ sich durch das Siegel überzeugen, wurde zornig und befahl einem Hermippos, Befehlshaber seiner Garde, Äsop als Verräter zu töten. Der aber tötete ihn nicht; denn er war sein echter Freund. Weil niemand Nachfor-

μηδενὸς ἱστοροῦντος ἐτήρει αὐτὸν ἐν τῇ φυλακῇ, ἀνήγγειλεν δὲ τῷ βασιλεῖ ὅτι "τεθανάτωκα τὸν Αἴσωπον." ὁ δὲ Ἥλιος παρέλαβεν τὴν διοίκησιν τοῦ Αἰσώπου. **105** μετὰ δὲ χρόνον, ἀκούσας Νεκταναβὼν ὁ τῶν Αἰγυπτίων βασιλεὺς τὸν Αἴσωπον τεθνηκέναι, πρεσβείαν ἀπέστειλεν πρὸς τὸν Λυκοῦργον μετὰ ἐπιστολῶν καὶ προβλημάτων ἵνα διαλύσῃ, εἰδὼς ὅτι μετὰ Αἴσωπον οὐδεὶς εὑρεθήσεται παρὰ Βαβυλωνίοις ὁ δυνάμενος διαλῦσαι. ἦν δὲ τὸ πρόβλημα τοῦτο· "Νεκταναβὼν βασιλεὺς Αἰγύπτου Λυκούργῳ Βαβυλωνίῳ χαίρειν. θέλω οἰκοδομῆσαι πύργον μήτε γῆς μήτε οὐρανοῦ ἁπτόμενον, ὑψηλόν. ἀπόστειλόν μοι τοὺς οἰκοδομήσοντας αὐτὸν καὶ ⟨τὸν⟩ ἀποκριθησόμενον ὅ τι ἂν αὐτὸν ἐρωτήσω, καὶ λάβε φόρους ἐτῶν δέκα ὑπὲρ ὅλης τῆς ⟨ὑπ' ἐμὲ⟩ χώρας. εἰ ⟨δ' ἀπορ⟩εῖς, σύν⟨θες⟩ ἐμαυτὸν ἔχειν ὑπὲρ ὅλης ⟨ἧς⟩ βασιλεύεις γῆς τέλ⟨η⟩ ἐ⟨τ⟩ῶν ⟨δέκα⟩." **106** ἀναγνοὺς δὲ ὁ Λυκοῦργος τὴν ἐπιστολὴν περίλυπος ἐγένετο ἐπὶ τῷ ἐξαπίνης πτώματι. ἐκάλεσεν τοὺς φίλους ἀνελθεῖν, ἐν οἷς καὶ Ἕρμιππον, ἔφη τε αὐτοῖς· "δύνασθε λῦσαι τὸ τοῦ πύργου ζήτημα ἢ πάντας τραχηλοκοπήσω;" οἱ δὲ φίλοι εἶπον· "οὐκ οἴδαμεν πῶς πύργος οἰκοδομεῖται μήτε οὐρανοῦ μήτε γῆς ἁπτόμενος." ἕτερος δέ τις δεινὸς λέγειν ἀπεκρίνατο· "κύριε βασιλεῦ, ἡμεῖς θέλομεν πάντα τὰ ὑπὸ σοῦ κελευόμενα ποιεῖν· ἀδυνάτως καὶ ἀπείρως ἔχομεν πρὸς τὰ τοιαῦτα. συγγνώμης τοίνυν τυχεῖν ἀξιοῦμεν." ὁ δὲ βασιλεὺς ὀργισθεὶς ἐκέλευσεν τῷ στρατοφύλακι τοῦ ζῆν πάντας μεταστῆσαι. ἐπελάβετο δὲ τὴν ὄψιν ἑαυτοῦ τύπτειν καὶ κατατίλλεσθαι καὶ ὀδύρεσθαι τὸν Αἴσωπον. καὶ ἔλεγεν στενάζων· "τὸν κίονά μου τῆς βασιλείας ἀπώλεσα διὰ τὴν ἐμὴν ἀβουλίαν." καὶ οὔτε βρωτοῦ οὔτε ποτοῦ μετέλαβεν. **107** ἐπιγνοὺς οὖν ὁ στρατοφύλαξ τὰς ἀναγκαίας χρείας τοῦ βασιλέ-

11 ὑπὲρ ὅλης τῆς ⟨ὑπ' ἐμὲ⟩ χώρας Papathomopoulos : ὑπὲρ ... ὅλης τῆς χώρας **11–13** εἰ ⟨δ' ἀπορ⟩εῖς, σύν⟨θες⟩ ἐμαυτὸν ἔχειν ὑπὲρ ὅλης ⟨ἧς⟩ βασιλεύεις γῆς τέλ⟨η⟩ ἐ⟨τ⟩ῶν ⟨δέκα⟩ Papathomopoulos : εἴης συνεμαυτὸν ἔχω ἐπὶ ψιλῆς βασιλευούσης πόλεως Perry im Apparat **18** δεινὸς λέγειν ἀπεκρίνατο Papathomopoulos : δειλὸς λέγει ἀπκρινόμενος **21** στρατοφύλακι Papathomopoulos : φύλακι | μεταστῆσαι Perry im Apparat : μεταστῆναι **22** τύπτειν La Penna, Charitonidis : τύπτων | καὶ κατατίλλεσθαι G : καὶ ⟨ἤρξατο⟩ κατατίλλεσθαι

schungen anstellte, nahm er ihn im Gefängnis in seine Hut und meldete dem König: »Ich habe Äsop getötet.« Helios aber übernahm Äsops Amt der Staatsverwaltung. **105** Als nach einiger Zeit Nektanabon, der König der Ägypter, hörte, dass Äsop gestorben sei, schickte er an Lykurgos eine Gesandschaft mit Briefen und Problemen, damit er sie löse, weil er wusste, dass nach Äsop keiner sich bei den Babyloniern finden werde, der sie lösen könne. Das Problem war nun dieses: »Nektanabon, der König von Ägypten, grüßt den Babylonier Lykurgos. Ich will einen Turm erbauen, der weder die Erde noch den Himmel berührt, einen hohen. Schicke mir die Leute, die ihn bauen sollen und den, der beantworten soll, was auch immer ich ihn frage, und nimm zehn Jahre lang Abgaben für das ganze mir unterstehende Land. Wenn du aber ratlos bist, komme mit mir überein, dass ich zehn Jahre lang Steuern für das ganze Land, über das du König bist, erhalte.« **106** Als Lykurgos nun den Brief gelesen hatte, wurde er sehr betrübt über die plötzlich entstandene Lage. Er rief seine Freunde, sie sollten herkommen, darunter auch Hermippos, und sprach zu ihnen: »Könnt ihr das Problem des Turmes lösen oder soll ich allen den Hals abschneiden lassen?« Da sagten die Freunde: »Wir wissen nicht, wie ein Turm gebaut wird, der weder Himmel noch Erde berührt.« Ein anderer aber, der gewaltig im Reden war, antwortete: »Herr König, wir wollen alles von dir Befohlene tun. Unfähig und unerfahren sind wir einer solchen Sache gegenüber. Wir bitten dich also, Verzeihung zu erlangen.« Der König aber geriet in Zorn und befahl dem Befehlshaber seiner Garde, alle aus dem Leben zu entfernen. Und er griff sich ins Gesicht, um es zu schlagen und sich die Haare zu raufen und Äsop zu beweinen. Und er sagte stöhnend: »Die Säule meines Königreiches habe ich wegen meiner Unbesonnenheit verloren!« Und er nahm weder Speise noch Trank zu sich. **107** Als der Befehlshaber der Garde nun die äußerste Notlage des Königs

ως ἠθέλησεν τὸ ἑαυτοῦ ἁμάρτημα εὔκαιρον ⟨δεῖξαι⟩ καί φησιν· "δέσποτα βασιλεῦ, ἡ σήμερον ἐσχάτη εἶναί μοι οἶδα." ὁ δὲ Λυκοῦργος πρὸς αὐτόν· "τί;" φησιν. ὁ δέ· "ἐπιταγὴν βασιλέως μὴ ποιήσας ἐπ' ἐμαυτὸν θησαυρίζω κακά." ὁ δὲ βασιλεὺς εἶπεν· "τί σεαυτῷ σύνοιδας;" ὁ δὲ εἶπεν· "Αἴσωπος ζῇ." ἐξ ἀνελπίστου δὲ ἀκούσας ὁ Λυκοῦργος περιχαρὴς ἐγένετο καὶ ἔφη πρὸς τὸν Ἕρμιππον· "ὄφελον ἠδυνάμην ἣν λέγεις σεαυτοῦ ἐσχάτην ἡμέραν αἰωνίαν ποιῆσαι, εἰς φῶς γλυκὺ πᾶσιν ἀνθρώποις δι' αἰῶνος, ἐὰν ἀληθεύῃς ὅτι Αἴσωπος ζῇ. ἐκεῖνον γὰρ τηρήσας ἐφύλαξας εἰς ἐμὴν σωτηρίαν. πλὴν ἄμοιρόν σε οὐκ ἀφήσω, σωτῆρα δὲ ἡμῶν ἐπικαλέσομαι." καὶ ἐκέλευσεν αὐτὸν ἀχθῆναι. παραγεναμένου δὲ αὐτοῦ ῥυποῦντος καὶ κομῶντος καὶ ὠχρῶντος διὰ τὴν πολυχρόνιον συνοχήν, ἀποστραφεὶς ὁ βασιλεὺς ἔκλαυσεν. καὶ ἐκέλευσεν αὐτὸν ὁ βασιλεὺς ἐπιμελείας τυχεῖν καὶ ἀμφιασθέντα ἀσπάσασθαι. **108** ὁ δὲ Αἴσωπος εἰς ἑαυτὸν ἀποκατασταθεὶς ἐλθὼν ἠσπάσατο τὸν βασιλέα καὶ ἀπελογεῖτο πῶς ψευδῶς αὐτοῦ κατηγόρησεν ὁ υἱοποίητος, καὶ τὴν ἀλήθειαν μεθ' ὅρκου παρεστήσατο. τοῦ βασιλέως θέλοντος ἀνελεῖν τὸν Ἥλιον, ὡς εἰς πατέρα ἀθετήσαντα, παρῃτήσατο ὁ Αἴσωπος εἰπὼν τεθνεῶτα μὲν ἕξειν παρακάλυμμα τοῦ τῆς αἰσχύνης βίου [μετὰ] τὸν θάνατον, ζῶντα δὲ τρόπαιον εἶναι τῆς ἰδίας συνειδήσεως. συγχωρήσας δὲ ὁ βασιλεὺς ἐκείνῳ τὸ ζῆν, ἔφη τῷ Αἰσώπῳ· "λαβὼν τὴν ἐπιστολὴν τοῦ τῶν Αἰγυπτίων βασιλέως ἀνάγνωθι." ὁ δὲ γνοὺς τὸ ζήτημα καὶ μειδιάσας φησίν· "ἀντίγραψον αὐτῷ οὕτως· 'πέμψω σοι τοὺς οἰκοδομήσοντας τὸν πύργον καὶ τὸν ἀποκριθησόμενον τὰ ἐρωτήματα, ἐὰν ὁ χειμὼν παρέλθῃ.'" γράψας οὕτως ἔπεμψεν διὰ τῶν πρεσβευτῶν εἰς Αἴγυπτον καὶ τῷ Αἰσώπῳ τὴν ἐξ ἀρχῆς διοίκησιν τῶν πραγμάτων

---

3 "τί;" φησιν Papathomopoulos : "τί φῄς;" **7** αἰωνίαν Papathomopoulos : αἰῶνα **8** ἀληθεύῃς Perry im Apparat : ἀληθεύεις **15** ψευδῶς Papathomopoulos : ψεῦδος **18** ἕξειν Haslam : ἔχειν | τοῦ τῆς αἰσχύνης βίου Papathomopoulos : τοῦ βίου τῆς αἰσχύνης **22–23** οἰκοδομήσοντας Charitonidis : οἰκοδομοῦντας

erkannte, wollte er seinen Fehler zu dem günstigen Zeitpunkt offenbaren und sprach: »Herr König, ich weiß, dass heute mein letzter Tag ist.« Und Lykurgos sprach zu ihm: »Was?« Und der: »Weil ich einen Befehl des Königs nicht ausgeführt habe, häufe ich Unheil auf mich.« Und der König sagte: »Was hast du auf dem Gewissen?« Und der sagte: »Äsop lebt.« Als Lykurgos das unverhofft gehört hatte, wurde er sehr froh und sprach zu Hermippos: »Könnte ich doch den Tag, den du deinen letzten nennst, zu einem ewigen machen, zu einem süßen Licht für alle Menschen in Ewigkeit, wenn du die Wahrheit sagst, dass Äsop lebt! Denn indem du ihn in deine Hut nahmst, hast du ihn zu meiner Rettung bewahrt. Aber ich lasse dich nicht unbelohnt und nenne dich unseren Retter.« Und er befahl, dass der gebracht werde. Als er kam, schmutzig, mit langen Haaren und bleich wegen der langen Haft, wandte der König sich ab und weinte. Und der König befahl, dass er Pflege bekomme und, nachdem er bekleidet wurde, ihn begrüße.
108 Als Äsop wieder in seinen eigenen Zustand versetzt worden war, kam er, begrüßte den König, sagte zu seiner Verteidigung, wie lügnerisch ihn sein Adoptivsohn angeklagt habe, und legte unter Eid dar, was die Wahrheit war. Der König wollte Helios töten lassen, weil er seinen Vater verraten hatte, aber Äsop bat ihn los, indem er sagte, als Toter werde der den Tod als Schleier über der Schande seines Lebens haben, als Lebender dagegen ein Mahnmal seines eigenen Gewissens sein. Da gestattete der König ihm zu leben und sprach zu Äsop: »Nimm den Brief des Königs der Ägypter und lies ihn.« Der erkannte das Problem, lächelte und sprach: »Schreib ihm so zurück: ›Ich werde dir die Leute, die den Turm bauen sollen, und den, der die Fragen beantworten soll, schicken, wenn der Winter vergangen ist.‹« So schrieb er und schickte es durch Gesandte nach Ägypten, und Äsop bedachte er mit dem Amt der Staatsverwaltung, dass dieser von Anfang an innegehabt hatte. Dann

ἐχαρίσατο· τὸν δὲ Ἥλιον αὐτῷ παρέσχεν. ὁ δὲ λαβὼν τὸν νεανίσκον διέθηκεν διὰ λόγων ἐνουθέτει ⟨τε⟩ ἀρξάμενος οὕτως·

109 "ἄκουσον τῶν ἐμῶν λόγων, Ἥλιε, ⟨δι' ὧν⟩ καὶ πρότερον παιδευθεὶς οὐκ ἀληθεῖς μοι τὰς χάριτας ἀπέδωκας· πρότερον μὲν θεὸν σέβου, βασιλέα τίμα· τὸ κρατοῦν ἰσόθεον. τὸν υἱοποιούμενον στέργε ⟨ὡς⟩ τοὺς γονεῖς, οὓς μὲν ἀνάγκη εὖ ποιεῖν διὰ τὴν φύσιν· τῷ δὲ ἐκ προαιρέσεως στέρξαντι διπλασίονας ⟨δεῖ⟩ τὰς τιμὰς ἀποδιδόναι καὶ χάριτας. τὴν καθημερινὴν τροφὴν λάμβανε, ὡς δύνῃ [...] τοὺς ἐχθροὺς εὔχου [καὶ] ἀρρωστεῖν καὶ πένεσθαι, ἵνα κατὰ πάντα ἀδυνατῶσιν, τοὺς δὲ φίλους εὐφραίνοντας ζῆν· ὀνήσουσιν γάρ σε ἢ λόγῳ ἢ βίῳ· φθόνον φεῦγε. τοὺς τὰ ὑψηλὰ οἰκοδομοῦντας τῶν ἰδίων οἰκοδομημάτων κατάβαλε. ἐν οἴνῳ μὴ φιλολόγει ἐπιδεικνύμενος φιλοσοφίαν ἀκαίρως, ἀλλὰ καὶ σύγχαιρε. δούλων ἐπιμελοῦ καὶ μεταδίδου αὐτοῖς ἐξ ὧν ἔχεις. θυμοῦ κράτει. ἐάν τι παρεκμακῶς μάθῃς μὴ αἰσχύνου. βέλτιον γὰρ ὀψιμαθῆ μᾶλλον ἢ ἀμαθῆ σε καλεῖσθαι. τῇ γυναικί σου κρυπτὸν ἢ ἀπόρρητον μὴ ἀνατίθου. **110** εὐέντευκτος καὶ κοινωνικὸς γίνου τοῖς ἀπαντῶσίν σε, εἰδὼς ὅτι καὶ τὸ κυνάριον ⟨τῇ⟩ οὐρᾷ ἄρτον προσπορίζεται κἂν τὸ στόμα

2 ἐνουθέτει ⟨τε⟩ ἀρξάμενος Papathomopoulos : [ἐνουθέτει], ἀρξάμενος [Die Textkritik zu Kap. 109 und 110 bezieht sich auf Perry im Apparat:] **3** Ἥλιε, ⟨δι' ὧν⟩ καὶ Haslam : Ἥλιε, καὶ **3–4** πρότερον παιδευθεὶς οὐκ Papathomopoulos : πρῶτον παιδεύθητι **4** ἀληθεῖς μοι Haslam : ἀληθῆ ἐμοὶ **5** τὸ κρατοῦν ἰσόθεον Ferrari : τὸν κρατοῦντα ἴσω θεῷ | υἱοποιούμενον Haslam : υἱὸν ποιούμενος **5–6** στέργε ⟨ὡς⟩ τοὺς Haslam : στέργε τοὺς **6** οὓς μὲν ἀνάγκη εὖ ποιεῖν Papathomopoulos : οἷς μὲν ἀνάγκη, εὐτονεῖν **7** στέρξαντι διπλασίονας Haslam : τεύξαντα διπλασίονα | διπλασίονας ⟨δεῖ⟩ τὰς Papathomopoulos : διπλασίονα τὰς | ἀποδιδόναι Papathomopoulos : διδόναι **8** δύνῃ [...] τοὺς Ferrari : δύνῃ· τοὺς **8–9** εὔχου [καὶ] Ferrari : εὔχου ζῆν καὶ **9** ἀρρωστεῖν Papathomopoulos : ἀρρωστὴν **10** εὐφραίνοντας ζῆν· ὀνήσουσιν Haslam : εὐφραίνοντας, ὀνήσουσιν **11** τῶν ἰδίων οἰκοδομημάτων Ferrari : ἐναντία οικοδομηματων **12** φιλολόγει Ferrari : φιλολόγῃ | φιλοσοφίαν Papathomopoulos : φιλολογίαν **14** παρεκμακῶς μάθῃς Haslam : παρεῖ καλῶς μαθεῖν **14–15** ὀψιμαθῆ...ἀμαθῆ Papathomopoulos : ὄψει μαθη ... ἀμαθεῖ **16** εὐέντευκτος Papathomopoulos : σύπεπτος | ἀπαντῶσίν Haslam : ἀπατῶσίν **17** κυνάριον ⟨τῇ⟩ οὐρᾷ Haslam : κυνάριον οὐρᾷ | κἂν Papathomopoulos : κὰν

übergab er ihm Helios. Der aber nahm den jungen Mann, und durch Worte rückte er ihm den Kopf zurecht und ermahnte ihn, indem er so begann:

109 »Höre meine Worte, Helios, durch die auch früher erzogen du mir keinen wahren Dank erwiesen hast. An erster Stelle verehre Gott, ehre den König: Herrschen ist göttergleich. Deinen Adoptivvater liebe wie deine Eltern, denen Gutes zu tun aufgrund der Natur notwendig ist. Dem, der aus freier Entscheidung liebt, muss man doppelt Ehre und Dank erweisen. Deine tägliche Nahrung nimm, wie du es kannst [...] Bete, dass deine Feinde schwach und arm sind, damit sie in allen Dingen ohne Macht sind, aber dass deine Freunde in Freuden leben. Denn sie werden dir entweder durch Worte oder ihren Besitz nützen. Meide den Neid. Diejenigen, die in die Höhe bauen, wirf von ihren eigenen Bauwerken herab. Beim Wein rede nicht gelehrt, indem du zur Unzeit Philosophie zur Schau stellst, sondern habe auch Spaß mit den anderen. Nimm dich deiner Sklaven an und gib ihnen Anteil an dem, was du hast. Beherrsche dein Temperament. Lernst du etwas, wenn du schon alt geworden bist, schäme dich nicht. Denn es ist besser, dass man dich einen spät Lernenden als einen Unwissenden nennt. Vertraue deiner Frau nichts Heimliches oder Verbotenes an. **110** Sei umgänglich und mitteilsam gegenüber denen, welchen du begegnest, weil du weißt, dass auch das Hündchen sich mit dem Schwanz Brot verschafft, selbst wenn das Maul sich Schläge zuzieht. Wenn du

πληγὰς ὑπάγῃ. ἐὰν εὐτυχήσῃς, τοῖς ἐχθροῖς σου μὴ μνησικακήσῃς, μᾶλλον ⟨δὲ⟩ αὐτοὺς εὖ ποίει ἵνα μεταμέλωνται οἷον ἄνδρα ἠδίκουν. ὡσαύτως δὲ τὰ ὑπὸ σοῦ πραττόμενα ἢ λεγόμενα ἑτέροις ἀναθήσεται." ταῦτα εἰπὼν ὁ Αἴσωπος τῷ ἀνθρώπῳ ἐχωρίσθη, ὁ δὲ Ἥλιος λυπούμενος ἐπὶ τῷ ἠδικηκέναι αὐτὸν καὶ διὰ τῶν λεγομένων, ἀπεκαρτέρησεν τὸν βίον μεταλλάξας, ὁ δὲ λαμπρῶς αὐτὸν ἔθαψε πενθήσας χρόνον τινά.

111 μετὰ δὲ ταῦτα προσκαλεσάμενός τινας ἰξευτὰς ἐκέλευσεν συλλαμβάνεσθαι τέσσαρας ἀετούς, συλληφθέντων δὲ τῶν ἀετῶν ἔτιλεν τὰ ἔσχατα πτερά, ἐν οἷς δοκοῦσιν ἵπτασθαι, οὕτως τε αὐτοὺς ἐκέλευσεν τρέφεσθαι καὶ βαστάζειν παιδία μανθάνειν. γενάμενοι δὲ τέλειοι οἱ ἀετοὶ καὶ τοὺς παῖδας ἤδη βαστάζοντες ἀνίπταντο εἰς τὸν ἀέρα δεδεμένοι καλῳδίοις, δεδεμένοι δὲ ὑπήκοοι ἦσαν τοῖς παισίν, πρὸς τὸ ἐν ᾧ ἠβούλοντο βούλημα φερόμενοι. τῷ δὲ θέρει ἀποταξάμενος ὁ Αἴσωπος τῷ βασιλεῖ ἔπλευσεν εἰς Αἴγυπτον σὺν τοῖς παιδίοις καὶ τοῖς ἀετοῖς, μετὰ πολλῶν οἰκετῶν καὶ παρασκευῆς πρὸς τὴν κατάπληξιν τῶν Αἰγυπτίων. **112** ἀφικομένου δὲ αὐτοῦ εἰς τὴν Μέμφιν ἐδηλώθη τῷ βασιλεῖ Νεκταναβῷ τὸν Αἴσωπον παραστῆναι. ἀηδῶς δὲ ἀκούσας μετεκαλέσατο τοὺς φίλους καί φησιν· "ἄνδρες, ἐνεδρεύθην ἀκούσας Αἴσωπον τεθνάναι· προεκαλεσάμην τὸν Λυκοῦργον δι' ἐπιστολῶν." ταῦτα εἰπὼν ἐκέλευσεν τὸν Αἴσωπον ἀποβῆναι τῆς νηός. καὶ τῇ ἐπαύριον ἐλθὼν ὁ Αἴσωπος ἠσπάσατο τὸν βασιλέα. ὁ δὲ Νεκταναβὼ ἐκέλευσεν τοὺς ὑφ' ἑαυτὸν στρατηγοὺς καὶ νομάρχας ἀναλαβεῖν στολὰς ⟨λευκάς⟩· ὁμοίως καὶ αὐτὸς περιβεβλημένος ⟨ἦν⟩ σινδόνα καθαράν, καὶ ἐπὶ τῆς κεφαλῆς κέρατα ἔχων. καθίσας δὲ ἐπὶ θρόνου ἐκέλευσεν εἰσελθεῖν τὸν Αἴσωπον. **113** ὁ δὲ θεασάμενος τὴν παρασκευὴν ἐθαύμασεν. ὁ δὲ Νεκταναβὼν πρὸς τὸν Αἴσωπον λέγει· "τίνι ἴκελός εἰμι; πῶς

1 εὐτυχήσῃς Papathomopoulos : εὐτυχήσεις | μνησικακήσῃς Ferrari : μνησικακίσης **2** μᾶλλον ⟨δὲ⟩ αὐτοὺς Papathomopoulos : μᾶλλον αὐτοὺς | μεταμέλωνται Papathomopoulos : μεταμελοῦνται **10–11** οἱ ἀετοὶ καὶ Papathomopoulos : ἔφερον **11** παῖδας ἤδη Papathomopoulos : παῖδας. οἱ δὲ **13** ἠβούλοντο βούλημα G : ἠβούλοντο ⟨μέρος⟩ [βούλημα] **19** προεκαλεσάμην Papathomopoulos : προσεκάλεσα **23** περιβεβλημένος ⟨ἦν⟩ σινδόνα Papathomopoulos : περιβεβλημένος σινδόνα

Glück hast, sei nicht nachtragend gegenüber deinen Feinden, vielmehr tu ihnen Gutes, damit sie bereuen, dass sie einem solchen Mann Unrecht getan haben. Auf dieselbe Weise wird das von dir Getane oder Gesagte anderen mitgeteilt werden.« Nachdem Äsop das dem Menschen gesagt hatte, ging er davon, Helios aber war betrübt, weil er ihm Unrecht getan hatte, und durch die Worte, hungerte sich zu Tode und schied aus dem Leben, der aber bestattete ihn mit großem Aufwand, nachdem er um ihn eine gewisse Zeit lang getrauert hatte.

111 Danach ließ er einige Vogelsteller rufen und befahl ihnen, vier Adler zu fangen, und als die Adler gefangen worden waren, rupfte er ihnen die äußersten Federn aus, mit denen sie, wie es scheint, fliegen, und er befahl, dass sie so ernährt würden und Knaben zu tragen lernten. Als die Adler ausgewachsen waren und die Knaben schon trugen, flogen sie an kleine Seile gebunden in die Luft. Und gebunden waren sie den Knaben gehorsam, indem sie zu dem einen Ort flogen, auf den die ihren Willen richteten. Im Sommer nahm Äsop Abschied vom König und segelte nach Ägypten mit den Knaben, den Adlern, vielen Sklaven und einer Ausrüstung, um damit die Ägypter zu beeindrucken. **112** Als er in Memphis angekommen war, wurde dem König Nektanabon bekanntgegeben, dass Äsop da sei. Der aber hörte das ungern, ließ seine Freunde rufen und sprach: »Männer, mir wurde eine Falle gestellt, als ich hörte, Äsop sei tot: Ich forderte Lykurgos durch Briefe heraus.« Als er das gesagt hatte, befahl er, dass Äsop von Bord gehen sollte. Und am nächsten Tag kam Äsop, um den König zu begrüßen. Da befahl Nektanabon, dass die ihm untergebenen Feldherrn und Statthalter weiße Kleider anlegen sollten. Ebenso war auch er mit einem Gewand aus reinem Leinen angezogen und hatte Hörner auf dem Haupt. Er setzte sich auf einen Thron und befahl, dass Äsop hereinkomme. **113** Als der die Pracht sah, staunte er. Da sagte Nektanabon zu Äsop: »Wem bin ich gleich? Wie siehst du alle die

βλέπεις τοὺς περὶ ἐμὲ πάντας;" ὁ δὲ ἔφη· "τῇ σελήνῃ ἔοικας, καὶ οἱ περὶ σὲ τοῖς ἄστροις·[...] [*ὥσπερ γὰρ ἡ σελήνη διαφέρει τῶν λοιπῶν ἄστρων, οὕτω καὶ σὺ τῇ κερατοειδεῖ μορφῇ σελήνης τρόπον ἔχεις, οἱ δὲ ἄρχοντές σου τοῖς περὶ ἐκείνην ἄστροις." ταῦτα ἀκούσας Νεκτεναβὼ καὶ θαυμάσας ἔδωκεν αὐτῷ δῶρα.* **114** *τῇ δὲ ἐχομένῃ ἡμέρᾳ ἐνδυσάμενος Νεκτεναβὼ πορφύραν ἐμφανῆ ἔστη σὺν τοῖς περὶ αὐτὸν ἔχων ἄνθεα πολλά. καὶ ἐκέλευσε τὸν Αἴσωπον εἰσελθεῖν. εἰσελθόντος δὲ ἐπηρώτησε λέγων· "τίνι ἴκελόν με βλέπεις καὶ τοὺς περὶ ἐμέ;" ὁ δὲ ἔφη· "σὲ μὲν ἡλίῳ τῷ τῆς ἐαρινῆς ὥρας, τοὺς δὲ περὶ σὲ τοῖς ἐκ τῆς γῆς καρποῖς· ὡς γὰρ βασιλεὺς πορφυρίζουσαν ἔχεις τὴν ἀπὸ τῆς ὁράσεως τέρψιν καὶ τοὺς καρποὺς εὐανθεῖς ἀναλαμβάνεις." ὁ δὲ βασιλεὺς θαυμάσας αὐτοῦ τὸ νοερὸν δῶρα ἐπέδωκε.*] **115** καὶ τῇ ἑξῆς ἡμέρᾳ ἐνδυσάμενος στολὴν λευκὴν ὅ τε Νεκταναβὼν καὶ τοῖς φίλοις αὐτοῦ κοκκίνας περιβαλὼν στολάς, ἐκάθισεν. τοῦ δὲ Αἰσώπου ἐλθόντος ἐπύθετο· "τίνι ἴκελός εἰμι;" ὁ δὲ ἔφη· "σὺ τῷ ἡλίῳ, καὶ οἱ περὶ σὲ ταῖς ἀκτῖσι· ὥσπερ γὰρ ὁ ἥλιος, ⟨λαμπρὸς⟩ καὶ ἀμίαντος ὑπάρχων, [οὕτως καὶ σὺ καθαρὸν σεαυτὸν] τοῖς ἀνθρώποις τοῖς βουλομένοις κατοπτεύειν ⟨τοὺς ἄλλους ἀστέρας⟩ τῇ πυρώσει τῶν ἀκτίνων ἀμβλύνει, οὕτως καὶ σὺ καθαρὸν σεαυτὸν τοῖς ἀνθρώποις τοῖς εἰς τὸ δέον ἐλθοῦσιν ἐνατενίσαι ⟨σε⟩ παρέστησας ⟨στολὴν λευκὴν⟩ φέρων, καὶ λαμπρὸς μὲν εἷς ὡς ὁ ἥλιος, οὗτοι δὲ διάπυροι ὡς αἱ ἀκτῖνες." ὁ δὲ βασιλεὺς θαυμάσας αὐτὸν ἔφη· "οὕτως τῆς βασιλείας παραμενούσης συμβαίνει Λυκοῦργον μηδὲν εἶναι." ὁ Αἴσωπος μειδιάσας λέγει· "εὐχερεῖς μὲν ἀλ⟨λ' οὐκ ἀλ⟩ηθ⟨εῖς λόγους⟩ πρόφερεις ἐκεῖνον ὀνομάζων· τοσοῦτον γὰρ ⟨σοῦ⟩ διαφέρει Λυκοῦργος

16 ὑπάρχων G : ὑπάρχει | [οὕτως καὶ σὺ καθαρὸν σεαυτὸν] Papathomopoulos : οὕτως καὶ σὺ καθαρὸν σεαυτὸν **17–19** κατοπτεύειν ⟨τοὺς ἄλλους ἀστέρας⟩ τῇ Papathomopoulos : κατοπτεύειν τῇ Perry im Apparat **19–20** ἐνατενίσαι ⟨σε⟩ παρέστησας ⟨στολὴν λευκὴν⟩ φέρων Papathomopoulos : ἐνατενίσαι παρέστησας φέρων Perry im Apparat **22** παραμενούσης Stamoulakis : περιμενούσης **23–24** εὐχερεῖς μὲν ἀλ⟨λ' οὐκ ἀλ⟩ηθ⟨εῖς λόγους⟩ πρόφερεις Papathomopoulos : ⟨μὴ⟩ εὐχερῶς [μὲν ἀληθοῦς] πρόσφερε **24** γὰρ ⟨σοῦ⟩ διαφέρει Papathomopoulos : γὰρ διαφέρει

um mich herum?« Und der sprach: »Dem Mond gleichst du, und die um dich herum den Sternen [...] [*Denn wie der Mond hervorsticht unter den übrigen Sternen, so hast auch du mit deiner hornartigen Gestalt das Wesen des Mondes, deine Archonten aber gleichen den Sternen um ihn herum.« Als Nektenabo das hörte, erstaunte er und gab ihm Geschenke.* **114** *Am folgenden Tag zog Nektenabo ein leuchtendes Purpurgewand an, trat auf mit denen um ihn, viele Blumen haltend, und befahl Äsop einzutreten. Als der eingetreten war, fragte er ihn, indem er sagte: »Wem gleichend siehst du mich und die um mich herum?« Und der sprach: »Dich der Sonne zur Frühlingszeit und die um dich herum den Früchten aus der Erde. Denn als König bietest du die purpurrote Wonne des Anblicks, und du empfängst die reichlich sprossenden Früchte.« Da staunte der König über seine Klugheit und gab ihm Geschenke.*] **115** Und am nächsten Tag zog Nektanabon ein weißes Gewand an, legte seinen Freunden scharlachrote Gewänder um und setzte sich. Als Äsop kam, fragte er ihn: »Wem bin ich gleich?« Und der sprach: »Du der Sonne und die um dich herum den Strahlen. Denn wie die Sonne, die glänzend und unbefleckt ist, den Menschen, die sehen wollen, die anderen Sterne durch den Feuerglanz ihrer Strahlen verdunkelt, so hast auch du, das weiße Gewand tragend, dich den Menschen dargeboten, die kommen müssen, um dich zu schauen, und du bist glänzend wie die Sonne, die dagegen sind feuerrot wie die Strahlen.« Der König staunte über ihn und sprach: »Solange meine Königsherrschaft so bleibt, geschieht es, dass Lykurgos ein Nichts ist.« Äsop lächelte und sagte: »Leichte, aber nicht wahre Worte bringst du vor, indem du ihn nennst. Denn so sehr überragt Lykurgos dich wie Zeus die, welche das Weltall bewohnen. Denn er

ὡς Ζεὺς τῶν ἐπὶ τὸν κόσμον· ἐμποδίζει γὰρ τὸν ἥλιον καὶ τὴν σελήνην φαίνειν καὶ τὰς ὥρας εὐσταθεῖν. ἐὰν θέλῃ ὀργίζεσθαι, τὸ ἴδιον ἱερὸν τρέμειν ποιεῖ καὶ φοβερὰ βροντήσας καὶ δεινὸν ἀστράψας καὶ σείσας σεισμούς, γῆν δὲ ἀναγκάζει, ἐπικειμένην ὡς ἐπὶ στερεοῦ, κινουμένην μὴ βαπτίζεσθαι. ὁμοίως καὶ Λυκοῦργος τῇ λαμπρότητι τῆς βασιλείας ⟨αὐτοῦ⟩ φω⟨τεινὴν βασιλείαν ποιεῖ σκοτεινὴν⟩ καὶ σκοτεινὴν ποιεῖ φωτεινήν· ⟨πάντ⟩α γὰρ ἐν ὑπεροχῇ καταπαύει." **116** ὁ δὲ Νεκταναβὼν ⟨τὴν⟩ εὐστοχίαν αὐτοῦ εἰδὼς καὶ τὸ εὔθετον τῆς γλώττης [διάλεκτον], ἔφη πρὸς αὐτόν· "ἤγαγές μοι τοὺς μέλλοντας οἰκοδομεῖν τὸν πύργον;" ὁ δὲ λέγει· "ἕτοιμοί εἰσιν, ἐπὰν σὺ τὸν τόπον δείξῃς." ὁ δὲ βασιλεὺς θαυμάσας ἔξω τῆς πόλεως ἀφίκετο σὺν τῷ Αἰσώπῳ καὶ μέτρα ἔδωκεν εἰς τὴν οἰκοδομήν. ὁ δὲ Αἴσωπος στήσας κατὰ γωνίας τοῦ δοθέντος μέτρου τοὺς ἀετούς, ἐκέλευσεν ⟨τοὺς παῖδας⟩ ἀναβῆναι τοὺς ἀετοὺς καὶ εἰς ἀέρα ἵπτασθαι. καὶ εἰς ὕψος γενάμενοι ἐφώνουν· "ἐπίδοτε πηλὸν καὶ πλίνθους καὶ ξύλα, καὶ ὅσα πρὸς τὴν οἰκοδομὴν χρειά ἐστιν." ὁ δὲ Νεκταναβὼν ἔφη· "πόθεν ἐμοὶ πτηνοὺς ἀνθρώπους;" ὁ δὲ Αἴσωπός φησιν· "ἀλλὰ Λυκοῦργος ἔχει πτηνοὺς ἀνθρώπους. σὺ δὲ θέλεις ἄνθρωπος ὑπάρχων ἰσοθέῳ βασιλεῖ ἐρίζειν;" ὁ δὲ Νεκταναβὼν ἔφη· "Αἴσωπε, ἥττημαι. τὸ δὲ ἐπερωτώμενον ἀποκρίνου μοι." ὁ δὲ Αἴσωπος λέγει· "λέγε, εἴ τι βούλει." **117** Νεκταναβὼν εἶπεν· "μετεπεμψάμην [τοὺς] ἀπὸ τῆς Ἑλλάδος ἵππους ἐπιτοκίους· ἐὰν ἀκούσωσι τῶν ἐν Βαβυλῶνι ἵππων χρεμετιζόντων, ἐκτιτρώσκουσιν." ὁ δὲ Αἴσωπος· "αὔριον περὶ τοῦτο ἀποκριθήσομαι." ὁ δὲ Αἴσωπος ἐλθὼν εἰς τὴν οἰκίαν ἐκέλευσεν τοῖς ἰδίοις αἴλουρον συλλαμβάνεσθαι ζῶντα. ἔστιν δὲ θέα ἱερὰ θεοῦ Βουβάστεως. ⟨συλλαβόντες δὲ ἕνα παμμεγέθη ἤρξαντο δημοσίᾳ μαστίζειν.⟩ οἱ

---

1 ἐμποδίζει Papathomopoulos 1990 : ποιεῖ | γὰρ τὸν G : γὰρ ⟨ἐκεῖνος⟩ τὸν **4** γῆν ... ἐπικειμένην ... κινουμένην Papathomopoulos : τὴν ... ἐπικειμένη ... κειμένην Perry im Apparat **5–7** βασιλείας ⟨αὐτοῦ⟩ φω⟨τεινὴν βασιλείαν ποιεῖ σκοτεινὴν⟩ καὶ σκοτεινὴν ποιεῖ φωτεινήν Papathomopoulos : βασιλείας ⟨αὐτοῦ τὴν ὑμῶν λαμπρότητα⟩ [φωτεινὴν] σκοτεινὴν ποιεῖ καὶ ἀφανῆ **24–25** ἔστιν ... ἱερὰ θεοῦ Βουβάστεως Papathomopoulos : [ἔστιν ... ἱερασίου βασιλέως] **24–25** Βουβάστεως. ⟨συλλαβόντες ... μαστίζειν·⟩ οἱ δὲ Perry im Apparat : βασιλέως] ... οἱ δὲ

kann verhindern, dass die Sonne und der Mond scheinen und die Jahreszeiten ihre Ordnung bewahren. Wenn er zürnen will, lässt er sein eigenes Heiligtum erzittern, indem er fürchterlich donnert und schrecklich blitzt und Erdbeben erregt, und er bewirkt, dass die Erde, da sie auf festem Grund liegt, nicht untergetaucht wird, wenn sie bewegt wird. Ebenso macht Lykurgos durch den Glanz seiner Königsherrschaft eine hell leuchtende Königsherrschaft dunkel, und eine dunkle macht er hell leuchtend. Und er setzt allen überragenden Dingen ein Ende.« **116** Nektanabon, der seinen Scharfsinn und das gut Formulierte seiner Zunge kannte, sprach zu ihm: »Hast du mir die gebracht, die den Turm erbauen sollen?« Und der sagte: »Sie sind bereit, wenn du uns den Ort zeigst.« Da staunte der König, begab sich mit Äsop aus der Stadt heraus und gab ihm die Maße für den Bau vor. Äsop stellte an jeder Ecke des ihm vorgegebenen Maßes die Adler auf und befahl den Knaben, die Adler zu besteigen und in die Luft zu fliegen. Und als sie in der Höhe waren, riefen sie: »Gebt uns Mörtel und Ziegelsteine und Holz und was für den Bau nötig ist.« Und Nektanabon sprach: »Woher hast du fliegende Menschen für mich?« Und Äsop sprach: »Aber Lykurgos hat fliegende Menschen. Willst nun du, der du ein Mensch bist, mit einem göttergleichen König wetteifern?« Und Nektanabon sprach: »Äsop, ich gebe mich geschlagen. Doch antworte mir auf das, was du nun gefragt wirst.« Äsop sagte: »Sage es, wenn du willst!« **117** Nektanabon sagte: »Ich habe mir aus Griechenland trächtige Stuten kommen lassen. Wenn sie die Pferde in Babylon wiehern hören, haben sie Fehlgeburten.« Und Äsop: »Morgen werde ich darauf antworten.« Und Äsop ging in sein Quartier und befahl den eigenen Leuten, eine Katze lebendig zu fangen. Sie ist eine Göttin, der Bubastis heilig. ⟨Sie fingen nun eine sehr große und begannen sie öffentlich zu peitschen.⟩ Als die

δὲ Αἰγύπτιοι ἰδόντες συνέδραμον εἰς τὴν οἰκίαν τοῦ Αἰσώπου καὶ κατέκραζον. ὁ δὲ Αἴσωπος ἐκέλευσεν τὴν αἴλουρον ἀφεθῆναι. ἦλθον δὲ οἱ Αἰγύπτιοι πρὸς τὸν βασιλέα κράζοντες κατὰ τοῦ Αἰσώπου. ὁ δὲ βασιλεὺς ἐκάλεσεν τὸν Αἴσωπον, καὶ ἐλθόντος εἶπεν αὐτῷ· "κακῶς ἔπραξας· θέα ἱερὰ θεοῦ Βουβάστεώς ἐστιν, εἴδωλον ὃ σέβονται οἱ Αἰγύπτιοι." **118** ὁ δὲ Αἴσωπος ἔφη· "ἀλλὰ Λυκοῦργος ἠδικήθη ὑπ' αὐτῆς ταύτῃ τῇ νυκτί· εἶχεν γὰρ ἀλεκτρυόνα γενναῖον καὶ μάχιμον – ἔτι δὲ καὶ τὰς ὥρας αὐτῷ ἐσήμαινεν – καὶ ἀπέκτεινεν αὐτὸν ἡ αἴλουρος τῇδε τῇ νυκτί." ὁ Νεκταναβὼν ἔφη τῷ Αἰσώπῳ· "οὐκ αἰσχύνει φανερῶς ψευδόμενος; πῶς γὰρ ἠδύνατο παραγενέσθαι ἐν μιᾷ νυκτὶ αἴλουρος ἀπὸ Αἰγύπτου εἰς Βαβυλῶνα;" ὁ δὲ Αἴσωπος ἔφη· "⟨πῶς⟩ τῶν παρ' ἐμὲ χρεμετιζόντων ἵππων ἀκοῦσαι αἱ ἐνθάδε ⟨δύνανται⟩ [τῶν ἵππων] καὶ ἐκτιτρώσκειν;" ὁ δὲ βασιλεὺς ἰδὼν αὐτοῦ τὸν νοῦν ἐφοβήθη, μὴ νικηθεὶς μέλλῃ φόρους τελεῖν τῷ βασιλεῖ Λυκούργῳ.

119 αὐτίκα οὖν τοὺς ἀπὸ Ἡλιουπόλεως μετεπέμψατο προφήτας, ἐπισταμένους καὶ φυσικὰ ἐρωτήματα. καὶ συλλαλοῦντες αὐτῷ περὶ τοῦ Αἰσώπου, ἐκέλευσεν αὐτοὺς ἐπὶ δεῖπνον ἐλθεῖν, ἅμα δὲ καὶ τὸν Αἴσωπον. τῇ οὖν τακτῇ ὥρᾳ ἐλθόντες κατεκλίθησαν ἐν τῷ δείπνῳ. καὶ τῶν Ἡλιουπολιτῶν ἔφη τις πρὸς τὸν Αἴσωπον· "ἡμεῖς ἀπεστάλημεν ἀπὸ τοῦ θεοῦ λόγους τινὰς πρὸς σὲ ἀναγγεῖλαι, ⟨ὅπως αὐτοὺς διαλύσῃς⟩." ὁ δὲ Αἴσωπος λέγει· "κατηγορεῖτε ἑαυτῶν καὶ τοῦ θεοῦ· ὀφείλει γὰρ θεὸς ὑπάρχων τὴν ἑνὸς ἑκάστου διάνοιαν εἰδέναι. πλὴν λέγετε ὃ θέλετε." **120** οἱ δὲ εἶπον· "ἔστιν ναός τις καὶ στῦλος εἷς, καὶ ἐπάνω τοῦ στύλου πόλεις δεκαδύο, καὶ τούτων ἑκάστη τριάκοντα δοκοῖς ἐστεγασμένη, καὶ μίαν ἑκάστην αὐτῶν περιτρέχουσι γυναῖκες δύο." ὁ δὲ Αἴσωπος ἔφη· "τοῦτο τὸ πρόβλημα παρ' ἡμῖν παῖδες λύουσιν· οἱ γὰρ παιδείας μετέχοντες καταγελῶσι τῶν τὰ τοιαῦτα προβαλλόντων. ἔστιν οὖν ὁ ναὸς ἡ οἰκουμένη, διὰ τὸ περιέχειν ἅπαντα· ὁ δὲ στῦλος ὁ ἐνιαυτός,

---

5 θέα ἱερὰ θεοῦ Papathomopoulos : θεᾶς ἱερασίου **7** γενναῖον Papathomopoulos 1990 : νέον **12** [τῶν ἵππων] Perry im Apparat, Papathomopoulos : τῶν ἵππων **25** καὶ μίαν G : καὶ ⟨περὶ⟩ μίαν | περιτρέχουσι Papathomopoulos : τρέχουσι **26–27** οἱ γὰρ … προβαλλόντων G : [οἱ γὰρ … προβαλλόντων]

Ägypter das sahen, liefen sie bei Äsops Quartier zusammen und schrien. Da befahl Äsop, die Katze freizulassen. Die Ägypter kamen aber zum König und klagten schreiend Äsop an. Da ließ der König Äsop rufen, und als der kam, sagte er zu ihm: »Du hast übel gehandelt: Sie ist ein der Göttin Bubastis heiliges Symbol, ein Götterbild, das die Ägypter verehren.« **118** Äsop sprach: »Aber Lykurgos ist von ihr in dieser Nacht Unrecht geschehen. Er hatte nämlich einen edlen und kampflustigen Hahn – er zeigte ihm noch die Stunden an –, und den hat die Katze in dieser Nacht getötet.« Nektanabon sprach zu Äsop: »Schämst du dich nicht, offensichtlich zu lügen? Denn wie konnte eine Katze in einer einzigen Nacht von Ägypten nach Babylon gelangen?« Da sprach Äsop: »Wie können die hiesigen die bei mir wiehernden Pferde hören und eine Fehlgeburt haben?« Der König sah nun seinen Verstand und fürchtete, dass er besiegt werden und König Lykurgos Abgaben zahlen werde.

119 Sofort ließ er also aus Heliopolis die Propheten kommen, die sich auch auf naturkundliche Fragen verstanden. Und als sie mit ihm über Äsop sprachen, befahl er ihnen, zum Mahl zu kommen, zugleich auch Äsop. Zur festgesetzten Stunde also kamen sie und ließen sich zum Mahl nieder. Und einer der Heliopoliten sprach zu Äsop: »Wir sind von unserem Gott gesandt, um dir gewisse Probleme zu vermelden, damit du sie löst.« Und Äsop sagte: »Klagt euch selbst und den Gott an! Denn da er ein Gott ist, sollte er die Gedanken eines jeden wissen. Aber sagt, was ihr wollt!« **120** Und die sagten: »Es gibt einen Tempel und eine einzige Säule und oben auf der Säule zwölf Städte, und jede von ihnen ist von dreißig Balken bedeckt, und um jede einzelne von ihnen laufen zwei Frauen herum.« Und Äsop sprach: »Dieses Problem lösen bei uns die Kinder. Denn die, welche an Bildung teilhaben, spotten über die, welche so etwas aufwerfen. Also, der Tempel ist die bewohnte Erde, weil sie alles umfasst. Und die Säule ist das Jahr, weil es fest dasteht.

διὰ τὸ ἀσφαλῶς αὐτὸν βεβηκέναι· αἱ δὲ ἐπὶ τούτου πόλεις δεκαδύο οἱ μῆνες, διὰ τὸ διηνεκῶς αὐτοὺς πολιτεύεσθαι· οἱ δὲ τριάκοντα δοκοὶ ἡ τριανταήμερος, στεγάζουσα τὸν χρόνον· ⟨αἱ δὲ⟩ περιερχόμεναι δύο γυναῖκες νὺξ καὶ ἡμέρα· ἄλλη μὲν παρ' ἄλλην πορεύεται." μετὰ τοῦτο ἀνέστησαν τοῦ δείπνου. **121** τῇ δὲ ἑξῆς ἡμέρᾳ ὁ βασιλεὺς Νεκταναβὼν συμβούλιον ποιησάμενος μετὰ τῶν ἰδίων λέγει· "ὡς ὁρῶ, διὰ τὸν σαπρόμορφον καὶ κατάρατον τοῦτον μέλλω φόρους τελεῖν τῷ βασιλεῖ Λυκούργῳ." εἷς δέ τις τῶν φίλων αὐτοῦ εἶπεν· "ἐρωτήσωμεν αὐτὸν πρόβλημα, εἰπόντες 'τί ἐστιν, ὃ οὔτε εἴδομεν οὔτε ἠκούσαμεν;' ὅ τι λοιπὸν ἐὰν σοφίσηται, ἐροῦμεν αὐτῷ ἀκηκοέναι καὶ εἰδέναι, καὶ ἐπὶ τούτοις ἀπορηθεὶς νικηθήσεται." ὁ δὲ βασιλεὺς ἀκούσας περιχαρὴς ἐγένετο, δόξας εὑρηκέναι νίκας. καὶ παραγεναμένου τοῦ Αἰσώπου ἔφη αὐτῷ ὁ βασιλεὺς Νεκταναβών· "ἔτι ἓν ἡμῖν ἐπίλυσον, κἀγὼ παράσχω φόρους Λυκούργῳ· λέξον ἡμῖν ὃ οὔτε εἴδομεν οὔτε ἠκούσαμέν ποτε." ὁ δὲ Αἴσωπος· ἔφη· "δός μοι τριῶν ἡμερῶν, καὶ ἀποκριθήσομαί σοι." καὶ ἐξελθὼν ἀπὸ τοῦ βασιλέως διελογίζετο ἐν ἑαυτῷ ὁ Αἴσωπος· "ὅ τι περ ἐὰν εἴπω, φήσουσιν εἰδέναι αὐτό." **122** πανοῦργος δὲ ὢν ὁ Αἴσωπος καθέζεται καὶ τυποῖ ἑαυτῷ δανείου γραφὴν τοιαύτην, τὸν Νεκταναβὼ δανεισάμενον παρὰ Λυκούργου χίλια τάλαντα χρυσίου, χρόνον ἐνθεὶς τὸν παρελθόντα ⟨μετὰ τὸ⟩ παρεσχηκέναι. μετὰ δὲ τὰς τρεῖς ἡμέρας ἦλθεν ὁ Αἴσωπος πρὸς τὸν βασιλέα Νεκταναβὼν καὶ εὗρεν αὐτὸν μετὰ τῶν φίλων προσδεχόμενον αὐτὸν πρὸς τὸ ἀπορῆσαι. ὁ δὲ Αἴσωπος ἐκβαλὼν τὸ ψευδῆ χειρόγραφον ἔφη· "ἀνάγνωτε τὸν κοινὸν τοῦτον τύπον." οἱ δὲ φίλοι τοῦ βασιλέως Νεκταναβὼν ἔφησαν ψευδόμενοι· "τοῦτον καὶ ἑωράκαμεν καὶ ἀκηκόαμεν πολλάκις." ὁ δὲ Αἴσωπος ἔφη· "χαίρω μαρτυρούντων. ἀποδοθήτω παραυτὰ τὰ χρήματα, ἡ γὰρ προθεσμία παρῆλθεν τῆς ἀποδόσεως." ὁ δὲ βασιλεὺς Νεκταναβὼν

---

7 τελεῖν Perry im Apparat : στέλλειν **9** ἠκούσαμεν;' ὅ G : ἠκούσαμεν;' ⟨καὶ⟩ ὅ **18–19** τὸν Νεκταναβὼ δανεισάμενον Papathomopoulos : τῷ Νεκταναβῷ δεδανεισμένα **19** ἐνθεὶς Charitonidis : ἐνεὶς **23** ψευδῆ χειρόγραφον Papathomopoulos : χειρόγραφον [ψευδῆ] **23–24** κοινὸν τοῦτον τύπον Papathomopoulos : κοινὸν τοῦτον

Die zwölf Städte darauf sind die Monate, weil sie im kontinuierlichen Kreislauf das Stadtregiment innehaben. Die dreißig Balken sind eine Periode von dreißig Tagen, und sie decken die Zeit zu. Und die herumgehenden zwei Frauen sind Nacht und Tag. Die eine geht neben der anderen.« Danach standen sie vom Mahl auf. **121** Am nächsten Tag veranstaltete Nektanabon eine Ratsversammlung mit seinen Leuten und sagte: »Wie ich sehe, soll ich wegen dieses ekelhaft Gestalteten und Verruchten dem König Lykurgos Abgaben zahlen.« Da sagte einer von seinen Freunden: »Befragen wir ihn denn über ein Problem, indem wir sagen: ›Was ist es, das wir weder gesehen noch gehört haben?‹ Wenn er dann was auch immer ersinnt, werden wir ihm sagen, wir hätten es gehört und gesehen, und deshalb wird er, weil er ratlos ist, besiegt werden.« Als der König das gehört hatte, wurde er sehr froh, weil er glaubte, er habe den Sieg gefunden. Und als Äsop gekommen war, sprach König Nektanabon zu ihm: »Eines noch löse uns, und ich gewähre Lykurgos Abgaben: Sage uns, was wir weder jemals gesehen noch gehört haben.« Und Äsop sprach: »Gib mir drei Tage, und ich werde dir antworten.« Und als er aus dem Königspalast herausgegangen war, überlegte Äsop bei sich: »Wenn ich was auch immer sage, werden sie sagen, sie würden es kennen.« **122** Weil Äsop verschlagen war, setzte er sich hin und siegelte einen für sich bestimmten Schuldschein, der besagte, dass Nektanabon von Lykurgos tausend Talente in Gold geliehen habe, und er fügte die nach der Gewährung des Darlehens vergangene Zeit hinzu. Nach den drei Tagen kam Äsop zu König Nektanabon und fand ihn vor, wie er mit seinen Freunden darauf wartete, dass er ratlos sein würde. Äsop zog die gefälschte Handschrift hervor und sprach: »Lest dieses Schriftstück von gemeinem Interesse!« Da sprachen die Freunde des Königs Nektanabon lügnerisch: »Das haben wir oft gesehen und gehört.« Und Äsop sprach: »Ich freue mich, dass ihr es bezeugt. Das Geld ist sofort zurückzugeben, denn die Frist bis zur Rückgabe ist verstrichen.« Als nun König Nektanabon das

ἀκούσας ἔφη· “πόθεν μαρτυρεῖτε περὶ τῶν ἐγὼ οὐκ ἐποφείλω;” οἱ δὲ εἶπον· “οὔτε εἴδομεν οὔτε ἠκούσαμέν ποτε.” ὁ δὲ Αἴσωπος ἔφη· “εἰ ταῦτα ὑμῖν οὕτως δοκεῖ, λέλυται τὸ πρόβλημα.” **123** ὁ δὲ Νεκταναβὼν ἔφη· “μακάριος Λυκοῦργος ἐν τῇ βασιλείᾳ αὐτοῦ τοιαύτην σοφίαν κεκτημένος.” δοὺς δὲ αὐτῷ φόρους ἐτῶν τριῶν ἔπεμψεν αὐτὸν μετὰ ἐπιστολῶν εἰρηνικῶν. ὁ δὲ Αἴσωπος παραγενάμενος εἰς Βαβυλῶνα διηγήσατο τῷ Λυκούργῳ πάντα τὰ πραχθέντα ἐν Αἰγύπτῳ, καὶ ἀποδέδωκεν αὐτῷ τὰ χρήματα. ἐκέλευσεν οὖν ὁ Λυκοῦργος ἀνδριάντα χρυσοῦν ἀνατεθῆναι τῷ Αἰσώπῳ μετὰ καὶ τῶν Μουσῶν, καὶ ἐποίησεν ἑορτὴν μεγάλην ὁ βασιλεὺς ἐπὶ τῇ τοῦ Αἰσώπου σοφίᾳ.

124 ὁ δὲ Αἴσωπος ἀπετάξατο τῷ βασιλεῖ ἀπελθεῖν θέλων εἰς Δελφούς, ὀμόσας αὐτῷ πάλιν ὑποστρέφειν πρὸς αὐτὸν ἐν Βαβυλῶνι κἀκεῖ βιῶσαι τὸν λοιπὸν χρόνον. περιερχόμενος δὲ τὰς λοιπὰς πόλεις ἐπεδείκνυτο τὴν ἑαυτοῦ σοφίαν καὶ παιδείαν. παρεγένετο δὲ ⟨καὶ⟩ εἰς Δελφοὺς καὶ ἤρξατο κἀκεῖ ἐπιδείκνυσθαι. οἱ δὲ ὄχλοι ἡδέως μὲν αὐτοῦ ἠκροῶντο τὸ κατ' ἀρχάς, οὐδὲν δὲ αὐτῷ παρεῖχον. ἰδὼν δὲ ὁ Αἴσωπος λαχάνοις τοὺς ἀνθρώπους ὁμόχροας, ἔφη πρὸς αὐτούς·

“οἵη περ φύλλων γενεή, τοίη δὲ καὶ Δελφῶν.”

125 ⟨ἔτι δὲ καὶ αὐτοῖς προσκρούσας ἔφη· “ὦ Δελφοί, ὅμοιοί ἐστε⟩ ξύλῳ ἐν θαλάσσῃ φερομένῳ· ἐκεῖνο γὰρ θεωροῦντες ἐκ πολλοῦ διαστήματος ὑπὸ κυμάτων φερόμενον δοκοῦμέν τι ἄξιον εἶναι, ἔπειτα ἐγγίσαντες αὐτῷ καὶ προσελθόντες ηὕραμεν ἐλάχιστον καὶ μηδενὸς λόγου ἄξιον. ὁμοίως δὲ κἀγὼ πόρρωθεν ὑπάρχων τῆς πόλεως ὑμῶν κατεπλησσόμην ὑμᾶς ⟨ὡς⟩ πλουσίους καὶ μεγάλους ταῖς ψυχαῖς ὄντας, ἰδὼν δὲ ὑμᾶς τῶν ἄλλων ἀνθρώπων ἥττονας καὶ γένει καὶ πόλει πεπλάνημαι, ἔχων περὶ

---

13 κἀκεῖ βιῶσαι Papathomopoulos : καὶ βιῶσαι **14** δὲ ⟨καὶ⟩ εἰς Papathomopoulos : δὲ εἰς **16** τὸ κατ' ἀρχάς Maas : τὸ καταρχάς **18** Δελφῶν s. Erläuterungen zu Kap. 124. : ἀνδρῶν

gehört hatte, sprach er: »Wie könnt ihr ein Zeugnis über etwas abgeben, das ich nicht schulde?« Und die sagten: »Weder haben wir das gesehen noch gehört.« Und Äsop sprach: »Wenn euch das so scheint, ist das Problem gelöst.« **123** Da sprach Nektanabon: »Glücklicher Lykurgos, der in seinem Königreich über eine solche Weisheit verfügt!« Und er gab ihm Abgaben für drei Jahre und schickte ihn mit Briefen davon, die friedliche Gesinnung äußerten. Äsop kam nach Babylon, erzählte Lykurgos alles, was in Ägypten geschehen war, und gab ihm das Geld. Lykurgos befahl nun die Errichtung eines goldenen Standbildes für Äsop zusammen mit den Musen, und der König veranstaltete ein großes Fest zu Ehren der Weisheit Äsops.

124 Äsop nahm Abschied von dem König, weil er nach Delphi gehen wollte, wobei er ihm schwor, dass er wieder zu ihm nach Babylon zurückkehren und dort die restliche Zeit leben wolle. Während er durch die übrigen Städte reiste, stellte er seine Weisheit und Bildung zur Schau. Er kam nun auch nach Delphi und begann auch dort seine Schau. Die Volksmenge hörte ihm anfangs gerne zu, aber sie gab ihm nichts dafür. Als nun Äsop sah, dass die Menschen dieselbe Farbe hatten wie Gemüse, sprach er zu ihnen:

»Wie der Blätter Geschlecht, so ist auch der Delphier Wesen.«

125 Er beleidigte sie noch weiter, indem er sprach: »Delphier, ihr gleicht einem Holz, das auf dem Meer getragen wird. Denn da wir es aus großer Entfernung von den Wogen getragen sehen, glauben wir, dass es etwas Wertvolles sei; wenn wir ihm dann näher gekommen sind und hintreten, finden wir heraus, dass es sehr klein und gar nicht der Rede wert ist. Ebenso war auch ich, als ich noch fern von eurer Stadt weilte, beeindruckt, wie reich und von welch geistiger Größe ihr seid, seit ich aber gesehen habe, dass ihr von eurer Abstammung und eurer Stadt her schlechter seid als die anderen Menschen, sehe ich mich im Irrtum und habe daher eine

ὑμῶν φαύλην διάληψιν· οὐδὲν γὰρ ἀνάξιον τῶν γονέων ποιεῖτε." **126** ταῦτα ἀκούσαντες οἱ Δέλφιοι πρὸς αὐτὸν εἶπον· "τίνες ἡμῶν οἱ γονεῖς;" ὁ δὲ Αἴσωπος· "δοῦλοι, εἰ δὲ ἀγνοεῖτε, μάθετε. νόμος ἦν ἀρχαῖος παρὰ τοῖς Ἕλλησιν ἵνα, ἐὰν πόλιν καταλάβωνται, τῶν λαφύρων δέκατον μέρος τῷ Ἀπόλλωνι πέμπωσιν, οἷον ἀπὸ βοῶν [ἀπὸ] ἑκατὸν δέκα, ἀπὸ αἰγῶν τὸ αὐτὸ καὶ ἀπὸ τῶν ἄλλων τὸ αὐτό, ἀπὸ χρημάτων, ἀπὸ ἀνδρῶν, ἀπὸ γυναικῶν. ἐκ τούτων ὑμεῖς γεννηθέντες ἀνελεύθεροί ἐστε ὁμοίως τοῖς δεδεμένοις· ἐκεῖθεν γὰρ ὄντες πάντων Ἑλλήνων ⟨δοῦλοι⟩ καθεστήκατε." ταῦτα εἰπὼν περὶ ἀποδημίαν ἐστέλλετο. **127** οἱ δὲ ἄρχοντες ἰδόντες αὐτοῦ τὸ κακόλογον ἐλογίζοντο· "ἐὰν αὐτὸν ἀφῶμεν ἀποδημῆσαι, περιελθὼν εἰς τὰς ἑτέρας πόλεις πλεῖον ἀτιμοτέρους ἡμᾶς ποιήσει." ἐβουλεύσαντο οὖν ἀνελεῖν δόλῳ καὶ τοῦ Ἀπόλλωνος μηνίοντος διὰ τὴν ἐν Σάμῳ ἀτιμίαν, ἐπεὶ σὺν ταῖς Μούσαις αὐτὸν οὐ καθίδρυσεν. μὴ ἔχοντες εὔλογον αἰτίαν ἐμηχανήσαντό τι πανοῦργον, ἵνα μὴ οἱ παρεπιδημοῦντες δυνήσωνται αὐτῷ βοηθῆσαι. παρατηρησάμενοι ἐπὶ τὴν πύλην ⟨τῆς πόλεως⟩ τὸν δοῦλον αὐτοῦ ἀφυπνωκότα [ἐπολέμουν] καὶ τὰ σκεύη φέροντα, ἄραντες ἐκ τοῦ ἱεροῦ ἐνέκρυψαν φιάλην χρυσῆν. ὁ δὲ Αἴσωπος ἀγνοῶν τὰ συν⟨ε⟩σκευασμένα εἰς τὴν Φωκίδα ὥδευεν. **128** ἐπιδραμόντες δέ τινες τῶν Δελφῶν, δήσαντες αὐτὸν εἰς τὴν πόλιν εἷλκον. βοῶντος δὲ αὐτοῦ· "τίνος οὖν ἕνεκεν δέσμιόν με ἄγετε;" οἱ δέ· "χρήματα ἔκλεψας ἐκ τοῦ ἱεροῦ." ὁ δὲ Αἴσωπος μηδὲν ἑαυτῷ συνειδὼς κλαίων ἔφησεν· "ἀπολέσθαι θέλω, ἐάν τι τοιοῦτον εὑρεθῇ εἰς ἐμέ." οἱ Δελφοὶ ἐκτινάξαντες τὰ σκεύη ηὗρον τὴν φιάλην, ἐπιδεικνύμενοι τῇ πόλει καὶ μετὰ βίας καὶ θορύβου παραδειγματίζοντες αὐτόν. ὁ Αἴσωπος λογιζόμενος ἐξ ἐπιβουλῆς συγκεκρυφέναι, ἠρώτα τοὺς Δελφούς, οἱ δὲ οὐκ ἐπείθοντο. Αἴσωπος λέγει· "θνητοὶ γεγονότες ὑπὲρ θεοὺς μὴ φρονεῖτε." οἱ δὲ ἐνέκλεισαν αὐτὸν εἰς φυλακὴν τιμωροῦντες. Αἴσωπος μὴ

---

1 διάληψιν Stamoulakis : διάλυσιν **13** αὐτὸν Papathomopoulos : ἑαυτὸν **15** παρεπιδημοῦντες Papathomopoulos : παραδημοῦντες **16** πύλην ⟨τῆς πόλεως⟩ τὸν Papathomopoulos : πύλην τὸν | [ἐπολέμουν] Papathomopoulos : ἐπολέμουν **17** καὶ τὰ G : καὶ ⟨εἰς⟩ τὰ | φέροντα, Papathomopoulos | ἄραντες Ferrari : φέροντες

schlechte Meinung von euch. Ihr handelt nämlich in keiner Weise eurer Vorfahren unwürdig.« **126** Als die Delphier das hörten, sagten sie zu ihm: »Wer sind unsere Vorfahren?« Und Äsop: »Sklaven, aber wenn ihr das nicht wisst, lernt es. Es gab einen alten Brauch bei den Griechen, dann, wenn sie eine Stadt eroberten, den zehnten Teil der Siegesbeute Apollon zu schicken, zum Beispiel von hundert Rindern zehn, von Ziegen dasselbe und vom Rest dasselbe, von Geld, von Männern, von Frauen. Von ihnen stammt ihr ab und seid ebenso unfrei wie die Gefesselten. Denn da das euer Herkommen ist, seid ihr die Sklaven aller Griechen.« Als er das gesagt hatte, schickte er sich zur Abreise an. **127** Angesichts seiner Schmähsucht kamen die Archonten zu folgender Überlegung: »Wenn wir ihn abreisen lassen, zieht er in den anderen Städten herum und entehrt uns noch mehr.« Sie beschlossen also, ihn mit List zu töten, zumal auch Apollon wegen der Entehrung in Samos zürnte, als er ihn nicht zusammen mit den Musen aufstellte. Da sie keinen berechtigten Grund hatten, ersannen sie etwas Verbrecherisches, damit die fremden Besucher ihm nicht helfen könnten. Sie beobachteten, dass beim Stadttor sein Sklave schlief und Träger seines Gepäcks war, nahmen aus dem Heiligtum eine goldene Schale und versteckten sie darin. Und Äsop, der nicht wusste, was da angezettelt worden war, machte sich auf den Weg nach Phokis. **128** Da liefen einige Delphier herbei, fesselten ihn und schleppten ihn in die Stadt. Als er schrie: »Weswegen führt ihr mich gefesselt ab?«, sagten die: »Du hast wertvolle Sachen aus dem Heiligtum gestohlen.« Äsop, der sich keiner Schuld bewusst war, sprach weinend: »Ich will sterben, wenn etwas Derartiges bei mir gefunden wird!« Die Delphier schüttelten das Gepäck aus und fanden die Schale, zeigten sie der Stadt und machten ihn mit Gewalt und Lärm zum Gespött. Äsop, der begriff, dass sie aufgrund eines Anschlags versteckt worden war, flehte die Delphier an, die aber ließen sich nicht überreden. Äsop sagte: »Da ihr Sterbliche seid, erhebt euch nicht im Geist über die Götter!« Die aber sperrten ihn aus Rache ins Gefängnis. Als Äsop

εὑρίσκων μηχανὴν τῆς σωτηρίας ἔφη· "νῦν ἐγὼ θνητὸς ἄνθρωπος ὢν πῶς δυνήσομαι τὸ μέλλον ἐκφυγεῖν;" [μὴ πολλὰ μόχθει θυμὸς ἀσθενόν· ὃν ἔσω τῆς ψυχῆς ὀφθαλμὸς πρὸ ὁρᾶ οὐκ ἄνευ τῆς αἰτίας ἄλλως ποιεῖ τῶν Δελφῶν]

129 Παραγεναμένου δὲ φίλου αὐτοῦ τινος καὶ παρακαλέσαντος τοὺς φύλακας εἰσῆλθεν πρὸς αὐτὸν καὶ κλαί⟨οντα αὐτὸν ἰδ⟩ὼν ἔλεγεν· "τί γέγονεν, τλήμων;" ὁ δὲ λόγον αὐτοῦ εἶπεν· "γυνή τις ἄνδρα κατορύξασα καθημένη πρὸς τὸ μνῆμα αὐτοῦ συνεχομένη ἔκλαιεν. ἀροτριῶν δέ τις ἐπεθύμησεν ἰδὼν αὐτὴν συγγενέσθαι αὐτῇ, καὶ ἀφῆκεν τοὺς βόας ἑστῶτας ἐν τῇ ἀρούρῃ, ἐλθὼν δὲ πρὸς αὐτὴν ἔκλαιεν προσποιούμενος. παυσαμένης δὲ ἐκείνης, ἐπύθετο· 'τί κλαίεις;' ἔλεγεν ὁ ἀροτρεύς· 'σοφήν τε καὶ ἀγαθὴν γυναῖκα κατώρυξα, ὅταν δὲ κλαύσω κουφίζομαι τὴν λύπην.' ἡ δέ· 'ἐστέρημαι κἀγὼ ἀνδρὸς ἀγαθοῦ, ὡσαύτως δὲ πράττουσα ἀποτινάσσω τῆς λύπης τὸ βάρος.' ὁ δὲ πρὸς αὐτὴν εἶπεν· 'εἰ τοίνυν περιεπέσαμεν ταῖς αὐταῖς συμφοραῖς καὶ τύχαις, ὅτι οὐκ ἐπιγινώσκομεν ἀλλήλους; ἐγὼ δὲ ἀγαπήσω σὲ ὡς ἐκείνην, σὺ δὲ ἐμὲ ἀγάπησον ὡς ἄνδρα.' ταῦτα λεγόντων ἔπειθεν τὴν γυναῖκα. ἐν ὅσῳ δὲ συνεγίνετο αὐτῇ ἔλυσέν τις αὐτοῦ τοὺς βόας καὶ ἀπήλασεν. ὁ δὲ ἀροτὴρ ἐπιστὰς καὶ μὴ εὑρὼν αὐτοῦ τοὺς βόας ἐκ ψυχῆς ὀδυρόμενος ἀνέκραγεν. ἡ δὲ γυνή· 'τί κλαίεις;' ὁ δὲ ἀροτήρ· 'ὦ γύναι, ἄρτι ἔχω κόψασθαι.' ὥστε καὶ σὺ ἐρωτᾷς με διὰ τί κατολοφύρομαι, βλέπων αὐτὸς τὴν κατέχουσάν με τύχην;" **130** ὁ δὲ φίλος λυπούμενος πρὸς αὐτὸν ἔφη· "τί γάρ σοι ⟨ἔδοξεν⟩ ὑβρίζειν αὐτοὺς ἐν τῇ ἰδίᾳ αὐτῶν πατρίδι καὶ πόλει, καὶ ταῦτα ὑπὸ τὴν αὐτῶν ὄντος σοῦ ἐξουσίαν; ποῦ σου ἡ παιδεία; ποῦ σου τὸ φιλόλογον; σὺ πόλεσιν καὶ δήμοις γνώμας ἔδωκας καὶ εἰς σεαυτὸν ἄφρων γέγονας;" ὁ δὲ προτέτακεν αὐτῷ λόγον ἕτερον· **131** "γυνή τις εἶχεν θυγατέρα μωρήν. αὕτη πᾶσι τοῖς θεοῖς ηὔχετο τὴν θυγατέρα νοῦν λαβεῖν, εὐχομένης δὲ αὐτῆς ἡ παρθένος πολλάκις ἤκουσεν. καὶ δή ποτε εἰς ἀγρὸν ἦλθον. ἡ δὲ

---

6 κλαί⟨οντα αὐτὸν ἰδ⟩ὼν Papathomopoulos : κλαίων **7** γέγονεν, τλήμων Papathomopoulos : γέγονεν τὰ ἡμῶν | αὐτοῦ G : αὐτῷ **14** ἀποτινάσσω Stamoulakis : ἀποτείνω **17** λεγόντων G : λέγων **26** προτέτακεν Charitonidis : προστέτακεν

kein Mittel zur Rettung fand, sprach er: »Wie kann ich, der ich ein sterblicher Mensch bin, jetzt dem, was mir droht, entfliehen?«

129 Ein Freund von ihm kam, trat zu ihm herein, nachdem er das von den Wächtern erbeten hatte, und sagte, als er ihn weinen sah: »Was ist passiert, du Unglücklicher?« Und der erzählte ihm eine Fabel: »Eine Frau, die ihren Mann begraben hatte, beweinte ihn, während sie an seinem Grabmal saß, fortwährend. Einer, der pflügte, sah sie und bekam Lust, sich mit ihr in Liebe zu vereinen, ließ seine Ochsen bei dem Pflug stehen, kam zu ihr und tat so, als weine er. Da hörte sie auf und fragte ihn: ›Warum weinst du?‹ Der Pflüger sagte: ›Ich habe eine kluge und gute Frau begraben, und wenn ich weine, erleichtere ich meine Trauer.‹ Und sie: ›Auch ich bin eines guten Mannes beraubt, und wenn ich nun ebenso handle, schüttle ich die Last meiner Trauer ab.‹ Und der sagte zu ihr: ›Wenn wir also in dasselbe Unglück und dasselbe Los geraten sind, warum schlafen wir nicht miteinander? Ich werde dich lieben wie sie, und du liebe mich wie deinen Mann.‹ Das sagten sie, und er überredete die Frau. Während er sich in Liebe mit ihr vereinte, spannte einer seine Ochsen aus und trieb sie weg. Als der Pflüger hinkam und seine Ochsen nicht mehr fand, jammerte er aus tiefer Seele und schrie auf. Und die Frau: ›Warum weinst du?‹ Und der Pflüger: ›Ach Frau, jetzt habe ich Grund zum Trauern.‹ So fragst auch du mich, weshalb ich klage, obwohl du selbst das Unglück siehst, das mich bedrückt?« **130** Da sprach der Freund betrübt zu ihm: »Warum schien es dir recht, die in ihrer eigenen Heimat und Stadt zu beleidigen, und das, obwohl du dich in ihrer Gewalt befandest? Wo ist deine Bildung? Wo ist deine Liebe zu den Worten? Du hast Städten und Völkern Ratschläge gegeben und wurdest töricht dir selbst gegenüber?« Der aber verabreichte ihm eine andere Fabel: **131** »Eine Frau hatte eine dumme Tochter. Sie betete zu allen Göttern, ihre Tochter möge Verstand bekommen, und wenn sie betete, hörte die Tochter oft zu. Und einmal fuhren sie aufs Land. Da ließ die ihre Mutter allein, sah außerhalb des

καταλιποῦσα τὴν μητέρα ἔξω τῆς ἐπαύλεως εἶδεν ὄνον βιαζομένην ὑπὸ ἀνθρώπου, καὶ ἠρώτησεν τὸν ἄνθρωπον· ‘τί ποιεῖς;’ ὁ δέ· ‘νοῦν ἐντίθημι αὐτῇ.’ ἀναμνησθεῖσα ἡ μωρὰ τῆς εὐχῆς ἔφη· ‘ἔνθες καὶ ἐμοὶ νοῦν.’ ὁ δὲ αὐτὴν οἴφειν ἠρνεῖτο λέγων· ‘οὐδέν ἐστιν ἀχαριστότερον γυναικός.’ ἡ δέ· ‘μὴ λόγον ἔχῃς, κύριε, καὶ ἡ μήτηρ μου εὐχαριστήσει σοι, μισθὸν δοῦσα ὅσον ἂν θέλῃς· εὔχεται γὰρ ἵνα νοῦν ἔχω.’ ὁ δὲ διεπαρθενεύσατο αὐτήν. ἡ δὲ περιχαρὴς πρὸς τὴν μητέρα δραμοῦσα εἶπεν· ‘νοῦν ἔχω, μῆτερ.’ ἡ μήτηρ φησίν· ‘οἱ θεοὶ ἐπήκουσάν μου τῶν εὐχῶν.’ ἡ κόρη· ‘ναί, μῆτερ.’ ἡ δέ· ‘πῶς ἔσχες νοῦν, τέκνον;’ ἡ δὲ μωρὰ ἐξηγήσατο· ‘μακρὸν γὰρ πυρρὸν νευρῶδες ἔξω ἔσω τρέχον ἔσω μοι ἐνέβαλεν.’ ἀκούσασα δὲ ἡ μήτηρ ἐξηγουμένης τῆς θυγατρὸς αὐτῆς ἔφη· ‘ὦ τέκνον, ἀπώλεσας καὶ ὃν πρῶτον εἶχες νοῦν.’ ὁμοίως καὶ ἐμοὶ συνέβη, φίλε· ἀπώλεσα γὰρ καὶ ὃν πρῶτον εἶχον νοῦν εἰς Δελφοὺς εἰσελθών.” καὶ πολλὰ δακρύσας ὁ φίλος αὐτοῦ ἀφίστατο.

132 οἱ δὲ Δέλφιοι εἰσελθόντες πρὸς τὸν Αἴσωπον ἔφησαν· “ἀπὸ κρημνοῦ σε δεῖ βληθῆναι σήμερον· οὕτως γάρ σε ἐψηφίσαμεν ἀνελεῖν, ἄξιον ὄντα ⟨ὡς ἱερόσυλον⟩ καὶ βλάσφημον, ἵνα μηδὲ ταφῆς ἀξιωθῇς. ἑτοίμασαι σεαυτόν.” Αἴσωπος ἰδὼν αὐτοὺς ἀπειλουμένους ἔφη· “λόγον ἀκούσατε.” οἱ δὲ ἐπέτρεψαν αὐτὸν λέγειν. ὁ δὲ Αἴσωπός φησιν· **133** “ὅτε ἦν τὰ ζῷα ὁμόφωνα, μῦς φιλιάσας βατράχῳ ἐκάλεσεν αὐτὸν ἐπὶ δεῖπνον καὶ εἰσήγαγεν αὐτὸν εἰς ταμιεῖον πλούσιον πάνυ, ἐφ᾿ ᾧ ἦν ἄρτος, κρέας, τυρός, ἐλαῖαι, ἰσχάδες· καί φησιν· ‘ἔσθιε.’ καλῶς ληφθεὶς ὁ βάτραχός φησιν· ‘ἐλθὲ καὶ σὺ παρ᾿ ἐμοὶ δειπνήσων, ἵνα σε καλῶς λάβω.’ ἀπήγαγεν δὲ αὐτὸν εἰς λίμνην καί φησιν· ‘κολύμβησον.’ ὁ δὲ μῦς· ‘κολυμβῆσαι οὐκ ἐπίσταμαι.’ ὁ βάτραχος· ‘ἐγώ σε διδάξω’ δήσας τε λίνῳ τὸν

---

4 αὐτὴν οἴφειν Charitonidis : ἐν τῇ τρυφῇ **7–8** ἡ μήτηρ ... ‘ναί, μῆτερ.’ G : fehlt bei Perry **9** ‘μακρὸν γὰρ G : ‘⟨ἀνήρ τις⟩ μακρὸν [γὰρ] **10** ἔξω ἔσω La Penna : ἔξω καὶ ἔσω

Gehöfts, wie eine Eselin von einem Menschen vergewaltigt wurde, und fragte den Menschen: ›Was tust du da?‹ Und der: ›Ich flöße ihr Verstand ein.‹ Die Dumme erinnerte sich an das Gebet und sprach: ›Flöße auch mir Verstand ein.‹ Der aber weigerte sich, sie zu besteigen, indem er sagte: ›Nichts ist undankbarer als eine Frau.‹ Und die: ›Mach dir keine Sorgen, Herr, sogar meine Mutter wird dir danken, indem sie dir so viel zur Belohnung gibt, wie du willst; denn sie betet darum, dass ich Verstand bekomme.‹ Da entjungferte er sie. Sie lief nun sehr froh zu ihrer Mutter und sagte: ›Ich habe Verstand, Mutter!‹ Die Mutter sprach: ›Die Götter haben mein Gebet erhört.‹ Das Mädchen: ›Ja, Mutter.‹ Und die: ›Wie hast du Verstand bekommen, Kind?‹ Und die Dumme erzählte: ›Etwas Langes, Rötliches und Steifes, das heraus und hinein lief, hat ihn mir hineingestoßen.‹ Als die Mutter gehört hatte, wie ihre Tochter das erzählte, sprach sie: ›Mein Kind, jetzt hast du auch noch den Verstand verloren, den du vorher hattest.‹ Ebenso ist es auch mir widerfahren, mein Freund. Denn als ich zu den Delphiern kam, habe ich auch noch den Verstand verloren, den ich vorher hatte.« Und der Freund vergoss viele Tränen und verließ ihn.

132 Als nun die Delphier zu Äsop hereinkamen, sprachen sie: »Du musst heute von einem Abhang geworfen werden. Denn so haben wir beschlossen, dich zu töten, der du dessen als Tempelräuber und Gotteslästerer würdig bist, damit du keiner Bestattung gewürdigt wirst. Mach dich bereit!« Äsop, der sah, wie sie ihn bedrohten, sprach: »Hört eine Fabel.« Und die gestatteten ihm zu reden. Da sprach Äsop: **133** »Als die Tiere noch dieselbe Sprache sprachen, lud die Maus, die mit dem Frosch befreundet war, ihn zum Mahle ein, führte ihn in eine sehr reiche Vorratskammer, in der es Brot, Fleisch, Käse, Oliven und getrocknete Feigen gab, und sprach: ›Iss!‹ Weil der Frosch gut empfangen worden war, sprach er: ›Komm auch du, um bei mir zu speisen, damit ich dich gut empfangen kann.‹ Er führte sie zu einem Teich und sprach: ›Tauche unter!‹ Die Maus aber: ›Ich verstehe mich nicht aufs Tauchen.‹

πόδα τοῦ μυὸς πρὸς τὸν ἴδιον πόδα [ἔδησεν] ⟨ἥλατο εἰς τὴν λίμνην⟩ καὶ τὸν μῦν ἔσυρεν. ὁ δὲ μῦς πνιγόμενος εἶπεν· 'νεκρὸς ὢν ζῶντά σε ἐκδικήσω.' ταῦτα εἰπόντος αὐτοῦ καταδὺς ὁ βάτραχος ἔπνιξεν αὐτόν. κειμένου δὲ αὐτοῦ ἐπὶ τοῦ ὕδατος καὶ ἐπιπλέοντος, κόραξ ἥρπασεν τὸν μῦν σὺν τῷ βατράχῳ συνδεδεμένον, καταφαγὼν δὲ τὸν μῦν ἐδράξατο καὶ τοῦ βατράχου. οὕτως ὁ μῦς τὸν βάτραχον ἐξεδίκησεν. ὁμοίως κἀγώ, ἄνδρες, ἀποθανὼν ὑμῖν μόρος ἔσομαι· καὶ γὰρ Λύδιοι, Βαβυλώνιοι, καὶ σχεδὸν ἡ Ἑλλὰς ὅλη τὸν ἐμὸν καρπίσονται θάνατον." **134** ταῦτα δὲ αὐτοῦ εἰπόντος, μηδὲ οὕτως πειθομένων τῶν Δελφῶν ἀλλ' ἐπὶ τὸν κρημνὸν ἀπαγαγόντων αὐτόν, κατέφυγεν ὁ Αἴσωπος ἐν τῷ ἱερῷ τῶν Μουσῶν. οἱ δὲ οὐδὲ οὕτως ἠλέησαν αὐτόν, ἀλλ' ἄκων [καὶ] συρόμενος εἶπεν· "ἄνδρες Δέλφιοι, μὴ καταφρονεῖτε τοῦ ἱεροῦ. ἐν καιρῷ γὰρ τὴν ἀπεγνωσμένην δύναμιν ἐμφαινει καὶ ὁ λόγος οὗτος· **135** ὁ λαγὸς ὑπὸ ⟨τοῦ⟩ ἀετοῦ διωκόμενος κατέφυγεν πρὸς τὸν κάνθαρον δεόμενος αὐτοῦ ὅπως αὐτὸν διασώσῃ. ὁ δὲ κάνθαρος ἱκέτευεν τὸν ἀετὸν μὴ παραβλέπειν αὐτοῦ τὴν αἴτησιν, καθορκώσας αὐτὸν κατὰ τοῦ Διὸς εἰς τὸ μὴ καταφρονῆσαι τὴν σμικρότητα αὐτοῦ. ὁ δὲ ἀετὸς τῇ πτέρυγι τὸν κάνθαρον ῥαπίσας ἥρπασεν τὸν λαγὸν καὶ διασπαράξας κατέφαγεν. **136** ὁ κάνθαρος ὀργισθεὶς συνεπετάσθη τῷ ἀετῷ καὶ κατασκοπήσας αὐτοῦ τὴν νοσσιάν, ἐν ᾗ ἦν συνστρέψας ὁ ἀετὸς ᾠά, [καὶ] ἀπελθόντος συνέτριψεν αὐτά. ὁ ἀετὸς παραγενάμενος ἐδεινοπάθει, ζητῶν τὸν τοῦτο ποιήσαντα ἐπὶ τὸ διασπαράξαι. τοῦ δὲ καιροῦ φθάσαντος εἰς ὑψηλότερον τόπον ᾠὰ ἐγέννησεν ὁ ἀετός. ὁ κάνθαρος ἐπιστὰς πάλιν καὶ τὰ αὐτὰ πράξας ἀνεχώρησεν. ὁ ἀετὸς ἐθρήνει τὰ τέκνα, λέγων ἐκ τοῦ Διὸς εἶναι χόλον ἵνα μᾶλλον τῶν ἀετῶν τὸ γένος σπανισθῇ. **137** τοῦ δὲ καιροῦ ἐπιστάντος, δυσφορῶν ὁ

11 [καὶ] Ferrari : καὶ **12** ἱεροῦ G : ἱεροῦ ⟨τούτου⟩ **12–13** ἐν καιρῷ ... ἐμφαινει καὶ G : [ἐν καιρῷ ... ἐμφαινει καὶ **13** ὁ λόγος οὗτος Ferrari : τούτου λόγος] | ὁ λαγὸς Papathomopoulos : οὕτως ὁ λαγὸς | ὑπὸ ⟨τοῦ⟩ ἀετοῦ Papathomopoulos 1990 : ὑπὸ ἀετοῦ **16** καθορκώσας Dölger : κατορκώσας **20** ἀπελθόντος Papathomopoulos : ἀπελθὼν **22** ᾠὰ ἐγέννησεν Papathomopoulos : ᾠὸν ἐγέννησεν

Der Frosch: ›Ich will es dich lehren‹, band mit einem Faden den Fuß der Maus an seinen eigenen Fuß, sprang in den Teich und schleppte die Maus mit. Als die Maus nun dabei war zu ertrinken, sagte sie: ›Wenn ich tot bin, werde ich mich an dir, der du noch lebst, rächen!‹ Als sie das gesagt hatte, tauchte der Frosch unter und ertränkte sie. Während sie auf dem Wasser lag und dahintrieb, riss ein Rabe die mit dem Frosch zusammengebundene Maus mit sich, fraß die Maus auf und packte auch den Frosch. So rächte sich die Maus an dem Frosch. Ebenso werde auch ich, ihr Männer, wenn ich gestorben bin, euer Todeslos sein. Denn die Lyder, Babylonier und fast ganz Griechenland werden die Früchte meines Todes ernten.« **134** Als er das gesagt hatte, die Delphier sich aber auch so nicht überreden ließen, sondern ihn zu dem Abhang abführten, flüchtete Äsop sich in das Heiligtum der Musen. Die aber hatten auch so kein Mitleid mit ihm, sondern er wurde gegen seinen Willen dahingeschleppt, worauf er sagte: »Männer von Delphi, verachtet nicht das Heiligtum. Im passenden Moment nämlich veranschaulicht Macht, die verkannt wird, auch diese Fabel: **135** Der Hase, der von dem Adler verfolgt wurde, flüchtete sich zu dem Mistkäfer und bat den, dass er ihn rette. Der Mistkäfer flehte den Adler an, er solle seine Bitte nicht ignorieren, wobei er ihn im Namen des Zeus beschwor, seine Winzigkeit nicht zu verachten. Der Adler aber schlug den Mistkäfer mit seinem Flügel, riss den Hasen mit sich, zerfleischte ihn und fraß ihn auf. **136** Da wurde der Mistkäfer zornig, breitete gleichzeitig mit dem Adler die Flügel aus, erspähte dessen Nest, in dem der Adler seine Eier geborgen hatte, und zerbrach sie, als der davongeflogen war. Der Adler kam, klagte heftig über sein Leid und suchte den, der das getan hatte, um ihn zu zerfleischen. Als der richtige Zeitpunkt gekommen war, legte der Adler seine Eier an einem höheren Ort. Der Mistkäfer flog wieder hin, tat dasselbe und machte sich davon. Der Adler beweinte seine Jungen und sagte, es sei der Zorn des Zeus, der wolle, dass das Geschlecht der Adler mehr dezimiert werde. **137** Als der richtige

ἀετὸς οὐκ ἐπὶ τὴν νοσσιὰν ἐφύλαξεν τὰ ᾠά, ἀλλ' ἀναβὰς εἰς Ὄλυμπον ἔθηκεν τὰ ᾠὰ ἐπὶ τὰ γόνατα τοῦ Διός, ⟨καὶ⟩ εἶπεν ὅτι 'δὶς μὲν τὰ ᾠὰ ἀφανῆ μοι γεγόνασιν, τὸ δὲ τρίτον σοὶ αὐτὰ παρατίθεμαι, ἵνα μοι αὐτὰ διασώσῃς.' ὁ κάνθαρος ἐπιγνοὺς τοῦτο, πλήσας ἑαυτὸν πολλῆς κόπρου ἀνέβη πρὸς τὸν Δία καὶ περιεπέτατο αὐτοῦ τῇ ὄψει. ὁ Ζεὺς θεασάμενος ζῷον ἀκάθαρτον φοβηθεὶς ἀνεπήδησεν, καὶ ἐπιλαθόμενος ὅτι εἶχεν ἐν τῷ κόλπῳ ᾠὰ κατέαξεν αὐτά. **138** τούτου δὲ γενομένου ὁ Ζεὺς ᾔσθετο τὸν κάνθαρον ἠδικῆσθαι, παραγενομένου δὲ πρὸς αὐτὸν τοῦ ἀετοῦ λέγει· 'δικαίως ἀπώλεσας τὰ τέκνα τὸν κάνθαρον ἀδικήσας.' ὁ κάνθαρος λέγει· 'οὐ μόνον ἐμὲ ἠδίκησεν, ἀλλὰ καὶ εἰς σὲ μεγάλως ἠσέβησεν· κατὰ γὰρ σοῦ ἐξορκισθεὶς οὐκ ἐφοβήθη, ἀλλὰ τὸν ἱκέτην μου ἀπέκτεινεν. οὐ παύσομαι δέ, ἐὰν μὴ ἐπὶ πλεῖστον αὐτὸν κολάσωμαι.' **139** ὁ Ζεὺς μὴ θέλων τὸ τῶν ἀετῶν γένος σπανισθῆναι ἔπειθε τὸν κάνθαρον καταλλαγῆναι, μὴ πειθομένου δὲ αὐτοῦ μετέβαλε τὸν καιρὸν τῶν ἀετῶν, ὅτε μὴ φαίνεται ὁ κάνθαρος ἐπὶ τῆς γῆς. ὁμοίως καὶ ὑμεῖς, ἄνδρες Δέλφιοι, μὴ ἀτιμάσητε τὸ ἱερὸν τοῦτο εἰς ὃ ἐγὼ κατέφυγον, κἂν εἰ μικρός ἐστιν ὁ ναός, ἀλλ' ἐνθυμήθητε τὸ τοῦ κανθάρου καὶ αἰδέσθητε Δία Ξένιον καὶ Ὀλύμπιον." **140** οἱ Δέλφιοι μὴ ἀνασχόμενοι ἀπήγαγον αὐτὸν καὶ ἔστησαν ἐπὶ τὸν κρημνόν. Αἴσωπος βλέπων τὸν ἑαυτοῦ μόρον ἔφη· "ἐπειδὴ παντοίως ὑμῖν ὁμιλῶ καὶ οὐ πείθεσθέ μοι, ἀκούσατέ μοι τόνδε τὸν λόγον. γεωργὸς γηράσας ἐν ἀγρῷ καὶ μηδέποτε τὴν πόλιν θεασάμενος παρεκάλει τὰ ἑαυτοῦ τέκνα, ἕως οὗ ζῇ, ἀπελθεῖν αὐτὸν καὶ θεάσασθαι τὴν πόλιν. οἱ δὲ ἴδιοι ἔζευξαν αὐτῷ ἅμαξαν ὀναρίων, εἰπόντες αὐτῷ· 'ἔλαυνε μόνον καὶ αὐτά σε καταστήσει εἰς τὴν πόλιν.' χειμῶνος δὲ καὶ σκότους γενομένου ἐν μέσῳ τῆς ὁδοῦ τὰ ὀνάρια ἐπλανήθησαν καὶ

---

3 ἵνα μοι αὐτὰ G : ἵνα αὐτὰ

Zeitpunkt kam, behütete der Adler, weil er verärgert war, seine Eier nicht im Nest, sondern flog auf zum Olymp, legte die Eier auf die Knie des Zeus und sagte: ›Zweimal sind meine Eier verschwunden, beim dritten Mal aber vertraue ich sie dir an, damit du sie mir rettest.‹ Der Mistkäfer, der das bemerkte, füllte sich mit viel Mist, stieg auf zu Zeus und flog vor dessen Augen herum. Als Zeus das unreine Tier erblickte, bekam er Angst und sprang auf, und weil er vergaß, dass er Eier im Schoß hatte, zerbrach er sie. **138** Als das geschehen war, nahm Zeus wahr, dass dem Mistkäfer Unrecht geschehen war, und als der Adler zu ihm kam, sagte er: ›Zu Recht hast du deine Jungen verloren, weil du dem Mistkäfer Unrecht getan hast.‹ Der Mistkäfer sagte: ›Nicht nur hat er mir Unrecht getan, sondern auch gegen dich gewaltig gefrevelt. Denn obwohl er bei deinem Namen beschworen worden war, fürchtete er sich nicht, sondern tötete meinen Bittflehenden. Und ich werde erst aufhören, wenn ich ihn aufs heftigste bestraft habe.‹ **139** Da Zeus nicht wollte, dass das Geschlecht der Adler dezimiert werde, versuchte er den Mistkäfer zur Versöhnung zu überreden; als der sich aber nicht überreden ließ, verlegte er die Brutperiode der Adler auf die Zeit, in der der Mistkäfer nicht auf der Erde erscheint. Ebenso entehrt auch ihr, Männer von Delphi, nicht dieses Heiligtum, in das ich geflüchtet bin, auch wenn es nur ein kleiner Tempel ist, sondern denkt an die Sache mit dem Mistkäfer und habt Ehrfurcht vor Zeus Xenios und Zeus Olympios!« **140** Die Delphier hielten das nicht mehr aus, führten ihn weg und stellten ihn auf den Abhang. Äsop, der sein Todeslos sah, sprach: »Da ich mich in jeder Weise an euch wende und ihr euch nicht überreden lasst, hört mir folgende Fabel: Ein Bauer, der auf dem Land alt geworden war und nie die Stadt gesehen hatte, bat seine Kinder, dass er, solange er noch lebe, wegfahren und die Stadt sehen dürfe. Die Seinen spannten Eselchen vor seinen Wagen, wobei sie zu ihm sagten: ›Fahre einfach los, und sie werden dich in die Stadt bringen.‹ Als aber Sturm und Dunkelheit aufkamen, verirrten sich die Eselchen unterwegs und kamen zu einem

ἀπῆλθον ἐπί τινα τόπον κρημνώδη. ὁ δὲ θεωρήσας τὸν κίνδυνον ἔφη· ‘ὦ Ζεῦ, τί σε ἠδίκησα ὅτι οὕτως ἀπόλλυμαι, καὶ ταῦτα οὐχ ὑφ’ ἵππων, ἀλλ’ ὑπὸ καταπτύστων ὀναρίων;’ ὡσαύτως οὖν κἀγὼ δυσφόρως ἔχω, ὅτι οὐχ ὑπὸ ἀξιολόγων ἀνδρῶν ἀλλ’ ὑπὸ καταπτύστων δουλαρίων ἀπόλλυμαι.” **141** μέλλων δὲ ἀπὸ τοῦ κρημνοῦ ῥίπτεσθαι ἔτι ἕτερον λόγον εἶπεν· [“*ἀνήρ τις ἐρασθεὶς τῆς ἰδίας θυγατρὸς καὶ εἰς ἔρωτα τρωθείς, ἔπεμψεν εἰς τὸν ἀγρὸν τὴν γυναῖκα αὐτοῦ, τὴν δὲ θυγατέρα ἐκράτησε καὶ ἐβιάσατο. ἡ δὲ ἔλεγε· ‘πάτερ, ἀνόσια πράττεις· εἴθε μᾶλλον ἑκατὸν ἀνδράσι με παρασχεῖν ἢ σοί.’ τοῦτο κἀγὼ πρὸς ὑμᾶς,*] ἄνδρες Δέλφιοι, ἠβουλόμην Συρίαν, Φοινίκην, Ἰουδαίαν μᾶλλον κυκλεῦσαι ἢ ἐνθάδε παρ’ ὑμῶν ἀναγκασθῆναι ἀποθανεῖν, [ὑπὸ] δυστήνων δουλαρίων.” οἱ δὲ οὐ μετενόουν. **142** Αἴσωπος καταρασάμενος αὐτούς, καὶ τὸν προστάτην τῶν Μουσῶν μάρτυρα προσκαλούμενος, ὅπως ἐπακούσῃ αὐτοῦ ἀδίκως ἀπολλυμένου, ἔρριψεν ἑαυτὸν ἀπὸ τοῦ κρημνοῦ κάτω. καὶ οὕτω τὸν βίον μετήλλαξεν. λοιμῷ δὲ κατασχεθέντες οἱ Δέλφιοι χρησμὸν ἔλαβον παρὰ τοῦ Διὸς ἐξιλεώσασθαι ⟨τὸν⟩ τοῦ Αἰσώπου μόρον. μετὰ ταῦτα, ἀκούσαντες οἱ ἀπὸ τῆς Ἑλλάδος καὶ οἱ ἀπὸ Βαβυλῶνος καὶ ⟨οἱ⟩ Σάμιοι, ἐξεδίκησαν τὸν τοῦ Αἰσώπου θάνατον.

---

11 ἐνθάδε παρ’ ὑμῶν ἀναγκασθῆναι G : ἐνθάδε ⟨παραλόγως ὑφ’ ὑμῶν⟩ [παρ’ ὑμῶν ἀναγκασθῆναι] **11–12** [ὑπὸ] δυστήνων δουλαρίων Ferrari : [ὑπὸ δυστήνων δουλαρίων] **16** ἐξιλεώσασθαι Maas : ἐξιλάσκεσθαι **18** Auf Kap. 142 folgt noch der Satz Αἰσώπου γέννα, ἀνατροφή, προκοπή, καὶ ἀποβίωσις (Äsops Geburt, Erziehung, Aufstieg und Tod), der, weil unklar ist, was er hier soll, nur hier im Apparat erscheint.

abschüssigen Ort. Da erblickte er die Gefahr und sprach: ›Ach Zeus, was habe ich dir für ein Unrecht getan, dass ich so sterben muss, und das nicht durch Pferde, sondern durch abscheuliche Eselchen!‹ Ebenso trage nun auch ich schwer daran, dass ich nicht durch angesehene Männer, sondern durch abscheuliche Sklaven sterben muss.« **141** Als er von dem Abhang geworfen werden sollte, erzählte er noch eine weitere Fabel: [»*Ein Mann, der sexuelles Verlangen nach seiner eigenen Tochter hatte und vom Sexualverlangen verwundet war, schickte seine Frau aufs Land, fiel über seine Tochter her und vergewaltigte sie. Da sagte die: ›Vater, du handelst frevelhaft. Ich würde mich lieber hundert Männern hingeben wollen als dir!‹ Das sage ich auch zu euch,*] Männer von Delphi: Ich wünschte, ich könnte lieber in Syrien, Phönizien und Judäa herumfahren, als hier von euch zu sterben gezwungen werden, elenden Sklaven.« Die aber änderten nicht ihren Sinn. **142** Äsop verfluchte sie, rief den Anführer der Musen als Zeugen an, damit der höre, dass er widerrechtlich getötet werde, und warf sich von dem Abhang in die Tiefe. Und so verlor er sein Leben. Die Delphier aber wurden von einer Seuche heimgesucht und erhielten den Orakelspruch von Zeus, dass sie für Äsops tragisches Sterben büßen müssten. Danach hörten die in Griechenland, die in Babylon und die Samier davon und nahmen Rache für Äsops Tod.

50a Ἡ δέ· “ἀπὸ τοῦ νῦν οὐ συνοικήσω μετὰ σοῦ” ἔτι φήσασα, ἐξελθοῦσα δὲ λαθραίως ἐπορεύθη πρὸς τοὺς ἑαυτῆς γονεῖς. ὁ δὲ Αἴσωπος ἔφη τῷ κυρίῳ αὐτοῦ· “δέσποτα, οὐκ εἶπόν σοι ὅτι ἡ κύων σοι εὐνοεῖ καὶ οὐχὶ ἡ κυρία μου;” ἡμερῶν δὲ διελθουσῶν καὶ ταύτης ἀδιαλλάκτου μενούσης ἔπεμψεν ὁ Ξάνθος παρακαλῶν αὐτὴν ὅπως εἰς αὐτὸν ὑποστρέψῃ. ἡ δὲ οὐκ ἐπείθετο. ἐν πολλῇ οὖν ἀθυμίᾳ ὑπάρχων ὁ Ξάνθος διὰ τὴν τῆς γυναικὸς στέρησιν ἤσχαλλεν ἔτι δὲ καὶ ἠδημόνει. ὁ δὲ Αἴσωπος προσελθὼν λέγει αὐτῷ· “μὴ λυποῦ, ὦ δέσποτα, περὶ τούτου· ἐγὼ γὰρ αὔριον ποιήσω αὐτὴν ὅπως μόνη ἀνακάμψῃ πρὸς σέ μηδενὸς ζητήσαντος.” καὶ αἰτήσας νομίσματα καὶ λαβὼν ἐξῄει εἰς τὴν ἀγοράν, καὶ ὠνησάμενος ὄρνιθας τε καὶ χῆνας καὶ ἕτερα ἅττα ἀπῄει βαστάζων αὐτά, διερχόμενος κατὰ τὸν τόπον ἐν ᾧ ἡ κυρία αὐτοῦ ἦν, προσποιούμενος δῆθεν μὴ γινώσκειν ὅτι ἐκεῖσε ⟨ὑπάρχει⟩ ἡ τοῦ Ξάνθου γυνή. εὑρὼν δέ τινα ⟨τῶν⟩ οἰκετῶν τῶν ἐκείνης ἔφη αὐτῷ· “ἆρά γε, ἀδελφέ, μὴ ἔχωσιν ἐν τῷδε τῷ οἴκῳ ἢ χῆνας ἢ ἕτερόν τι τῶν πρεπόντων εἰς γάμους;” ὁ δέ· “καὶ τί τούτων χρείαν ἔχεις;” καὶ ὁ Αἴσωπος· “Ξάνθος ὁ φιλόσοφος τῇ αὔριον μέλλει γυναικὶ συζευχθῆναι.” ὁ δὲ δρομαίως ἀναβὰς ἀπήγγειλε ταῦτα τῇ τοῦ Ξάνθου γυναικί. ἡ δὲ ἀκούσασα ἀπῄει μετὰ πολλῆς σπουδῆς πρὸς τὸν Ξάνθον καὶ κατεβόα αὐτοῦ λέγουσα· “ὦ Ξάνθε, ἐμοῦ

ERGÄNZENDE TEXTE ZU VITA G

Im Folgenden sind drei Kapitel in Original und Übersetzung abgedruckt, die, da sie in Vita G fehlen, offensichtlich auch nicht in der Urfassung des Äsop-Romans enthalten waren. Sie finden sich in einigen Handschriften der Vita W und verdienen deshalb Interesse, weil es diese Version der fiktionalen Biographie ist, die in lateinischer und deutscher Übersetzung Heinrich Steinhöwels *Esopus* von 1476/77 eröffnet und durch das erfolgreiche Buch (s. Einführung S. 37f.) auf der ganzen Welt bekannt wurde. Der hier wiedergegebene griechische Text fußt auf Perrys Ausgabe (s. S. 421), ist aber aufgrund freundlicher Hinweise Grammatiki Karlas, die eine Edition der Version MORN (siehe Einführung S. 18f.) von Vita W vorbereitet, emendiert.

50a Und sie sagte noch: »Von jetzt an werde ich nicht mehr bei dir wohnen«, ging hinaus und begab sich heimlich zu ihren Eltern. Da sagte Äsop zu seinem Herrn: »Gebieter, habe ich dir nicht gesagt, dass die Hündin dir zugetan ist und nicht meine Herrin?« Als nun die Tage dahingingen und sie unversöhnlich blieb, schickte Xanthos Leute und ließ sie auffordern, dass sie zu ihm zurückkehren solle. Sie ließ sich aber nicht überreden. Weil Xanthos sich nun wegen des Verlusts seiner Frau in tiefer Mutlosigkeit befand, war er noch betrübt und fühlte sich unglücklich. Da ging Äsop zu ihm und sagte: »Sei nicht bekümmert darüber, Gebieter! Denn ich werde morgen bewirken, dass sie allein zu dir wiederkehrt, ohne dass jemand sie sucht.« Und er bat um Münzen, nahm sie, ging hinaus auf den Markt, kaufte Hühner und Gänse und andere Sachen, ging, das alles tragend, fort, begab sich zu dem Ort, wo seine Herrin war, und tat natürlich so, als wisse er nicht, dass sich dort die Frau des Xanthos befand. Da traf er auf einen ihrer Sklaven und sagte zu ihm: »Bruder, haben sie in diesem Haus Gänse oder etwas anderes von dem, was zu einer Hochzeit gehört?« Und der: »Und warum brauchst du das?« Und Äsop: »Der Philosoph Xanthos wird sich morgen mit einer Frau verehelichen.« Da ging der eilends hinauf und vermeldete das der Frau des Xanthos. Als sie das gehört hatte, begab sie sich in großer Eile zu Xanthos, schrie ihn an und sagte:

ἐν τοῖς ζῶσιν ὑπαρχούσης ἑτέρᾳ γυναικὶ ἁρμοσθῆναι οὐ δύνασαι."

77a μεθ' ἡμέρας δέ τινας προσκαλεσάμενος αὐτὸν ἔφη· "ποίησον ἡμῖν ἄριστον καλόν· σχολαστικοὺς γὰρ κέκληκα." ὁ δὲ Αἴσωπος τὰ πρὸς ὑπηρεσίαν εὐτρεπίσας, καὶ τῆς κυρίας αὐτοῦ ἐπὶ τῆς κλίνης ἀνακειμένης, ἔφη πρὸς αὐτὴν ὁ Αἴσωπος· "πρόσεχε, ὦ κυρία μου, τῇ τραπέζῃ, μή πως ἡ κύων ἐλθοῦσα καταφάγῃ τι τῶν ἐδεσμάτων." ἡ δὲ ἔφη πρὸς αὐτόν· "ἄπελθε περὶ τούτων μηδὲν φροντίζων· ἐμοῦ γὰρ καὶ ὁ κῶλος ὀφθαλμοὺς ἔχει." τοῦ δὲ Αἰσώπου εἰς ἑτέρας ἀσχολουμένου δουλείας, ὑποστρέψαντος δὲ αὖθις ἐπὶ τὴν τράπεζαν, εὗρε τὴν κυρίαν αὐτοῦ κοιμωμένην καὶ τὰ ὄπισθεν ἐπὶ τὴν τράπεζαν ἔχουσα. φοβηθεὶς μή πως ἡ κύων ἀνελθοῦσα ἀχρειώσῃ τὴν τράπεζαν, ἀνεμνήσθη εἰπούσης τῆς κυρίας αὐτοῦ ὅτι 'ὁ κῶλός μου ὀφθαλμοὺς ἔχει', καὶ ἀνακομβώσας τοὺς αὐτῆς χιτῶνας καὶ τὰ ὄπισθεν ἐπιγυμνώσας εἴασεν αὐτὴν οὕτως κεῖσθαι καὶ τηρεῖν τὴν τράπεζαν. τοῦ δὲ Ξάνθου σὺν τοῖς σχολαστικοῖς ἐλθόντος ἀνῆλθον ἐπὶ τὸ ἄριστον. ἰδόντες οὖν τὴν τοῦ Ξάνθου γυναῖκα γεγυμνωμένην καὶ ὑπνώττουσαν, αἰσχυνθέντες ἀπεστράφησαν τὰς ὄψεις αὐτῶν. ὁ δὲ Ξάνθος λέγει τῷ Αἰσώπῳ· "τί τοῦτο, ὦ κατάρατε;" ὁ δέ φησι· "δέσποτα, ἐμοῦ τὰ πρὸς θεραπείαν ὑμετέραν ἑτοιμάζοντος καὶ εἰπόντος τῇ κυρίᾳ μου προσέχειν τῇ τραπέζῃ, μή πως ἀνελθοῦσα ἡ κύων καταφάγῃ τι, αὕτη ἔφησε πρός με 'ἄπελθε καὶ περὶ τούτου μηδὲν φρόντιζε· ἐμοῦ γὰρ καὶ ὁ κῶλος ὀφθαλμοὺς ἔχει.' ἄρτι δέ, ὡς ὁρᾷς, ὑπνοῖ, κύριέ μου· ἐγὼ δὲ ἐγύμνωσα αὐτὴν ὅπως οἱ τοῦ κώλου ὀφθαλμοὶ ὁρῶσι τὴν τράπεζαν." καὶ ὁ Ξάνθος· "πλειστάκις με, ὦ δραπέτα, ἠχρείωσας. τούτου δὲ ἀχρειότερον οὔπω εἰργάσω, αἰσχύνας οὐ μόνον ἐμὲ ἀλλὰ καὶ τὴν κυρίαν σου. ἀλλὰ διὰ τοὺς κεκλημένους οὐκ ὀργισθήσομαι· εὑρήσω γὰρ ὥραν ὅτε μαστιγώσω σε σφοδρῶς καὶ ἀπολέσω."

»Xanthos, solange ich mich unter den Lebenden befinde, kannst Du dich nicht mit einer anderen Frau verbinden.«

77a Nach einigen Tagen rief er ihn zu sich und sagte: »Mach uns ein gutes Mittagessen. Denn ich habe Studenten eingeladen.« Äsop bereitete alles für ihre Bedienung vor, und da seine Herrin auf ihrem Bett lag, sagte Äsop zu ihr: »Gib auf den Tisch acht, meine Herrin, damit nicht etwa die Hündin kommt und etwas von den Speisen auffrisst.« Da sagte sie zu ihm: »Gehe und sorge dich in keiner Weise darum; denn auch mein Arsch hat Augen.« Äsop beschäftigte sich mit einer anderen Dienstleistung, und als er wieder zu dem Tisch zurückkehrte, fand er seine Herrin schlafend und ihren Hintern dem Tisch zugewandt. In seiner Angst, die Hündin könne vielleicht hinaufsteigen und den Tisch unbenutzbar machen, erinnerte er sich, dass seine Herrin gesagt hatte ›Mein Arsch hat Augen‹, schürzte ihr Gewand auf, entblößte ihren Hintern und ließ sie so liegen und den Tisch beobachten. Als nun Xanthos mit seinen Studenten kam, gingen sie zum Mittagessen hinein. Sie sahen also die Frau des Xanthos entblößt und schlafend und wandten verschämt ihre Gesichter ab. Xanthos aber sagte zu Äsop: »Was ist das denn, Verruchter?« Da sagte der: »Gebieter, als ich eure Bewirtung vorbereitete und zu meiner Herrin sagte, sie solle auf den Tisch achtgeben, damit nicht die Hündin hinaufsteige und etwas auffresse, sagte sie zu mir: ›Geh und sorge dich in keiner Weise darum; denn auch mein Arsch hat Augen.‹ Jetzt eben, wie du siehst, schläft sie; mein Herr, ich aber entblößte sie, damit die Augen ihres Arsches den Tisch sähen.« Und Xanthos: »Sehr oft, du Ausreißer, hast du mich geschädigt, aber etwas Schädlicheres als dies hast du noch nie getan, indem du nicht nur mich, sondern auch deine Herrin blamiertest. Doch aus Rücksicht auf die Eingeladenen will ich dir nicht zürnen. Denn ich werde eine Zeit finden, in der ich dich heftig auspeitschen lasse und dich fertigmache.«

77b μετὰ ταῦτα δὲ ῥήτορας καὶ φιλοσόφους τοῦ Ξάνθου καλέσαντος ἔφη ὁ Ξάνθος τῷ Αἰσώπῳ· "πρὸ τοῦ πυλῶνος σταθεὶς μὴ ἐάσῃς τινα τῶν ἰδιωτῶν ἀνδρῶν εἰσελθεῖν ἐν τῷ οἴκῳ μου, ἀλλ' ἢ μόνον σοφούς." τῇ δὲ ὥρᾳ τοῦ ἀρίστου κλείσας ὁ Αἴσωπος τοὺς τοῦ οἴκου πυλῶνας ἐκαθέζετο ἔσωθεν. ἐλθόντος δέ τινος τῶν κεκλημένων καὶ κρούσαντος τὸν πυλῶνα ἔσωθεν ὁ Αἴσωπος λέγει· "τί σείει ὁ κύων;" ὁ δὲ ἡγησάμενος ὅτι κύνα αὐτὸν ἀπεκάλεσεν, ὀργισθεὶς ἀνεχώρησεν. οὕτως οὖν πολλοὺς ⟨ἀπολεγουμένου⟩ ἀνεχώρουν ἅπαντες, ὕβριν τὸν λόγον νομίζοντες εἶναι. εἷς δὲ ἐλθὼν καὶ εἰς τὸν πυλῶνα κρούσας, τοῦ δὲ Αἰσώπου φήσαντος· "τί σείει ὁ κύων;" "τὴν κέρκον" φησι. καὶ ὁ Αἴσωπος τοῦτον ἀκούσας καλῶς ἀπολογησάμενον, ἀνοίξας εἰσήγαγεν αὐτόν. ἐπελθὼν δὲ πρὸς τὸν κύριον αὐτοῦ ἔφη· "δέσποτα, ἕτερος φιλόσοφος οὐκ ἦλθε τοῦ συνεστιαθῆναί σοι, εἰ μὴ μόνος οὗτος." ὁ δὲ Ξάνθος ἐλυπήθη πάνυ προσδοκῶν ὅτι παρελογίσαντο αὐτόν. τῇ οὖν ἐπαύριον ἐλθόντων ἐν τῇ διατριβῇ, λέγουσι τῷ Ξάνθῳ· "καθηγητά, ὡς ἔοικεν ἐπιθυμῶν τοῦ ἐξουθενῆσαι ἡμᾶς καὶ αἰδούμενος, ἔστησας τὸν σαπρὸν Αἴσωπον τοῦ ἐξουθενῆσαι καὶ ὑβρίσει ἡμᾶς καὶ κύνας ἀποκαλέσει." καὶ ὁ Ξάνθος· "ὅραμα τοῦτο ἢ ἀληθές;" καὶ οἱ σχολαστικοί· "εἰ οὐ κοιμώμεθα, ἀληθές ἐστι." καὶ ὁ Ξάνθος· "Αἴσωπόν μοί τις καλεσάτω." τοῦ δὲ ἐλθόντος ἔφη ὁ Ξάνθος· "λέγε μοι, κάθαρμα, διὰ τί τοὺς ἐμοὺς φίλους καὶ φοιτητάς, ἀντὶ τοῦ μετὰ πάσης τιμῆς εἰσαγαγεῖν σε αὐτοὺς ἐν τῷ οἴκῳ μου τοῦ συνευφρανθῆναί μοι, ἐξουθένησας καὶ ὕβρισας καὶ ἀτίμως ἀπέστρεψας;" καὶ ὁ Αἴσωπος· "δέσποτα, οὐ σύ μοι εἴρηκας 'μὴ ἐάσῃς τινὰ τῶν ἀνοήτων ἀνδρῶν εἰσελθεῖν ἐν τῷ οἴκῳ μου, εἰ μὴ ῥήτορας καὶ φιλοσόφους;'" καὶ ὁ Ξάνθος, "ναί," φησι, "καὶ τί, μορμολύκειον; οὐκ εἰσὶν οὗτοι τῶν φιλοσόφων;" καὶ ὁ Αἴσωπος· "οὐχί, ἀλλὰ καὶ πάνυ ἰδιῶται τυγχάνουσι. τῷ γὰρ πυλῶνι τῷ σῷ προσκεκρουκότων, ἐγὼ δὲ ἱστάμενος ἔσωθεν,

77b Als Xanthos danach Rhetoren und Philosophen eingeladen hatte, sagte Xanthos zu Äsop: »Stelle dich vor das Tor und lass keinen von den ungebildeten Männern in mein Haus eintreten, sondern nur Weise.« Zur Stunde des Mittagessens verschloss Äsop die Tore des Hauses und saß drinnen. Als nun einer von den Eingeladenen kam und an das Tor klopfte, sagte Äsop von innen: »Was bewegt der Hund hin und her?« Der aber glaubte, dass er ihn einen Hund nannte, wurde wütend und ging davon. Weil Äsop nun viele so ansprach, gingen alle davon, weil sie glaubten, die Worte seien eine Beleidigung. Da kam einer und klopfte ans Tor, und als Äsop zu ihm sprach: »Was bewegt der Hund hin und her?«, sprach der: »Seinen Schwanz.« Und weil Äsop gehört hatte, dass dieser gut pariert hatte, machte er auf und führte ihn hinein. Er ging zu seinem Herrn und sprach: »Gebieter, ein anderer Philosoph kam nicht, um mit dir zu schmausen, außer diesem einen.« Da war Xanthos sehr betrübt und nahm an, dass sie ihn brüskiert hätten. Als sie nun am nächsten Tag zur Vorlesung kamen, sagten sie zu Xanthos: »Professor, wie es scheint, hast du mit dem Wunsch, dass wir für nichts geachtet würden, und weil du dich selbst scheutest, den ekelhaften Äsop hingestellt, damit er uns für nichts achte und beleidige und Hunde nenne.« Und Xanthos: »Ist das ein Traum oder wahr?« Und die Studenten: »Wenn wir nicht schlafen, ist es wahr.« Und Xanthos: »Jemand rufe mir Äsop!« Als der kam, sprach Xanthos: »Sage mir, Kehrichthaufen, weshalb hast du meine Freunde und Schüler, statt sie mit allen Ehren in mein Haus zu führen, damit sie mit mir fröhlich seien, für nichts geachtet und beleidigt und schimpflich weggeschickt?« Und Äsop: »Gebieter, hast du nicht zu mir gesagt ›Lass keinen von den Männern ohne Verstand mein Haus betreten außer Rhetoren und Philosophen!‹?« Und Xanthos sagte: »Ja. und wie nun, Kinderschreck? Sind die da keine Philosophen?« Und Äsop: »Nein, sondern es sind sogar ganz ungebildete Männer. Denn als sie an dein Tor klopften und ich von innen hintrat, fragte ich sie: ›Was bewegt

ἠρώτων αὐτούς ‘τί σείει ὁ κύων;’ καὶ οὐδεὶς ἐξ αὐτῶν ἐπέγνω τὸ ῥῆμα τοῦτο, καὶ τῷ ἀνοήτους εἶναι οὐκ εἰσήγαγον αὐτούς, εἰ μὴ τοῦτον μόνον τὸν σαφῶς ἀνταποκριθέντα μοι, τὸν τῷ κυρίῳ μου συνεστιαθέντα.” οὕτως τοῦ Αἰσώπου ἀπολογθέντος ἔφησαν ἅπαντες ὀρθῶς αὐτὸν λέγειν.

der Hund hin und her?‹ Und keiner von ihnen begriff diesen Satz, und weil sie ohne Verstand waren, führte ich sie nicht hinein, außer diesen einen, der mir deutlich geantwortet und mit meinem Herrn geschmaust hat.« Als Äsop sich so verteidigte, sprachen alle, dass er recht habe.

Μῦθοι Αἰσώπου

1. Ἀετὸς καὶ ἀλώπηξ

Ἀετὸς καὶ ἀλώπηξ φιλίαν πρὸς ἀλλήλους ποιησάμενοι πλησίον ἑαυτῶν οἰκεῖν διέγνωσαν, βεβαίωσιν φιλίας τὴν συνήθειαν ποιούμενοι. καὶ δὴ ὁ μὲν ἀναβὰς ἐπί τι περίμηκες δένδρον ἐνεοττοποιήσατο· ἡ δὲ εἰσελθοῦσα εἰς τὸν ὑποκείμενον θάμνον ἔτεκεν. ἐξελθούσης δέ ποτε αὐτῆς ἐπὶ νομήν, ὁ ἀετὸς ἀπορῶν τροφῆς, καταπτὰς εἰς τὸν θάμνον καὶ τὰ γεννήματα ἀναρπάσας, μετὰ τῶν ἑαυτοῦ νεοττῶν κατεθοινήσατο. ἡ δὲ ἀλώπηξ ἐπανελθοῦσα, ὡς ἔγνω τὸ πραχθέν, οὐ μᾶλλον ἐπὶ τῷ τῶν νεοττῶν θανάτῳ ἐλυπήθη ὅσον ἐπὶ τῇ ἀμύνῃ· χερσαία γὰρ οὖσα πτηνὸν διώκειν ἠδυνάτει. διόπερ πόρρωθεν στᾶσα, ὃ μόνον τοῖς ἀδυνάτοις καὶ ἀσθενέσιν ὑπολείπεται, τῷ ἐχθρῷ κατηρᾶτο. συνέβη δ' αὐτῷ τῆς εἰς τὴν φιλίαν ἀσεβείας οὐκ εἰς μακρὰν δίκην ὑποσχεῖν· θυόντων γάρ τινων αἶγα ἐπ' ἀγροῦ, καταπτὰς ἀπὸ τοῦ βωμοῦ σπλάγχνον ἔμπυρον ἀνήνεγκεν· οὗ κομισθέντος ἐπὶ τὴν καλιάν, σφοδρὸς ἐμπεσὼν ἄνεμος ἐκ λεπτοῦ καὶ παλαιοῦ κάρφους λαμπρὰν φλόγα ἀνῆψε. καὶ διὰ τοῦτο καταφλεχθέντες οἱ νεοττοί – καὶ γὰρ ἦσαν ἔτι πτῆναι ἀτελεῖς – ἐπὶ τὴν γῆν κατέπεσον. καὶ ἡ ἀλώπηξ προσδραμοῦσα ἐν ὄψει τοῦ ἀετοῦ πάντας αὐτοὺς κατέφαγεν.

Ὁ λόγος δηλοῖ ὅτι οἱ φιλίαν παρασπονδοῦντες, κἂν τὴν ἐκ τῶν ἠδικημένων ἐκφύγωσι κόλασιν δι' ἀσθένειαν, ἀλλ' οὖν γε τὴν ἐκ θεοῦ τιμωρίαν οὐ διακρούονται.

FABELN ÄSOPS

1. Der Adler und der Fuchs

Der Adler und der Fuchs, die Freundschaft miteinander geschlossen hatten, entschieden sich, nahe beieinander zu wohnen, weil sie meinten, der vertraute Umgang festige ihre Freundschaft. Und so flog der eine auf einen sehr hohen Baum und nistete; der andere aber kroch in das darunter befindliche Buschwerk und warf seine Jungen. Einmal war er auf Nahrungssuche ausgegangen, und da flog der Adler, weil er gerade kein Futter hatte, hinab in das Buschwerk, riss die Jungen mit sich in die Höhe und verschlang sie gemeinsam mit seinen eigenen Jungen. Als der Fuchs zurückkam und bemerkte, was sich zugetragen hatte, war er über den Tod seiner Jungen ebenso bekümmert wie über seine Hilflosigkeit; denn als Landtier war er nicht imstande, einen Vogel zu verfolgen. Deshalb stellte er sich in einiger Entfernung hin und tat, was Machtlosen und Schwachen allein übrig bleibt: Er verfluchte den Feind. Es geschah aber diesem, dass er für seinen Frevel gegenüber der Freundschaft nicht lange danach Strafe erleiden musste. Während nämlich irgendwelche Leute eine Ziege auf einem Acker opferten, flog er herab und trug von dem Altar ein glühendes Stück der Eingeweide in die Höhe. Als er es in sein Nest gebracht hatte, fuhr ein heftiger Wind hinein und ließ aus dem dünnen, alten Reisig eine helle Flamme auflodern. Und deshalb wurden die Jungen von der Flamme erfasst – sie waren nämlich noch nicht flügge – und fielen auf die Erde herab. Und der Fuchs lief herbei und fraß sie vor den Augen des Adlers alle auf.

Die Fabel zeigt, dass die, welche die Freundschaft verraten, auch wenn sie der Bestrafung durch die Geschädigten wegen deren Schwäche entgehen, doch gewiss die göttliche Rache nicht aufhalten.

2. Ἀετός, κολοιὸς καὶ ποιμήν

Ἀετὸς καταπτὰς ἀπό τινος ὑψηλῆς πέτρας ἄρνα ἥρπασε· κολοιὸς δὲ τοῦτον θεασάμενος διὰ ζῆλον [τοῦτον] μιμήσασθαι ἠθέλησε. καὶ δὴ καθεὶς ἑαυτὸν μετὰ πολλοῦ ῥοίζου ἐπὶ κριὸν ἠνέχθη. ἐμπαρέντων δ' αὐτῷ τῶν ὀνύχων τοῖς μαλλοῖς, ἐξαρθῆναι μὴ δυνάμενος ἐπτερύσσετο, ἕως ὁ ποιμήν, τὸ γεγονὸς αἰσθόμενος, προσδραμὼν συνέλαβεν αὐτὸν καὶ περικόψας αὐτοῦ τὰ ὀξύπτερα, ὡς ἑσπέρα κατέλαβε, τοῖς ἑαυτοῦ παισὶν ἐκόμισε. τῶν δὲ πυνθανομένων τί εἴη τὸ ὄρνεον, ἔφη· "ὡς μὲν ἐγὼ σαφῶς οἶδα, κολοιός, ὡς δὲ αὐτὸς βούλεται, ἀετός."

Οὕτως ἡ πρὸς τοὺς ὑπερέχοντας ἅμιλλα, πρὸς τῷ μηδὲν ἀνύειν καὶ ἐπὶ συμφοραῖς προσκτᾶται γέλωτα.

3. Ἀετὸς καὶ κάνθαρος

Ἀετὸς λαγωὸν ἐδίωκεν· ὁ δὲ ἐν ἐρημίᾳ τῶν βοηθησόντων ὑπάρχων, ὃν μόνον ὁ καιρὸς παρέσχε, κάνθαρον ἰδών, τοῦτον ἱκέτευεν. ὁ δὲ παραθαρσύνας αὐτόν, ὡς ἐγγὺς ἐλθόντα τὸν ἀετὸν ἐθεάσατο, παρεκάλει μὴ ἀπάγειν αὐτοῦ τὸν ἱκέτην. κἀκεῖνος ὑπεριδὼν τὴν σμικρότητα ἐν ὄψει τοῦ κανθάρου τὸν λαγωὸν κατεθοινήσατο. ὁ δὲ ἀπ' ἐκείνου μνησικακῶν διετέλει παρατηρούμενος τοῦ ἀετοῦ τὰς καλιὰς καί, εἴ ποτε ἐκεῖνος ἔτικτε, μετάρσιος αἰρόμενος ἐκύλιε τὰ ᾠὰ καὶ κατέασσε, μέχρις οὗ πανταχόθεν ἐλαυνόμενος ὁ ἀετὸς ἐπὶ τὸν Δία κατέφυγεν – ἔστι δὲ τοῦ θεοῦ ἱερὸς ὁ ὄρνις – καὶ αὐτοῦ ἐδεήθη τόπον αὐτῷ πρὸς νεοττοποιίαν ἀσφαλῆ παρασχεῖν. τοῦ δὲ Διὸς ἐν τοῖς κόλποις αὐτοῦ τίκτειν ἐπιτρέψαντος αὐτῷ, ὁ κάνθαρος τοῦτο ἑωρακώς, κόπρου σφαῖραν ποιήσας ἀνέπτη καὶ γενόμενος κατὰ τοὺς τοῦ Διὸς κόλπους ἐνταῦθα καθῆκεν. ὁ δὲ Ζεὺς ἀποσείσασθαι τὴν κόπρον βουλόμενος, ὡς διανέστη ἔλαθεν τὰ

2. Der Adler, die Dohle und der Hirte

Der Adler flog von einem hohen Felsen herab und raubte ein Lamm. Die Dohle, die ihn erblickte, wollte es ihm aus Neid nachmachen. Und so schoss sie mit viel Getöse herab und stürzte sich auf einen Widder. Weil sich ihr aber die Krallen in der Wolle verfingen, konnte sie sich nicht erheben und schlug mit den Flügeln, bis der Hirte, der bemerkte, was geschah, herbeilief, sie packte, ihr die Flügel stutzte und sie, als der Abend hereinbrach, seinen Kindern brachte. Die fragten, welcher Vogel das sei, und er sprach: »Wie ich genau weiß, eine Dohle, wie sie es aber selbst will, ein Adler.«

So bringt das Wetteifern mit denen, die überlegen sind, außer dem Misserfolg und zusätzlich zum Unglück Gelächter ein.

3. Der Adler und der Mistkäfer

Der Adler verfolgte einen Hasen. Der hatte nun niemanden, der ihm hätte helfen können, und da er einen Mistkäfer sah, den allein ihm der richtige Moment darbot, flehte er ihn um Schutz an. Als der, nachdem er ihm Mut zugesprochen hatte, den Adler näherkommen sah, forderte er ihn auf, seinen Schützling nicht wegzuschleppen. Und jener sah hinweg über die winzige Gestalt und verschlang den Hasen vor den Augen des Käfers. Der aber behielt seitdem das erlittene Böse im Gedächtnis, belauerte fortwährend den Horst des Adlers, und wann immer der Eier legte, flog er in die Höhe, rollte die Eier heraus und ließ sie zerbrechen, bis der Adler, von überall vertrieben, zu Zeus floh – der Vogel ist ja dem Gott heilig – und ihn bat, ihm einen Platz für sicheres Nisten zu verschaffen. Als Zeus ihm gestattete, in seinem Schoß die Eier zu legen und der Mistkäfer dies gesehen hatte, machte er eine Kugel aus Mist, flog in die Höhe und legte sie, im Schoß des Zeus angekommen, dort ab. Zeus aber wollte den Mist abschütteln und warf,

ᾠὰ ἀπορρίψας. ἀπ᾽ ἐκείνου τέ φασι περὶ ὃν καιρὸν οἱ κάνθαροι γίνονται τοὺς ἀετοὺς μὴ νεοττεύειν.

Ὁ λόγος διδάσκει μηδενὸς καταφρονεῖν, λογιζομένους ὅτι οὐδεὶς οὕτως ἐστὶν ἀδύνατος ὡς προπηλακισθεὶς μὴ δύνασθαί ποτε ἑαυτόν ἐκδικῆσαι.

4. Ἀηδὼν καὶ ἱέραξ

Ἀηδὼν ἐπί τινος ὑψηλῆς δρυὸς καθημένη κατὰ τὸ σύνηθες ᾖδεν. ἱέραξ δὲ αὐτὴν θεασάμενος, ὡς ἠπόρει τροφῆς, ἐπιπτὰς συνέλαβεν. ἡ δὲ μέλλουσα ἀναιρεῖσθαι ἐδέετο αὐτοῦ μεθεῖναι αὐτήν, λέγουσα ὡς οὐχ ἱκανή ἐστιν ἱέρακος αὐτὴ γαστέρα πληρῶσαι· δεῖ δὲ αὐτόν, εἰ τροφῆς ἀπορεῖ, ἐπὶ τὰ μείζονα τῶν ὀρνέων τρέπεσθαι. καὶ ὃς ὑποτυχὼν εἶπεν· "ἀλλ᾽ ἔγωγε ἀπόπληκτος ἂν εἴην, εἰ τὴν ἐν χερσὶν ἑτοίμην βορὰν παρεὶς τὰ μηδέπω φαινόμενα διώκοιμι."

Οὕτω καὶ τῶν ἀνθρώπων ἀλόγιστοί εἰσιν οἳ δι᾽ ἐλπίδα μειζόνων πραγμάτων τὰ ἐν χερσὶν ὄντα προΐενται.

5. Ἀθηναῖος χρεωφειλέτης

Ἀθήνησιν ἀνὴρ χρεωφειλέτης ἀπαιτούμενος ὑπὸ τοῦ δανειστοῦ τὸ χρέος τὸ μὲν πρῶτον παρεκάλει ἀναβολὴν αὐτῷ παρασχέσθαι, ἀπορεῖν φάσκων. ὡς δὲ οὐκ ἔπειθε, προσαγαγὼν ὗν ἣν μόνην εἶχε, παρόντος αὐτοῦ ἐπώλει. ὠνητοῦ δὲ προσελθόντος καὶ διερωτῶντος εἰ τοκὰς ἡ ὗς εἴη, ἐκεῖνος ἔφη μὴ μόνον αὐτὴν τίκτειν, ἀλλὰ καὶ παραδόξως· τοῖς μὲν γὰρ μυστηρίοις θήλεα ἀποκύειν, τοῖς δὲ Παναθηναίοις ἄρσενα. τοῦ δὲ

als er aufstand, unversehens die Eier herab. Seitdem, heißt es, nisten zu der Zeit, wenn die Mistkäfer da sind, die Adler nicht.

Die Fabel lehrt, niemanden zu verachten, indem man bedenkt, dass niemand so machtlos ist, dass er, wenn er in den Kot getreten wurde, sich nicht irgendwann einmal rächen könnte.

4. Die Nachtigall und der Habicht

Eine Nachtigall saß auf einer hohen Eiche und sang wie gewöhnlich. Da erblickte sie der Habicht, und weil er gerade kein Futter hatte, stieß er auf sie nieder und packte sie. Da sie nun getötet werden sollte, bat sie ihn, sie freizulassen, indem sie sagte, sie reiche nicht aus, den Bauch eines Habichts zu füllen; er müsse, wenn er kein Futter habe, sich den größeren Vögeln zuwenden. Und der fiel ihr ins Wort und sagte: »Aber ich wäre ja von Sinnen, wenn ich den Fraß, den ich in den Krallen parat habe, losließe und dem nachjagte, was sich noch gar nicht gezeigt hat.«

So sind auch bei den Menschen die unvernünftig, welche aus Hoffnung auf größere Dinge die, welche sie in den Händen haben, preisgeben.

5. Der Schuldner aus Athen

In Athen wurden von einem Mann, der Schulden hatte, durch seinen Gläubiger die Schulden eingefordert, und zuerst bat er, dass ihm Aufschub gewährt werde, indem er behauptete, er sei mittellos. Als er ihn aber nicht überreden konnte, brachte er die einzige Sau herbei, die er hatte, und versuchte sie in dessen Gegenwart zu verkaufen. Ein Käufer trat nun hinzu und fragte, ob die Sau gebärfähig sei, und jener sprach, sie gebäre nicht nur, sondern sogar wundersam: an den Mysterien weibliche, an den Panathenäen männliche

ἐκπλαγέντος πρὸς τὸν λόγον, ὁ δανειστὴς εἶπεν· “ἀλλὰ μὴ θαύμαζε· αὕτη γάρ σοι καὶ Διονυσίοις ἐρίφους τέξεται.”

Ὁ λόγος δηλοῖ ὅτι πολλοὶ διὰ τὸ ἴδιον κέρδος οὐκ ὀκνοῦσιν οὐδὲ τοῖς ἀδυνάτοις ψευδομαρτυρεῖν.

6. Αἰπόλος καὶ αἶγες ἄγριαι

Αἰπόλος τὰς αἶγας αὐτοῦ ἀπελάσας ἐπὶ νομήν, ὡς ἐθεάσατο ἀγρίας αὐταῖς ἀναμιγείσας, ἑσπέρας ἐπιλαβούσης, πάσας εἰς τὸ ἑαυτοῦ σπήλαιον εἰσήλασε. τῇ δὲ ὑστεραίᾳ χειμῶνος πολλοῦ γενομένου, μὴ δυνάμενος ἐπὶ τὴν συνήθη νομὴν αὐτὰς παραγαγεῖν, ἔνδον ἐτημέλει, ταῖς μὲν ἰδίαις μετρίαν τροφὴν παραβάλλων πρὸς μόνον τὸ μὴ λιμώττειν, ταῖς δὲ ὀθνείαις πλείονα παρασωρεύων πρὸς τὸ καὶ αὐτὰς ἐξιδιοποιήσασθαι. παυσαμένου δὲ τοῦ χειμῶνος, ἐπειδὴ πάσας ἐπὶ νομὴν ἐξήγαγεν, αἱ ἄγριαι ἐπιλαβόμεναι τῶν ὀρῶν ἔφευγον. τοῦ δὲ ποιμένος ἀχαριστίαν αὐτῶν κατηγοροῦντος, εἴγε περιττοτέρας αὐταὶ τημελείας ἐπιτυχοῦσαι καταλείπουσιν αὐτόν, ἔφασαν ἐπιστραφεῖσαι· “ἀλλὰ καὶ δι’ αὐτὸ τοῦτο μᾶλλον φυλαττόμεθα· εἰ γὰρ ἡμᾶς τὰς χθές σοι προσεληλυθυίας τῶν πάλαι σὺν σοὶ προετίμησας, δῆλον ὅτι, κἂν ἕτεραί σοι μετὰ ταῦτα προσπελάσωσιν, ἐκείνας ἡμῶν προκρινεῖς.”

Ὁ λόγος δηλοῖ μὴ δεῖν τούτων ἀσμενίζεσθαι τὰς φιλίας οἳ τῶν παλαιῶν φίλων ἡμᾶς τοὺς προσφάτους προτιμῶσι, λογιζομένους ὅτι, κἂν ἡμῶν ἐγχρονιζόντων ἑτέροις φιλιάσωσιν, ἐκείνους προκρινοῦσιν.

Ferkel. Als der erstaunt war über diese Worte, sagte der Gläubiger: »Aber wundere dich nicht! Denn an den Dionysien wird sie sogar Böckchen gebären.«

Die Fabel zeigt, dass viele um des eigenen Vorteils willen nicht zögern, sogar Unmögliches falsch zu bezeugen.

6. Der Ziegenhirt und die wilden Ziegen

Als ein Ziegenhirte, der seine Ziegen auf die Weide trieb, sah, dass sich wilde unter sie mischten, trieb er, als der Abend hereinbrach, alle in seine Höhle. Am nächsten Tag kam ein heftiger Sturm auf, und da der Hirte sie nicht auf die gewohnte Weide führen konnte, versorgte er sie drinnen, wobei er den eigenen nur so viel Futter vorwarf, dass sie nicht hungern mussten, den fremden aber mehr aufhäufte, um auch sie sich zuzueignen. Als nun der Sturm aufgehört hatte und er alle Ziegen auf die Weide führte, machten sich die wilden auf den Weg in die Berge und liefen davon. Der Hirte aber warf ihnen Undankbarkeit vor, weil sie, obgleich sie im Übermaß Fürsorge bekommen hätten, ihn verließen, und da wandten sie sich ihm zu und sprachen: »Aber gerade deswegen sind wir noch mehr auf der Hut. Wenn du nämlich uns, die wir gestern zu dir gekommen sind, denen gegenüber den Vorrang gabst, die schon lange bei dir sind, ist klar, dass du, auch wenn andere dir danach zulaufen, sie uns vorziehen wirst.«

Die Fabel zeigt, dass wir uns nicht über die Freundschaft derer freuen dürfen, die uns als neuen Freunden gegenüber ihren alten den Vorrang geben, indem wir bedenken, dass, auch wenn wir längere Zeit da waren und sie mit anderen Freundschaft schließen, sie diese vorziehen werden.

7. Ἀἴλουρος ἰατρὸς καὶ ὄρνεις

Ἀἴλουρος ἀκούσας ὅτι ἔν τινι ἐπαύλει ὄρνεις νοσοῦσι, σχηματίσας ἑαυτὸν εἰς ἰατρὸν καὶ τὰ τῆς ἐπιστήμης πρόσφορα ἀναλαβὼν ἐργαλεῖα, παρεγένετο καὶ στὰς πρὸ τῆς ἐπαύλεως ἐπυνθάνετο αὐτῶν πῶς ἔχοιεν. αἱ δὲ ὑποτυχοῦσαι, "καλῶς", ἔφασαν, "ἐὰν σὺ ἐντεῦθεν ἀπαλλαγῇς."

Οὕτως καὶ τῶν ἀνθρώπων οἱ πονηροὶ τοὺς φρονίμους οὐ λανθάνουσι, κἂν τὰ μάλιστα χρηστότητα ὑποκρίνωνται.

8. Αἴσωπος ἐν ναυπηγίῳ

Αἴσωπός ποτε ὁ λογοποιὸς σχολὴν ἄγων εἰς ναυπήγιον εἰσῆλθε. τῶν δὲ ναυπηγῶν σκωπτόντων τε αὐτὸν καὶ ἐκκαλουμένων εἰς ἀπόκρισιν, ὁ Αἴσωπος ἔλεγε τὸ παλαιὸν χάος καὶ ὕδωρ γενέσθαι, τὸν δὲ Δία βουλόμενον καὶ τὸ τῆς γῆς στοιχεῖον ἀναδεῖξαι παραινέσαι αὐτῇ ὅπως ἐπὶ τρὶς ἐκροφήσῃ τὴν θάλασσαν. κἀκείνη ἀρξαμένη τὸ μὲν πρῶτον τὰ ὄρη ἐξέφηνεν, ἐκ δευτέρου δὲ ἐκροφήσασα καὶ τὰ πεδία ἀπεγύμνωσεν· "ἐὰν δὲ δόξῃ αὐτῇ καὶ τὸ τρίτον ἐκπιεῖν τὸ ὕδωρ, ἄχρηστος ὑμῶν ἡ τέχνη γενήσεται."

Ὁ λόγος δηλοῖ ὅτι οἱ τοὺς κρείττονας χλευάζοντες λανθάνουσι μείζονας ἑαυτοῖς τὰς ἀνίας ἐξ αὐτῶν ἐπισπώμενοι.

9. Ἀλώπηξ καὶ τράγος ἐν φρέατι

Ἀλώπηξ πεσοῦσα εἰς φρέαρ ἐπάναγκες ἔμενε πρὸς τὴν ἀνάβασιν ἀμηχανοῦσα. τράγος δὲ δίψῃ συνεχόμενος, ὡς ἐγένετο κατὰ τὸ αὐτὸ

7. Der Kater als Arzt und die Hühner

Der Kater, der gehört hatte, dass auf einem Bauernhof die Hühner krank seien, verkleidete sich als Arzt, nahm die zu dieser Kunst gehörigen Instrumente, kam zu dem Hof, stellte sich davor und fragte sie, wie es ihnen gehe. Die aber fielen ihm ins Wort und sprachen: »Gut, wenn du von hier verschwindest.«

So bleiben auch bei den Menschen die Bösen den Besonnenen nicht verborgen, auch wenn sie noch so sehr Rechtschaffenheit vortäuschen.

8. Äsop auf der Werft

Als der Fabelerzähler Äsop einmal nichts zu tun hatte, ging er zu einer Werft. Weil die Schiffbauer ihn verspotteten und ihn zu einer Erwiderung herausforderten, sagte Äsop, in alter Zeit seien das Chaos und das Wasser entstanden, Zeus aber habe auch die Erde als Element sichtbar machen wollen und sie aufgefordert, in drei Zügen das Meer auszuschlürfen. Und als sie damit begonnen habe, seien beim ersten Mal die Berge erschienen, nachdem sie aber zum zweiten Mal geschlürft habe, habe sie auch die Ebenen freigelegt. »Wenn sie aber beschließt, auch zum dritten Mal das Wasser auszutrinken, wird eure Kunst nutzlos sein.«

Die Fabel zeigt, dass die, welche Überlegene verhöhnen, sich selbst unversehens von ihnen den größeren Ärger zuziehen.

9. Der Fuchs und der Ziegenbock im Brunnen

Der Fuchs fiel in einen Brunnen und blieb gezwungenermaßen darin, weil er nicht wusste, wie er hinaufsteigen könnte. Als ein Ziegenbock, der von Durst gequält war, zu demselben Brunnen

φρέαρ, θεασάμενος αὐτὴν ἐπυνθάνετο εἰ καλὸν εἴη τὸ ὕδωρ. ἡ δὲ τὴν συντυχίαν ἀσμενισαμένη πολὺν ἔπαινον τοῦ ὕδατος κατέτεινε, λέγουσα ὡς χρηστὸν εἴη, καὶ δὴ καὶ αὐτὸν καταβῆναι παρῄνει. τοῦ δὲ ἀμελετήτως καθαλλομένου διὰ τὸ μόνην ὁρᾶν τότε τὴν ἐπιθυμίαν, καὶ ἅμα τῷ τὴν δίψαν σβέσαι μετὰ τῆς ἀλώπεκος σκοποῦντος τὴν ἄνοδον, χρήσιμόν τι ἡ ἀλώπηξ ἔφη ἐπινενοηκέναι εἰς τὴν ἀμφοτέρων σωτηρίαν· "ἐὰν γὰρ θελήσῃς τοὺς ἐμπροσθίους πόδας τῷ τοίχῳ προσερείσας ἐγκλῖναι καὶ τὰ κέρατα, ἀναδραμοῦσα αὐτὴ διὰ τοῦ σοῦ νώτου καὶ σὲ ἀνασπάσω." τοῦ δὲ καὶ πρὸς τὴν δευτέραν παραίνεσιν ἑτοίμως ὑπηρετήσαντος, ἡ ἀλώπηξ ἀναλλομένη διὰ τῶν σκελῶν αὐτοῦ ἐπὶ τὸν νῶτον ἀνέβη καὶ ἀπ' ἐκείνου ἐπὶ τὰ κέρατα διερεισαμένη ἐπὶ τὸ στόμα τοῦ φρέατος ἀνελθοῦσα ἀπηλλάττετο. τοῦ δὲ τράγου μεμφομένου αὐτὴν ὡς τὰς ὁμολογίας παραβαίνουσαν, ἐπιστραφεῖσα εἶπεν· "ὦ οὗτος, ἀλλ' εἰ τοσαύτας φρένας εἶχες ὅσας ἐν τῷ πώγωνι τρίχας, οὐ πρότερον δὴ καταβεβήκεις πρὶν ἢ τὴν ἄνοδον ἐσκέψω."

Οὕτω καὶ τῶν ἀνθρώπων τοὺς φρονίμους δεῖ πρότερον τὰ τέλη τῶν πραγμάτων σκοπεῖν, εἶθ' οὕτως αὐτοῖς ἐγχειρεῖν.

10. Ἀλώπηξ λέοντα θεασαμένη

Ἀλώπηξ μηδέποτε θεασαμένη λέοντα, ἐπειδὴ κατά τινα συντυχίαν ὑπήντησε, τὸ μὲν πρῶτον ἰδοῦσα οὕτως ἐξεταράχθη ὡς μικροῦ ἀποθανεῖν. ἐκ δευτέρου δὲ αὐτῷ περιτυχοῦσα ἐφοβήθη μέν, ἀλλ' οὐχ οὕτως ὡς τὸ πρότερον. ἐκ τρίτου δὲ θεασαμένη οὕτω κατεθάρρησεν ὡς καὶ προσελθοῦσα αὐτῷ διαλέγεσθαι.

kam, erblickte er ihn und fragte, ob das Wasser gut sei. Der, sehr erfreut über den glücklichen Zufall, lobte lang und breit das Wasser, indem er sagte, wie gut es sei, und insbesondere riet er ihm, auch selbst hinabzusteigen. Der sprang ohne weitere Überlegung hinab, weil er im Moment nur seine Gier im Auge hatte, und dachte, während er seinen Durst löschte, zusammen mit dem Fuchs über den Aufstieg nach, und der Fuchs sprach, er habe etwas zu ihrer beider Rettung Nützliches ersonnen: »Wenn du nämlich bereit bist, deine Vorderbeine gegen die Wand zu stemmen und auch die Hörner anzulehnen, werde ich selbst über deinen Rücken hinauflaufen und dich hinaufziehen.« Weil der nun bereitwillig auch dem zweiten Ratschlag folgte, sprang der Fuchs durch dessen Hinterbeine hinauf und stieg ihm auf den Rücken, stützte sich von dort auf die Hörner, kam so hinauf zum Rand des Brunnens und wollte sich davonmachen. Als der Bock ihm vorwarf, dass er gegen die Vereinbarung handle, wandte der sich ihm zu und sagte: »Du da, wenn du so viel Verstand hättest wie Haare im Bart, wärst du ja erst einmal nicht hinabgestiegen, bevor du über den Aufstieg nachgedacht hättest.«

So müssen auch bei den Menschen die Vernünftigen erst einmal über den Ausgang ihrer Handlungen nachdenken und diese dann dementsprechend in Angriff nehmen.

10. Der Fuchs, der einen Löwen erblickte

Als ein Fuchs, der noch nie einen Löwen erblickt hatte, durch Zufall einem begegnete, war er zuerst, als er ihn sah, so erschrocken, dass er fast gestorben wäre. Als er zum zweiten Mal auf ihn traf, bekam er zwar Angst, aber nicht so sehr wie zuvor. Als er ihn zum dritten Mal erblickte, fasste er so viel Mut, dass er sogar hinging und sich mit ihm unterhielt.

Ὁ λόγος δηλοῖ ὅτι ἡ συνήθεια καὶ τὰ φοβερὰ τῶν πραγμάτων καταπραΰνει.

11. Ἁλιεὺς αὐλῶν

Ἁλιεὺς αὐλητικῆς ἔμπειρος, ἀναλαβὼν αὐλοὺς καὶ τὰ δίκτυα, παρεγένετο εἰς τὴν θάλασσαν καὶ στὰς ἐπί τινος προβλῆτος πέτρας τὸ μὲν πρῶτον ᾖδε, νομίζων αὐτομάτως πρὸς τὴν ἡδυφωνίαν τοὺς ἰχθύας ἐξελεύσεσθαι. ὡς δὲ αὐτοῦ ἐπὶ πολὺ διατεινομένου οὐδὲν πέρας ἠνύετο, ἀποθέμενος τοὺς αὐλοὺς ἀνείλετο τὸ ἀμφίβληστρον καὶ βαλὼν κατὰ τοῦ ὕδατος πολλοὺς ἰχθύας ἤγρευσεν. ἐκβαλὼν δὲ αὐτοὺς ἀπὸ τῶν δικτύων ἐπὶ τὴν ἠιόνα, ὡς ἐθεάσατο σπαίροντας, ἔφη· "ὦ κάκιστα ζῷα, ὑμεῖς, ὅτε μὲν ηὔλουν, οὐκ ὠρχεῖσθε, νῦν δέ, ὅτε πέπαυμαι, τοῦτο πράττετε."

12. Ἀλώπηξ καὶ πάρδαλις

Ἀλώπηξ καὶ πάρδαλις περὶ κάλλους ἤριζον. τῆς δὲ παρδάλεως παρ' ἕκαστα τὴν τοῦ σώματος ποικιλίαν προβαλλομένης, ἡ ἀλώπηξ ὑποτυχοῦσα ἔφη· "καὶ πόσον ἐγὼ σοῦ καλλίων ὑπάρχω, ἥτις οὐ τὸ σῶμα, τὴν δὲ ψυχὴν πεποίκιλμαι."

Ὁ λόγος δηλοῖ ὅτι τοῦ σωματικοῦ κάλλους ἀμείνων ἐστὶν ὁ τῆς διανοίας κόσμος.

13. Ἁλιεῖς λίθον ἀγρεύσαντες

Ἁλιεῖς σαγήνην εἷλκον. βαρείας δὲ αὐτῆς οὔσης ἔχαιρον καὶ ὠρχοῦντο, πολλὴν εἶναι νομίζοντες τὴν ἄγραν. ὡς δὲ ἀφελκύσαντες ἐπὶ τὴν ἠιόνα

Die Fabel zeigt, dass die Gewohnheit auch das Furchterregende der Dinge abmildert.

11. Der Fischer, der Flöte spielt

Ein sich aufs Flötenspiel verstehender Fischer nahm seine Flöte und die Netze, ging zum Meer, stellte sich auf einen Felsvorsprung und spielte erst einmal ein Lied, weil er glaubte, die Fische würden von selbst zu dem süßen Klang herauskommen. Als er nun, obwohl er sich sehr anstrengte, schließlich doch nichts erreichte, legte er die Flöte weg, nahm das Zugnetz, warf es ins Wasser und fing viele Fische. Die warf er aus dem Netz an den Strand, und als er sie zappeln sah, sprach er: »Ihr elenden Biester, als ich Flöte spielte, habt ihr nicht getanzt, jetzt aber, nachdem ich aufgehört habe, tut ihr das.«

12. Der Fuchs und der Panther

Der Fuchs und der Panther lagen im Streit über ihre Schönheit. Weil der Panther bei jeder Gelegenheit das Schillernde seines Körpers anführte, fiel ihm der Fuchs ins Wort und sprach: »Und wie viel schöner bin doch ich als du, der ich nicht am Körper, sondern im Geist schillernd bin.«

Die Fabel zeigt, dass besser als körperliche Schönheit der Schmuck des Verstandes ist.

13. Die Fischer, die einen Stein fingen

Fischer waren dabei, ihr Schleppnetz einzuziehen. Weil es schwer war, frohlockten sie und tanzten, denn sie glaubten, der Fang sei ein

τῶν μὲν ἰχθύων ὀλίγους εὗρον, λίθων δὲ καὶ ὕλης μεστὴν τὴν σαγήνην, οὐ μετρίως ἐβαρυθύμουν, οὐχ οὕτω μᾶλλον ἐπὶ τῷ συμβεβηκότι δυσφοροῦντες ὅσῳ καὶ τὰ ἐναντία προσειλήφασιν. εἷς δέ τις ἐν αὐτοῖς γηραιὸς ὢν εἶπεν· "ἀλλὰ παυσώμεθα, ὦ ἑταῖροι· χαρᾶς γάρ, ὡς ἔοικεν, ἀδελφή ἐστιν ἡ λύπη, καὶ ἡμᾶς ἔδει τοσαῦτα προησθέντας πάντως τι καὶ λυπηθῆναι."

Ἀτὰρ οὖν καὶ ἡμᾶς δεῖ τοῦ βίου τὸ εὐμετάβλητον ὁρῶντας μὴ τοῖς ἀεὶ πράγμασιν ἐπαγάλλεσθαι, λογιζομένους ὅτι ἐκ πολλῆς εὐδίας ἀνάγκη καὶ χειμῶνα γενέσθαι.

14. Ἀλώπηξ καὶ πίθηκος περὶ εὐγενείας ἐρίζοντες

Ἀλώπηξ καὶ πίθηκος ἐν ταὐτῷ ὁδοιποροῦντες περὶ εὐγενείας ἤριζον. πολλὰ δὲ ἑκατέρου διεξιόντος, ἐπειδὴ ἐγένοντο κατά τινας τάφους, ἀποβλέψας ὁ πίθηκος ἀνεστέναξεν. τῆς δὲ ἀλώπεκος ἐρομένης τὴν αἰτίαν, ὁ πίθηκος ἐπιδείξας αὐτῇ τὰ μνήματα ἔφη· "ἀλλ' οὐ μέλλω κλαίειν, ὁρῶν τὰς στήλας τῶν πατρικῶν μου ἀπελευθέρων καὶ δούλων;" κἀκείνη πρὸς αὐτὸν ἔφη· "ἀλλὰ ψεύδου ὅσα βούλει· οὐδεὶς γὰρ τούτων ἀναστὰς ἐλέγξει σε."

Οὕτω καὶ τῶν ἀνθρώπων οἱ ψευδολόγοι τότε μάλιστα καταλαζονεύονται, ὅταν τοὺς ἐλέγχοντας μὴ ἔχωσιν.

reicher. Als sie es an den Strand gezogen hatten, wenige Fische, aber voll von Steinen und Holz das Netz fanden, waren sie ziemlich missmutig, wobei sie sich nicht so sehr über das ärgerten, was geschehen war, wie darüber, dass sie sich das Gegenteil vorgestellt hatten. Aber einer unter ihnen, der ein alter Mann war, sagte: »Lasst uns doch damit aufhören, Freunde! Denn die Trauer ist, wie es scheint, die Schwester des Frohlockens, und so musste es kommen, dass wir, die wir uns vorher so sehr gefreut hatten, nun auch ganz traurig sind.«

Aber auch wir dürfen also, wenn wir die Veränderlichkeit des Lebens sehen, nicht auf die alltäglichen Dinge stolz sein, indem wir bedenken, dass nach langer Windstille mit Notwendigkeit auch ein Sturm kommt.

14. Der Fuchs und der Affe, die über edle Herkunft streiten

Der Fuchs und der Affe gingen denselben Weg und lagen im Streit über ihre edle Abstammung. Beide hatten viel vorzubringen, und als sie zu einigen Gräbern kamen, blickte der Affe dorthin und seufzte laut. Als der Fuchs nach dem Grund fragte, wies der Affe ihn auf die Grabmäler hin und sprach: »Soll ich denn nicht weinen, wenn ich die Grabsteine der Freigelassenen und Sklaven meiner Väter sehe?« Und der sprach zu ihm: »Lüge du doch, so viel du willst! Denn keiner von denen wird auferstehen und dich widerlegen.«

So geben auch bei den Menschen die Lügner dann am meisten an, wenn keiner da ist, der sie widerlegen könnte.

15. Ἀλώπηξ καὶ βότρυς

Ἀλώπηξ λιμώττουσα, ὡς ἐθεάσατο ἀπό τινος ἀναδενδράδος βότρυας κρεμαμένους, ἠβουλήθη αὐτῶν περιγενέσθαι καὶ οὐκ ἠδύνατο. ἀπαλλαττομένη δὲ πρὸς ἑαυτὴν εἶπεν· "ὄμφακές εἰσιν."

Οὕτω καὶ τῶν ἀνθρώπων ἔνιοι τῶν πραγμάτων ἐφικέσθαι μὴ δυνάμενοι δι' ἀσθένειαν τοὺς καιροὺς αἰτιῶνται.

16. Αἴλουρος καὶ ἀλεκτρυών

Αἴλουρος συλλαβὼν ἀλεκτρυόνα τοῦτον ἐβούλετο μετ' εὐλόγου αἰτίας καταθοινήσασθαι. καὶ δὴ ἀρξάμενος κατηγόρει αὐτοῦ, λέγων ὀχληρὸν αὐτὸν εἶναι τοῖς ἀνθρώποις νύκτωρ κεκραγότα καὶ οὐδὲ ὕπνου τυχεῖν ἐῶντα αὐτούς. τοῦ δὲ εἰπόντος ὡς ἐπ' ὠφελείᾳ αὐτῶν τοῦτο ποιεῖ, ἐπὶ γὰρ τὰ συνήθη τῶν ἔργων διεγείρει, ἐκ δευτέρου ἔλεγεν· "ἀλλὰ καὶ ἀσεβὴς εἰς τὴν φύσιν καθέστηκας καὶ ἀδελφαῖς καὶ μητρὶ ἐπιβαίνων." τοῦ δὲ καὶ τοῦτο εἰς ὠφέλειαν τῶν δεσποτῶν πράττειν φήσαντος, πολλὰ γὰρ αὐτοῖς ὠὰ τίκτεσθαι παρασκευάζει, διαπορηθεὶς ἐκεῖνος ἔφη· "ἐὰν οὖν σὺ ἀεὶ ἀφορμῶν εὐπορῇς, ἐγώ σε οὐ κατέδομαι;"

Ὁ λόγος δηλοῖ ὅτι ἡ πονηρὰ φύσις πλημμελεῖν προελομένη κἂν μὴ μετ' εὐλόγου προσχήματος δυνηθῇ, ἀπαρακαλύπτως πονηρεύεται.

17. Ἀλώπηξ κόλουρος

Ἀλώπηξ ὑπό τινος πάγης τὴν οὐρὰν ἀποκοπεῖσα, ἐπειδὴ δι' αἰσχύνην ἀβίωτον ἡγεῖτο τὸν βίον ἔχειν, ἔγνω δεῖν καὶ τὰς ἄλλας ἀλώπεκας εἰς τὸ

15. Der Fuchs und die Trauben

Als der Fuchs, der Hunger hatte, an einem Weinstock Trauben hängen sah, wollte er sie haben und konnte es nicht. Da ging er davon und sagte zu sich: »Sie sind unreif.«

So geben auch bei den Menschen manche, die aus Unvermögen gewisse Dinge nicht erlangen können, den Umständen die Schuld.

16. Der Kater und der Hahn

Der Kater hatte einen Hahn gefangen und wollte ihn mit wohlbegründeter Causa verschlingen. Und so begann er ihn anzuklagen, indem er sagte, lästig sei der den Menschen, weil er nachts krähe und sie keinen Schlaf finden lasse. Als der aber sagte, dass er dies zu ihrem Nutzen tue, denn er wecke sie zu ihrer gewohnten Arbeit, sagte er als Zweites: »Aber du bist auch in deinem Wesen gottlos gegenüber der Natur, weil du sowohl deine Schwestern als auch deine Mutter besteigst.« Als der aber sprach, auch dies tue er zum Nutzen seiner Besitzer, denn er sorge dafür, dass ihnen viele Eier gelegt würden, da war jener in Verlegenheit gebracht und sprach: »Auch wenn du nun mit Stoff zum Argumentieren nicht verlegen bist, werde ich dich da nicht auffressen?«

Die Fabel zeigt, dass eine böse Natur, die sich vornimmt, schlecht zu handeln, auch dann, wenn sie es nicht unter einem wohlbegründeten Vorwand tun kann, unverhüllt ein Verbrechen begeht.

17. Der Fuchs ohne Schwanz

Dem Fuchs war von einer Falle der Schwanz abgeschnitten worden, und weil er nun glaubte, wegen der Schande sei das Leben nicht

αὐτὸ προαγαγεῖν, ἵνα τῷ κοινῷ πάθει τὸ ἴδιον ἐλάττωμα συγκρύψῃ. καὶ δὴ ἁπάσας ἀθροίσασα παρῄνει αὐταῖς τὰς οὐρὰς ἀποκόπτειν, λέγουσα ὡς οὐκ ἀπρεπὲς μόνον τοῦτο, ἀλλὰ καὶ περισσόν τι αὐταῖς βάρος προσήρτηται. τούτων δέ τις ὑποτυχοῦσα ἔφη· "ὦ αὕτη, ἀλλ' εἰ μὴ σοί τοῦτο συνέφερεν, οὐκ ἂν ἡμῖν αὐτὸ συνεβούλευσας."

Οὗτος ὁ λόγος ἁρμόττει πρὸς ἐκείνους οἳ τὰς συμβουλίας ποιοῦνται τοῖς πέλας οὐ δι' εὔνοιαν, ἀλλὰ διὰ τὸ ἑαυτοῖς συμφέρον.

18. Ἁλιεὺς καὶ μαινίς

Ἁλιεὺς καθεὶς τὸ δίκτυον ἀνήνεγκε μαινίδα. τῆς δὲ ἱκετευούσης αὐτὸν πρὸς τὸ παρὸν μεθεῖναι αὐτήν, ἐπειδὴ μικρὰ τυγχάνει, ὕστερον δὲ αὐξηθεῖσαν συλλαβεῖν εἰς μείζονα ὠφέλειαν, ὁ ἁλιεὺς εἶπεν· "ἀλλ' ἔγωγε εὐηθέστατος ἂν εἴην, εἰ τὸ ἐν χερσὶ παρεὶς κέρδος ἄδηλον ἐλπίδα διώκοιμι."

Ὁ λόγος δηλοῖ ὅτι αἱρετώτερόν ἐστι τὸ παρὸν κέρδος, κἂν μικρὸν ᾖ, τοῦ προσδοκωμένου, κἂν μέγα ὑπάρχῃ.

19. Ἀλώπηξ καὶ βάτος

Ἀλώπηξ φραγμὸν ἀναβαίνουσα, ἐπειδὴ ὀλισθαίνειν ἔμελλε, βάτου ἐπελάβετο· ξυσθεῖσα δὲ τὸ πέλμα καὶ δεινῶς διατεθεῖσα ᾐτιᾶτο αὐτήν, εἴγε καταφυγούσῃ ἐπ' αὐτὴν ὡς ἐπὶ βοηθὸν χεῖρον αὐτῇ ἐχρήσατο καὶ

mehr lebenswert, kam er zu dem Schluss, er müsse auch die anderen Füchse in dieselbe Lage bringen, um den eigenen Verlust dadurch zu verbergen, dass ihn alle gemeinsam erlitten. Und so ließ er sie denn alle zusammenkommen und versuchte ihnen einzureden, sie sollten ihre Schwänze abschneiden, wobei er sagte, das sei nicht nur eine unschöne, sondern auch eine überflüssige Last, die an ihnen hänge. Einer von ihnen fiel ihm ins Wort und sprach: »Du da, wenn dir das aber nicht nützen würde, hättest du es uns nicht geraten.«

Diese Fabel passt auf die, welche ihren Mitmenschen Ratschläge nicht aus Wohlwollen, sondern zu ihrem eigenen Nutzen erteilen.

18. Der Fischer und die Sardelle

Ein Fischer warf sein Netz aus und holte eine Sardelle herauf. Als die ihn nun anflehte, er solle sie doch in der gegenwärtigen Situation freilassen, da sie ja noch klein sei, wenn sie aber später größer geworden sei, fange er sie zu größerem Nutzen, sagte der Fischer: »Aber ich für mein Teil wäre doch sehr dumm, wenn ich den in meinen Händen befindlichen Gewinn fahren ließe und einer unsicheren Hoffnung hinterherliefe!«

Die Fabel zeigt, dass man gegenwärtigen Gewinn, auch wenn er klein ist, dem erwarteten, auch wenn der groß ist, vorziehen soll.

19. Der Fuchs und der Dornbusch

Als ein Fuchs, der auf einen Zaun geklettert war, auszugleiten drohte, hielt er sich an einem Dornbusch fest. Weil er dabei an seinen Fußsohlen zerkratzt und schrecklich zugerichtet wurde, warf er dem vor, er habe ihn, wo er sich doch zu ihm als einem Helfer geflüchtet habe, ganz übel behandelt, und das, obwohl er sich im

αὐτοῦ τοῦ προκειμένου. καὶ ἡ βάτος ὑποτυχοῦσα εἶπεν· "ἀλλ' ἐσφάλης τῶν φρενῶν, ὦ αὕτη, ἐμοῦ ἐπιλαβέσθαι βουληθεῖσα, ἥτις αὐτὴ πάντων ἐπιλαμβάνεσθαι εἴωθα."

Οὕτω καὶ τῶν ἀνθρώπων μάταιοί εἰσιν ὅσοι τούτοις ὡς βοηθοῖς προσφεύγουσιν οἷς τὸ ἀδικεῖν μᾶλλόν ἐστιν ἔμφυτον.

20. Ἀλώπηξ καὶ κροκόδειλος

Ἀλώπηξ καὶ κροκόδειλος περὶ εὐγενείας ἤριζον. πολλὰ δὲ τοῦ κροκοδείλου διεξιόντος περὶ τῆς τῶν προγόνων λαμπρότητος καὶ τὸ τελευταῖον λέγοντος ὡς γεγυμνασιαρχηκότων ἐστὶ πατέρων, ἡ ἀλώπηξ ὑποτυχοῦσα ἔφη· "ἀλλὰ κἂν σὺ μὴ εἴπῃς, ἀπὸ τοῦ δέρματος φαίνῃ ὅτι ἀπὸ πολλῶν εἶ γυμνασμάτων."

Οὕτω καὶ τῶν ψευδολόγων ἀνθρώπων ἔλεγχός ἐστι τὰ πράγματα.

21. Ἁλιεῖς καὶ θύννος

Ἁλιεῖς ἐπ' ἄγραν ἐξελθόντες καὶ πολὺν χρόνον κακοπαθήσαντες οὐδὲν συνέλαβον, καθεζόμενοι δὲ ἐν τῇ νηὶ ἠθύμουν. ἐν τοσούτῳ δὲ θύννος διωκόμενος καὶ πολλῷ τῷ ῥοίζῳ φερόμενος ἔλαθεν εἰς τὸ σκάφος ἐναλλόμενος. οἱ δὲ συλλαβόντες αὐτὸν καὶ εἰς τὴν πόλιν ἐλάσαντες ἀπημπόλησαν.

Οὕτω πολλάκις ἃ μὴ τέχνη παρέσχε, ταῦτα τύχη διεβράβευσεν.

Unglück befand. Und der Dornbusch fiel ihm ins Wort und sagte: »Aber du da, du warst von allen Sinnen, wenn du dich an mir festhalten wolltest, der ich mich selbst an allem festzuhalten pflege.«

So sind auch bei den Menschen diejenigen töricht, die zu denen als ihren Helfern Zuflucht nehmen, welche eher zum Unrechttun veranlagt sind.

20. Der Fuchs und das Krokodil

Der Fuchs und das Krokodil stritten sich über ihre edle Abstammung. Als das Krokodil viel über den Ruhm seiner Vorfahren erzählte und schließlich sagte, dass es von Vätern abstamme, die Leiter von Sportstätten gewesen seien, fiel der Fuchs ihm ins Wort und sprach: »Nun, auch wenn du es nicht sagst, kann man an deiner Haut erkennen, dass du viel Sport hinter dir hast.«

So liefern die Tatsachen auch bei lügnerischen Menschen die Widerlegung.

21. Die Fischer und der Thunfisch

Fischer, die auf Fang ausgefahren waren, lange Zeit Mühe erduldet und nichts gefangen hatten, saßen in ihrem Boot und waren verdrossen. Unterdessen wurde ein Thunfisch verfolgt, sauste mit viel Getöse dahin und sprang unversehens in den Kahn. Die aber packten ihn, ruderten zur Stadt und verkauften ihn.

So hat schon oft Glück das geschenkt, was Geschick nicht gewährte.

22. Ἀλώπηξ καὶ δρυτόμος

Ἀλώπηξ κυνηγοὺς φεύγουσα, ὡς ἐθεάσατό τινα δρυτόμον, τοῦτον ἱκέτευσε κατακρύψαι αὐτήν. ὁ δὲ αὐτῇ παρήνεσεν εἰς τὴν ἑαυτοῦ καλύβην εἰσελθοῦσαν κρυβῆναι. μετ' οὐ πολὺ δὲ παραγενομένων τῶν κυνηγῶν καὶ τοῦ δρυτόμου πυνθανομένων εἰ τεθέαται ἀλώπεκα τῇδε παριοῦσαν, ἐκεῖνος τῇ μὲν φωνῇ ἠρνεῖτο ἑωρακέναι, τῇ δὲ χειρὶ νεύων ἐσήμαινεν ὅπου κατεκέκρυπτο. τῶν δὲ οὐχ οἷς ἔνευε προσσχόντων, οἷς δὲ ἔλεγε πιστευσάντων, ἡ ἀλώπηξ ἰδοῦσα αὐτοὺς ἀπαλλαγέντας ἐξελθοῦσα ἀπροσφωνητὶ ἐπορεύετο. μεμφομένου δὲ αὐτὴν τοῦ δρυτόμου, εἴ γε διασωθεῖσα ὑπ' αὐτοῦ ἀλλ' οὐδὲ διὰ φωνῆς αὐτῷ ἐμαρτύρησεν, ἔφη· "ἀλλ' ἔγωγε ηὐχαρίστησα ἄν σοι, εἰ τοῖς λόγοις ὅμοια τὰ ἔργα τῆς χειρὸς [καὶ τοὺς τρόπους] εἶχες."

Τούτῳ τῷ λόγῳ χρήσαιτο ἄν τις πρὸς ἐκείνους τοὺς ἀνθρώπους τοὺς χρηστὰ μὲν σαφῶς ἐπαγγελλομένους, δι' ἔργων δὲ φαῦλα δρῶντας.

23. Ἀλεκτρυόνες καὶ πέρδιξ

Ἀλεκτρυόνας τις ἐπὶ τῆς οἰκίας ἔχων, ὡς περιέτυχε πέρδικι τιθασῷ πωλουμένῳ, τοῦτον ἀγοράσας ἐκόμισεν οἴκαδε ὡς συντραφησόμενον. τῶν δὲ τυπτόντων αὐτὸν καὶ ἐκδιωκόντων ὁ πέρδιξ ἐβαρυθύμει, νομίζων διὰ τοῦτο αὐτὸν καταφρονεῖσθαι ὅτι ἀλλόφυλός ἐστι. μικρὸν δὲ διαλιπών, ὡς ἐθεάσατο τοὺς ἀλεκτρυόνας πρὸς ἑαυτοὺς μαχομένους καὶ οὐ πρότερον ἀποστάντας πρὶν ἢ ἀλλήλους αἱμάξαι, ἔφη πρὸς ἑαυτόν·

22. Der Fuchs und der Holzfäller

Als der Fuchs auf der Flucht vor Jägern einen Holzfäller erblickte, bat er diesen, ihn zu verstecken. Der riet ihm, in seine Hütte zu gehen und sich dort zu verstecken. Nicht viel später kamen die Jäger und fragten den Holzfäller, ob er den Fuchs hier habe vorbeigehen sehen, und da leugnete der zwar mit seiner Stimme, ihn gesehen zu haben, gab aber einen Wink mit der Hand und zeigte, wo der Fuchs versteckt war. Die aber beachteten seinen Wink nicht, sondern glaubten dem, was er sagte, und als der Fuchs sah, dass sie fort waren, kam er heraus und wollte weggehen, ohne ihn anzusprechen. Der Holzfäller warf ihm nun vor, dass er von ihm gerettet worden sei, aber ihm dies durch keinen Laut bezeugt habe, und da sprach er: »Aber ich hätte dir gedankt, wenn du deinen Worten gleiche Taten deiner Hand bereit gehabt hättest.«

Diese Fabel könnte man auf jene Menschen anwenden, die das Gute zwar deutlich verkünden, durch ihre Werke aber Schlechtes tun.

23. Die Hähne und das Rebhuhn

Als einer, der Hähne auf seinem Hof hielt, zufällig vorbeikam, während ein zahmes Rebhuhn zum Verkauf stand, kaufte er es und brachte es nach Hause, um es mit zu füttern. Die aber schlugen und jagten es, und das Rebhuhn war betrübt, weil es glaubte, es werde deshalb verachtet, weil es fremdstämmig sei. Da es aber nach kurzer Zeit sah, dass die Hähne gegeneinander kämpften und nicht eher aufhörten, als bis sie einander blutig geschlagen hatten, sprach es zu sich: »Aber ich jedenfalls ärgere mich nicht mehr, wenn ich von denen geschlagen werde. Denn ich sehe, dass sie sich nicht voneinander fernhalten.«

“ἀλλ’ ἔγωγε οὐκέτι ἄχθομαι ὑπὸ τούτων τυπτόμενος· ὁρῶ γὰρ αὐτοὺς οὐδὲ αὐτῶν ἀπεχομένους.”

Ὁ λόγος δηλοῖ ὅτι ῥᾴδιον φέρουσι τὰς ἐκ τῶν πέλας ὕβρεις οἱ φρόνιμοι, ὅταν ἴδωσιν αὐτοὺς μηδὲ τῶν οἰκείων ἀπεχομένους.

24. Ἀλώπηξ ἐξογκωθεῖσα τὴν γαστέρα

Ἀλώπηξ λιμώττουσα ὡς ἐθεάσατο ἔν τινι δρυὸς κοιλώματι ἄρτους καὶ κρέα ὑπό τινων ποιμένων καταλελειμμένα, ταῦτα εἰσελθοῦσα κατέφαγεν. ἐξογκωθεῖσα δὲ τὴν γαστέρα, ἐπειδὴ οὐκ ἠδύνατο ἐξελθεῖν, ἐστέναζε καὶ ὠδύρετο. ἑτέρα δὲ ἀλώπηξ τῇδε παριοῦσα, ὡς ἤκουσεν αὐτῆς τὸν στεναγμόν, προσελθοῦσα ἐπυνθάνετο τὴν αἰτίαν. μαθοῦσα δὲ τὰ γεγενημένα ἔφη πρὸς αὐτήν· “ἀλλὰ μενετέον σοι ἐνταῦθα ἕως ἂν τοιαύτη γένῃ ὁποία οὖσα εἰσῆλθες, καὶ οὕτω ῥᾳδίως ἐξελεύσῃ.”

Ὁ λόγος δηλοῖ ὅτι τὰ χαλεπὰ τῶν πραγμάτων ὁ χρόνος διαλύει.

25. Ἀλκυών

Ἀλκυὼν ὄρνεόν ἐστι φιλέρημον διὰ παντὸς ἐν θαλάττῃ διαιτώμενον. ταύτην λέγεται τὰς τῶν ἀνθρώπων θήρας φυλαττομένην ἐν σκοπέλοις παραθαλαττίοις νεοττοποιεῖσθαι. καὶ δή ποτε τίκτειν μέλλουσα παρεγένετο εἴς τι ἀκρωτήριον καὶ θεασαμένη πέτραν ἐπὶ θαλάσσῃ ἐνταῦθα ἐνεοττοποιεῖτο. ἐξελθούσης δὲ αὐτῆς ποτε ἐπὶ νομὴν συνέβη τὴν θάλασσαν ὑπὸ λάβρου πνεύματος κυματωθεῖσαν ἐξαρθῆναι μέχρι τῆς καλιᾶς καὶ ταύτην ἐπικλύσασαν τοὺς νεοττοὺς διαφθεῖραι. καὶ ἡ ἀλκυὼν ἐπανελθοῦσα, ὡς ἔγνω τὸ γεγονός, εἶπεν· “ἀλλ’ ἔγωγε δειλαία, ἥτις τὴν

Die Fabel zeigt, dass die Vernünftigen leicht die Misshandlungen vonseiten ihrer Mitmenschen ertragen, wenn sie sehen, dass die sich nicht einmal von ihren eigenen Leuten fernhalten.

24. Der Fuchs, dessen Bauch überfüllt war

Als ein Fuchs, der Hunger hatte, in der Höhlung einer Eiche Brot und Fleisch erblickte, das von Hirten zurückgelassen worden war, ging er hinein und fraß es auf. Weil sein Bauch überfüllt war und er nicht mehr herauskommen konnte, stöhnte und jammerte er. Als ein anderer Fuchs, der dort vorbeiging, dessen Stöhnen hörte, kam er herbei und fragte nach dem Grund. Nachdem er erfahren hatte, was geschehen war, sprach er zu ihm: »Aber du musst solange hierbleiben, bis du wieder so wirst, wie du warst, als du hineingingst, und auf diese Weise wirst du leicht herauskommen.«

Die Fabel zeigt, dass die Zeit die Schwierigkeiten der Dinge beseitigt.

25. Der Eisvogel

Der Eisvogel ist ein Vogel, der, weil er die Einsamkeit liebt, sein ganzes Leben am Meer verbringt. Man sagt, er niste, weil er sich vor der Jagd der Menschen auf ihn hüten wolle, auf Meeresklippen. Und als er nun einmal, um Eier zu legen, zu einem Vorgebirge kam und einen Felsen auf dem Meer erblickte, baute er dort sein Nest. Während er aber einmal zur Futtersuche ausgeflogen war, geschah es, dass das Meer, von einem heftigen Sturm aufgewühlt, bis zum Nest anstieg, es überspülte und die jungen Vögel tötete. Und als der Eisvogel nach seiner Rückkehr sah, was geschehen war, sagte er: »Ach, ich Armer, der ich mich vor dem Land in der Meinung, es sei

γῆν ὡς ἐπίβουλον φυλαττομένη ἐπὶ ταύτην κατέφυγον ἣ πολλῷ μοι γέγονεν ἀπιστοτέρα."

Οὕτω καὶ τῶν ἀνθρώπων ἔνιοι τοὺς ἐχθροὺς φυλαττόμενοι λανθάνουσι πολλῷ χαλεπωτέροις τῶν ἐχθρῶν φίλοις ἐμπίπτοντες.

26. Ἁλιεὺς ὕδωρ τύπτων

Ἁλιεὺς ἔν τινι ποταμῷ ἡλίευε. καὶ δὴ κατατείνας τὰ δίκτυα, ὡς ἐμπεριέλαβεν ἑκατέρωθεν τὸ ῥεῦμα, προσδήσας κάλῳ λίθον ἔτυπτε τὸ ὕδωρ, ὅπως οἱ ἰχθύες φεύγοντες ἀπροφυλάκτως τοῖς βρόχοις ἐμπέσωσι. τῶν δὲ περὶ τὸν τόπον οἰκούντων τις θεασάμενος αὐτὸν τοῦτο ποιοῦντα ἐμέμφετο ἐπὶ τῷ τὸν ποταμὸν θολοῦν τε καὶ μὴ ἐᾶν αὐτοὺς διαυγὲς ὕδωρ πίνειν. ὁ δὲ ἀπεκρίνατο· "ἀλλ' ἐὰν μὴ οὕτως ὁ ποταμὸς ταράσσηται, ἐμὲ δεήσει λιμώττοντα ἀποθανεῖν."

Οὕτω καὶ τῶν πόλεων οἱ δημαγωγοὶ τότε μάλιστα ἐνεργάζονται, ὅταν τὰς πατρίδας εἰς στάσεις περιαγάγωσιν.

27. Ἀλώπηξ πρὸς μορμολύκειον

Ἀλώπηξ εἰσελθοῦσα εἰς πλάστου ἐργαστήριον καὶ ἕκαστον τῶν ἐνόντων διερευνῶσα, ὡς περιέτυχε τραγῳδοῦ προσωπείῳ, τοῦτο ἐπάρασα εἶπεν· "οἵα κεφαλὴ ἐγκέφαλον οὐκ ἔχει."

Πρὸς ἄνδρα μεγαλοπρεπῆ μὲν σώματι, κατὰ ψυχὴν δὲ ἀλόγιστον ὁ λόγος εὔκαιρος.

hinterlistig, hütete und auf den hier floh, der mir gegenüber viel unzuverlässiger war.«

So hüten sich auch manche Menschen vor ihren Feinden und merken nicht, dass sie Freunden in die Hände fallen, die viel schlimmer sind als ihre Feinde.

26. Der Fischer, der das Wasser schlägt

Ein Fischer fischte in einem Fluss. Und als er nun, nachdem er seine Netze ausgespannt hatte, von beiden Seiten die Strömung umfasste, band er einen Stein an einem Tau fest und schlug damit das Wasser, damit die Fische flohen und unvorsichtig in die Maschen gerieten. Einer, der bei dem Ort wohnte, erblickte ihn, wie er das tat, und tadelte ihn, weil er den Fluss verunreinige und die Leute nicht mehr klares Wasser trinken lasse. Da antwortete er: »Aber wenn der Fluss nicht so aufgewühlt wird, werde ich Hungers sterben müssen.«

So bewirken auch die Demagogen in den Stadtstaaten dann am meisten, wenn sie ihre Heimatländer zu Aufständen verführen.

27. Der Fuchs zur Maske

Als ein Fuchs, der in die Werkstatt eines Bildhauers kam und alles, was darin war, durchstöberte, an die Maske eines Tragöden geriet, hob er sie auf und sagte: »Was für ein Kopf – und doch hat er kein Hirn!«

Auf einen Mann, der einen prächtigen Körper hat, aber eine Seele ohne Verstand, ist die Fabel gut passend.

28. Ἀνὴρ φέναξ

Ἀνὴρ πένης νοσῶν καὶ κακῶς διακείμενος ηὔξατο τοῖς θεοῖς ἑκατόμβην τελέσειν, εἰ περισώσειαν αὐτόν. οἱ δὲ ἀπόπειραν αὐτοῦ ποιήσασθαι βουλόμενοι ῥαῖσαι τάχιστα αὐτὸν παρεσκεύασαν. κἀκεῖνος ἐξαναστάς, ἐπειδὴ ἀληθινῶν βοῶν ἠπόρει, στεατίνους ἑκατὸν πλάσας ἐπί τινος βωμοῦ κατέκαυσεν εἰπών· "ἀπέχετε τὴν εὐχήν, ὦ δαίμονες." οἱ δὲ θεοὶ βουλόμενοι αὐτὸν ἐν μέρει ἀντιβουκολῆσαι ὄναρ αὐτῷ ἔπεμψαν, παραινοῦντες ἐλθεῖν εἰς τὸν αἰγιαλόν· ἐκεῖ γὰρ αὐτὸν εὑρήσειν ἀττικὰς χιλίας. καὶ ὃς περιχαρὴς γενόμενος δρομαῖος ἧκεν ἐπὶ τὴν ἠιόνα. ἔνθα δὴ λῃσταῖς περιπεσὼν ἀπήχθη καὶ ὑπ' αὐτῶν πωλούμενος εὗρε δραχμὰς χιλίας.

Ὁ λόγος εὔκαιρος πρὸς ἄνδρα ψευδολόγον.

29. Ἀνθρακεὺς καὶ γναφεύς

Ἀνθρακεὺς ἐπί τινος οἰκίας ἐργαζόμενος, ὡς ἐθεάσατο γναφέα αὐτῷ παροικισθέντα, προσελθὼν παρεκάλει αὐτὸν ὅπως αὐτῷ σύνοικος γένηται, διεξιὼν ὡς οἰκειότεροι ἀλλήλοις ἔσονται καὶ λυσιτελέστερον διάξουσι μίαν ἔπαυλιν οἰκοῦντες. καὶ ὁ γναφεὺς ὑποτυχὼν ἔφη· "ἀλλ' ἔμοιγε τοῦτο παντελῶς ἐστιν ἀδύνατον· ἃ γὰρ ἐγὼ λευκανῶ, σὺ ἀσβολώσεις."

Ὁ λόγος δηλοῖ ὅτι πᾶν τὸ ἀνόμοιον ἀκοινώνητόν ἐστιν.

28. Der Betrüger

Ein armer Mann, der krank war und dem es schlecht ging, betete zu den Göttern, er werde ihnen eine Hekatombe opfern, wenn sie ihn retteten. Die wollten ihn auf die Probe stellen und ließen ihn sehr schnell genesen. Und als er wieder aufgestanden war, formte er, weil er keine echten Rinder hatte, hundert aus Wachs, verbrannte sie auf einem Altar und sagte: »Habt hier die angemessene Erfüllung meines Gelübdes, ihr Gottheiten!« Die Götter aber wollten es ihm ihrerseits heimzahlen und schickten ihm einen Traum, in dem sie ihm rieten, an den Strand zu gehen; dort werde er nämlich tausend Attiker finden. Und der war hocherfreut und kam im Laufschritt zum Strand. Dort fiel er unter Räuber, wurde weggeschleppt, von ihnen verkauft und fand ⟨den Kaufwert von⟩ tausend Drachmen.

Die Fabel passt gut auf einen lügenhaften Mann.

29. Der Köhler und der Walker

Als ein Köhler, der in einem Haus arbeitete, einen Walker erblickte, der bei ihm im Nebenhaus eingezogen war, ging er zu ihm und lud ihn dazu ein, mit ihm im selben Haus zu wohnen, wobei er darlegte, dass sie im Haus vertrauter miteinander sein würden und mit größerem Vorteil leben könnten, da sie in einem einzigen Gehöft wohnten. Und der Walker fiel ihm ins Wort und sprach: »Aber für mich jedenfalls ist das ganz unmöglich. Denn was ich weiß mache, wirst du schwarz machen.«

Die Fabel zeigt, dass alles Ungleiche keine Gemeinschaft pflegen kann.

30. Ναυαγὸς καὶ Ἀθηνᾶ

Ἀνὴρ πλούσιος Ἀθηναῖος μεθ' ἑτέρων τινῶν ἔπλει. καὶ δὴ χειμῶνος σφοδροῦ γενομένου καὶ τῆς νεὼς περιτραπείσης οἱ μὲν λοιποὶ πάντες διενήχοντο, ὁ δὲ Ἀθηναῖος παρ' ἕκαστα τὴν Ἀθηνᾶν ἐπικαλούμενος μυρία ἐπηγγέλλετο, εἰ περισωθείη. εἷς δέ τις τῶν συννεναυαγηκότων παρανηχόμενος ἔφη πρὸς αὐτόν· "σὺν Ἀθηνᾷ καὶ χεῖρα κίνει."

Ἀτὰρ οὖν καὶ ἡμᾶς μετὰ τῆς τῶν θεῶν παρακλήσεως χρὴ καὶ αὐτούς τι ὑπὲρ ἑαυτῶν λογιζομένους δρᾶν.

31. Ἀνὴρ μεσαιπόλιος καὶ δύο ἑταῖραι

Ἀνὴρ μεσαιπόλιος δύο ἐρωμένας εἶχεν, ὧν ἡ μὲν νέα, ἡ δὲ πρεσβῦτις. καὶ ἡ μὲν προβεβηκυῖα αἰδουμένη νεωτέρῳ αὐτῆς πλησιάζειν, διετέλει, εἴ ποτε πρὸς αὐτὴν παρεγένετο, τὰς μελαίνας αὐτοῦ τρίχας περιαιρουμένη. ἡ δὲ νεωτέρα ὑποστελλομένη γέροντα ἐραστὴν ἔχειν τὰς πολιὰς αὐτοῦ ἀπέσπα. οὕτω τε συνέβη αὐτῷ ὑπὸ ἀμφοτέρων ἐν μέρει τιλλομενῷ φαλακρὸν γενέσθαι.

Οὕτω πανταχοῦ τὸ ἀνώμαλον ἐπιβλαβές ἐστι.

32. Ἀνδροφόνος

Ἄνθρωπόν τις ἀποκτείνας ὑπὸ τῶν ἐκείνου συγγενῶν ἐδιώκετο. γενόμενος δὲ κατὰ τὸν Νεῖλον ποταμόν, λύκου αὐτῷ ἀπαντήσαντος, φοβηθεὶς ἀνέβη ἐπί τι δένδρον τῷ ποταμῷ παρακείμενον κἀκεῖ ἐκρύπτετο. θεασάμενος δὲ ἐνταῦθα ἔχιν κατ' αὐτοῦ διαιρόμενον, ἑαυτὸν εἰς τὸν ποταμὸν καθῆκεν. ἐν δὲ τούτῳ ὑποδεξάμενος αὐτὸν κροκόδειλος κατεθοινήσατο.

30. Der Schiffbrüchige und Athene

Ein reicher Mann aus Athen fuhr zusammen mit anderen auf einem Schiff. Und als nun ein heftiger Sturm aufkam und das Schiff kenterte, schwammen alle übrigen um ihr Leben, der Athener aber rief andauernd Athene an und gelobte ihr tausenderlei, wenn er gerettet würde. Da schwamm einer von den Mitschiffbrüchigen heran und sprach zu ihm: »Bewege mit Athenes Hilfe auch die Hand!«

Aber auch wir müssen also in Verbindung mit einer Bitte an die Götter auch selbst etwas in eigener Überlegung für uns selbst tun.

31. Der halb ergraute Mann und die zwei Hetären

Ein halb ergrauter Mann hatte zwei Geliebte, von denen die eine jung, die andere alt war. Weil die, welche in vorgerücktem Alter stand, sich schämte, dass sie mit einem schlief, der jünger war als sie, riss sie ihm ständig, wenn er einmal bei ihr war, seine schwarzen Haare aus. Die Jüngere, der es peinlich war, einen alten Mann als Liebhaber zu haben, zog ihm die grauen aus. So geschah es ihm, dass er, von beiden abwechselnd gerupft, ein Glatzkopf wurde.

So ist Ungleichheit überall schädlich.

32. Der Mörder

Einer, der einen Menschen getötet hatte, wurde von dessen Verwandten verfolgt. Als er zum Nilfluss kam und ihm ein Wolf begegnete, stieg er aus Furcht auf einen Baum, der neben dem Fluss stand, und verbarg sich dort. Aber da sah er, wie eine Schlange sich gegen ihn aufrichtete, und ließ sich in den Fluss fallen. Darin empfing ihn ein Krokodil und verschlang ihn.

Ὁ λόγος δηλοῖ ὅτι τοῖς ἐναγέσι τῶν ἀνθρώπων οὔτε γῆς οὔτε ἀέρος οὔτε ὕδατος στοιχεῖον ἀσφαλές.

33. Ἀνὴρ κομπαστής

Ἀνὴρ πένταθλος ἐπ' ἀνανδρίᾳ ἑκάστοτε ὑπὸ τῶν πολιτῶν ὀνειδιζόμενος, ἀποδημήσας ποτὲ καὶ μετὰ χρόνον ἐπανελθών, ἀλαζονευόμενος ἔλεγεν ὡς πολλὰ μὲν καὶ ἐν ἄλλαις πόλεσιν ἀνδραγαθήσας, ἐν τῇ Ῥόδῳ τοιοῦτον ἥλατο πήδημα ὡς μηδένα τῶν Ὀλυμπιονικῶν ἐφικέσθαι· καὶ τούτου μάρτυρας ἔφασκε παρέξεσθαι τοὺς παρατετυχηκότας, ἂν ἄρα ποτὲ ἐπιδημήσωσι. τῶν δὲ παρόντων τις ὑποτυχὼν ἔφη πρὸς αὐτόν· "ἀλλ', ὦ οὗτος, εἰ τοῦτο ἀληθές ἐστιν, οὐδὲν δεῖ σοι μαρτύρων· αὐτοῦ γὰρ Ῥόδος καὶ πήδημα."

Ὁ λόγος δηλοῖ ὅτι ὧν πρόχειρος ἡ δι' ἔργων πεῖρα, περὶ τούτων πᾶς λόγος περιττός ἐστιν.

34. Ἀνὴρ ἀδύνατα ἐπαγγελλόμενος

Ἀνὴρ πένης νοσῶν καὶ κακῶς διακείμενος, ἐπειδὴ ὑπὸ τῶν ἰατρῶν ἀπηλπίσθη, τοῖς θεοῖς ηὔχετο ἑκατόμβην ποιήσειν ἐπαγγελλόμενος καὶ ἀναθήματα καθιερώσειν, ἐὰν ἐξαναστῇ. τῆς δὲ γυναικὸς – ἐτύγχανε γὰρ αὐτῷ παρεστῶσα – πυνθανομένης "καὶ πόθεν αὐτὰ ἀποδώσεις;" ἔφη· "νομίζεις γάρ με ἐξαναστήσεσθαι, ἵνα καὶ ταῦτά με οἱ θεοὶ ἀπαιτήσωσιν;"

Ὁ λόγος δηλοῖ ὅτι ταῦτα ῥᾴδιον οἱ ἄνθρωποι κατεπαγγέλλονται, ἃ τελέσειν ἔργῳ οὐ προσδοκῶσιν.

Die Fabel zeigt, dass für die fluchbeladenen Menschen weder das Element der Erde noch das der Luft noch das des Wassers sicher ist.

33. Der Angeber

Ein Fünfkämpfer, der wegen seiner Unmännlichkeit immer wieder von den Bürgern beschimpft wurde, reiste einmal ins Ausland, und als er nach einiger Zeit zurückkehrte, behauptete er angeberisch, dass er auch in anderen Städten viele mannhafte Leistungen vollbracht und in Rhodos einen so weiten Sprung gemacht habe, dass keiner der Olympiasieger an ihn habe heranreichen können. Und er behauptete, dafür werde er als Zeugen die beibringen, welche dabei gewesen seien, wenn sie einmal im Land sein würden. Da fiel ihm einer der Anwesenden ins Wort und sprach zu ihm: »Aber du da, wenn das wahr ist, brauchst du keine Zeugen. Denn hier sind Rhodos und Sprung!«

Die Fabel zeigt, dass dann, wenn der Beweis durch Taten erbracht werden kann, jedes Wort darüber überflüssig ist.

34. Der Mann, der Unmögliches verspricht

Als ein armer Mann, der krank war und dem es schlecht ging, von den Ärzten aufgegeben worden war, betete er zu den Göttern und versprach, eine Hekatombe zu opfern und Weihgeschenke darzubringen, wenn er wieder aufstehen könnte. Seine Frau – sie stand nämlich gerade neben ihm – fragte: »Und womit willst du das bezahlen?«, und er sprach: »Glaubst du denn, ich werde wieder aufstehen, damit die Götter auch dies von mir fordern können?«

Die Fabel zeigt, dass die Menschen leicht etwas versprechen, wovon sie nicht erwarten, dass sie es tatsächlich erfüllen können.

35. Ἄνθρωπος καὶ σάτυρος

Ἄνθρωπόν ποτε λέγεται πρὸς σάτυρον φιλίαν σπείσασθαι. καὶ δὴ χειμῶνος καταλαβόντος καὶ ψύχους γενομένου ὁ ἄνθρωπος προσφέρων τὰς χεῖρας τῷ στόματι ἐπέπνει. τοῦ δὲ σατύρου τὴν αἰτίαν ἐρομένου δι᾿ ἣν τοῦτο πράττει, ἔλεγεν ὅτι θερμαίνει τὰς χεῖρας διὰ τὸ κρύος. ὕστερον δὲ παρατεθείσης αὐτοῖς τραπέζης καὶ προσφαγήματος θερμοῦ σφόδρα ὄντος, ὁ ἄνθρωπος ἀναιρούμενος κατὰ μικρὸν τῷ στόματι προσέφερε καὶ ἐφύσα. πυνθανομένου δὲ πάλιν τοῦ σατύρου τί τοῦτο ποιεῖ, ἔφασκε καταψύχειν τὸ ἔδεσμα, ἐπεὶ λίαν θερμόν ἐστι. κἀκεῖνος ἔφη πρὸς αὐτόν· "ἀλλ᾿ ἀποτάσσομαί σου τῇ φιλίᾳ, ὦ οὗτος, ὅτι ἐκ τοῦ αὐτοῦ στόματος τὸ θερμὸν καὶ τὸ ψυχρὸν ἐξιεῖς."

Ἀτὰρ οὖν καὶ ἡμᾶς περιφεύγειν δεῖ τούτων τὴν φιλίαν ὧν ἀμφίβολός ἐστιν ἡ διάθεσις.

36. Ἀνὴρ κακοπράγμων

Ἀνὴρ κακοπράγμων συνορισάμενος πρός τινα ψευδὲς ἐπιδείξειν τὸ ἐν Δελφοῖς μαντεῖον, ὡς ἐνέστη ἡ προθεσμία, λαβὼν στρουθίον εἰς τὴν χεῖρα καὶ τοῦτο τῷ ἱματίῳ σκεπάσας ἧκεν εἰς τὸ ἱερὸν καὶ στὰς ἄντικρυς ἐπηρώτα πότερόν τι ἔμπνουν ἔχει μετὰ χεῖρας ἢ ἄψυχον, βουλόμενος ἐὰν μὲν ἄψυχον εἴπῃ, ζῶν τὸ στρουθίον ἐπιδεῖξαι, ἐὰν δὲ ἔμπνουν, ἀποπνίξας προενεγκεῖν. καὶ ὁ θεὸς συνεὶς αὐτοῦ τὴν κακοτεχνίαν εἶπεν· "ἀλλ᾿, ὦ οὗτος, πέπαυσο· ἐν σοὶ γάρ ἐστι τοῦτο ὃ ἔχεις ἢ νεκρὸν εἶναι ἢ ἔμψυχον."

Ὁ λόγος δηλοῖ ὅτι τὸ θεῖον ἀπαρεγχείρητόν ἐστιν.

35. Der Mensch und der Satyr

Ein Mensch, so sagt man, schloss einmal Freundschaft mit einem Satyrn. Und als nun der Winter sie überfiel und die Kälte kam, führte der Mensch seine Hände zum Mund und hauchte hinein. Der Satyr fragte nach dem Grund, aus dem er das tue, und er sagte, dass er wegen der Kälte seine Hände wärme. Als ihnen aber später der Tisch hingestellt wurde und das Essen sehr heiß war, nahm der Mensch es auf, führte es in kleinen Stücken zum Mund und pustete. Der Satyr fragte wiederum, warum er das tue, und er erklärte, er kühle die Speise ab, weil sie zu heiß sei. Und der sprach zu ihm: »Aber du da, dann sage ich mich von der Freundschaft mit dir los, weil du aus demselben Mund Heißes und Kaltes kommen lässt.«

Aber auch wir müssen also die Freundschaft mit denen meiden, deren Gesinnung zweideutig ist.

36. Der heimtückische Mann

Ein heimtückischer Mann, der mit jemandem wettete, er werde das Orakel in Delphi als lügnerisch erweisen, nahm, als der vorher festgesetzte Tag da war, einen Spatz in die Hand, verhüllte ihn mit seinem Mantel, kam zu dem Heiligtum, stand ⟨dem Gott⟩ gegenüber und fragte, ob er etwas Lebendiges oder Totes in Händen halte, weil er, wenn der »tot« sagen würde, den lebenden Spatz vorweisen wollte, wenn aber »lebendig«, ihm die Kehle zudrücken und ihn dann hervorholen wollte. Und der Gott begriff seine üble List und sagte: »Ach du da, hör auf! Denn es liegt bei dir, ob das, was du da hältst, entweder tot oder lebendig ist.«

Die Fabel zeigt, dass das Göttliche nicht zu überlisten ist.

37. Ἀνὴρ πηρὸς

Ἀνὴρ πηρὸς εἰώθει πᾶν τὸ ἐπιτιθέμενον εἰς τὰς αὐτοῦ χεῖρας ζῷον ἐφαπτόμενος λέγειν ὁποῖόν τί ἐστι. καὶ δή ποτε λυγκιδίου αὐτῷ ἐπιδοθέντος ψηλαφήσας καὶ ἀμφιγνοῶν εἶπεν· "οὐκ οἶδα πότερον λύκου εἶ ἢ ἀλώπεκος ἢ τοιούτου τινὸς ζῴου γέννημα. τοῦτο μέντοι σαφῶς ἐπίσταμαι, ὅτι οὐκ ἐπιτήδειον τοῦτο τὸ ζῷον προβάτων ποίμνῃ συνιέναι."

Οὕτω τῶν πονηρῶν ἡ διάθεσις πολλάκις καὶ ἀπὸ τοῦ σώματος καταφαίνεται.

38. Ἀρότης καὶ λύκος

Ἀρότης λύσας τὸ ζεῦγος ἐπὶ πότον ἀπήγαγε. λύκος δὲ λιμώττων καὶ τροφὴν ζητῶν, ὡς περιέτυχε τῷ ἀρότρῳ, τὸ μὲν πρῶτον τὰς τῶν ταύρων ζεύγλας περιέλειχε, λαθὼν δὲ κατὰ μικρὸν ἐπειδὴ καθῆκε τὸν αὐχένα, ἀνασπᾶν μὴ δυνάμενος ἐπὶ τὴν ἄρουραν τὸ ἄροτρον ἔσυρεν. ὁ δὲ ἀρότης ἐπανελθὼν καὶ θεασάμενος αὐτὸν ἔλεγεν· "εἴθε γάρ, ὦ κακὴ κεφαλή, καταλιπὼν τὰς ἁρπαγὰς καὶ τὸ ἀδικεῖν ἐπὶ τὸ γεωπονεῖν τραπείης."

Οὕτως οἱ πονηροὶ τῶν ἀνθρώπων, κἂν χρηστότητα ἐπαγγέλλωνται, διὰ τὸν τρόπον οὐ πιστεύονται.

39. Χελιδὼν καὶ ὄρνεα

Ἄρτι τοῦ ἰξοῦ φυομένου ἡ χελιδὼν αἰσθομένη τὸν ἐνιστάμενον τοῖς πετεινοῖς κίνδυνον, συναθροίσασα πάντα τὰ ὄρνεα συνεβούλευσεν αὐτοῖς μάλιστα μὲν τὰς ἰξοφόρους δρῦς ἐκκόψαι, εἰ δ' ἄρα τοῦτο αὐτοῖς

37. Der blinde Mann

Ein blinder Mann war gewohnt, jedes in seine Hände gelegte Tier zu berühren und zu sagen, welches es sei. Als man ihm nun einmal einen kleinen Luchs gab, betastete er ihn, und weil er unsicher war, sagte er: »Ich weiß nicht, ob du das Junge eines Wolfes oder eines Fuchses oder irgendeines derartigen Tieres bist. Das freilich weiß ich genau, dass dieses Tier nicht geeignet ist, bei einer Herde von Schafen mitzulaufen.«

So ist das Wesen der Bösen oft auch an ihrem Körper erkennbar.

38. Der Pflüger und der Wolf

Ein Pflüger nahm seinem Gespann das Joch ab und führte es zur Tränke. Als nun ein hungriger und nach Nahrung suchender Wolf zufällig zu dem Pflug kam, beleckte er zuerst ringsum die Jochringe der Stiere, da er aber, ohne es zu merken, allmählich den Hals hineinsteckte und ihn nicht mehr herausziehen konnte, schleppte er den Pflug über das Ackerland. Als der Pflüger zurückkam und ihn erblickte, sagte er: »Wenn du doch, du Saukopf, deine Räubereien und dein Unrechttun lassen und dich der Landarbeit zuwenden wolltest!«

So finden die schlechten Menschen, auch wenn sie Tüchtigkeit versprechen, wegen ihres Charakters keinen Glauben.

39. Die Schwalbe und die Vögel

Als gerade die Mistel zu wachsen begann, nahm die Schwalbe die den Befiederten drohende Gefahr wahr, versammelte alle Vögel und riet ihnen, vor allem die misteltragenden Eichen umzuhauen, wenn das aber für sie unmöglich sei, zu den Menschen Zuflucht zu

ἀδύνατον, ἐπὶ τοὺς ἀνθρώπους καταφυγεῖν καὶ τούτους ἱκετεῦσαι, ὅπως μὴ χρησάμενοι τῇ τοῦ ἰξοῦ ἐνεργείᾳ συλλαμβάνωσιν αὐτά. τῶν δὲ ἐγγελασάντων αὐτῇ ὡς ματαιολογούσῃ, αὐτὴ παραγενομένη ἱκέτις τῶν ἀνθρώπων ἐγένετο. οἱ δὲ ἀποδεξάμενοι αὐτὴν ἐπὶ τῇ συνέσει καὶ σύνοικον αὐτοῖς προσελάβοντο. οὕτως συνέβη τὰ μὲν λοιπὰ ὄρνεα ἀγρευόμενα ὑπὸ τῶν ἀνθρώπων κατεσθίεσθαι, μόνην δὲ τὴν χελιδόνα ὡς πρόφυγα καὶ ἐν ταῖς αὐτῶν οἰκίαις ἀδεῶς νεοττοποιεῖσθαι.

Ὁ λόγος δηλοῖ ὅτι οἱ τὰ μέλλοντα προορώμενοι εἰκότως τοὺς κινδύνους διακρούονται.

40. Ἀστρολόγος

Ἀστρολόγος ἐξιὼν ἑκάστοτε ἑσπέρας ἔθος εἶχε τοὺς ἀστέρας ἐπισκοπεῖσθαι. καὶ δή ποτε περιιὼν εἰς τὸ προάστειον καὶ τὸν νοῦν ὅλον ἔχων πρὸς τὸν οὐρανὸν ἔλαθε καταπεσὼν εἰς φρέαρ. ὀδυρομένου δὲ αὐτοῦ καὶ βοῶντος, παριών τις, ὡς ἤκουσε τῶν στεναγμῶν, προσελθὼν καὶ μαθὼν τὰ συμβεβηκότα ἔφη πρὸς αὐτόν· “ὦ οὗτος, σὺ τὰ ἐν οὐρανῷ βλέπειν πειρώμενος τὰ ἐπὶ τῆς γῆς οὐχ ὁρᾷς;”

Τούτῳ τῷ λόγῳ χρήσαιτο ἄν τις ἐπ’ ἐκείνων τῶν ἀνθρώπων οἳ περὶ δόξης ἀλαζονεύοντες οὐδὲ τὰ κοινὰ τοῖς ἀνθρώποις ἐπιτελεῖν δύνανται.

41. Ἀλώπηξ ἀρνίον καταφιλοῦσα καὶ κύων

Ἀλώπηξ εἰς ἀγέλην προβάτων εἰσελθοῦσα θηλαζόντων τῶν ἀρνῶν ἕνα λαβομένη προσεποιεῖτο καταφιλεῖν. ἐρωτηθεῖσα δὲ ὑπὸ κυνός· “τί τοῦτο

nehmen und diese anzuflehen, dass sie nicht die Wirkung der Mistel benutzen und sie fangen sollten. Als die sie aber auslachten, als ob sie Unsinn rede, begab sie sich selbst hin und wurde Schutzflehende bei den Menschen. Die empfingen sie ihres Verstandes wegen und nahmen sie als ihre Mitbewohnerin auf. So geschah es, dass die übrigen Vögel von den Menschen gejagt und aufgegessen werden, allein die Schwalbe aber als Flüchtling sogar in ihren Häusern furchtlos ihr Nest bauen kann.

Die Fabel zeigt, dass die, welche die Zukunft voraussehen, natürlich die Gefahren von sich zurückstoßen.

40. Der Astrologe

Ein Astrologe hatte die Gewohnheit, jeden Abend nach draußen zu gehen und die Sterne zu beobachten. Und als er nun einmal bis in die Vorstadt spazierte und dabei seine ganze Aufmerksamkeit auf den Himmel richtete, fiel er unversehens in einen Brunnen. Er jammerte und schrie, und als einer, der vorbeiging, sein Stöhnen hörte, trat er heran, erfuhr, was geschehen war, und sprach zu ihm: »He du, versuchst du, die Dinge am Himmel zu schauen, siehst aber nicht die Dinge auf der Erde?«

Diese Fabel könnte man auf die Menschen anwenden, die mit ihrem Ruhm angeben, aber nicht die allen Menschen gemeinsamen Dinge zuwege bringen können.

41. Der Fuchs, der ein Lamm liebkost, und der Hund

Der Fuchs drang in eine Schafherde ein, als die Lämmer gerade saugten, nahm sich eines und tat so, als liebkose er es. Als er von dem Hund gefragt wurde: »Warum tust du das?«, sprach er: »Ich bemuttere es und spiele mit ihm.« Und der Hund sprach: »Und

ποιεῖς;" "τιθηνοῦμαι αὐτό," ἔφη, "καὶ προσπαίζω." καὶ ὁ κύων ἔφη· "καὶ νῦν, ἂν μὴ ἀφῇς τὸ ἀρνίον, τὰ κυνῶν σοι προσοίσω."

Πρὸς ἄνδρα ῥᾳδιουργὸν καὶ μωροκλέπτην ὁ λόγος εὔκαιρος.

42. Γεωργὸς καὶ παῖδες αὐτοῦ

Ἀνὴρ γεωργὸς μέλλων τελευτᾶν καὶ βουλόμενος τοὺς αὐτοῦ παῖδας ἐμπείρους ποιῆσαι τῆς γεωργίας, μετακαλεσάμενος αὐτοὺς ἔφη· "τεκνία, ἐν μιᾷ μου τῶν ἀμπέλων θησαυρὸς ἀπόκειται." οἱ δὲ μετὰ τὴν αὐτοῦ τελευτὴν ὕννας τε καὶ δικέλλας λαβόντες πᾶσαν αὐτῶν τὴν γεωργίαν ὤρυξαν. καὶ τὸν μὲν θησαυρὸν οὐχ εὗρον, ἡ δὲ ἄμπελος πολυπλασίαν τὴν φορὰν αὐτοῖς ἀντεδίδου.

Ὁ λόγος δηλοῖ ὅτι ὁ κάματος θησαυρός ἐστι τοῖς ἀνθρώποις.

43. Βάτραχοι ὕδωρ ζητοῦντες

Βάτραχοι δύο ξηρανθείσης αὐτῶν τῆς λίμνης περιῄεσαν ζητοῦντες ποῦ καταμεῖναι. ὡς δὲ ἐγένοντο κατά τι φρέαρ, ὁ ἕτερος συνεβούλευσεν ἀμελητὶ ἅλλεσθαι. ὁ δὲ ἕτερος ἔλεγεν· "ἐὰν οὖν καὶ τὸ ἐνθάδε ὕδωρ ξηρανθῇ, πῶς δυνησόμεθα ἀναβῆναι;"

Ὁ λόγος ἡμᾶς διδάσκει μὴ ἀπερισκέπτως προσέρχεσθαι τοῖς πράγμασιν.

44. Βάτραχοι αἰτοῦντες βασιλέα

Βάτραχοι λυπούμενοι ἐπὶ τῇ ἑαυτῶν ἀναρχίᾳ πρέσβεις ἔπεμψαν πρὸς τὸν Δία δεόμενοι βασιλέα αὐτοῖς παρασχεῖν. ὁ δὲ συνιδὼν τὴν εὐήθειαν

wenn du jetzt nicht das Lamm loslässt, werde ich mit dir machen, was Hunde so machen.«

Auf einen, der unbesonnen handelt, und einen dummen Dieb ist die Fabel gut passend.

42. Der Bauer und seine Söhne

Ein Bauer, der im Sterben lag und seine Söhne mit dem Ackerbau vertraut machen wollte, rief sie herbei und sprach: »Kinderchen, in einem meiner Weingärten liegt ein Schatz.« Die nahmen nach seinem Tod Schaufeln und Hacken und gruben ihr ganzes Land um. Und den Schatz fanden sie nicht, aber der Weinberg gab ihnen dafür vielfachen Ertrag.

Die Fabel zeigt, dass anstrengende Arbeit ein Schatz für die Menschen ist.

43. Die Frösche, die Wasser suchen

Zwei Frösche zogen, weil ihr Sumpf ausgetrocknet war, umher und suchten einen Ort, wo sie bleiben könnten. Als sie an einen Brunnen kamen, riet der eine von beiden, unbesorgt hineinzuspringen. Der andere aber sagte: »Wenn nun auch das hiesige Wasser austrocknet, wie werden wir dann wieder nach oben kommen?«

Die Fabel lehrt uns, nicht unüberlegt an die Dinge heranzugehen.

44. Die Frösche, die einen König fordern

Die Frösche, betrübt wegen der bei ihnen herrschenden Anarchie, schickten Gesandte zu Zeus und baten, ihnen einen König zu

αὐτῶν ξύλον εἰς τὴν λίμνην καθῆκε. καὶ οἱ βάτραχοι τὸ μὲν πρῶτον καταπλαγέντες τὸν ψόφον ἑαυτοὺς εἰς τὰ βάθη τῆς λίμνης ἐδίδοσαν, ὕστερον δέ, ὡς ἀκίνητον ἦν τὸ ξύλον, ἀναδύντες εἰς τοσοῦτον καταφρονήσεως ἦλθον ὡς ἐπιβαίνοντες αὐτῷ ἐπικαθέζεσθαι. ἀναξιοπαθοῦντες δὲ τοιοῦτον ἔχειν βασιλέα ἧκον ἐκ δευτέρου πρὸς τὸν Δία καὶ τοῦτον παρεκάλουν ἀλλάξαι αὐτοῖς τὸν ἄρχοντα· τὸν γὰρ πρῶτον λίαν εἶναι νωχελῆ. καὶ ὁ Ζεὺς ἀγανακτήσας κατ᾽ αὐτῶν ὕδρον αὐτοῖς ἔπεμψεν, ὑφ᾽ οὗ συλλαμβανόμενοι κατησθίοντο.

Ὁ λόγος δηλοῖ ὅτι ἄμεινόν ἐστι νωθεῖς καὶ μὴ πονηροὺς ἔχειν ἄρχοντας ἢ ταρακτικοὺς καὶ κακούργους.

45. Βόες καὶ ἄξων

Βόες ἅμαξαν εἷλκον. τοῦ δὲ ἄξονος τρίζοντος ἐπιστραφέντες ἔφασαν πρὸς αὐτόν· "ὦ οὗτος, ἡμῶν τὸ ὅλον βάρος φερόντων σὺ κέκραγας;"

Οὕτω καὶ τῶν ἀνθρώπων ἔνιοι, ἑτέρων μοχθούντων, αὐτοὶ προσποιοῦνται κάμνειν.

46. Βορέας καὶ Ἥλιος

Βορέας καὶ Ἥλιος περὶ δυνάμεως ἤριζον. ἔδοξε δὲ αὐτοῖς ἐκείνῳ τὴν νίκην ἀπονεῖμαι ὃς ἂν αὐτῶν ἄνθρωπον ὁδοιπόρον ἐκδύσῃ. καὶ ὁ Βορέας ἀρξάμενος σφοδρὸς ἦν· τοῦ δὲ ἀνθρώπου ἀντεχομένου τῆς ἐσθῆτος μᾶλλον ἐπέκειτο. ὁ δὲ ὑπὸ τοῦ ψύχους καταπονούμενος ἔτι μᾶλλον καὶ περιττοτέραν ἐσθῆτα προσελάμβανεν, ἕως ἀποκαμὼν ⟨ὁ Βορέας⟩ τῷ Ἡλίῳ μεταπαρέδωκε. κἀκεῖνος τὸ μὲν πρῶτον μετρίως προσέλαμψε· τοῦ δὲ ἀνθρώπου τὰ περισσὰ τῶν ἱματίων ἀποτιθεμένου σφοδρότερον

geben. Weil der aber von ihrer Dummheit wusste, warf er ein Stück Holz in den Sumpf. Und die Frösche erschraken zuerst bei dem Geräusch und stürzten sich in die Tiefe des Sumpfes, tauchten aber später, weil sich das Holz nicht bewegte, wieder auf und gingen in ihrer Verachtung so weit, dass sie darauf stiegen und sich darauf setzten. Da sie es für unwürdig hielten, einen solchen König zu haben, kamen sie ein zweites Mal zu Zeus und forderten ihn auf, ihnen den Herrscher auszutauschen. Denn der erste sei allzu träge. Und Zeus ärgerte sich über sie und schickte ihnen eine Seeschlange, von der sie gepackt und aufgefressen wurden.

Die Fabel zeigt, dass es besser ist, träge und nicht böse Herrscher zu haben als Unruhe stiftende und übel handelnde.

45. Die Ochsen und die Achse

Ochsen zogen einen Wagen. Als die Achse knarrte, wandten sie sich ihr zu und sprachen zu ihr: »He du, obwohl wir die ganze Last ziehen, machst du Krach?«

So tun auch bei den Menschen manche, während andere sich plagen, so, als würden sie sich selbst anstrengen.

46. Boreas und Helios

Boreas und Helios lagen im Streit über ihre Macht. Sie beschlossen nun, demjenigen von ihnen den Sieg zuzuerkennen, der einen Wandersmann ausziehe. Und Boreas, der den Anfang machte, war ungestüm. Als der Mensch aber mit seiner Kleidung dagegenhielt, bedrängte er ihn stärker. Der litt unter der Kälte noch stärker und nahm weitere Kleidung dazu, bis Boreas ermüdete und an Helios übergab. Und der strahlte den zuerst maßvoll an. Als aber der Mensch die zusätzlichen Gewänder ablegte, steigerte er die Hitze,

τὸ καῦμα ἐπέτεινε, μέχρις οὗ, πρὸς τὴν ἀλέαν ἀντέχειν μὴ δυνάμενος, ἀποδυσάμενος ποταμοῦ παραρρέοντος ἐπὶ λουτρὸν ἀπῄει.

Ὁ λόγος δηλοῖ ὅτι πολλάκις τὸ πείθειν τοῦ βιάζεσθαι ἀνυστικώτερόν ἐστι.

47. Παιδίον ἐμοῦν σπλάγχνα

Βοῦν τινες ἐπ᾽ ἀγροῦ θύοντες τοὺς σύνεγγυς ἐκάλεσαν. ἐν δὲ τούτοις ἦν τις καὶ γυνὴ πενιχρά, μεθ᾽ ἧς καὶ ὁ αὐτῆς παῖς εἰσῆλθε. προϊούσης δὲ τῆς εὐωχίας, τὸ παιδίον διὰ χρόνου πληρωθὲν τῶν σπλάγχνων καὶ τοῦ οἴνου ἐξῳδήκει τὴν γαστέρα καὶ δή βασανιζόμενον ἔλεγεν· "ὦ μῆτερ, ἐμῶ τὰ σπλάγχνα." ἡ δὲ εἶπεν· "οὐχὶ τὰ σά, τέκνον, ἃ δὲ κατέφαγες."

Οὗτος ὁ λόγος ἁρμόττει πρὸς ἄνδρα χρεωφειλέτην, ὅστις ἑτοίμως τὰ ἀλλότρια λαμβάνων, ὅταν ἀποτίνειν δέῃ, οὕτως ἐπάχθεται ὡς οἴκοθεν προϊέμενος.

48. Βούβαλις καὶ νυκτερίς

Βούβαλις ἀπό τινος θυρίδος κρεμαμένη νυκτὸς ᾖδε. νυκτερὶς δὲ ἐξήκουσε αὐτῆς τὴν φωνὴν καὶ προσελθοῦσα ἐπυνθάνετο ἀπ᾽ αὐτῆς τὴν αἰτίαν δι᾽ ἣν ἡμέρας μὲν ἡσυχάζει, νύκτωρ δὲ ᾄδει. τῆς δὲ λεγούσης ὡς οὐ μάτην τοῦτο πράττει· ἡμέρας γάρ ποτε ᾄδουσα συνελήφθη, διὸ ἀπ᾽ ἐκείνου ἐσωφρονίσθη, ἡ νυκτερὶς εἶπεν· "ἀλλ᾽ οὐ νῦν σε δεῖ φυλάττεσθαι, ὅτε οὐδὲν ὄφελός ἐστι, τότε δὲ πρὶν καὶ συλληφθῆναι."

Ὁ λόγος δηλοῖ ὅτι ἐπὶ τοῖς ἀτυχήμασι μετάνοια ἀνωφελὴς καθέστηκεν.

bis der, weil er die Wärme nicht mehr aushalten konnte, sich auszog und in einen vorbeifließenden Strom zum Baden ging.

Die Fabel zeigt, dass oftmals das Überreden erfolgreicher ist als das Anwenden von Gewalt.

47. Der Junge, der seine Eingeweide erbricht

Einige Leute schlachteten ein Rind auf dem Lande und luden ihre Nachbarn ein. Unter ihnen war auch eine arme Frau, mit der auch ihr Junge herkam. Während das Schmausen voranschritt, sagte das Jüngelchen, das mittlerweile mit Eingeweiden angefüllt war, vom Wein einen geschwollenen Bauch hatte und nun Folterqualen litt: »Mutter, ich erbreche meine Eingeweide!« Sie aber sagte: »Nicht deine eigenen, mein Kind, sondern die, die du aufgegessen hast.«

Diese Fabel passt auf einen Schuldner, der, während er bereitwillig Fremdes nimmt, dann, wenn er zurückzahlen soll, sich so ärgert, als ob er eigenen Besitz preisgeben würde.

48. Die Nachtigall und die Fledermaus

Die Nachtigall, die an jemandes Fenster ⟨im Käfig⟩ hing, sang in der Nacht. Eine Fledermaus hörte ihre Stimme, kam herbei und fragte sie nach dem Grund, warum sie bei Tage still sei, nachts aber singe. Die sagte, dass sie das nicht grundlos tue – denn als sie einmal bei Tage gesungen habe, sei sie gefangen worden; deshalb sei sie seitdem klug geworden –, und da sagte die Fledermaus: »Aber jetzt musst du nicht auf der Hut sein, wo es doch nichts nützt, sondern damals ⟨hättest du es müssen⟩, bevor du gefangen wurdest.«

Die Fabel zeigt, dass nach Unglücksfällen Reue nutzlos ist.

49. Βουκόλος μόσχον ἀπολέσας καὶ λέων

Βουκόλος βόσκων ἀγέλην ταύρων ἀπώλεσε μόσχον. περιελθὼν δὲ καὶ μὴ εὑρὼν ηὔξατο τῷ Διί, ἐὰν τὸν κλέπτην εὕρῃ, ἔριφον αὐτῷ θῦσαι. ἐλθὼν δὲ εἴς τινα δρυμῶνα καὶ θεασάμενος λέοντα κατεσθίοντα τὸν μόσχον, περίφοβος γενόμενος, ἐπάρας τὰς χεῖρας εἰς τὸν οὐρανὸν εἶπε· "δέσποτα Ζεῦ, πάλαι μέν σοι ηὐξάμην ἔριφον θῦσαι ἐὰν τὸν κλέπτην εὕρω, νῦν δὲ ταῦρόν σοι θύσω ἐὰν τὰς τοῦ κλέπτου χεῖρας ἐκφύγω."

Οὗτος ὁ λόγος λεχθείη ἂν ἐπ' ἀνδρῶν δυστυχούντων, οἵτινες ἀπορούμενοι εὔχονται εὑρεῖν, εὑρόντες δὲ ζητοῦσιν ἀποφυγεῖν.

50. Γαλῆ καὶ Ἀφροδίτη

Γαλῆ ἐρασθεῖσα νεανίσκου εὐπρεποῦς ηὔξατο τῇ Ἀφροδίτῃ ὅπως αὐτὴν μεταμορφώσῃ εἰς γυναῖκα. καὶ ἡ θεὸς ἐλεήσασα αὐτῆς τὸ πάθος μετετύπωσεν αὐτὴν εἰς κόρην εὐειδῆ, καὶ οὕτως ὁ νεανίσκος θεασάμενος αὐτὴν καὶ ἐρασθεὶς οἴκαδε ὡς ἑαυτὸν ἀπήγαγε. καθημένων δὲ αὐτῶν ἐν τῷ θαλάμῳ ἡ Ἀφροδίτη, γνῶναι βουλομένη εἰ μεταβαλοῦσα τὸ σῶμα ἡ γαλῆ καὶ τὸν τρόπον ἤλλαξε, μῦν εἰς τὸ μέσον καθῆκεν. ἡ δὲ ἐπιλαθομένη τῶν παρόντων ἐξαναστᾶσα ἀπὸ τῆς κοίτης τὸν μῦν ἐδίωκε καταφαγεῖν θέλουσα. καὶ ἡ θεὸς ἀγανακτήσασα κατ' αὐτῆς πάλιν αὐτὴν εἰς τὴν ἀρχαίαν φύσιν ἀποκατέστησεν.

Οὕτω καὶ τῶν ἀνθρώπων οἱ φύσει πονηροί, κἂν φύσιν ἀλλάξωσι, τὸν γοῦν τρόπον οὐ μεταβάλλονται.

49. Der Rinderhirt, der ein Kalb verlor, und der Löwe

Ein Rinderhirt, der eine Herde Stiere weidete, verlor ein Kalb. Er lief herum, fand es nicht und gelobte Zeus, wenn er den Dieb finde, ihm ein Böckchen zu opfern. Als er in einen Eichenwald kam, erblickte er einen Löwen, der gerade das Kalb auffraß, geriet in große Angst, erhob die Hände zum Himmel und sagte: »Gebieter Zeus, vorhin gelobte ich, dir ein Böckchen zu opfern, wenn ich den Dieb finde, jetzt aber will ich dir einen Stier opfern, wenn ich den Klauen des Diebes entgehe.«

Diese Fabel könnte über Menschen erzählt werden, die, in Unglück geraten, in ihrer Not ein Gelübde ablegen, um etwas zu finden, wenn sie es aber gefunden haben, ihm zu entkommen suchen.

50. Das Wiesel und Aphrodite

Ein Wiesel, das sich in einen hübschen jungen Mann verliebt hatte, betete zu Aphrodite, dass sie es in eine Frau verwandle. Und die Göttin bekam Mitleid mit seinem Liebesleid und verwandelte es in eine schöne Frau, und so erblickte die der junge Mann, verliebte sich und führte sie zu sich nach Hause. Als die beiden nun im Brautgemach saßen, wollte Aphrodite wissen, ob, nachdem es körperlich verwandelt worden war, das Wiesel auch seinen Charakter verändert habe, und schickte eine Maus mitten ins Gemach herab. Da vergaß es, was gerade geschah, stand auf aus dem Bett, wollte die Maus fressen und verfolgte sie. Und die Göttin zürnte ihm und gab ihm seine ursprüngliche Natur zurück.

So verändern auch die von ihrer Natur her schlechten Menschen, auch wenn sie ihre Natur verändern, gewiss ihren Charakter nicht.

51. Γεωργὸς καὶ ὄφις

Γεωργοῦ παῖδα ὄφις ἑρπύσας ἀπέκτεινεν. ὁ δὲ ἐπὶ τούτῳ δεινοπαθήσας πέλεκυν ἀνέλαβε καὶ παραγενόμενος εἰς τὸν φωλεὸν αὐτοῦ εἱστήκει παρατηρούμενος, ὅπως, ἂν ἐξίῃ, εὐθέως αὐτὸν πατάξῃ. παρακύψαντος δὲ τοῦ ὄφεως, κατενεγκὼν τὸν πέλεκυν τοῦ μὲν διήμαρτε, τὴν δὲ παρακειμένην πέτραν διέκοψεν. εὐλαβηθεὶς δὲ ὕστερον παρεκάλει αὐτόν ὅπως αὐτῷ διαλλαγῇ. ὁ δὲ εἶπεν· "ἀλλ' οὔτε ἐγὼ δύναμαι σοὶ εὐνοῆσαι, ὁρῶν τὴν κεχαραγμένην πέτραν, οὔτε σὺ ἐμοί, ἀποβλέπων εἰς τὸν τοῦ παιδὸς τάφον."

Ὁ λόγος δηλοῖ ὅτι αἱ μεγάλαι ἔχθραι οὐ ῥᾳδίας τὰς καταλλαγὰς ἔχουσι.

52. Γεωργὸς καὶ κύνες

Γεωργὸς ὑπὸ χειμῶνος ἐναποληφθεὶς ἐν τῇ ἐπαύλει, ἐπειδὴ οὐκ ἠδύνατο προελθεῖν καὶ ἑαυτῷ τροφὴν πορίσαι, τὸ μὲν πρῶτον τὰ πρόβατα κατέφαγεν. ἐπειδὴ δὲ ἔτι ὁ χειμὼν ἐπέμενε, καὶ τὰς αἶγας κατεθοινήσατο. ἐκ τρίτου δέ, ὡς οὐδεμία ἄνεσις ἐγένετο, καὶ ἐπὶ τοὺς ἀροτῆρας βοῦς ἐχώρησεν. οἱ δὲ κύνες θεασάμενοι τὰ πραττόμενα ἔφασαν πρὸς ἀλλήλους· "ἀπιτέον ἡμῖν ἐστιν ἐνθένδε· ὁ δεσπότης γάρ, εἰ οὐδὲ τῶν συνεργαζομένων βοῶν ἀπέσχετο, ἡμῶν πῶς φείσεται;"

Ὁ λόγος διδάσκει δεῖν τούτους μάλιστα φυλάττεσθαι οἳ οὐδὲ τῆς κατὰ τῶν οἰκείων ἀδικίας ἀπέχονται.

51. Der Bauer und die Schlange

An das Kind eines Bauern kroch eine Schlange heran und tötete es. Der klagte heftig darüber, nahm ein Beil, ging zu ihrer Höhle, stand davor und lauerte ihr auf, um sie, wenn sie herauskäme, sogleich zu erschlagen. Als die Schlange hervorspähte, ließ er das Beil niedersausen, verfehlte sie, spaltete aber den danebenliegenden Stein. Danach war er vor ihr auf der Hut und forderte sie auf, sich mit ihm zu versöhnen. Sie jedoch sagte: »Aber weder kann ich dir freundlich gesinnt sein, wenn ich den gespaltenen Stein sehe, noch du mir, wenn du auf das Grab deines Kindes blickst.«

Die Fabel zeigt, dass die schlimmen Feindschaften nicht leicht zur Versöhnung führen.

52. Der Bauer und die Hunde

Weil ein Bauer, der vom Winter auf seinem Gehöft eingeschlossen war, nicht herausgehen und sich Nahrung beschaffen konnte, aß er zuerst seine Schafe auf. Als der Winter aber noch fortdauerte, verzehrte er auch seine Ziegen. Als drittes machte er sich, da keine Besserung eintrat, auch an die Pflugochsen. Die Hunde aber, die sahen, was geschah, sprachen zueinander: »Wir müssen von hier weggehen. Denn wie wird der Gebieter, wenn er nicht einmal vor den Ochsen Halt machte, die mit ihm zusammenarbeiteten, uns verschonen?«

Die Fabel lehrt, dass man sich besonders vor denen hüten muss, die sich nicht einmal von Unrecht gegen ihre Angehörigen fernhalten.

53. Γεωργοῦ παῖδες στασιάζοντες

Γεωργοῦ παῖδες ἐστασίαζον. ὁ δέ, ὡς πολλὰ παραινῶν οὐκ ἠδύνατο πεῖσαι αὐτοὺς λόγοις μεταβαλέσθαι, ἔγνω δεῖν διὰ πράγματος τοῦτο πρᾶξαι, καὶ παρῄνεσεν αὐτοῖς ῥάβδων δέσμην κομίσαι. τῶν δὲ τὸ προσταχθὲν ποιησάντων, τὸ μὲν πρῶτον δοὺς αὐτοῖς ἀθρόας τὰς ῥάβδους ἐκέλευσε κατεάσσειν. ἐπειδὴ δὲ καίπερ βιαζόμενοι οὐκ ἠδύναντο, ἐκ δευτέρου λύσας τὴν δέσμην ἀνὰ μίαν αὐτοῖς ῥάβδον ἐδίδου. τῶν δὲ ῥᾳδίως κατακλώντων, ἔφη· "ἀτὰρ οὖν καὶ ὑμεῖς, ὦ παῖδες, ἐὰν μὲν ὁμοφρονῆτε, ἀχείρωτοι τοῖς ἐχθροῖς ἔσεσθε, ἐὰν δὲ στασιάζητε, εὐάλωτοι."

Ὁ λόγος δηλοῖ ὅτι τοσοῦτον ἰσχυροτέρα ἐστὶν ἡ ὁμόνοια ὅσον εὐκαταγώνιστος ἡ στάσις.

54. Κοχλίαι

Γεωργοῦ παῖς κοχλίας ὤπτα. ἀκούσας δὲ αὐτῶν τριζόντων ἔφη· "ὦ κάκιστα ζῷα, τῶν οἰκιῶν ὑμῶν ἐμπιπραμένων, αὐτοὶ ᾄδετε;"

Ὁ λόγος δηλοῖ ὅτι πᾶν τὸ παρὰ καιρὸν δρώμενον ἐπονείδιστόν ἐστι.

55. Γυνὴ καὶ θεράπαιναι

Γυνὴ χήρα φιλεργός, θεραπαινίδας ἔχουσα, ταύτας εἰώθει νυκτὸς ἐπὶ τὰ ἔργα ἐγείρειν πρὸς ἀλεκτοροφωνίαν. αἱ δὲ συνεχῶς καταπονούμεναι ἔγνωσαν δεῖν τὸν ἐπὶ τῆς οἰκίας ἀλέκτορα ἀποπνῖξαι· ἐκεῖνον γὰρ ᾤοντο

53. Die Söhne des Bauern im Streit

Die Söhne eines Bauern lagen im Streit miteinander. Als der sie nun, obwohl er sie vielfach dazu aufforderte, nicht mit Worten dazu überreden konnte, sich zu ändern, erkannte er, dass er dies durch eine Tat tun müsse, und er forderte sie dazu auf, ein Bündel Stäbe herbeizubringen. Sie taten das ihnen Aufgetragene, und da gab er ihnen zuerst die Stäbe alle zusammen und befahl ihnen, sie zu zerbrechen. Als sie das aber, obwohl sie sich anstrengten, nicht konnten, löste er im zweiten Schritt das Bündel wieder auf und gab ihnen jeweils nur einen Stab. Den aber zerknickten sie immer leicht, und er sprach: »Nun werdet aber auch ihr, meine Söhne, wenn ihr eines Sinnes seid, unbesiegbar für eure Feinde sein, wenn ihr aber im Streit liegt, leicht bezwingbar.«

Die Fabel lehrt, dass die Eintracht umso stärker ist, je leichter der Streit beizulegen ist.

54. Die Schnecken

Der Sohn eines Bauern briet Schnecken. Als er sie zischen hörte, sprach er: »Ihr elenden Biester, während eure Häuser brennen, könnt ihr singen?«

Die Fabel zeigt, dass alles, was zu unpassender Zeit getan wird, tadelnswert ist.

55. Die Frau und die Mägde

Eine fleißige Witwe, die Mägde hatte, pflegte diese nachts beim ersten Hahnenschrei zur Arbeit zu wecken. Weil die von der Anstrengung unaufhörlich geplagt wurden, kamen sie zu dem Schluss, sie müssten den Haushahn erwürgen. Denn sie glaubten, er sei schuld

τῶν κακῶν αἴτιον εἶναι, νύκτωρ ἐγείροντα τὴν δέσποιναν. συνέβη δὲ αὐταῖς τοῦτο πραξάσαις χαλεπωτέροις τοῖς δεινοῖς περιπεσεῖν· ἡ γὰρ δέσποινα ἀγνοοῦσα τὴν τῶν ἀλεκτρυόνων ὥραν νυχιέστερον αὐτὰς ἐξήγειρεν.

Οὕτω πολλοῖς ἀνθρώποις τὰ ἴδια βουλεύματα κακῶν αἴτια γίνεται.

56. Γυνὴ μάγος

Γυνὴ μάγος ἐπῳδὰς καὶ καταθέσεις θείων μηνιμάτων ἐπαγγελλομένη διετέλει πολλὰ τελοῦσα καὶ ἐκ τούτων οὐ μικρὰ βιοποριστοῦσα. ἐπὶ τούτοις γραψάμενοί τινες αὐτὴν ὡς καινοτομοῦσαν περὶ τὰ θεῖα εἰς δίκην ἀπήγαγον καὶ κατηγορήσαντες κατεδίκασαν αὐτὴν θανάτῳ. θεασάμενος δέ τις αὐτὴν ἀπαγομένην ἐκ τῶν δικαστηρίων ἔφη· "ὦ αὕτη, σὺ τὰς τῶν δαιμόνων ὀργὰς ἀποτρέπειν ἐπαγγελλομένη, πῶς οὐδὲ ἀνθρώπους πεῖσαι ἠδυνήθης;"

Τούτῳ τῷ λόγῳ χρήσαιτο ἄν τις πρὸς γυναῖκα πλάνον, ἥτις τὰ μείζονα κατεπαγγελλομένη τοῖς μετρίοις ἀδύνατος ἐλέγχεται.

57. Γραῦς καὶ ἰατρός

Γυνὴ πρεσβῦτις τοὺς ὀφθαλμοὺς νοσοῦσα ἰατρὸν ἐπὶ μισθῷ παρεκάλεσεν. ὁ δὲ εἰσιών, ὁπότε αὐτὴν ἔχριε, διετέλει ἐκείνης συμμυούσης καθ' ἓν ἕκαστον τῶν σκευῶν ὑφαιρούμενος. ἐπειδὴ δὲ πάντα ἐκφορήσας κἀκείνην ἐθεράπευσεν, ἀπῄτει τὸν ὡμολογημένον μισθόν· μὴ βουλομένης δὲ αὐτῆς ἀποδοῦναι, ἤγαγεν αὐτὴν ἐπὶ τοὺς ἄρχοντας. ἡ δὲ ἔλεγε τὸν μὲν μισθὸν ὑπεσχῆσθαι ἐὰν θεραπεύσῃ αὐτῆς τὰς ὁράσεις, νῦν δὲ χεῖρον

an ihren Leiden, da er die Gebieterin nachts weckte. Doch es geschah ihnen, dass sie, als sie die Tat ausgeführt hatten, in eine schlimmere Not gerieten. Weil nämlich die Gebieterin die Stunde der Hähne nicht wusste, weckte sie sie noch früher in der Nacht.

So werden für viele Menschen die eigenen Pläne zur Ursache für Leiden.

56. Die Magierin

Eine Magierin, die Zaubersprüche und das Bannen göttlicher Zornesäußerungen versprach, hatte ständig viel Erfolg und verschaffte sich damit keinen geringen Lebensunterhalt. Als man sie deswegen schriftlich verklagte, weil sie Neuerungen in religiösen Angelegenheiten einführe, brachte man sie vor Gericht, klagte sie an und verurteilte sie zum Tode. Einer erblickte sie, wie sie aus dem Gericht abgeführt wurde, und sprach: »Du da, die du die Wutausbrüche der Götter abzuwenden versprachst, wie konntest du nicht einmal Menschen überreden?«

Diese Fabel dürfte man auf eine Betrügerin anwenden können, welche die größeren Dinge verspricht und durch die kleinen als unfähig überführt wird.

57. Die alte Frau und der Arzt

Eine alte Frau, die an einer Augenkrankheit litt, ließ gegen Honorar einen Arzt rufen. Der kam zu ihr, und jedes Mal, wenn er ihr die Salbe auftrug und sie die Augen geschlossen hielt, nahm er Stück für Stück ihre Sachen weg. Als er alles herausgetragen und sie geheilt hatte, forderte er das vereinbarte Honorar. Weil sie es aber nicht zahlen wollte, brachte er sie vor die Obrigkeit. Da sagte sie, das Honorar habe sie für den Fall versprochen, dass er ihre Augen

διατεθῆναι ἐκ τῆς ἰάσεως αὐτοῦ ἢ πρότερον· “τότε μὲν γὰρ ἔβλεπον,” ἔφη, “πάντα τὰ ἐπὶ τῆς οἰκίας μου σκεύη, νῦν δ’ οὐδὲν ἰδεῖν δύναμαι.”

Οὕτως οἱ πονηροὶ τῶν ἀνθρώπων διὰ πλεονεξίαν λανθάνουσι καθ’ ἑαυτῶν τὸν ἔλεγχον ἐπισπώμενοι.

58. Γυνὴ καὶ ὄρνις

Γυνὴ χήρα ὄρνιν ἔχουσα καθ’ ἑκάστην ἡμέραν ᾠὸν τίκτουσαν ὑπέλαβεν ὅτι, ἐὰν πλείονα αὐτῇ τροφὴν παραβάλῃ, καὶ δὶς τῆς ἡμέρας τέξεται. καὶ δὴ τοῦτο αὐτῆς ποιούσης συνέβη τὴν ὄρνιν πίονα γενομένην μηκέτι μηδὲ ἅπαξ τεκεῖν.

Ὁ λόγος δηλοῖ ὅτι πλείονες τῶν ἀνθρώπων διὰ πλεονεξίαν περιττοτέρων ἐπιθυμοῦντες καὶ τὰ παρόντα ἀπολλύουσιν.

59. Γαλῆ καὶ ῥῖνα

Γαλῆ εἰσελθοῦσα εἰς χαλκέως ἐργαστήριον τὴν ἐκεῖ κειμένην ῥῖναν περιέλειχε. συνέβη δὲ ἐκτριβομένης τῆς γλώττης πολὺ αἷμα φέρεσθαι. ἡ δὲ ἐτέρπετο ὑπονοοῦσά τι τοῦ σιδήρου ἀφαιρεῖσθαι, μέχρι παντελῶς ἀπέβαλε τὴν γλῶτταν.

Ὁ λόγος εἴρηται πρὸς τοὺς ἐν φιλονικίᾳ ἑαυτοὺς καταβλάπτοντας.

60. Γέρων καὶ Θάνατος

Γέρων ποτὲ ξύλα κόψας καὶ ταῦτα φέρων πολλὴν ὁδὸν ἐβάδιζε. διὰ δὲ τὸν κόπον ἀποθέμενος τὸ φορτίον τὸν Θάνατον ἐπεκαλεῖτο. τοῦ δὲ

kuriere, jetzt aber gehe es ihr infolge seiner Therapie schlechter als vorher. »Damals nämlich«, sprach sie, »erblickte ich noch meinen ganzen Hausrat, jetzt aber kann ich nichts mehr sehen.«

So handeln sich die schlechten Menschen aus Habgier unversehens den Beweis gegen sich selbst ein.

58. Die Frau und die Henne

Eine Witwe, die eine jeden Tag ein Ei legende Henne hatte, dachte, dass die, wenn sie ihr mehr Futter hinwerfe, auch zweimal am Tag eines legen werde. Und als sie nun dies tat, geschah es, dass die Henne fett wurde und auch nicht mehr einmal eines legte.

Die Fabel zeigt, dass die Mehrzahl der Menschen aus Gewinnsucht mehr begehren und das Vorhandene verlieren.

59. Das Wiesel und die Feile

Das Wiesel kam in die Werkstatt eines Schmieds und beleckte ringsum die dort liegende Feile. Da geschah es, dass, während die Zunge abgerieben wurde, viel Blut floss. Es freute sich aber, weil es dachte, dass es vom Eisen etwas wegnähme, bis es seine Zunge gänzlich verlor.

Die Fabel ist im Hinblick auf die erzählt, die sich in ihrem Ehrgeiz selbst schaden.

60. Der alte Mann und der Tod

Ein alter Mann fällte einmal Holz, und während er es trug, musste er einen langen Weg gehen. Vor Erschöpfung legte er die Last ab und rief den Tod herbei. Als aber der Tod erschien und fragte, aus

Θανάτου φανέντος καὶ πυθομένου δι' ἣν αἰτίαν αὐτὸν παρακαλεῖται, ὁ γέρων ἔφη· "ἵνα τὸ φορτίον ἄρῃς."

Ὁ λόγος δηλοῖ ὅτι πᾶς ἄνθρωπος φιλοζωεῖ, κἂν δυστυχῇ.

61. Γεωργὸς καὶ Τύχη

Γεωργός τις εὑρὼν χρυσίον ἐν τῇ γῇ σκάπτων ἔστεφε τὴν Γῆν καθ' ἡμέραν ὡς εὐεργετηθεὶς ὑπ' αὐτῆς. τούτῳ δὲ ἐπιστᾶσά φησιν ἡ Τύχη· "ὦ οὗτος, τί τῇ Γῇ τὰ ἐμὰ δῶρα προστίθης, ἅπερ ἐγὼ δέδωκα πλουτίσαι βουλομένη σε; ἂν γὰρ ὁ καιρὸς μεταλλάξῃ τὴν φύσιν καὶ εἰς ἄλλας χρείας μοχθηρὰς ἐξαναλωθῇ, οὐ τὴν Γῆν ἀλλὰ τὴν Τύχην μέμψῃ."

Διδάσκει ἡμᾶς ὁ λόγος ὅτι χρὴ γινώσκειν τὸν εὐεργέτην καὶ τούτῳ χάριτας ἀποδιδόναι.

62. Δελφῖνες καὶ κωβιός

Δελφῖνες καὶ φάλαιναι πρὸς ἀλλήλους ἐμάχοντο. ἐπὶ πολὺ δὲ τῆς διαφορᾶς σφοδρυνομένης, κωβιὸς ἀνέδυ καὶ ἐπειρᾶτο αὐτοὺς διαλύειν. εἷς δέ τις τῶν δελφίνων ὑποτυχὼν ἔφη πρὸς αὐτόν· "ἀλλ' ἡμῖν ἀνεκτότερόν ἐστι μαχομένοις ὑπ' ἀλλήλων διαφθαρῆναι ἢ σοῦ διαλλακτοῦ τυχεῖν."

Οὕτως ἔνιοι τῶν ἀνθρώπων οὐδενὸς ἄξιοι ὄντες, ὅταν ταραχῆς λάβωνται, δοκοῦσί τινες εἶναι.

welchem Grund er ihn rufe, sprach der alte Mann: »Damit du mir die Last vom Boden aufhebst.«

Die Fabel zeigt, dass jeder Mensch das Leben liebt, auch wenn es ihm schlecht geht.

61. Der Bauer und Tyche

Ein Bauer, der beim Graben in der Erde Gold gefunden hatte, bekränzte Ge jeden Tag, als ob ihm von ihr eine Wohltat erwiesen worden wäre. Zu ihm trat Tyche und sprach: »He du, warum schreibst du Ge meine Geschenke zu, die ich dir gegeben habe, weil ich dich reich machen wollte? Denn wenn die Zeit deine Natur verändert und es für andere schlechte Bedürfnisse aufgebraucht ist, wirst du nicht Ge, sondern Tyche tadeln.«

Es lehrt uns die Fabel, dass man seinen Wohltäter erkennen und ihm Dank erweisen muss.

62. Die Delphine und der Gründling

Die Delphine und die Wale kämpften gegeneinander. Als der Streit sehr hitzig wurde, tauchte ein Gründling auf und versuchte, sie zu versöhnen. Doch einer von den Delphinen fiel ihm ins Wort und sprach zu ihm: »Aber für uns Kämpfende ist es erträglicher, voneinander vernichtet zu werden, als dich zum Schlichter zu bekommen.«

So glauben manche Menschen, die nichtswürdig sind, dann, wenn sie es mit einem Streit zu tun bekommen, jemand zu sein.

63. Δημάδης ὁ ῥήτωρ

Δημάδης ὁ ῥήτωρ δημηγορῶν ποτε ἐν Ἀθήναις, ἐκείνων μὴ πάνυ τι αὐτῷ προσεχόντων, ἐδεήθη αὐτῶν ὅπως ἐπιτρέψωσιν αὐτῷ Αἰσώπειον μῦθον εἰπεῖν. τῶν δὲ συγχωρησάντων αὐτῷ ἀρξάμενος ἔλεγε· "Δήμητρα καὶ χελιδὼν καὶ ἔγχελυς τὴν αὐτὴν ὁδὸν ἐβάδιζον. γενομένων δὲ αὐτῶν κατά τινα ποταμὸν ἡ μὲν χελιδὼν ἔπτη, ἡ δὲ ἔγχελυς κατέδυ." καὶ ταῦτα εἰπὼν ἐσιώπησεν. ἐρομένων δὲ αὐτῶν· "ἡ οὖν Δήμητρα τί ἔπαθεν;" ἔφη· "κεχόλωται ὑμῖν, οἵτινες τὰ τῆς πόλεως πράγματα ἐάσαντες Αἰσώπειον μῦθον ἀκούειν ἀνέχεσθε."

Οὕτω καὶ τῶν ἀνθρώπων ἀλόγιστοί εἰσιν ὅσοι τῶν μὲν ἀναγκαίων ὀλιγωροῦσι, τὰ δὲ πρὸς ἡδονὴν μᾶλλον αἱροῦνται.

64. Κυνόδηκτος

Δηχθείς τις ὑπὸ κυνὸς περιῄει ζητῶν τὸν ἰασόμενον. εἰπόντος δέ τινος ὡς ἄρα δέοι αὐτὸν ἄρτῳ τὸ αἷμα ἐκμάξαντα οὕτως τῷ δακόντι κυνὶ βαλεῖν, ὑποτυχὼν ἔφη· "ἀλλ' ἐὰν τοῦτο πράξω, δεήσει με ὑπὸ πάντων τῶν ἐν τῇ πόλει κυνῶν δάκνεσθαι."

Οὕτως ἡ τῶν ἀνθρώπων πονηρία δελεαζομένη ἔτι μᾶλλον ἀδικεῖν παροξύνεται.

65. Ὁδοιπόροι καὶ ἄρκτος

Δύο φίλοι τὴν αὐτὴν ὁδὸν ἐβάδιζον. ἄρκτου δὲ αὐτοῖς ἐπιφανείσης ὁ μὲν ἕτερος φθάσας ἀνέβη ἐπί τι δένδρον καὶ ἐνταῦθα ἐκρύπτετο, ὁ δὲ ἕτερος

63. Der Redner Demades

Als der Redner Demades einmal vor dem Volk in Athen sprach und die Leute ihm nicht viel Aufmerksamkeit schenkten, bat er sie um Erlaubnis, ihnen eine äsopische Fabel zu erzählen. Sie gestatteten es ihm, er begann und sagte: »Demeter, die Schwalbe und der Aal gingen denselben Weg. Als sie an einen Fluss kamen, flog die Schwalbe, der Aal aber tauchte unter.« Und nachdem er das gesagt hatte, verstummte er. Da fragten sie ihn: »Was geschah nun mit Demeter?«, und er sprach: »Sie zürnt euch, weil ihr die Staatsangelegenheiten unbeachtet lasst und in aller Ruhe eine äsopische Fabel anhört.«

So sind auch bei den Menschen diejenigen unvernünftig, die das Notwendige vernachlässigen, aber das, was ihnen Freude macht, vorziehen.

64. Der von einem Hund Gebissene

Einer, der von einem Hund gebissen worden war, ging umher auf der Suche nach einem, der ihn verarzten könne. Als nun einer sagte, dass er also mit Brot das Blut abwischen und es so dem Hund, der ihn gebissen hatte, hinwerfen müsse, fiel er ihm ins Wort und sprach: »Aber wenn ich das tue, werde ich zwangsläufig von allen Hunden in der Stadt gebissen.«

So wird die Schlechtigkeit der Menschen geködert und dazu angestachelt, noch mehr Unrecht zu tun.

65. Die Wanderer und der Bär

Zwei Freunde gingen denselben Weg. Als vor ihnen ein Bär auftauchte, stieg der eine noch rechtzeitig auf einen Baum und

μέλλων περικατάληπτος γενέσθαι πεσὼν κατὰ τοῦ ἐδάφους τὸν νεκρὸν προσεποιεῖτο. τῆς δὲ ἄρκτου προσενεγκούσης αὐτῷ τὸ ῥύγχος καὶ περιοσφραινομένης, τὰς ἀναπνοὰς συνεῖχε· φασὶ γὰρ νεκροῦ μὴ ἅπτεσθαι τὸ ζῷον. ἀπαλλαγείσης δέ, ὁ ἀπὸ τοῦ δένδρου ἐπυνθάνετο αὐτοῦ τί ἡ ἄρκτος πρὸς τὸ οὖς εἴρηκεν. ὁ δὲ εἶπε· "τοιούτοις τοῦ λοιποῦ μὴ συνοδοιπορεῖν φίλοις, οἳ ἐν κινδύνοις οὐ παραμένουσιν."

Ὁ λόγος δηλοῖ ὅτι τοὺς γνησίους τῶν φίλων αἱ συμφοραὶ δοκιμάζουσιν.

66. Νεανίσκοι καὶ μάγειρος

Δύο νεανίσκοι ἐν ταὐτῷ κρέας ὠνοῦντο. καὶ δὴ τοῦ μαγείρου περισπασθέντος ὁ ἕτερος ὑφελόμενος ἀκροκώλιον εἰς τὸν τοῦ ἑτέρου κόλπον καθῆκεν. ἐπιστραφέντος δὲ αὐτοῦ καὶ ἐπιζητοῦντος, αἰτιωμένου δὲ ἐκείνους, ὁ μὲν εἰληφὼς ὤμνυε μὴ ἔχειν, ὁ δὲ ἔχων μὴ εἰληφέναι. καὶ ὁ μάγειρος αἰσθόμενος αὐτῶν τὴν κακοτεχνίαν ἔφη· "ἀλλὰ κἂν ἐμὲ λάθητε ἐπιορκοῦντες, θεοὺς μέντοι οὐ λήσεσθε."

Ὁ λόγος δηλοῖ ὅτι ἡ αὐτή ἐστιν ἀσέβεια τῆς ἐπιορκίας, κἂν αὐτήν τις κατασοφίζηται.

67. Ὁδοιπόροι καὶ πέλεκυς

Δύο ἐν ταὐτῷ ὡδοιπόρουν. τοῦ ἑτέρου δὲ πέλεκυν εὑρόντος ὁ ἕτερος ἔλεγεν· "εὑρήκαμεν." ὁ δὲ αὐτῷ παρῄνει μὴ λέγειν "εὑρήκαμεν," ἀλλ' "εὕρηκας." μετὰ μικρὸν δὲ ἐπελθόντων αὐτοῖς τῶν ἀποβεβληκότων τὸν

versteckte sich dort, der andere aber, der gepackt zu werden drohte, ließ sich zu Boden fallen und stellte sich tot. Während der Bär ihm mit der Schnauze nahekam und ihn ringsum beschnüffelte, hielt er den Atem an; denn es heißt, einen Toten rühre das Tier nicht an. Sobald er sich entfernt hatte, fragte der auf dem Baum, was der Bär ihm ins Ohr gesagt habe. Der sagte: »Ich soll in Zukunft nicht mit solchen Freunden zusammen einen Weg gehen, die in Gefahren nicht dableiben.«

Die Fabel zeigt, dass Notlagen die wahren Freunde erkennen lassen.

66. Die jungen Männer und der Metzger

Zwei junge Männer wollten im selben Laden Fleisch kaufen. Und als der Metzger abgelenkt war, nahm der eine heimlich ein Spitzbein und steckte es in den Gewandbausch des anderen. Da wandte der sich ihnen zu, vermisste es und beschuldigte sie, aber der, welcher es genommen hatte, schwor, er habe es nicht, und der, welcher es hatte, er habe es nicht genommen. Und der Metzger bemerkte ihre üble List und sprach: »Aber auch wenn ihr mich durch euren Meineid hintergeht, die Götter werdet ihr gewiss nicht hintergehen.«

Die Fabel zeigt, dass der Frevel des Meineides derselbe bleibt, auch wenn man ihn durch eine List tarnt.

67. Die Wanderer und die Axt

Zwei gingen denselben Weg. Als der eine eine Axt fand, sagte der andere: »Wir haben sie gefunden.« Jener aber forderte ihn auf, nicht zu sagen: »Wir haben sie gefunden«, sondern: »Du hast sie gefunden.« Als wenig später die auf sie zu kamen, welche die Axt

πέλεκυν, ὁ ἔχων αὐτὸν διωκόμενος ἔλεγε πρὸς τὸν συνοδοιπόρον· "ἀπολώλαμεν." ἐκεῖνος δέ φησιν· "⟨οὐκ,⟩ ἀλλ' ἀπόλωλας· οὐδὲ γάρ, ὅτε τὸν πέλεκυν εὗρες, ἐμοὶ αὐτὸν ἀνεκοινώσω."

Ὁ λόγος δηλοῖ ὅτι οἱ μὴ μεταλαβόντες τῶν εὐτυχημάτων οὐδὲ ἐν ταῖς συμφοραῖς βέβαιοί εἰσι φίλοι.

68. Ἐχθροί

Δύο ἐχθροὶ ἐν μιᾷ νηὶ ἔπλεον. βουλόμενοι δὲ πολὺ ἀλλήλων διεζεῦχθαι ὥρμησαν ὁ μὲν ἐπὶ τὴν πρώραν ὁ δὲ ἐπὶ τὴν πρύμναν, καὶ ἐνταῦθα ἔμενον. χειμῶνος δὲ σφοδροῦ καταλαβόντος καὶ τῆς νηὸς περιτρεπομένης, ὁ ἐν τῇ πρύμνῃ ἐπυνθάνετο παρὰ τοῦ κυβερνήτου περὶ ποῖον μέρος καταδύεσθαι τὸ σκάφος πρῶτον κινδυνεύει. τοῦ δὲ εἰπόντος· "κατὰ τὴν πρώραν," ἔφη· "ἀλλ' ἔμοιγε οὐκέτι λυπηρὸς ὁ θάνατός ἐστιν, εἴγε ὁρᾶν μέλλω τὸν ἐχθρόν μου προαποπνιγόμενον."

Οὕτως ἔνιοι τῶν ἀνθρώπων διὰ τὴν πρὸς τοὺς πέλας δυσμένειαν αἱροῦνται καὶ αὐτοί τι δεινὸν πάσχειν ὑπὲρ τοῦ κἀκείνους ὁρᾶν δυστυχοῦντας.

69. Βάτραχοι γείτονες

Δύο βάτραχοι ἀλλήλοις ἐγειτνίων. ἐνέμοντο δὲ ὁ μὲν βαθεῖαν καὶ τῆς ὁδοῦ πόρρω λίμνην, ὁ δὲ ἐν ὁδῷ μικρὸν ὕδωρ ἔχων. καὶ δὴ τοῦ ἐν τῇ λίμνῃ παραινοῦντος θάτερον μεταβῆναι πρὸς αὐτόν, ἵνα καὶ ἀμείνονος καὶ ἀσφαλεστέρας διαίτης μεταλάβῃ, ἐκεῖνος οὐκ ἐπείθετο λέγων δυσαποσπάστως ἔχειν τῆς τοῦ τόπου συνηθείας· ἕως οὗ συνέβη ἅμαξαν τῇδε παριοῦσαν ὀλέσαι αὐτόν.

verloren hatten, sagte der, welcher, weil er sie hatte, verfolgt wurde, zu seinem Wandergesellen: »Wir sind verloren.« Der aber sprach: »Nein, sondern du bist verloren. Denn als du die Axt fandest, wolltest du sie nicht mit mir gemeinsam besitzen.«

Die Fabel zeigt, dass die, welche nicht am Glück Anteil bekommen, auch im Unglück keine zuverlässigen Freunde sind.

68. Die Feinde

Zwei Feinde fuhren zusammen auf einem Schiff. Weil sie weit voneinander getrennt sein wollten, ging der eine zum Bug, der andere zum Heck, und dort blieben sie. Als ein heftiger Sturm das Schiff überfiel und es hin und her geworfen wurde, fragte der im Heck den Steuermann, mit welchem Teil das Schiff zuerst unterzugehen drohe. Der sagte: »Am Bug«, und da sprach jener: »Dann ist der Tod für mich nicht mehr betrüblich, wenn ich sehen werde, dass mein Feind zuerst ertrinkt.«

So nehmen es manche Menschen wegen ihrer Abneigung gegen die Mitmenschen auf sich, auch selbst etwas Schlimmes zu erleiden, um auch jene im Unglück sehen zu können.

69. Die benachbarten Frösche

Zwei Frösche waren einander benachbart. Der eine bewohnte einen tiefen Sumpf weitab vom Wege, der andere dagegen auf dem Weg eine Pfütze. Und als nun der im Sumpf dem anderen riet, zu ihm umzuziehen, damit er an einem besseren und sichereren Leben Anteil bekomme, ließ sich jener nicht überreden und sagte, er könne sich nicht losreißen von dem gewohnten Ort – bis es geschah, dass ein Wagen, der dort vorbeifuhr, ihn tötete.

Οὕτω καὶ τῶν ἀνθρώπων οἱ τοῖς φαύλοις ἐπιτηδεύμασιν ἐνδιατρίβοντες φθάνουσιν ἀπολλύμενοι πρὶν ἢ ἐπὶ τὰ καλλίονα τραπέσθαι.

70. Δρῦς καὶ κάλαμος

Δρῦς καὶ κάλαμος ἤριζον περὶ ἰσχύος. ἀνέμου δὲ σφοδροῦ γενομένου ὁ μὲν κάλαμος ἀνακλώμενος καὶ συγκλινόμενος ταῖς τούτου πνοαῖς τὴν ἐκρίζωσιν ἐξέφυγεν, ἡ δὲ δρῦς ἀντιστᾶσα ἐκ ῥιζῶν κατηνέχθη.

Ὁ λόγος δηλοῖ ὅτι οὐ δεῖ τοῖς κρείττοσιν ἐρίζειν ἢ ἀνθίστασθαι.

71. Ἀνὴρ δειλὸς λέοντα χρυσοῦν εὑρών

Δειλὸς φιλάργυρος λέοντα χρυσοῦν εὑρὼν ἔλεγεν· “οὐκ οἶδα τίς γενήσομαι ἐν τοῖς παροῦσιν. ἐγὼ ἐκβέβλημαι ἐκ τῶν φρενῶν καὶ τί πράττειν οὐκ ἔχω· μερίζει με φιλοχρηματία καὶ τῆς φύσεως ἡ δειλία. ποία γὰρ τύχη ἢ ποῖος δαίμων εἰργάσατο χρυσοῦν λέοντα; ἡ μὲν γὰρ ἐμὴ ψυχὴ πρὸς τὰ παρόντα ἑαυτῇ πολεμεῖ· ἀγαπᾷ μὲν τὸν χρυσόν, δέδοικε δὲ τοῦ χρυσοῦ τὴν ἐργασίαν· ἅπτεσθαι μὲν ἐλαύνει ὁ πόθος, ἀπέχεσθαι δὲ ὁ τρόπος. ὦ τύχης διδούσης καὶ μὴ λαμβάνεσθαι συγχωρούσης! ὦ θησαυρὸς ἡδονὴν οὐκ ἔχων! ὦ χάρις δαίμονος ἄχαρις γενομένη! τί οὖν; ποίῳ τρόπῳ χρήσωμαι; ἐπὶ ποίαν ἔλθω μηχανήν; ἄπειμι τοὺς οἰκέτας δεῦρο κομίσων λαβεῖν ὀφείλοντας τῇ πολυπληθεῖ συμμαχίᾳ, κἀγὼ πόρρω ἔσομαι θεατής.”

So gehen auch bei den Menschen diejenigen, welche bei den schlechten Beschäftigungen verweilen, lieber zugrunde, als dass sie sich den besseren zuwenden.

70. Die Eiche und das Schilfrohr

Die Eiche und das Schilfrohr lagen im Streit über ihre Stärke. Als aber ein heftiger Wind aufkam, bog sich das Schilfrohr, neigte sich vor seinem Wehen und entging der Entwurzelung, die Eiche dagegen, die sich entgegenstemmte, wurde mit den Wurzeln umgestürzt.

Die Fabel zeigt, dass man nicht mit den Stärkeren im Streit liegen oder ihnen Widerstand leisten darf.

71. Der feige Mann, der einen goldenen Löwen fand

Ein feiger Geldgieriger fand einen goldenen Löwen und sagte: »Ich weiß nicht, was in dieser Lage mit mir geschehen wird. Ich bin ganz außer mir und weiß nicht, was tun. Mich spaltet meine Geldgier und die Feigheit meiner Natur. Denn welcher Zufall oder welche Gottheit schuf das Werk eines goldenen Löwen? Meine Seele kämpft nämlich angesichts dieser Lage mit sich selbst. Sie liebt zwar das Gold, fürchtet sich aber vor dem Werk aus Gold. Es anzufassen treibt mich mein Verlangen, mich fernzuhalten mein Charakter. O Tyche, die du gibst und nicht anzunehmen erlaubst! O Schatz, der du ohne Freude bist! O Gunst einer Gottheit, die du ungünstig bist! Was nun? Auf welche Weise soll ich damit umgehen? Zu welchem Hilfsmittel soll ich mich wenden? Ich will weggehen, um meine Diener herzubringen und dazu herzunehmen, dass sie sich mir durch reichliche Hilfe verpflichten, und ich selbst werde Zuschauer aus der Ferne sein.«

Ὁ λόγος ἁρμόζει πρός τινα πλούσιον μὴ τολμῶντα προσψαῦσαι καὶ χρήσασθαι τῷ πλούτῳ.

72. Μελισσουργός

Εἰς μελισσουργοῦ τις εἰσελθών, ἐκείνου ἀπόντος, τό τε μέλι καὶ τὰ κηρία ἀφείλετο. ὁ δὲ ἐπανελθών, ἐπειδὴ ἐθεάσατο ἐρήμους τὰς κυψέλας, εἱστήκει ταύτας διερευνῶν. αἱ δὲ μέλισσαι ἐπανελθοῦσαι ἀπὸ τῆς νομῆς, ὡς κατέλαβον αὐτόν, παίουσαι τοῖς κέντροις τὰ πάνδεινα διετίθεσαν. κἀκεῖνος ἔφη πρὸς αὐτάς· "ὦ κάκιστα ζῷα, ὑμεῖς τὸν μὲν κλέψαντα ὑμῶν τὰ κηρία ἀθῷον ἀφήκατε, ἐμὲ δὲ τὸν ἐπιμελούμενον ὑμῶν τύπτετε;"

Οὕτως ἔνιοι τῶν ἀνθρώπων δι' ἄγνοιαν τοὺς ἐχθροὺς μὴ φυλαττόμενοι τοὺς φίλους ὡς ἐπιβούλους ἀπωθοῦνται.

73. Δελφὶς καὶ πίθηκος

Ἔθος ἐστὶ τοῖς πλέουσιν ἐπάγεσθαι κύνας Μελιταίους καὶ πιθήκους πρὸς παραμυθίαν τοῦ πλοῦ. καὶ δή τις πλεῖν μέλλων πίθηκον συνανήνεγκε. γενομένων δὲ αὐτῶν κατὰ τὸ Σούνιον – ἔστι δὲ τοῦτο Ἀθηναίων ἀκρωτήριον – συνέβη χειμῶνα σφοδρὸν γενέσθαι. περιτραπείσης δὲ τῆς νηὸς καὶ πάντων διακολυμβώντων, καὶ ὁ πίθηκος ἐνήχετο. δελφὶς δὲ θεασάμενος αὐτὸν καὶ οἰόμενος ἄνθρωπον εἶναι ὑπεξελθὼν διεκόμιζεν. ὡς δὲ ἐγένετο κατὰ τὸν Πειραιᾶ, τὸν τῶν Ἀθηναίων λιμένα, ἐπυνθάνετο τοῦ πιθήκου εἰ τὸ γένος Ἀθηναῖός ἐστι. τοῦ δὲ εἰπόντος καὶ λαμπρῶν γε ἐνταῦθα τετυχηκέναι γονέων, ἐκ δευτέρου ἠρώτα αὐτόν εἰ ἐπίσταται τὸν

Die Fabel passt auf einen Reichen, der nicht wagt, seinen Reichtum anzurühren und zu nutzen.

72. Der Imker

Zum Anwesen eines Imkers kam jemand, während der abwesend war, und nahm ihm den Honig und die Waben weg. Als der zurückkam und sah, dass die Bienenstöcke leer waren, stand er da und untersuchte sie. Sowie nun die Bienen von ihrer Nahrungssuche zurückkamen und ihn dort antrafen, verwundeten sie ihn mit ihren Stacheln und richteten ihn ganz schrecklich zu. Und der sprach zu ihnen: »Ihr elenden Biester, ihr habt den, der eure Waben gestohlen hat, ungestraft laufen lassen, mich aber, der für euch sorgt, stecht ihr?«

So stoßen manche Menschen, die sich aus Unkenntnis vor ihren Feinden nicht in Acht nehmen, ihre Freunde von sich, als ob diese hinterlistig wären.

73. Der Delphin und der Affe

Die, welche zur See fahren, haben die Gewohnheit, Malteserhunde und Affen zur Ablenkung von der Seefahrt mit sich zu führen. Und so nahm einer, der zur See fahren wollte, einen Affen mit. Als sie in die Nähe des Sunions kamen – das ist ein Vorgebirge der Athener –, geschah es, dass ein heftiger Sturm aufkam. Das Schiff kenterte, und alle tauchten durchs Wasser, auch der Affe schwamm. Ein Delphin, der ihn erblickte und glaubte, er sei ein Mensch, kam aus dem Wasser unter ihn und trug ihn hindurch. Als er nun in die Nähe des Peiraieus, des Hafens der Athener, kam, wollte er von dem Affen wissen, ob der von Herkunft Athener sei. Der sagte, er habe dort auch berühmte Vorfahren, und da fragte er ihn zweitens,

Πειραιᾶ, καὶ ὅς, ὑπολαβὼν ἄνθρωπον αὐτὸν λέγειν, ἔφασκε καὶ φίλον αὐτοῦ εἶναι καὶ συνήθη. καὶ ὁ δελφὶς ἀγανακτήσας κατὰ τῆς αὐτοῦ ψευδολογίας βαπτίζων αὐτὸν ἀπέπνιξεν.

Πρὸς ἄνδρα ψευδολόγον ὁ λόγος εὔκαιρος.

74. Ἔλαφος ἐπὶ νάματι

Ἔλαφος δίψῃ συσχεθεῖσα παρεγένετο ἐπί τινα πηγήν. πιοῦσα δέ, ὡς ἐθεάσατο τὴν ἑαυτῆς σκιὰν κατὰ τοῦ ὕδατος, ἐπὶ μὲν τοῖς κέρασιν ἠγάλλετο, ὁρῶσα τὸ μέγεθος καὶ τὴν ποικιλίαν, ἐπὶ δὲ τοῖς ποσὶ σφόδρα ἤχθετο ὡς λεπτοῖς οὖσι καὶ ἀσθενέσιν. ἔτι δὲ αὐτῆς διανοουμένης λέων ἐπιφανεὶς ἐδίωκεν αὐτήν. κἀκείνη εἰς φυγὴν τραπεῖσα κατὰ πολὺ αὐτοῦ προεῖχεν. μέχρι μὲν οὖν ψιλὸν ἦν τὸ πεδίον, ἡ μὲν προθέουσα διεσῴζετο, ἐπειδὴ δὲ ἐγένετο κατά τινα ὑλώδη τόπον, τηνικαῦτα συνέβη, τῶν κεράτων αὐτῆς ἐμπλακέντων τοῖς κλάδοις, μὴ δυναμένην τρέχειν συλληφθῆναι. μέλλουσα δὲ ἀναιρεῖσθαι ἔφη πρὸς ἑαυτήν· "δειλαία ἔγωγε, ἥτις ὑφ' ὧν μὲν ᾠόμην προδοθήσεσθαι, ὑπὸ τούτων ἐσῳζόμην, οἷς δὲ καὶ σφόδρα ἐπεποίθειν, ὑπὸ τούτων ἀπωλόμην."

Οὕτω πολλάκις ἐν κινδύνοις οἱ μὲν ὕποπτοι τῶν φίλων σωτῆρες ἐγένοντο, οἱ δὲ σφόδρα ἐμπιστευθέντες προδόται.

75. Ἔλαφος πηρωθεῖσα

Ἔλαφος πηρωθεῖσα τὸν ἕτερον ὀφθαλμὸν παρεγένετο εἴς τινα αἰγιαλὸν καὶ ἐνταῦθα ἐνέμετο, τὸν μὲν ὁλόκληρον ὀφθαλμὸν πρὸς τὴν γῆν ἔχουσα καὶ τὴν τῶν κυνηγῶν ἔφοδον παρατηρουμένη, τὸν δὲ πεπηρωμέ-

ob er den Peiraieus kenne, und der, in der Annahme, er spreche von einem Menschen, behauptete, er sei dessen Freund und sogar ein vertrauter. Und der Delphin ärgerte sich über seine Lüge, tauchte ihn unter und ließ ihn ertrinken.

Auf einen Lügner ist die Fabel gut passend.

74. Der Hirsch an der Quelle

Ein Hirsch kam, vom Durst geplagt, zu einer Quelle. Als er beim Trinken sein Spiegelbild im Wasser erblickte, freute er sich über sein Geweih, weil er die Größe und die vielfältige Gestalt sah, ärgerte sich aber sehr über seine Beine, weil sie seiner Meinung nach dünn und schwach waren. Während er noch nachdachte, erschien ein Löwe und scheuchte ihn auf. Und er wandte sich zur Flucht und hielt über eine weite Strecke einen Vorsprung. Solange nun die Ebene kahl war, blieb er im Lauf weit vorn und konnte Rettung finden, als er aber in ein waldiges Gebiet kam, da geschah es, dass sich sein Geweih in den Zweigen verfing, er nicht mehr laufen konnte und gepackt wurde. Als er getötet werden sollte, sprach er zu sich: »Ich Unglücklicher, der ich durch das, wodurch ich verraten zu werden glaubte, gerettet wurde, doch von dem, welchem ich sehr vertraute, vernichtet wurde.«

So sind oft in Gefahren die Freunde, die verdächtig schienen, zu Rettern geworden, doch die, denen man sehr vertraute, zu Verrätern.

75. Der blinde Hirsch

Ein Hirsch, der auf einem Auge blind war, kam zu einem Strand und weidete dort, wobei er das gesunde Auge zum Land hin gerichtet hielt und auf das Herankommen der Jäger achtete, das blinde

νον ἐν τῇ θαλάσσῃ· ἔνθεν γὰρ οὐδένα ὑφωρᾶτο κίνδυνον. καὶ δή τινες παραπλέοντες ἐκεῖνον τὸν τόπον καὶ θεασάμενοι αὐτὴν κατηυστόχησαν. καὶ ἐπειδὴ ἐλειποψύχει, εἶπε πρὸς ἑαυτήν· "ἀλλ' ἔγωγε ἀθλία, ἥτις τὴν γῆν ὡς ἐπίβουλον ἐφυλαττόμην, πολὺ χαλεπωτέραν ἔχουσα τὴν θάλασσαν ἐφ' ἣν κατέφυγον."

Οὕτω πολλάκις παρὰ τὴν ἡμετέραν ὑπόληψιν τὰ μὲν χαλεπὰ τῶν πραγμάτων δοκοῦντα εἶναι ὠφέλιμα εὑρίσκεται, τὰ δὲ νομιζόμενα σωτήρια ἐπισφαλῆ.

76. Ἔλαφος καὶ λέων ἐν σπηλαίῳ

Ἔλαφος κυνηγοὺς φεύγουσα ἐγένετο κατά τι σπήλαιον, ἐν ᾧ λέων ἦν, καὶ ἐνταῦθα εἰσῄει κρυβησομένη. συλληφθεῖσα δὲ ὑπὸ τοῦ λέοντος καὶ ἀναιρουμένη ἔφη· "βαρυδαίμων ἐγώ, ἥτις ἀνθρώπους φεύγουσα ἐμαυτὴν θηρίῳ ἐνεχείρισα."

Οὕτως ἔνιοι τῶν ἀνθρώπων διὰ φόβον ἐλαττόνων κινδύνων ἑαυτοὺς εἰς μείζονα κακὰ ἐνσείουσιν.

77. Ἔλαφος καὶ ἄμπελος

Ἔλαφος διωκομένη ὑπὸ κυνηγῶν ἐκρύπτετο ὑπό τινα ἄμπελον. διελθόντων δὲ τῶν κυνηγῶν [στραφεῖσα] κατήσθιε τὰ φύλλα τῆς ἀμπέλου. εἷς δέ τις τῶν κυνηγῶν, στραφεὶς καὶ θεασάμενος, ᾧ εἶχεν ἀκοντίῳ βαλὼν ἔτρωσεν αὐτήν. ἡ δὲ μέλλουσα τελευτᾶν στενάξασα πρὸς ἑαυτὴν ἔφη· "δίκαια πάσχω, ὅτι τὴν σώσασάν με ἄμπελον ἠδίκησα."

Οὗτος ὁ λόγος λεχθείη ἂν κατ' ἀνδρῶν οἵτινες τοὺς εὐεργέτας ἀδικοῦντες ὑπὸ θεῶν κολάζονται.

aber zum Meer hin; denn von dort erwartete er keine Gefahr. Und da fuhren Leute in einem Boot an jenem Ort vorbei, erblickten und erlegten ihn. Und als er seine Seele aushauchte, sagte er zu sich selbst: »Ach, ich Armer, der ich mich vor dem Land in Acht nahm, weil ich es für hinterlistig hielt; viel schlimmer aber war ich mit dem Meer dran, bei dem ich Zuflucht suchte.«

So werden oft entgegen unserer Vermutung die Dinge, die schlimm zu sein scheinen, als nützlich befunden, dagegen diejenigen, in denen man die Rettung sieht, als gefährlich.

76. Der Hirsch und der Löwe in einer Höhle

Ein Hirsch kam auf der Flucht vor Jägern zu einer Höhle, in der ein Löwe war, und ging dort hinein, um sich zu verstecken. Er wurde von dem Löwen gepackt und sprach, während er getötet wurde: »Ich Unglückseliger, der ich mich auf der Flucht vor den Menschen einem wilden Tier auslieferte!«

So stürzen sich manche Menschen aus Angst vor kleineren Gefahren in größeres Unglück.

77. Der Hirsch und der Weinstock

Ein Hirsch, der von Jägern verfolgt wurde, versteckte sich unter einem Weinstock. Als die Jäger vorbeigegangen waren, fraß er die Blätter des Weinstocks auf. Aber einer der Jäger drehte sich um, erblickte ihn und traf ihn mit dem Wurfspieß, den er hatte, und verwundete ihn. Als er nun sterben sollte, seufzte er und sprach zu sich: »Das geschieht mir recht, weil ich dem Weinstock, der mich rettete, Unrecht tat.«

Diese Fabel könnte über Menschen erzählt werden, die, weil sie ihren Wohltätern Unrecht tun, von den Göttern bestraft werden.

78. Πλέοντες

Ἐμβάντες τινὲς εἰς σκάφος ἔπλεον. γενομένων δὲ αὐτῶν πελαγίων συνέβη χειμῶνα ἐξαίσιον γενέσθαι καὶ τὴν ναῦν μικροῦ καταδύεσθαι. τῶν δὲ πλεόντων ἕτερος περιρρηξάμενος τοὺς πατρῴους θεοὺς ἐπεκαλεῖτο μετ' οἰμωγῆς καὶ στεναγμοῦ, χαριστήρια ἀποδώσειν ἐπαγγελλόμενος ἐὰν περισωθῶσι. παυσαμένου δὲ τοῦ χειμῶνος καὶ πάλιν γαλήνης γενομένης εἰς εὐωχίαν τραπέντες ὠρχοῦντό τε καὶ ἐσκίρτων, ἅτε δὴ ἐξ ἀπροσδοκήτου διαπεφευγότες. καὶ στερρὸς ὁ κυβερνήτης ὑπάρχων ἔφη πρὸς αὐτούς· "ἀλλ', ὦ φίλοι, οὕτως ἡμᾶς γεγηθέναι δεῖ ὡς πάλιν, ἐὰν τύχῃ, χειμῶνος ἐσομένου."

Ὁ λόγος διδάσκει μὴ σφόδρα ταῖς εὐτυχίαις ἐπαίρεσθαι, τῆς τύχης τὸ εὐμετάβλητον ἐννοουμένους.

79. Αἴλουρος καὶ μύες

Ἔν τινι οἰκίᾳ πολλοὶ μύες ἦσαν. αἴλουρος δὲ τοῦτο γνοὺς ἧκεν ἐνταῦθα καὶ συλλαμβάνων ἕνα ἕκαστον κατήσθιεν. οἱ δὲ μύες συνεχῶς ἀναλισκόμενοι κατὰ τῶν ὀπῶν ἔδυνον, καὶ ὁ αἴλουρος μηκέτι αὐτῶν ἐφικνεῖσθαι δυνάμενος δεῖν ἔγνω δι' ἐπινοίας ἐκκαλεῖσθαι. διόπερ ἀναβὰς ἐπί τινα πάσσαλον καὶ ἑαυτὸν ἐνθένδε ἀποκρεμάσας προσεποιεῖτο τὸν νεκρόν. τῶν δὲ μυῶν τις, ὡς ἐθεάσατο αὐτόν, εἶπεν· "ἀλλ', ὦ οὗτος, σοί γε, κἂν θύλαξ γένῃ, οὐ προσελεύσομαι."

Ὁ λόγος δηλοῖ ὅτι οἱ φρόνιμοι τῶν ἀνθρώπων, ὅταν τῆς ἐνίων μοχθηρίας πειραθῶσιν, οὐκέτι αὐτῶν ταῖς ὑποκρίσεσιν ἐξαπατῶνται.

78. Die Seefahrenden

Einige Männer bestiegen einen Kahn und fuhren zur See. Als sie aufs Meer kamen, geschah es, dass ein ungeheurer Sturm aufkam und das Schiff beinahe unterging. Da zerriss der eine oder andere von den Seefahrenden seine Kleider, rief die heimischen Götter unter Wehklagen und Stöhnen an und versprach, ihnen Geschenke darzubringen, wenn sie gerettet würden. Als aber der Sturm aufhörte und wieder Meeresstille aufkam, wandten sie sich zu einem Schmaus, tanzten und sprangen herum, da sie ja nun unerwartet davongekommen waren. Und hart, wie der Steuermann war, sprach er zu ihnen: »Aber, meine Freunde, wir müssen uns so freuen, als ob, wenn es halt so kommt, wieder Sturm sein wird.«

Die Fabel lehrt, dass man sich durch glückliche Schicksalsfügungen nicht stark erhoben fühlen, sondern die Veränderlichkeit des Schicksals bedenken soll.

79. Der Kater und die Mäuse

In einem Haus gab es viele Mäuse. Der Kater, der das erkannte, kam dorthin, fing eine nach der anderen und verschlang sie. Weil die Mäuse ständig gefressen wurden, tauchten sie in ihren Löchern unter, und der Kater, der sie nicht mehr erreichen konnte, erkannte, dass er sie mit List herauslocken müsse. Deshalb stieg er auf einen Holzpflock, ließ sich von dort herabhängen und stellte sich tot. Als eine von den Mäusen ihn sah, sagte sie: »Du da, dir jedenfalls werde ich mich aber, auch wenn du zum Sack wirst, nicht nähern.«

Die Fabel zeigt, dass die vernünftigen Menschen, wenn sie Erfahrung mit der Bosheit mancher Leute haben, sich nicht mehr durch deren Heucheleien täuschen lassen.

80. Μυῖαι

Ἔν τινι ταμείῳ μέλιτος ἐπεκχυθέντος μυῖαι προσπτᾶσαι κατήσθιον· διὰ δὲ τὴν γλυκύτητα τοῦ καρποῦ οὐκ ἀφίσταντο. ἐμπαγέντων δὲ αὐτῶν τῶν ποδῶν, ὡς οὐκ ἠδύναντο ἀναπτῆναι, ἀποπνιγόμεναι ἔφασαν· "ἄθλιαι ἡμεῖς, αἳ διὰ βραχεῖαν ἡδονὴν ἀπολλύμεθα."

Οὕτω πολλοῖς ἡ λιχνεία πολλῶν αἰτία κακῶν γίνεται.

81. Πίθηκος βασιλεὺς αἱρεθεὶς καὶ ἀλώπηξ

Ἐν συνόδῳ τῶν ἀλόγων ζῴων πίθηκος εὐδοκιμήσας βασιλεὺς ὑπ' αὐτῶν ἐχειροτονήθη. ἀλώπηξ δὲ αὐτῷ φθονήσασα, ὡς ἐθεάσατο ἔν τινι πάγῃ κρέας κείμενον, ἀγαγοῦσα αὐτὸν ἐνταῦθα ἔλεγεν ὡς εὑροῦσα θησαυρόν, αὐτὴ μὲν οὐκ ἐχρήσατο, γέρας δὲ αὐτῷ τῆς βασιλείας τετήρηκε, καὶ παρῄνει αὐτῷ λαμβανειν. τοῦ δὲ ἀμελήτως ἐπελθόντος καὶ ὑπὸ τῆς πάγης συλληφθέντος, αἰτιωμένου τε τὴν ἀλώπεκα ὡς ἐνεδρεύσασαν αὐτῷ, ἐκείνη ἔφη· "ὦ πίθηκε, σὺ δὲ τοιαύτην ψυχὴν ἔχων τῶν ἀλόγων ζῴων βασιλεύεις;"

Οὕτως οἱ τοῖς πράγμασιν ἀπροσκέπτως ἐπιχειροῦντες ἐπὶ τῷ δυστυχεῖν καὶ γέλωτα ὀφλισκάνουσιν.

82. Ὄνος, ἀλεκτρυὼν καὶ λέων

Ἔν τινι ἐπαύλει ὄνος καὶ ἀλεκτρυὼν ἦσαν. λέων δὲ λιμώττων, ὡς ἐθεάσατο τὸν ὄνον, οἷός τε ἦν εἰσελθὼν καταθοινήσασθαι. παρὰ δὲ τὸν ψόφον τοῦ ἀλεκτρυόνος φθεγξαμένου καταπτήξας – φασὶ γὰρ τοὺς

80. *Die Fliegen*

Als in einer Vorratskammer Honig verschüttet worden war, flogen die Fliegen herbei und fraßen ihn auf. Wegen der Süße der Frucht konnten sie nicht aufhören. Als aber ihre Füße festsaßen, so dass sie nicht mehr hochfliegen konnten, sprachen sie, während ihnen der Atem ausging: »Wir Unseligen, die wir wegen eines kurzen Genusses zugrunde gehen!«

So wird für viele die Leckerei zur Ursache vieler Übel.

81. *Der Affe, der zum König gewählt wurde, und der Fuchs*

Bei einer Versammlung der Tiere erntete der Affe viel Anerkennung und wurde von ihnen zum König gewählt. Als aber der Fuchs, der ihn beneidete, ein Stück Fleisch erblickte, das in einer Falle lag, führte er ihn dorthin und sagte, er habe einen Schatz gefunden, selbst aber keinen Gebrauch davon gemacht, sondern ihm diesen als Ehrengabe für die Königswürde aufbewahrt, und er riet ihm, das anzunehmen. Da der nun unbesorgt herantrat, von der Falle erfasst wurde und den Fuchs beschuldigte, dieser habe ihm einen Hinterhalt gelegt, sprach jener: »O Affe, mit so wenig Verstand willst *du* König über die Tiere sein?«

So ziehen sich diejenigen, welche die Dinge unüberlegt in Angriff nehmen, außer dem Unglück auch noch Spott zu.

82. *Der Esel, der Hahn und der Löwe*

Auf einem Gehöft gab es einen Esel und einen Hahn. Als ein Löwe, der Hunger hatte, den Esel erblickte, war er drauf und dran, einzudringen und ihn zu verschlingen. Aber er erschrak beim Lärm des krähenden Hahns – es heißt nämlich, dass die Löwen sich vor der

λέοντας πτύρεσθαι πρὸς τὰς τῶν ἀλεκτρυόνων φωνάς – εἰς φυγὴν ἐτράπη. καὶ ὁ ὄνος ἀναπτερωθεὶς κατ' αὐτοῦ, εἴγε ἀλεκτρυόνα ἐφοβήθη, ἐξῆλθεν ὡς ἀποδιώξων αὐτόν. ὁ δέ, ὡς μακρὰν ἐγένετο, κατέφαγεν αὐτόν.

Οὕτω καὶ τῶν ἀνθρώπων ἔνιοι ταπεινουμένους τοὺς ἑαυτῶν ἐχθροὺς ὁρῶντες, καὶ διὰ τοῦτο καταθρασυνόμενοι, λανθάνουσιν ὑπ' αὐτῶν ἀναλισκόμενοι.

83. Πίθηκος καὶ κάμηλος ὀρχούμενοι

Ἐν συνόδῳ τῶν ἀλόγων ζῴων πίθηκος ἀναστὰς ὠρχεῖτο. σφόδρα δὲ αὐτοῦ εὐδοκιμοῦντος καὶ ὑπὸ πάντων ἐπισημαινομένου, κάμηλος φθονήσασα ἐβουλήθη τῶν αὐτῶν ἐφικέσθαι. διόπερ ἐξαναστᾶσα ἐπειρᾶτο καὶ αὐτὴ ὀρχεῖσθαι. πολλὰ δὲ αὐτῆς ἄτοπα ποιούσης τὰ ζῷα ἀγανακτήσαντα ῥοπάλοις αὐτὴν παίοντα ἐξήλασαν.

Πρὸς τοὺς διὰ φθόνον κρείττοσιν ἁμιλλωμένους, εἶτα ἐκ τούτου σφαλλομένους, ὁ λόγος εὔκαιρος.

84. Κάνθαροι δύο

Ἔν τινι νησιδίῳ ταῦρος ἐνέμετο· τῇ δὲ τούτου κόπρῳ κάνθαροι ἐτρέφοντο δύο. καὶ δὴ τοῦ χειμῶνος ἐνισταμένου ὁ ἕτερος ἔλεγε πρὸς τὸν φίλον ὡς ἄρα βούλοιτο εἰς τὴν ἤπειρον διαπτάσθαι, ἵνα ἐκείνῳ μόνῳ ὄντι ἡ τροφὴ ἱκανὴ ὑπάρχῃ καὶ αὐτὸς ἐκεῖσε ἐλθὼν τὸν χειμῶνα διαγένηται. ἔλεγε δὲ ὅτι, ἐὰν πολλὴν εὕρῃ τὴν νομήν, καὶ αὐτῷ οἴσει. παραγενόμενος δὲ εἰς τὴν χέρσον καὶ καταλαβὼν πολλὴν μὲν τὴν κόπρον, ὑγρὰν δέ, μένων ἐνταῦθα ἐτρέφετο. τοῦ δὲ χειμῶνος διελθόντος πάλιν εἰς τὴν νῆσον διέπτη. ὁ δὲ ἕτερος θεασάμενος αὐτὸν λιπαρὸν καὶ εὐεκτοῦντα

Stimme der Hähne fürchten – und wandte sich zur Flucht. Und der Esel, ganz beschwingt, was den betraf, wo der doch Angst vor einem Hahn gehabt hatte, lief hinaus, um ihn zu verfolgen. Als er aber eine weite Strecke zurückgelegt hatte, fraß der ihn auf.

So werden auch bei den Menschen manche, die ihre Feinde erniedrigt sehen und deshalb Mut fassen, unversehens von ihnen vernichtet.

83. Der Affe und das Kamel beim Tanz

Bei einer Versammlung der Tiere stand der Affe auf und tanzte. Als er nun sehr starken Beifall und von allen Zeichen des Lobes bekam, wurde das Kamel neidisch und wollte dasselbe erreichen. Deshalb stand es auf und versuchte auch selbst zu tanzen. Weil es aber viel Abgeschmacktes machte, ärgerten sich die Tiere, schlugen es mit Knüppeln und trieben es hinaus.

Auf die, welche sich aus Neid mit Besseren messen, dann infolgedessen zu Fall kommen, ist die Fabel gut passend.

84. Die zwei Mistkäfer

Auf einer kleinen Insel weidete ein Stier. Von seinem Mist ernährten sich zwei Mistkäfer. Und als nun der Winter bevorstand, sagte der eine zu seinem Freund, er wolle aufs Festland hinüberfliegen, damit für jenen, wenn er allein sei, die Nahrung ausreiche und er selbst, wenn er dort angelangt sei, gut durch den Winter komme. Er sagte ferner, er werde, wenn er viel Futter finde, auch ihm etwas bringen. Auf dem Festland angekommen, fand er dort viel Mist, aber feuchten, blieb dort und ernährte sich davon. Als der Winter vorbei war, flog er wieder hinüber auf die Insel. Der andere sah ihn fett und wohlgenährt und beschuldigte ihn, dass er, obwohl er es

ᾐτιᾶτο αὐτὸν διότι προϋποσχόμενος αὐτῷ οὐδὲν ἐκόμισεν. ὁ δὲ εἶπεν· "μὴ ἐμὲ μέμφου, τὴν δὲ φύσιν τοῦ τόπου· ἐκεῖθεν γὰρ τρέφεσθαι μὲν οἷόν τε, φέρεσθαι δὲ οὐδέν."

Οὗτος ὁ λόγος ἁρμόσειεν ἂν πρὸς ἐκείνους οἳ τὰς φιλίας μέχρις ἑστιάσεως μόνον παρέχονται, περαιτέρω δὲ οὐδὲν τοὺς φίλους ὠφελοῦσιν.

85. Δέλφαξ καὶ πρόβατα

Ἔν τινι ποίμνῃ προβάτων δέλφαξ εἰσελθὼν ἐνέμετο. καὶ δή ποτε τοῦ ποιμένος συλλαμβάνοντος αὐτὸν ἐκεκράγει τε καὶ ἀντέτεινε. τῶν δὲ προβάτων αἰτιωμένων αὐτὸν ἐπὶ τῷ βοᾶν καὶ λεγόντων· "ἡμᾶς γὰρ οὐ συνεχῶς συλλαμβάνει καὶ οὐ κράζομεν;« ἔφη πρὸς ταῦτα· "ἀλλ' οὐχ ὁμοία γε τῇ ὑμετέρᾳ ἡ ἐμὴ σύλληψις· ὑμᾶς γὰρ ἢ διὰ τὰ ἔρια ἀγρεύει ἢ διὰ τὸ γάλα, ἐμὲ δὲ διὰ τὸ κρέας."

Ὁ λόγος δηλοῖ ὅτι εἰκότως ἐκεῖνοι ἀνοιμώζουσιν οἷς ὁ κίνδυνος οὐ περὶ χρημάτων ἐστίν, ἀλλὰ περὶ σωτηρίας.

86. Κίχλα ἐν μυρσινῶνι

Ἔν τινι μυρσινῶνι κίχλα ἐνέμετο, διὰ δὲ τὴν γλυκύτητα τοῦ καρποῦ οὐκ ἀφίστατο. ἰξευτὴς δὲ παρατηρησάμενος ἐμφιλοχωροῦσαν ἰξεύσας συνέλαβε. καὶ δὴ μέλλουσα ἀναιρεῖσθαι ἔφη· "δειλαία ἐγώ, ἥτις διὰ τροφῆς γλυκύτητα ζωῆς στερίσκομαι."

Πρὸς ἄνδρα ἄσωτον δι' ἡδυπάθειαν ἀπολωλότα ὁ λόγος εὔκαιρος.

vorher versprochen hatte, ihm nichts mitbrachte. Der aber sagte: »Tadle nicht mich, sondern die Beschaffenheit des Ortes. Denn man kann sich zwar dort ernähren, aber nichts von dort mitbringen.«

Diese Fabel dürfte auf diejenigen passen, die ihre Freundschaft nur bis zur Bewirtung gewähren, darüber hinaus aber ihren Freunden in keiner Weise nützen.

85. Das Schwein und die Schafe

In eine Schafherde geriet ein Schwein und weidete dort. Und als nun einmal der Hirt es packte, quiekte es laut und widersetzte sich. Da die Schafe ihm wegen seines Quiekens Vorwürfe machten und sagten: »Packt er uns denn nicht fortwährend, und wir schreien nicht?«, sprach es zu ihnen: »Aber bei euch und bei mir ist das Gepacktwerden nicht dasselbe. Euch nämlich fängt er entweder wegen der Wolle oder wegen der Milch, mich aber wegen des Fleisches.«

Die Fabel zeigt, dass mit Recht diejenigen wehklagen, bei denen nicht das Hab und Gut, sondern das Überleben in Gefahr ist.

86. Die Drossel im Myrtenhain

In einem Myrtenhain futterte eine Drossel, hörte aber wegen der Süße der Frucht nicht auf. Ein Vogelsteller, der beobachtete, dass sie sich dort gern aufhielt, stellte eine Vogelfalle auf und fing sie. Und als sie nun getötet werden sollte, sprach sie: »Ich Arme, die ich wegen der Süße der Nahrung meines Lebens beraubt werde.«

Auf einen sittlich verdorbenen, wegen seiner *dolce vita* zugrunde gehenden Mann ist die Fabel gut passend.

87. Χὴν χρυσοτόκος

Ἑρμῆς θρησκευόμενος ὑπό τινος περιττῶς χῆνα αὐτῷ ἐχαρίσατο ᾠὰ χρύσεια τίκτουσαν. ὁ δὲ οὐκ ἀναμείνας τὴν κατὰ μικρὸν ὠφέλειαν, ὑπολαβὼν δὲ ὅτι πάντα τὰ ἐντὸς χρύσεια ἔχει ἡ χήν, οὐδὲν μελλήσας ἔθυσεν αὐτήν. συνέβη δὲ αὐτῷ μὴ μόνον ὧν προσεδόκησε σφαλῆναι, ἀλλὰ καὶ τὰ ᾠὰ ἀποβαλεῖν· τὰ γὰρ ἐντὸς πάντα σαρκώδη εὗρεν.

Οὕτω πολλάκις οἱ πλεονέκται δι᾽ ἐπιθυμίαν πλειόνων καὶ τὰ ἐν χερσὶν ὄντα προΐενται.

88. Ἑρμῆς καὶ ἀγαλματοποιός

Ἑρμῆς βουλόμενος γνῶναι ἐν τίνι τιμῇ παρὰ ἀνθρώποις ἐστίν, ἧκεν ἀφομοιωθεὶς ἀνθρώπῳ εἰς ἀγαλματοποιοῦ ἐργαστήριον. καὶ θεασάμενος Διὸς ἄγαλμα ἐπυνθάνετο· “πόσου;” τοῦ δὲ εἰπόντος· “δραχμῆς”, γελάσας ἠρώτα· “τὸ τῆς Ἥρας πόσου ἐστίν;” εἰπόντος δέ ἔτι μείζονος, θεασάμενος καὶ ἑαυτοῦ ἄγαλμα ὑπέλαβεν ὅτι αὐτόν, ἐπειδὴ καὶ ἄγγελός ἐστι καὶ ἐπικερδής, περὶ πολλοῦ οἱ ἄνθρωποι ποιοῦνται. διὸ προσεπυνθάνετο· “ὁ Ἑρμῆς πόσου;” καὶ ὁ ἀγαλματογλύφος ἔφη· “ἀλλ᾽ ἐὰν τούτους ἀγοράσῃς, τοῦτόν σοι προσθήκην δώσω.”

Πρὸς ἄνδρα κενόδοξον ἐν οὐδεμιᾷ μοίρᾳ παρὰ τοῖς ἄλλοις ὄντα ὁ λόγος ἁρμόζει.

89. Ἑρμῆς καὶ Τειρεσίας

Ἑρμῆς βουλόμενος τὴν Τειρεσίου μαντικὴν πειρᾶσαι εἰ ἀληθής ἐστιν, κλέψας αὐτοῦ τοὺς βόας ἐξ ἀγροῦ, ἧκεν ὡς αὐτὸν εἰς ἄστυ ὁμοιωθεὶς

87. Die Gans, die goldene Eier legt

Als Hermes von jemandem über die Maßen verehrt wurde, schenkte er ihm eine Gans, die goldene Eier legte. Der aber wartete nicht darauf, nur nach und nach Nutzen zu haben, sondern in der Annahme, dass alle Innereien der Gans aus Gold seien, schlachtete er sie, ohne zu zögern. Es geschah ihm aber, dass er sich nicht nur in dem, was er erwartet hatte, getäuscht sah, sondern auch die Eier verlor. Denn alle Innereien, die er vorfand, waren aus Fleisch.

So müssen oft die Habgierigen wegen ihrer Sucht nach mehr auch das preisgeben, was sie in Händen haben.

88. Hermes und der Bildhauer

Weil Hermes wissen wollte, in welchem Ansehen er bei den Menschen stehe, kam er in Gestalt eines Menschen in die Werkstatt eines Bildhauers. Und als er eine Statue des Zeus erblickte, fragte er: »Wie viel?« Der sagte: »Eine Drachme«, und er lachte und fragte: »Wie viel kostet die von Hera?« Nachdem der gesagt hatte, ⟨sie koste⟩ noch mehr, erblickte er eine Statue von sich und vermutete, weil er der Götterbote sei und Gewinn bringe, schätzten die Menschen ihn besonders hoch. Deshalb fragte er: »Der Hermes, wie viel?« Und der Bildhauer sprach: »Aber wenn du die hier kaufst, will ich dir den als Zugabe geben.«

Auf einen Mann, der voll eitler Ruhmsucht ist und auf den die anderen keine großen Stücke halten, passt die Fabel.

89. Hermes und Teiresias

Hermes, der die Seherkunst des Teiresias prüfen wollte, ob sie wahr sei, stahl ihm die Rinder vom Feld, kam zu ihm in die Stadt, einem

ἀνθρώπῳ καὶ ἐπεξενώθη παρ᾽ αὐτῷ. παραγγελθείσης δὲ τῷ Τειρεσίᾳ τῆς τοῦ ζεύγους ἀπωλείας, παραλαβὼν τὸν Ἑρμῆν ἧκεν εἰς τὸ προάστειον οἰωνόν τινα περὶ τῆς κλοπῆς σκεψόμενος, καὶ τούτῳ παρήνει λέγειν αὐτῷ ὅ τι ἐὰν θεάσηται ὄρνεον. καὶ ὁ Ἑρμῆς τὸ μὲν πρῶτον θεασάμενος ἀετὸν ἐξ ἀριστερῶν ἐπὶ δεξιὰ παριπτάμενον ἀπήγγειλεν αὐτῷ. τοῦ δὲ εἰπόντος μὴ πρὸς αὐτοὺς τοῦτο εἶναι, ἐκ δευτέρου ἰδὼν κορώνην ἐπί τινος δένδρου καθημένην καὶ ποτὲ μὲν ἄνω βλέπουσαν, ποτὲ δὲ εἰς γῆν κύπτουσαν, ἐδήλωσεν αὐτῷ. ὁ δὲ ὑποτυχὼν εἶπεν· "ἀλλ᾽ αὕτη γε ἡ κορώνη διόμνυται τόν τε οὐρανὸν καὶ τὴν γῆν ὅτι, ἂν σὺ θέλῃς, τοὺς ἐμαυτοῦ βόας ἀπολήψομαι."

Τούτῳ τῷ λόγῳ χρήσαιτο ἄν τις πρὸς ἄνδρα κλέπτην.

90. Ἔχις καὶ ὕδρος

Ἔχις φοιτῶν ἐπί τινα κρήνην ἔπινεν. ὁ δὲ ἐνταῦθα οἰκῶν ὕδρος ἐκώλυεν αὐτόν, ἀγανακτῶν εἴ γε μὴ ἀρκεῖται τῇ ἰδίᾳ νομῇ, ἀλλὰ καὶ ἐπὶ τὴν αὐτοῦ δίαιταν ἀφικνεῖται. ἀεὶ δὲ τῆς φιλονεικίας αὐξανομένης, συνέθεντο ὅπως εἰς μάχην ἀλλήλοις καταστῶσι καὶ τοῦ νικῶντος ἥ τε τῆς γῆς καὶ τοῦ ὕδατος νομὴ γένηται. ταξαμένων δὲ αὐτῶν προθεσμίαν, οἱ βάτραχοι διὰ μῖσος τοῦ ὕδρου παραγενόμενοι πρὸς τὸν ἔχιν παρεθάρσυνον αὐτὸν ἐπαγγελλόμενοι καὶ αὐτοὶ συμμαχήσειν αὐτῷ. ἐνσταθείσης δὲ τῆς μάχης ὁ μὲν ἔχις πρὸς τὸν ὕδρον ἐπολέμει, οἱ δὲ βάτραχοι μηδὲν περαιτέρω δρᾶν δυνάμενοι μεγάλα ἐκεκράγεσαν. καὶ ὁ ἔχις νικήσας ᾐτιᾶτο αὐτούς, εἴ γε συμμαχήσειν αὐτῷ ὑποσχόμενοι παρὰ τὴν μάχην οὐ μόνον οὐκ ἐβοήθουν, ἀλλὰ καὶ ᾖδον. οἱ δὲ ἔφασαν πρὸς αὐτόν· "ἀλλ᾽ εὖ ἴσθι, ὦ οὗτος, ὅτι ἡ ἡμετέρα συμμαχία οὐ διὰ χειρῶν, διὰ δὲ μόνης φωνῆς συνέστηκεν."

Menschen gleichend, und fand bei ihm gastliche Aufnahme. Als nun Teiresias der Verlust seines Gespanns gemeldet wurde, nahm er Hermes mit, kam in die Vorstadt, um einen Vogel wegen des Diebstahls zu beobachten, und hieß ihn ihm sagen, wenn er einen Vogel erblicke. Und Hermes erblickte zuerst einen Adler, der von links nach rechts flog, und vermeldete es ihm. Als der aber sagte, das betreffe sie nicht, sah er als Zweites eine Krähe, die auf einem Baum saß und bald nach oben blickte, bald sich zur Erde bückte, und zeigte ihm das an. Der aber fiel ihm ins Wort und sagte: »Aber diese Krähe schwört beim Himmel und der Erde, dass ich, wenn du willst, meine Rinder zurückbekommen werde.«

Diese Fabel könnte man auf einen Dieb anwenden.

90. Die Viper und die Wasserschlange

Die Viper kam regelmäßig zu einer Quelle und trank. Aber die dort wohnende Wasserschlange suchte sie daran zu hindern, weil sie sich ärgerte, dass die sich nicht mit ihrem eigenen Bezirk begnügte, sondern auch noch in ihren Lebensraum kam. Die Streitlust wurde immer heftiger, und da vereinbarten sie, miteinander zum Kampf anzutreten, und dass dem Sieger sowohl der Land- als auch der Wasserbezirk gehören sollte. Als sie den Termin bestimmt hatten, kamen die Frösche wegen ihres Hasses auf die Wasserschlange zu der Viper und machten ihr Mut, indem sie ihr versprachen, sie selbst würden zusammen mit ihr kämpfen. Der Kampf begann, und die Viper griff die Wasserschlange an, die Frösche aber, die nichts weiter tun konnten, quakten laut. Und als die Viper gesiegt hatte, beschuldigte sie sie, weil sie, die mit ihr zu kämpfen versprochen hätten, während des Kampfes nicht nur nicht geholfen, sondern auch noch gesungen hätten. Die aber sprachen zu ihr: »Aber du da, wisse wohl, dass unser Mitkämpfen nicht in brachialer Aktivität, sondern allein in der Stimme besteht.«

Ὁ λόγος δηλοῖ ὅτι ἔνθα χειρῶν χρεία ἐστίν ἡ διὰ λόγων βοήθεια οὐδὲν λυσιτελεῖ.

91. Ὄνος παίζων καὶ δεσπότης

Ἔχων τις κύνα Μελιταῖον καὶ ὄνον διετέλει ἀεὶ τῷ κυνὶ προσπαίζων· καὶ δή, εἴ ποτε ἔξω δειπνοίη, ἐκόμιζέ τι αὐτῷ καὶ προσιόντι καὶ σαίνοντι παρέβαλλεν. ὁ δὲ ὄνος φθονήσας προσέδραμε καὶ σκιρτῶν ἐλάκτισεν αὐτόν. καὶ ὃς ἀγανακτήσας ἐκέλευσε παίοντας αὐτὸν ἀπαγαγεῖν καὶ τῇ φάτνῃ προσδῆσαι.

Ὁ λόγος δηλοῖ ὅτι οὐ πάντες πρὸς πάντα πεφύκασιν.

92. Κύνες δύο

Ἔχων τις δύο κύνας τὸν μὲν θηρεύειν ἐδίδασκε, τὸν δὲ οἰκουρὸν ἐποίησε. καὶ δή, εἴ ποτε ὁ θηρευτικὸς ἐξιὼν ἐπ᾽ ἄγραν συνελάμβανέ τι, ἐκ τούτου μέρος καὶ τῷ ἑτέρῳ παρέβαλλεν. ἀγανακτοῦντος δὲ τοῦ θηρευτικοῦ καὶ τὸν ἕτερον ὀνειδίζοντος, εἴ γε αὐτὸς μὲν ἐξιὼν παρ᾽ ἕκαστα μοχθεῖ, ὁ δὲ οὐδὲν ποιῶν τοῖς αὐτοῦ πόνοις ἐντρυφᾷ, ἐκεῖνος ἔφη πρὸς αὐτόν· "ἀλλὰ μὴ ἐμὲ μέμφου, ἀλλὰ τὸν δεσπότην, ὃς οὐ πονεῖν με ἐδίδαξεν, ἀλλοτρίους δὲ πόνους κατεσθίειν."

Οὕτω καὶ τῶν παίδων οἱ ῥᾴθυμοι οὐ μεμπτέοι εἰσίν, ὅταν αὐτοὺς οἱ γονεῖς οὕτως ἄγωσιν.

Die Fabel zeigt, dass da, wo Hände gebraucht werden, die Hilfe durch Worte nichts nützt.

91. Der Esel, der spielen will, und sein Herr

Einer hatte einen Malteserhund und einen Esel, und er spielte immerfort mit dem Hund. Und wenn er einmal auswärts speiste, brachte er ihm etwas mit, und wenn der herbeikam und ihn umwedelte, warf er es ihm vor. Der Esel wurde neidisch, lief auch herbei, sprang hoch und trat ihn mit den Hufen. Und der wurde ärgerlich, ließ ihn verprügeln, abführen und an seine Krippe binden.

Die Fabel zeigt, dass nicht alle für alles geschaffen sind.

92. Die zwei Hunde

Einer, der zwei Hunde hatte, richtete den einen zum Jagen ab und machte den anderen zum Hüter des Hauses. Und so warf er, wenn der Jagdhund einmal auf die Jagd ging und etwas fing, davon einen Teil auch dem anderen hin. Als der Jagdhund sich aber ärgerte und den anderen schmähte, weil er hinausgehe und sich jedes Mal plage, der andere aber nichts tue und es aufgrund seiner Mühen gut habe, sprach der zu ihm: »Tadle doch nicht mich, sondern den Gebieter, der mich nicht dazu abgerichtet hat, mich abzumühen, sondern die Mühen anderer aufzufressen.«

So sind auch die Unbekümmerten unter den Kindern nicht zu tadeln, wenn ihre Eltern sie so erziehen.

93. Ἔχις καὶ ῥίνη

Ἔχις εἰσελθὼν εἰς χαλκουργοῦ ἐργαστήριον παρὰ τῶν σκευῶν ἔρανον ᾔτει· λαβὼν δὲ παρ' αὐτῶν ἧκε πρὸς τὴν ῥίνην καὶ αὐτὴν παρεκάλει δοῦναί τι αὐτῷ. ἡ δὲ ὑποτυχοῦσα εἶπεν· "ἀλλ' εὐήθης εἶ παρ' ἐμοῦ τι ἀποίσεσθαι οἰόμενος, ἥτις οὐ διδόναι, ἀλλὰ λαμβάνειν παρὰ πάντων εἴωθα."

Ὁ λόγος δηλοῖ ὅτι μάταιοί εἰσιν οἱ παρὰ φιλαργύρων τι κερδαίνειν προσδοκοῦντες

94. Πατὴρ καὶ θυγατέρες

Ἔχων τις δύο θυγατέρας τὴν μὲν κηπουρῷ ἐξέδωκε πρὸς γάμον, τὴν δὲ ἑτέραν κεραμεῖ. χρόνου δὲ προελθόντος ἧκεν πρὸς τὴν τοῦ κηπουροῦ καὶ ταύτην ἠρώτα πῶς ἔχοι καὶ ἐν τίνι αὐτοῖς εἴη τὰ πράγματα. τῆς δὲ εἰπούσης πάντα μὲν αὐτοῖς παρεῖναι, ἓν δὲ τοῦτο εὔχεσθαι τοῖς θεοῖς, ὅπως χειμὼν γένηται καὶ ὄμβρος, ἵνα τὰ λάχανα ἀρδευθῇ, μετ' οὐ πολὺ παρεγένετο καὶ πρὸς τὴν τοῦ κεραμέως καὶ αὐτῆς ἐπυνθάνετο πῶς ἔχοι. τῆς δὲ τὰ μὲν ἄλλα μὴ ἐνδεῖσθαι εἰπούσης, τοῦτο δὲ μόνον εὔχεσθαι, ὅπως αἰθρία τε ἐπιμείνῃ καὶ λαμπρὸς ὁ ἥλιος, ἵνα ξηρανθῇ ὁ κέραμος, εἶπε πρὸς αὐτήν· "ἐὰν σὺ μὲν εὐδίαν ἐπιζητῇς, ἡ δὲ ἀδελφή σου χειμῶνα, ποτέρᾳ ὑμῶν συνεύξωμαι;"

Οὕτως οἱ ἐν ταὐτῷ τοῖς ἀνομοίοις πράγμασιν ἐπιχειροῦντες εἰκότως περὶ τὰ ἑκάτερα πταίουσιν.

95. Ἀνὴρ καὶ γυνὴ ἀργαλέα

Ἔχων τις γυναῖκα πρὸς πάντα λίαν τὸ ἦθος ἀργαλέαν ἐβουλήθη γνῶναι εἰ καὶ πρὸς τοὺς πατρῴους οἰκέτας ὁμοίως διάκειται· ὅθεν μετὰ προφά-

93. Die Viper und die Feile

Die Viper betrat die Werkstatt eines Schmieds und erbat von den Werkzeugen ein Freundesmahl. Als sie von ihnen etwas bekommen hatte, kam sie zu der Feile und forderte sie auf, ihr etwas zu geben. Die aber fiel ihr ins Wort und sagte: »Du bist doch dumm, wenn du glaubst, du könntest etwas von mir davontragen, die ich nicht zu geben, sondern von allen zu nehmen gewohnt bin.«

Die Fabel zeigt, dass die töricht sind, die von den Geldgierigen etwas zu gewinnen erwarten.

94. Der Vater und die Töchter

Einer hatte zwei Töchter, und er gab die eine einem Gärtner zur Frau, die andere einem Töpfer. Nach einiger Zeit kam er zu der Frau des Gärtners und fragte sie, wie es ihr gehe und wie die Dinge bei ihnen stünden. Als die sagte, sie hätten alles, bäten aber um dieses eine die Götter, dass der Winter komme und Regen, damit das Gemüse bewässert werde, begab er sich kurz danach auch zu der Frau des Töpfers und erkundigte sich, wie es ihr gehe. Als die sagte, ihr fehle sonst nichts, und nur darum bete sie, dass der Himmel heiter bleibe und die Sonne strahlend, damit der Ton trockne, sagte er zu ihr: »Wenn du um gutes Wetter bittest, deine Schwester aber um Winterregen, mit welcher von euch beiden soll ich mitbeten?«

So gehen diejenigen, welche zur selben Zeit einander ungleiche Dinge in Angriff nehmen, begreiflicherweise in beiden Fällen fehl.

95. Der Mann und seine unangenehme Frau

Einer, der eine in ihrer Art jedem gegenüber höchst unangenehme Frau hatte, wollte wissen, ob sie sich auch gegenüber der Diener-

σεως εὐλόγου πρὸς τὸν πατέρα αὐτὴν ἔπεμψε. μετὰ δὲ ὀλίγας ἡμέρας ἐπανελθούσης αὐτῆς ἐπυνθάνετο πῶς αὐτὴν οἱ οἰκεῖοι προσεδέξαντο. τῆς δὲ εἰπούσης· "οἱ βουκόλοι καὶ οἱ ποιμένες με ὑπεβλέποντο," ἔφη πρὸς αὐτήν· "ἀλλ', ὦ γύναι, εἰ τούτοις ἀπήχθου οἳ ὄρθρου μὲν τὰς ποίμνας ἐξελαύνουσιν, ὀψὲ δὲ εἰσίασι, τί χρὴ προσδοκᾶν περὶ τούτων οἷς πᾶσαν τὴν ἡμέραν συνδιέτριβες;"

Οὕτω πολλάκις ἐκ τῶν μικρῶν τὰ μεγάλα καὶ ἐκ τῶν προδήλων τὰ ἄδηλα γνωρίζεται.

96. Ἔχις καὶ ἀλώπηξ

Ἔχις ἐπὶ δέσμῃ ἀκανθῶν εἴς τινα ποταμὸν ἐφέρετο. ἀλώπηξ δὲ παριοῦσα, ὡς ἐθεάσατο αὐτόν, εἶπεν· "ἄξιος τῆς νεὼς ὁ ναύκληρος."

Πρὸς ἄνδρα πονηρὸν μοχθηροῖς πράγμασιν ἐγχειρήσαντα.

97. Ἔριφος καὶ λύκος αὐλῶν

Ἔριφος ὑστερήσας ἀπὸ ποίμνης ὑπὸ λύκου κατεδιώκετο. ἐπιστραφεὶς δὲ ὁ ἔριφος λέγει τῷ λύκῳ "πέπεισμαι, λύκε, ὅτι σὸν βρῶμά εἰμι. ἀλλ' ἵνα μὴ ἀδόξως ἀποθάνω, αὔλησον, ὅπως ὀρχήσομαι." αὐλοῦντος δὲ τοῦ λύκου καὶ ὀρχουμένου τοῦ ἐρίφου, οἱ κύνες ἀκούσαντες ἐδίωκον τὸν λύκον. ἐπιστραφεὶς δὲ ὁ λύκος λέγει τῷ ἐρίφῳ· "ταῦτα ἐμοὶ καλῶς γίνεται· ἔδει γάρ με μακελλάριον ὄντα αὐλητὴν μὴ μιμεῖσθαι."

schaft in ihrem Vaterhaus in gleicher Weise verhalte. Deshalb schickte er sie unter einem wohlbegründeten Vorwand zu ihrem Vater. Als sie nun nach wenigen Tagen zurückkehrte, fragte er sie, wie die Leute im Haus sie aufgenommen hätten. Sie sagte: »Die Rinderhirten und die Schafhirten pflegten mich scheel anzusehen«, und da sprach er zu ihr: »Aber Frau, wenn du denen verhasst warst, die am frühen Morgen die Herden hinaustreiben und spät heimkehren, was muss man dann bei denen erwarten, mit denen du den ganzen Tag verbrachtest?«

So wird oft am Kleinen das Große und am Sichtbaren das Unsichtbare erkannt.

96. Die Viper und der Fuchs

Die Viper wurde auf einem Bündel von Disteln auf einem Fluss getragen. Als der Fuchs, der vorbeiging, sie erblickte, sagte er: »Würdig des Schiffes ist der Schiffsherr.«

Auf einen bösen Mann, der in eine elende Lage gerät.

97. Das Böckchen und der Wolf, der Flöte spielt

Ein Böckchen, das hinter seiner Herde zurückgeblieben war, wurde von dem Wolf verfolgt. Da drehte sich das Böckchen um und sagte zum Wolf: »Ich bin überzeugt, Wolf, dass ich dein Fraß bin. Aber damit ich nicht ruhmlos sterbe, spiel auf der Flöte, so dass ich tanzen kann.« Als der Wolf auf der Flöte spielte und das Böckchen tanzte, hörten das die Hunde und verfolgten den Wolf. Da dreht sich der Wolf um und sagt zu dem Böckchen: »Das geschieht mir recht. Denn ich, der ich ein Schlächter bin, hätte nicht einen Flötenspieler nachahmen dürfen.«

Οὕτως οἱ παρὰ γνώμην τοῦ καιροῦ τι πράττοντες καὶ ὧν ἐν χερσὶν ἔχουσιν ὑστεροῦνται.

98. Ἔριφος ἐπὶ δώματος ἑστὼς καὶ λύκος

Ἔριφος ἐπί τινος δώματος ἑστὼς λύκον παριόντα ἐλοιδόρει. ὁ δὲ ἔφη πρὸς αὐτόν· "οὐ σύ με λοιδορεῖς, ἀλλ' ὁ τόπος."

Ὁ λόγος δηλοῖ ὅτι οἱ καιροὶ διδόασι κατὰ τῶν ἀμεινόνων τὸ θράσος.

99. Ἀγαλματοπώλης

Ξύλινόν τις Ἑρμῆν κατασκευάσας, τοῦτον προσενεγκὼν εἰς ἀγορὰν ἐπώλει. μηδενὸς δὲ ὠνητοῦ προσιόντος, ἐκκαλέσασθαί τινας βουλόμενος ἐβόα ὡς ἀγαθοποιὸν δαίμονα καὶ κέρδους δωρητικὸν πιπράσκει. τῶν δὲ παρατυχόντων τινὸς εἰπόντος πρὸς αὐτόν· "ὦ οὗτος, καὶ τί τοῦτον τοιοῦτον ὄντα πωλεῖς, δέον τῶν παρ' αὐτοῦ ὠφελειῶν ἀπολαύειν;" ἀπεκρίνατο· "ὅτι ἐγὼ μὲν ταχείας ὠφελείας τινὸς ἐπιδέομαι, αὐτὸς δὲ βραδέως εἴωθε τὰ κέρδη περιποιεῖν."

Πρὸς ἄνδρα αἰσχροκερδῆ μηδὲ θεῶν πεφροντικότα ὁ λόγος εὔκαιρος.

100. Ζεύς, Προμηθεύς, Ἀθηνᾶ, Μῶμος

Ζεὺς καὶ Προμηθεὺς καὶ Ἀθηνᾶ κατασκευάσαντες ὁ μὲν ταῦρον, Προμηθεὺς δὲ ἄνθρωπον, ἡ δὲ οἶκον, Μῶμον κριτὴν εἵλοντο. ὁ δὲ φθονήσας τοῖς δημιουργήμασιν ἀρξάμενος ἔλεγε τὸν μὲν Δία ἡμαρτηκέ-

So verlieren diejenigen, welche etwas zur unpassenden Zeit tun, auch das, was sie in Händen haben.

98. Das Böckchen, das auf dem Haus steht, und der Wolf

Ein Böckchen stand auf einem Haus und beschimpfte den vorbeigehenden Wolf. Der aber sprach zu ihm: »Nicht du beschimpfst mich, sondern der Ort.«

Die Fabel zeigt, dass günstige Gelegenheiten Mut gegenüber Stärkeren machen.

99. Der Statuenverkäufer

Einer fertigte einen Hermes aus Holz an, trug ihn zum Markt und versuchte ihn zu verkaufen. Weil aber kein Käufer kam, wollte er Leute anlocken und rief, er verkaufe einen wohltätigen und Gewinn schenkenden Gott. Als nun einer, der gerade herankam, zu ihm sagte: »He du, wenn der so ist, warum verkaufst du ihn, wo du es doch nötig hättest, dir seine Hilfe zunutze zu machen?«, antwortete er: »Weil ich schnelle Hilfe von jemandem benötige, er aber Gewinn nur langsam zu verschaffen pflegt.«

Auf einen gewinnsüchtigen und sich nicht um die Götter kümmernden Menschen ist die Fabel gut passend.

100. Zeus, Prometheus, Athene und Momos

Als Zeus den Stier, Prometheus den Menschen und Athene das Haus erschaffen hatten, wählten sie Momos als Schiedsrichter. Der aber beneidete sie um ihre Werke und sagte zunächst, Zeus habe einen Fehler gemacht, weil er dem Stier die Augen nicht auf die

ναι τοῦ ταύρου τοὺς ὀφθαλμοὺς ἐπὶ τοῖς κέρασι μὴ θέντα, ἵνα βλέπῃ ποῦ τύπτει· τὸν δὲ Προμηθέα, διότι τοῦ ἀνθρώπου τὰς φρένας οὐκ ἔξωθεν ἀπεκρέμασεν, ἵνα μὴ λανθάνωσιν οἱ πονηροί, φανερὸν δὲ ᾖ τί ἕκαστος κατὰ νοῦν ἔχει. τρίτον δὲ ἔλεγεν ὡς ἔδει τὴν Ἀθηνᾶν τῷ οἴκῳ τροχοὺς ἐπιθεῖναι, ἵνα, ἐὰν πονηρῷ τις παροικισθῇ γείτονι, ῥᾳδίως μεταβαίνῃ. καὶ ὁ Ζεὺς ἀγανακτήσας κατ᾽ αὐτοῦ ἐπὶ τῇ βασκανίᾳ τοῦ Ὀλύμπου αὐτὸν ἐξέβαλεν.

Ὁ λόγος δηλοῖ ὅτι οὐδὲν οὕτως ἐστὶν ἐνάρετον ὃ μὴ πάντως περί τι ψόγον ἐπιδέχεται.

101. Κολοιὸς καὶ ὄρνεα

Ζεὺς βουλόμενος βασιλέα ὀρνέων καταστῆσαι προθεσμίαν αὐτοῖς ἔταξεν ᾗ παραγενήσονται. κολοιὸς δὲ συνειδὼς ἑαυτῷ δυσμορφίαν περιιὼν τὰ ἀποπίπτοντα τῶν ὀρνέων πτερὰ ἀνελάμβανε καὶ ἑαυτῷ περιῆπτεν. ὡς δὲ ἐνέστη ἡ ἡμέρα, ποικίλος γενόμενος ἧκε πρὸς τὸν Δία. μέλλοντος δὲ αὐτοῦ διὰ τὴν εὐπρέπειαν βασιλέα αὐτὸν χειροτονεῖν, τὰ ὄρνεα ἀγανακτήσαντα περιέστη καὶ ἕκαστον τὸ ἴδιον πτερὸν ἀφείλετο. οὕτω τε συνέβη αὐτῷ ἀπογυμνωθέντι πάλιν κολοιὸν γενέσθαι.

Οὕτω καὶ τῶν ἀνθρώπων οἱ χρεωφειλέται μέχρι μὲν τὰ ἀλλότρια ἔχουσι χρήματα, δοκοῦσί τινες εἶναι, ἐπειδὰν δὲ αὐτὰ ἀποδώσωσιν, ὁποῖοι ἐξ ἀρχῆς ἦσαν εὑρίσκονται.

102. Ἑρμῆς καὶ Γῆ

Ζεὺς πλάσας ἄνδρα καὶ γυναῖκα ἐκέλευσεν Ἑρμῆν ἀγαγεῖν αὐτοὺς ἐπὶ τὴν γῆν καὶ δεῖξαι ὅθεν ὀρύξαντες σπήλαιον ποιήσουσι. τοῦ δὲ τὸ

Hörner gesetzt habe, damit er sehen könne, wohin er stößt; Prometheus, weil er dem Menschen die Seele nicht außen angehängt habe, damit die Schlechten nicht verborgen blieben, sondern deutlich sei, was jeder im Sinn hat. Als Drittes sagte er, Athene hätte an dem Haus Räder anbringen sollen, damit einer, wenn er neben einem üblen Nachbarn wohne, leicht den Ort wechseln könne. Und Zeus ärgerte sich über den wegen dessen Boshaftigkeit und warf ihn aus dem Olymp.

Die Fabel zeigt, dass nichts so vortrefflich ist, dass es in gar keinem Punkt Tadel erfährt.

101. Die Dohle und die Vögel

Zeus wollte einen König der Vögel einsetzen und bestimmte für sie einen Zeitpunkt, zu dem sie sich einfinden sollten. Die Dohle, die sich ihrer Hässlichkeit bewusst war, lief herum, sammelte die herabfallenden Vogelfedern auf und heftete sie sich an. Als der Tag gekommen war, erschien sie buntgeschmückt bei Zeus. Weil der sie nun wegen ihres stattlichen Aussehens zum König erwählen wollte, wurden die anderen Vögel ärgerlich, umringten sie, und jeder nahm ihr die eigene Feder weg. So geschah es ihr, dass sie entblößt und wieder zur Dohle wurde.

So scheinen auch bei den Menschen die Schuldner, solange sie fremdes Geld besitzen, etwas zu sein, wenn sie es aber zurückgeben, findet man sie so wieder, wie sie ursprünglich waren.

102. Hermes und die Erde

Zeus formte Mann und Frau und befahl Hermes, sie auf die Erde zu führen und ihnen zu zeigen, wo sie sich durch Ausgraben eine Höhle machen könnten. Als der nun das Angeordnete gemacht

προσταχθὲν ποιήσαντος, ἡ Γῆ τὸ μὲν πρῶτον ἐκώλυεν. ὡς δὲ Ἑρμῆς ἠνάγκαζε λέγων τὸν Δία προστεταχέναι, ἔφη· "ἀλλ' ὀρυσσέτωσαν ὅσην βούλονται· στένοντες γὰρ αὐτὴν καὶ κλαίοντες ἀποδώσουσιν."

Πρὸς τοὺς ῥᾳδίως μὲν δανειζομένους, μετὰ λύπης δὲ ἀποδιδόντας ὁ λόγος εὔκαιρος.

103. Ἑρμῆς καὶ τεχνῖται

Ζεὺς Ἑρμῇ προσέταξε πᾶσι τοῖς τεχνίταις ψεύδους φάρμακον χέαι. ὁ δὲ τοῦτο τρίψας καὶ μέτρον ποιήσας ἴσον ἑκάστῳ ἐνέχει. ἐπεὶ δὲ μόνου τοῦ σκυτέως ὑπολειφθέντος πολὺ φάρμακον κατελείπετο, λαβὼν ὅλην τὴν θυίαν κατ' αὐτοῦ κατέχεεν. ἐκ τούτου συνέβη τοὺς τεχνίτας πάντας ψεύδεσθαι, μάλιστα δὲ πάντων τοὺς σκυτέας.

Πρὸς ἄνδρα ψευδολόγον ὁ λόγος εὔκαιρος.

104. Ζεὺς καὶ Ἀπόλλων

Ζεὺς καὶ Ἀπόλλων περὶ τοξικῆς ἤριζον. τοῦ δὲ Ἀπόλλωνος ἐντείναντος τὸ τόξον καὶ τὸ βέλος ἀφέντος, Ζεὺς τοσοῦτον διέβη ὅσον Ἀπόλλων ἐτόξευσεν.

Οὕτως οἱ τοῖς κρείττοσιν ἀνθαμιλλώμενοι, πρὸς τῷ ἐκείνων μὴ ἐφικέσθαι, καὶ γέλωτα ὀφλισκάνουσιν.

105. Ἀνθρώπου ἔθη

Ζεὺς ἄνθρωπον ζωογονήσας ὀλιγοχρόνιον ἐποίησεν. ὁ δὲ τῇ ἑαυτοῦ συνέσει χρώμενος, ὅτε ἐνίστατο ὁ χειμών, οἶκον ἑαυτῷ κατεσκεύασε καὶ

hatte, war Ge zuerst hinderlich. Als aber Hermes sie zwang, indem er sagte, dass Zeus es angeordnet habe, sprach sie: »Sollen sie doch so viel ⟨Erde⟩ ausgraben, wie viel sie wollen; denn stöhnend und weinend werden sie sie zurückgeben.«

Auf die, welche leichthin leihen, aber mit Kummer zurückgeben, ist die Fabel gut passend.

103. Hermes und die Handwerker

Zeus trug Hermes auf, allen Handwerkern das Gift der Lüge einzuflößen. Der zerrieb es, stellte für jeden ein gleiches Maß her und flößte es ihnen ein. Als aber, nachdem allein der Schuster übrig geblieben war, viel Gift übrig war, nahm er den ganzen Mörser und goss es in ihn. Daher geschah es, dass die Handwerker lügen, am meisten von allen aber die Schuster.

Auf einen lügnerischen Mann ist die Fabel gut passend.

104. Zeus und Apollon

Zeus und Apollon lagen im Streit über die Bogenkunst. Als Apollon den Bogen gespannt und den Pfeil abgeschossen hatte, machte Zeus einen so großen Schritt, wie Apollon mit dem Bogen geschossen hatte.

So machen die, welche mit den Stärkeren wetteifern, zusätzlich dazu, dass sie jene nicht erreichen, sich auch noch lächerlich.

105. Die Jahre des Menschen

Zeus schuf den Menschen und gab ihm nur eine geringe Lebenszeit. Der aber gebrauchte seinen Verstand, und als der Winter kam,

ἐνταῦθα διέτριβε. καὶ δή ποτε σφοδροῦ κρύους γενομένου καὶ τοῦ Διὸς ὕοντος, ἵππος ἀντέχειν μὴ δυνάμενος ἧκε δρομαῖος πρὸς τὸν ἄνθρωπον καὶ τούτου ἐδεήθη ὅπως σκέπῃ αὐτόν. ὁ δ' οὐκ ἄλλως ἔφη τοῦτο ποιήσειν, ἐὰν μὴ τῶν ἰδίων ἐτῶν μέρος αὐτῷ δῷ. τοῦ δὲ ἀσμένως παραχωρήσαντος, παρεγένετο μετ' οὐ πολὺ καὶ βοῦς, οὐδ' αὐτὸς δυνάμενος ὑπομένειν τὸν χειμῶνα. ὁμοίως δὲ τοῦ ἀνθρώπου μὴ πρότερον ὑποδέξεσθαι φάσκοντος, ἐὰν μὴ τῶν ἰδίων ἐτῶν ἀριθμόν τινα αὐτῷ παράσχῃ, καὶ αὐτὸς μέρος δοὺς ὑπεδέχθη. τὸ δὲ τελευταῖον κύων ψύχει διαφθειρόμενος ἧκε καὶ τοῦ ἰδίου χρόνου μέρος ἀπονείμας σκέπης ἔτυχε. οὕτω τε συνέβη τοὺς ἀνθρώπους, ὅταν μὲν ἐν τῷ τοῦ Διὸς χρόνῳ γένωνται, ἀκεραίους τε καὶ ἀγαθοὺς εἶναι· ὅταν δὲ εἰς τὰ τοῦ ἵππου ἔτη γένωνται, ἀλαζόνας τε καὶ ὑψαύχενας εἶναι· ἀφικνουμένους δὲ εἰς τὰ τοῦ βοὸς ἔτη, ἀχθεινοὺς ὑπάρχειν· ἐπὶ δὲ τὸν τοῦ κυνὸς χρόνον διανύοντας ὀργίλους καὶ ὑλακτικοὺς γίνεσθαι.

Τούτῳ τῷ λόγῳ χρήσαιτο ἂν τις πρὸς πρεσβύτην θυμώδη καὶ δύστροπον.

106. Ζεὺς καὶ χελώνη

Ζεὺς γαμῶν τὰ ζῷα πάντα εἱστία. μόνης δὲ χελώνης ὑστερησάσης, διαπορῶν τὴν αἰτίαν τῇ ὑστεραίᾳ ἐπυνθάνετο αὐτῆς διὰ τί μόνη ἐπὶ τὸ δεῖπνον οὐκ ἦλθε. τῆς δὲ εἰπούσης· "οἶκος φίλος, οἶκος ἄριστος," ἀγανακτήσας κατ' αὐτῆς παρεσκεύασεν αὐτὴν τὸν οἶκον αὐτὸν βαστάζουσαν περιφέρειν.

Οὕτω πολλοὶ τῶν ἀνθρώπων αἱροῦνται μᾶλλον λιτῶς οἰκεῖν ἢ παρ' ἄλλοις πολυτελῶς διαιτᾶσθαι.

baute er sich ein Haus und hielt sich darin auf. Und als nun einmal heftige Kälte herrschte und Zeus es regnen ließ, konnte das Pferd es nicht ertragen, kam eilends zu dem Menschen und bat den, dass er ihm Obdach gebe. Der aber sprach, er wolle dies nur tun, wenn es ihm einen Teil seiner eigenen Jahre gebe. Das Pferd willigte freudig ein, und wenig später erschien auch das Rind, das ebenso wenig den Winter ertragen konnte. Als da der Mensch in derselben Weise erklärte, er werde es nur dann aufnehmen, wenn es ihm von seinen eigenen Jahren eine gewisse Anzahl gewähre, gab es ihm gleichfalls einen Teil und wurde aufgenommen. Schließlich kam der Hund, der von der Kälte fast umgebracht wurde, gab einen Teil seiner eigenen Lebenszeit ab und erhielt Obdach. Und so kam es, dass die Menschen, wenn sie in der von Zeus gegebenen Zeit leben, ohne Fehl und gut sind. Wenn sie in die Jahre des Pferdes kommen, sind sie angeberisch und überheblich; kommen sie in die Jahre des Rindes, fallen sie zur Last; gelangen sie zu der Zeit des Hundes, werden sie jähzornig und bissig.

Diese Fabel könnte man auf einen hitzköpfigen und starrsinnigen alten Mann anwenden.

106. Zeus und die Schildkröte

Zeus heiratete und bewirtete alle Tiere. Als allein die Schildkröte zu spät gekommen war, wusste er den Grund für ihr Zuspätkommen nicht und fragte sie, weshalb sie allein nicht zum Festmahl gekommen sei. Sie sagte: »Mein Haus ist mir lieb, mein Haus ist am besten«, und da ärgerte er sich über sie und richtete es so ein, dass sie sich ihr eigenes Haus aufladen und herumtragen muss.

So ziehen es viele Menschen vor, schlicht zu wohnen, als bei anderen aufwändig zu leben.

107. Ζεὺς καὶ ἀλώπηξ

Ζεὺς ἀγασάμενος ἀλώπεκος τὸ συνετὸν τῶν φρενῶν καὶ τὸ ποικίλον, τὸ βασίλειον αὐτῇ τῶν ἀλόγων ζῴων ἐνεχείρισε. βουλόμενος δὲ γνῶναι εἰ τὴν τύχην μεταλλάξασα μετεβάλετο καὶ τὴν γλισχρότητα, φερομένης αὐτῆς ἐν φορείῳ κάνθαρον παρὰ τὴν ὄψιν ἀφῆκεν. ἡ δὲ ἀντισχεῖν μὴ δυναμένη, ἐπειδὴ περιίπτατο τῷ φορείῳ, ἀναπηδήσασα ἀκόσμως συλλαβεῖν αὐτὸν ἐπειρᾶτο. καὶ ὁ Ζεὺς ἀγανακτήσας κατ᾽ αὐτῆς πάλιν αὐτὴν εἰς τὴν ἀρχαίαν τάξιν ἀπεκατέστησεν.

Ὁ λόγος δηλοῖ ὅτι οἱ φαῦλοι τῶν ἀνθρώπων, κἂν τὰ προσχήματα λαμπρότερα ἀναλάβωσι, τὴν γοῦν φύσιν οὐ μετατίθενται.

108. Ζεὺς καὶ ἄνθρωποι

Ζεὺς πλάσας ἀνθρώπους ἐκέλευσεν Ἑρμῇ νοῦν αὐτοῖς ἐγχέαι. κἀκεῖνος μέτρον ἴσον ποιήσας ἑκάστῳ ἐνέχεεν. συνέβη δὲ τοὺς μὲν μικροφυεῖς πληρωθέντας τοῦ μέτρου φρονίμους γενέσθαι, τοὺς δὲ μακρούς, ἅτε μὴ ἐφικομένου τοῦ ποτοῦ [μηδὲ μέχρι γονάτων] εἰς πᾶν τὸ σῶμα, ἀφρονεστέρους γενέσθαι.

Πρὸς ἄνδρα εὐμεγέθη μὲν σώματι, κατὰ ψυχὴν δὲ ἀλόγιστον, ὁ λόγος εὔκαιρος.

109. Ζεὺς καὶ Αἰσχύνη

Ζεὺς πλάσας ἀνθρώπους τὰς μὲν ἄλλας διανοίας εὐθὺς αὐτοῖς ἐνέθηκε, μόνης δὲ Αἰσχύνης ἐπελάθετο. διόπερ ἀμηχανῶν πόθεν αὐτὴν εἰσαγάγῃ

107. Zeus und der Fuchs

Weil Zeus an dem Fuchs die Klugheit und die Verschlagenheit bewunderte, gab er ihm die Königsherrschaft über die Tiere. Er wollte aber erfahren, ob der nach Veränderung seines Schicksals auch seinen niedrigen Charakter geändert habe, und als der Fuchs in einer Sänfte getragen wurde, ließ Zeus ihm einen Mistkäfer ins Blickfeld geraten. Er konnte nicht widerstehen, als der um die Sänfte herumflog, sprang ganz gegen die Etikette auf und versuchte, ihn zu fangen. Und Zeus ärgerte sich über ihn und setzte ihn wieder in seinen ursprünglichen Stand ein.

Die Fabel zeigt, dass die schlechten Menschen, auch wenn sie ein strahlenderes Äußeres annehmen, ihre Natur doch nicht ändern.

108. Zeus und die Menschen

Als Zeus die Menschen geformt hatte, befahl er Hermes, ihnen Verstand einzuflößen. Und der stellte für jeden ein gleiches Maß her und flößte es ihnen ein. Da geschah es, dass die Kleinwüchsigen von ihrem Maß ausgefüllt und vernünftig wurden, die Großen aber, da der Trank ja nicht in den ganzen Körper gelangte, weniger vernünftig.

Auf einen körperlich großen, geistig aber sehr dummen Mann ist die Fabel gut passend.

109. Zeus und Aischyne

Als Zeus die Menschen geformt hatte, setzte er ihnen sofort alle anderen Geisteshaltungen ein, vergaß aber allein die Scham. Er wusste daher nicht, von wo aus er sie einführen könne, und da

ἐκέλευσεν αὐτὴν διὰ τοῦ ἀρχοῦ εἰσελθεῖν. ἡ δὲ τὸ μὲν πρῶτον ἀντέλεγε καὶ ἠναξιοπάθει, ἐπεὶ δὲ σφόδρα αὐτῇ ἐπέκειτο, ἔφη· "ἀλλ' ἔγωγε ἐπὶ ταύταις ταῖς ὁμολογίαις εἴσειμι, ὡς, ἂν ἕτερόν μοι ἐπεισέλθῃ, εὐθέως ἐξελεύσομαι." ἀπὸ τούτου συνέβη πάντας τοὺς πόρνους ἀναισχύντους εἶναι.

Τούτῳ τῷ λόγῳ χρήσαιτο ἄν τις πρὸς ἄνδρα μάχλον.

110. Ἥρως

Ἥρωά τις ἐπὶ τῆς οἰκίας ἔχων τούτῳ πολυτελῶς ἔθυεν. ἀεὶ δ' αὐτοῦ ἀναλισκομένου καὶ πολλὰ εἰς θυσίας δαπανῶντος, ὁ ἥρως ἐπιστὰς αὐτῷ νύκτωρ ἔφη· "ἀλλ', ὦ οὗτος, πέπαυσο τὴν οὐσίαν διαφθείρων· ἐὰν γὰρ πάντα ἀναλώσας πένης γένῃ, ἐμὲ αἰτιάσῃ."

Οὕτω πολλοὶ διὰ τὴν ἑαυτῶν ἀβουλίαν δυστυχοῦντες τὴν αἰτίαν ἐπὶ τοὺς θεοὺς ἀναφέρουσιν.

111. Ἡρακλῆς καὶ Πλοῦτος

Ἡρακλῆς ἰσοθεωθεὶς καὶ παρὰ Διὶ ἑστιώμενος ἕνα ἕκαστον τῶν θεῶν μετὰ πολλῆς φιλοφροσύνης ἠσπάζετο. καὶ δὴ τελευταίου εἰσελθόντος τοῦ Πλούτου, κατὰ τοῦ ἐδάφους κύψας ἀπεστρέψατο αὐτόν. ὁ δὲ Ζεὺς θαυμάσας τὸ γεγονὸς ἐπυνθάνετο αὐτοῦ τὴν αἰτίαν δι' ἣν πάντας τοὺς δαίμονας ἀσμένως προσαγορεύσας μόνον τὸν Πλοῦτον ὑποβλέπεται. ὁ δὲ εἶπεν· "ἀλλ' ἔγωγε διὰ τοῦτο αὐτὸν ὑποβλέπομαι, ὅτι, παρ' ὃν καιρὸν

befahl er ihr, durch den Anus hineinzugehen. Sie widersprach erst und entrüstete sich über die unwürdige Behandlung, als er ihr aber heftig zusetzte, sprach sie: »Aber ich werde freilich nur unter der Bedingung hineingehen, dass, wenn etwas anderes nach mir hineingeht, ich sofort wieder herausgehe.« Daher kam es, dass alle Strichjungen schamlos sind.

Diese Fabel könnte man auf einen unzüchtigen Mann anwenden.

110. Der Halbgott

Einer hatte einen Halbgott in seinem Hause und pflegte ihm reichlich zu opfern. Weil er dafür stets Aufwand betrieb und viel Geld für die Opfergaben verbrauchte, trat der Halbgott nachts an ihn heran und sprach: »He du, hör doch auf, dein Vermögen zu verschwenden! Wenn du nämlich alles aufgebraucht hast und arm geworden bist, wirst du mir die Schuld geben.«

So schieben viele, die wegen ihres eigenen Unverstandes Unglück erleiden, die Schuld auf die Götter.

111. Herakles und Plutos

Nachdem Herakles den Göttern gleich gemacht worden war und bei Zeus bewirtet wurde, begrüßte er jeden einzelnen unter den Göttern mit viel Freundlichkeit. Und als nun zuletzt Plutos hereinkam, neigte er den Kopf zu Boden und wandte sich von ihm ab. Zeus aber wunderte sich über das, was da geschah, und fragte ihn nach dem Grund, weshalb er alle Gottheiten freudig angesprochen habe und allein Plutos scheel ansehe. Da sagte der: »Aber ich jedenfalls sehe ihn deswegen scheel an, weil ich zu der Zeit, als ich

ἐν ἀνθρώποις ἤμην, ἑώρων αὐτὸν ὡς ἐπὶ πλεῖστον τοῖς πονηροῖς συνόντα.”

Ὁ λόγος λεχθείη ἂν ἐπ’ ἀνδρὸς πλουσίου μὲν τὴν τύχην, πονηροῦ δὲ τὸν τρόπον.

112. Μύρμηξ καὶ κάνθαρος

Θέρους ὥρᾳ μύρμηξ περιπατῶν κατὰ τὴν ἄρουραν πυροὺς καὶ κριθὰς συνέλεγεν, ἀποθησαυριζόμενος ἑαυτῷ τροφὴν εἰς τὸν χειμῶνα. κάνθαρος δὲ τοῦτον θεασάμενος ἐθαύμασεν ὡς ἐπιπονώτατον, εἴ γε παρ’ αὐτὸν τὸν καιρὸν μοχθεῖ παρ’ ὃν τὰ ἄλλα ζῷα πόνων ἀφειμένα ῥαστώνην ἄγει. ὁ δὲ τότε μὲν ἡσύχαζεν, ὕστερον δέ, ὅτε χειμὼν ἐνέστη, τῆς κόπρου ὑπὸ τοῦ ὄμβρου κλυσθείσης ὁ κάνθαρος ἧκεν πρὸς αὐτὸν λιμώττων καὶ τροφῶν μεταλαβεῖν δεόμενος. ὁ δὲ ἔφη πρὸς αὐτόν· “ὦ κάνθαρε, ἀλλ’ εἰ τότε ἐπόνεις, ὅτε με μοχθοῦντα ὠνείδιζες, οὐκ ἂν νῦν τροφῆς ἐπεδέου.”

Οὕτως οἱ περὶ τὰς εὐθηνίας τοῦ μέλλοντος μὴ προνοούμενοι περὶ τὰς τῶν καιρῶν μεταβολὰς τὰ μέγιστα δυστυχοῦσιν.

113. Θύννος καὶ δελφίς

Θύννος διωκόμενος ὑπὸ δελφῖνος καὶ πολλῷ τῷ ῥοίζῳ φερόμενος, ἐπειδὴ καταλαμβάνεσθαι ἔμελλεν, ἔλαθεν ὑπὸ σφοδρᾶς ὁρμῆς ἐκβρασθεὶς εἴς τινα ἠϊόνα. ὑπὸ δὲ τῆς αὐτῆς φορᾶς ἐλαυνόμενος καὶ ὁ δελφὶς αὐτῷ συνεξώσθη. καὶ ὁ θύννος, ὡς ἐθεάσατο, ἐπιστραφεὶς πρὸς

unter den Menschen war, ihn meistens zusammen mit den Schlechten sah.«

Die Fabel könnte über einen vom Schicksal her reichen, aber vom Charakter her schlechten Mann erzählt werden.

112. Die Ameise und der Mistkäfer

Zur Sommerzeit lief die Ameise auf dem Feld umher, sammelte Weizen und Gerste und speicherte sich Nahrung für den Winter. Der Mistkäfer, der sie sah, wunderte sich über ihre Schwerstarbeit, weil sie sich ja in der Zeit abmühte, in der die anderen Lebewesen frei von Anstrengungen ein leichtes Leben führten. Er selbst dagegen ruhte sich jetzt aus, später aber, als der Winter kam und der Mist vom Regen weggespült war, kam der Mistkäfer zu ihr, weil er Hunger hatte, und bat darum, etwas von ihren Nahrungsmitteln zu bekommen. Die aber sprach zu ihm: »Mistkäfer, wenn du dich doch damals angestrengt hättest, als du mich schmähtest, weil ich mich abmühte, hättest du jetzt keinen Mangel an Nahrung.«

So geraten die, welche im Überfluss nicht die Zukunft vorausplanen, im Wechsel der Zeiten in das größte Unglück.

113. Der Thunfisch und der Delphin

Als der Thunfisch, der von dem Delphin verfolgt wurde und mit viel Getöse dahinschoss, eingeholt zu werden drohte, wurde er unversehens von einem heftigen Schwung an einen Strand geschleudert. Von derselben Bewegung mitgerissen, wurde auch der Delphin zusammen mit ihm herausgestoßen. Und als der Thunfisch ihn erblickte, wandte er sich ihm zu, der schon seine Seele aushauchte, und sprach: »Aber für mich jedenfalls ist der Tod nicht

αὐτὸν λιποψυχοῦντα ἔφη· "ἀλλ' ἔμοιγε οὐκέτι λυπηρὸς ὁ θάνατος· ὁρῶ γὰρ καὶ τὸν αἴτιόν μοι θανάτου γενόμενον συναποθνῄσκοντα."

Ὁ λόγος δηλοῖ ὅτι ῥᾳδίον φέρουσι τὰς συμφορὰς οἱ ἄνθρωποι, ὅταν ἴδωσι καὶ τοὺς αἰτίους τούτων γεγονότας δυστυχοῦντας.

114. Ἰατρὸς ἐπ' ἐκφορᾷ

Ἰατρὸς ἐκκομιζομένῳ τινὶ τῶν οἰκείων ἐπακολουθῶν ἔλεγε πρὸς τοὺς προπέμποντας ὡς οὗτος ὁ ἄνθρωπος, εἰ οἴνου ἀπείχετο καὶ κλυστῆρι ἐχρήσατο, οὐκ ἂν ἀπέθανε. τούτων δέ τις ὑποτυχὼν ἔφη· "ὦ οὗτος, ἀλλ' οὐ νῦν σε ἔδει ταῦτα λέγειν, ὅτε οὐδὲν ὄφελός ἐστι, τότε δὲ αὐτῷ παραινεῖν, ὅτε καὶ χρῆσθαι ἠδύνατο."

Ὁ λόγος δηλοῖ ὅτι δεῖ τοῖς φίλοις παρὰ τὰς χρείας τὰς βοηθείας παρέχεσθαι, ἀλλὰ μὴ μετὰ τὴν τῶν πραγμάτων ἀπόγνωσιν κατειρωνεύεσθαι.

115. Ἰξευτὴς καὶ ἀσπίς

Ἰξευτὴς ἀναλαβὼν ἰξὸν καὶ τοὺς καλάμους ἐξῆλθεν ἐπ' ἄγραν. θεασάμενος δὲ κίχλαν ἐπί τινος ὑψηλοῦ δένδρου καθημένην, ταύτην συλλαβεῖν ἠβουλήθη. καὶ δὴ συνάψας εἰς μῆκος τοὺς καλάμους ἀτενὲς ἔβλεπεν, ὅλος ὢν πρὸς τῷ ἀέρι τὸν νοῦν. τοῦτον δὲ τὸν τρόπον ἄνω νεύων ἔλαθεν ἀσπίδα πρὸ τῶν ἑαυτοῦ ποδῶν κοιμωμένην πατήσας, ἥτις ἐπιστραφεῖσα δὰξ εἰς αὐτὸν ἐνῆκεν. ὁ δὲ λιποψυχῶν ἔφη πρὸς ἑαυτόν· "ἄθλιος ἔγωγε, ὃς ἕτερον θηρεῦσαι βουλόμενος ἔλαθον αὐτὸς ἀγρευθεὶς εἰς θάνατον."

mehr betrüblich. Denn ich sehe, dass der, welcher schuld an meinem Tod ist, mit mir stirbt.«

Die Fabel zeigt, dass die Menschen leicht Missgeschick ertragen, wenn sie sehen, dass auch die, welche schuld daran sind, Unglück erleiden.

114. Der Arzt bei der Beerdigung

Ein Arzt ging mit, als einer seiner Hausbewohner hinausgetragen wurde, und sagte zu denen, die ihn hinausgeleiteten, dass dieser Mensch, wenn er sich des Weines enthalten und ein Klistier benutzt hätte, nicht gestorben wäre. Einer von denen aber fiel ihm ins Wort und sprach: »He du, nicht jetzt hättest du das sagen sollen, wo es nichts nützt, sondern damals hättest du ihm das raten müssen, als er davon Gebrauch machen konnte.«

Die Fabel zeigt, dass man den Freunden in der Not Hilfe leisten muss, aber sie nicht, nachdem sie in eine verzweifelte Lage geraten sind, verspotten darf.

115. Der Vogelsteller und die Schlange

Ein Vogelsteller nahm Vogelleim und Ruten und ging hinaus auf die Jagd. Als er nun eine Drossel auf einem hohen Baum sitzen sah, wollte er sie fangen. Und so fügte er die Ruten auf die Länge zusammen und blickte angespannt, mit dem Verstand ganz in Richtung Luft orientiert. Aber während er auf diese Weise den Kopf nach oben hob, trat er unversehens auf eine vor seinen Füßen schlafende Schlange, die sich herumdrehte und mit dem Zahn in ihn eindrang. Da sprach er, während er seine Seele aushauchte, zu sich: »Ich Unglücklicher, der ich ja einen anderen erlegen wollte und unversehens selbst in den Tod gejagt worden bin.«

Οὕτως οἱ τοῖς πέλας ἐπιβουλὰς ῥάπτοντες φθάνουσιν αὐτοὶ συμφοραῖς περιπίπτοντες.

116. Καρκίνος καὶ ἀλώπηξ

Καρκίνος ἀναβὰς ἀπὸ τῆς θαλάσσης ἐπί τινος αἰγιαλοῦ μόνος ἐνέμετο. ἀλώπηξ δὲ λιμώττουσα, ὡς ἐθεάσατο αὐτόν, ἀποροῦσα τροφῆς, προσδραμοῦσα συνέλαβεν αὐτόν. ὁ δὲ μέλλων καταβιβρώσκεσθαι ἔφη· "ἀλλ' ἔγωγε δίκαια πέπονθα, ὅτι θαλάσσιος ὢν χερσαῖος ἠβουλήθην γενέσθαι."

Οὕτω καὶ τῶν ἀνθρώπων οἱ τὰ οἰκεῖα καταλιπόντες ἐπιτηδεύματα καὶ τοῖς μηδὲν προσήκουσιν ἐπιχειροῦντες εἰκότως δυστυχοῦσιν.

117. Κάμηλος κεράτων ἐπιθυμήσασα

Κάμηλος θεασαμένη ταῦρον ἐπὶ τοῖς κέρασιν ἀγαλλόμενον, φθονήσασα αὐτῷ ἐβουλήθη καὶ αὐτὴ τῶν ἴσων ἐφικέσθαι. διόπερ παραγενομένη πρὸς τὸν Δία τούτου ἐδέετο ὅπως αὐτῇ κέρατα προσνείμῃ. καὶ ὁ Ζεὺς ἀγανακτήσας κατ' αὐτῆς, εἴ γε μὴ ἀρκεῖται τῷ μεγέθει τοῦ σώματος καὶ τῇ ἰσχύι, ἀλλὰ καὶ περισσοτέρων ἐπιθυμεῖ, οὐ μόνον αὐτῇ κέρατα οὐ προσέθηκεν, ἀλλὰ καὶ μέρος τι τῶν ὤτων ἀφείλετο.

Οὕτω πολλοὶ διὰ πλεονεξίαν τοῖς ἄλλοις ἐποφθαλμιῶντες λανθάνουσι καὶ τῶν ἰδίων στερούμενοι.

118. Κάστωρ

Κάστωρ ζῷόν ἐστι τετράπουν ἐν λίμνῃ νεμόμενον. τούτου λέγεται τὰ αἰδοῖα εἴς τινας θεραπείας χρήσιμα εἶναι, καὶ δὴ εἴ ποτέ τις αὐτὸν

So geraten die, welche ihren Nächsten Nachstellungen anzetteln, vorher selbst ins Unglück.

116. Der Krebs und der Fuchs

Der Krebs kam aus dem Meer hervor und weidete allein an einem Strand. Als der Fuchs, der Hunger hatte, ihn erblickte, lief er, weil er kein Futter hatte, zu ihm hin und packte ihn. Als der aufgefressen werden sollte, sprach er: »Aber das geschieht mir ja recht, weil ich, ein Meeresbewohner, Landbewohner werden wollte.«

So erleiden auch bei den Menschen diejenigen mit Recht Unglück, die ihre gewohnten Beschäftigungen aufgeben und Dinge in Angriff nehmen, die ihnen nicht zukommen.

117. Das Kamel, das Hörner begehrte

Als das Kamel den Stier erblickte, der stolz auf seine Hörner war, beneidete es ihn und wollte auch selbst die gleichen haben. Deshalb begab es sich zu Zeus und bat ihn, dass er ihm Hörner zuteile. Und Zeus, der ihm zürnte, weil es sich nicht mit der Größe seines Körpers und seiner Stärke begnügte, sondern noch Weiteres begehrte, setzte ihm nicht nur keine Hörner an, sondern nahm ihm auch noch einen Teil von seinen Ohren weg.

So werden viele, die aus Gewinnstreben scheel auf andere blicken, unversehens ihres Eigentums beraubt.

118. Der Biber

Der Biber ist ein vierfüßiges Tier, das im Sumpf lebt. Man sagt, seine Schamteile seien für manche Therapien nützlich, und wenn

θεασάμενος διώκει, εἰδὼς οὗ χάριν διώκεται μέχρι μέν τινος φεύγει τῇ τῶν ποδῶν ταχυτῆτι χρώμενος, πρὸς τὸ ὁλόκληρον ἑαυτὸν φυλάξαι· ἐπειδὰν δὲ περικατάληπτος γένηται, ἀποκόπτων τὰ ἑαυτοῦ αἰδοῖα ῥίπτει καὶ οὕτως τῆς σωτηρίας τυγχάνει.

Οὕτω καὶ τῶν ἀνθρώπων φρόνιμοί εἰσιν ὅσοι διὰ χρήματα ἐπιβουλευόμενοι ἐκεῖνα ὑπερορῶσιν ὑπὲρ τοῦ ἕνεκα τῆς σωτηρίας μὴ κινδυνεύειν.

119. Κηπουρὸς ἀρδεύων λάχανα

Κηπουρῷ τις ἐπιστὰς ἀρδεύοντι τὰ λάχανα ἐπυνθάνετο αὐτοῦ τὴν αἰτίαν δι' ἣν τὰ μὲν ἄγρια τῶν λαχάνων εὐθαλῆ τέ ἐστι καὶ στερεά, τὰ δὲ ἥμερα λεπτὰ καὶ μεμαραμμένα. κἀκεῖνος ἔφη· "ἡ γῆ τῶν μὲν μήτηρ, τῶν δὲ μητρυιά ἐστι."

Οὕτω καὶ τῶν παίδων οὐχ ὁμοίως τρέφονται οἱ ὑπὸ μητρυιᾶς τρεφόμενοι τοῖς μητέρας ἔχουσιν.

120. Κηπουρὸς καὶ κύων

Κηπουροῦ κύων εἰς φρέαρ ἔπεσεν. ὁ δὲ ἀνιμήσασθαι αὐτὸν βουλόμενος ἐπεκατέβη. ὁ δὲ κύων ἠπορημένος, ὡς προσῆλθεν αὐτῷ, οἰόμενος ὑπ' αὐτοῦ βαπτίζεσθαι ἔδακεν αὐτόν. καὶ ὃς κακῶς διατεθεὶς ἔφη· "ἀλλ' ἔγωγε ἄξια πέπονθα. τί γάρ, σοῦ ἑαυτὸν κατακρημνίσαντος, τοῦ κινδύνου σε ἀπαλλάξαι ἐπειρώμην;"

Πρὸς ἄνδρα ἀχάριστον καὶ τοὺς εὐεργέτας ἀδικοῦντα.

nun jemand ihn erblickt und verfolgt, flieht er, weil er weiß, weswegen er verfolgt wird, ein Stück weit, wobei er sich der Schnelligkeit seiner Füße bedient, um sich unversehrt zu bewahren. Wenn er aber eingeholt und umzingelt ist, haut er seine eigenen Schamteile ab, wirft sie weg und erlangt so die Rettung.

So sind auch diejenigen unter den Menschen vernünftig, die, wenn ihnen ihres Geldes wegen nachgestellt wird, es gering schätzen, um nicht deswegen ihre Rettung zu gefährden.

119. Der sein Gemüse gießende Gärtner

Zu einem Gärtner, der sein Gemüse goss, trat einer hinzu und fragte ihn nach dem Grund, warum das wilde Gemüse üppig sprossend und kräftig sei, das veredelte dagegen dünn und welk. Und der sprach: »Die Erde ist die Mutter der einen, aber die Stiefmutter der anderen.«

So werden auch die von einer Stiefmutter aufgezogenen Kinder nicht gleich aufgezogen wie die, welche Mütter haben.

120. Der Gärtner und der Hund

Eines Gärtners Hund fiel in einen Brunnen. Der wollte ihn herausziehen und stieg hinab. Der Hund wusste nicht, wie ihm geschah, als der auf ihn zukam, glaubte, er werde von ihm ertränkt, und biss ihn. Und übel zugerichtet sprach der: »Aber das geschieht mir ja recht. Denn warum habe ich dich, nachdem du dich selbst hinabgestürzt hast, aus der Gefahr zu befreien versucht?«

Auf einen undankbaren und seinen Wohltätern Unrecht tuenden Menschen.

121. Κιθαρῳδός

Κιθαρῳδὸς ἀφυὴς ἐν κεκονιαμένῳ οἴκῳ συνεχῶς ᾄδων, ἀντηχούσης αὐτῷ τῆς φωνῆς, ᾠήθη ἑαυτὸν εὔφωνον εἶναι σφόδρα. καὶ δὴ ἐπαρθεὶς ἐπὶ τούτῳ ἔγνω δεῖν καὶ εἰς θέατρον εἰσελθεῖν. ἀφικόμενος δὲ ἐπὶ σκηνὴν καὶ πάνυ κακῶς ᾄδων λίθοις βαλλόμενος ἐξηλάθη.

Οὕτω καὶ τῶν ῥητόρων ἔνιοι ἐν σχολαῖς εἶναί τινες δοκοῦντες, ὅταν ἐπὶ τὰς πολιτείας ἀφίκωνται, οὐδενός ἄξιοι εὑρίσκονται.

122. Κλέπται καὶ ἀλεκτρυών

Κλέπται εἴς τινα οἰκίαν εἰσελθόντες οὐδὲν μὲν ἄλλο εὗρον, μόνον δὲ ἀλεκτρυόνα, καὶ τοῦτον λαβόντες ἀπηλλάγησαν. ὁ δὲ μέλλων ὑπ' αὐτῶν θύεσθαι ἐδέετο ὅπως αὐτὸν ἀπολύσωσι, λέγων χρήσιμον ἑαυτὸν τοῖς ἀνθρώποις εἶναι νύκτωρ αὐτοὺς ἐπὶ τὰ ἔργα ἐγείροντα. οἱ δὲ ὑποτυχόντες ἔφασαν· “ἀλλὰ καὶ διὰ τοῦτό σε μᾶλλον θύομεν· ἐκείνους γὰρ ἐγείρων ἡμᾶς οὐκ ἐᾷς κλέπτειν.”

Ὁ λόγος δηλοῖ ὅτι ταῦτα μάλιστα τοῖς πονηροῖς ἠναντίωται ἃ δὴ τῶν χρηστῶν ἐστιν εὐεργετήματα.

123. Κολοιὸς καὶ κόρακες

Κολοιὸς τῷ μεγέθει τῶν ἄλλων κολοιῶν διαφέρων, ὑπερφρονήσας τοὺς ὁμοφύλους, παρεγένετο πρὸς τοὺς κόρακας καὶ τούτοις ἠξίου συνδιαιτᾶσθαι, οἱ δὲ ἀμφιγνοοῦντες αὐτοῦ τό τε εἶδος καὶ τὴν φωνὴν παίοντες αὐτὸν ἐξέβαλον. καὶ ὃς ἀπελαθεὶς ὑπ' αὐτῶν ἧκε πάλιν πρὸς τοὺς

121. Der Kitharöde

Ein unbegabter Sänger sang ständig in einem mit Kalk getünchten Haus, und weil seine Stimme dort widerhallte, glaubte er, er habe eine sehr gute Stimme. Und da er nun deswegen sehr stolz war, kam er zu dem Schluss, er müsse auch im Theater auftreten. Als er aber auf die Bühne ging und sehr schlecht sang, wurde er mit Steinen beworfen und davongejagt.

So erweisen sich auch bei den Rednern manche, die in den Schulen etwas zu sein glauben, wenn sie in die Politik gehen, als untauglich.

122. Die Diebe und der Hahn

Diebe, die in ein Haus eindrangen, fanden nichts anderes als nur einen Hahn, und den nahmen sie und machten sich davon. Als der nun von ihnen geschlachtet werden sollte, bat er, dass sie ihn freilassen sollten, wobei er sagte, er sei für die Menschen nützlich, da er sie nachts zu ihren Arbeiten wecke. Die aber fielen ihm ins Wort und sprachen: »Aber sogar deshalb schlachten wir dich noch lieber; denn wenn du die weckst, lässt du uns nicht stehlen.«

Die Fabel zeigt, dass den Schlechten die Dinge am meisten zuwider sind, welche für die Guten die Wohltaten sind.

123. Die Dohle und die Raben

Eine Dohle, die sich durch ihre Größe von den anderen Dohlen unterschied, verachtete ihre Artgenossen, kam zu den Raben und hielt es für angemessen, mit ihnen zusammenzuleben, aber die waren im Zweifel über ihr Aussehen und die Stimme, schlugen sie und warfen sie hinaus. Und die, vertrieben von ihnen, kam wieder

κολοιούς. οἱ δὲ ἀγανακτοῦντες ἐπὶ τῇ ὕβρει οὐ προσεδέξαντο αὐτόν. οὕτω τε συνέβη αὐτῷ τῆς ἐξ ἀμφοτέρων διαίτης στερηθῆναι.

Οὕτω καὶ τῶν ἀνθρώπων οἱ τὰς πατρίδας ἀπολιπόντες καὶ τὰς ἀλλοδαπὰς προκρίνοντες οὔτε ἐν ἐκείναις εὐδοκιμοῦσι, διὰ τὸ ξένους εἶναι, καὶ ὑπὸ τῶν πολιτῶν δυσχεραίνονται διὰ τὸ ὑπερπεφρονηκέναι αὐτούς.

124. Κόραξ καὶ ἀλώπηξ

Κόραξ κρέας ἁρπάσας ἐπί τινος δένδρου ἐκάθισεν. ἀλώπηξ δὲ θεασαμένη αὐτὸν καὶ βουλομένη τοῦ κρέως περιγενέσθαι στᾶσα ἐπῄνει αὐτὸν ὡς εὐμεγέθη τε καὶ καλόν, λέγουσα καὶ ὡς πρέπει αὐτῷ μάλιστα τῶν ὀρνέων βασιλεύειν, καὶ τοῦτο πάντως ἂν γένοιτο, εἰ φωνὴν εἶχεν. ὁ δὲ παραστῆσαι αὐτῇ θέλων ὅτι καὶ φωνὴν ἔχει, βαλὼν τὸ κρέας μεγάλα ἐκεκράγει. ἐκείνη δὲ προσδραμοῦσα καὶ τὸ κρέας ἁρπάσασα ἔφη· "ὦ κόραξ, καὶ φρένας εἰ εἶχες, οὐδὲν ἂν ἐδέησεν εἰς τὸ πάντων σε βασιλεύειν."

Πρὸς ἄνδρα ἀνόητον ὁ λόγος εὔκαιρος.

125. Κορώνη καὶ κόραξ

Κορώνη φθονήσασα κόρακι ἐπὶ τῷ διὰ οἰωνῶν μαντεύεσθαι ἀνθρώποις καὶ τὸ μέλλον προφαίνειν καὶ διὰ τοῦτο ὑπ' αὐτῶν μαρτυρεῖσθαι, ἐβουλήθη τῶν αὐτῶν ἐφικέσθαι. καὶ δὴ θεασαμένη τινὰς ὁδοιπόρους παριόντας ἧκεν ἐπί τινος δένδρου καὶ στᾶσα μεγάλα ἐκεκράγει. τῶν δὲ πρὸς τὴν φωνὴν ἐπιστραφέντων καὶ καταπλαγέντων, εἷς τις ὑποτυχὼν

zu den Dohlen. Die aber ärgerten sich über ihren Hochmut und nahmen sie nicht auf. Und so geschah es ihr, dass sie der Lebensweise beider beraubt war.

So sind auch die unter den Menschen, die ihre Heimatländer verlassen und fremde vorziehen, auch nicht in diesen anerkannt, weil sie Fremde sind, und von ihren Mitbürgern werden sie gehasst, weil sie die verachtet haben.

124. Der Rabe und der Fuchs

Der Rabe hatte ein Stück Fleisch gestohlen und setzte sich auf einen Baum. Da erblickte ihn der Fuchs, und weil er das Fleisch haben wollte, trat er heran, lobte ihn, wie groß und schön er sei, sagte auch, ihm gebühre es am meisten, König über die Vögel zu sein, und dies könnte durchaus geschehen, wenn er eine Stimme hätte. Der aber wollte ihm beweisen, dass er auch eine Stimme habe, ließ das Fleisch fallen und krächzte laut. Jener lief hin, packte das Fleisch und sprach: »Rabe, wenn du auch Verstand hättest, hätte nichts gefehlt, und du wärst König über alle geworden.«

Auf einen Mann ohne Verstand ist die Fabel gut passend.

125. Die Krähe und der Rabe

Die Krähe beneidete den Raben, weil er den Menschen durch Vogelzeichen weissagt, die Zukunft verkündet und deshalb von ihnen als Zeuge angerufen wird, und wollte dasselbe erreichen. Und als sie nun einige Wanderer erblickte, die vorbeigingen, flog sie auf einen Baum, stellte sich dort hin und krächzte laut. Die wandten sich zu dem Geschrei hin und erschraken, und einer fiel ihnen ins Wort und sprach: »Lasst uns doch weggehen, Freunde! Das ist

ἔφη· "ἀλλ' ἀπίωμεν, ὦ φίλοι· κορώνη γάρ ἐστιν, ἥτις κεκραγυῖα οἰωνὸν οὐκ ἔχει."

Οὕτω καὶ τῶν ἀνθρώπων οἱ τοῖς κρείττοσιν ἀνθαμιλλώμενοι πρὸς τῷ τῶν ἴσων μὴ ἐφικέσθαι καὶ γέλωτα ὀφλισκάνουσιν.

126. Κολοιὸς καὶ ἀλώπηξ

Κολοιὸς λιμώττων ἐπί τινος συκῆς ἐκάθισεν. εὑρὼν δὲ τοὺς ὀλύνθους μηδέπω πεπείρους προσέμενεν ἕως σῦκα γένωνται. ἀλώπηξ δὲ θεασαμένη αὐτὸν ἐγχρονίζοντα καὶ τὴν αἰτίαν παρ' αὐτοῦ μαθοῦσα ἔφη· "ἀλλὰ πεπλάνησαι, ὦ οὗτος, ἐλπίδι προσέχων, ἥτις βουκολεῖν μὲν οἶδε, τρέφειν δὲ οὐδαμῶς."

[Πρὸς ἄνδρα ψευδολόγον ὁ λόγος εὔκαιρος.]

127. Κορώνη καὶ κύων

Κορώνη 〈Ἀθηνᾷ θύουσα〉 κύνα ἐφ' ἑστίασιν ἐκάλεσεν. ὁ δὲ ἔφη πρὸς αὐτήν· "τί μάτην τὰς θυσίας ἀναλίσκεις; ἡ γὰρ δαίμων οὕτω σε μισεῖ ὡς καὶ τῶν σῶν οἰωνῶν τὴν πίστιν περιελέσθαι."·καὶ ἡ κορώνη ἀπεκρίνατο· "ἀλλὰ καὶ διὰ τοῦτο αὐτῇ θύω, διότι οἶδα αὐτὴν ἀπεχθῶς διακειμένην, ἵνα διαλλαγῇ."

Οὕτω πολλοὶ διὰ φόβον τοὺς ἐχθροὺς εὐεργετεῖν οὐκ ὀκνοῦσι.

nämlich eine Krähe, die, wenn sie krächzt, kein Vogelzeichen zu bieten hat.«

So ziehen sich auch bei den Menschen die, welche mit Besseren wetteifern, außer dass sie nicht das Gleiche erreichen, sogar Spott zu.

126. Die Dohle und der Fuchs

Die Dohle, die Hunger hatte, setzte sich auf einen Feigenbaum. Da sie aber herausfand, dass es die noch nicht reifen Früchte waren, wollte sie warten, bis es richtige Feigen sein würden. Als der Fuchs sie sah, wie sie ihre Zeit verbrachte, und den Grund von ihr erfahren hatte, sprach er: »Aber du da, du irrst dich, wenn du dich an eine Hoffnung klammerst, die dich zwar zu täuschen, aber keineswegs zu ernähren weiß.«

[Auf einen lügnerischen Mann ist die Fabel gut passend.]

127. Die Krähe und der Hund

Die Krähe opferte der Athene und lud den Hund zum Essen ein. Der aber sprach zu ihr: »Warum treibst du vergeblich Aufwand mit den Opfern? Denn die Gottheit hasst dich so sehr, dass sie dir sogar die Glaubwürdigkeit deiner Vorzeichen weggenommen hat.« Und die Krähe erwiderte: »Aber gerade deshalb opfere ich ihr, weil ich weiß, dass sie mir feindlich gesinnt ist, damit sie versöhnt wird.«

So zögern viele aus Angst nicht, ihren Feinden Gutes zu tun.

128. Κόραξ καὶ ὄφις

Κόραξ τροφῆς ἀπορῶν, ὡς ἐθεάσατο ὄφιν ἔν τινι εὐηλίῳ τόπῳ κοιμώμενον, τοῦτον καταπτὰς ἥρπασε. τοῦ δὲ ἐπιστραφέντος καὶ δακόντος αὐτόν, ἀποθνῄσκειν μέλλων ἔφη· "ἀλλ' ἔγωγε δείλαιος, ὅστις τοιοῦτον ἕρμαιον εὗρον ἐξ οὗ καὶ ἀπόλλυμαι."

Οὗτος ὁ λόγος λεχθείη ἂν ἐπ' ἀνδρὸς ὃς διὰ θησαυροῦ εὕρεσιν καὶ περὶ σωτηρίας ἐκινδύνευσεν.

129. Κολοιὸς καὶ περιστεραί

Κολοιὸς ἰδὼν περιστερὰς ἔν τινι περιστεροτροφείῳ καλῶς τρεφομένας, λευκάνας ἑαυτὸν ἧκεν ὡς τῆς αὐτῆς διαίτης μεταληψόμενος. αἱ δέ, μέχρι μὲν ἡσύχαζεν, οἰόμεναι περιστερὰν αὐτὸν εἶναι προσίεντο· ἐπειδὴ δέ ποτε ἐκλαθόμενος ἐφθέγξατο, τηνικαῦτα ἀμφιγνοήσασαι αὐτοῦ τὴν φωνὴν ἐξήλασαν αὐτόν. καὶ ὃς ἀποτυχὼν τῆς ἐνταῦθα τροφῆς ἐπανῆλθε πάλιν πρὸς τοὺς κολοιούς· κἀκεῖνοι οὐ γνωρίζοντες αὐτὸν διὰ τὸ χρῶμα τῆς μετ' αὐτῶν διαίτης ἀπεῖρξαν αὐτόν. οὕτω τε δυοῖν ἐπιτυχεῖν ζητῶν οὐδὲ μιᾶς ἔτυχεν.

Ἀτὰρ οὖν καὶ ἡμᾶς δεῖ τοῖς ἑαυτῶν ἀρκεῖσθαι, λογιζομένους ὅτι ἡ πλεονεξία πρὸς τῷ μηδὲν ὠφελεῖν πολλάκις καὶ τὰ προσόντα ἀφαιρεῖται.

130. Κοιλία καὶ πόδες

Κοιλία καὶ πόδες περὶ δυνάμεως ἤριζον. παρ' ἕκαστα δὲ τῶν ποδῶν λεγόντων ὅτι τοσοῦτον προέχουσι τῇ ἰσχύι ὡς καὶ αὐτὴν τὴν γαστέρα

128. Der Rabe und die Schlange

Als der Rabe, der Mangel an Futter hatte, die Schlange erblickte, die an einem von der Sonne beschienenen Ort schlief, flog er hinab und packte sie. Da die sich aber umdrehte und ihn biss, sprach er, als er sterben sollte: »Was bin doch ich für ein Armer, der ich einen solchen Glücksfund machte und durch den auch noch zugrunde gehe!«

Diese Fabel könnte man über einen Mann erzählen, der wegen eines Schatzfundes auch noch seine Sicherheit gefährdet hat.

129. Die Dohle und die Tauben

Als die Dohle sah, dass die Tauben in einem Taubenschlag gut gefüttert wurden, färbte sie sich weiß, um an demselben Leben teilhaben zu können. Solange sie sich ruhig verhielt, glaubten die, sie sei eine Taube, und ließen sie heran. Als sie das aber einmal vergaß und einen Laut von sich gab, da erkannten sie ihre Stimme als eine fremde und vertrieben sie. Und da sie das dortige Futter verloren hatte, kehrte sie wieder zu den Dohlen zurück. Und die erkannten sie nicht wegen ihrer Farbe und hielten sie vom Leben mit ihnen fern. So versuchte sie, zwei Dinge zu bekommen, und bekam nicht einmal eines.

Aber auch wir müssen uns also mit dem Eigenen begnügen, dabei bedenkend, dass die Gewinnsucht nichts nützt und oft auch noch das Vorhandene wegnimmt.

130. Der Bauch und die Füße

Der Bauch und die Füße lagen im Streit über ihre Macht. Weil die Füße bei jeder Gelegenheit sagten, sie seien so sehr überlegen durch

βαστάζειν, ἐκείνη ἀπεκρίνατο· “ἀλλ’, ὦ οὗτοι, ἐὰν μὴ ἐγὼ τροφὴν προσλάβωμαι, οὐδὲν ὑμεῖς βαστάζειν δύνασθε.”

Οὕτω καὶ ἐπὶ τῶν στρατευμάτων μηδέν ἐστι τὸ πολὺ πλῆθος, ἐὰν μὴ οἱ στρατηγοί ἄριστα φρονῶσιν.

131. Κολοιὸς φυγάς

Κολοιόν τις συλλαβὼν καὶ δήσας αὐτοῦ τὸν πόδα λίνῳ τῷ ἑαυτοῦ παιδίῳ ἔδωκεν. ὁ δὲ οὐχ ὑπομείνας τὴν μετὰ ἀνθρώπων δίαιταν, ὡς πρὸς ὀλίγον ἀδείας ἔτυχε, φυγὼν ἧκεν εἰς τὴν ἑαυτοῦ καλιάν. περιειληθέντος δὲ τοῦ δεσμοῦ τοῖς κλάδοις, ἀναπτῆναι μὴ δυνάμενος, ἐπειδὴ ἀποθνήσκειν ἔμελλεν, ἔφη πρὸς ἑαυτόν· “ἀλλ’ ἔγωγε δείλαιος, ὅστις τὴν παρὰ ἀνθρώποις δουλείαν μὴ ὑπομείνας ἔλαθον ἐμαυτὸν καὶ σωτηρίας στερήσας.”

Οὗτος ὁ λόγος ἁρμόσειεν ἂν ἐπ’ ἐκείνων τῶν ἀνθρώπων οἳ μετρίων ἑαυτοὺς κινδύνων ῥύσασθαι βουλόμενοι ἔλαθον εἰς μείζονα δεινὰ πεσόντες.

132. Κύων λέοντα διώκων

Κύων θηρευτικὸς λέοντα ἰδών, τοῦτον ἐδίωκεν. ὡς δὲ ἐπιστραφεὶς ἐκεῖνος ἐβρυχήσατο, φοβηθεὶς εἰς τοὐπίσω ἔφυγεν. ἀλώπηξ δὲ θεασαμένη αὐτὸν ἔφη· “ὦ κακὴ κεφαλή, σὺ λέοντα ἐδίωκες, οὗ οὐδὲ τὸν βρυχηθμὸν ὑπέμεινας;”

Ὁ λόγος λεχθείη ἂν ἐπ’ ἀνδρῶν αὐθάδων οἳ τοὺς κατὰ πολὺ δυνατωτέρους συκοφαντεῖν ἐπιχειροῦντες, ὅταν ἐκεῖνοι ἀντιστῶσιν, εὐθέως ἀναχαιτίζουσιν.

ihre Stärke, dass sie auch selbst den Magen trügen, erwiderte er: »Ihr da, wenn aber ich keine Nahrung zu mir nehme, vermögt ihr auch nichts zu tragen.«

So ist auch bei den Feldzügen die große Menge nichts wert, wenn nicht die Feldherrn sehr gute Pläne machen.

131. Die Dohle als Flüchtling

Einer, der eine Dohle gefangen hatte, band ihr einen Faden an den Fuß und gab sie seinem Kind. Weil die aber das Leben mit den Menschen nicht ertragen konnte, floh sie, als sie für eine kurze Zeit die Freiheit erlangte, und kam zu ihrem Nest. Als sich aber das Band in den Zweigen verwickelte und sie nicht mehr in die Höhe fliegen konnte, sprach sie, da sie nun sterben sollte, zu sich: »Was bin doch ich für eine Arme, die ich, weil ich die Knechtschaft bei den Menschen nicht aushalten konnte, unversehens auch noch mir selbst das Leben geraubt habe!«

Diese Fabel dürfte auf die Menschen passen, die sich aus geringen Gefahren retten wollen und unversehens in größeres Unheil geraten.

132. Der Hund, der einen Löwen verfolgt

Ein Jagdhund sah einen Löwen und verfolgte ihn. Als der sich aber umwandte und brüllte, erschrak er und rannte weg. Ein Fuchs, der ihn erblickte, sprach: »Du Saukopf, du hast einen Löwen verfolgt, dessen Brüllen du nicht einmal aushalten konntest?«

Die Fabel könnte über selbstgefällige Menschen erzählt werden, welche die viel Mächtigeren zu verleumden versuchen und, wenn jene sich wehren, es sofort mit der Angst zu tun bekommen.

133. Κύων κρέας φέρουσα

Κύων κρέας ἔχουσα ποταμὸν διέβαινε· θεασαμένη δὲ τὴν ἑαυτῆς σκιὰν κατὰ τοῦ ὕδατος ὑπέλαβεν ἑτέραν κύνα εἶναι μεῖζον κρέας ἔχουσαν. διόπερ ἀφεῖσα τὸ ἴδιον ὥρμησεν ὡς τὸ ἐκείνης ἀφαιρησομένη. συνέβη δὲ αὐτῇ ἀμφοτέρων στερηθῆναι, τοῦ μὲν μὴ ἐφικομένῃ, διότι μηδὲν ἦν, τοῦ δέ, ὅτι ὑπὸ τοῦ ποταμοῦ παρεσύρη.

Πρὸς ἄνδρα πλεονέκτην ὁ λόγος εὔκαιρος.

134. Κύων κοιμώμενος καὶ λύκος

Κύων πρὸ ἐπαύλεώς τινος ἐκοιμᾶτο. λύκος δὲ τοῦτον θεασάμενος καὶ συλλαβὼν οἷός τε ἦν καταφαγεῖν. ὁ δὲ αὐτοῦ ἐδεήθη πρὸς τὸ παρὸν μεθεῖναι αὐτόν, λέγων· "νῦν μὲν λεπτός εἰμι καὶ ἰσχνός. μέλλουσι δέ μου οἱ δεσπόται γάμους ἄγειν· ἐὰν οὖν ἀφῇς με νῦν, ὕστερον λιπαρώτερον καταθοινήσεις με." ὁ δὲ πεισθεὶς αὐτῷ τότε μὲν ἀπέλυσε· μεθ' ἡμέρας δὲ ὀλίγας ἐλθών, ὡς ἐθεάσατο αὐτὸν ἐπὶ τοῦ δώματος κοιμώμενον, κατεκάλει πρὸς αὐτὸν ὑπομιμνήσκων τῶν ὁμολογιῶν. ὁ δὲ ὑποτυχὼν ἔφη· "ἀλλ', ὦ λύκε, ἐὰν αὖθίς με πρὸ τῆς ἐπαύλεως κοιμώμενον ἴδῃς, μηκέτι γάμους ἀναμείνῃς."

Οὕτως οἱ φρόνιμοι τῶν ἀνθρώπων, ὅταν περί τι κινδυνεύσαντες ἐκφύγωσι, ταῦτα ὕστερον φυλάσσονται.

133. Der Hund, der ein Stück Fleisch trägt

Ein Hund, der ein Stück Fleisch bekommen hatte, überquerte einen Fluss. Als er sein Spiegelbild im Wasser erblickte, glaubte er, es sei ein anderer Hund, der ein größeres Stück Fleisch bekommen hatte. Deshalb ließ er das eigene fallen und machte sich daran, dem anderen seines wegzunehmen. Es geschah ihm aber, dass er beide Stücke verlor; denn das eine bekam er nicht, weil es nicht existierte, das andere, weil es vom Fluss mit fortgerissen wurde.

Auf einen habsüchtigen Menschen ist die Fabel gut passend.

134. Der Hund, der schläft, und der Wolf

Ein Hund schlief vor einem Gehöft. Ein Wolf erblickte ihn, packte ihn und war drauf und dran, ihn aufzufressen. Der aber bat ihn, er solle ihn für den Augenblick loslassen, indem er sagte: »Jetzt bin ich noch dünn und schmächtig. Aber meine Herrschaft will ein Hochzeitsfest feiern. Wenn du mich also jetzt freilässt, kannst du mich später verschlingen, nachdem ich fetter geworden bin.« Der ließ sich von ihm überreden und gab ihn jetzt frei. Als er nach wenigen Tagen kam und ihn oben auf dem Haus schlafen sah, rief er ihn zu sich herab, wobei er ihn an die Abmachung erinnerte. Der aber fiel ihm ins Wort und sprach: »Aber Wolf, wenn du mich wieder vor dem Gehöft schlafen siehst, warte nicht mehr auf ein Hochzeitsfest.«

So nehmen sich die besonnenen Menschen, wenn sie einer Gefahr entronnen sind, später davor in Acht.

135. Κύνες λιμώττουσαι

Κύνες λιμώττουσαι, ὡς ἐθεάσαντο ἔν τινι ποταμῷ βύρσας βρεχομένας, μὴ δυνάμεναι αὐτῶν ἐφικέσθαι συνέθεντο ἀλλήλαις ὅπως πρῶτον τὸ ὕδωρ ἐκπίωσιν, εἶθ' οὕτως ἐπὶ τὰς βύρσας παραγένωνται. συνέβη δὲ αὐταῖς πινούσαις διαρραγῆναι ⟨πρὶν⟩ ἢ τῶν βυρσῶν ἐφικέσθαι.

Οὕτως ἔνιοι τῶν ἀνθρώπων δι' ἐλπίδα κέρδους ἐπισφαλεῖς μόχθους ὑφιστάμενοι φθάνουσι πρῶτον καταναλισκόμενοι ἢ ὧν βούλονται περιγενόμενοι.

136. Κύων καὶ λαγωός

Κύων θηρευτικὸς λαγωὸν συλλαβών, τοῦτον ποτὲ μὲν ἔδακνε, ποτὲ δὲ αὐτοῦ τὰ χείλη περιέλειχεν. ὁ δὲ ἀπαυδήσας ἔφη πρὸς αὐτόν· "ἀλλ', ὦ οὗτος, παῦσαί με καταδάκνων ἢ καταφιλῶν, ἵνα γνῶ πότερον ἐχθρὸς ἢ φίλος μου καθέστηκας."

Πρὸς ἄνδρα ἀμφίβολον ὁ λόγος εὔκαιρος.

137. Κώνωψ καὶ ταῦρος

Κώνωψ ἐπιστὰς κέρατι ταύρου καὶ πολὺν χρόνον ἐπικαθίσας, ἐπειδὴ ἀπαλλάττεσθαι ἔμελλεν, ἐπυνθάνετο τοῦ ταύρου εἰ ἤδη βούλεται αὐτὸν ἀπελθεῖν. ὁ δὲ ὑποτυχὼν εἶπεν· "ἀλλ' οὔτε ὅτε ἦλθες ἔγνων, οὔτε ἐὰν ἀπέλθῃς γνώσομαι."

Τούτῳ τῷ λόγῳ χρήσαιτο ἄν τις πρὸς ἄνδρα ἀδύνατον, ὃς οὔτε παρὼν οὔτε ἀπὼν ἐπιβλαβὴς ἢ ὠφέλιμός ἐστιν.

135. Die Hunde, die Hunger haben

Als Hunde, die Hunger hatten, in einem Fluss feucht gewordene Häute erblickten, sie aber nicht erreichen konnten, verabredeten sie untereinander, dass sie erst das Wasser austrinken und dann auf diese Weise an die Häute herankommen wollten. Es geschah ihnen aber, dass sie beim Trinken platzten, bevor sie die Häute erreichten.

So gehen manche Menschen, die aus Hoffnung auf Gewinn gefährliche Mühen auf sich nehmen, bevor sie bekommen, was sie wollen, zu Grunde.

136. Der Hund und der Hase

Ein Jagdhund hatte einen Hasen gefangen, und bald biss er ihn, bald leckte er ihm die Lippen. Der aber sprach protestierend zu ihm: »He du, hör doch auf, mich zu beißen oder zu küssen, damit ich erkenne, ob du mein Feind oder mein Freund bist!«

Auf einen zweideutig handelnden Mann ist die Fabel gut passend.

137. Die Mücke und der Stier

Als die Mücke, die sich auf ein Horn des Stiers gesetzt hatte und dort lange Zeit sitzen geblieben war, gerade dabei war, sich zu entfernen, fragte sie den Stier, ob er wolle, dass sie jetzt wegfliege. Der fiel ihr ins Wort und sagte: »Aber ich habe es weder gemerkt, als du kamst, noch werde ich es merken, wenn du wegfliegst.«

Diese Fabel könnte man auf einen schwachen Mann anwenden, der weder anwesend noch abwesend schädlich oder nützlich ist.

138. Λαγωοὶ καὶ βάτραχοι

Λαγωοὶ καταγνόντες ἑαυτῶν δειλίαν ἔγνωσαν δεῖν ἑαυτοὺς κατακρημνίσαι. παραγενομένων δὲ αὐτῶν ἐπί τινα κρημνόν, ᾧ λίμνη ὑπέκειτο, ἐνταῦθα βάτραχοι ἀκούσαντες τῆς ποδοψοφίας ἑαυτοὺς εἰς τὰ βάθη τῆς λίμνης ἐδίδοσαν. εἷς δέ τις τῶν λαγωῶν θεασάμενος αὐτοὺς ἔφη πρὸς τοὺς ἑτέρους· "ἀλλὰ μηκέτι ἑαυτοὺς κατακρημνίσωμεν· ἰδοὺ γάρ, εὕρηται καὶ ἡμῶν δειλότερα ζῷα."

Οὕτω καὶ τοῖς ἀνθρώποις αἱ τῶν ἄλλων συμφοραὶ τῶν ἰδίων δυστυχημάτων παραμυθίαι γίνονται.

139. Λάρος καὶ ἴκτινος

Λάρος ἰχθὺν καταπιών, διαρραγέντος αὐτοῦ τοῦ φάρυγγος, ἐπὶ τῆς ἠιόνος νεκρὸς ἔκειτο. ἴκτινος δὲ αὐτὸν θεασάμενος ἔφη· "ἄξια σύ γε πέπονθας, ὅτι πτηνὸς γεννηθεὶς ἐπὶ θαλάσσης τὴν δίαιταν ἐποιοῦ."

Οὕτως οἱ τὰ οἰκεῖα ἐπιτηδεύματα καταλιπόντες καὶ τοῖς μηδὲν προσήκουσιν ἐπιβαλλόμενοι εἰκότως δυστυχοῦσιν.

140. Λέων ἐρασθείς

Λέων ἐρασθεὶς γεωργοῦ θυγατρός, ταύτην ἐμνηστεύσατο. ὁ δὲ μὴ ἐνδοῦναι θηρίῳ τὴν θυγατέρα ὑπομένων, μηδὲ ἀρνεῖσθαι διὰ φόβον δυνάμενος, τοιοῦτον ἐπενόησεν. ἐπειδὴ συνεχῶς αὐτῷ ὁ λέων ἐπέκειτο, ἔλεγεν ὡς νυμφίον μὲν αὐτὸν ἄξιον τῆς θυγατρὸς δοκιμάζει· μὴ ἄλλως δὲ αὐτῷ δύνασθαι ἐκδοῦναι, ἐὰν μὴ τούς τε ὀδόντας ἐξέλῃ καὶ τοὺς

138. Die Hasen und die Frösche

Die Hasen wurden sich ihrer Feigheit bewusst und kamen zu dem Schluss, dass sie sich von einem Abhang hinunterstürzen müssten. Als sie nun zu einem Abhang gekommen waren, unter dem ein See lag, hörten dort die Frösche das Getrappel der Füße und stürzten sich in die Tiefe des Sees. Einer der Hasen erblickte sie dabei und sprach zu den anderen: »Wir wollen uns doch nicht mehr von dem Abhang hinunterstürzen. Denn sieh da, es haben sich Tiere gefunden, die feiger sind als wir!«

So dient auch den Menschen das Missgeschick der anderen als Trost im eigenen Unglück.

139. Die Möwe und der Habicht

Als eine Möwe einen Fisch verschlungen hatte und ihr Schlund zerrissen war, lag sie tot am Strand. Ein Habicht, der sie erblickte, sprach: »Dir ist ja recht geschehen, weil du, obwohl du als Vogel geboren wurdest, auf dem Meer dein Futter gesucht hast.«

So erleiden die, welche ihre eigenen Tätigkeiten aufgeben und sich auf das werfen, was sie nichts angeht, mit Recht Unglück.

140. Der verliebte Löwe

Ein Löwe verliebte sich in die Tochter eines Bauern und hielt um ihre Hand an. Der ertrug es nicht, seine Tochter einem wilden Tier zur Frau zu geben, konnte aber aus Angst auch nicht nein sagen und dachte sich folgendes aus: Da der Löwe ihn fortwährend bedrängte, sagte er, er sehe in ihm zwar einen seiner Tochter würdigen Bräutigam, aber er könne ihm seine Tochter nur zur Frau geben, wenn er seine Zähne ziehe und seine Krallen abschneide; die näm-

ὄνυχας ἐκτέμῃ· τούτους γὰρ δεδοικέναι τὴν κόρην. τοῦ δὲ ῥᾳδίως διὰ τὸν ἔρωτα ἑκάτερα ὑπομείναντος, ὁ γεωργὸς καταφρονήσας αὐτοῦ, ὡς παρεγένετο πρὸς αὐτόν, ῥοπάλοις αὐτὸν παίων ἐξήλασεν.

Ὁ λόγος δηλοῖ ὅτι οἱ ῥᾳδίως τοῖς πέλας πιστεύοντες, ὅταν τῶν ἰδίων πλεονεκτημάτων ἑαυτοὺς ἀπογυμνώσωσιν, εὐάλωτοι τούτοις γίνονται οἷς πρότερον φοβεροὶ καθεστήκεσαν.

141. Λέων καὶ βάτραχος

Λέων ἀκούσας βατράχου κεκραγότος ἐπεστράφη πρὸς τὴν φωνήν, οἰόμενος μέγα τι ζῷον εἶναι. προσμείνας δὲ αὐτοῦ μικρὸν χρόνον, ὡς ἐθεάσατο αὐτὸν ἀπὸ τῆς λίμνης ἐξελθόντα, προσελθὼν κατεπάτησεν εἰπών· "μηδένα ἀκοὴ ταραττέτω πρὸ τῆς θέας."

Πρὸς ἄνδρα γλωσσαλγίας οὐδὲν πλέον δυνάμενον ὁ λόγος εὔκαιρος.

142. Λέων γηράσας καὶ ἀλώπηξ

Λέων γηράσας καὶ μὴ δυνάμενος δι' ἀλκῆς ἑαυτῷ τροφὴν πορίζειν ἔγνω δεῖν δι' ἐπινοίας τοῦτο πρᾶξαι. καὶ δὴ παραγενόμενος εἴς τι σπήλαιον καὶ ἐνταῦθα κατακλιθεὶς προσεποιεῖτο τὸν νοσοῦντα· καὶ οὕτω τὰ παραγενόμενα πρὸς αὐτὸν ἐπὶ τὴν ἐπίσκεψιν ζῷα συλλαμβάνων κατήσθιε. πολλῶν δὲ θηρίων καταναλωθέντων ἀλώπηξ τὸ τέχνασμα αὐτοῦ συνεῖσα παρεγένετο, καὶ στᾶσα ἄπωθεν τοῦ σπηλαίου ἐπυνθάνετο αὐτοῦ πῶς ἔχοι. τοῦ δὲ εἰπόντος· "κακῶς" καὶ τὴν αἰτίαν ἐρομένου δι' ἣν οὐκ εἴσεισιν, ἔφη· "ἀλλ' ἔγωγε εἰσῆλθον ἄν, εἰ μὴ ἑώρων πολλῶν εἰσιόντων ἴχνη, ἐξιόντος δὲ οὐδενός."

lich fürchte das Mädchen. Weil der aus Liebe beides leichthin ertrug, fürchtete der Bauer sich nicht mehr vor ihm, und als der zu ihm kam, schlug er ihn mit Knüppeln und jagte ihn davon.

Die Fabel zeigt, dass diejenigen, die leichthin ihren Mitmenschen vertrauen, dann, wenn sie sich ihrer eigenen Überlegenheit berauben, eine bequeme Beute für die werden, denen sie vorher Angst einflößten.

141. Der Löwe und der Frosch

Ein Löwe hörte einen Frosch quaken und wandte sich der Stimme zu, weil er glaubte, es sei ein großes Tier. Er wartete kurze Zeit auf ihn, und als er ihn aus dem Sumpf herauskommen sah, ging er hin und zertrat ihn, wobei er sagte: »Keinen soll erschrecken, was er nur hört, bevor er es sieht.«

Auf einen Mann, der zu nichts weiter fähig ist als zur Schwatzsucht, ist die Fabel gut passend.

142. Der Löwe, der alt geworden war, und der Fuchs

Der Löwe, der alt geworden war und sich sein Futter nicht mehr aus eigener Kraft beschaffen konnte, kam zu dem Schluss, er müsse dies mit List bewerkstelligen. Und da begab er sich in eine Höhle, legte sich dort nieder und tat so, als ob er krank wäre. Und so packte er die Tiere, die zu ihm kamen, um nach ihm zu schauen, und fraß sie auf. Als schon viele Tiere verschlungen waren, kam der Fuchs, der dessen List durchschaut hatte, stellte sich abseits von der Höhle und fragte ihn, wie es ihm gehe. Der antwortete: »Schlecht«, und erkundigte sich nach dem Grund dafür, dass er nicht hereinkomme, und da sprach er: »Ich käme hinein, wenn ich nicht die Spuren von vielen sähe, die hineingingen, aber von keinem, der herausging.«

Οὕτως οἱ φρόνιμοι τῶν ἀνθρώπων ἐκ τεκμηρίων προορώμενοι τοὺς κινδύνους ἐκφεύγουσιν.

143. Λέων καὶ ταῦρος

Λέων ταύρῳ παμμεγέθει ἐπιβουλεύων ἐβουλήθη δόλῳ αὐτοῦ περιγενέσθαι. διόπερ πρόβατον τεθυκέναι φήσας ἐφ' ἑστίασιν αὐτὸν ἐκάλεσε, βουλόμενος κατακλιθέντα αὐτὸν καταγωνίσασθαι. ὁ δὲ ἐλθὼν καὶ θεασάμενος λέβητάς τε πολλοὺς καὶ ὀβελίσκους μεγάλους, τὸ δὲ πρόβατον οὐδαμοῦ, μηδὲν εἰπὼν ἀπηλλάττετο. τοῦ δὲ λέοντος αἰτιωμένου αὐτὸν καὶ τὴν αἰτίαν πυνθανομένου δι' ἣν οὐδὲν δεινὸν παθὼν ἀλόγως ἄπεισιν, ἔφη· “ἀλλ' ἔγωγε οὐ μάτην τοῦτο ποιῶ· ὁρῶ γὰρ παρασκευὴν οὐχ ὡς εἰς πρόβατον, ἀλλ' εἰς ταῦρον ἡτοιμασμένην.”

Ὁ λόγος δηλοῖ ὅτι τοὺς φρονίμους τῶν ἀνθρώπων αἱ τῶν πονηρῶν τέχναι οὐ λανθάνουσιν.

144. Λέων ἐγκλεισθεὶς καὶ γεωργός

Λέων εἰς γεωργοῦ ἔπαυλιν εἰσῆλθεν. ὁ δὲ συλλαβεῖν βουλόμενος τὴν αὐλείαν θύραν ἔκλεισεν. καὶ ὃς ἐξελθεῖν μὴ δυνάμενος πρῶτον μὲν τὰ ποίμνια διέφθειρεν, ἔπειτα δὲ καὶ ἐπὶ τοὺς βόας ἐτράπη. καὶ ὁ γεωργὸς φοβηθεὶς περὶ ἑαυτοῦ τὴν θύραν ἀνέῳξεν. ἀπαλλαγέντος δὲ τοῦ λέοντος ἡ γυνὴ θεασαμένη αὐτὸν στένοντα εἶπεν· “ἀλλὰ σύ γε δίκαια πέπονθας· τί γὰρ τοῦτον συγκλεῖσαι ἐβούλου, ὃν καὶ μακρόθεν σε ἔδει τρέμειν;”

Οὕτως οἱ τοὺς ἰσχυροτέρους διερεθίζοντες εἰκότως τὰς ἐξ αὐτῶν πλημμελείας ὑπομένουσιν.

So entgehen die besonnenen Menschen den Gefahren, weil sie diese aufgrund von Anzeichen vorhersehen.

143. Der Löwe und der Stier

Der Löwe war hinter einem riesengroßen Stier her und wollte ihn durch eine List überwältigen. Deshalb sagte er, er habe ein Schaf geschlachtet, und lud ihn zum Essen ein, wollte ihn aber, wenn er sich zu Tisch gelegt hätte, niederzwingen. Der kam nun, erblickte viele Schüsseln und große Bratspieße, aber nirgendwo das Schaf, sagte nichts und wollte sich davonmachen. Als der Löwe ihm Vorhaltungen machte und nach dem Grund fragte, warum er schweigend weggehe, ohne etwas Schreckliches erlitten zu haben, sprach der: »Aber das tue ich ja nicht ohne Grund. Denn ich sehe, dass Vorbereitungen getroffen sind, aber nicht für ein Schaf, sondern für einen Stier.«

Die Fabel zeigt, dass den vernünftigen Menschen die Listen der schlechten nicht verborgen bleiben.

144. Der eingeschlossene Löwe und der Bauer

Der Löwe war auf den Hof des Bauern gekommen. Der wollte ihn fangen und schloss die Hoftür. Und als jener nicht herauskommen konnte, tötete er zuerst die Schafherden, und dann wandte er sich den Rindern zu. Und weil der Bauer Angst um sich selbst hatte, öffnete er die Tür. Als aber der Löwe freigelassen worden war, sah die Frau den stöhnen und sagte: »Aber dir ist ja recht geschehen! Denn warum wolltest du den einschließen, vor dem du doch auch aus der Ferne hättest zittern müssen?«

So erdulden die, welche die Stärkeren reizen, mit Recht deren Freveltaten.

145. Λέων καὶ δελφίς

Λέων ἔν τινι αἰγιαλῷ πλαζόμενος, ὡς ἐθεάσατο δελφῖνα παρακύψαντα, τοῦτον ἐπὶ συμμαχίαν παρεκάλεσε, λέγων ὅτι ἁρμόττει μάλιστα φίλους αὐτοὺς καὶ βοηθοὺς γενέσθαι· ὁ μὲν γὰρ τῶν θαλαττίων ζῴων, αὐτὸς δὲ τῶν χερσαίων βασιλεύει. τοῦ δὲ ἀσμένως ἐπινεύσαντος ὁ λέων μετ' οὐ πολὺν χρόνον μάχην ἔχων πρὸς ταῦρον ἄγριον ἐπεκαλεῖτο τὸν δελφῖνα ἐπὶ βοήθειαν. ὡς δὲ ἐκεῖνος καίπερ βουλόμενος ἐκβῆναι τῆς θαλάσσης οὐκ ἠδύνατο, ᾐτιᾶτο αὐτὸν ὁ λέων ὡς προδότην. ὁ δὲ ὑποτυχὼν εἶπεν· "ἀλλὰ μὴ ἐμὲ μέμφου, ἀλλὰ τὴν φύσιν, ἥτις με θαλάσσιον ποιήσασα γῆς οὐκ ἐᾷ ἐπιβαίνειν."

Ἀτὰρ οὖν καὶ ἡμᾶς δεῖ φιλίαν σπενδομένους τοιούτους ἐπιλέγεσθαι συμμάχους οἳ ἐν κινδύνοις παρεῖναι ἡμῖν δύνανται.

146. Λέων μῦν φοβηθείς

Λέοντος κοιμωμένου μῦς τὸ σῶμα διέδραμεν. ὁ δὲ ἐξαναστὰς πανταχοῦ περιειλίττετο ζητῶν τὸν προσεληλυθότα. ἀλώπηξ δὲ αὐτὸν θεασαμένη ὠνείδιζεν, εἰ λέων ὢν μῦν ἐφοβήθη. καὶ ὃς ἀπεκρίνατο· "οὐ τὸν μῦν ηὐλαβήθην, ἔθαυμασα δὲ εἴ τις λέοντος κοιμωμένου τὸ σῶμα ἐπιδραμεῖν ἐτόλμησεν."

Ὁ λόγος διδάσκει δεῖν τοὺς φρονίμους τῶν ἀνθρώπων μηδὲ τῶν μετρίων πραγμάτων καταφρονεῖν.

145. Der Löwe und der Delphin

Als der Löwe, der an einem Strand herumirrte, den ⟨aus dem Meer⟩ hervorschauenden Delphin erblickte, forderte er ihn zu einem Bündnis auf, wobei er sagte, dass es besonders passe, wenn sie Freunde und Helfer würden. Denn jener sei König über die Tiere des Meeres, er selbst über die auf dem Land. Der stimmte freudig zu, und nach nicht langer Zeit rief der Löwe, weil er sich im Kampf gegen einen wilden Stier befand, den Delphin zu Hilfe. Als aber der, obwohl er es wollte, nicht aus dem Meer herauskommen konnte, beschuldigte ihn der Löwe als Verräter. Der aber fiel ihm ins Wort und sagte: »Aber tadle doch nicht mich, sondern die Natur, die mich zu einem Meerestier gemacht hat und nicht auf dem Land gehen lässt.«

Aber auch wir müssen also, wenn wir Freundschaft schließen, solche als Verbündete wählen, die uns in Gefahren beistehen können.

146. Der Löwe, der Angst vor einer Maus hatte

Während der Löwe schlief, lief die Maus ihm über den Leib. Der erhob sich, wandte sich überall hin und suchte den, der sich an ihn herangemacht hatte. Der Fuchs sah das und schmähte ihn, weil er, der doch ein Löwe sei, Angst vor einer Maus gehabt habe. Und der erwiderte: »Ich habe mich nicht vor der Maus in Acht genommen, sondern mich darüber gewundert, dass einer es gewagt hat, auf dem Leib des schlafenden Löwen zu laufen.«

Die Fabel lehrt, dass die Vernünftigen unter den Menschen auch nicht die unbedeutenden Dinge verachten dürfen.

147. Λέων καὶ ἄρκτος

Λέων καὶ ἄρκτος ἐλάφου νεβρὸν εὑρόντες περὶ τούτου ἐμάχοντο. δεινῶς δὲ ὑπ' ἀλλήλων διατεθέντες, ἐπειδὴ ἐσκοτώθησαν, ἡμιθανεῖς ἔκειντο. ἀλώπηξ δὲ παριοῦσα, ὡς ἐθεάσατο τοὺς μὲν παρειμένους, τὸν δὲ νεβρὸν ἐν μέσῳ κείμενον, ἀραμένη αὐτὸν διὰ μέσου αὐτῶν ἀπηλλάττετο. οἱ δὲ ἐξαναστῆναι μὴ δυνάμενοι ἔφασαν· "ἄθλιοι ἡμεῖς, εἴ γε ἀλώπεκι ἐμοχθοῦμεν."

Ὁ λόγος δηλοῖ ὅτι εὐλόγως ἐκεῖνοι ἄχθονται οἳ τῶν ἰδίων πόνων τοὺς τυχόντας ὁρῶσι τὰς ἐπικαρπίας ἀποφερομένους.

148. Λέων καὶ λαγωός

Λέων περιτυχὼν λαγωῷ κοιμωμένῳ τοῦτον ἔμελλε καταφαγεῖν. μεταξὺ δὲ θεασάμενος ἔλαφον παριοῦσαν, ἀφεὶς τὸν λαγωὸν ἐκείνην ἐδίωκεν. ὁ μὲν οὖν παρὰ τὸν ψόφον ἐξαναστὰς ἔφυγεν. ὁ δὲ λέων ἐπὶ πολὺ διώξας τὴν ἔλαφον, ἐπειδὴ καταλαβεῖν οὐκ ἠδυνήθη, ἐπανῆλθεν ἐπὶ τὸν λαγωόν. εὑρὼν δὲ καὶ αὐτὸν πεφευγότα ἔφη· "ἀλλ' ἔγωγε δίκαια πέπονθα, ὅτι ἀφεὶς τὴν ἐν χερσὶ βορὰν ἐλπίδα μείζονα προέκρινα."

Οὕτως ἔνιοι τῶν ἀνθρώπων μετρίοις κέρδεσι μὴ ἀρκούμενοι, μείζονας δὲ ἐλπίδας διώκοντες, λανθάνουσι καὶ τὰ ἐν χερσὶ προϊέμενοι.

147. Der Löwe und der Bär

Der Löwe und der Bär fanden ein Hirschkalb und kämpften darum. Sie richteten sich aber gegenseitig übel zu und lagen, nachdem ihnen schwarz vor Augen geworden war, halbtot da. Als nun der Fuchs, der vorbeikam, die beiden erschöpft und das Hirschkalb in der Mitte liegen sah, hob er es mitten zwischen ihnen auf und machte sich davon. Die aber konnten sich nicht erheben und sprachen: »Wir Elenden, die wir uns für den Fuchs abgemüht haben!«

Die Fabel zeigt, dass mit gutem Grund sich diejenigen ärgern, die sehen, wie den Ertrag ihrer eigenen Mühen beliebige Leute davontragen.

148. Der Löwe und der Hase

Der Löwe stieß auf den schlafenden Hasen und wollte ihn schon auffressen. Inzwischen sah er aber eine Hirschkuh vorbeilaufen, ließ von dem Hasen ab und jagte ihr nach. Der erhob sich nun bei dem Lärm und floh. Der Löwe aber, der die Hirschkuh über eine lange Strecke verfolgte, kehrte, als er sie nicht einholen konnte, zurück zu dem Hasen. Da entdeckte er, dass auch der geflohen war, und sprach: »Aber das geschieht mir ja mit Recht, weil ich den Fraß, den ich in Händen hatte, fahren ließ und die Hoffnung auf Größeres vorzog.«

So verlieren manche unter den Menschen, die sich nicht mit mäßigem Gewinn begnügen, sondern Hoffnungen auf Größeres nachjagen, unversehens auch das, was sie in Händen haben.

149. Λέων, ὄνος καὶ ἀλώπηξ

Λέων καὶ ὄνος καὶ ἀλώπηξ κοινωνίαν εἰς ἀλλήλους στειλάμενοι ἐξῆλθον εἰς ἄγραν. πολλὴν δὲ αὐτῶν συλλαβόντων ὁ λέων προσέταξε τῷ ὄνῳ διελεῖν αὐτοῖς. τοῦ δὲ τρεῖς μοίρας ποιήσαντος καὶ ἐκλέξασθαι αὐτῷ παραινοῦντος, ὁ λέων ἀγανακτήσας ἀλλόμενος κατεθοινήσατο αὐτὸν καὶ τῇ ἀλώπεκι μερίσαι προσέταξεν. ἡ δὲ πάντα εἰς μίαν μερίδα συναθροίσασα καὶ μικρὰ ἑαυτῇ ὑπολιπομένη παρῄνει αὐτῷ ἑλέσθαι. ἐρομένου δὲ αὐτὴν τοῦ λέοντος τίς αὐτὴν οὕτω διανέμειν ἐδίδαξεν, ἡ ἀλώπηξ εἶπεν· "αἱ τοῦ ὄνου συμφοραί."

Ὁ λόγος δηλοῖ ὅτι σωφρονισμὸς τοῖς ἀνθρώποις γίνεται τὰ τῶν πέλας δυστυχήματα.

150. Λέων καὶ μῦς ἀντευεργέτης

Λέοντος κοιμωμένου μῦς τῷ σώματι ἐπέδραμεν. ὁ δὲ ἐξαναστὰς καὶ συλλαβὼν αὐτὸν οἷός τε ἦν καταθοινήσασθαι. τοῦ δὲ δεηθέντος μεθεῖναι αὐτὸν καὶ λέγοντος ὅτι σωθεὶς χάριτας αὐτῷ ἀποδώσει, γελάσας ἀπέλυσεν αὐτόν. συνέβη δὲ αὐτὸν μετ᾽ οὐ πολὺ τῇ τοῦ μυὸς χάριτι περισωθῆναι. ἐπειδὴ γὰρ συλληφθεὶς ὑπό τινων κυνηγετῶν κάλῳ ἐδέθη τινὶ δένδρῳ, τὸ τηνικαῦτα ἀκούσας ὁ μῦς αὐτοῦ στένοντος ἐλθὼν τὸν κάλων περιέτραγε καὶ λύσας αὐτὸν ἔφη· "σὺ μὲν οὕτω μου τότε κατεγέλασας ὡς μὴ προσδεχόμενος παρ᾽ ἐμοῦ ἀμοιβὴν κομιεῖσθαι· νῦν δὲ εὖ ἴσθι ὅτι ἔστι τις καὶ παρὰ μυσὶ χάρις."

Ὁ λόγος δηλοῖ ὅτι καιρῶν μεταβολαῖς οἱ σφόδρα δυνατοὶ τῶν ἀσθενεστέρων ἐνδεεῖς γίνονται.

149. Der Löwe, der Esel und der Fuchs

Der Löwe, der Esel und der Fuchs schlossen miteinander einen Bund und gingen auf die Jagd. Nachdem sie viel Beute gemacht hatten, befahl der Löwe dem Esel, diese unter ihnen zu verteilen. Als der drei Teile machte und ihn aufforderte, seinen auszuwählen, war der Löwe verärgert, sprang auf ihn los, verschlang ihn und befahl dem Fuchs zu teilen. Da legte der alles zu einem Teil zusammen, behielt wenig für sich zurück und forderte den Löwen zum Nehmen auf. Als der Löwe ihn fragte, wer ihn so zu teilen gelehrt habe, sagte der Fuchs: »Das unglückliche Schicksal des Esels.«

Die Fabel zeigt, dass das Unglück ihrer Mitmenschen für die Menschen zur Warnung wird.

150. Der Löwe und die Maus, die eine Wohltat erwidert

Einem schlafenden Löwen lief eine Maus über den Leib. Der erhob sich, fing sie und war drauf und dran, sie zu verschlingen. Als sie ihn aber bat, sie freizulassen, und sagte, sie werde sich ihm, wenn sie am Leben bleibe, dankbar erweisen, lachte er und ließ sie laufen. Es geschah aber, dass er wenig später durch die Dankbarkeit der Maus gerettet wurde. Als er nämlich von einigen Jägern gefangen und mit einem Strick an einen Baum gebunden worden war, hörte zu eben der Zeit die Maus ihn stöhnen, kam herbei, zernagte den Strick, befreite ihn und sprach: »Du hast mich damals ohne weiteres ausgelacht, weil du von mir keine Gegenleistung zu bekommen erwartetest. Jetzt aber wisse wohl, dass es auch bei Mäusen Dank gibt.«

Die Fabel zeigt, dass bei Veränderungen der Umstände die sehr Mächtigen der Schwächeren bedürfen.

151. Λέων καὶ ὄνος ὁμοῦ θηρεύοντες

Λέων καὶ ὄνος κοινωνίαν πρὸς ἀλλήλους ποιησάμενοι ἐξῆλθον ἐπὶ θήραν. γενομένων δὲ αὐτῶν κατά τι σπήλαιον ἐν ᾧ ἦσαν αἶγες ἄγριαι, ὁ μὲν λέων πρὸ τοῦ στομίου τὰς ἐξιούσας παρετηρεῖτο, ὁ δὲ εἰσελθὼν ἐνήλατό τε αὐταῖς καὶ ὠγκᾶτο ἐκφοβεῖν βουλόμενος. τοῦ δὲ λέοντος τὰς πλείστας συλλαβόντος, ἐξελθὼν ἐπυνθάνετο αὐτοῦ εἰ γενναίως ἠγωνίσατο καὶ τὰς αἶγας εὖ ἐδίωξεν. ὁ δὲ εἶπεν· "ἀλλ' εὖ ἴσθι ὅτι κἀγὼ ἄν σε ἐφοβήθην, εἰ μὴ ᾔδειν σε ὄνον ὄντα."

Οὕτως οἱ παρὰ τοῖς εἰδόσιν ἀλαζονευόμενοι εἰκότως γέλωτα ὀφλισκάνουσι.

152. Ληστὴς καὶ συκάμινος

Ληστὴς ἐν ὁδῷ τινα ἀποκτείνας, ἐπειδὴ ὑπὸ τῶν παρατυχόντων ἐδιώκετο, καταλιπὼν αὐτὸν ἐφημαγμένος ἔφυγε. τῶν δὲ ἄντικρυς ὁδευόντων πυνθανομένων αὐτοῦ τίνι μεμολυσμένας ἔχει τὰς χεῖρας, ἔλεγεν ἀπὸ συκαμίνου νεωστὶ καταβεβηκέναι. καὶ ἕως ταῦτα ἔλεγεν οἱ διώκοντες αὐτόν, ἐπελθόντες καὶ συλλαβόντες, ἐπί τινος συκαμίνου ἀνεσταύρωσαν. ἡ δὲ ἔφη πρὸς αὐτόν· "ἀλλ' ἔγωγε οὐκ ἄχθομαι πρὸς τὸν σὸν θάνατον ὑπηρετοῦσα· καὶ γάρ ὃν αὐτὸς φόνον ἀπειργάσω, τοῦτον εἰς ἐμὲ ἀπεμάττου."

Οὕτω πολλάκις καὶ οἱ φύσει χρηστοί, ὅταν ὑπ' ἐνίων ὡς φαῦλοι διαβάλλωνται, κατ' αὐτῶν πονηρεύεσθαι οὐκ ὀκνοῦσι.

151. *Der Löwe und der Esel, die zusammen jagen*

Der Löwe und der Esel schlossen miteinander einen Bund und gingen auf die Jagd. Als sie zu einer Höhle kamen, in der wilde Ziegen waren, lauerte der Löwe vor dem Eingang darauf, dass sie herauskamen, und der andere ging hinein, sprang auf sie los und iahte in der Absicht, sie zu erschrecken. Der Löwe fing die meisten, und als jener herauskam, fragte der ihn, ob er wacker gekämpft und die Ziegen tüchtig gejagt habe. Da sagte er: »Wisse wohl, dass auch ich Angst vor dir bekommen hätte, wenn ich nicht wüsste, dass du ein Esel bist.«

So ziehen sich die, welche bei den Wissenden angeben, mit Recht Spott zu.

152. *Der Räuber und der Maulbeerbaum*

Ein Räuber, der jemanden auf der Straße getötet hatte, ließ, weil er von den gerade Vorbeikommenden verfolgt wurde, ihn zurück und ergriff blutbefleckt die Flucht. Als die, welche ihm entgegenkamen, ihn fragten, womit er seine Hände besudelt habe, sagte er, er sei gerade von einem Maulbeerbaum herabgestiegen. Und während er das sagte, kamen seine Verfolger heran, ergriffen ihn und kreuzigten ihn an einem Maulbeerbaum. Der aber sprach zu ihm: »Es tut mir gar nicht leid, dass ich zu deinem Tod beitrage. Denn den Mord, den du selbst begingst, den wolltest du an mir abwischen.«

So haben oft auch die von Natur aus Anständigen, wenn sie von einigen Leuten als böse verleumdet werden, keine Bedenken, schlecht gegen diese zu handeln.

153. Λύκοι καὶ πρόβατα

Λύκοι ἐπιβουλεύοντες ποίμνῃ προβάτων, ἐπειδὴ οὐκ ἐδύναντο αὐτῶν περιγενέσθαι διὰ τοὺς φυλάσσοντας αὐτὰ κύνας, ἔγνωσαν δεῖν διὰ δόλου τοῦτο πρᾶξαι. καὶ πέμψαντες πρέσβεις ἐξῄτουν παρ᾽ αὐτῶν τοὺς κύνας, λέγοντες ὡς ἐκεῖνοι τῆς ἔχθρας αἴτιοί εἰσι καί, εἰ ἐγχειρίσουσιν αὐτούς, εἰρήνη μεταξὺ αὐτῶν γενήσεται. τὰ δὲ πρόβατα μὴ προϊδόμενα τὸ μέλλον ἐξέδωκαν αὐτούς. καὶ οἱ λύκοι περιγενόμενοι ἐκείνων ῥᾳδίως τὴν ποίμνην ἀφύλακτον οὖσαν διέφθειραν.

Οὕτω καὶ τῶν πόλεων αἱ τοὺς δημαγωγοὺς ῥᾳδίως προδιδοῦσαι λανθάνουσι καὶ αὐταὶ ταχέως πολεμίοις χειρούμεναι.

154. Λύκος καὶ ἵππος

Λύκος κατά τινα ἄρουραν ὁδεύων κριθὰς εὗρε· μὴ δυνάμενος δὲ αὐταῖς τροφῇ χρήσασθαι καταλιπὼν ἀπῄει. ἵππῳ δὲ συντυχών, τοῦτον ἐπὶ τὴν ἄρουραν ἀπήγαγε λέγων ὡς εὑρὼν κριθὰς αὐτὸς μὲν οὐκ ἔφαγεν, αὐτῷ δὲ ἐφύλαξεν, ἐπεὶ καὶ ἡδέως αὐτοῦ τὸν ψόφον τῶν ὀδόντων ἀκούει. καὶ ὁ ἵππος ὑποτυχὼν εἶπεν· "ἀλλ᾽, ὦ οὗτος, εἰ λύκοι κριθῶν τροφῇ χρῆσθαι ἠδύναντο, οὐκ ἄν ποτε τὰ ὦτα τῆς γαστρὸς προέκρινας."

Ὁ λόγος δηλοῖ ὅτι οἱ φύσει πονηροί, κἂν χρηστότητα ἐπαγγέλλωνται, οὐ πιστεύονται..

153. Die Wölfe und die Schafe

Als die Wölfe, die es auf eine Herde von Schafen abgesehen hatten, diese nicht überwältigen konnten, da Hunde sie bewachten, kamen sie zu dem Schluss, sie müssten dies durch List bewerkstelligen. Und sie schickten Gesandte und forderten von ihnen die Auslieferung der Hunde, wobei sie sagen ließen, die seien schuld an der Feindschaft, und wenn sie die in ihre Hände gäben, werde Friede zwischen ihnen sein. Die Schafe, die, was kommen würde, nicht voraussahen, gaben die heraus. Und die Wölfe überwältigten die leichthin und vernichteten die Herde, weil sie unbewacht war.

So werden auch die von den Stadtstaaten, welche ihre Führer leichthin ausliefern, unversehens auch selbst von den Feinden rasch überwältigt.

154. Der Wolf und das Pferd

Der Wolf nahm seinen Weg über einen Acker und fand Gerste. Weil er sie aber nicht als Futter gebrauchen konnte, ließ er sie liegen und ging weg. Als er nun dem Pferd begegnete, führte er es auf den Acker, wobei er sagte, dass er Gerste gefunden, sie aber selbst nicht gefressen, sondern ihm aufbewahrt habe, da er auch gerne das Geräusch von dessen Zähnen höre. Und das Pferd fiel ihm ins Wort und sagte: »Aber du da, wenn Wölfe Gerste als Futter gebrauchen könnten, hättest du niemals die Ohren dem Magen vorgezogen.«

Die Fabel zeigt, dass den von Natur aus Schlechten auch dann, wenn sie Anständigkeit verheißen, nicht geglaubt wird.

155. Λύκος καὶ ἀρήν

Λύκος θεασάμενος ἄρνα ἀπό τινος ποταμοῦ πίνοντα, τοῦτον ἐβουλήθη μετ' εὐλόγου αἰτίας καταθοινήσασθαι. διόπερ στὰς ἀνωτέρω ᾐτιᾶτο αὐτὸν ὡς θολοῦντα τὸ ὕδωρ καὶ πιεῖν αὐτὸν μὴ ἐῶντα. τοῦ δὲ λέγοντος ὡς ἄκροις τοῖς χείλεσι πίνει καὶ ἄλλως οὐ δυνατὸν κατωτέρω ἑστῶτα ἐπάνω ταράσσειν τὸ ὕδωρ, ὁ λύκος ἀποτυχὼν ταύτης τῆς αἰτίας ἔφη· "ἀλλὰ πέρυσι τὸν πατέρα μου ἐλοιδόρησας." εἰπόντος δὲ ἐκείνου μηδ' ἐπέτειον γεγενῆσθαι, ὁ λύκος ἔφη πρὸς αὐτόν· "ἐὰν σὺ ἀπολογιῶν εὐπορῇς, ἐγώ σε οὐ κατέδομαι;"

Ὁ λόγος δηλοῖ ὅτι οἷς πρόθεσίς ἐστιν ἀδικεῖν, παρ' αὐτοῖς οὐδὲ δικαία ἀπολογία ἰσχύει.

156. Λύκος καὶ ἐρῳδιός

Λύκος καταπιὼν ὀστοῦν περιῄει ζητῶν τὸν ἰασόμενον. περιτυχὼν δὲ ἐρωδιῷ τοῦτον παρεκάλει ἐπὶ μισθῷ τὸ ὀστοῦν ἐξελεῖν. κἀκεῖνος καθεὶς τὴν ἑαυτοῦ κεφαλὴν εἰς τὸν φάρυγγα αὐτοῦ ἐξέσπασε καὶ τὸν ὡμολογημένον μισθὸν ἀπῄτει. ὁ δὲ ὑποτυχὼν εἶπεν· "ὦ οὗτος, οὐκ ἀγαπᾷς ἐκ λύκου στόματος σώαν τὴν κεφαλὴν ἐξενεγκών, ἀλλὰ καὶ μισθὸν ἀπαιτεῖς;"

Ὁ λόγος δηλοῖ ὅτι μεγίστη παρὰ τοῖς πονηροῖς εὐεργεσίας ἀμοιβὴ τὸ μὴ προσαδικεῖσθαι ὑπ' αὐτῶν.

155. Der Wolf und das Lamm

Der Wolf erblickte das Lamm, das gerade aus einem Fluss trank, und wollte es unter einem wohlbegründeten Vorwand verschlingen. Deshalb stellte er sich weiter oben hin und warf ihm vor, es verschmutze das Wasser und lasse ihn nicht trinken. Als es nun sagte, es trinke mit spitzen Lippen, und im Übrigen sei es nicht möglich, dass einer, der weiter unten stehe, oben das Wasser trübe, sprach der Wolf, der mit diesem Vorwand einen Fehler gemacht hatte: »Aber letztes Jahr hast du meinen Vater beschimpft!« Als es aber sagte, es sei noch nicht einmal ein Jahr alt, sprach der Wolf zu ihm: »Auch wenn du noch so viele Rechtfertigungen parat hast, werde ich dich deshalb etwa nicht auffressen?«

Die Fabel zeigt, dass bei denen, die den Vorsatz haben, Unrecht zu tun, auch eine triftige Rechtfertigung nichts ausrichten kann.

156. Der Wolf und der Reiher

Der Wolf, der einen Knochen verschluckt hatte, lief herum auf der Suche nach jemandem, der ihm ärztliche Hilfe leisten könnte. Er geriet an den Reiher und bat ihn, gegen eine Belohnung den Knochen herauszuziehen. Und der steckte seinen Kopf in dessen Hals, zog ihn heraus und verlangte die vereinbarte Belohnung. Der aber fiel ihm ins Wort und sagte: »Du da, bist du nicht damit zufrieden, dass du aus dem Rachen eines Wolfs deinen Kopf heil herausgezogen hast, sondern verlangst auch noch eine Belohnung?«

Die Fabel zeigt, dass bei den Bösen die höchste Form der Erwiderung einer Wohltat darin besteht, dass einem nicht noch zusätzlich von ihnen Unrecht angetan wird.

157. Λύκος καὶ αἴξ

Λύκος θεασάμενος αἶγα ἐπί τινος κρημνοῦ νεμομένην, ἐπειδὴ οὐκ ἠδύνατο αὐτῆς ἐφικέσθαι, κατωτέρω παρῄνει αὐτὴν καταβῆναι, μὴ καὶ πέσῃ λαθοῦσα, λέγων ὡς ἀμείνων ὁ παρ' αὐτῷ λειμών, ἐπεὶ καὶ ἡ πόα σφόδρα εὐανθής. ἡ δὲ ἀπεκρίνατο πρὸς αὐτόν· "ἀλλ' οὐκ ἐμὲ ἐπὶ νομὴν καλεῖς, αὐτὸς δὲ τροφῆς ἀπορεῖς."

Οὕτω καὶ τῶν ἀνθρώπων οἱ κακοῦργοι, ὅταν παρὰ τοῖς εἰδόσι πονηρεύωνται, ἀνόνητοι τῶν τεχνασμάτων γίνονται.

158. Λύκος καὶ γραῦς

Λύκος λιμώττων περιῄει ζητῶν ἑαυτῷ τροφήν. ὡς δὲ ἐγένετο κατά τινα ἔπαυλιν, ἀκούσας γραὸς κλαυθμυριζομένῳ παιδὶ διαπειλούσης, ἐὰν μὴ παύσηται βαλεῖν αὐτὸν τῷ λύκῳ, προσέμενεν οἰόμενος ἀληθεύειν αὐτήν. ἑσπέρας δὲ γενομένης, ὡς οὐδὲν τοῖς λόγοις ἀκόλουθον ἐγένετο, ἀπαλλαττόμενος ἔφη πρὸς ἑαυτόν· "ἐν ταύτῃ τῇ ἐπαύλει οἱ ἄνθρωποι ἄλλα μὲν λέγουσιν, ἄλλα δὲ ποιοῦσι."

Οὗτος ὁ λόγος ἁρμόσειεν ἂν πρὸς ἐκείνους τοὺς ἀνθρώπους οἳ τοῖς λόγοις ἀκόλουθα τὰ ἔργα οὐκ ἔχουσι.

159. Λύκος καὶ πρόβατον

Λύκος τροφῆς κεκορεσμένος, ἐπειδὴ ἐθεάσατο πρόβατον ἐπὶ γῆς βεβλημένον, αἰσθόμενος ὅτι διὰ τὸν ἑαυτοῦ φόβον πέπτωκε, προσελθὼν παρεθάρσυνεν αὐτό, λέγων ὡς, ἐὰν αὐτῷ τρεῖς λόγους ἀληθεῖς εἴπῃ, ἀπολύσει αὐτό. ⟨τὸ⟩ δὲ ἀρξάμενον ἔλεγε πρῶτον μὲν μὴ βεβουλῆσθαι

157. Der Wolf und die Ziege

Der Wolf erblickte die Ziege, die an einem Abhang weidete, und weil er sie nicht erreichen konnte, riet er ihr, weiter herab zu steigen, damit sie nicht unversehens abstürze, wobei er sagte, die Wiese bei ihm sei besser, da auch das Gras sehr reichlich sprieße. Die aber erwiderte ihm: »Du rufst nicht mich zu einem Weideplatz, sondern hast selbst kein Futter.«

So stehen auch bei den Menschen die Schurken, wenn sie bei denen, die Bescheid wissen, schlecht handeln, ganz dumm da mit ihren Machenschaften.

158. Der Wolf und die alte Frau

Ein Wolf, der Hunger hatte, lief umher und suchte nach Futter für sich. Als er zu einem Gehöft kam und hörte, wie eine alte Frau einem weinenden Kind drohte, es dem Wolf vorzuwerfen, wenn es nicht aufhöre, wartete er, weil er glaubte, sie spreche die Wahrheit. Als es aber Abend wurde und den Worten nichts folgte, ging er davon und sprach zu sich: »Auf diesem Gehöft sagen die Menschen das eine und tun das andere.«

Diese Fabel dürfte auf jene Menschen passen, bei denen Worte und Taten nicht übereinstimmen.

159. Der Wolf und das Schaf

Als ein Wolf, der vom Futter satt war, ein auf die Erde gefallenes Schaf erblickte und merkte, dass es aus Angst vor ihm hingestürzt war, kam er heran und machte ihm Mut, indem er sagte, er werde es freilassen, wenn es ihm drei wahre Sätze sage. Es fing an und sagte erstens, es habe ihm nicht begegnen wollen, zweitens, wenn das also

αὐτῷ περιτυχεῖν, δεύτερον δέ, εἰ ἄρα τοῦτο εἵμαρται, τυφλῷ, τρίτον δέ· "κακοὶ κακῶς ἀπόλοισθε πάντες οἱ λύκοι, ὅτι μηδὲν παθόντες ὑφ' ἡμῶν κακὸν πολεμεῖτε ἡμᾶς." καὶ ὁ λύκος ἀποδεξάμενος αὐτοῦ τὸ ἀψευδὲς ἀπέλυσεν αὐτό.

Ὁ λόγος δηλοῖ ὅτι πολλάκις ἡ ἀλήθεια καὶ παρὰ πολεμίοις ἰσχύει.

160. Λύκος τετρωμένος καὶ πρόβατον

Λύκος ὑπὸ κυνῶν δηχθεὶς καὶ κακῶς διατεθεὶς ἐβέβλητο τροφὴν ἑαυτῷ περιποιεῖσθαι μὴ δυνάμενος. καὶ δὴ θεασάμενος πρόβατον, τούτου ἐδεήθη ποτὸν αὐτῷ ὀρέξαι ἐκ τοῦ παραρρέοντος ποταμοῦ. "ἐὰν γάρ σύ μοι," φησί, "ποτὸν δῷς, ἐγὼ τὴν τροφὴν ἐμαυτῷ εὑρήσω." τὸ δὲ ὑποτυχὸν ἔφη· "ἐὰν ποτόν σοι ἐγὼ ἐπιδῶ, σὺ καὶ τροφῇ μοι χρήσῃ."

Πρὸς ἄνδρα κακοῦργον δι' ὑποκρίσεως ἐνεδρεύοντα ὁ λόγος εὔκαιρος.

161. Μάντις

Μάντις ἐπὶ τῆς ἀγορᾶς καθεζόμενος ἠργυρολόγει. ἐλθόντος δέ τινος αἰφνίδιον πρὸς αὐτὸν καὶ ἀπαγγείλαντος ὡς τῆς οἰκίας αὐτοῦ αἱ θύραι ἀνεσπασμέναι εἰσὶ καὶ πάντα τὰ ἔνδον ἐκπεφορημένα, ἐκταραχθεὶς ἀνεπήδησε καὶ στενάξας ἔθει δρομῳ τὸ γεγονὸς ὀψόμενος. τῶν δὲ παρατυχόντων τις θεασάμενος εἶπεν· "ὦ οὗτος, σὺ τὰ ἀλλότρια πράγματα προειδέναι ἐπαγγελλόμενος τὰ σαυτοῦ οὐ προεμαντεύου;"

vom Schicksal verhängt sei, hätte er blind sein sollen, drittens: »Böse zugrunde gehen sollt all ihr bösen Wölfe, weil ihr, obwohl ihr von uns nichts Böses erlitten habt, gegen uns Krieg führt.« Und der Wolf nahm dessen unverfälschte Offenheit an und ließ es frei.

Die Fabel zeigt, dass die Wahrheit oft auch bei Feinden Gewicht hat.

160. Der Wolf, der verwundet ist, und das Schaf

Ein Wolf, der von Hunden gebissen und übel zugerichtet worden war, lag niedergeworfen da und konnte sich selbst kein Futter beschaffen. Als er nun ein Schaf erblickte, bat er es, ihm einen Trank aus dem vorbeifließenden Fluss zu reichen. »Denn wenn du mir«, sprach er, »einen Trank gibst, werde ich das Futter für mich finden.« Es fiel ihm aber ins Wort und sprach: »Wenn ich dir einen Trank gebe, wirst du mich dazu als Futter verwenden.«

Auf einen Schurken, der durch Heuchelei Fallen stellt, ist die Fabel gut passend.

161. Der Seher

Ein Seher saß auf dem Markt und nahm Geld für seine Sprüche. Als aber plötzlich einer zu ihm kam und meldete, dass die Türen seines Hauses aufgebrochen und alle Dinge, die sich darin befanden, herausgetragen worden seien, erschrak er, sprang auf und lief jammernd im Laufschritt, um zu sehen, was geschehen war. Einer der Vorbeigehenden erblickte ihn und sagte: »He du, du versprichst, fremde Angelegenheiten vorher zu wissen, und konntest deine eigenen nicht vorhersehen?«

Τούτῳ τῷ λόγῳ χρήσαιτο ἄν τις πρὸς ἐκείνους τοὺς ἀνθρώπους οἳ τὸν ἑαυτῶν βίον φαύλως διοικοῦντες τῶν μηδὲν προσηκόντων προνοεῖσθαι πειρῶνται.

162. Παῖς καὶ κόραξ

Μαντευομένῃ τινὶ περὶ τοῦ ἑαυτῆς παιδὸς ἔτι νηπίου ὄντος οἱ μάντεις προέλεγον ὅτι ὑπὸ κόρακος ἀναιρεθήσεται. διόπερ φοβουμένη λάρνακα μεγίστην κατασκευάσασα ἐν ταύτῃ αὐτὸν καθεῖρξε, φυλαττομένη μὴ ὑπὸ κόρακος ἀναιρεθῇ. καὶ διετέλει τεταγμέναις ὥραις ἀναπεταννῦσα καὶ τὴν ἐπιτηδείαν αὐτῷ τροφὴν παρεχομένη. καί ποτε ἀνοιξάσης αὐτῆς καὶ τὸ πῶμα ἐπιθείσης, ὁ παῖς ἀπροφυλάκτως παρέκυψεν. οὕτω τε συνέβη τῆς λάρνακος τὸν κόρακα κατὰ τοῦ βρέγματος κατενεχθέντα ἀποκτεῖναι αὐτόν.

Ὁ λόγος δηλοῖ ὅτι τὸ πεπρωμένον ἀπαρεγχείρητόν ἐστι.

163. Μέλισσαι καὶ Ζεύς

Μέλισσαι φθονήσασαι ἀνθρώποις τοῦ ἰδίου μέλιτος ἧκον πρὸς τὸν Δία καὶ τούτου ἐδέοντο ὅπως αὐταῖς ἰσχὺν παράσχῃ παιούσαις τοῖς κέντροις τοὺς προσιόντας τοῖς κηρίοις ἀναιρεῖν. καὶ ὁ Ζεὺς ἀγανακτήσας κατ᾽ αὐτῶν διὰ τὴν βασκανίαν παρεσκεύασεν αὐτάς, ἡνίκα ἂν τύπτωσί τινα, τὸ κέντρον ἀποβαλεῖν, μετὰ δὲ τοῦτο καὶ τῆς σωτηρίας στερίσκεσθαι.

Οὗτος ὁ λόγος ἁρμόσειεν ἂν πρὸς ἄνδρας βασκάνους, οἳ καὶ αὐτοὶ βλάπτεσθαι ὑπομένουσι.

Diese Fabel könnte man auf jene Menschen anwenden, die ihr eigenes Leben schlecht organisieren und versuchen, für das, was sie nichts angeht, vorzusorgen.

162. Der Knabe und der Rabe

Als eine sich wegen ihres Sohnes, der noch ein Kleinkind war, weissagen ließ, prophezeiten ihr die Weissager, er werde von einem Raben getötet werden. Deshalb hatte sie Angst, ließ einen sehr großen Kasten bauen und schloss ihn darin ein, um zu verhüten, dass er von einem Raben getötet werde. Und sie machte es sich zur Gewohnheit, zu festen Zeiten zu öffnen und dem Knaben die notwendige Nahrung zu geben. Und als sie einmal öffnete und das Getränk hineinstellte, bückte sich unversehens der Knabe. So geschah es, dass der Rabe [Riegel] des Kastens gegen die Stirn des Knaben schlug und ihn tötete.

Die Fabel zeigt, dass dem vom Schicksal Vorherbestimmten nicht beizukommen ist.

163. Die Bienen und Zeus

Die Bienen, die den Menschen ihren eigenen Honig missgönnten, kamen zu Zeus und baten ihn, dass er ihnen die Kraft verleihe, mit ihren Stacheln die, welche sich ihren Waben näherten, zu verwunden und zu töten. Zeus aber ärgerte sich über sie wegen ihrer neidischen Gesinnung und richtete es so ein, dass sie, wenn sie jemanden stechen, ihren Stacheln verlieren, danach aber auch des Lebens beraubt werden.

Diese Fabel dürfte auf neidische Menschen passen, die es auch selbst erdulden, Schaden zu erleiden.

164. Μηναγύρται

Μηναγύρται ὄνον ἔχοντες τούτῳ εἰώθεσαν τὰ σκεύη ἐπιτιθέντες ὁδοιπορεῖν. καὶ δή ποτε ἀποθανόντος αὐτοῦ ἀπὸ κόπου, ἐκδείραντες αὐτόν, ἐκ τοῦ δέρματος τύμπανα κατεσκεύασαν καὶ τούτοις ἐχρῶντο. ἑτέρων δὲ αὐτοῖς μηναγυρτῶν ἀπαντησάντων καὶ πυνθανομένων αὐτῶν ποῦ ἂν εἴη ὁ ὄνος, ἔφασαν τεθνηκέναι μὲν αὐτόν, πληγὰς δὲ τοσαύτας λαμβάνειν ὅσας ἀλλ᾽ οὐδὲ ζῶν ὑπέμεινεν.

Οὕτω καὶ τῶν οἰκετῶν ἔνιοι, καίπερ τῆς δουλείας ἀφειμένοι, τῶν δουλικῶν ἔργων οὐκ ἀπαλλάττονται.

165. Μύες καὶ γαλαῖ

Μυσὶ καὶ γαλαῖς πόλεμος ἦν. ἀεὶ δὲ οἱ μύες ἡττώμενοι, ἐπεὶ συνῆλθον εἰς ταὐτόν, ὑπέλαβον ὅτι δι᾽ ἀναρχίαν τοῦτο πάσχουσιν· ὅθεν ἐκλεξάμενοί τινας ἑαυτῶν στρατηγοὺς ἐχειροτόνησαν. οἱ δὲ βουλόμενοι ἐπισημότεροι τῶν ἄλλων εἶναι, κέρατα κατασκευάσαντες ἑαυτοῖς συνῆψαν. ἐνστάσης δὲ τῆς μάχης συνέβη πάντας τοὺς μύας ἡττηθῆναι. οἱ μὲν οὖν ἄλλοι πάντες ἐπὶ τὰς ὀπὰς καταφεύγοντες ῥᾳδίως εἰσέδυνον, οἱ δὲ στρατηγοὶ μὴ δυνάμενοι εἰσελθεῖν διὰ τὰ κέρατα αὐτῶν συλλαμβανόμενοι κατησθίοντο.

Οὕτω πολλοῖς ἡ κενοδοξία κακῶν αἰτία γίνεται.

166. Μύρμηξ

Μύρμηξ ὁ νῦν τὸ πάλαι ἄνθρωπος ἦν, καὶ τῇ γεωργίᾳ προσέχων τοῖς ἰδίοις πόνοις οὐκ ἠρκεῖτο, ἀλλὰ καὶ τοῖς ἀλλοτρίοις ἐποφθαλμιῶν

164. Die Bettelpriester

Bettelpriester, die einen Esel hatten, pflegten diesem ihre Geräte aufzuladen und ihre Straße zu ziehen. Als der nun irgendwann aufgrund der Anstrengung starb, zogen sie ihm das Fell ab, fertigten aus dem Fell Trommeln und benutzten sie. Als ihnen andere Bettelpriester begegneten und sie fragten, wo ihr Esel sei, sprachen sie, er sei zwar gestorben, bekomme aber so viele Schläge, wie er nicht einmal im Leben erduldete.

So werden auch manche Haussklaven, selbst wenn sie aus der Sklaverei entlassen sind, von Sklavenarbeiten nicht befreit.

165. Die Mäuse und die Wiesel

Zwischen Mäusen und Wieseln war Krieg. Als die Mäuse, die stets unterlegen waren, am selben Ort zusammenkamen, vermuteten sie, dass ihnen dies wegen ihrer Herrenlosigkeit widerfahre. Deshalb suchten sie sich einige aus und wählten sie zu ihren Feldherrn. Weil die deutlicher erkennbar sein wollten als die anderen, fertigten sie sich Hörner und banden sie sich an. Als aber der Kampf begann, geschah es, dass alle Mäuse unterlegen waren. Alle anderen flohen also zu ihren Löchern und schlüpften leicht hinein, die Feldherrn aber konnten wegen ihrer Hörner nicht hineinkommen, wurden gefangen und aufgefressen.

So wird für viele die eitle Ruhmsucht zur Ursache für Unheil.

166. Die Ameise

Die heutige Ameise war einst ein Mensch, und während der sich der Landwirtschaft widmete, begnügte er sich nicht mit den eigenen Mühen, sondern blickte scheel auch auf fremden Besitz und

διετέλει τοὺς τῶν γειτόνων καρποὺς ὑφαιρούμενος. Ζεὺς δὲ ἀγανακτήσας κατὰ τῆς πλεονεξίας αὐτοῦ μετεμόρφωσεν αὐτὸν εἰς τοῦτο τὸ ζῷον ὃς μύρμηξ καλεῖται. ὁ δὲ καὶ τὴν μορφὴν ἀλλάξας τὴν διάθεσιν οὐ μετεβάλετο· μέχρι γὰρ νῦν κατὰ τὰς ἀρούρας περιιὼν τοὺς ἄλλων πυρούς τε καὶ κριθὰς συλλέγει καὶ ἑαυτῷ ἀποθησαυρίζει.

Ὁ λόγος δηλοῖ ὅτι οἱ φύσει πονηροί, κἂν τὰ μάλιστα κολάζωνται, τὸν τρόπον οὐ μετατίθενται.

167. Μυῖα

Μυῖα ἐμπεσοῦσα εἰς χύτραν κρέως, ἐπειδὴ ὑπὸ τοῦ ζωμοῦ ἀποπνίγεσθαι ἔμελλεν, ἔφη πρὸς ἑαυτήν· “ἀλλ’ ἔγωγε καὶ βέβρωκα καὶ πέπωκα καὶ λέλουμαι· κἂν ἀποθάνω, οὐδέν μοι μέλει.”

Ὁ λόγος δηλοῖ ὅτι ῥᾳδίον φέρουσι τὸν θάνατον οἱ ἄνθρωποι ὅταν ἀβασανίστως παρακολουθήσῃ.

168. Ναυαγὸς καὶ θάλασσα

Ναυαγὸς ἐκβρασθεὶς εἴς τινα αἰγιαλὸν διὰ τὸν κόπον ἐκοιμᾶτο. μετὰ μικρὸν δὲ ἐξαναστάς, ὡς ἐθεάσατο τὴν θάλασσαν, ἐμέμφετο αὐτῇ ὅτι γε δελεάζουσα τοὺς ἀνθρώπους τῇ πραΰτητι τῆς ὄψεως, ἡνίκα ἂν αὐτοὺς προσδέξηται, ἀπαγριουμένη διαφθείρει. ἡ δὲ ὁμοιωθεῖσα γυναικὶ ἔφη πρὸς αὐτόν· “ἀλλ’, ὦ οὗτος, μὴ ἐμὲ μέμφου, ἀλλὰ τοὺς ἀνέμους· ἐγὼ μὲν γὰρ φύσει τοιαύτη εἰμί ὁποίαν καὶ νῦν με ὁρᾷς· οἱ δὲ αἰφνίδιόν μοι ἐμπίπτοντες κυματοῦσι καὶ ἐξαγριαίνουσιν.”

nahm ständig die Feldfrüchte der Nachbarn weg. Zeus aber ärgerte sich über seine Habgier und verwandelte ihn in dieses Tier, das Ameise heißt. Er änderte aber, obwohl er die Gestalt wandelte, nicht die Wesensart. Denn bis heute läuft er auf den Äckern herum, sammelt Weizen- und Gerstenkörner anderer und hortet sie bei sich.

Die Fabel zeigt, dass die von Natur aus Schlechten, auch wenn sie besonders hart bestraft werden, ihren Charakter nicht verändern.

167. Die Fliege

Als eine Fliege in einen Fleischtopf gefallen war und von der Brühe ertränkt zu werden drohte, sprach sie zu sich: »Aber ich habe ja gegessen und getrunken und gebadet. Auch wenn ich sterbe, macht mir das nichts aus.«

Die Fabel zeigt, dass die Menschen den Tod leicht ertragen, wenn er ohne Qualen kommt.

168. Der Schiffbrüchige und das Meer

Ein Schiffbrüchiger wurde an einen Strand geschleudert und schlief infolge der Erschöpfung ein. Als er wenig später aufstand und das Meer sah, tadelte er es, weil es die Menschen mit der Sanftheit seines Anblicks anlocke, dann aber, wenn es sie aufgenommen habe, wild werde und sie vernichte. Es sprach aber in Gestalt einer Frau zu ihm: »He du, tadle doch nicht mich, sondern die Winde. Denn ich bin von Natur so, wie du mich auch jetzt siehst. Die aber stürzen sich plötzlich auf mich, verursachen Wellen und machen mich wild.«

Ἀτὰρ οὖν καὶ ἡμᾶς ἐπὶ τῶν ἀδικημάτων οὐ δεῖ τοὺς δρῶντας αἰτιᾶσθαι, ὅταν ἑτέροις ὑποτεταγμένοι ὦσι, τοὺς δὲ τούτοις ἐπιστατοῦντας.

169. Νέος ἄσωτος καὶ χελιδών

Νέος ἄσωτος καταφαγὼν τὰ πατρῷα, ἱματίου αὐτῷ μόνου περιλειφθέντος, ὡς ἐθεάσατο χελιδόνα παρὰ καιρὸν ὀφθεῖσαν, οἰόμενος ἤδη θέρος εἶναι, ὡς μηκέτι δεόμενος τοῦ ἱματίου καὶ τοῦτο φέρων ἀπημπόλησεν. ὕστερον δὲ χειμῶνος ἐπιλαβόντος καὶ σφοδροῦ τοῦ κρύους γενομένου περιιών, ἐπειδὴ εἶδε τὴν χελιδόνα νεκρὰν ἐρριμμένην, ἔφη πρὸς αὐτήν· "ὦ αὕτη, σὺ κἀμὲ καὶ σὲ ἀπώλεσας."

Ὁ λόγος δηλοῖ ὅτι πᾶν τὸ παρὰ καιρὸν δρώμενον ἐπισφαλές ἐστιν.

170. Νοσῶν καὶ ἰατρός

Νοσῶν τις καὶ ἐπερωτώμενος ὑπὸ τοῦ ἰατροῦ πῶς διετέθη, ἔλεγε πλέον τοῦ δέοντος ἱδρωκέναι. ὁ δὲ ἔφη ἀγαθὸν τοῦτο εἶναι. ἐκ δευτέρου δὲ ἐρωτώμενος πῶς ἔχοι, ἔφη φρίκῃ συνεχόμενος διατετινάχθαι. ὁ δὲ καὶ τοῦτο ἀγαθὸν ἔφασκεν εἶναι. τὸ δὲ τρίτον, ὡς παρεγένετο καὶ ἐπηρώτα αὐτὸν περὶ τῆς νόσου, διαρροίᾳ περιπεπτωκέναι εἶπεν· κἀκεῖνος ἀγαθὸν καὶ τοῦτο εἶναι φήσας ἀπηλλάγη. τῶν δὲ οἰκείων τινὸς παραγενομένου πρὸς αὐτὸν καὶ πυνθανομένου πῶς ἔχοι, ἔφη· "ἐγώ σοι ὑπὸ τῶν ἀγαθῶν ἀπόλωλα."

Aber auch wir dürfen also bei ungerechten Taten nicht die Handelnden beschuldigen, wenn sie anderen untergeordnet sind, sondern ihre Vorgesetzten.

169. Der liederliche junge Mann und die Schwalbe

Als ein liederlicher junger Mann, der sein väterliches Erbe aufgezehrt hatte und dem nur ein Mantel übriggeblieben war, eine Schwalbe erblickte, die sich zur Unzeit sehen ließ, glaubte er, es sei schon Sommer, und in der Meinung, er brauche den Mantel nicht mehr, nahm er auch diesen und verkaufte ihn. Als aber später der Winter über ihn hereinbrach, die Kälte sehr heftig wurde und er beim Herumlaufen die Schwalbe tot zu Boden geworfen sah, sprach er zu ihr: »Du da, du hast mich und dich umgebracht!«

Die Fabel zeigt, dass alles, was zur Unzeit getan wird, gefährlich ist.

170. Der Kranke und der Arzt

Einer, der krank war und von seinem Arzt gefragt wurde, wie es ihm gehe, sagte, er schwitze mehr als notwendig. Der aber sprach, das sei gut. Als er ein zweites Mal gefragt wurde, wie es ihm gehe, sprach er, er sei vom Schüttelfrost befallen. Der aber behauptete, auch das sei gut. Als der zum dritten Mal kam und ihn wegen seiner Krankheit befragte, sagte er, er habe Durchfall bekommen. Und jener behauptete, auch das sei gut, und ging davon. Als nun einer seiner Verwandten zu ihm kam und sich erkundigte, wie es ihm gehe, sprach er: »Vor lauter guten Symptomen bin ich zugrunde gegangen.«

Οὕτω πολλοὶ τῶν ἀνθρώπων ἐπὶ τούτοις ὑπὸ τῶν πέλας μακαρίζονται τῇ ἔξωθεν οἰήσει, ἐφ' οἷς αὐτοὶ παρ' ἑαυτοῖς τὰ μάλιστα δυσφοροῦσιν.

171. Νυκτερίς, βάτος καὶ αἴθυια

Νυκτερὶς καὶ βάτος καὶ αἴθυια κοινωνίαν πρὸς ἀλλήλας στειλάμεναι ἐμπορεύεσθαι διέγνωσαν. καὶ δὴ ἡ μὲν νυκτερὶς ἀργύριον δανεισαμένη εἰς μέσον κατέθηκεν, ἡ δὲ βάτος ἐσθῆτα ἐνεβάλετο, ἡ δὲ αἴθυια χαλκὸν πριαμένη καὶ τοῦτον ἐνθεμένη ἔπλει. χειμῶνος δὲ σφοδροῦ γενομένου καὶ τῆς νηὸς περιτραπείσης, ⟨πάντα ἀπολέσασαι αὐταὶ ἐπὶ τὴν γῆν διεσώθησαν. καὶ⟩ ἡ μὲν αἴθυια ἀπ' ἐκείνου τὸν χαλκὸν ζητοῦσα ἐπὶ τοῦ βυθοῦ δύνει, οἰομένη ποτὲ εὑρήσειν· ἡ δὲ νυκτερὶς τοὺς δανειστὰς φοβουμένη ἡμέρας μὲν οὐ φαίνεται, νυκτὸς δὲ ἐπὶ νομὴν ἔξεισιν· ἡ δὲ βάτος τὰς ἐσθῆτας ἐπιζητοῦσα τῶν παριόντων ἐπιλαμβάνεται τῶν ἱματίων, προσδοκῶσα τῶν ἰδίων τι ἐπιγνώσεσθαι.

Ὁ λόγος δηλοῖ ὅτι περὶ ταῦτα μᾶλλον σπουδάζομεν περὶ ἃ ἂν πρότερον πταίσωμεν.

172. Νυκτερὶς καὶ γαλαῖ

Νυκτερὶς ἐπὶ τῆς γῆς πεσοῦσα ὑπὸ γαλῆς συνελήφθη· μέλλουσα δὲ ἀναιρεῖσθαι παρεκάλει περὶ τῆς σωτηρίας. τῆς δὲ λεγούσης ὡς οὐ δύναται αὐτὴν ἀπολῦσαι, φύσει γὰρ πᾶσι πολεμεῖ πτηνοῖς, ἔφησεν ἑαυτὴν μὴ ὄρνεον εἶναι, ἀλλὰ μῦν, καὶ οὕτως ἀφείθη. ὕστερον δὲ πάλιν πεσοῦσα καὶ συλληφθεῖσα ὑπὸ ἑτέρας γαλῆς ἐδεῖτο ὅπως μεθείη αὐτήν.

So werden viele Menschen von ihren Mitmenschen aufgrund des äußeren Anscheins wegen der Dinge glücklich gepriesen, durch die sie selbst in ihrem Inneren sehr unglücklich sind.

171. Fledermaus, Dornbusch und Tauchervogel

Die Fledermaus, der Dornbusch und der Tauchervogel taten sich zusammen und beschlossen, Handel zu treiben. Und so lieh die Fledermaus Geld und legte es in die Mitte, der Dornbusch steuerte Kleidung bei, und der Tauchervogel kaufte Bronze, legte sie auf ein Schiff und segelte ⟨mit ihnen⟩ los. Als ein heftiger Sturm aufkam und das Schiff kenterte, verloren sie alles, retteten sich aber an Land. Und der Tauchervogel sucht seitdem die Bronze und taucht zum Meeresgrund, weil er glaubt, er werde sie irgendwann finden. Die Fledermaus aber zeigt sich, weil sie die Gläubiger fürchtet, nicht bei Tage, sondern geht nachts auf Futtersuche aus. Und der Dornbusch sucht seine Kleider und hält sich an den Mänteln der Vorbeigehenden fest, weil er erwartet, einen von den eigenen wiederzuerkennen.

Die Fabel zeigt, dass wir uns um das mehr bemühen, womit wir vorher Unglück hatten.

172. Die Fledermaus und die Wiesel

Eine Fledermaus fiel auf die Erde und wurde von einem Wiesel gepackt. Als sie schon gefressen werden sollte, bat sie um ihr Leben. Jenes aber sagte, es könne sie nicht freilassen, denn es führe von Natur aus Krieg gegen alle Vögel, und da behauptete die Fledermaus, sie sei kein Vogel, sondern eine Maus, und so wurde sie freigelassen. Später aber fiel sie wieder auf die Erde, wurde von einem anderen Wiesel gepackt und bat, es möge sie laufenlassen. Als es

τῆς δὲ εἰπούσης ἅπασι τοῖς μυσὶ διεχθραίνειν, ἔλεγεν ἑαυτὴν μὴ μῦν εἶναι, ἀλλὰ νυκτερίδα, καὶ πάλιν ἀπελύθη. οὕτω τε συνέβη αὐτῇ δὶς ἐναλλαξαμένῃ τὸ ὄνομα τῆς σωτηρίας περιγενέσθαι.

Ἀτὰρ οὖν καὶ ἡμᾶς δεῖ μὴ ἀεὶ τοῖς αὐτοῖς ἐπιμένειν, λογιζομένους ὅτι οἱ τοῖς καιροῖς συμμετασχηματιζόμενοι πολλάκις καὶ τοὺς σφοδροὺς τῶν κινδύνων ἐκφεύγουσιν.

173. Ξυλευόμενος καὶ Ἑρμῆς

Ξυλευόμενός τις παρά τινα ποταμὸν τὸν πέλεκυν ἀπέβαλε· τοῦ δὲ ῥεύματος παρασύραντος αὐτόν, καθήμενος ἐπὶ τῆς ὄχθης ὠδύρετο, μέχρις οὗ ὁ Ἑρμῆς ἐλεήσας αὐτὸν ἧκε. καὶ μαθὼν παρ᾽ αὐτοῦ τὴν αἰτίαν δι᾽ ἣν ἔκλαιε, τὸ μὲν πρῶτον καταβὰς χρυσοῦν αὐτῷ πέλεκυν ἀνήνεγκε καὶ ἐπυνθάνετο εἰ οὗτος αὐτοῦ εἴη. τοῦ δὲ εἰπόντος μὴ τοῦτον εἶναι, ἐκ δευτέρου ἀργυροῦν ἀνήνεγκε καὶ πάλιν ἀνηρώτα εἰ τοῦτον ἀπέβαλεν. ἀρνησαμένου δὲ αὐτοῦ, τὸ τρίτον τὴν ἰδίαν ἀξίνην ἐκόμισε αὐτῷ. τοῦ δὲ ἐπιγνόντος, ἀποδεξάμενος αὐτοῦ τὴν δικαιοσύνην πάσας αὐτῷ ἐχαρίσατο. καὶ ὃς ἐπανελόμενος, ἐπειδὴ παρεγένετο πρὸς τοὺς ἑταίρους, τὰ γεγενημένα αὐτοῖς διηγήσατο. τῶν δέ τις ἐποφθαλμιάσας ἐβουλήθη καὶ αὐτὸς τῶν ἴσων περιγενέσθαι. διόπερ ἀναλαβὼν πέλεκυν παρεγένετο ἐπὶ τὸν αὐτὸν ποταμὸν καὶ ξυλευόμενος ἐπίτηδες τὴν ἀξίνην εἰς τὰς δίνας ἀφῆκε καθεζόμενός τε ἔκλαιεν. Ἑρμοῦ δὲ ἐπιφανέντος καὶ πυνθανομένου τί τὸ συμβεβηκὸς εἴη, ἔλεγε τὴν τοῦ πελέκεως ἀπώλειαν. τοῦ δὲ χρυσοῦν αὐτῷ ἀνενεγκόντος καὶ διερωτῶντος εἰ τοῦτον ἀπολώλεκεν, ὑπὸ τοῦ κέρδους ὑποφθὰς ἔφασκεν αὐτὸν εἶναι. καὶ ὁ θεὸς αὐτῷ οὐκ ἐχαρίσατο, ἀλλ᾽ οὐδὲ τὸν ἴδιον πέλεκυν ἀπεκατέστησεν.

Ὁ λόγος δηλοῖ ὅτι ὅσον τοῖς δικαίοις τὸ θεῖον συναγωνίζεται, τοσοῦτον τοῖς ἀδίκοις ἐναντιοῦται.

aber sagte, es sei allen Mäusen feind, sagte sie, dass sie keine Maus, sondern eine Fledermaus sei, und wurde wieder freigelassen. So geschah es ihr, dass sie zweimal den Namen änderte und dadurch ihr Leben rettete.

Aber auch wir dürfen also nicht immer bei denselben Dingen bleiben, indem wir bedenken, dass diejenigen, die sich den Gegebenheiten anpassen, oft auch den schweren Gefahren entrinnen.

173. Der Holzfäller und Hermes

Einer, der an einem Fluss Holz fällte, verlor dabei seine Axt. Weil die Strömung sie mit sich zog, saß er am Ufer und jammerte, bis Hermes Mitleid mit ihm bekam und erschien. Und als er von ihm den Grund erfahren hatte, warum er weinte, stieg er ein erstes Mal hinab, brachte ihm eine goldene Axt herauf und fragte, ob diese seine sei. Als der aber sagte, diese sei es nicht, brachte er beim zweiten Mal eine silberne herauf und fragte wieder, ob er diese verloren habe. Der aber sagte nein, und da brachte er ihm beim dritten Mal sein eigenes Beil. Da erkannte er es, und der, welcher sein Gerechtigkeitsempfinden guthieß, schenkte ihm alle. Und er nahm sie, und als er zu seinen Freunden kam, erzählte er ihnen, was geschehen war. Einer von ihnen aber wurde neidisch und wollte auch selber das Gleiche bekommen. Deshalb nahm er eine Axt, kam zum selben Fluss, fällte Holz, ließ absichtlich das Beil in die Strömung fallen, setzte sich hin und weinte. Hermes erschien und fragte, was geschehen sei, und er erzählte vom Verlust seiner Axt. Als der ihm eine goldene heraufbrachte und ihn fragte, ob er diese verloren habe, behauptete er, infolge seiner Habsucht voreilig, sie sei es. Und der Gott schenkte sie ihm nicht, ja brachte ihn auch nicht wieder in den Besitz der eigenen Axt.

Die Fabel zeigt, dass das Göttliche im selben Maße den Gerechten zur Seite steht, wie es sich den Ungerechten widersetzt.

174. Ὁδοιπόρος καὶ Τύχη

Ὁδοιπόρος πολλὴν ὁδὸν διανύσας, ἐπειδὴ κόπῳ συνείχετο, πεσὼν παρά τι φρέαρ ἐκοιμᾶτο. μέλλοντος δὲ αὐτοῦ ὅσον οὐδέπω καταπίπτειν, ἡ Τύχη ἐπιστᾶσα καὶ διεγείρασα αὐτὸν εἶπεν· "ὦ οὗτος, εἴ γε ἐπεπτώκεις, οὐκ ἂν τὴν σεαυτοῦ ἀβουλίαν, ἀλλ' ἐμὲ ᾐτιῶ."

Οὕτω πολλοὶ τῶν ἀνθρώπων δι' ἑαυτοὺς δυστυχήσαντες τοὺς θεοὺς αἰτιῶνται.

175. Ὁδοιπόροι καὶ πλάτανος

Ὁδοιπόροι θέρους ὥρᾳ περὶ μεσημβρίαν ὑπὸ καύματος τρυχόμενοι, ὡς ἐθεάσαντο πλάτανον, ὑπὸ ταύτην καταντήσαντες καὶ ἐν τῇ σκιᾷ κατακλιθέντες ἀνεπαύοντο. ἀναβλέψαντες δὲ εἰς τὴν πλάτανον ἔλεγον πρὸς ἀλλήλους· "ὡς ἀνωφελές τι τοῦτο καὶ ἄκαρπον ἀνθρώποις ἐστὶ τὸ δένδρον." ἡ δὲ ὑποτυχοῦσα ἔφη· "ὦ ἀχάριστοι, ἔτι τῆς ἐξ ἐμοῦ εὐεργεσίας ἀπολαύοντες ἀχρείαν με καὶ ἄκαρπον ἀποκαλεῖτε;"

Οὕτω καὶ τῶν ἀνθρώπων τινες οὕτω ἀτυχεῖς εἰσιν ὡς καὶ εὐεργετοῦντες τοὺς πέλας ἐπὶ τῇ χρηστότητι ἀπιστεῖσθαι

176. Ὁδοιπόρος καὶ ἔχις

Ὁδοιπόρος χειμῶνος ὁδεύων, ὡς ἐθεάσατο ἔχιν ὑπὸ κρύους διαφθειρόμενον, τοῦτον ἐλεήσας ἀνείλατο καὶ βαλὼν εἰς τὸν ἑαυτοῦ κόλπον θερμαίνειν ἐπειρᾶτο. ὁ δὲ μέχρι μὲν ὑπὸ τοῦ ψύχους συνείχετο, ἠρέμει· ἐπειδὴ

174. Der Wanderer und Tyche

Als ein Wanderer, der einen langen Weg zurückgelegt hatte, von Erschöpfung erfasst wurde, fiel er neben einem Brunnen nieder und schlief ein. Da er nun drauf und dran war, so tief wie nie zuvor hinab zu fallen, trat Tyche zu ihm hin, weckte ihn und sagte: »He du, wenn du hineingefallen wärst, würdest du nicht deine eigene Unüberlegtheit, sondern mich beschuldigen.«

So beschuldigen viele unter den Menschen, die durch eigene Schuld ins Unglück geraten, die Götter.

175. Die Wanderer und die Platane

Als Wanderer, die zur Sommerzeit gegen Mittag von der Hitze erschöpft waren, eine Platane erblickten, begaben sie sich darunter, legten sich in den Schatten und ruhten sich aus. Sie blickten aber hinauf zu der Platane und sagten zueinander: »Wie unnütz und für die Menschen unergiebig ist doch dieser Baum!« Die aber fiel ihnen ins Wort und sprach: »Ihr Undankbaren, noch während ihr meine Wohltätigkeit genießt, nennt ihr mich nutzlos und unergiebig?«

So sind auch bei den Menschen manche so glücklos, dass auch dann, wenn sie ihren Mitmenschen Wohltaten erweisen, an ihrer Nützlichkeit gezweifelt wird.

176. Der Wanderer und die Schlange

Als ein Wanderer, der im Winter unterwegs war, eine vom Frost beinahe getötete Schlange erblickte, bekam er Mitleid mit ihr, nahm sie auf, legte sie in seinen Gewandbausch und versuchte, sie zu wärmen. Solange die von der Kälte beeinträchtigt war, hielt sie

δὲ ἐθερμάνθη, δὰξ εἰς τὴν αὐτοῦ γαστέρα ἐνῆκε. καὶ ὃς ἀποθνήσκειν μέλλων ἔφη· "ἀλλ' ἔγωγε δίκαια πέπονθα· τί γὰρ τοῦτον ἀπολλύμενον ἔσῳζον, ὃν ἔδει καὶ ἐρρωμένον ἀναιρεῖν;"

Ὁ λόγος δηλοῖ ὅτι πονηρία εὐεργετουμένη πρὸς τῷ ἀμοιβὰς μὴ ἀποδιδόναι καὶ κατὰ τῶν εὐεργετῶν ἀναπτεροῦται.

177. Ὁδοιπόροι καὶ φρύγανα

Ὁδοιπόροι κατά τινα αἰγιαλὸν ὁδεύοντες, ὡς ἦλθον ἐπί τινα σκοπιάν, ἐνθένδε θεασάμενοι φρύγανα πόρρωθεν ἐπιπλέοντα ᾠήθησαν ναῦν εἶναι μεγάλην. διὸ προσέμενον ὡς μέλλουσαν προσορμίζεσθαι. ἐπεὶ δὲ ὑπὸ ἀνέμου φερόμενα τὰ φρύγανα μικρὸν προσεπέλαζον, ἀπεκαραδόκουν ὑπολαμβάνοντες πλοῖον εἶναι οὐκέτι μέγα ὡς τὸ πρότερον. ἐγγὺς δὲ παντελῶς ἐξενεχθέντων αὐτῶν, ἰδόντες φρύγανα ὄντα ἔφασαν πρὸς ἀλλήλους· "τὸ μηδὲν ὂν ἡμεῖς μάτην προσεδεχόμεθα."

Οὕτω καὶ τῶν ἀνθρώπων ἔνιοι ἐξ ἀπόπτου δοκοῦντες φοβεροὶ εἶναι, ὅταν εἰς διάπειραν ἔλθωσιν, εὑρίσκονται οὐδενὸς ἄξιοι.

178. Ὁδοιπόρος καὶ Ἑρμῆς

Ὁδοιπόρος πολλὴν ὁδὸν ἀνύων ηὔξατο ὧν ἂν εὕρηται τὸ ἥμισυ τῷ Ἑρμῇ ἀναθήσειν. περιτυχὼν δὲ πήρᾳ ἐν ᾗ ἀμύγδαλά τε ἦν καὶ φοίνικες, ταύτην ἀνείλατο οἰόμενος ἀργύριον εἶναι. ἐκτινάξας δέ, ὡς εὗρε τὰ

still. Als sie aber erwärmt war, drang sie mit dem Zahn in seinen Bauch ein. Da sprach er, als er sterben sollte: »Aber das geschieht mir ja recht. Warum habe ich die hier zu retten versucht, als sie am Verenden war, die man doch auch dann, wenn sie bei Kräften gewesen wäre, hätte töten müssen?«

Die Fabel zeigt, dass Schlechtigkeit, wenn ihr eine Wohltat erwiesen wird, nicht nur eine solche nicht erwidert, sondern sich sogar gegen die Wohltäter erhebt.

177. Die Wanderer und das Treibholz

Als Wanderer, die an einem Strand entlang ihren Weg nahmen, zu einem Aussichtspunkt kamen und von dort Treibholz erblickten, das aus der Ferne heranschwamm, glaubten sie, es sei ein großes Schiff. Deshalb warteten sie in der Meinung, es werde vor Anker gehen. Als das vom Wind getriebene Treibholz ein wenig näher kam, hielten sie gespannt Ausschau und vermuteten nicht mehr wie vorher, das Fahrzeug sei groß. Als die Stücke aber ganz herangetragen waren, sahen sie, dass es Treibholz war und sprachen zueinander: »Auf das, was nichts ist, haben wir sinnlos gewartet.«

So erweisen sich auch bei den Menschen manche, die aus der Ferne furchterregend erscheinen, wenn man sie kennenlernt, als nichtswürdig.

178. Der Wanderer und Hermes

Ein Wanderer, der dabei war, einen langen Weg zurückzulegen, gelobte, dass er von dem, was er finde, die Hälfte Hermes weihen werde. Er stieß auf einen Ranzen, in dem Mandeln und Datteln waren, und hob ihn auf, weil er glaubte, es sei Geld. Als er aber, nachdem er ihn ausgeschüttet hatte, fand, was darin war, aß er es

ἐνόντα, ταῦτα καταφαγὼν καὶ λαβὼν τῶν τε ἀμυγδάλων τὰ κελύφη καὶ τῶν φοινίκων τὰ ὀστᾶ, ταῦτα ἐπί τινος βωμοῦ ἔθηκεν, εἰπών· "ἀπέχεις, ὦ Ἑρμῆ, τὴν εὐχήν· καὶ γὰρ τὰ ἐντός ὧν εὗρον καὶ τὰ ἐκτὸς πρὸς σὲ διανενέμημαι."

Πρὸς ἄνδρα φιλάργυρον διὰ πλεονεξίαν καὶ θεοὺς κατασοφιζόμενον ὁ λόγος εὔκαιρος.

179. Ὄνος καὶ κηπουρός

Ὄνος κηπουρῷ δουλεύων, ἐπειδὴ ὀλίγα μὲν ἤσθιε πολλὰ δὲ ἐκακοπάθει, ηὔξατο τῷ Διὶ ὅπως τοῦ κηπουροῦ αὐτὸν ἀπαλλάξας ἑτέρῳ δεσπότῃ ἐγχειρίσῃ. ὁ δὲ Ἑρμῆν πέμψας ἐκέλευσε κεραμεῖ αὐτὸν πωλῆσαι. πάλιν δὲ αὐτοῦ δυσφοροῦντος, ἐπειδὴ καὶ πολλῷ πλείονα ἀχθοφορεῖν ἠναγκάζετο, καὶ τὸν Δία ἐπικαλουμένου, τὸ τελευταῖον ὁ Ζεὺς παρεσκεύασεν αὐτὸν βυρσοδέψῃ πραθῆναι. καὶ ὁ ὄνος ἰδὼν τὰ ὑπὸ τοῦ δεσπότου πραττόμενα ἔφη· "ἀλλ' ἔμοιγε αἱρετώτερον ἦν παρὰ τοῖς προτέροις δεσπόταις ἀχθοφοροῦντι λιμώττειν ἢ ἐνταῦθα παραγενέσθαι, ὅπου, ἐὰν ἀποθάνω, οὐδὲ ταφῆς τεύξομαι."

Ὁ λόγος δηλοῖ ὅτι τότε μάλιστα τοὺς πρώτους δεσπότας ποθοῦσιν οἱ οἰκέται, ὅταν ἑτέρων πεῖραν λάβωσιν.

180. Ὄνος ἅλας βαστάζων

Ὄνος ἅλας γέμων ποταμὸν διέβαινεν. ὀλισθὼν δέ, ὡς κατέπεσεν εἰς τὸ ὕδωρ, ἐκτακέντος τοῦ ἁλός, κουφότερος ἐξανέστη. ἡσθεὶς δὲ ἐπὶ τούτῳ, ἐπειδὴ ὕστερόν ποτε σπόγγους ἐμπεφορτισμένος κατά τινα ποταμὸν ἐγένετο, ᾠήθη ὅτι ἐὰν πάλιν πέσῃ ἐλαφρότερος διεγερθήσεται· καὶ δὴ

auf, nahm die Schalen der Mandeln und die Kerne der Datteln, legte sie auf einen Altar und sagte: »Du erhältst, Hermes, das dir Gelobte. Denn sowohl das, was innerhalb dessen war, was ich fand, als auch das, was außerhalb war, habe ich mit dir geteilt.«

Auf einen habgierigen Mann, der aus Gewinnsucht sogar die Götter überlistet, ist die Fabel gut passend.

179. Der Esel und der Gärtner

Weil ein Esel, der einem Gärtner diente, zwar wenig zu fressen hatte, aber viel Schlimmes erlitt, betete er zu Zeus, dass der ihn von dem Gärtner befreie und einem anderen Gebieter übergebe. Der schickte Hermes und ließ befehlen, ihn einem Töpfer zu verkaufen. Als es ihm aber wieder schlecht ging, weil er gezwungen wurde, noch viel mehr Lasten zu tragen, und er Zeus anrief, bewirkte Zeus schließlich, dass er an einen Gerber veräußert wurde. Und der Esel sah, was von seinem Gebieter getan wurde, und er sprach: »Aber für mich jedenfalls wäre es wünschenswerter, bei den früheren Gebietern Lasten zu tragen und zu hungern, als hierzubleiben, wo ich, wenn ich sterbe, nicht einmal ein Grab bekommen werde.«

Die Fabel zeigt, dass Diener sich besonders dann nach ihren früheren Gebietern sehnen, wenn sie andere aus Erfahrung kennen.

180. Der Esel, der Salz trägt

Ein Esel durchschritt, mit Salz beladen, einen Fluss. Weil er aber ausglitt und ins Wasser fiel, löste das Salz sich auf, und weniger belastet stand er wieder auf. Er freute sich darüber, und als er später einmal, mit Schwämmen beladen, zu einem Fluss kam, glaubte er, wenn er wieder hinfiele, würde er sich mit weniger Gewicht erheben. Und so glitt er absichtlich aus. Es geschah ihm aber, dass er,

ἑκὼν ὤλισθε. συνέβη δ' αὐτῷ, τῶν σπόγγων ἀνασπασάντων τὸ ὕδωρ, μὴ δυνάμενον ἐξανίστασθαι ἐνταῦθα ἀποπνιγῆναι.

Οὕτω καὶ τῶν ἀνθρώπων ἔνιοι διὰ τὰς ἰδίας ἐπινοίας λανθάνουσιν εἰς συμφορὰς ἐνσειόμενοι.

181. Ὄνος καὶ ἡμίονος

Ὀνηλάτης ἐπιθεὶς ὄνῳ καὶ ἡμιόνῳ γόμους ἤλαυνεν. ὁ δὲ ὄνος, μέχρι μὲν πεδίον ἦν, ἀντεῖχε πρὸς τὸ βάρος· ὡς δὲ ἐγένετο κατά τι ὄρος, μὴ δυνάμενος ὑποφέρειν παρεκάλει τὴν ἡμίονον μέρος τι τοῦ γόμου αὐτοῦ προσδέξασθαι, ἵνα τὸ λοιπὸν αὐτὸς διακομίσαι δύνηται. τῆς δὲ παρ' οὐδὲν θεμένης αὐτοῦ τοὺς λόγους, ὁ μὲν κατακρημνισθεὶς διερράγη· ὁ δὲ ὀνηλάτης, ἀπορῶν ὅ τι ποιήσει, οὐ μόνον τοῦ ὄνου τὸν γόμον τῇ ἡμιόνῳ προσέθηκεν, ἀλλὰ καὶ αὐτὸν τὸν ὄνον ἐκδείρας ἐπεσώρευσε. καὶ ἡ οὐ μετρίως καταπονηθεῖσα ἔφη πρὸς ἑαυτήν· "δίκαια πέπονθα· εἰ γὰρ παρακαλοῦντι τῷ ὄνῳ μικρὰ κουφίσαι ἐπείσθην, οὐκ ἂν νῦν μετὰ τῶν αὐτοῦ φορτίων καὶ αὐτὸν ἔφερον."

Οὕτω καὶ τῶν δανειστῶν ἔνιοι διὰ φιλαργυρίαν, ἵνα μικρὰ τοῖς χρεώσταις μὴ παράσχωσι, πολλάκις καὶ αὐτὸ τὸ κεφάλαιον ἀπολλύουσιν.

182. Ὄνος βαστάζων ἄγαλμα

Ὄνῳ τις ἐπιθεὶς ἄγαλμα ἤλαυνεν εἰς ἄστυ. πόλλων δὲ συναντώντων καὶ προσκυνούντων τὸ ἄγαλμα, ὁ ὄνος, ὑπολαβὼν ὅτι αὐτὸν προσκυνοῦσιν, ἀναπτερωθεὶς ὠγκᾶτό τε καὶ οὐκέτι περαιτέρω προϊέναι ἐβούλετο. καὶ ὁ

weil die Schwämme das Wasser ansogen, nicht wieder aufstehen konnte und dort ertrank.

So stürzen sich auch bei den Menschen manche durch ihre eigenen Ideen unversehens ins Unglück.

181. Der Esel und das Maultier

Ein Eseltreiber legte einem Esel und einem Maultier Lasten auf und trieb sie voran. Der Esel hielt, solange Ebene war, das Gewicht aus. Als man aber ins Gebirge kam, konnte er es nicht mehr ertragen und bat das Maultier, einen Teil seiner Last dazu zu nehmen, damit er selbst den übrigen Weg durchhalten könne. Weil es jedoch seine Worte für nichts achtete, stürzte er einen steilen Abhang hinunter und brach sich den Hals. Der Eseltreiber aber, der nicht wusste, was er tun sollte, legte nicht nur die Last des Esels dem Maultier dazu, sondern häufte auch noch den Esel selbst oben darauf, nachdem er ihm das Fell abgezogen hatte. Und es sprach, weil es nicht wenig beladen war, zu sich: »Das geschieht mir recht. Denn wenn ich, als der Esel bat, ihn ein wenig zu entlasten, mich hätte überreden lassen, trüge ich jetzt nicht zusammen mit seiner Bürde ihn auch noch selbst.«

So verlieren manche von den Geldverleihern aus Habgier mit dem Zweck, den Schuldnern kein bisschen zu gönnen, oft auch sogar das Kapital.

182. Der Esel, der eine Götterstatue trägt

Einem Esel legte einer eine Götterstatue auf den Rücken und trieb ihn in die Stadt. Als viele entgegenkamen und der Statue Ehre erwiesen, vermutete der Esel, dass sie ihm Ehre erwiesen, ließ voller Stolz sein Iah ertönen und wollte nicht mehr weitergehen. Und der

ὀνηλάτης αἰσθόμενος τὸ γεγονὸς τῷ ῥοπάλῳ αὐτὸν παίων ἔφη· "ὦ κακὴ κεφαλή, ἔτι καὶ τοῦτο λοιπὸν ἦν, ὄνον σε ὑπ' ἀνθρώπων προσκυνεῖσθαι;"

Ὁ λόγος δηλοῖ ὅτι οἱ τοῖς ἀλλοτρίοις ἀγαθοῖς ἐπαλαζονευόμενοι παρὰ τοῖς εἰδόσιν αὐτοὺς γέλωτα ὀφλισκάνουσιν.

183. Ὄνος ἄγριος καὶ ὄνος ἥμερος

Ὄνος ἄγριος ὄνον ἥμερον θεασάμενος ἔν τινι εὐηλίῳ τόπῳ προσελθὼν ἐμακάριζεν αὐτὸν ἐπὶ τῇ εὐεξίᾳ τοῦ σώματος καὶ τῇ τῆς τροφῆς ἀπολαύσει. ὕστερον δὲ ἰδὼν αὐτὸν ἀχθοφοροῦντα καὶ τὸν ὀνηλάτην ὄπισθεν ἑπόμενον καὶ ῥοπάλῳ παίοντα εἶπεν· "ἀλλ' ἔγωγε οὐκέτι σε εὐδαιμονίζω· ὁρῶ γάρ ὅτι οὐκ ἄνευ κακῶν μεγάλων τὴν ἀφθονίαν ἔχεις."

Οὕτως οὐκ ἔστι ζηλωτὰ τὰ μετὰ κινδύνων καὶ ταλαιπωριῶν περιγινόμενα κέρδη.

184. Ὄνος καὶ τέττιγες

Ὄνος ἀκούσας τεττίγων ᾀδόντων ἥσθη ἐπὶ τῇ εὐφωνίᾳ καὶ ζηλώσας αὐτῶν τὴν φωνὴν ἐπυνθάνετο τί σιτούμενοι τοιαύτην φωνὴν ἀφιᾶσι. τῶν δὲ εἰπόντων· "δρόσον," ὁ ὄνος προσμένων τῇ τροφῇ τῆς δρόσου λιμῷ διεφθάρη.

Οὕτως οἱ τῶν παρὰ φύσιν ἐπιθυμοῦντες πρὸς τῷ μὴ ἐφικνεῖσθαι, καὶ τὰ μέγιστα δυστυχοῦσιν.

Eseltreiber begriff, was geschehen war, schlug ihn mit dem Knüppel und sprach: »Du Saukopf, auch das fehlte noch, dass dir Esel von Menschen Ehre erwiesen wird!«

Die Fabel zeigt, dass diejenigen, welche mit fremden Gütern angeben, bei den Wissenden sich selbst Spott zuziehen.

183. Der Wildesel und der Hausesel

Ein Wildesel, der einen Hausesel an einem gut besonnten Platz erblickte, ging zu ihm hin und pries ihn wegen seiner guten körperlichen Verfassung und des Futtergenusses. Als er aber später sah, wie der eine schwere Last trug und der Eseltreiber hinter ihm folgte und ihn mit einem Knüppel schlug, sagte er: »Doch ich jedenfalls schätze dich nicht mehr glücklich. Denn ich sehe, dass du nicht ohne große Übel deinen Überfluss hast.«

So sind nicht erstrebenswert die unter Gefahren und Strapazen zuteilwerdenden Vorteile.

184. Der Esel und die Zikaden

Als der Esel die Zikaden singen hörte, freute er sich über den Wohlklang, beneidete sie um ihre Stimme und fragte, wovon sie sich ernährten, um eine solche Stimme ertönen lassen zu können. Weil die sagten: »Tau«, ernährte der Esel sich permanent von Tau und starb vor Hunger.

So erleiden die, welche gegen die Natur nach etwas streben, das nicht zu erreichen ist, das größte Unglück.

185. Ὄνοι πρὸς τὸν Δία

Ὄνοι ποτὲ ἀχθόμενοι ἐπὶ τῷ συνεχῶς ἀχθοφορεῖν καὶ ταλαιπωρεῖν πρέσβεις ἔπεμψαν πρὸς τὸν Δία, λύσιν τινὰ αἰτούμενοι τῶν πόνων. ὁ δὲ αὐτοῖς ἐπιδεῖξαι βουλόμενος ὅτι τοῦτο ἀδύνατόν ἐστιν, ἔφη τότε αὐτοὺς ἀπαλλαγήσεσθαι τῆς κακοπαθείας, ὅταν οὐροῦντες ποταμὸν ποιήσωσι. κἀκεῖνοι αὐτὸν ἀληθεύειν ὑπολαβόντες ἀπ᾽ ἐκείνου καὶ μέχρι τοῦ νῦν, ἔνθα ἂν ἀλλήλων οὖρον ἴδωσιν, ἐνταῦθα καὶ αὐτοὶ περιιστάμενοι οὐροῦσιν.

Ὁ λόγος δηλοῖ ὅτι τὸ ἑκάστῳ πεπρωμένον ἀθεράπευτόν ἐστιν.

186. Ὄνος καὶ ὀνηλάτης

Ὄνος ὑπὸ ὀνηλάτου ἀγόμενος, ὡς μικρὸν τῆς ὁδοῦ προῆλθεν, ἀφεὶς τὴν λείαν ἀτραπὸν εἰς κρημνὸν ἐφέρετο. μέλλοντος δὲ αὐτοῦ κατακρημνίζεσθαι, ὁ ὀνηλάτης ἐπιλαβόμενος τῆς οὐρᾶς ἐπειρᾶτο μεταπεριάγειν αὐτόν. τοῦ δὲ εὐτόνως ἀντιπίπτοντος, ἀφεὶς αὐτὸν ἔφη· "νίκα· κακὴν γὰρ νίκην νικᾷς."

Πρὸς ἄνδρα φιλόνικον ὁ λόγος εὔκαιρος.

187. Λύκος ἰατρός

Ὄνος ἔν τινι λειμῶνι νεμόμενος, ὡς ἐθεάσατο λύκον ἐπ᾽ αὐτὸν ὁρμώμενον, χωλαίνειν προσεποιεῖτο. τοῦ δὲ προσελθόντος αὐτῷ καὶ τὴν αἰτίαν πυνθανομένου δι᾽ ἣν χωλαίνει, ἔλεγεν ὡς φραγμὸν διαβαίνων σκόλοπα ἐπάτησε καὶ παρῄνει αὐτῷ πρῶτον ἐξελεῖν τὸν σκόλοπα, εἶθ᾽ οὕτως

185. Die Esel vor Zeus

Weil die Esel sich einst darüber ärgerten, dass sie ständig Lasten trugen und Strapazen erlitten, schickten sie Gesandte zu Zeus und baten um eine Befreiung von ihren Mühen. Weil aber der ihnen zeigen wollte, dass das unmöglich ist, sprach er, er werde sie dann von ihren Leiden befreien, wenn sie durch Urinieren einen Fluss bilden könnten. Und da sie annahmen, dass er die Wahrheit sage, bleiben sie seitdem bis heute dort stehen, wo sie Urin voneinander sehen, und urinieren auch selbst.

Die Fabel zeigt, dass das jedem einzelnen zugewiesene Schicksal unkurierbar ist.

186. Der Esel und der Eseltreiber

Als ein Esel, der von einem Eseltreiber geführt wurde, ein kleines Stück des Wegs gegangen war, verließ er den ebenen Pfad und begab sich auf einen steilen Abhang. Weil er hinabzustürzen drohte, packte ihn der Eseltreiber am Schwanz und versuchte, ihn in die andere Richtung zu ziehen. Da der aber eifrig dagegen ankämpfte, ließ er ihn los und sprach: »Siege nur! Denn du erringst einen schlechten Sieg.«

Auf einen Mann, der gerne siegt, ist die Fabel gut passend.

187. Der Wolf als Arzt

Als der Esel, der auf einer Wiese weidete, den Wolf auf sich zustürzen sah, tat er so, als ob er lahme. Der kam zu ihm heran und fragte nach dem Grund, weswegen er lahme, und er sagte, beim Durchschreiten einer Hecke sei er in einen Dorn getreten, und bat ihn, ihm erst den Dorn herauszuziehen und ihn so dann zu verschlin-

αὐτὸν καταθοινήσασθαι, ἵνα μὴ ἐσθίων περιπαρῇ. τοῦ δὲ πεισθέντος καὶ τὸν πόδα αὐτοῦ ἐπάραντος, ὅλον τε τὸν νοῦν πρὸς τῇ ὁπλῇ ἔχοντος, ὁ ὄνος λὰξ εἰς τὸ στόμα ἀφεὶς τοὺς ὀδόντας αὐτοῦ ἐξετίναξε. καὶ ὃς κακῶς διατεθεὶς ἔφη· "ἀλλ' ἔγωγε δίκαια πέπονθα· τί γὰρ τοῦ πατρός με μαγειρικὴν τέχνην διδάξαντος αὐτὸς ἰατρικῆς ἐπελαβόμην;"

Οὕτω καὶ τῶν ἀνθρώπων οἱ τοῖς μηδὲν προσήκουσιν ἐπιχειροῦντες εἰκότως δυστυχοῦσιν.

188. Ὄνος ἐνδυσάμενος λεοντῆν

Ὄνος ἐνδυσάμενος λέοντος δορὰν περιῄει ἐκφοβῶν τὰ ἄλογα ζῷα. καὶ δὴ θεασάμενος ἀλώπεκα ἐπειρᾶτο καὶ ταύτην δεδίττεσθαι. ἡ δέ – ἐτύγχανε γὰρ αὐτοῦ φθεγξαμένου προακηκουῖα – ἔφη πρὸς αὐτόν· "ἀλλ' εὖ ἴσθι ὡς καὶ ἐγὼ ἄν σε ἐφοβήθην, εἰ μὴ ὀγκωμένου ἤκουσα."

Οὕτως ἔνιοι τῶν ἀπαιδεύτων τοῖς ἔξωθεν τύφοις δοκοῦντές τινες εἶναι ὑπὸ τῆς ἰδίας γλωσσαλγίας ἐλέγχονται.

189. Ὄνος καὶ βάτραχοι

Ὄνος ξύλων γόμον φέρων λίμνην διέβαινεν. ὀλισθὼν δέ, ὡς κατέπεσεν, ἐξαναστῆναι μὴ δυνάμενος ὠδύρετό τε καὶ ἔστενεν. οἱ δὲ ἐν τῇ λίμνῃ βάτραχοι ἀκούσαντες αὐτοῦ τῶν στεναγμῶν ἔφασαν· "ὦ οὗτος, καὶ τί ἂν ἐποίησας εἰ τοσοῦτον ἐνταῦθα χρόνον διέτριβες ὅσον ἡμεῖς, ὅτε πρὸς ὀλίγον πεσὼν οὕτως ὀδύρῃ;"

gen, damit er nicht beim Essen durchbohrt werde. Der ließ sich überreden und hob dessen Fuß hoch, und während er seine ganze Aufmerksamkeit auf den Huf richtete, traf ihn der Esel mit dem Fuß ins Maul und schlug ihm seine Zähne aus. Und der sprach, übel zugerichtet: »Aber das geschieht mir ja recht. Denn warum habe ich mich, nachdem mein Vater mich die Metzgerkunst gelehrt hat, von selbst an die Heilkunst gemacht?«

So geraten auch bei den Menschen diejenigen, welche die ihnen nicht zukommenden Dinge in Angriff nehmen, mit Recht ins Unglück.

188. Der Esel, der sich ein Löwenfell überzog

Der Esel zog sich ein Löwenfell über, lief herum und erschreckte die Tiere. Und als er nun den Fuchs erblickte, versuchte er, auch dem Angst einzujagen. Der aber – er hatte ihn nämlich zufällig vorher schreien hören – sprach zu ihm: »Aber wisse wohl, dass auch ich dich gefürchtet hätte, wenn ich nicht dein Iah gehört hätte.«

So werden manche Ungebildeten, die durch äußeres Blendwerk etwas zu sein scheinen, von ihrer eigenen Geschwätzigkeit überführt.

189. Der Esel und die Frösche

Ein Esel, der eine Ladung Holz trug, durchschritt einen Sumpf. Weil er aber ausglitt, hinfiel und nicht wieder aufstehen konnte, jammerte und stöhnte er. Die Frösche im Sumpf hörten sein Stöhnen und sprachen: »He du! Und was hättest du gemacht, wenn du so lange Zeit hier verbrächtest wie wir, wo du so jammerst, nachdem du nur für kurze Zeit hingefallen bist?«

Τούτῳ τῷ λόγῳ χρήσαιτο ἄν τις πρὸς ἄνδρα ῥᾴθυμον ἐπ᾽ ἐλαχίστοις πόνοις δυσφοροῦντα, αὐτὸς τοὺς πλείονας ῥᾳδίως ὑφιστάμενος.

190. Ὄνος, κόραξ καὶ λύκος

Ὄνος ἡλκωμένος τὸν νῶτον ἔν τινι λειμῶνι ἐνέμετο. κόρακος δὲ ἐπικαθίσαντος αὐτῷ καὶ τὸ ἕλκος κρούοντος, ὁ ὄνος ἀλγῶν ὠγκᾶτό τε καὶ ἐσκίρτα. τοῦ δὲ ὀνηλάτου πόρρωθεν ἑστῶτος καὶ γελῶντος, λύκος παριὼν ἐθεάσατο καὶ πρὸς ἑαυτὸν ἔφη· "ἄθλιοι ἡμεῖς, οἵ, κἂν αὐτῷ μόνον ὀφθῶμεν, διωκόμεθα, τούτῳ δὲ καὶ προσγελῶσιν."

Ὁ λόγος δηλοῖ ὅτι οἱ κακοῦργοι τῶν ἀνθρώπων καὶ ἐξ ἀπόπτου δῆλοί εἰσιν.

191. Ὄνος, ἀλώπηξ καὶ λέων

Ὄνος καὶ ἀλώπηξ κοινωνίαν συνθέμενοι πρὸς ἀλλήλους ἐξῆλθον ἐπ᾽ ἄγραν. λέοντος δὲ αὐτοῖς περιτυχόντος, ἡ ἀλώπηξ ὁρῶσα τὸν ἐπηρτημένον κίνδυνον προσελθοῦσα τῷ λέοντι ὑπέσχετο παραδώσειν αὐτῷ τὸν ὄνον, ἐὰν αὐτῇ τὸ ἀκίνδυνον ἐπαγγείληται. τοῦ δὲ αὐτὴν ἀπολύσειν φήσαντος, προσαγαγοῦσα τὸν ὄνον εἴς τινα πάγην ἐμπεσεῖν παρεσκεύασε. καὶ ὁ λέων ὁρῶν ἐκεῖνον φεύγειν μὴ δυνάμενον πρῶτον τὴν ἀλώπεκα συνέλαβεν, εἶθ᾽ οὕτως ἐπὶ τὸν ὄνον ἐτράπη.

Οὕτως οἱ τοῖς κοινωνοῖς ἐπιβουλεύοντες λανθάνουσι πολλάκις καὶ ἑαυτοὺς συναπολλύντες

Diese Fabel könnte jemand, der selbst größere Mühen leichthin auf sich nimmt, auf einen leichtsinnigen Mann anwenden, der schon wegen der geringsten Mühen unwillig wird.

190. Der Esel, der Rabe und der Wolf

Ein Esel, der eine Wunde auf dem Rücken hatte, weidete auf einer Wiese. Als der Rabe sich auf ihn setzte und in die Wunde pickte, iahte der Esel vor Schmerz und sprang hoch. Da lachte der Eseltreiber, der entfernt davon stand, und der Wolf, der hinzukam, sah es und sprach zu sich: »Wir Unglückseligen, die wir, auch wenn man uns nur sieht, verfolgt werden, über den da aber lachen sie noch dazu.«

Die Fabel zeigt, dass die Übeltäter unter den Menschen auch von weitem erkennbar sind.

191. Der Esel, der Fuchs und der Löwe

Der Esel und der Fuchs schlossen miteinander einen Bund und gingen auf die Jagd. Als ihnen aber der Löwe begegnete und der Fuchs die drohende Gefahr sah, ging er zu dem Löwen und versprach, ihm den Esel auszuliefern, wenn er ihm selbst Sicherheit verspreche. Weil der nun sagte, er werde ihn laufen lassen, führte er den Esel zu einer Falle und sorgte dafür, dass er hineingeriet. Und als der Löwe sah, dass jener nicht fliehen konnte, packte er zuerst den Fuchs, dann wandte er sich ebenso gegen den Esel.

So bringen diejenigen, welche ihren Bundesgenossen Gefahren bereiten, unversehens oft auch sich selbst mit ins Verderben.

192. Ὄρνις καὶ χελιδών

Ὄρνις ὄφεως ᾠὰ εὑροῦσα καὶ ταῦτα ἐπιμελῶς ἐκθερμάνασα ἐξεκόλαψε. χελιδὼν δὲ θεασαμένη αὐτὴν ἔφη· "ὦ ματαία, τί ταῦτα ἀνατρέφεις, ἅπερ, ἂν αὐξηθῇ, ἀπὸ σοῦ πρώτης τοῦ ἀδικεῖν ἄρξεται;"

Οὕτως ἀτιθάσσευτός ἐστιν ἡ πονηρία, κἂν τὰ μάλιστα εὐεργετῆται.

193. Ὀρνιθοθήρας καὶ κορύδαλος

Ὀρνιθοθήρας πτηνοῖς πάγην ἵστη. κορύδαλος δὲ αὐτὸν θεασάμενος ἠρώτα τί ποιεῖ, τοῦ δὲ εἰπόντος πόλιν κτίζειν καὶ μικρὸν ὑποχωρήσαντος, πεισθεὶς τοῖς λόγοις προσῆλθε καὶ τὸ δέλεαρ ἐσθίων ἔλαθεν ἐμπεσὼν εἰς τοὺς βρόχους. τοῦ δὲ ὀρνιθοθήρα προσδραμόντος καὶ συλλαβόντος αὐτόν, ὁ κορύδαλος ἔφη· "ὦ οὗτος, ἐὰν τοιαύτας πόλεις κτίζῃς, ⟨οὐ⟩ πολλοὺς τοὺς ἐνοικοῦντας εὑρήσεις."

Ὁ λόγος δηλοῖ ὅτι τότε μάλιστα καὶ οἶκοι καὶ πόλεις ἐρημοῦνται, ὅταν οἱ προεστῶτες χαλεποὶ ὦσιν.

194. Ὀρνιθοθήρας καὶ πελαργός

Ὀρνιθοθήρας δίκτυα γεράνοις ἀναπετάσας πόρρωθεν ἀπεκαραδόκει τὴν ἄγραν. πελαργοῦ δὲ σὺν τοῖς γεράνοις ἐπικαθίσαντος, ἐπιδραμὼν μετ' ἐκείνων καὶ αὐτὸν συνέλαβε. τοῦ δὲ δεομένου μεθεῖναι αὐτὸν καὶ λέγοντος ὡς οὐ μόνον ἀβλαβής ἐστι τοῖς ἀνθρώποις, ἀλλὰ καὶ ὠφελιμώτατος, τοὺς γὰρ ὄφεις καὶ τὰ λοιπὰ ἑρπετὰ συλλαμβάνων ἀναιρεῖ, ὁ

192. Der Vogel und die Schwalbe

Ein Vogel, der Eier einer Schlange gefunden und diese sorgfältig gewärmt hatte, fing an, sie auszubrüten. Da erblickte ihn die Schwalbe und sprach: »Du Dummer, warum ziehst du diese auf, die, wenn sie groß geworden sind, bei dir zuerst mit dem Unrechttun anfangen werden?«

So unzähmbar ist die Schlechtigkeit, auch wenn ihr sehr viele Wohltaten erwiesen werden.

193. Der Vogelfänger und die Haubenlerche

Ein Vogelfänger stellte eine Falle für Vögel auf. Da erblickte ihn eine Haubenlerche und fragte, was er tue, und als er sagte, er gründe eine Stadt, und ein wenig zurücktrat, kam sie, von seinen Worten überzeugt, heran, fraß den Köder und geriet unversehens in die Schlingen. Als der Vogelfänger herbeilief und sie packte, sprach die Haubenlerche: »Du da, wenn du solche Städte gründest, wirst du nicht viele Bewohner finden.«

Die Fabel zeigt, dass Häuser und Städte dann vor allem entvölkert werden, wenn die Regierenden böse sind.

194. Der Vogelfänger und der Storch

Ein Vogelfänger hatte Netze für Kraniche ausgespannt und wartete aus der Entfernung auf die Beute. Als sich nun ein Storch zusammen mit den Kranichen niederließ, lief der Vogelfänger herbei und fing mit denen auch ihn. Als der aber bat, ihn freizulassen, und sagte, er sei den Menschen nicht nur nicht schädlich, sondern sogar sehr nützlich, denn er fange Schlangen und die übrigen Kriechtiere und töte sie, sprach der Vogelfänger: »Auch wenn du in den meis-

ὀρνιθοθήρας ἔφη· "ἀλλ' εἰ τὰ μάλιστα οὐ φαῦλος ὑπάρχεις, διὰ τοῦτο κολάσεως ἄξιος, ὅτι μετὰ πονηρῶν κεκάθικας."

Ἀτὰρ οὖν καὶ ἡμᾶς δεῖ τὰς τῶν πονηρῶν συνηθείας περιφεύγειν, ἵνα μὴ καὶ αὐτοὶ τῆς ἐκείνων κακίας κοινωνεῖν δόξωμεν.

195. Κάμηλος τὸ πρῶτον ὀφθεῖσα

Ὅτε πρῶτον κάμηλος ὤφθη, οἱ ἄνθρωποι φοβηθέντες καὶ τὸ μέγεθος καταπλαγέντες ἔφευγον. ὡς δὲ χρόνου προϊόντος συνεῖδον αὐτῆς τὸ πρᾶον, ἐθάρρησαν μέχρι τοῦ προσελθεῖν. αἰσθόμενοι δὲ κατὰ μικρὸν ὡς χολὴν τὸ ζῷον οὐκ ἔχει, εἰς τοσοῦτον καταφρονήσεως ἦλθον ὥστε καὶ χαλινοὺς αὐτῇ περιθέντες παισὶν ἐλαύνειν δεδώκασι.

Ὁ λόγος δηλοῖ ὅτι τὰ φοβερὰ τῶν πραγμάτων ἡ συνήθεια μεγάλως καταπραΰνει.

196. Ὄφις καὶ καρκίνος

Ὄφις καὶ καρκίνος ἐν ταὐτῷ διέτριβον. καὶ ὁ μὲν καρκίνος ἁπλῶς τῷ ὄφει καὶ εὐνοϊκῶς προσεφέρετο, ὁ δὲ ὄφις ἀεὶ ὕπουλός τε καὶ πονηρὸς ἦν. τοῦ δὲ καρκίνου συνεχῶς αὐτῷ παραινοῦντος ἐξαπλοῦσθαι τὰ πρὸς αὐτὸν καὶ τὴν αὐτοῦ διάθεσιν μιμεῖσθαι, ἐκεῖνος οὐκ ἐπείθετο. διόπερ ὁ καρκίνος ἀγανακτήσας, παρατηρησάμενος αὐτὸν κοιμώμενον, τοῦ φάρυγγος αὐτὸν ἐπιλαβόμενος ἀνεῖλε, καὶ ἰδὼν αὐτὸν ἐκτεταμένον ἔφη· "ὦ οὗτος, οὐ νῦν σε ἐχρῆν ἁπλοῦν εἶναι, ὅτε τέθνηκας, ἀλλ' ὅτε σοὶ παρῄνουν καὶ οὐκ ἐπήκουες."

ten Dingen nicht schlecht bist, verdienst du deshalb Strafe, weil du dich zusammen mit Bösen niedergelassen hast.«

Aber auch wir müssen also Umgang mit den Bösen meiden, damit wir nicht auch selbst den Anschein erwecken, wir hätten teil an ihrer Schlechtigkeit.

195. Das Kamel, das zum ersten Mal gesehen wird

Als zum ersten Mal ein Kamel gesehen wurde, bekamen die Menschen Angst und flohen vor Entsetzen über seine Größe. Als ihnen aber im Laufe der Zeit seine Sanftmut bewusst wurde, bekamen sie Mut, bis zu ihm hinzugehen. Da sie nach kurzer Zeit bemerkten, dass das Tier keine Galle besitzt, gingen sie so weit in ihrer Verachtung, dass sie ihm sogar Zügel anlegten und es Kindern zum Reiten gaben.

Die Fabel zeigt, dass die Gewohnheit das an den Dingen Angst Einflößende sehr mildert.

196. Die Schlange und der Krebs

Die Schlange und der Krebs lebten an demselben Ort. Und der Krebs verhielt sich der Schlange gegenüber geradlinig und freundlich, die Schlange aber war stets hinterhältig und böse. Obwohl der Krebs sie fortwährend ermunterte, geradlinig ihm gegenüber zu sein und sein Verhalten nachzuahmen, ließ sie sich nicht überreden. Deshalb ärgerte sich der Krebs, lauerte darauf, dass sie einschlief, packte sie an der Kehle und tötete sie, und als er sie ausgestreckt daliegen sah, sprach er: »Du da, nicht jetzt solltest du geradlinig sein, wo du tot bist, sondern du hättest es sein müssen, als ich dir zuredete und du nicht hören wolltest.«

Οὗτος ὁ λόγος εἰκότως ἂν λέγοιτο ἐπ᾽ ἐκείνων τῶν ἀνθρώπων οἳ παρὰ τὸν ἑαυτῶν βίον εἰς τοὺς φίλους πονηρευόμενοι μετὰ θάνατον εὐεργεσίας κατατίθενται.

197. Ὄφις καὶ γαλῆ καὶ μύες

Ὄφις καὶ γαλῆ ἔν τινι οἰκίᾳ ἐμάχοντο. οἱ δὲ ἐνταῦθα μύες ἀεὶ καταναλισκόμενοι ὑπὸ ἀμφοτέρων, ὡς ἐθεάσαντο αὐτοὺς μαχομένους, ἐξῆλθον βαδίζοντες. οἱ δὲ ἰδόντες τοὺς μύας, ἀφέντες τὴν πρὸς ἑαυτοὺς μάχην ἐπ᾽ ἐκείνους ἐτράπησαν.

Οὕτω καὶ ἐπὶ τῶν πόλεων οἱ ἐν ταῖς τῶν δημαγωγῶν στάσεσιν ἑαυτοὺς παρεισκυκλοῦντες λανθάνουσιν αὐτοὶ ἑκατέρων παρανάλωμα γιγνόμενοι.

198. Ὄφις πατούμενος καὶ Ζεὺς

Ὄφις ὑπὸ πολλῶν πατούμενος ἀνθρώπων τῷ Διὶ ἐνετύγχανε περὶ τούτου. ὁ δὲ Ζεὺς πρὸς αὐτὸν εἶπεν· "ἀλλ᾽ εἰ τὸν πρότερόν σε πατήσαντα ἔπληξας, οὐκ ἂν ὁ δεύτερος ἐπεχείρησε τοῦτο ποιῆσαι."

Ὁ λόγος δηλοῖ ὅτι οἱ τοῖς πρώτοις ἐπιβαίνουσιν ἀνθιστάμενοι τοῖς ἄλλοις φοβεροὶ γίνονται.

199. Παῖς καὶ σκορπίος

Παῖς πρὸ τοῦ τείχους ἀκρίδας ἐθήρευε. πολλὰς δὲ συλλαβών, ὡς ἐθεάσατο σκορπίον, νομίσας ἀκρίδα εἶναι, κοιλάνας τὴν χεῖρα οἷός τε ἦν

Diese Fabel könnte mit Recht über jene Menschen erzählt werden, die ihr Leben lang an ihren Freunden böse handeln und ihnen nach dem Tode Wohltaten erweisen.

197. Die Schlange, das Wiesel und die Mäuse

Die Schlange und das Wiesel kämpften in einem Haus. Als die Mäuse dort, die immer von beiden aufgefressen wurden, sie beim Kampf erblickten, kamen sie heraus und liefen herum. Die aber sahen die Mäuse, ließen ab vom Kampf gegeneinander und wandten sich gegen sie.

So werden auch in den Stadtstaaten diejenigen, welche sich in die Streitigkeiten der Politiker einmischen, unversehens selbst zum Opfer der beiden Parteien.

198. Die Schlange, die getreten wird, und Zeus

Die Schlange, die von vielen Menschen getreten wurde, wandte sich deswegen an Zeus. Und Zeus sagte zu ihr: »Aber hättest du den ersten, der dich trat, gebissen, dann hätte kein Zweiter versucht, dies zu tun.«

Die Fabel zeigt, dass die, welche den ersten Angreifern Widerstand leisten, den anderen Furcht einjagen.

199. Der Knabe und der Skorpion

Ein Knabe jagte vor der Stadtmauer nach Heuschrecken. Als er, nachdem er viele gefangen hatte, einen Skorpion erblickte, glaubte er, es sei eine Heuschrecke, wölbte die Hand und war drauf und dran, ihn sich zu nehmen. Und der hob seinen Stachel und sagte:

καταφέρειν αὐτοῦ. καὶ ὃς τὸ κέντρον ἐπάρας εἶπεν· "εἴθε γὰρ τοῦτο ἐποίησας, ἵνα καὶ ἃς συνείληφας ἀκρίδας ἀποβάλῃς."

Οὗτος ὁ λόγος ἡμᾶς διδάσκει μὴ δεῖν πᾶσι τοῖς χρηστοῖς καὶ τοῖς πονηροῖς κατὰ ταὐτὰ προσφέρεσθαι.

200. Παῖς κλέπτης καὶ μήτηρ

Παῖς ἐκ διδασκαλείου τὴν τοῦ συμφοιτητοῦ δέλτον ἀφελόμενος τῇ μητρὶ ἐκόμισε. τῆς δὲ οὐ μόνον αὐτὸν μὴ ἐπιπληξάσης ἀλλὰ καὶ ἐπαινεσάσης αὐτόν, ἐκ δευτέρου ἱμάτιον κλέψας ἤνεγκεν αὐτῇ, καὶ ἔτι μᾶλλον ἐκείνη ἀπεδεξατο. προϊὼν δὲ τοῖς χρόνοις, ὡς νεανίας ἐγένετο, ἤδη καὶ τὰ μείζονα κλέπτειν ἐπεχείρει. ληφθεὶς δέ ποτε ἐπ' αὐτοφώρῳ καὶ περιαγκωνισθεὶς ἐπὶ τὸν δήμιον ἀπήγετο. τῆς δὲ μητρὸς ἐπακολουθούσης αὐτῷ καὶ στερνοκοπουμένης, ὁ νεανίας εἶπεν· "θέλω τι εἰπεῖν τῇ μητρί μου εἰς τὸ οὖς." καὶ ἐπεὶ τάχιστα αὐτῷ προσῆλθε, τοῦ ὠτίου ἐπιλαβόμενος κατέδακεν αὐτό. τῆς δὲ κατηγορούσης αὐτὸν ὡς δυσσεβῆ, ἐκεῖνος ἔφη· "ἀλλὰ τότε ὅτε σοι πρῶτον τὴν δέλτον κλέψας ἤνεγκα, εἰ ἔπληξάς με, οὐκ ἂν μέχρι τούτου ἐχώρησα ὡς καὶ ἐπὶ θάνατον ἀπάγεσθαι."

Ὁ λόγος δηλοῖ ὅτι τὸ κατ' ἀρχὰς μὴ κωλυόμενον ἐπὶ μεῖζον αὔξεται.

201. Περιστερὰ διψῶσα

Περιστερὰ δίψει συνεχομένη, ὡς ἐθεάσατο ἔν τινι πίνακι κρατῆρα ὕδατος γεγραμμένον, ὑπέλαβεν ἀληθινὸν εἶναι. διόπερ πολλῷ ῥοίζῳ ἐνεχθεῖσα ἔλαθεν ἑαυτὴν τῷ πίνακι ἐντινάξασα. συνέβη οὖν αὐτῇ τῶν

»Wenn du das doch tätest, damit du auch die Heuschrecken verlierst, die du gefangen hast!«

Diese Fabel lehrt uns, dass wir uns nicht allen Guten und Bösen auf dieselbe Weise nähern dürfen.

200. Der diebische Knabe und seine Mutter

Ein Knabe nahm in der Schule die Schreibtafel seines Mitschülers weg und brachte sie seiner Mutter. Weil die ihn nicht nur nicht tadelte, sondern sogar lobte, stahl er als zweites einen Mantel, trug ihn zu ihr, und sie begrüßte das noch mehr. Als er nun im Laufe der Zeit ein junger Mann geworden war, machte er sich bereits daran, auch Größeres zu stehlen. Er wurde aber einmal auf frischer Tat ertappt und mit auf den Rücken gebundenen Händen zum Henker abgeführt. Die Mutter folgte ihm und schlug sich dabei vor Trauer auf die Brust, und da sagte der junge Mann: »Ich möchte meiner Mutter etwas ins Ohr sagen.« Und sobald sie zu ihm getreten war, ergriff er ihr Ohr und biss hinein. Sie warf ihm vor, er sei gottlos, und er sprach: »Aber wenn du mich damals, als ich dir als erstes die gestohlene Schreibtafel brachte, getadelt hättest, wäre es mit mir nicht so weit gekommen, dass ich sogar zum Tode abgeführt werde.«

Die Fabel zeigt, dass, was nicht zu Anfang verhindert wird, sich immer mehr auswächst.

201. Die durstige Taube

Als eine Taube, die von Durst ergriffen war, auf einem Bild einen gemalten Wasserkrug erblickte, nahm sie an, er sei echt. Deshalb sauste sie mit großem Schwung herbei und stieß unversehens gegen das Bild. Da geschah es ihr, dass sie, weil ihre Flügel ringsum zer-

πτερῶν περιθλασθέντων ἐπὶ τὴν γῆν καταπεσοῦσαν ὑπό τινος τῶν παρατυχόντων συλληφθῆναι.

Οὕτως ἔνιοι τῶν ἀνθρώπων διὰ σφοδρὰς ἐπιθυμίας ἀπερισκέπτως τοῖς πράγμασιν ἐπιχειροῦντες ἑαυτοὺς εἰς ὄλεθρον βάλλουσιν.

202. Περιστερὰ καὶ κορώνη

Περιστερὰ ἔν τινι περιστερεῶνι τρεφομένη ἐπὶ πολυτεκνίᾳ ἐφρυάττετο. κορώνη δὲ ἀκούσασα αὐτῆς τῶν λόγων ἔφη· "ἀλλ', ὦ αὕτη, πέπαυσο ἐπὶ τούτῳ ἀλαζονευομένη· ὅσῳ γὰρ ἂν πλείονα τέκνα σχῇς, τοσούτῳ περισσοτέρας δουλείας στενάξεις."

Οὕτω καὶ τῶν οἰκετῶν δυστυχέστεροί εἰσιν ὅσοι ἐν τῇ δουλείᾳ τεκνοποιοῦσιν.

203. Πίθηκος καὶ ἁλιεῖς

Πίθηκος ἐπί τινος ὑψηλοῦ δένδρου καθήμενος, ὡς ἐθεάσατο ἁλιεῖς ἐπί τινος ποταμοῦ σαγήνην βάλλοντας, παρετηρεῖτο τὰ ὑπ' αὐτῶν πραττόμενα. ὡς δὲ ἐκεῖνοι τὴν σαγήνην ἀνασπάσαντες μικρὸν ἄποθεν ἠρίστων, ὁ πίθηκος καταβὰς ἐπειρᾶτο καὶ αὐτὸς τὰ αὐτὰ πράττειν· φασὶ γὰρ μιμητικὸν εἶναι τὸ ζῷον. ἐφαψάμενος δὲ τῶν δικτύων, ὡς συνελήφθη, ἔφη πρὸς ἑαυτόν· "ἀλλ' ἔγωγε δίκαια πέπονθα· τί γὰρ ἁλιεύειν μὴ μαθὼν τοῦτο ἐπεχείρουν;"

Ὁ λόγος δηλοῖ ὅτι ἡ τῶν μηδὲν προσηκόντων ἐπιχείρησις οὐ μόνον ἀσύμφορος, ἀλλὰ καὶ ἐπιβλαβής ἐστιν.

quetscht waren, auf die Erde herabfiel und von einem der zufällig Vorbeigehenden gefangen wurde.

So stürzen manche Menschen, wenn sie sich aus heftiger Begierde ohne Überlegung an die Dinge heranmachen, sich selbst ins Verderben.

202. Die Taube und die Krähe

Eine Taube, die in einem Taubenschlag gehalten wurde, prahlte mit ihrem Kinderreichtum. Die Krähe, die ihre Worte hörte, sprach: »He du, hör doch auf, deswegen anzugeben. Denn je mehr Kinder du bekommst, über desto mehr Versklavung wirst du stöhnen.«

So sind auch unter den Haussklaven die unglücklicheren die, welche in der Sklaverei Kinder bekommen.

203. Der Affe und die Fischer

Als der Affe, der auf einem hohen Baum saß, erblickte, wie Fischer an einem Fluss ihr Netz auswarfen, beobachtete er, was von ihnen getan wurde. Als sie nun ihr Netz wieder hochgezogen hatten und etwas weiter weg zu Mittag aßen, kam der Affe herab und probierte auch selbst dasselbe zu tun. Denn es heißt, er sei ein Tier, das nachahmt. Als er, nachdem er die Netze in die Hand genommen hatte, gefangen war, sprach er zu sich: »Aber mir geschieht das ja recht. Warum habe ich, obwohl ich zu fischen nicht gelernt habe, mich daran versucht?«

Die Fabel zeigt, dass sich an Dingen zu versuchen, die einem nicht zukommen, nicht nur unzuträglich, sondern auch schädlich ist.

204. Πλούσιος καὶ βυρσοδέψης

Πλούσιος βυρσοδέψει παρῳκίσθη· μὴ δυνάμενος δὲ τὴν δυσωδίαν φέρειν ἐπέκειτο αὐτῷ ἵνα μεταβῇ. ὁ δὲ ἀνεβάλλετο, λέγων μετ᾽ ὀλίγον χρόνον μεταβήσεσθαι. τούτου δὲ συνεχῶς γενομένου, συνέβη χρόνου διελθόντος τὸν πλούσιον ἐν συνηθείᾳ γενόμενον τῆς δυσωδίας μηκέτι αὐτῷ ἐνοχλεῖν.

Ὁ λόγος δηλοῖ ὅτι ἡ συνήθεια καὶ τὰ δυσχερῆ τῶν πραγμάτων καταπραΰνει.

205. Πλούσιος καὶ θρηνῳδοί

Πλούσιος δύο θυγατέρας ἔχων, τῆς ἑτέρας ἀποθανούσης, θρηνούσας ἐμισθώσατο. τῆς δὲ ἑτέρας παιδὸς λεγούσης πρὸς τὴν μητέρα· "ἄθλιαι ἡμεῖς, εἴ γε αὐταί, ὧν ἐστι τὸ πάθος, θρηνεῖν οὐκ ἴσμεν, αἱ δὲ μηδὲν προσήκουσαι οὕτω σφοδρῶς κόπτονται καὶ κλαίουσιν," ἡ μήτηρ ἔφη· "μὴ θαύμαζε, τέκνον, εἰ οὕτως αὗται θρηνοῦσιν· ἐπὶ γὰρ ἀργυρίῳ τοῦτο ποιοῦσιν."

Οὕτως ἔνιοι τῶν ἀνθρώπων διὰ φιλαργυρίαν οὐκ ὀκνοῦσιν ἀλλοτρίας συμφορὰς ἐργολαβεῖν

206. Ποιμὴν καὶ κύων

Ποιμὴν ἔχων κύνα παμμεγέθη τούτῳ εἰώθει τὰ ἔμβρυα καὶ τὰ ἀποθνήσκοντα τῶν προβάτων παραβάλλειν. καὶ δή ποτε εἰσελθούσης τῆς ποίμνης, ὁ ποιμὴν θεασάμενος τὸν κύνα προσιόντα τοῖς προβάτοις καὶ σαίνοντα αὐτὰ εἶπεν· "ἀλλ᾽, ὦ οὗτος, ὃ θέλεις σὺ τούτοις ἐπὶ τῇ σῇ κεφαλῇ γένοιτο."

204. Der Reiche und der Gerber

Ein Reicher wohnte neben einem Gerber. Weil er aber den Gestank nicht ertragen konnte, setzte er ihm zu, dass er umziehen solle. Der jedoch schob das auf, indem er sagte, er werde in kurzer Zeit umziehen. Da das nun immer wieder so ging, geschah es, dass im Laufe der Zeit der Reiche sich an den Gestank gewöhnte und ihn nicht mehr bedrängte.

Die Fabel zeigt, dass die Gewohnheit auch die unangenehmen Dinge mildert.

205. Der Reiche und die Klageweiber

Ein Reicher hatte zwei Töchter, und als die eine gestorben war, mietete er Klageweiber. Das andere Mädchen sagte zu seiner Mutter: »Erbärmlich sind wir doch, wenn wir selbst, die wir Leid tragen, nicht zu klagen verstehen, aber die, welche überhaupt nicht betroffen sind, sich so heftig an die Brust schlagen und weinen«, und da sprach die Mutter: »Wundere dich nicht, mein Kind, wenn die so jammern! Denn sie tun das für Geld.«

So tragen manche Menschen aus Geldgier keine Bedenken, fremdes Unglück gegen Lohn mitzutragen.

206. Der Hirte und der Hund

Ein Hirte, der einen sehr großen Hund besaß, pflegte ihm die neugeborenen Lämmer und die Sterbenden unter den Schafen hinzuwerfen. Und als nun einmal die Herde heimkam, sah der Hirte, wie der Hund auf die Schafe zuging und sie umwedelte, und er sagte: »He du, es soll doch das, was du denen wünschst, dir aufs Haupt kommen!«

Ὁ λόγος εὔκαιρος πρὸς ἄνδρα κόλακα.

207. Ποιμὴν καὶ θάλασσα

Ποιμὴν ἔν τινι παραθαλασσίῳ τόπῳ νέμων, ὡς ἐθεάσατο τὴν θάλασσαν γαληνήν τε καὶ πραεῖαν, ἐπεθύμησε πλεῖν. διόπερ πωλήσας αὐτοῦ τὰ πρόβατα, φοίνικας ἀγοράσας καὶ ναῦν ἐμφορτισάμενος, ἀνήχθη. χειμῶνος δὲ σφοδροῦ γενομένου καὶ τῆς νηὸς περιτραπείσης, πάντα ἀπολέσας μόλις ἐπὶ τὴν γῆν διενήξατο. πάλιν δὲ γαλήνης γενομένης, ὡς ἐθεάσατό τινα ἐπὶ τῆς γῆς ἐπαινοῦντα τῆς θαλάσσης τὴν ἠρεμίαν, ἔφη· "ἀλλ', ὦ οὗτος, αὕτη γάρ σοι φοινίκων ἐπιθυμεῖ."

Οὕτω πολλάκις τὰ παθήματα τοῖς φρονίμοις γίνεται μαθήματα.

208. Ποιμὴν καὶ πρόβατα

Ποιμὴν ἐλάσας τὰ πρόβατα εἴς τινα δρυμῶνα, ὡς ἐθεάσατο δρῦν παμμεγέθη μεστὴν βαλάνων, ὑποστρώσας τὸ ἱμάτιον ἐπὶ ταύτην ἀνέβη καὶ τὸν καρπὸν ἀντέσειε. τὰ δὲ πρόβατα ἐσθίοντα τὰς βαλάνους ἔλαθε καὶ τὸ ἱμάτιον συγκαταφαγόντα. ὁ δὲ ποιμὴν καταβάς, ὡς ἐθεάσατο τὸ γεγονός, εἶπεν· "ὦ κάκιστα ζῷα, ὑμεῖς τοῖς λοιποῖς ἔρια εἰς ἐσθῆτα παρέχετε, ἐμοῦ δὲ τοῦ τρέφοντος καὶ τὸ ἱμάτιον ἀφείλεσθε."

Οὕτω καὶ τῶν ἀνθρώπων πολλοὶ δι' ἄγνοιαν τοὺς μηδὲν προσήκοντας εὐεργετοῦντες κατὰ τῶν οἰκείων φαῦλα ἐργάζονται.

Die Fabel passt gut auf einen Schmeichler.

207. Der Hirte und das Meer

Als ein Hirte, der an einem Ort am Meer seine Schafe weidete, das Meer still und sanft sah, bekam er Lust, zur See zu fahren. Deshalb verkaufte er seine Schafe, kaufte Datteln, belud damit sein Schiff und stach in See. Es kam aber ein heftiger Sturm auf, das Schiff kenterte, er verlor alles und schwamm nur mit Mühe an Land. Als er nun, nachdem wieder Meeresstille eingetreten war, jemanden erblickte, der an Land die Ruhe des Meeres pries, sprach er: »He du, es verspürt aber ja nur Lust auf Datteln.«

So werden oft die Leiden für die Vernünftigen zur Lehre.

208. Der Hirte und die Schafe

Als ein Hirt, der seine Schafe in einen Eichenwald trieb, eine gewaltige Eiche voller Eicheln erblickte, breitete er seinen Mantel darunter aus, stieg hinauf und schüttelte die Früchte herunter. Die Schafe aber fraßen die Eicheln und verspeisten auch den Mantel mit, ohne dass er es merkte. Als der Hirte herabstieg und sah, was geschehen war, sagte er: »Ihr elenden Biester, ihr gebt den übrigen Leuten Wolle für ihre Kleidung, mir aber, der ich euch füttere, habt ihr sogar den Mantel weggenommen!«

So erweisen auch bei den Menschen viele aus Unkenntnis den Leuten, die mit ihnen nichts zu tun haben, Wohltaten und handeln schlecht gegenüber Angehörigen.

209. Ποιμὴν καὶ λυκιδεῖς

Ποιμὴν εὑρὼν λυκιδεῖς τούτους μετὰ πολλῆς ἐπιμελείας ἔτρεφεν, οἰόμενος ὅτι τελειωθέντες οὐ μόνον τὰ ἑαυτοῦ πρόβατα φυλάξουσιν, ἀλλὰ καὶ τὰ ἑτέρων ἁρπάζοντες ἑαυτῷ οἴσουσιν. οἱ δέ, ὡς τάχιστα ἐτράφησαν, ἀδείας τυχόντες πρῶτον αὐτοῦ τὴν ποίμνην διέφθειραν. καὶ ὃς ἀναστενάξας εἶπεν· "ἀλλ' ἔγωγε δίκαια πέπονθα· τί γὰρ τούτους νηπίους ὄντας ἔσῳζον, οὓς ἔδει καὶ ηὐξημένους ἀναιρεῖν;"

Οὕτως οἱ τοὺς πονηροὺς περισῴζοντες λανθάνουσι καθ' αὑτῶν πρῶτον αὐτοὺς ῥωννύντες.

210. Ποιμὴν παίζων

Ποιμὴν ἐξελαύνων αὑτοῦ τὴν ποίμνην ἀπό τινος κώμης πορρωτέρω διετέλει τοιαύτῃ παιδιᾷ χρώμενος· ἐπιβοώμενος γὰρ τοὺς κωμήτας ἐπὶ βοήθειαν ἔλεγεν ὡς λύκοι τοῖς προβάτοις ἐπῆλθον. δὶς δὲ καὶ τρὶς τῶν ἐκ τῆς κώμης ἐκπλαγέντων καὶ ἐκπηδησάντων, εἶτα μετὰ γέλωτος ἀπαλλαγέντων, συνέβη τὸ τελευταῖον τῇ ἀληθείᾳ λύκον ἐπελθεῖν. ἀποτεμνομένης δὲ αὐτοῦ τῆς ποίμνης καὶ αὐτοῦ ἐπὶ βοήθειαν ἐπιβοῶντος, ἐκεῖνοι ὑπολαβόντες αὐτὸν παίζειν κατὰ τὸ ἔθος, οὐδὲν ἐφρόντισαν· καὶ οὕτως αὐτῷ συνέβη ἀπολέσαι τὰ πρόβατα.

Ὁ λόγος δηλοῖ ὅτι τοῦτο κερδαίνουσιν οἱ ψευδόμενοι, τὸ μηδ' ὅταν ἀληθεύωσι, πιστεύεσθαι.

209. Der Hirte und die jungen Wölfe

Ein Hirte, der junge Wölfe gefunden hatte, zog sie mit großer Sorgfalt auf, weil er glaubte, sie würden, wenn sie erwachsen seien, nicht nur seine eigenen Schafe hüten, sondern auch diejenigen anderer rauben und ihm bringen. Sobald die aber aufgezogen waren und Freiheit erlangten, rissen sie zuerst seine Herde. Und der stöhnte laut und sagte: »Aber das geschieht mir ja recht. Warum habe ich sie, als sie klein waren, gerettet, die man auch dann, wenn sie herangewachsen sind, töten müsste?«

So stärken die, welche die Schlechten retten, diese, ohne es zu merken, zum eigenen Schaden.

210. Der Hirte, der scherzt

Ein Hirte, der seine Herde etwas weiter weg vom Dorf trieb, machte immer wieder folgenden Scherz: Er rief die Dorfbewohner zu Hilfe und behauptete, dass Wölfe sich seinen Schafen näherten. Als zweimal und dreimal die, welche im Dorf sich erschrocken hatten, hinausgeeilt waren und sich dann mit Gelächter wieder entfernt hatten, geschah es schließlich, dass sich in Wahrheit Wölfe näherten. Seine Herde war abgeschnitten, und er rief um Hilfe, jene aber nahmen an, er scherze nach seiner Gewohnheit, und scherten sich ganz und gar nicht darum. Und so geschah es ihm, dass er seine Schafe verlor.

Die Fabel zeigt, dass die Lügner nur den einen Gewinn haben, dass ihnen nicht einmal dann, wenn sie die Wahrheit sprechen, geglaubt wird.

211. Παῖς λουόμενος

Παῖς ποτε λουόμενος ἔν τινι ποταμῷ ἐκινδύνευσεν ἀποπνιγῆναι. ἰδὼν δέ τινα ὁδοιπόρον, τοῦτον ἐπὶ βοήθειαν ἐφώνει. ὁ δὲ ἐμέμφετο τῷ παιδὶ ὡς τολμηρῷ. τὸ δὲ μειράκιον εἶπε πρὸς αὐτόν· "ἀλλὰ νῦν μοι βοήθει, ὕστερον δὲ σωθέντι μέμφου."

[Ὁ λόγος εἴρηται πρὸς τοὺς ἀφορμὴν καθ' ἑαυτῶν διδόντας ἀδικεῖσθαι.]

212. Πρόβατον κειρόμενον

Πρόβατον ἀφυῶς κειρόμενον πρὸς τὸν κείροντα ἔφη· "εἰ μὲν ἔριον ζητεῖς, ἀνωτέρω τέμνε, εἰ δὲ κρέως ἐπιθυμεῖς, ἅπαξ με καταθύσας τοῦ κατὰ μικρὸν βασανίζειν ἀπάλλαξον."

Πρὸς τοὺς ἀφυῶς ταῖς τέχναις προσφερομένους ὁ λόγος εὔκαιρος.

213. Ῥοιά, μηλέα καὶ βάτος

Ῥοιὰ καὶ μηλέα περὶ εὐκαρπίας ἤριζον. πολλοῦ δὲ τοῦ νείκους ἀναφθέντος, βάτος ἐκ τοῦ πλησίον φραγμοῦ ἀκούσασα εἶπεν· "ἀλλ', ὦ φίλαι, παυσώμεθά ποτε μαχόμεναι."

Οὕτω παρὰ τὰς τῶν ἀμεινόνων στάσεις καὶ οἱ μηδενὸς ἄξιοι πειρῶνται σοβεῖν.

211. Der Knabe, der badet

Ein Knabe badete einmal in einem Fluss und drohte zu ertrinken. Er sah einen Wanderer und rief ihn zu Hilfe. Der aber tadelte den Knaben, weil er waghalsig sei. Da sagte der Junge zu ihm: »Jetzt hilf mir, später, wenn ich gerettet bin, tadle mich!«

[Die Fabel ist mit Blick auf diejenigen erzählt, die Anlass dazu geben, dass ihnen selbst Unrecht getan wird.]

212. Das Schaf, das geschoren wird

Ein Schaf, das ungeschickt geschoren wurde, sprach zu dem, der es schor: »Wenn du Wolle suchst, schneide nicht so tief, wenn du aber Lust auf Fleisch verspürst, schlachte mich auf einmal und hör auf, mich stückweise zu quälen!«

Auf diejenigen, die bei ihrem Handwerk ungeschickt verfahren, ist die Fabel gut passend.

213. Granatapfelbaum, Apfelbaum und Dornbusch

Der Granatapfelbaum und der Apfelbaum lagen im Streit über die Fruchtbarkeit. Als der Zank heftig entbrannt war, sagte der Dornbusch, der es aus der nahen Hecke gehört hatte: »Ihr Freunde, lasst uns doch einmal aufhören, uns zu bekriegen!«

So versuchen bei Zwistigkeiten der Besseren die Nichtswürdigen stolz einherzuschreiten.

214. Σπάλαξ

Σπάλαξ – ἔστι δὲ τοῦτο τὸ ζῷον τυφλόν – λέγει τῇ μητρὶ αὐτοῦ ὅτι "βλέπω." κἀκείνη πειράζουσα αὐτὸν χόνδρον λιβανωτοῦ δοῦσα αὐτῷ ἐπηρώτα τί ποτε εἴη. τοῦδὲ εἰπόντος ψηφῖδα, ἡ μήτηρ εἶπεν· "ὦ τέκνον, οὐ μόνον τοῦ βλέπειν ἐστέρησαι, ἀλλὰ καὶ τὰς ὀσφρήσεις ἀπώλεσας."
Οὕτως ἔνιοι τῶν ἀλαζόνων τὰ ἀδύνατα ἐπαγγέλλονται καὶ ἐν τοῖς ἐλαχίστοις ἐλέγχονται.

214a. Ὅτι πονηρὰ γνώμη καὶ αὐτὴν τὴν φύσιν ἀλλοιοῖ καὶ βλάπτει.

Πηρὸν ἀσπάλαξ καὶ τυφλὸν ζῷον. εἷς οὖν τὴν μητέρα θέλων φιλῆσαι ἀντὶ τοῦ στόματος τῷ αἰδοίῳ προσψαύει. τοῦτο δέ ποιῶν τοὺς ἄλλους ἀδελφοὺς οὐκ ἔλαθεν. εἷς δὲ αὐτῶν εἶπεν ὡς "θέλων τι μέγα ποιῆσαι καὶ πνοῆς ἧς εἶχες ἐστέρησαι δικαίως."

215. Σφῆκες καὶ πέρδικες καὶ γεωργός

Σφῆκές ποτε καὶ πέρδικες δίψει συνεχόμενοι ἧκον πρὸς γεωργὸν καὶ παρὰ τούτου ποτὸν ᾔτουν, ἐπαγγελλόμενοι ἀντὶ τοῦ ὕδατος, οἱ μὲν πέρδικες περισκάψειν τὰς ἀμπέλους καὶ τοὺς βότρυας εὐπρεπεῖς ποιῆσαι, οἱ δὲ σφῆκες κύκλῳ περιστάντες τοῖς κέντροις τοὺς κλέπτας ἀπώσασθαι. κἀκεῖνος ὑποτυχὼν ἔφη· "ἀλλ' ἔμοιγέ εἰσι δύο βόες, οἵτινες μηδέν μοι κατεπαγγελλόμενοι πάντα ποιοῦσιν· οἷς ἄμεινόν ἐστιν ἢ ὑμῖν τὸ ποτὸν παρασχεῖν."
Οὗτος ὁ λόγος πρὸς ἄνδρα ἀχάριστον.

214. Der Maulwurf

Der Maulwurf – dieses Tier ist ja blind – sagte zu seiner Mutter: »Ich kann sehen.« Und die stellte ihn auf die Probe, indem sie ihm ein Weihrauchkorn gab und fragte, was das wohl sei. Als er sagte, es sei ein Kieselstein, sagte die Mutter: »Mein Kind, dir fehlt nicht nur die Sehkraft, sondern du hast auch deinen Geruchssinn verloren.«

So versprechen manche Angeber das Unmögliche und werden bei den kleinsten Dingen überführt.

214a. Dass eine böse Absicht sogar die Natur verändern und ihr schaden kann

Ein lahmes und blindes Tier ist der Maulwurf. Einer nun wollte seine Mutter küssen und berührte statt des Mundes ihre Scham. Als er das tat, blieb es seinen Brüdern nicht verborgen. Einer von ihnen sagte: »Du wolltest etwas Großes tun und bist deines Verstandes, den du hattest, mit Recht beraubt worden.«

215. Die Wespen, die Rebhühner und der Bauer

Wespen und Rebhühner kamen einmal, von Durst geplagt, zu einem Bauern und baten ihn um einen Trank, und als Gegengabe für das Wasser versprachen die Rebhühner, die Erde rings um die Weinstöcke aufzulockern und den Trauben zu einem schönen Aussehen zu verhelfen, und die Wespen, einen Kreis zu bilden und mit ihren Stacheln die Diebe abzuwehren. Und der fiel ihnen ins Wort und sprach: »Aber ich habe ja zwei Ochsen, die mir nichts versprechen und doch alles tun. Es ist besser, ihnen den Trank zu geben als euch.«

Diese Fabel passt auf einen undankbaren Mann.

216. Σφὴξ καὶ ὄφις

Σφὴξ ἐπὶ κεφαλὴν ὄφεως καθίσας καὶ συνεχῶς τῷ κέντρῳ πλήσσων ἐχείμαζε. ὁ δὲ περιώδυνος γενόμενος καὶ τὸν ἐχθρὸν οὐκ ἔχων ἀμύνασθαι, τὴν κεφαλὴν ἁμάξης τροχῷ ὑπέθηκε καὶ οὕτω τῷ σφηκὶ συναπέθανεν.

Πρὸς τοὺς συναποθνήσκειν τοῖς ἐχθροῖς ὑπομένοντας.

217. Ταῦρος καὶ αἶγες ἄγριαι

Ταῦρος διωκόμενος ὑπὸ λέοντος κατέφυγεν εἴς σπήλαιον ἐν ᾧ ἦσαν αἶγες ἄγριαι. τυπτόμενος δὲ ὑπ' αὐτῶν καὶ κερατιζόμενος ἔφη· "οὐχ ὑμᾶς φοβούμενος ἀνέχομαι, ἀλλὰ τὸν πρὸ τοῦ στόματος τοῦ σπηλαίου ἑστῶτα."

Οὕτω πολλοὶ διὰ φόβον τῶν κρειττόνων καὶ τὰς ἐκ τῶν ἡττόνων ὕβρεις ὑπομένουσιν.

218. Πιθήκου παῖδες

Τοὺς πιθήκους φασὶ δύο τίκτειν, καὶ τὸ μὲν ἕν τῶν γεννημάτων στέργειν καὶ μετ' ἐπιμελείας τρέφειν, τὸ δὲ ἕτερον μισεῖν καὶ ἀμελεῖν. συμβαίνει δὲ κατά τινα θείαν τύχην τὸ μὲν ἐπιμελούμενον ἀποθνήσκειν, τὸ δὲ ὀλιγωρούμενον τελειοῦσθαι.

Ὁ λόγος δηλοῖ ὅτι πάσης προνοίας ἡ τύχη δυνατωτέρα καθέστηκε.

216. Die Wespe und die Schlange

Die Wespe setzte sich auf den Kopf der Schlange nieder und quälte sie, indem sie sie fortwährend mit ihrem Stachel stach. Weil die nun übermäßige Schmerzen empfand und den Feind nicht abwehren konnte, legte sie den Kopf unter ein Wagenrad und starb so zusammen mit der Wespe.

Auf diejenigen, die es auf sich nehmen, zusammen mit ihren Feinden zu sterben.

217. Der Stier und die wilden Ziegen

Der Stier wurde von dem Löwen verfolgt und floh in eine Höhle, in der wilde Ziegen waren. Als er von ihnen geschlagen und mit den Hörnern gestoßen wurde, sprach er: »Ich halte das nicht etwa aus, weil ich euch fürchte, sondern den, der vor dem Eingang der Höhle steht.«

So ertragen viele aus Angst vor Stärkeren auch die Frechheiten der Schwächeren.

218. Die Kinder des Affen

Die Affen, heißt es, gebären zwei Junge, und das eine lieben sie und ziehen es mit Sorgfalt auf, das andere aber hassen und vernachlässigen sie. Es geschieht aber gemäß einem göttlichen Schicksal, dass das Umsorgte stirbt, das gering Geschätzte aber heranwächst.

Die Fabel zeigt, dass das Schicksal stärker als alle Vorsorge ist.

219. Ταὼς καὶ κολοιός

Τῶν ὀρνέων βουλευομένων περὶ βασιλείας, ταὼς ἠξίου ἑαυτὸν χειροτονῆσαι βασιλέα διὰ τὸ κάλλος. ὁρμωμένων δὲ ἐπὶ τοῦτο τῶν ὀρνέων, κολοιὸς εἶπεν· "ἀλλ' ἐὰν σοῦ βασιλεύοντος ὁ ἀετὸς ἡμᾶς διώκῃ, πῶς ἡμῖν ἐπαρκέσεις;"

Ὁ λόγος δηλοῖ ὅτι δεῖ τοὺς δυνάστας μὴ κάλλει ἀλλὰ δυνάμει κεκοσμῆσθαι.

220. Κάμηλος, ἐλέφας καὶ πίθηκος

Τῶν ἀλόγων ζῴων βουλομένων βασιλέα ἑλέσθαι, κάμηλος καὶ ἐλέφας καταστάντες ἐφιλονείκουν, καὶ διὰ τὸ μέγεθος τοῦ σώματος καὶ διὰ τὴν ἰσχὺν ἐλπίζοντες πάντων προκρίνεσθαι. πίθηκος δὲ ἀμφοτέρους ἀνεπιτηδείους ἔφη εἶναι· τὴν μὲν κάμηλον διότι χολὴν οὐκ ἔχει κατὰ τῶν ἀδικούντων, τὸν δὲ ἐλέφαντα ὅτι δέος ἐστί μὴ αὐτοῦ βασιλεύοντος χοιρίδιον, ⟨ὃ⟩ δέδοικεν, ἡμῖν ἐπιθῆται.

Ὁ λόγος δηλοῖ ὅτι πολλάκις καὶ τὰ μέγιστα τῶν πραγμάτων διὰ μικρὰν αἰτίαν κωλύονται.

221. Ζεὺς καὶ ὄφις

Τοῦ Διὸς γαμοῦντος πάντα τὰ ζῷα ἀνήνεγκαν δῶρα. ὄφις δὲ ἕρπων ῥόδον ἀναλαβὼν τῷ στόματι ἀνέβη. ἰδὼν δὲ αὐτὸν ὁ Ζεὺς εἶπε· "τῶν ἄλλων ἁπάντων καὶ ἐκ ποδῶν δῶρα δέχομαι· ἀπὸ δὲ τοῦ σοῦ στόματος οὐδὲν λαμβάνω."

Ὁ λόγος δηλοῖ ὅτι πάντων τῶν πονηρῶν αἱ χάριτες φοβεραί εἰσι.

219. Der Pfau und die Dohle

Als die Vögel über die Königsherrschaft berieten, verlangte der Pfau, dass man ihn wegen seiner Schönheit zum König wähle. Da die Vögel sich nun dazu anschickten, sagte die Dohle: »Aber wenn unter deiner Königsherrschaft der Adler uns verfolgt, wie wirst du uns verteidigen?«

Die Fabel zeigt, dass die Machthaber nicht mit Schönheit, sondern mit Macht ausgestattet sein müssen.

220. Das Kamel, der Elefant und der Affe

Als die Tiere einen König wählen wollten, stellten sich das Kamel und der Elefant hin, machten sich gegenseitig den Vorrang streitig und hofften, wegen der Körpergröße und wegen der Stärke würden sie vor allen anderen den ersten Rang einnehmen. Der Affe aber sprach, sie seien beide ungeeignet: das Kamel, weil es keine Wut auf die habe, welche Unrecht tun, und der Elefant, weil zu befürchten sei, dass unter seiner Königsherrschaft ein Ferkel, vor dem er Angst habe, uns angreife.

Die Fabel zeigt, dass oft auch die größten Dinge aus einem geringfügigen Grund verhindert werden.

221. Zeus und die Schlange

Als Zeus heiratete, brachten alle Tiere ihre Geschenke. Die Schlange kam kriechend mit einer Rose im Maul herauf. Als Zeus sie sah, sagte er: »Geschenke aller anderen empfange ich sogar aus den Füßen. Von deinem Maul aber nehme ich nichts an.«

Die Fabel zeigt, dass die Gunstbezeugungen aller Schlechten furchterregend sind.

222. Ὗς καὶ κύων

Ὗς καὶ κύων πρὸς ἀλλήλους διεφέροντο. τῆς δὲ ὑὸς ὀμνυούσης τὴν Ἀφροδίτην ὅτι, ἐὰν μὴ παύσηται, τοῖς ὀδοῦσιν ἀνατεμεῖ, ἡ κύων ἔλεγε καὶ κατ᾽ αὐτὸ τοῦτο αὐτὴν ἀγνωμονεῖν, εἴ γε Ἀφροδίτη μισεῖ, ὥστε ἐὰν φάγῃ τις κρέας ὑὸς τοῦτον οὐκ ἐᾷ εἰς τὸ ἱερὸν αὐτῆς εἰσιέναι. καὶ ἡ ὗς ὑποτυχοῦσα ἔφη· "ἀλλ', ὦ τᾶν, τοῦτο οὐ στυγοῦσα ποιεῖ, προνοουμένη δέ, ἵνα μηδείς με θύσῃ."

Οὕτως οἱ φρόνιμοι τῶν ῥητόρων πολλάκις καὶ τὰ ὑπὸ τῶν ἐχθρῶν φερόμενα ὀνείδη εἰς ἐπαίνους μετασχηματίζουσι.

223. Ὗς καὶ κύων (περὶ εὐτοκίας)

Ὗς καὶ κύων περὶ εὐτοκίας ἤριζον. τῆς δὲ κυνὸς εἰπούσης ὅτι μόνη τῶν τετραπόδων ταχέως ἀποκυεῖ, ἡ ὗς ὑποτυχοῦσα ἔφη· "ἀλλ' ὅταν τοῦτο λέγῃς, γίνωσκε ὅτι τυφλὰ τίκτεις."

Ὁ λόγος δηλοῖ ὅτι οὐκ ἐν τῷ τάχει τὰ πράγματα, ἀλλ' ἐν τῇ τελειότητι κρίνεται.

224. Ὗς ἄγριος καὶ ἀλώπηξ

Ὗς ἄγριος ἑστὼς παρά τι δένδρον τοὺς ὀδόντας ἠκόνα. ἀλώπεκος δὲ αὐτὸν ἐρωτώσης τὴν αἰτίαν δι' ἣν μήτε κυνηγοῦ μήτε κινδύνου ἐνεστῶτος τοὺς ὀδόντας θήγει, ἔφη· "ἀλλ' οὐ ματαίως τοῦτο ποιῶ· ἐὰν γάρ με κίνδυνος καταλάβῃ, οὐ τότε περὶ τὸ ἀκονᾶν ἀσχολήσομαι, ἑτοίμοις δὲ οὖσι χρήσομαι."

222. Die Sau und die Hündin

Die Sau und die Hündin lagen miteinander im Streit. Als die Sau bei Aphrodite schwor, sie werde die, wenn sie nicht aufhöre, mit den Zähnen zerreißen, sagte die Hündin, jene handle gerade damit falsch, da ja Aphrodite Schweine so hasse, dass sie, wenn einer Schweinefleisch gegessen habe, den nicht in ihr Heiligtum eintreten lasse. Und die Sau fiel ihr ins Wort und sprach: »Aber meine Liebe, das macht sie nicht aus Hass, sondern um vorzusorgen, dass niemand mich schlachtet.«

So formen die klugen Redner oft auch die von ihren Gegnern gegen sie vorgebrachten Schmähungen in Lobsprüche um.

223. Die Sau und die Hündin (Über das leichte Gebären)

Die Sau und die Hündin lagen im Streit über das leichte Gebären. Als die Hündin sagte, dass sie als einzige unter den Vierfüßlern schnell werfe, fiel die Sau ihr ins Wort und sprach: »Aber wenn du das sagst, bedenke, dass du Blinde gebierst.«

Die Fabel zeigt, dass die Dinge nicht nach der Schnelligkeit, sondern nach der Vollkommenheit beurteilt werden.

224. Das Wildschwein und der Fuchs

Das Wildschwein stand neben einem Baum und wetzte seine Zähne. Als der Fuchs es nach dem Grund fragte, warum es die Zähne wetze, obwohl weder ein Jäger noch eine Gefahr drohe, sprach es: »Aber ich tue das nicht ohne Grund. Denn wenn mich eine Gefahr überrascht, dann werde ich keine Zeit zum Wetzen haben, sondern sie einsatzbereit gebrauchen können.«

Ὁ λόγος διδάσκει ὅτι δεῖ πρὸ τῶν κινδύνων τὰς παρασκευὰς ποιεῖσθαι.

225. Φιλάργυρος

Φιλάργυρός τις τὴν οὐσίαν ἐξαργυρισάμενος βῶλον χρυσοῦν ὠνήσατο καὶ τοῦτον πρὸ τοῦ τείχους κατορύξας διετέλει συνεχῶς ἐρχόμενος καὶ ἐπισκεπτόμενος. τῶν δὲ περὶ τὸν τόπον ἐργατῶν τις παρατηρησάμενος αὐτοῦ τὰς ἀφίξεις καὶ ὑπονοήσας τὸ ἀληθές, ἀπαλλαγέντος αὐτοῦ τὸ χρυσίον ἀνείλετο. ὁ δέ, ὡς ἐπανελθὼν κενὸν εὗρε τὸν τόπον, ἔκλαιέ τε καὶ τὰς τρίχας ἔτιλλεν. ἰδὼν δέ τις αὐτὸν ὑπεραλγοῦντα καὶ μαθὼν τὴν αἰτίαν ἔφη πρὸς αὐτόν· "μὴ λυποῦ, ἑταῖρε, ἀλλὰ λαβὼν δὲ λίθον κατάθες ἐν τῷ αὐτῷ τόπῳ καὶ νόμιζε τὸ χρυσίον κεῖσθαι· οὐδὲ γάρ ὅτε ἦν ἐχρῶ αὐτῷ."

Ὁ λόγος δηλοῖ ὅτι τὸ μηδέν ἐστιν ἡ κτῆσις, ἐὰν μὴ ἡ χρῆσις παρῇ.

226. Χελώνη καὶ λαγωός

Χελώνη καὶ λαγωὸς περὶ ὀξύτητος ἤριζον. καὶ δὴ προθεσμίαν στήσαντες καὶ τόπον ἀπηλλάγησαν. ὁ μὲν οὖν λαγωὸς διὰ τὴν φυσικὴν ὠκύτητα ἀμελήσας τοῦ δρόμου, πεσὼν παρὰ τὴν ὁδὸν ἐκοιμᾶτο. ἡ δὲ χελώνη συνειδυῖα ἑαυτῇ τὴν βραδύτητα οὐ διέλιπε τρέχουσα, καὶ οὕτω κοιμώμενον τὸν λαγωὸν παραδραμοῦσα ἐπὶ τὸ βραβεῖον τῆς νίκης ἀφίκετο.

Ὁ λόγος δηλοῖ ὅτι πολλάκις φύσιν ἀμελοῦσαν πόνος ἐνίκησεν.

Die Fabel lehrt, dass man vor den Gefahren Vorkehrungen treffen muss.

225. Der Geizige

Ein Geiziger machte seinen Besitz zu Geld, kaufte einen Klumpen Gold, vergrub ihn vor der Stadtmauer, ging immer wieder hin und sah nach. Einer von denen, die an dem Ort arbeiteten, beobachtete sein Kommen und Gehen, argwöhnte den wahren Grund und nahm, als jener sich entfernt hatte, das Gold weg. Als der zurückkam und den Ort leer fand, weinte er und raufte sich die Haare. Da sah einer ihn in seinem übermäßigen Schmerz, und als er den Grund erfahren hatte, sprach er zu ihm: »Sei nicht bekümmert, mein Freund, sondern nimm einen Stein, lege ihn an denselben Ort und denke, das Gold liege da. Denn auch, als es da war, hast du keinen Gebrauch davon gemacht.«

Die Fabel zeigt, dass Besitz nichts wert ist, wenn nicht auch der Gebrauch dazukommt.

226. Die Schildkröte und der Hase

Die Schildkröte und der Hase lagen im Streit über die Schnelligkeit. Und so setzten sie eine Zeit und einen Ort fest und rannten los. Der Hase machte sich wegen seiner naturgegebenen Schnelligkeit keine Sorgen um den Wettlauf, ließ sich neben dem Weg nieder und schlief ein. Die Schildkröte aber, die sich ihrer Langsamkeit bewusst war, ließ nicht nach mit dem Laufen, und so überholte sie den schlafenden Hasen und kam zum Siegespreis an.

Die Fabel zeigt, dass Anstrengung oft eine sorglose Natur besiegt.

227. Χελιδὼν καὶ ὄφις

Χελιδὼν ἔν τινι δικαστηρίῳ νεοττοποιησαμένη ἐξέπτη. ὄφις δὲ προσερπύσας κατέφαγεν αὐτῆς τοὺς νεοττούς. ἡ δὲ ἐπανελθοῦσα καὶ τὴν καλιὰν κενὴν εὑροῦσα ὑπερπαθῶς ἔστενεν. ἑτέρας δὲ χελιδόνος παρηγορεῖν αὐτὴν βουλομένης καὶ λεγούσης, ⟨ὅτι⟩ οὐ μόνον αὐτὴν τέκνα ἀποβαλεῖν συμβέβηκεν, ὑποτυχοῦσα ἔφη· “ἀλλ᾽ ἔγωγε οὐ τοσοῦτον ἐπὶ τοῖς τέκνοις κλαίω ὅσον ὅτι ἐν τούτῳ τῷ τόπῳ ἠδίκημαι ἐν ᾧ οἱ ἀδικούμενοι βοηθοῦνται.”

Ὁ λόγος δηλοῖ ὅτι χαλεπώτεραι γίνονται τοῖς πάσχουσιν αἱ συμφοραί, ὅταν ὑφ᾽ ὧν ἥκιστα προσεδόκησαν πάσχωσιν.

228. Χῆνες καὶ γέρανοι

Χῆνες καὶ γέρανοι τὸν αὐτὸν λειμῶνα ἐνέμοντο. ἐπιφανέντων δὲ αὐτοῖς θηρευτῶν, αἱ μὲν γέρανοι ἐλαφραὶ οὖσαι διεσώθησαν, οἱ δὲ χῆνες μείναντες διὰ τὸ βάρος τῶν σωμάτων συνελήφθησαν.

Οὕτω καὶ τῶν ἀνθρώπων, ἐὰν ἐπαναστάσεις ἐν πόλει γένωνται, οἱ μὲν πένητες ἐλαφροὶ ὄντες ῥᾳδίως μεταβαίνουσιν ἀπὸ πόλεως εἰς πόλιν, οἱ δὲ πλούσιοι διὰ τὴν τῶν ὑπαρχόντων ὑπερβολὴν μένοντες ἀπόλλυνται.

229. Χελιδὼν καὶ κορώνη

Χελιδὼν καὶ κορώνη περὶ κάλλους ἐφιλονείκουν. ὑποτυχοῦσα δὲ ἡ κορώνη πρὸς αὐτὴν ἔφη· “ἀλλὰ τὸ μὲν σὸν κάλλος τὴν ἐαρινὴν ὥραν ἀνθεῖ, τὸ δὲ ἐμὸν σῶμα καὶ χειμῶν παρατείνεται.”

227. Die Schwalbe und die Schlange

Eine Schwalbe, die in einem Gerichtsgebäude ihr Nest gebaut hatte, flog aus. Da kroch eine Schlange heran und fraß ihre Jungen. Als sie zurückkam und das Nest leer fand, stöhnte sie übermäßig traurig. Eine andere Schwalbe wollte sie trösten und sagte, ihr sei nicht allein geschehen, dass sie Kinder verlor, und da fiel sie ihr ins Wort und sprach: »Aber ich weine ja nicht so sehr wegen der Kinder wie deshalb, weil mir gerade an diesem Ort Unrecht getan worden ist, an dem man denen hilft, denen Unrecht getan wird.«

Die Fabel zeigt, dass Unglück für die, welche es erleiden, schwerer wird, wenn sie es von denen erleiden, von denen sie es am wenigsten erwartet haben.

228. Die Gänse und die Kraniche

Die Gänse und die Kraniche weideten auf derselben Wiese. Als die Jäger bei ihnen erschienen, retteten sich die Kraniche, da sie leicht beweglich sind, die Gänse aber blieben wegen der Schwere ihrer Körper und wurden gefangen.

So ziehen auch bei den Menschen, wenn es in einer Stadt Aufstände gibt, die Armen, die leicht beweglich sind, leicht von einer Stadt in eine andere um, die Reichen aber bleiben wegen der Überfülle ihrer Besitztümer und gehen zugrunde.

229. Die Schwalbe und die Krähe

Die Schwalbe und die Krähe lagen wegen der Schönheit in einem ehrgeizigen Streit. Da fiel die Krähe ihr ins Wort und sprach zu ihr: »Aber deine Schönheit blüht nur während der Frühlingszeit, mein Körper aber dauert auch im Winter an.«

Ὁ λόγος δηλοῖ ὅτι ἡ παράτασις τοῦ σώματος εὐπρεπείας καλλίων.

230. Χελώνη καὶ ἀετός

Χελώνη θεασαμένη ἀετὸν πετόμενον ἐπεθύμησε καὶ αὐτὴ πέτεσθαι. προσελθοῦσα δὲ τοῦτον παρεκάλει ἐφ᾽ ᾧ βούλεται μισθῷ διδάξαι αὐτήν. τοῦ δὲ λέγοντος ἀδύνατον εἶναι καὶ ἔτι αὐτῆς ἐπικειμένης καὶ ἀξιούσης, ἄρας αὐτὴν καὶ μετέωρος ἀρθεὶς ἀφῆκεν ἐπί τινος πέτρας, ὅθεν κατενεχθεῖσα ἀπερράγη καὶ ἀπέθανεν.

Ὁ μῦθος δηλοῖ ὅτι πολλοὶ τῶν ἀνθρώπων ἐν φιλονεικίαις ἑαυτοὺς καταβλάπτουσιν.

231. Ψύλλα καὶ ἀθλητής

Ψύλλα ποτὲ πηδήσασα ἐκάθισεν ἐπὶ πόδα ἀνδρὸς ἀθλητοῦ σοβοῦντος καὶ ἁλλομένη ἐνῆκε δῆγμα. ὁ δὲ ἀκροχολήσας, εὐτρεπίσας τοὺς ὄνυχας οἷός τε ἦν συνθλάσαι τὴν ψύλλαν. ἡ δὲ ὑφορμισθεῖσα καὶ πήδημα λαβοῦσα ἀπέδρα, τοῦ θανεῖν ἀπαλλαγεῖσα. καὶ ὃς στενάξας εἶπεν· "ὦ Ἡράκλεις, ὅταν πρὸς ψύλλαν οὕτως, πῶς ἐπὶ τοὺς ἀνταγωνιστὰς συνεργός μοι γενήσῃ;"

Ἄταρ οὖν καὶ ἡμᾶς ὁ λόγος διδάσκει μὴ δεῖν ἐπὶ τὰ ἐλάχιστα καὶ ἀκίνδυνα πράγματα ἐπ᾽ εὐθεῖαν τοὺς θεοὺς ἐπικαλεῖν, ἀλλ᾽ ἐπὶ ταῖς μείζοσιν ἀνάγκαις.

Die Fabel zeigt, dass die Dauer des Körpers schöner ist als sein stattliches Äußeres.

230. Die Schildkröte und der Adler

Die Schildkröte sah den Adler fliegen und bekam auch selbst Lust zu fliegen. Sie ging zu ihm und bat ihn für den Lohn, den er wolle, um Unterweisung. Als der aber sagte, es sei unmöglich, und sie doch noch drängte und forderte, hob er sie empor, hob sich hoch in die Luft und ließ sie auf einen Felsen fallen, von dem herabstürzend sie zerbrach und starb.

Die Fabel zeigt, dass viele Menschen sich in ihrem Ehrgeiz selbst schaden.

231. Der Floh und der Athlet

Der Floh ließ sich einmal im Sprung auf dem Fuß eines stolz einherschreitenden Athleten nieder, hüpfte herum und versetzte ihm einen Biss. Der wurde jähzornig, brachte seine Fingernägel in Angriffsposition und war drauf und dran, den Floh zu zerquetschen. Der aber duckte sich, machte einen Sprung und entkam, vom Tode befreit. Und jener seufzte und sagte: »O Herakles, wenn du mir bei einem Floh so zum Helfer wirst, wie dann bei meinen Gegnern?«

Aber auch uns lehrt also die Fabel, dass wir nicht bei unbedeutenden und ungefährlichen Dingen geradewegs die Götter herbeirufen dürfen, sondern nur in größeren Notlagen.

ANHANG

ERLÄUTERUNGEN

1. Zu Leben Äsops

Titel

Vita G trägt die Überschrift Βίβλος Ξάνθου Φιλοσόφου καὶ Αἰσώπου δούλου αὐτοῦ περὶ τῆς ἀναστροφῆς Αἰσώπου (Das Buch des Philosophen Xanthos und seines Sklaven Äsop über den Lebenswandel Äsops), bezieht sich aber offensichtlich nur auf Kap. 1–91. Der hier gewählte Titel ist also eine von mehreren möglichen Rekonstruktionen.

Kap. 1

für das Leben sehr nützliche: Äsop ist es durch die Lehren, die seine Fabeln erteilen.

Phrygien: Landschaft in der Mitte der heutigen Türkei, aus der sehr viele Sklaven stammten. Amorion ist vielleicht als Schauplatz der Handlung in Kap. 1–18 zu denken.

Kap. 2

Land, … [damit …: Hier fehlt etwas, das nur die Version der Vita W überliefert; deshalb ist der entsprechende Text (nach Perrys Edition mit Karla verdankten Emendationen; s. S. 185) eingefügt. Dort sagt Agathopous (»Schönbein«) »Ich würde mich …« zu dem Mitsklaven, da dieser aber in Vita G im Folgenden offensichtlich erstmals auftritt, müsste er das, wenn er es hier überhaupt sagte, zu sich selbst gesagt haben.

Kap. 3

Hermes: Der Name des Mitsklaven.

» … *Zieh sie aus!*« Das sagt der Herr zu einem weiteren Sklaven.

Kap. 4

Isis: Ägyptische Göttin, die seit dem 1. Jahrhundert v. Chr. überall in der griechisch-römischen Welt verehrt wurde. Man glaubte, sie habe den Menschen ihre verschiedenen Sprachen gegeben – deshalb kann sie Äsop redend machen (Kap. 7) – und die Erfindung der Schrift bewirkt. Kap. 4 enthält Anspielungen auf das Ritual bei der Initiation eines Jüngers der Isis in ihre Mysterien (vgl. Karla 2014, zit. S. 424).

Kap. 6

einen besonders schön blühenden … Ort: Es folgt die Beschreibung eines *locus amoenus* (»lieblicher Ort«), die in der einzigen Handschrift besonders schlecht überliefert ist und daher z. T. rekonstruiert werden muss. Schlaf und Traum Äsops evozieren den Ritus der Inkubation (Karla 2014, zit. S. 424).

die tränenreiche Nachtigall: Anspielung auf den Philomela-Mythos. Von König Tereus, dem Mann ihrer Schwester Prokne, vergewaltigt und der Zunge beraubt, setzt sie ihm aus Rache zusammen mit Prokne seinen Sohn Itys zum Mahl vor, wird in die Nachtigall verwandelt und klagt von nun an über den Tod des Neffen.

Kap. 7

Musen: Die neun Göttinnen, die zu Werken der Literatur und Wissenschaften inspirieren, werden im Mythos von Apollo angeführt, können aber auch das Gefolge der Isis bilden.

Helikon: Gebirge im mittelgriechischen Böotien, das als Sitz der Musen galt.

Kap. 11

Hundskopf: Die griechische Entsprechung kann einen Dummkopf bezeichnen.

Kap. 12

Ophelion: Der »Nutznießer«, aber auch »der, welcher nützt«: Durch ihn wird Äsop nach Samos kommen, wo er sich die Freilassung erwirken kann.

Kap. 13

Triklinium: Speisezimmer mit (meist) drei Speisesofas um einen Esstisch.

Kap. 14

der Trompeter beim Kranichkampf: Man glaubte, die Kraniche würden auf ihrem Zug nach Afrika mit den kleinwüchsigen Pygmäen kämpfen. Äsop erinnert Ophelion an einen Zwerg.

Kap. 15

Obolen: Der Obolos war die kleinste griechische Münze.

Kap. 16

Dionysos und Apollon: Der Gott des Weines und der Gott der Dichtung und Weissagung wurden in der bildenden Kunst als schöne junge Männer dargestellt.

Nemesis: Die Göttin der Vergeltung.

gegen den bösen Blick: Man glaubte, es gebe Menschen, die Zauberkräfte besitzen und anderen Menschen durch Anblicken schaden können.

Kap. 18
Atlas: Titan, der das Himmelsgewölbe trägt.

Kap. 19
As: Die kleinste römische Münze.

Kap. 20
Ephesos: Bedeutende griechische Handelsstadt an der Westküste Kleinasiens nahe der heutigen Stadt Selçuk.
Kithara: Fünf- bis zwölfsaitiges Instrument.
Samos: Insel vor der Westküste Kleinasiens.

Kap. 21
Chiton: Das Untergewand, über dem das Himation (»Oberkleid«) getragen wurde.

Kap. 23
Hera: Gemahlin des obersten Gottes Zeus, die auf Samos besonders verehrt wurde.

Kap. 24
Ligyris: Zu dem griech. Adjektiv *ligyrós* »hellklingend«. Die Lücke in Vita G ist wieder durch Text aus Vita W ergänzt.
Meerschaf: Metapher für »Fisch« und damit für Dummkopf, da Fische (die wie Schafe zu Herden vereint sind) als dumm galten. Für den Studenten stellt der Begriff offenbar ein Rätsel dar, und das passt zu Äsop, der gerne Rätsel entweder aufgibt oder löst (vgl. Konstantakos 2003, zit. S. 424).
Denar: Römische Silbermünze.
Lyder: Bewohner der kleinasiatischen Landschaft Lydien.
Philokalos: Wörtlich jemand, der das Schöne liebt.

Kap. 25
»Warum denn? Habe ich Kummer?«: Das griechische Grußwort *chaîre* bedeutet wörtlich »Freue Dich«, und das nimmt Äsop in ähnlicher Weise beim Wort, wie wenn man auf »Grüß Gott!« mit »Muss das gleich sein?« reagieren würde. Die hier gewählte deutsche Wiedergabe ist ein Notbehelf.

Kap. 29

Endymion oder Ganymedes: Schöne junge Männer, Endymion von der Mondgöttin, Ganymedes von Zeus geliebt.

Kap. 32

Euripides: Athenischer Tragödiendichter (485/480–406 v. Chr.), der als misogyn galt. Die Verse im Metrum des jambischen Trimeters (Sechsheber im Deutschen) stammen aus einem unbekannten Stück (Frg. 1059 Kannicht).

Auswuchs: Das männliche Glied.

Demosthenes: Berühmter athenischer Redner (384–322 v. Chr.).

Kap. 33

Zeus schenkte ...: Ätiologische Fabel. Vgl. van Dijk (s. S. 421) Nr. 97.

Kap. 36

Helikon: Zu Kap. 7.

Kap. 37

Höre und gib acht ...: Ätiologische Fabel; vgl. zu Fabel 119. Der Text ist nur in Vita W erhalten.

Kap. 39

wegen des Wutausbruchs ...: Offensichtlich Anspielung auf eine Episode, die, in keiner Vita-Fassung erhalten, im Anschluss an Kap. 37 erzählt worden sein muss.

koche ... Linse: Im Griechischen kann der Singular des entsprechenden Wortes (*phakós*) für den Plural stehen. Das ist hier gegen den deutschen Sprachgebrauch nachgeahmt, damit Äsops Wörtlichnehmen verstanden wird. Poethke (s. S. 422) versucht es mit »ein paar/ein Paar Linsen«, aber das scheint mir keine bessere Lösung.

Kap. 40

Durst vom Bade: Im Griechischen deutlicher: *apó* heißt sowohl »stammend von« als auch (temporal) »nach«.

Jetzt befehlt ...: Im späten Griechisch eine Höflichkeitsformel zu Beginn eines Gastmahls.

Kap. 44

das ... Gemüse verstreute: Zu Kap. 39.

Kap. 45
Lykaina: »Wölfin«.

Kap. 47
Meerschaf: Zu Kap. 24.
»... gestatte du Äsop zu trinken.«: Sklaven waren zum Gastmahl normalerweise nicht zugelassen.

Kap. 48
Weil das Schaf ...: Ätiologische Fabel. Vgl. zu Fabel 85 in dieser Ausgabe.

Kap. 52
Demokrit: Der Name des Begründers der Atomistik (ca. 460–370 v. Chr.) wird hier wohl im Sinne von »bei Demokrit!« ausgerufen, da die Studenten des Philosophen Xanthos ihn offenbar als geradezu göttlich betrachten.

Kap. 57
[*und als er ...:* Die Lücke in Kap. 57f. wird wieder von der Version der Vita W ausgefüllt.

Kap. 65
Stratege: Ein hoher Staatsbeamter, offenbar der höchste auf Samos.

Kap. 67
Weil in alten Zeiten ...: Ätiologische Fabel. Vgl. van Dijk (s. S. 421) Nr. 1459.

Kap. 68
Alraune: Einer menschlichen Gestalt ähnliche Alraunwurzel, ein Nachtschattengewächs, dem man Zauberkräfte zuschrieb.
Hades: Name sowohl des Unterweltherrschers als auch seines Reiches.

Kap. 74
[*Äsop war ...:* Die Lücke in Kap. 74–76 wird wieder von der Version der Vita W ausgefüllt.

Kap. 75
den hirtenhaften ... Tanz ...: Äsop masturbiert nicht, wie vielfach angenommen wird (dazu bräuchte er sich nicht auszuziehen), sondern macht eine gymnastische Übung: die *cheironomía*, die einem Tanz ähnlich ist.

die Länge ...: Man glaubte im Altertum, Sklaven hätten einen besonders großen Penis.

Kap. 76

Pflaumenbaum: In der Allegorie auf das in Kap. 75 erzählte Ereignis steht die Pflaume nicht zufällig für die Vagina; vgl. Konstantakos 2006 und 2009 (s. S. 425).

Handwurzel: Im Deutschen nicht nachahmbares Wortspiel mit *karpós* »Frucht« (hier allegorisch für den Penis) und (etymologisch davon verschieden) *karpós* »Handwurzel«.

Kap. 77

Vogelomen: Aus Verhalten und Flug von Vögeln las man Prophezeiungen.

Kap. 78–80

G V D G F S G: Versuch einer Umsetzung des (dreifachen) griechischen Akrostichons in ein deutsches. Wörtliche Übersetzung des jeweiligen Originals: »Geh vier Schritte, grabe, du wirst einen Goldschatz finden« – »Gib dem König Dionysios den Goldschatz zurück, den du hier gefunden hast« – »Nehmt ihn, geht und teilt den Goldschatz, den ihr hier gefunden habt.«

Kap. 79

König Dionysios von Byzanz: Zweifellos eine fiktive Person.

Kap. 88

Primipilarius: Im römischen Heer Centurio (Befehlshaber) einer Manipel (Truppe von 120–160 Soldaten).

Kypris: Beiname der Liebesgöttin Aphrodite nach der Insel Kypros (Zypern), auf der sie besonders verehrt wurde.

Phronesis: Der personifizierte Verstand.

Kap. 90

Prytane: Geschäftsführender Staatsbeamter.

Kap. 91

Stratege: Zu Kap. 65.

Kap. 92

Kroisos: König von Lydien (zu Kap. 24), der ca. 555–541 regierte, also zu der Zeit, in der Äsop gelebt haben soll.

Archonten: Beamte an der Spitze des Staates.

Kap. 94
Als Zeus …: Fabel Nr. 1456 van Dijk (s. S. 421).
Prometheus: Titan, der die Menschen erschafft.

Kap. 95
das Atlantische Meer: Das Meer jenseits der Säulen des Herakles (Gibraltar).

Kap. 97
Zu der Zeit …: Vgl. zu Fabel 153 in dieser Ausgabe.

Kap. 99
Zu der Zeit …: Fabel Nr. 547 van Dijk (s. S. 421).

Kap. 100
Marsyas: Phrygischer Satyr (Walddämon), der von Apollon in einem musikalischen Wettbewerb besiegt und dann enthäutet wird.

Kap. 101
Lykurgos: fiktiver König, der im Urtext wahrscheinlich Lykoros hieß (so in dem Berliner Papyrus inv. 11628 und dem Oxyrhynchos-Papyrus 3720).

Kap. 103
einen Adeligen: Helios (»Sonne«) laut Kap. 104.

Kap. 105
Nektanabo(n): Sonst Nektanebo (II.) genannt (in Version W Nektenabo), der letzte Pharao (360–343 v. Chr.), fiktionale Figur auch im Alexander-Roman; zu ihm vgl. bes. Konstantakos 2010 (s. S. 425).

Kap. 112
Memphis: Hauptstadt der Pharaonen, 18 km südlich von Kairo.

Kap. 113
[*Denn wie der Mond …:* Text bis zum Ende von Kap. 114 aus Vita W.

Kap. 117
Bubastis: Stadt im östlichen Nildelta mit Kultzentrum der als Katze verehrten Göttin Bastet, die hier den griechischen Namen der Stadt trägt.

Kap. 119

Heliopolis: »Sonnenstadt« nordöstlich von Kairo (ägyptisch Iunu, On im Alten Testament), Kultzentrum des Sonnengottes Re.

Kap. 122

Talent: Ursprünglich babylonische Gewichtseinheit (ca. 26 kg) und Silbergeld.

Kap. 124

Delphi: Kultzentrum Apollons in Mittelgriechenland mit einem besonders berühmten Orakel.

Wie der Blätter Geschlecht ...: Abgewandeltes Zitat des daktylischen Hexameters (im Deutschen Sechshebers) Homer, *Ilias* 6,146. Ich gehe davon aus, dass im Urtext der Vita ἀνδρῶν (»Männer«), das letzte Wort im Original des Verses, durch Δελφῶν (»Delph(i)er«) ersetzt war. Denn hier würde es gar nicht passen, dass der Vers sich auf alle »Männer« (= Menschen) bezieht: Äsop will die Delphier verspotten, indem er auf sie allein die Aussage der in der Antike sehr berühmten Sentenz bezieht.

Kap. 125

»Delphier, ihr gleicht ...: Vgl. zu Fabel 177 in dieser Ausgabe.

Kap. 126

Sklaven, aber ...: Ätiologische Fabel. Vgl. van Dijk (s. S. 421) Nr. 665.

Kap. 127

Archonten: Zu Kap. 92.

wegen der Entehrung: Vgl. Kap. 100.

Phokis: Gebirgslandschaft, in der Delphi liegt.

Kap. 129

eine Fabel: Ihre nicht erhaltene älteste Fassung dürfte u. a. der Novelle von der Matrone von Ephesos in Petrons Roman *Satyrica* (»Satyrische Geschichten«) zugrundeliegen (dort Kap. 111f.). Vgl. van Dijk (s. S. 421) Nr. 1175.

Kap. 131

Eine Frau ...: Fabel Nr. 928 van Dijk (s. S. 421). Möglicherweise liegt im griechischen Text ein Wortspiel vor, da *noûs* (»Verstand«) im jonischen Dialekt *nóos* heißt, was ähnlich klingt wie *ónos* (»Esel«).

Kap. 133
»Als die Tiere ...: Fabel Nr. 615 van Dijk (s. S. 421); vgl. Merkle in Holzberg 1992 (s. S. 423), 110–127.

Kap. 135–139
Der Hase ...: Vgl. zu Fabel 3 in dieser Ausgabe und dazu von Möllendorff 1994 (s. S. 425).

Kap. 139
Zeus Xenios: Der Gott als Hüter der Gastfreundschaft.

Kap. 140
Ein Bauer ...: Fabel Nr. 141 van Dijk (s. S. 421).

Kap. 141
Ein Mann, der ...: Fabel Nr. 643 van Dijk (s. S. 421). Der in Vita G fehlende Text stammt wieder aus Vita W.

Kap. 142
den Anführer der Musen: Apollon.

Ergänzende Texte zu Vita G

Kap. 50a
sie: Die Frau des Xanthos.
Gebieter, habe ich ...: Rückbezug auf Kap. 50.

Kap. 77a
er: Xanthos.

Kap. 77b
dass er ihn einen Hund nannte: Äsops Frage "τί σείει ὁ κύων;" (»Was bewegt der Hund hin und her?«) konnte auch so verstanden werden, als fragte er: "τίς εἶ, ὦ κύον;" (»Wer bist du, du Hund?«).

2. *Zu Fabeln Äsops*

Zu jeder Fabel werden, soweit vorhanden, die thematisch verwandten Versionen anderer antiker sowie (in Auswahl) mittelalterlicher und neuzeitlicher Autoren genannt. Ein ausführliches Verzeichnis bietet G.-J. van Dijk, *Aesopica Posteriora.* Medieval and Modern Versions of Greek and Latin Fables. 2 Bde., Milano 2015; die von ihm für die Fabeln gewählten Nummern sind jeweils in eckigen Klammern angegeben.

Adem.	Fabeln des lateinischen (Pseudo-)Äsop in der Leidener Handschrift Cod. Voss. lat. 8° no. 15, die nach ihrem Redaktor Ademar-Kodex genannt wird (Ausgabe mit italienischer Übersetzung: F. Bertini/P. Gatti: Ademaro di Chavannes. Favole, Genova 1988).
Aphth.	40 Fabeln des Rhetors Aphthonios (nur auf Griechisch in: CFA I 2, 133–151).
Avian	Avian (Text und englische Übersetzung in: J. W. u. A. M. Duff, Minor Latin Poets, II, Cambridge, Mass/London 1982, 667–749; deutsche Übersetzung in: J. Irmscher, Sämtliche Fabeln der Antike, Berlin/Weimar 1978 = Köln 2011, 405–436).
Babr.	Babrios (Text und Übersetzung: N. Holzberg, Babrios, Fabeln, Berlin/Boston 2019).
CFA	Aesops Fabeln in den drei überlieferten Redaktionen (nur auf Griechisch in: A. Hausrath, Corpus Fabularum Aesopicarum I: Fabulae Aesopicae soluta oratione conscriptae, Leipzig [2]1970 = Fasc. 1 und [2]1959 = Fasc. 2 curavit H. Hunger; Übersetzung jeweils der ältesten Version in: Irmscher [s. Avian], 9–152).
La Fontaine	Jean de La Fontaine, *Fables* (Text und Übersetzung: E. Dohm/G. Fabricius, J. La Fontaine, Sämtliche Fabeln, Düsseldorf 2002).
Liban.	Libanios, *Progymnasmata* (Fabel 1–3 nur auf Griechisch in: CFA I 2, 130–132).
ParaBodl	Paraphrasis Bodleiana (Oxford, Bodleianus Auct. F 4.7; nur auf Griechisch in: P. Knöll, Fabularum Babrianarum paraphrasis Bodleiana, Wien 1877 = London 2018; mit französischer Übersetzung, aber nicht vollständig in: E. Chambry, Ésope. Fables. Texte établi et traduit, Paris 1927).
Phaedr.	Phaedrus (Text und Übersetzung in: N. Holzberg, Phaedrus, Berlin/Boston 2018).
Ps.-Dosith.	16 Fabeln in: Ps.-Dositheos, *Hermeneumata* (nur auf Griechisch in: CFA I 2, 120–129).

Rhet. Branc. 3 Fabeln des Rhetor Brancatianus (nur auf Griechisch in: CFA I 2, 184f.).

Romul. Fabeln des *Aesopus Latinus* in der Sammlung des (Pseudo-)Romulus (nur auf Lateinisch in: G. Thiele, Der Lateinische Äsop des Romulus und die Prosa-Fassungen des Phädrus, Heidelberg 1910 = Hildesheim 1985; Übersetzung in: Irmscher [s. Avian], 343–404).

Sachs Hans Sachs, Fabeln (Ausgaben: 1. KG = A. v. Keller/E. Goetze, Hans Sachs. 26 Bde., Tübingen 1870–1908 = Hildesheim 1964; 2. GD = E. Goetze/K. Drescher, Hans Sachs. Sämtliche Fabeln und Schwänke. 6 Bde., Halle 1893–1912).

Steinhöwel Heinrich Steinhöwel, *Esopus*, Ulm 1476/1477 (Ausgabe: H. Österley, Tübingen 1873. Hier sind nur Steinhöwels Ausgabe und Verdeutschung von Rinuccio da Castigliones lateinischer Übersetzung der Äsop-Vita und ausgewählter Fabeln der Redaktion W berücksichtigt).

Synt. Fabeln des Syntipas (nur auf Griechisch in: CFA I 2, 155–183).

Tetr. *Tetrasticha* des Ignatios Diakonos und anderer in zwei Teilen (nur auf Griechisch in: O. Crusius, Babrii fabulae Aesopeae. Accedunt fabularum dactylicarum et iambicarum reliquiae. Ignatii et aliorum tetrasticha iambica rec. a C. F. Mueller, Leipzig 1897, 264–296; nur die 57 Fabeln aus Teil I sind übersetzt in: Irmscher [s. Avian], 437–451).

Theophyl. Theophylaktos Simokatta, *Briefe*, darin Fabel 1 und 2 (nur auf Griechisch in: CFA I 2, 153f.).

van Dijk siehe Vorbemerkung.

1 CFA 1; Archilochos, Fragmente 174–181 West; Aristophanes, *Vögel* 652f.; Synt. 24; Phaedr. 1,28; Romul. 16; Sachs GD 2, Nr. 229 und GD 4, Nr. 317 und 377 (verl.). [van Dijk 797]

Der Adler: Obwohl der griechische bestimmte Artikel fehlt, ist er im Deutschen meist zu setzen, da Fabeltexte in diesem Punkt offensichtlich an die Tradition des archaischen Griechisch anknüpfen, in dem es noch keinen bestimmten Artikel gab. Er musste ja auf jeden Fall vor dem Tiernamen fehlen, der in der alphabetischen Anordnung meist das erste Wort einer Fabel ist.

2 CFA 2; Babr. 137; Aphth. 19; Tetr. 1,55; Synt. 9; ParaBodl 110; La Fontaine 2,16. [van Dijk 543]

3 CFA 3; Semonides, Fragment 13 West; Aristophanes, *Wespen* 1448, *Frieden* 127–130 und *Lysistrate* 695; Lukian, *Ikaromenippos* 10, *Götterversammlung* 8 und *Pseudologistes* 3; *Leben Äsops* 135–139; Steinhöwel 6,2. [van Dijk 289]

14 *in den Kot getreten:* Die übliche Übersetzung »schlecht behandelt« o. ä. ignoriert die komische Anspielung der Metapher darauf, dass in der Fabel von einem Mistkäfer die Rede ist.

4 CFA 4; Hesiod, *Werke und Tage* 202–212. [van Dijk 1094]

5 CFA 5. [van Dijk 602]

6 CFA 6; Babr. 45; Tetr. 2,14; ParaBodl 37. [van Dijk 1039]

7 CFA 7; Plutarch, *Über Bruderliebe* 490 C; Babr. 121; Tetr. 1,16; 2,24; ParaBodl 111. [van Dijk 500]

8 CFA 8; Aristoteles, *Meterologie* 2,3,356b11. [van Dijk 19]

9 CFA 9; Phaedr. 4,9; Synt. 10; Tetr. 2,15; ParaBodl 40; La Fontaine 3,5. [van Dijk 949]

10 CFA 10; Rhet. Branc. 5. [van Dyck 959]

11 CFA 11; Herodot 1,141; Aphth. 33; La Fontaine 10,10. [van Dijk 887]
Das Epimythion, das sicherlich auf die Fabel folgte, ist offensichtlich irgendwann in der Überlieferung nicht abgeschrieben worden.

12 CFA 12; Plutarch, *Gastmahl der Sieben Weisen* 155 B und *Sind die Leiden der Seele oder des Körpers schlimmer?* 500C; Avian 40; Tetr. 2,16; ParaBodl 37; La Fontaine 9,3. [van Dyck 958]

13 CFA 13; Tetr. 2,9. [van Dijk 896]

14 CFA 14; Babr. 81; Synt. 14. [van Dijk 967]

15 CFA 15; Phaedr. 4,3; Babr. 19; Romul. 71; Tetr. 1,23; ParaBodl 18; La Fontaine 3,11. [van Dijk 944]

16 CFA 16. [van Dijk 495]
Causa: im Griechischen steht ein juristischer Begriff.

17 CFA 17; Plutarch, *Timokreon* 21,7; La Fontaine 5,5. [van Dijk 1534]

18 CFA 18; Babr. 6; Avian 20; Sachs GD 3, Nr. 210 und GD 6, Nr. 961; La Fontaine 5,3. [van Dijk 36]

19 CFA 19; Tetr. 1,49; ParaBodl 31; Steinhöwel 6,5. [van Dijk 417]

20 CFA 20. [van Dijk 605]

21 CFA 21. [van Dijk 897]

22 CFA 22; Phaedr. App. 28; Babr. 50; Romul. 73; ParaBodl 41. [van Dijk 1005]

23 CFA 23; La Fontaine 10,7. [van Dijk 575]

24 CFA 24; Horaz, *Briefe* 1,7,29–36; Dion Chrysostomos, *Rede* 47,20; Babr. 86; Tetr. 1,27; ParaBodl 64; La Fontaine 3,17. [van Dijk 943]

25 CFA 25. [van Dijk 1083]

26 CFA 26. [van Dijk 893]

27 CFA 27; Phaedr. 1,7; Romul. 44; Sachs GD 4, Nr. 282; La Fontaine 4,14. [van Dijk 989]

Die Maske eines Tragöden: Antike Schauspieler trugen auf der Bühne eine Maske. Diejenige des Tragöden, des Schauspielers in einer Tragödie, hatte einen ernsten und pathetischen Ausdruck.

28 CFA 28. [van Dijk 1057]
Hekatombe: Opfer von hundert Rindern.
Attiker: Im attischen Athen geprägte Drachme.

29 CFA 29. [van Dijk 558]

30 CFA 30. [van Dijk 204]

31 CFA 31; Diodor 33,7,6; Phaedr. 2,2; Babr. 22; Tetr. 1,54; ParaBodl 15; Steinhöwel 6,15; Sachs GD 2, Nr. 242, GD 3, Nr. 16 und GD 6, Nr. 960; La Fontaine 1,17. [van Dijk 1133]

32 CFA 32; *Griechische Anthologie* 11,348; ParaBodl 45. [van Dijk 603]

33 CFA 33. [van Dijk 388]
Hier sind Rhodos und Sprung: Abgewandelt zu *Hic Rhodus, hic salta* (»Hier ist Rhodos, hier springe!«) ist dies ein Geflügeltes Wort.

34 CFA 34. [van Dijk 1441]
Hekatombe: zu 28,2.

35 CFA 35; Anaximenes 13 B1 Diels/Kranz; Aristoteles, *Problemata* 34,7, 964a10–18; Plutarch, *Die erste Kälte* 947 F; Sextus Empiricus 8,103; Avian 29. [van Dijk 1279]

36 CFA 36. [van Dijk 319]

37 CFA 37. [van Dijk 373]

38 CFA 38. [van Dijk 858]

39 CFA 39; Papyrus Michigan 457; Romul. 24; La Fontaine 1,8. [van Dijk 359]

40 CFA 40; Platon, *Theaitetos* 174 A; Diogenes, *Leben der Philosophen* 1,34; Tetr. 1,52; La Fontaine 2,13. [van Dijk 202]

41 CFA 41. [van Dijk 690]

42 CFA 42; Steinhöwel 6,17; La Fontaine 5,9. [van Dijk 856]

43 CFA 43; Tetr. 2,20. [van Dijk 1550]

44 CFA 44; Phaedr. 1,2; Romul. 27; ParaBodl 66; Sachs GD 2, Nr. 236 und GD 3, Nr. 32; La Fontaine 3,4. [van Dijk 821]

45 CFA 45; Babr. 52; Tetr. 2,10; ParaBodl 32. [van Dijk 216]

46 CFA 46; Sophokles, Fragment 4 West; Demetrios von Phaleron, Fragment 120 Wehrli; Plutarch, *Ehevorschriften* 139 D; Babr. 18; Athenaios 13,82, 604 D–F; Themistios, Reden 16, 208 A; Avian 4; Tetr. 1,47; Synt. 55; ParaBodl 17; La Fontaine 6,3. [van Dijk 392]

47 CFA 47; Plutarch, *Über das Geldleihen* 831 C; Babr. 34; Tetr. 1,28. [van Dijk 407]

48 CFA 48. [van Dijk 244]

49 CFA 49; Babr. 23; Synt. 12; ParaBodl 16; La Fontaine 6,1. [van Dijk 466]

50 CFA 50; Babr. 32; Tetr. 1,39; ParaBodl 19; La Fontaine 2,18. [van Dijk 95]
51 CFA 51; ParaBodl 81; Tetr. 1,43. [van Dijk 854]
52 CFA 52. [van Dijk 696]
53 CFA 53; Plutarch, *Über die Geschwätzigkeit* 511 C–D; Babr. 47; ParaBodl 38. [van Dijk 857]
54 CFA 54; Tetr. 2,18. [van Dijk 859]
55 CFA 55. [van Dijk 577]
56 CFA 56. [Dijk 1058]
57 CFA 57. [van Dijk 682]
58 CFA 58; Synt. 42. [van Dijk 1115]
59 CFA 59; Synt. 5. [van Dijk 883]
60 CFA 60; Tetr. 2,21; Synt. 2; La Fontaine 1,16. [van Dijk 651]
61 CFA 61; Avian 12. [van Dijk 843]
Ge: Die Göttin Erde.
Tyche: Die Schicksalsgöttin.
62 CFA 73; Babr. 39. [van Dijk 765]
63 CFA 63; Aristoteles, *Über die Teile der Lebewesen* 663a35–663b3; Lukian, *Hermotimos* 20; Babr. 59; Athenaios 694 E; ParaBodl 43; La Fontaine 8,4. [van Dijk 208]
64 CFA 64; Phaedr. 2,3; Synt. 56. [van Dijk 12]
65 CFA 66; Avian 9; La Fontaine 5,20. [van Dijk 262]
66 CFA 67. [van Dijk 455]
67 CFA 68. [van Dijk 1555]
68 CFA 69. [van Dijk 1546]
69 CFA 70. [van Dijk 1549]
70 CFA 71; Lukian, *Griechische Anthologie* 10,122,5f.; Babr. 36; Aphth. 36; Avian 16; Tetr. 1,45; ParaBodl 29; La Fontaine 1,22. [van Dijk 1376]
71 CFA 72; *Griechische Anthologie* 9,431; Libanios 4,1043 Foerster. [van Dijk 1077]
72 CFA 74. [van Dijk 276]
73 CFA 75; La Fontaine 7,7. [van Dijk 764]
74 CFA 76; Phaedr. 1,12; Babr. 43; Ps.-Dosith. 1; Aphth. 18; Romul. 57; Tetr. 1,14; 2,11; Synt. 15; ParaBodl 34; La Fontaine 6,9. [van Dijk 658]
75 CFA 77; Tetr. 2,12. [van Dijk 657]
76 CFA 78; Tetr. 2,17. [van Dijk 659]
77 CFA 79; Tetr. 1,51. [van Dijk 661]
78 CFA 80; Phaedr. 4,18. [van Dijk 1061]
79 CFA 81; Phaedr. 4,2, Babr. 17; Romul. 72. [van Dijk 507]
80 CFA 82. [van Dijk 913]
81 CFA 83; Archilochus Frg. 185–187 West. [van Dijk 60]

82 CFA 84. [van Dijk 124]
83 CFA 85. [van Dijk 47]
84 CFA 86. [van Dijk 1541]
85 CFA 87; *Leben Äsops* 48; Aphth. 30. [van Dijk 1434]
86 CFA 88; Synt. 58. [van Dijk 1163]
87 CFA 89; Babr. 123; Avian 33; Tetr. 1,37; Synt. 27; ParaBodl 112 (287); Sachs GD 3, Nr. 80; La Fontaine 5,13. [van Dijk 1070]
88 CFA 90. [van Dijk 1116]
89 CFA 91. [van Dijk 614]
90 CFA 92. [van Dijk 1032]
91 CFA 93; Babr. 129; Galen, *Gegen Julian* 8; Romul. 21; Adem. 17. [van Dijk 175]
92 CFA 94; Nikolaus von Damaskus, in: *Fragmente der griechischen Historiker* 90F56. [van Dijk 1544]
93 CFA 95; Phaedr. 4,8; Romul. 62; Sachs GD 3, Nr. 203; La Fontaine 5,16. [van Dijk 882]
94 CFA 96. [van Dijk 863]
95 CFA 97. [van Dijk 587]
96 CFA 98; Tetr. 2,32a; ParaBodl 116. [van Dijk 418]
97 CFA 99; Rhet. Branc. 3. [van Dijk 747]
98 CFA 100; Babr. 96; Tetr. 1,31; Synt. 17; ParaBodl 81. [van Dijk 1195]
99 CFA 101. [van Dijk 459]
100 CFA 102; Aristoteles, *Über die Teile der Lebewesen* 663a35–663b3; Lukian, *Hermotimos* 20; Babrios 59; Athenaios 694 E; ParaBodl 43. [van Dijk 206]
Momos: Der Gott des Tadels.
101 CFA 103; Horaz, *Briefe* 1,3,18f.; Phaedr. 1,3; Babr. 72; Diogenes Laertios 6,80; Liban. 3; Aphth. 31; Romul. 45; Theophyl. 1; Tetr. 1,29; ParaBodl 59; La Fontaine 4,9. [van Dijk 356; vgl. 1416]
102 CFA 104. [van Dijk 820]
Ge: Zu 61,1.
103 CFA 105. [van Dijk 1121]
104 CFA 106; Babr. 68; Tetr. 1,46. [van Dijk 101]
105 CFA 107; Babr. 74; ParaBodl 58. [van Dijk 708]
106 CFA 108. [van Dijk 76]
107 CFA 109; Romul. 97. [van Dijk 291]
108 CFA 110. [van Dijk 1118]
109 CFA 111. [van Dijk 1307]
Aischyne: Die personifizierte Scham.
Strichjungen: Gemeint sind zweifellos nur Männer, die in einer mann-männlichen Beziehung den passiven Part übernehmen, so auch im Epimythium.

110 CFA 112; Babr. 63. [van Dijk 1131]
Halbgott: D. h. die Statue eines Halbgottes.
111 CFA 113; Papyrus Rylands 493, Z. 75ff. in CFG I 2, S. 188; Phaedr. 4,12. [van Dijk 1055]
112 CFA 114. [van Dijk 80]
113 CFA 115. [van Dijk 766]
114 CFA 116. [van Dijk 687]
115 CFA 117. [van Dijk 308]
116 CFA 118; Tetr. 2,22. [van Dijk 590]
117 CFA 119; Lukian, *Ikaromenippos* 10; Avian 8; Aphth. 15; Tetr. 1,13; Synt. 59; ParaBodl 147. [van Dijk 479]
118 CFA 120; Phaedr. App. 30. [van Dijk 270]
119 CFA 121; *Leben Äsops* 35–37; Synt. 32. [van Dijk 819]
120 CFA 122; Synt. 34. [van Dijk 703]
121 CFA 123. [van Dijk 215]
Kitharöde: Sänger, der sich auf der Kithara, einem Saiteninstrument, begleitet.
122 CFA 124. [van Dijk 576]
123 CFA 125. [van Dijk 627]
124 CFA 126; Horaz, *Satiren* 2,5,56; Phaedr. 1,13; Apuleius, *Über den Gott des Sokrates*, Prolog 6; Babrios 77; Aphth. 29; Romul. 19; La Fontaine 1,2. [van Dijk 616]
125 CFA 127. [van Dijk 621]
126 CFA 128. [van Dijk 878]
127 CFA 129. [van Dijk 205]
die Gottheit hasst dich: Laut dem Mythos hat Athene die Krähe wegen deren Geschwätzigkeit aus ihrem Gefolge ausgestoßen (Vgl. Ovid, *Metamorphosen* 2,547ff.).
128 CFA 130. [van Dijk 1463]
129 CFA 131. [van Dijk 771]
130 CFA 132; Livius 2,32,9–12; Dionysius von Halikarnass, *Römische Altertumskunde* 6,86,1–3; Plutarch, *Coriolan* 6,3; Romul. 66; Synt. 35; La Fontaine 3,2. [van Dijk 1300]
131 CFA 133. [van Dijk 1277]
132 CFA 135. [van Dijk 702]
133 CFA 136; Phaedr. 1,4; Babr. 79; Ps.-Dosith. 11; Aphth. 35; Romul. 6; Stobaios 3,10,68; Tetr. 1,9; Synt. 28; Rhet. Branc. 2; ParaBodl 66; La Fontaine 6,17. [van Dijk 723]
134 CFA 137; La Fontaine 9,10. [van Dijk 722]
135 CFA 138; Phaedr. 1,20; Plutarch, *Allgemeine Begriffe. Gegen die Stoiker gerichtete Überlegungen* 1067 F; Ademar 2; Synt. 61; La Fontaine 8,25. [van Dijk 756]

136 CFA 139; Babr. 87; Synt. 50; ParaBodl 68. [van Dijk 705]
137 CFA 140; Babr. 84; Romul. 92 (vgl. Romul. 84); Tetr. 1,50; Synt. 47; ParaBodl 70; Adem. 60. [van Dijk 444]
138 CFA 143; Babr. 25; Romul. 35; Tetr. 1,44; ParaBodl 101; Sachs, GD 1, Nr. 20 und GD 3, Nr. 15; La Fontaine 2,14. [van Dijk 1029]
139 CFA 144; Tetr. 2,6. [van Dijk 900]
140 CFA 145; Diodor 19,25,5f.; Babrios 98; Aphth. 7; ParaBodl 76. [van Dijk 642]
141 CFA 146. [van Dijk 1026]
142 CFA 147; Lucilius 1074–1083 Krenkel; Horaz, *Briefe* 1,1,74–76; Quintilian, *Unterweisung für den Redner* 5,11,20; Babr. 103; Ps.-Dosith. 6; Aphth. 8; Themistios, *Reden* 174 C; Olympiodoros zu Platon, *Alkibiades* 122 B–124 A; Romul. 86; Tetr. 2,2; Synt. 37; ParaBodl 73; Adem. 59. [van Dijk 57]
143 CFA 148; Babr. 97. [van Dijk 442]
144 CFA 149; Babr. 113; Tetr. 2,27; ParaBodl 89 (317). [van Dijk 697]
145 CFA 150. [van Dijk 383]
146 CFA 151; Babr. 82; Tetr. 1,4; ParaBodl 65. [van Dijk 963]
147 CFA 152; Tetr. 2,13. [van Dijk 252]
148 CFA 153. [van Dijk 1086]
149 CFA 154; Phaedr. 1,5; Babr. 67; Tetr. 1,41; Romul. 8; ParaBodl 52 (207); Steinhöwel 1,6; Sachs GD 3, Nr. 205 und G./D. 6, Nr. 959; La Fontaine 1,6. [van Dijk 586]
150 CFA 155; Babrios 107; Ps.-Dosith. 2; Romul. 22; ParaBodl 77; Adem. 18; La Fontaine 2,11. [van Dijk 1166]
151 CFA 156; Phaedr. 1,11; Romul. 83; Steinhöwel 4,10; La Fontaine 2,19. [van Dijk 159]
152 CFA 157. [van Dijk 230]
153 CFA 158; Plutarch, *Demosthenes* 856 E; *Leben Äsops* 97; Babr. 93; Liban. 1; Aphth. 21; Romul. 63; Isidor, *Etymologien* 1,40; ParaBodl 80 (218); Adem. 43. [van Dijk 752]
154 CFA 159. [van Dijk 1154]
155 CFA 160; Phaedr. 1,1; Babr. 89; Romul. 3; Tetr. 1,33; ParaBodl 83; La Fontaine 1,10. [van Dijk 1221]
156 CFA 161; Phaedr. 1,8; Babr. 94; Aphth. 25; Romul. 11; Tetr. 1,30; ParaBodl 84; La Fontaine 3,9. [van Dijk 597]
157 CFA 162; Avian 26; Tetr. 2,8; Synt. 44. [van Dijk 1044]
158 CFA 163; Babr. 16; Aphth. 39; Avian 1; ParaBodl 1; Sachs GD 3, Nr. 227, GD 5, Nr. 710 und KG 17, S. 465–468 (= GD 2, Nr. 301); La Fontaine 4,16. [van Dijk 405]
159 CFA 164; Babr. 53; Tetr. 2,5; ParaBodl 31. [van Dijk 1490]

160 CFA 166; Tetr. 2,3. [van Dijk 750]
161 CFA 170. [van Dijk 940]
162 CFA 171. [van Dijk 408]
163 CFA 172. [van Dijk 282]
164 CFA 173; Phaedr. 4,1; Babr. 141; Romul. 68. [van Dijk 189]
165 CFA 174; Phaedr. 4,6; Babr. 31; Ps.-Dosith. 3; Synt. 51; ParaBodl 20. [van Dijk 1329]
166 CFA 175. [van Dijk 85]
167 CFA 177; Babr. 60. [van Dijk 922]
168 CFA 178; Babr. 71; ParaBodl 54. [van Dijk 1306]
169 CFA 179; Babr. 131; Tetr. 2,4. [van Dijk 1531]
170 CFA 180. [van Dijk 686]
171 CFA 181; Synt. 36. [van Dijk 243]
172 CFA 182; La Fontaine 2,5. [van Dijk 245]
173 CFA 183; Steinhöwel 6,13; Sachs GD 6, Nr. 964; La Fontaine 5,1. [van Dijk 1120]
174 CFA 184; Babr. 49; ParaBodl 33. [van Dijk 545]
175 CFA 185; Plutarch, *Themistokles* 18. [van Dijk 1559]
176 CFA 186; Babr. 143; Phaedr. 4,20; Romul. 13; Tetr. 1,17; Synt. 25; ParaBodl 42. [van Dijk 1508]
177 CFA 187; *Leben Äsops* 125. [van Dijk 1560]
178 CFA 188. [van Dijk 1119]
179 CFA 190; La Fontaine 6,11. [van Dijk 158]
180 CFA 191; Babr. 111; Tetr. 1,57; ParaBodl 92; La Fontaine 2,10. [van Dijk 192]
181 CFA 192; Babr. 7; Plutarch, *Gesundheitsvorschriften* 137 D; ParaBodl 12; Adem. 34 (= Rom. 41 Thiele). [van Dijk 136]
182 CFA 193; Aristides, Reden 26,106; Tetr. 1,36; La Fontaine 5,14. [van Dijk 134]
183 CFA 194. [van Dijk 195]
184 CFA 195; Synt. 1. [van Dijk 123]
185 CFA 196; Phaedr. 4,19. [van Dijk 142 und 746]
186 CFA 197. [van Dijk 133]
187 CFA 198; Babr. 122; Aphth. 9; Tetr. 1,21; Romul. 52; ParaBodl 106; La Fontaine 5,8. [van Dijk 196]
188 CFA 199; Babr. 139; Aphth. 10; Themistios, *Rede* 21, 245 B; Avian 5; Tetr. 1,19; 2,23; ParaBodl 99; Sachs GD 1, Nr. 21; La Fontaine 5,21. [van Dijk 41]
189 CFA 201. [van Dijk 157]
190 CFA 202. [van Dijk 137]
191 CFA 203. [van Dijk 150]
192 CFA 206; Synt. 57. [van Dijk 1113]
193 CFA 207. [van Dijk 299]

194 CFA 208; Babr. 13; Aphth. 14; Tetr. 1,2; ParaBodl 14. [van Dijk 303]
195 CFA 210. [van Dijk 477]
196 CFA 211; Skolion in Athenaios 695A. [van Dijk 593]
197 CFA 212. [van Dijk 1327]
198 CFA 213; Synt. 18. [van Dijk 102]
199 CFA 215; Ps.-Dosith. 10; Tetr. 1,18; ParaBodl 294; Synt. 39. [van Dijk 403]
200 CFA 216; Steinhöwel 6,14; Sachs GD 4, Nr. 401. [van Dijk 412]
201 CFA 217; Synt. 8. [van Dijk 1414]
202 CFA 218. [van Dijk 612]
203 CFA 219; Synt. 46. [van Dijk 895]
204 CFA 220; ParaBodl 310. [van Dijk 1474]
205 CFA 221. [van Dijk 1352]
206 CFA 222; ParaBodl 313. [van Dijk 738]
207 CFA 223. [van Dijk 1489]
208 CFA 224; Papyrus Rylands 493,2. [van Dijk 1492]
209 CFA 225. [van Dijk 1498]
210 CFA 226; Steinhöwel 6,10; Sachs GD 4, Nr. 526. [van Dijk 410]
211 CFA 230; Synt. 23; ParaBodl 298; La Fontaine 1,19. [van Dijk 409]
212 CFA 232; Babr. 51; ParaBodl 39. [van Dijk 1502]
213 CFA 233. [van Dijk 103]
214 CFA 234; ParaBodl 327. [van Dijk 1332]
214a Nicht bei van Dijk.
215 CFA 235. [van Dijk 852]
216 CFA 236. [van Dijk 1509]
217 CFA 242; Babr. 91; Ps.-Dosith. 14; Avian 13; Romul. 90; Tetr. 1,32; Synt. 40; ParaBodl 72; Sachs GD 3, Nr. 9. [van Dijk 439]
218 CFA 243; Babr. 35; Oppian, *Über die Jagd* 2,605–611; Avian 35; ParaBodl 30. [van Dijk 939]
219 CFA 244; Synt. 53. [van Dijk 344]
220 CFA 246. [van Dijk 472]
221 CFA 248. [van Dijk 74]
222 CFA 250. [van Dijk 92]
da ja Aphrodite Schweine so hasse: Ein Wildschwein hat den von ihr geliebten jungen Mann Adonis getötet.
223 CFA 251. [van Dijk 366]
224 CFA 252. [van Dijk 384]
225 CFA 253; Antiphon, *Über die Eintracht*, 87B54 Diels-Kranz; Stobaios 3,16,30; 4,40,19; La Fontaine 4,20. [van Dijk 1331]
226 CFA 254; ParaBodl 353; La Fontaine 6,10. [van Dijk 800]

227 CFA 255; Babr. 118; Tetr. 1,56; ParaBodl 96. [van Dijk 542]
228 CFA 256; Synt. 60. [van Dijk 600]
229 CFA 258; ParaBodl 351; Synt. 3. [van Dijk 628]
230 CFA 259; Phaedr. 2,6; Babr. 115; Avian 2; Romul. 17; Tetr. 1,40. [van Dijk 571]
231 CFA 260. [van Dijk 212]
Herakles: Er ruft den besonders starken mythischen Helden als seinen Schutzpatron an.

BIBLIOGRAPHIE

Bibliographien, Fabelverzeichnis und Rezensionsartikel

Beschorner, A./N. Holzberg: A Bibliography of the Aesop Romance, in: N. Holzberg (Hg): Der Äsop-Roman. Motivgeschichte und Erzählstruktur, Tübingen 1992, 165–187.

Carnes, P.: Fable Scholarship: An Annotated Bibliography, New York/London 1985.

Dijk, G.-J. van: Aesopica Posteriora. Medieval and Modern Versions of Greek and Latin Fables. 2 Bde., Milano 2015.

Holzberg, N.: The Fabulist, the Scholars, and the Discourse: Aesop Studies Today, International Journal of the Classical Tradition 6, 1999/2000, 236–242.

– Der Äsop-Roman. Eine Bibliographie, München 2020 [http://www.niklasholzberg. com/Homepage/Bibliographien.html]

Konstantakos, I. M.: Life of Aesop and Adventures of Criticism: A Review-Article on Manolis Papathomopoulos' Recent Edition of the *Vita Aesopi*, Version G, Myrtia 28, 2013, 355–392.

Textkritische Ausgabe von Leben und Fabeln Äsops

Perry, B. E.. Aesopica. A Series of Texts Relating to Aesop or Ascribed to Him or Closely Connected with the Literary Tradition That Bears His Name. Collected and Critically Edited, in Part Translated from Oriental Languages, with a Commentary and Historical Essay. I: Greek and Latin Texts, Urbana, Illinois 1952 (Nachdrucke: New York 1980 und Urbana/Chicago 2007).

Untersuchungen zu Leben und Fabeln Äsops

Holzberg, N.: Die antike Fabel. Eine Einführung. Darmstadt [3]2012 = The Ancient Fable: An Introduction. Translated by C. Jackson-Holzberg, Bloomington/Indianapolis 2002.

Jedrkiewicz, S.: Sapere e paradosso nell'antichità: Esopo e la favola, Roma 1989.

Kurke, L.: Aesopic Conversations: Popular Tradition, Cultural Dialogue, and the Invention of Greek Prose, Princeton, N. J. 2010.

Perry, B. E.: Studies in the Text History of the Life and Fables of Aesop, Haverford, Pa. 1936.

Rodríguez Adrados, F.: History of the Graeco-Latin Fable. I: Introduction and from the Origins to the Hellenistic Age; II: The Fable During the Roman Empire and in the Middle Ages; III: Inventory and Documentation of the Graeco-Latin Fable, Leiden [u. a.] 1999–2003.

Rezeption von Leben und Fabeln Äsops

Dicke, G.: Heinrich Steinhöwels ›Esopus‹ und seine Fortsetzer. Untersuchungen zu einem Bucherfolg der Frühdruckzeit, Tübingen 1994.

Perry, B. E.: The Greek Source of Rinuccio's Aesop, Classical Philology 29, 1934, 53–62.

Leben Äsops: Ausgaben, Übersetzungen, Kommentar, Index

Ferrari, F.: Romanzo di Esopo. Introduzione e testo critico a cura di –. Traduzione e note di G. Bonelli e G. Sandrolini. Testo greco a fronte, Milano 1997 [Vita G].

Karla, G. A.: Vita Aesopi. Überlieferung, Sprache und Edition einer frühbyzantinischen Fassung des Äsopromans, Wiesbaden 2001 [Vita W, recensio BPThSA].

– The Life of Aesop (M, O, R, N recension). Edited with an Introduction and Commentary. Translation by D. Konstan, Atlanta (im Druck) [Vita W, recensio MORN]

Papathomopoulos, M.: Ὁ Βίος τοῦ Αἰσώπου. Ἡ Παραλλαγὴ W. Εἰσαγωγὴ – Κείμενο – Μετάφραση – Σχόλια, Athina 1999 [Vita W].

– Βίβλος Ξάνθου Φιλοσόφου καὶ Αἰσώπου δούλου αὐτοῦ περὶ τῆς ἀναστροφῆς Αἰσώπου. Κριτικὴ ἔκδοση μὲ Εἰσαγωγὴ καὶ Μετάφραση, Athina 2010 [Vita G].

Daly, L. W.: Anonymous, The Aesop Romance. Translated by –, in: W. Hansen (Hg.): Anthology of Ancient Greek Popular Literature, Bloomington/Indianapolis 1998, 106–162.

Jouanno, C.: Vie d'Ésope. Livre du philosophe Xanthos et de son esclave Ésope. Du mode de vie d'Ésope. Introduction, traduction et notes, Paris 2006.

Michelacci, L.: Romanzo di Esopo. Introduzione, traduzione e note. Testo greco a fronte, Firenze 2017 [Text nur Nachdruck von Perrys Ausgabe mit wenigen Änderungen].

Poethke, G.: Das Leben Äsops. Aus dem Griechischen. Mit Einleitung hg. und erläutert von W. von Müller, Leipzig 1974.

Wills, L. M.: Appendix: English Translation of the *Life of Aesop*, in: Ders.: The Quest of the Historical Gospel: Mark, John, and the Origins of the Gospel Genre, London/New York 1997, 180–215.

Hansen, W.: Anonymous. Life of Aesop, Bryn Mawr 2008 [Kommentar zu Auswahl aus Vita G].

Dimitriadou-Toufexi, E.: Index verborum Vitae Aesopi Perrianae, Επιστημονική Επετηρίδα της Φιλοσοφικής Σχολής του Αριστοτελείου Πανεπιστημίου Θεσσαλονίκης 20, 1981, 69–153.

Leben Äsops: Untersuchungen

Andreassi, M.: The *Life of Aesop* and the Gospels: Literary Motifs and Narrative Mechanisms, in: S. Panayotakis/G. Schmeling/M. Paschalis (Hgg.): Holy Men and Charlatans in the Ancient Novel, Groningen 2015, 151–166.

– La semantica di οὐᾶ nella »Vita Aesopi«: nuovi elementi per la datazione, Hermes 146, 2018, 166–186.

Avlamis, P.: Isis and the People in the *Life of Aesop*, in: P. Townsend/M. Vidas (Hgg.): Revelation, Literature, and Community in Late Antiquity, Tübingen 2011, 65–101.

Dijk, G.-J. van: The Fables in the Greek *Life of Aesop*, Reinardus 8, 1995, 131–150.

Dillery, J.: Aesop, Isis, and the Heliconian Muses, Classical Philology 94, 1999, 268–280.

Elliott, S. S.: 'Witless in Your Own Cause': Divine Plots and Fractured Characters in the *Life of Aesop* and the Gospel of Mark, Religion & Theology 12, 2005, 397–418.

Hägg, T.: A Professor and his Slave: Conventions and Values in the *Life of Aesop*, in: P. Bilde [et al.] (Hgg.), Studies in Hellenistic Civilization VIII: Conventional Values of the Hellenistic Greeks, Aarhus 1997, 177–203; auch in: Ders.: Parthenope: Selected Studies in Ancient Greek Fiction (1969–2004), København 2004, 41–70.

Hofstätter, W. H.: A Linguistic Study of the Vulgar Greek *Life of Aesop*, Diss. Urbana, Ill. 1955.

Holzberg, N. (Hg.): Der Äsop-Roman. Motivgeschichte und Erzählstruktur, Tübingen 1992.

– A Lesser-Known »Picaresque« Novel of Greek Origin: The *Aesop Romance* and its Influence, Groningen Colloquia on the Novel 5, 1993, 1–16

Hunter, R.: Isis and the Language of Aesop, in M. Paschalis (Hg.): Pastoral Palimpsests: Essays in the Reception of Theocritus and Virgil, Herakleion 2007, 39–58.

– Rhythmical Language and Poetic Citation in Greek Narrative Texts, in: G. Bastianini/A. Casanova (Hgg.): I papiri del romanzo antico: Atti del Convegno Internazionale di Studi, Firenze, 11–12 giugno 2009, Firenze 2010, 223–245.

Jedrkiewicz, S.: Aesop and the Gods: Divine Characters in the *Aesop Romances*, Mètis n. s. 7, 2009, 171–201.

– A Narrative *pastiche*: Aesop's Death in Delphi (*Vita Aesopi*, Chapp. 124–142), Seminari romani di cultura greca 12, 2009, 135–157.

– Targeting the 'Intellectuals': Dio of Prusa and the *Vita Aesopi*, in: M. P. Futre Pinheiro/S. Montiglio (Hgg.): Philosophy and the Ancient Novel, Groningen 2015, 65–80.

Jouanno, C.: La Vie d'Ésope: une biographie comique, Revue des Études Grecques 118, 2005, 391–425.

– Le biographie et le fabuliste: réflexions sur le rôle des fables dans la *Vie* (grecque) *d'Ésope*, in: J.-M. Boivin [et al.] (Hgg.): Les fables avant La Fontaine: Actes du colloque international organisé les 7, 8 et 9 juin 2007 dans les Universités Paris-Est Créteil Val de Marne, Paris-Sorbonne – Paris IV, Sorbonne Nouvelle – Paris III, Genève 2011, 105–119.

Kanavou, N.: Personal Names in the *Vita Aesopi* (*Vita G* or *Perriana*), The Classical Quarterly 56, 2006, 208–219.

Karla, G. A.: Die älteste Version des Äsopromans, in: E. Karamalengou/E. Makrygianni (Hgg.): Ἀντιφίλησις. Studies on Classical, Byzantine and Modern Greek Literature and Culture. In Honour of John-Theophanes A. Papademetriou, Stuttgart 2009, 442–452.

– A Parody of the *Odyssey* in the *Life of Aesop*, The Cambridge Classical Journal 57, 2011, 55–69.

– Isis-Epiphany in the *Life of Aesop*: a Structural Analytical Approach, in: M. P. Futre Pinheiro/G. L. Schmeling/E. P. Cueva (Hgg.): The Ancient Novel and the Frontiers of Genre, Groningen 2014, 83–101.

– *Life of Aesop*: Fictional Biography as Popular Literature?, in: K. de Temmerman/K. Demoen (Hgg.): Writing Biography in Greece and Rome: Narrative Technique and Fictionalization, Cambridge 2016, 47–64.

– The Literary Life of a Fictional Life: Aesop in Antiquity and Byzantium, in: C. Cupane/B. Krönung (Hgg.): Fictional Storytelling in the Medieval Eastern Mediterranean and Beyond, Leiden/Boston 2016, 313–337.

Konstantakos, I.M.: Riddles, Philosophers and Fishes: Aesop and the θαλάσσιον πρόβατον, Eranos 101, 2003, 94–113.

– Aesop Adulterer and Trickster: a Study of *Vita Aesopi* ch. 75–76, Athenaeum 94, 2006, 563–600.
– Characters and Names in the *Vita Aesopi* and in the *Tale of Ahiquar*. Part I: Lykoros and Hermippos; Part II: The Adoptive Son, Hyperboreus 15, 2009, 110–132. 325–339.
– Cuckoo's Fruit: Erotic Imagery in *Vita Aesopi* ch. 75–76, in: E. Karamalengou/E. Makrygianni (Hgg.): Ἀντιφίλησις. Studies on Classical, Byzantine and Modern Greek Literature and Culture. In Honour of John-Theophanes A. Papademetriou, Stuttgart 2009, 453–460.
– Aesop and Riddles, Lexis 28, 2010, 257–290.
– The Miserly Monarch: Nektanebo's Tribute to Babylon in the *Vita Aesopi*, Symbolae Osloenses 84, 2010, 90–110.
– A Passage to Egypt: Aesop, the Priests of Heliopolis and the Riddle of the Year (*Vita Aesopi* 119–120), Trends in Classics 3, 2011, 83–112.
– Ἀκίχαρος. Τόμος Γʹ. Ἡ Διήγηση τοῦ Ἀχικὰρ καὶ ἡ Μυθιστορία τοῦ Αἰσώπου, Athina 2013 [engl. Zusammenfassung (60 S.): http://uoa.academia.edu/IoannisKonstantakos/Books].
– Popular Biography, in: K. de Temmerman (Hg.): The Oxford Handbook of Ancient Biography, Oxford 2020, 51–65.

Lefkowitz, J. B.: Reading the Aesopic Corpus: Slavery, Freedom, and Storytelling in the *Life of Aesop*, in: S. Panayotakis/M. Paschalis (Hgg.): Slaves and Masters in the Ancient Novel, Groningen 2019, 233–257.

Merkle, S.: Fable, 'Anecdote' and 'Novella' in the *Vita Aesopi*. The Ingredients of a 'Popular Novel', in: O. Pecere/A. Stramaglia (Hgg.), La letteratura di consumo nel mondo greco-latino, Cassino 1996, 209–234.

Möllendorff, P. von: Die Fabel von Adler und Mistkäfer im Äsoproman, Rheinisches Museum 137, 1994, 141–161.

Opelt, I.: Latinismen der *Vita Aesopi*, Romanobarbarica 11, 1991, 315–320.

Pervo, R.: A Nihilist Fabula: Introducing *The Life of Aesop*, in: R. F. Hock/J. B. Chance/J. Perkins (Hgg.): Ancient Fiction and Early Christian Narrative, Atlanta 1998, 77–120.

Stamoulakis, I. P.: Τὸ λεξιλόγιο τῆς Μυθιστορίας τοῦ Αἰσώπου, Dissertation Athina 2016.

Svenbro, J.: Den Leser freizulassen. Über den Äsop-Roman, Kapitel 78–80, in: W. Ernst/F. Kittler (Hgg.): Die Geburt des Vokalalphabets aus dem Geist der Poesie. Schrift, Zahl und Ton im Medienverbund, München 2006, 55–64.

Wiechers, A.: Aesop in Delphi, Meisenheim am Glan 1961.

Winkler, J. J.: Auctor & Actor: A Narratological Reading of Apuleius's *The Golden Ass*, Berkeley, Los Angeles/London 1985 [276–291: »Isis and Aesop«].

Zafiropoulos, C. A.: Socrates and Aesop. A Comparative Study of the Introduction of Plato's *Phaedo*, Sankt Augustin 2015.

Leben Äsops: Rezeption

Avlamis, Pavlos: Does Triviality Translate? *The Life of Aesop* Travels East, in: T. Whitmarch/S. Thomson (Hgg.): The Romance Between Greece and the East, Cambridge 2013, 261–284.

Eberhard, A. (Hg.): Fabulae Romanenses Graecae conscriptae. I: De Syntipa et de Aesopo narrationes fabulosae partim ineditae, Leipzig 1872 [= Vita Planudea].

Eideneier, H.: Äsop – Der frühneugriechische Roman. Einführung, Übersetzung, Kommentar, Kritische Ausgabe, Wiesbaden 2011.

Jouanno, C.: Ésope au pays des Précieuses: avatars d'un héros picaresque, XVIIe siècle 245, 2009, 749–765.

Holzberg, N.: Äsopische *geschichten* in Meisterlied, Spruchgedicht und *comedi*. Hans Sachs und die fiktionale Vita des Fabelerzählers, Beiträge zur Geschichte der deutschen Sprache und Literatur 140, 2018, 589–504.

– *Im Esopo ich lase* … Hans Sachs und der *Esopus* von Steinhöwel, Brant und Adelphus Muling, Göttingen 2019.

Karla, G.A.: Die Redactio Accursiana der *vita Aesopi*: Ein Werk des Maximos Planudes, Byzantinische Zeitschrift 96, 2003, 661–669.

Orofino, G.: The Long Voyage of a Trickster Story from Ancient Greece to Tibet, AION, sezione filologico-letteraria 33, 2011, 101–115.

Scheuer, H. J.: From Aesop to Owlglass: The Transformation of Knowledge in Ancient, Medieval, and Early Modern Trickster-Biographies, in: E. Wåghäll Nivre [et al.] (Hgg.): Allusions and Reflections: Greek and Roman Mythology in Renaissance Europe, Cambridge 2015, 439–452.

Springer, C. P.: Martin Luther an the *Vita Aesopi*, in: M. P. Futre Pinheiro/S. J. Harrison (Hgg.): Fictional Traces: Receptions of the Ancient Novel, Groningen 2011, 1, 95–106.

Watson, M.: A Slave's Wit: Early Japanese Translations of the Life of Aesop, The Transactions of the Asiatic Society of Japan, 4th ser. 20, 2006, 1–22.

Wunderlich, W.: Ein fabelhaftes Dichterleben. Autorkonstrukt und Biographiefiktion der Äsop-Vita und ihre Rezeption durch Hans Joachim Schädlich, in: D. Waltz (Hg.): Scripturus vitam: Lateinische Biographie von der Antike bis in die Gegenwart. Festgabe für Walter Berschin zum 65. Geburtstag, Heidelberg 2002, 125–138.

Fabeln Äsops: Ausgaben, Übersetzungen

Hausrath, A.: Corpus Fabularum Aesopicarum I: Fabulae Aesopicae soluta oratione conscriptae, Leipzig [2]1970 = Fasc. 1 und [2]1959 = Fasc. 2 curavit H. Hunger.
Chambry, E.: Aesopi Fabulae. 2 Bde., Paris 1925.
– Ésope, Fables. Texte établi et traduit, Paris 1927.

Irmscher, J. (Übers.): Antike Fabeln, Berlin/Weimar 1978; Nachdruck Köln 2011.
Nickel, R.: Äsop. Fabeln. Griechisch-deutsch, Düsseldorf/Zürich 2005.
Voskuhl, T.: Äsop. Fabeln. Griechisch/Deutsch, Stuttgart 2005.

Fabeln Äsops: Untersuchungen

Dijk, G.-J. van: ΑΙΝΟΙ, ΛΟΓΟΙ, ΜΥΘΟΙ. Fables in Archaic, Classical, and Hellenistic Greek Literature. With a Study of the Theory and Terminology of the Genre, Leiden [u. a.] 1997.
Luzzatto, M. J.: La datazione della *Collectio Augustana* di Esopo ed il verso politico delle origini, Jahrbuch der Österreichischen Byzantinistik 33, 1983, 137–177.
Nøjgaard, M.: La fable antique. I: La fable grecque avant Phèdre; II: Les grands fabulistes, København 1964–1967.
Zafiropoulos, C. A. Ethics in Aesop's Fables: The *Augustana* Collection, Leiden [u. a.] 2001.

FABELINDEX